[MIRROR]

理想国译丛

062

想象另一种可能

理想国
imaginist

理想国译丛序

"如果没有翻译，"批评家乔治·斯坦纳（George Steiner）曾写道，"我们无异于住在彼此沉默、言语不通的省份。"而作家安东尼·伯吉斯（Anthony Burgess）回应说："翻译不仅仅是言词之事，它让整个文化变得可以理解。"

这两句话或许比任何复杂的阐述都更清晰地定义了理想国译丛的初衷。

自从严复与林琴南缔造中国近代翻译传统以来，译介就被两种趋势支配。

它是开放的，中国必须向外部学习；它又有某种封闭性，被一种强烈的功利主义所影响。严复期望赫伯特·斯宾塞、孟德斯鸠的思想能帮助中国获得富强之道，林琴南则希望茶花女的故事能改变国人的情感世界。他人的思想与故事，必须以我们期待的视角来呈现。

在很大程度上，这套译丛仍延续着这个传统。此刻的中国与一个世纪前不同，但她仍面临诸多崭新的挑战。我们迫切需要他人的经验来帮助我们应对难题，保持思想的开放性是面对复杂与高速变化的时代的唯一方案。但更重要的是，我们希望保持一种非功利的兴趣：对世界的丰富性、复杂性本身充满兴趣，真诚地渴望理解他人的经验。

理想国译丛主编

梁文道　刘瑜　熊培云　许知远

［英］艾玛·罗斯柴尔德 著　李可欣 译

无尽沧桑：
一纸婚约与
一个普通法国家族的浮沉，
1700—1900

EMMA ROTHSCHILD

AN INFINITE HISTORY:
THE STORY OF A FAMILY IN FRANCE
OVER THREE CENTURIES

北京日报出版社

北京版权保护中心外国图书合同登记号：01-2023-3071

图书在版编目(CIP)数据

无尽沧桑：一纸婚约与一个普通法国家族的浮沉：
1700—1900 /（英）艾玛·罗斯柴尔德著；李可欣译
. -- 北京：北京日报出版社，2023.9
  ISBN 978-7-5477-4648-6

  Ⅰ. ①无… Ⅱ. ①艾… ②李… Ⅲ. ①法国－历史－
研究－1700-1900 Ⅳ. ① K565.07

  中国国家版本馆 CIP 数据核字 (2023) 第 128094 号

责任编辑：卢丹丹
特约编辑：魏钊凌　黄旭东
装帧设计：陆智昌
内文制作：陈基胜

出版发行：北京日报出版社
地　　址：北京市东城区东单三条8-16号东方广场东配楼四层
邮　　编：100005
电　　话：发行部：(010) 65255876
　　　　　总编室：(010) 65252135
印　　刷：山东临沂新华印刷物流集团有限责任公司
经　　销：各地新华书店
版　　次：2023年9月第1版
　　　　　2023年9月第1次印刷
开　　本：965毫米×635毫米　1/16
印　　张：31.5
字　　数：505千字
定　　价：108.00元

版权所有，侵权必究，未经许可，不得转载

如发现印装质量问题，影响阅读，请与印刷厂联系调换：0539-2925659

献给凯特以及永远的伊里斯

目 录

起落人生

　　这是一部动荡岁月的历史,有三四千人参与其中。这是一座小镇和一个妇人的故事(也可以说包含了 98 个故事),妇人叫玛丽·艾马尔(Marie Aymard),她不识字,喜欢打听别人的私事,终其一生都住在这座小镇上。这也是一个大家族的故事,它跨越广阔的空间、贯穿 18—19 世纪的历史,涵盖玛丽·艾马尔以降的五代人和他们的多舛命途,随着玛丽·艾马尔的玄孙女于 1906 年去世而告一段落。这段历史将带领我们探索当代历史研究的多种可能性,以及过去的人们生活的无限边界。

　　小镇名叫昂古莱姆(Angoulême),位于法国西南。玛丽·艾马尔在世的时候,这镇子充满了"不安"的内斗和无穷无尽的法律金融"事件",因而远近闻名。[1] 两代人后,这座镇子依然像巴尔扎克在其称为一台"三四千位名人参演的戏"的一系列小说中写的那样,是"一潭至死的死水"。巴尔扎克在《幻灭》(Les illusions perdues)一书中说,摆脱乡巴佬的气息就是"洗掉身上的昂古莱姆味"(se désangoulêmer)。[2]

这段历史开始于 1764 年冬天的两份文件。其一是一份经玛丽·艾马尔证实的代理授权（用她自己的话说，属于她对丈夫之死进行的一系列"调查"的一部分）。她丈夫是个木匠，早先移居到了格林纳达（Grenada）岛，在那儿成了个奴隶主，至少她听人说，"他手下有若干黑人"。其二是一份婚前协议，是几个礼拜后玛丽·艾马尔的女儿和一位裁缝的儿子结婚时所立，昂古莱姆镇上有 83 人在协议上签了名。[3] 这两份法律文件或者说协议由小镇上的一名公证人起草，是本书故事的起点；这个故事从一个人出发，讲到她本人的关系网，再讲到这个关系网所涉人物各自的关系网，最终构成一场大型历史探索、一部邻近性视野下的现代历史。参与这段历史的有巴黎蒙马特（Montmartre）一个穷困的女裁缝（她同玛丽·艾马尔孙子的孙子是同代人），有她的一个当街头小贩的姐妹，有塔希提海军中的一位药剂师，有勒芒（Le Mans）的一位身败名裂的银行家的寡妇，还有迦太基的红衣大主教。[4]

这个家族的命运出现了意外的变故，其熟人和邻居的故事也一样；这部历史与《贼鹊》（*La gazza ladra*）* 异曲同工：恰似一只飞来飞去的喜鹊，偷得各色茶匙、碟子和闪闪发光的簇新钱币。[5] 这部历史是无限的，或者说开初是如此，因为平凡人的一生中的信息、变动和经历是无穷无尽的。它探索了空间和社会关系中的邻近性，其起点是玛丽·艾马尔一家，是在 1764 年那份婚前协议上签名的 83 个人组成的更大的社会网络，是同年在镇上堂区的各种登记簿上留过名的人们——这是一个更大的群体，共有 4,089 人。它还探索了时间中的邻近性，讲述了该家族一代代人相互交叠的人生，一直讲到法国大革命这段风起云涌的历史时期和 19 世纪的经济变革。这场探索起源于对他人生活和人生的兴趣——他们经历了什么，其

---

* 意大利作曲家焦阿基诺·罗西尼（Gioachino Rossini, 1792—1868）创作的歌剧。

经历意味着什么，起源于对历史研究无限可能性的兴奋而疲惫之感。

玛丽·艾马尔和家人的这部历史是一趟时空之旅，同时这部历史也是因我本人的一次旅行而起。1980 年夏天，我偶然走进佛罗伦萨的一间书店，偶然看到了卡洛·金茨堡（Carlo Ginzburg）和卡洛·波尼（Carlo Poni）登载于《历史笔记》（Quaderni storici）一刊的一篇文章。这篇文章是一则宣言，倡导传记学要从底层做起，换言之就是提倡历史要充满个体和故事，而非一定要围绕伟人和名人书写。这则宣言令我产生了做历史研究的愿望。[6] 15 年后的昂古莱姆，在紧邻火车站的夏朗德省档案馆这个并不浪漫的地方，我被一份份档案所迷住了，从此深深沉迷于它的魔咒中。

历史研究在 1980 年以来的 40 年间发生了巨变，今日的研究方法已经迥异于从前，而这也是本书故事的一部分。我常常流连于昂古莱姆市档案馆网站的虚拟空间中，有时也会分心沉迷于回忆，怀想 2012 年春天以来这 795 个不同的日子。我的手抄笔记已经积累了 1,348 页之多，但那种触摸个体人生故事的感觉、那种可能性无穷无尽的感觉依然存在。"e il naufragar m'è dolce in questo mare" [7]——能沉浸于这样一片海洋中是一种快乐。

这部历史从头到尾都在与小说家和小说发生邂逅。这是一系列未完的故事，如同劳伦斯·斯特恩（Laurence Sterne）的小说《多情客游记》（A Sentimental Journey）一般没有结局；98 个故事中有一个讲的是一只小斑点狗，小狗原本属于斯特恩的女儿莉迪亚（Lydia），但 1769 年在昂古莱姆一条寂静的街上被人拐走了。[8] 在《幻灭》里，正是在这条街的街角上，发生了一系列极为惨烈的事件；而玛丽·艾马尔的孙女当中有六个 1837 年时便住在这条街上。19世纪，这个家族里的人以生命书写的历史仿佛埃米尔·左拉（Émile Zola）那部媲美《人间喜剧》（La Comédie humaine）的《卢贡·马卡尔家族》（Rougon-Macquart）——在这部巨著中，一位女家长的

3

子孙走出一座似乎与世隔绝的乡下小镇，家族五代人遍布法国的各个角落。

不过，《无限的历史》讲述的故事并不带有命运色彩，其中的角色也没有逐步成长的意味。这个故事是"扁平"的，是"实证主义"的，如同左拉笔下的自然主义小说；这是一项"对事实和事物的严谨研究"。[9]这本书开始于对当下的观察和对历史上的个体作出的一种假设：人无一例外，皆是存在于各种关系间或交易、消息和信息的网络间的。不关心当下便"无法理解过去"，这是马克·布洛赫（Marc Bloch）在 1940 年写下的话，而对于一个研究中世纪农村的历史学者而言，观察田地形状的重要性不亚于读旧档案。[10]观察街上人们的谈话和沉默在我们所处的时代十分重要：此刻就环顾一下四周吧，你会看到，每个人都在讲故事、看图片、发信息，几乎无一例外——然后再问问自己：要是生活从来就是如此，世界会是怎样？

真正让我一头扎进这本书和这场历史之旅的，与其说是那份代理授权，不如说是 1764 年玛丽·艾马尔女儿的婚前协议。那场婚礼和那些名字有一种令人魂牵梦绕的无限魔力。两页的签名用了各种墨水和各种花体字，有"罗丝玛琳"（Rosemarin）这样的小孩的名字，也有"马歇·德·拉沙佩勒"（Marchais de la Chapelle）这样令人印象深刻的名字，有些名字挤成了一团，有些名字难以辨识；纸上的 83 个名字仿佛 83 个活生生的人。正如亚当·斯密所谓的"人类社会游戏"："每个个体都有自身的行动原则。"[11]

因此，要把玛丽·艾马尔的故事扩展成一部更广大的现代历史，第一步便是研究在婚前协议上签名的这些人，研究其各自的社会关系。这都是些什么人？他们为何会在 1764 年 12 月那个阴沉的午后齐聚一处？研究签名之人的历史是一项矛盾到令人不安的工作，在研究中得要靠名字来寻找个体，这是一个充满错误、重复和偶然、需要把登记簿读上一遍又一遍的过程。这是一种侦查工作，混杂着对他人生活过分的兴趣、一大堆混乱的身份，还有各种关系，单纯靠往后或往前做更远的探索，是无法理解这些关系的。于是，这又进一步需要对昂古莱姆的社会关系做更大范围的研究，或者说乍看之下绕来绕去又回到了秩序性上。于是这项研究提供了一张清单，将社交网络加以视觉化：所有或是当时在场，或是在昂古莱姆公教堂区 1764 年的登记簿上留下姓名的人，共同组成了一个虚拟社会，成员共有 4,089 名。这项研究使玛丽·艾马尔和 83 位签名者的故事所处的人群在一定意义上（或者说无论在哪种意义上都）形成了一个完整的画面。[12]

后续的展开（包括本书的大部分篇幅）则是历史研究的延伸，不是空间或社会关系空间意义上的延伸，而是时间意义上的延伸。归根结底，要弄明白这都是些什么人，就要搞清楚接下来发生了什么。于是，故事就成了一部关于法国大革命之前数年的昂古莱姆，关于 18 世纪 60 年代、70 年代和 80 年代的法律事务，关于法国大革命时镇上的情景，关于在革命期间和拿破仑治下玛丽·艾马尔的子孙们无常的命运，关于 19 世纪信用、税收、殖民地和教会如何共生与制衡的历史，这部历史是从一座默默无闻的小镇上一个不为人知的家族的视角出发写就的。和 19 世纪的无数历史一样，这也是一个关于革命政治、移民社会变动和经济机遇的故事，与此同时也是一个关于停滞的故事。这是一部借由这些个体以及与之相连的人们的人生演绎而成的现代变革历史。

一个关于信息的故事

"样样事都很严重、很危急、很紧要。"1826 年，玛丽·艾马尔的孙子在做民事登记时宣称。这话记在大西洋港口城市巴约讷

（Bayonne）的出生登记册的一条页边注记里；"记录中的全部表述都应当与最确切的事实保持一致"。[13] 这些通用档案记录的时间跨越了两个世纪，记载着平凡人的生活，是这项研究的核心。有些档案虽只是一串串名字和日期，[14] 其中却藏满故事。这些档案都是可以被当作文献和历史来读的，既可以被简化成数字，也可以用全套的历史研究手段、脚注和史料批判加以装点。[15]

这些登记出生、结婚、离婚和死亡的册子又引出了其他一些甚至更为简陋的档案和经济生活方面的记录：刚刚在昂古莱姆一系列古老的税"岛"上开始普及的缴税登记，记录了谁住在谁的隔壁；1858 年夏朗德的一位档案管理员在一间阁楼里发现的"一本本""一捆捆""一袋袋"的下层司法（subaltern jurisdiction）报告，上面积了一层"极难清理的灰尘"；各种公证人法律文件、关于权利和继承期望的记录；记录着大革命期间财产状况和谁买了谁的房子的登记簿——还有 19 世纪的一系列人口普查、地籍、抵押和继承档案。[16]

这一历史从一开始便是一次与主导当代信息社会的手段的邂逅。它关注现代社交网络上的"人脉"或者说"朋友、家庭和群体"："拉近人与人之间的距离——不论是促进亲友欢聚，还是在全球重要时刻实现亲临现场的体验。"[17] 18 和 19 世纪人生的各种通用档案也是一种人脉档案，甚至也是关于世界重要时刻的档案。但是档案所能证明的并不是交流的内容，而是交谈或交流的发生；并不是观点和观念本身，而是"个人影响"和"观点"的可能性（或者说是被社交网络社会学视为研究对象的条件）。[18]

本书的一个灵感来源是社交网络经济学；在该学科中，可获取资源的规模之大是历史研究领域难以想象的。最近有一项研究调查了 35 座村庄的所有成年人，要他们回答自己村中谁最适合把信息传播开来。[19] 玛丽·艾马尔和家人的故事中没有这样的调查，这家人处于一种消息和信息的持续交流中——这一交流在时空中延伸开来，而且跨越了大西洋。

镇子的各类档案充满了"信息"，法律意义上的"信息"，即各种关于侮辱、伤害和骇人的毁谤歌谣的记述。然而，虽然昂古莱姆在 18 世纪中期出现了一批印刷和造纸作坊，却没有公开发行的新闻作为史料，书也相当少。[20] 甚至进入 19 世纪后，玛丽·艾马尔家族留下的印迹也很少，那位红衣主教和一个小他一辈的表亲是例外，后者带着两个儿子在巴黎开了一间廉价餐厅。[21] 我找到的私人信件只有不多的几封，是红衣主教的姐妹路易丝·拉维热里（Louise Lavigerie，本书即终结于此人）于 19 世纪 80 年代所写，保存在罗马关于红衣主教的档案里。在这种情况下，正是无数极为细小的历史的汇集，才得以趋近于现代无休无止的交流。

玛丽·艾马尔一家的故事同样是与另一种主导手段的一次邂逅，这便是系谱学：人们会寻求一条能从当下的个体回溯至旧时先祖的脉络，或者一段"由婚姻史连成的锁链"。[22] 这在现代同样是一个广阔的领域："数十亿"档案和"几百万族谱""将科学和自我发现结合在一起"，让"世上每一个角落的每一个人都能找到自己的根"。[23] 现代系谱学是 1990 年以来的产物，是一张图表或者一份档案，随着时间推移不断演变。[24]

这一探索的每一步都有系谱学技术的身影，虽然大体上是个循母系展开的故事，因而不能算是完全意义上的婚姻史。事实证明，这家人在 19 世纪经济生活历史中的核心人物是婚前协议双方的长女让娜·阿勒芒·拉维热里（Jeanne Allemand Lavigerie），她同四个姐妹一道生活，没有嫁过人，1860 年过世，享年 91 岁，过世的地方离她出生的地方走路只需几分钟。这家人的故事是一个时间的故事，因为故事追随着（至少是尽力在追随）家中的子子孙孙在历史中前行的脚步，走过他们各自的人生轨迹，一步步迈向一个想象的、未知的未来。这个故事至少部分是从这些人自己的视角或从与他们共同生活的人的视角讲述的。但这会与过去十代甚至更多代以后家族的后人最终形成的看法相当不同。这个故事是横向讲述的，是一个历史故事，不是垂直讲述的，不是系谱学式的脉络；这个故事关注的是事实究竟如何，而非"我究竟是谁"（从未想象过的未来中未曾探索过的"自我"）。

不过在另一些方面，历史学和家族历史学的研究并非总是泾渭分明。两者使用的原始资料是相似甚至相同的；玛丽·艾马尔及其儿女的故事，对于其他人便属于祖先的历史。家族历史学者会问："我究竟是谁？"（或者"我是怎么来的？"）同时也会问：生活于那个遥远而迥异的世界的那些遥远的先祖，"他们究竟是谁？"这同样是一种历史式的理解。这是一种想象过去的方法，发现见证先祖成长的街道，发现与之共同生活的那些个体。决定人与人之间联系的不仅有血统，也有历史环境和选择性的亲和。1839 年在塞纳河与约讷河（Yonne）汇流处的一座工业小镇，玛丽·艾马尔最小的孙子娶了一个柠檬水小贩，结婚时他宣称自己的祖辈都已经过世，并称不知道他们生前住在哪里，也不知道他们是何时死的。[25] 本书也将表明，那没有嫁人的五姐妹在故事中相当重要，既是因为她们本身所处的经济环境，也是因为她们同侄（甥）女和孙侄（甥）女的联系。

8　　本书是一个发现的过程，也是一个"寻找"的过程：这里的寻找是指一种三心二意、反反复复、不着边际的寻觅（或者找到）的过程，与看图片或发消息一样，这也是现代世界图景的一部分。这部家族历史是一个关于小地方（不仅是昂古莱姆，也包括别处）档案的故事，一个浪漫的故事，其中充满了对各种发黄褪色、没有相片的档案的描述。不过也存在其他一些原始资料，尤其是涉及 19 世纪历史的部分：报纸上的各种火车站惨案报道、美索不达米亚历史和对植物显色特性的研究、商务地址簿和对银行监管法律体系的批评——这些都是可以在网上读到、搜到的原始资料或文本。许多堂区档案和大部分民事登记簿也可以在线阅读，其中一些（这一比例正逐年增大）已经被编入索引或加以转录。

这类寻常资料提出了一系列不寻常的问题。18 世纪 90 年代，玛丽·艾马尔活下来的儿子当中最年长的加布里埃尔·费朗（Gabriel Ferrand）在夏朗德做过一段时间的档案管理员。网上的堂区登记簿图片中没有记录他受洗的那页。[26] 1763 年，他在昂古莱姆结婚，但一大团墨渍模糊了新妇的名字。[27] 1793 年，在动荡不安的革命期间，他于教产市场上购得了"先前属于教会"的一块土地的租权，而网上的租权登记簿却没有记录该交易的那页。[28] 曾有过一张他的画像（也可能是原画像翻画的），但画像从 1910 年起便不见了。[29]

即便是在（日新月异的）印刷资料领域，对一个家族、对一座外省小镇所能做的调查的界限也是难以捉摸的。[30] 故而，周围的历史本身就是现代的一幅全景或者说画像。今天我们可能面对的历史之旅数不胜数，其中既有虚拟的，也有真实的；同时，我们也很有可能分心或者走上漫长曲折的歧路。这部历史是地方性的，就尺度论是微观的，又借着邻近性——沿着个体研究其家人、朋友、邻居，并关注这些人的时空之旅——不断扩展。我之所以说这是一部扁平的、实证主义的历史，是因为它有许多（也许太多）脚注文献（许多来自昂古莱姆市档案馆）。但它也是机缘巧合之下的产物，它的故事关乎的个体都是以余光瞟到的，游离于历史视野的边缘。和在网络世界中一样，这是一部孤独的（"只身一人在思想的陌生海域做永恒的航行"）、恐惧人群的历史。[31]

历史故事

玛丽·艾马尔及其家人的历史是一个体量庞大的故事，它涉及漫长的法国大革命和 19 世纪的经济革命。和 20 世纪的许多历史研究一样，本书也深受"从底层"看历史——尤其是尝试通过一人、一地、一家或一业的历史来讲述某个宏大或重要的故事——的精神的影响。[32] 这是一个根基稳固、潜力巨大的研究类型，按不同的时代和地区划分领域；在影响本书的研究当中，有一项是关于早期近代意大利的微观历史的，还有一项是关于"圣何塞世界的历史"的，后者将视线"投往各个方向"，包罗了各种登记簿和"细枝末节"。[33]"底层"历史对现实主义（和自然主义）小说的影响甚至更广，从上海到蒙马特无所不包。[34] 获取信息（包括个体人生的信息）渠道的诸多变化不仅令本书的探索成为可能，而且可以毫不夸张地说，这一变化是全球性的。

这个故事具有鲜明的法国特色，是法国数量惊人的档案和登记簿催生了这一研究。1764 年，在昂古莱姆镇上执业的（或者照国王翌年的一份布告里的说法：磨洋工的）公证人有 19 名，这些人一年要产生至少 1,000 份经公证的法律文件；正如 1829 年内政部部长在发给夏朗德省档案馆的一份公告中所言："档案是无价的。"[35] 催生这一故事的还包括近 30 年间涌现的对法国外省普通人的人生——对"以确定可证的事实"写就的田园诗——进行的各种历史研究：从事这类研究的学者确信，只要针对一个"曾经存在过"的个体写上 1,000 页，最终便能抵达整个现代历史。[36] 本书继承了微观历史——这类研究不论在尺度上、典型性上还是代表性上都千差万别——的衣钵，并且尝试通过一项介乎微观和宏观之间的"中观"（meso-）调查从"数千人的人生轨迹"中理出脉络。[37] 这是一部"个体的社会史"，也是一部由巨量的家庭生活资料构成的历史。[38] 它尝试借助朋友圈子、地方联系和家族网络等个体的关系，将微观和宏观历史连接起来。[39]

同时，书中的 98 个故事也受到了另外一些历史研究的影响，这些研究属于经济生活史领域，更为分散。这些故事始于一个不同寻常的（不识字的）个体，结束于 19 世纪的金融和教会，是一个全然始料未及的结局。其灵感来源于马克·布洛赫曾展望过的一种全新的经济历史，其间"政治""经济"和"宗教"相互交融，与"没有个体的世界"的（"贫血"）历史形成鲜明对比。[40]布洛赫提出这种新的历史应该采用"迥异到惊人的各种研究材料"，如今它已经成为一门蓬勃发展、兼收并蓄、遍及全球的分支学科，研究方向多种多样，有使用"许多种……证据"的经济学方向，使用"非经济学"资料的经济史学方向，以及使用各种法律、视觉和经济资料的经济生活史方向。[41]

邻近性历史（包罗了三四千人故事的本书即是这一研究方法的一项试验）尝试将个体和集体、经济和政治、底层历史和关于现代最大尺度事件的历史结合起来。这种研究探索个体人生的环境、经济变革和政治事件（既包括"如何"，也包括"为何"）。[42]因果历史否定了历史研究最丰饶的土壤，即尽力理解历史上的个体的人生，且认识到历史始终是"人的意识"（human consciousnesses）的历史。[43]但我们不仅会思考如何，也会思考为何。因而，本书尝试将许多极细微的历史汇集起来，探索是否有可能以极小的步伐（就像孩子们玩"一二三木头人"那样）逐渐理解和解释历史。

关于历史的规模或体量的选择事关重大，且涉及意识形态，因为大量的已逝之人将在选择过程中被分为两个群体：重要的群体（有思想有感情的个体）和不重要的群体（记录稀少或干脆没有记录的个体，可用于计数，但无法被理解）。对于历史学家来说，如果选择研究个体的历史（也就是小的历史），就是选择理解不重要的小变化（除非被研究的个体本身是重要人物，例如玛丽·艾马尔那位当上红衣主教的玄孙）；如果选择研究社会经济史，就是选择以研究没有思想、没有希望也没有友情的历史为业，选择以理解重要的变化（比如研究革命的诱因或现代经济的产生）为业。但选择并非只有这两种，在某些时候（比如我们所处的时代），从个体和家庭的视角、通过平凡生活来理解政治和经济变革也会成为一项重要甚至紧急的工作。

这个故事——这部经济生活史——中的个体，生活在一个变革时期，也就是漫长的法国大革命，它虽是个政治事件，却有着经济上的影响和根源；他们也生活在一个经济革命时期，它贯穿整个 19世纪，有着政治上的影响和发生条件。[44] 但是采用底层视角，采用一个特定的（无名）家族的视角，是令人不安的，因为这挑战了大规模历史的某些既定特征。个体的生命难以简单划分为经济生活、个人生活和政治生活三块。每个人的内心生活都混杂着诸多思想，这些思想有高有低。宗教是一种信仰、一种实践，也是一种经济制度。经济交换有逐利的也有非逐利的，有公共的、私人的、私密的。个体不仅在生活中有时流动、有时静止，在想象中——在关于远方和久未联络的朋友的各种信息或谣言中——也一样。

法国大革命期间，昂古莱姆这地方没有发生过太多事，至少在大革命相关的历史中没有多少记录；至于玛丽·艾马尔一家，除了一个一笔带过的例外，也从来没有在任何历史研究中出现过。但本书将表明，从一个默默无闻的地方和一个不为人知的家族的视角出发写就的革命年代的历史，本身便是一个庞大的故事。这个家族中（勉强算是）出过一名革命英雄，还出过一名反对革命的女性人物。玛丽·艾马尔的孙辈们的旅行经历构成了一部历史，以其独有的方式讲述了革命期间生活环境的变迁。

本书所讲述的历史之所以令人不安，也在于它挑战了关于现代的一些重大假设。[45] 19 世纪的玛丽·艾马尔家族，或者说她家族中的一些人是勤奋进取的，但这些人的活动不是发生在市场中，而是发生在国家和教会的巨大经济体中，发生在各种界限模糊、说不清究竟属于市场还是属于国家的经济关系中。这些人是"非经济性"的，因为他们的成就是通过公共和私人的营生获得的，这些营生无论是当时还是现在都在经济生活中占有极为重要的地位。决定他们的财富的，是那些精明、勤劳却哪儿也没去过的女人所做的选择。例如玛丽·艾马尔的几个孙女，她们的人生（和积蓄）是这个 19 世纪的故事的核心。他们家中唯——个在法国经济走向繁荣的历史中成了重要人物的是玛丽·艾马尔的玄孙，迦太基的夏尔·马夏尔·阿勒芒·拉维热里（Charles Martial Allemand Lavigerie），此人心怀人道主义的远见卓识，反对跨撒哈拉的奴隶贸易，而在批评他的人看来，他是个"精明透顶的商人，一个百万富翁、千万富翁"。[46]

　　玛丽·艾马尔和家人的故事最令人不安的地方在于，这些人在很大程度上颠覆了时间的非对称性，换句话说，他们消除了知道接下来会发生什么所带来的苦恼。除了最普通的档案之外几乎不存在别的证据，这意味着不得不跟着平凡生活的节奏来，不得不活在（往昔这些个体的）当下、活在这些人（多少能）记得的过去，不得不对这些人的未来、对他们身处其中的大革命一无所知。这意味着，除了这些人所知道的、盼望的以及与他们生活在同时代的人之外，几乎一无所知。但这本身便是一部关于信息、关于演变的历史。

　　玛丽·艾马尔和家人的这部历史是一次（在一个被信息淹没的世界中）以数字进行思考的试验，也是一次（在一个有无穷无尽的故事要讲的世界中）以故事进行思考的试验。这部历史自始至终为一种对历史资料之不完整、数量之巨大的深刻感受所推动：每个人——孙子的孙子一辈也好，1764 年昂古莱姆堂区档案里的人也罢——都有可能找到记录，但甚至最常见的证据也可能存在诸多局限。在这一意义上这也是一部无限的历史。在这条路上唯一的安慰便是尽可能将资料和数据摆明，盼望其他人能找到更多的联系、更

13

多的资料，以及更多可探索的假设。[47] 在当下，我们很需要一个关于生活在不确定之中，一眼望不到尽头的故事。这是从一个大而不均的家族的视角出发讲述的变革年代的故事，而最重要的是，这是一部关于人如何在自己无法控制的事件中生活的历史。

第一章

玛丽·艾马尔的世界

历史记录

玛丽·艾马尔生于 1713 年，死于 1790 年，她生在昂古莱姆，也死在那里。[1] 玛丽是家中的独女。她父母 1711 年结婚，当时两人都称不会签自己的名字。母亲是鞋匠的女儿，这鞋匠是从昂古莱姆西南一个小地方搬来镇上的；据记录父亲是开店的，或者说是个商人（marchand）。[2] 玛丽还小的时候，父亲就过世了，母亲在她五岁那年又嫁给了一个鳏夫，是个木工师傅。[3] 1735 年玛丽嫁给了路易·费朗（Louis Ferrand），此人是个细木工学徒，也可能是个家具工人。两人结婚时她表示不会签自己的名字，后来也多次做过同样的声明。她丈夫在登记簿上签了名。他是迁来镇上的，父亲是个木屐匠人，家在图尔（Tours）教区，从昂古莱姆北边过去有大概 200 公里路，要走几天。[4]

之后的 14 年间，玛丽·艾马尔生了八个孩子，两个夭折在襁褓中。她或许出过昂古莱姆，但可能性不大。她和丈夫在镇上的小堂区之间频繁搬家；1738 年到 1744 年的六年间，她在老镇中心的四个不同堂区生下了六个孩子。[5] 路易此时依旧是个外乡人，在他最小的孩子让（Jean，又名让–巴普蒂斯特［Jean-Baptiste］）的受洗记录上，他被称作"图尔人费朗"（Ferrand dit tourangeau）。[6] 他后来当上了细木工师傅，1744 年时还被推选为"辛迪"（sindic），就是昂古莱姆细木工团体（小公司或行会）的干事。[7] 他和玛丽为八个孩子找了教父和教母，都是镇上同一个圈子里的熟人亲戚，其中一个是木匠，一个是制帽匠，三个是锁匠，一个是桶匠的妻子，一个是另外一个锁匠的妻子。[8]

15

1753 年 6 月，家中发生了一件大事。昂古莱姆镇上有一所很有名气的学校，当时是耶稣会的机构，为当地男孩提供免费教育。1753 年，艾马尔夫妇俩的大儿子加布里埃尔（Gabriel）受了剪发礼（tonsure），成了一名教士，迈出了公教圣职之路的第一步，时年 15 岁。[9] 同年 12 月，为了养家致富，路易·费朗动身上路。他跟人签了合同（同他一道签字的还有一个木匠），去格林纳达岛上干两年，每年有 500 里弗尔的报酬，还管吃饭、住宿、洗衣的一切花销（"无论是疾病还是健康"）。两人的雇主是一个颇有抱负的种植园主，名叫让–亚历山大·卡佐（Jean-Alexandre Cazaud），他生在瓜德罗普（Guadeloupe），后来定居于昂古莱姆，还娶了当地一个丝绸商人的女儿。合同是卡佐的岳父代为签署的，后来镇上发生了一起臭名昭著的法律金融事件（即 1769 年开始的贸易"革命"），此人是事件主角之一，成了打头的"资本家"。[10]

丈夫离家的时候玛丽·艾马尔膝下有六个孩子，都还年幼：最大的 15 岁，最小的只有 4 岁。两年后（1755 年）她的继父过世，1759 年母亲过世；同路易一道去格林纳达的木匠也死了。[11] 继而，1760 年 5 月前的一天，可怕的消息传来：丈夫死了。在同儿子加布里埃尔的一份协议中，她成了路易·费朗的寡妇；起草协议的是一名"人品败坏"得出了名的公证人。镇上执业的公证人多得"泛滥"，以致国家曾专门立法进行管理。[12]

加布里埃尔已经不再是教士了，也放弃了圣职之路。然而协议的开头讲述其意图的部分却令人印象深刻："这位费朗打算成为一名文科硕士，好教导年轻人，既形成了计划，便决定安一个家……就是他现今之住所，他又自己花钱添置了家具。"加布里埃尔继而讲述了一段富于情感的历史。他知道"儿女当对生身父母尽义务"，他也想要向母亲表明"他的意思是要尽自己所能地叫她安乐，也让她的生活少一些艰难"。"看到母亲如今没有他的帮助已经无法活下去、无法养活自己"，他便恳请她来与自己同住。[13]

玛丽·艾马尔的回答相当冷静（文件中的话可能是她或儿子口授的，也可能是公证人所拟）。她表示：因"希望领受其子的好心"且"认为他会长久对她尽孝，而不会任由她陷入贫困悲惨的境地"，她决定接受他的邀请，搬去与他同住。她也把自己的各样家什搬了过去，对此公证人文件也一一做了记录。这些物件包括 2 张旧木板床（罩着磨损严重的绿色哔叽床罩），2 个白杨木的半边柜（就是衣橱），1 张"破破烂烂"的方桌加"10 把又旧又破的椅子"，12 个盘子、6 把马口铁的勺子、6 把铁叉，还有 6 条床单。其价值经"当事人双方"——玛丽·艾马尔和儿子——协商一致，确定为 130 里弗尔，两人还明确他们"不会直接或间接地在法律意义上或惯例意义上构成任何集体（society and community）"。[14]

在这个非集体的新家庭中，生活依然艰难，1763 年 10 月，正预备同亚眠（Amiens）一个染布人家（这家人新近定居于昂古莱姆）的女儿玛丽·阿德莱德·德维亚伊（Marie Adelaide Devuailly）结婚的加布里埃尔曾作出声明，称母亲"目前不论是财物、家什，还是不动产一概都没有"。[15] 几个礼拜过后，围绕玛丽·艾马尔的家什又多了一份公证人文件。1764 年 1 月，她和加布里埃尔找到了另一位公证人，此人叫让·贝尔纳（Jean Bernard），据说"曾为小老百姓们写过不少文书"。此时在文件中加布里埃尔已经成了"文书师傅"。[16] 同样，这次加布里埃尔·费朗和玛丽·艾马尔也讲了一个故事。两人讲到，自 1760 年以来，加布里埃尔多次不得不"自掏腰包"为母亲还债——否则债主们就要拿走"那些家什"。她的债主包括一个鞋匠、一个制洗衣碱的、一个卖菜油的，还有一个布商；她总共欠了 290 里弗尔的债。[17]

加布里埃尔称，为了至少部分补偿自己还债的支出，他考虑过向法院申请对母亲的家什进行扣押和司法拍卖。但她劝他称这样一来卖家什得的钱几乎全部要贴给强制拍卖的花销，并提出不如由她"本着友好精神"（a la miable）将家什卖给他；1763 年，他以 130 里弗尔的价格将这些物件悉数买了下来。[18] 次日，两人又找了另一个公证人，这次玛丽·艾马尔承认自己已故丈夫的雇主也为她还过债——他以她的名义还过 150 里弗尔，又还了镇上烤面包的两家人 606 里弗尔——这是很大一笔钱，比她丈夫一年的工价还多。[19]

代理授权

1764 年 10 月，玛丽·艾马尔找到了公证人让·贝尔纳，自称是"木工师傅"路易·费朗的寡妇，且膝下有五个未成年的儿女。"她称她丈夫 1753 年和卡佐先生一道离开昂古莱姆镇去了马提尼克（Martinique），"公证人记录道，"接着他在格林纳达岛安顿了下来。"在接下来的数年间，玛丽·艾马尔"听说丈夫买下了若干黑人和几头骡子，而且他每天能赚 24 里弗尔，他的黑人每天还能帮他另赚 15 里弗尔"。"住在格林纳达岛的四五年间"，他发了"一笔小财"，接着他"回到了马提尼克，打算启程还乡与家人团聚"。但"他忽然害了病，三天后就死了"。他是在名为"慈爱众父"的一间教会医院过世的。[20]

　　玛丽·艾马尔作此声明并请求代理授权的目的是弄清楚那笔可能存在的小财的下落。她丈夫此前曾"把自己的钱存在旺达（Vandax）先生处，此人是个船主，也可能是个商人，住在锚地步道，也可能住在圣皮埃尔堡"。至少人家是这么对她讲的；"这些情况是当事人先后从昂古莱姆镇上某几个人口中得知的"，这些人"同时还告诉她，他们曾向旺达先生口头打听过此事，但其回答模棱两可，但她依然抱有希望，认为子女成年后这笔钱就能索回"。[21]

　　事情就这样搁置了一段时间。玛丽·艾马尔称"因为这样的希望，因为她的穷乏，也因为路远，直到此时她才得以开始调查"，同时也开始努力追回自己的遗产——"没有这笔钱她的生活将难以为继"。不过此时她听说商船队有个名叫帕斯卡尔·肖万（Pascal Chauvin）的中尉正要启程去马提尼克。代理授权就是为委托他为她的"一般和特别"代表而拟的，文件的末尾是一大堆法律术语。肖万有权在"一切法官、公证人、书记员和其他公众人物［面前］代表她"，"以他认为适宜的方式向旺达先生及所有其他人提出一切要求"，有权进行"请求、申辩、上诉、反对、辩护和反驳"。对于他的任何行为她都"认可且承诺认可"，并承诺补偿他未来的一切损失，为此她"签订本契约，且将自己的一切财产和子女的财产都做了抵押"。[22]

　　玛丽·艾马尔不会写字："当事人称不知道自己的名字怎么签。"但她生活在许多消息中间。人们告诉她各种情况，也告诉她马提尼克来的回答模棱两可；她进行了调查，也获得了信息。她让人帮自己写过信，她和丈夫隔着大洋缓慢地交换着信息；她知道他有些"尤其相熟的人"，包括格林纳达"卡贝斯泰侯爵"（Marquis a la Cabeste）堂区的一位德·弗拉维涅（de Flavigné）先生，还有马提尼克圣皮埃尔的一位雅尔丹的埃贝尔（Herbert du Jardin）先生，此人是个商人，她的信就是写给他的。她掌握了旺达先生的两个可能住处。她手上有各种名字、地址和数字："他的黑人每天还能帮他多赚 15 里弗尔。"[23]

这份单页代理授权的情况便是如此。玛丽·艾马尔的故事相当令人着迷，第一个原因是这故事仿佛一幅纷繁嘈杂的全景图：18 世纪时，即使是在远离海岸的法国内陆，也流传着关于外面的世界的各种真真假假的信息。这对于回答"事实究竟如何"这一传统历史问题很有意义。玛丽·艾马尔以公证人的规范用语描述了各种不成文的交流，包括一系列情况、消息，还有模糊的打听：这是近世获取信息的途径，这类交流瞬息万变，在各种历史研究的档案和数字资源库中倏忽即逝。

这个故事之所以令人着迷还在于它对回答另一个历史问题即"究竟发生过什么"的意义。玛丽·艾马尔讲述的故事以 1753 年丈夫离开昂古莱姆镇开头，而结尾则相当模糊。这个中尉后来查到了些什么（如果他真去了马提尼克）？卡佐先生是谁？——她丈夫的这位雇主替她还了欠镇上烤面包的两家人的债，但 1799 年一次与此无关的诉讼却表明此君是个"狠心""暴力""无情""贪婪"而"残忍"的人，同时他还是 1769 年金融危机中打头"资本家"（即债权人）的女婿。[24]旺达先生是谁？她丈夫手下的黑人都是些什么人（如果她丈夫手下真的有过黑人）？而这位穷困窘迫的玛丽·艾马尔又是谁？

关于她的经济境况，可以说存在一些证据：1764 年有人对她在世上的财富做过非常精确的估算，结论是总价值不到 160 里弗尔。关于她家中又旧又破的椅子和六把铁叉之类的物件，关于她同哪些人有交易、赊了谁的账、欠了谁的债，也有人一一做过记录。代理授权中提到过她的诸多信息（包括错误信息）来源：人们"告诉"过她一些"情况"，她进行过一系列"调查"，人们也"告诉"她那个住在马提尼克街上的商人对他们问题的"回答模棱两可"，她叫人读过哪些信、托人写过哪些信，也有记录。一份名单列出了她的熟人或者说1764年12月在她女儿的婚前协议上签字的那83个人。但大体上，玛丽·艾马尔的历史记录便是这些了。她的孙辈当中，当她在世时生在昂古莱姆的有22人，在她过世时，其中一个——即路易丝·拉维热里和后来的红衣主教拉维热里的祖父——已经结了婚。玛丽·艾马尔经历了法国大革命的头九个月，之后在小圣西巴尔堂区过世，时年77岁。而她下葬的堂区又是另一个：博利厄圣母区（Notre Dame de Beaulieu）。[25]

八个儿女

　　甚至玛丽·艾马尔的子女的人生故事（至少多数）也已失落于时间中。1736年她生了头胎的女儿安妮·费朗（Anne Ferrand）。1738年3月，19个月大的小女孩夭折。[26]几天之后（1738年4月），第二个孩子加布里埃尔·费朗出生，这也是她的子女中第一个安然度过婴幼儿期的。在她的众多子女中他是唯一一个人生在一段时间内得到过大量甚至过量记录的人。[27]加布里埃尔终其一生都活在话语的世界，而且实现了自己早年的志向，即"教导年轻人"。他娶了一个名叫玛丽·阿德莱德·德维亚伊的女子，夫妇俩有六个儿子，都生在昂古莱姆；到1775年他小儿子受洗时，他已经是"一个老练的文书和一间寄宿学校的老师"了。1816年他在昂古莱姆过世，根据记录，他当时是"夏朗德地区档案局的局长"。[28]

　　玛丽·艾马尔和路易·费朗的第三个孩子莱昂纳尔·费朗也夭折于幼年；他1739年出生，过完两岁生日不久就死了。[29]弗朗索瓦丝·费朗（Françoise Ferrand，即有一大群人签名的那份婚前协议中的女方）是第四个孩子，也是第二个存活下来的。她生于1740

年 11 月，同加布里埃尔一样，其人生也得到了记录。[30] 在圣马夏尔堂区，她给一个木工师傅的女儿当过教母，当时她 15 岁，还在登记簿上以大而自信的字迹签上了名：Françoige Ferant。[31] 她嫁给了艾蒂安·阿勒芒·拉维热里（Etienne Allemand Lavigerie），生了 13 个孩子，都是在昂古莱姆受的洗；1790 年她见证了长子马夏尔结婚，1796 年又见证了这对夫妇协商离婚；1801 年还见证了他第二次结婚，对象是圣多明各（Saint-Domingue）的一位年轻姑娘，名叫邦妮（Bonne）或者邦妮特（Bonnite）；她也见证了儿子的婚前协议，在协议中邦妮特同样承诺：自己的全部"动产和权利"，包括其他"一切物品"，丈夫都可以"使用、调查和追回"。[32] 弗朗索瓦丝 1805 年于昂古莱姆过世。本书中的 19 世纪历史则是围绕她的儿女、孙辈和重孙辈（即玛丽·艾马尔的母系后代）展开的。

几乎没有证据表明玛丽·艾马尔第三个活下来的孩子弗朗索瓦·费朗（François Ferrand）的存在。他是 1742 年受的洗，是在关于那笔失落的钱财的代理授权中她五个未成年子女之一；1763 年他在哥哥加布里埃尔的婚前协议上签过字，但翌年姐姐的婚前协议上却没有他的签名。[33] 1766 年他仍在昂古莱姆——当年他曾出席加布里埃尔和玛丽·阿德莱德第三个儿子的洗礼；孩子的教父（也是其舅舅）没有到场，根据记录，"叔叔弗朗索瓦·费朗"充当了他的代表。[34] 记录（至少我迄今为止找到的记录）便到此为止。可能弗朗索瓦和紧邻阿勒芒家和费朗家而居的"弗朗索瓦·费朗"是同一个人，1763 年一本税册上有他的名字，说他是舍瓦尔布朗旅店老板的"用人"，旅店老板和妻子都在弗朗索瓦丝的婚前协议上签过名。[35] 各种家族历史网站上涉及名叫"弗朗索瓦·费朗"的人的记录或者族谱虽然多达 19,000 余项，但与舍瓦尔布朗这位用人或者玛丽·艾马尔的儿子相符的却一项也没有。[36]

玛丽·艾马尔第四个活下来的孩子马蒂兰·费朗（Mathurin

Ferrand）留下的痕迹甚至更少。他是 1743 年受的洗，在关于那笔钱的代理授权中也提到了他的名字，关于他的全部记录就是这些。[37] 1763 年他也在哥哥的婚前协议上签过名（字迹有些犹豫），而翌年姐姐的婚前协议上也同样没有他的签名。[38] 他不在堂区的档案中，不在税册上，截至目前家族历史网站上也都没有他的名字。1758 年昂古莱姆抽签选民兵时列过一系列"脱逃男孩"名单，在其中两张里有一个称为"图尔人"（Tourangeau）的刀匠学徒。玛丽·艾马尔的丈夫便曾被称为"图尔人"，有可能马蒂兰·费朗也被叫作"图尔人"，而历史记录之所以难以捕捉到他，是因为他本来便想逃脱。[39] 不论如何，在昂古莱姆残缺不全的历史记录中，他是一个极端，而他当档案管理员的长兄则是另一个极端。

玛丽·艾马尔第五个活下来的孩子玛格丽特·费朗（Marguerite Ferrand）几乎同样没有存在感。她是 1744 年受的洗，在追索遗产的代理授权中也提到了她的名字（是事后想起加在页边的）。[40] 她 1764 年当过弗朗索瓦丝长子的教母，1768 年又当过加布里埃尔第四个儿子的教母；1767 年弗朗索瓦丝尚在襁褓中的女儿夭折时，她是葬礼上唯一的见证人；她在登记簿上签名的字迹有些犹豫，有时写成"Margerite Ferrante"，有时写成"Ferrainte"。[41] 但同样，关于她的全部记录也就是这些了。在网上世系和家谱的汪洋大海中，包含"玛格丽特·费朗"的族谱几乎同包含"弗朗索瓦·费朗"的一样多，但迄今为止还没有发现其中哪一个与玛丽·艾马尔的家族有关联。在 18 和 19 世纪，有许多原因会导致一个人从历史记录中消失：此人可能是个用人、穷人、脱逃者，可能人生波澜不惊，可能无法在登记簿上签名，也可能是独身（或者无儿无女，因而生命无法以世系和家谱的形式得到延续）。目前还没有什么证据表明玛丽·艾马尔中间这三个儿女——弗朗索瓦、马蒂兰和玛格丽特——的命运是否如此，是的话又究竟是哪一种。马克·布洛赫曾写道："'我不知道，我没法知道'这种话总是令人讨厌的。"可反过来，知道最终自己能够知道却又令人不安。[42]

　　玛丽·艾马尔的小儿子让-巴普蒂斯特-费朗，又名让·费朗，是六个儿女中唯一一个被当时的几次大规模革命颠覆了人生的，也是唯一一个有证据表明曾离开过法国的。他于1749年受洗，15岁时还在姐姐弗朗索瓦丝的婚前协议上签过名，字迹相当华丽。[43]1774年他和一个锅匠的女儿伊丽莎白·布图特（Elizabeth Boutoute）结了婚，和他家一样，妻子家里也和法国遥远的殖民地世界有来往；据记录他是个钟表匠。[44]他和伊丽莎白有过四个孩子，其中一个早夭。[45]1777年儿子死后，全家搬去了圣多明各，在那里一直生活到海地革命爆发。让-巴普蒂斯特在法兰西角（Cap-Français，即勒卡普角［Le Cap］，今天也称海地角［Cap-Haitien］）开过一间卖咖啡壶和油壶的铺子；据他后来回忆，当时他手下有15个黑人。[46]1795年，全家重回昂古莱姆——他们一贫如洗，是逃难回来的。1831年，"穷困潦倒"的让-巴普蒂斯特在巴黎过世。[47]

格林纳达岛上

　　玛丽·艾马尔及其子女的故事简而言之便是如此。但她本人最关注的问题（即丈夫究竟遇到了什么事）依然没有解释。同时这一问题也尖锐地凸显出历史学研究对象和历史学者之间信息的不对称——玛丽·艾马尔想知道却无法凭自己的能力搞明白的事，历史学者却有可能弄清楚。[48]

　　不论如何，没有任何证据——至少我没有找到任何证据——表明有过一笔钱，而即便这笔钱存在，也没有证据表明法国的这家人把它要了回去。玛丽·艾马尔的子女和孙辈中，没有哪个人的生活谈得上优渥（在下一代人中间情况会有改变，但那已经属于 19 世纪的历史了）。如果路易·费朗照合同约定在格林纳达岛上干满两年，那么 1756 年初这一雇佣关系应当已经解除。他的雇主此时已经回到昂古莱姆；1756 年 4 月在圣若望教堂堂区，让—亚历山大·卡佐在儿子的洗礼档案上签了名。[49] 因此路易·费朗应当已经开始在格林纳达岛上经营自己的新事业；与此同时，加勒比的殖民地世界也即将为漫长的七年战争所改变。

在 18 世纪 50 年代的格林纳达，奴隶占了社会人口的绝大多数。1755 年，岛上为奴的非洲人共有 12,608 名，此外还有 347 人是自由黑人或黑白混血，另有白人 1,077 名：在这个社会中（或者说在这座监狱中），用法国人口调查的说法，90% 的"灵魂"都是为奴的。如果 1755 年路易·费朗在格林纳达，他便是人口调查时登记在册的 247 名"携带武器的（白）人"之一。[50] 这一建立在奴隶生产之上的政权本身也在迅速扩张。1740、1755、1782 三个年份，岛上白人的数量几乎没有变化，而黑人人口在这期间增长了超过 350%：1742 年为 7,107 人，1755 年为 12,608 人，1782 年达到了 26,147 人。[51]

七年战争爆发于 1756 年 5 月，所以路易·费朗所谓的发了一笔小财并朝马提尼克进发、"打算启程还乡与家人团聚"的时候，一系列军事、经济和生存斗争正在上演。根据玛丽·艾马尔 1764 年代理授权的说法，他在格林纳达待了"四五年"。如果说法属实，那么他离开时就是 1758 年或 1759 年，正当异常激烈的战争月年：封锁港口、夺取运奴船只、任奴隶饿死属于当时的最佳作战方法。1758 年 7 月，法国官员从格林纳达发回报告称俘获了三艘船：一艘是加的斯（Cádiz）至百慕大的面粉船，一艘是都柏林至安提瓜（Antigua）的黄油船，一艘是从安哥拉来的"三桅小船"，"船上有 414 名黑人"。1758 年 3 月马提尼克的一份报告称俘获一艘船，船上载着象牙、黄金和"1,007 个奴隶"，其中有 364 人已经"在途中"

24

死去。[52] 1759 年 1 月英国人进攻马提尼克，但没有攻取，1759 年
5 月又进攻瓜德罗普，这次成功了；英国人占领了格林纳达，并于
1762 年再度向马提尼克发起进攻。

　　玛丽·艾马尔在 1764 年代理授权中描述的信息，混合了兵荒
马乱的战争年月后各种真实而片面的消息。路易在几封信中提到过
的自己那两个"尤其相熟的人"——格林纳达"卡贝斯泰侯爵"堂
区的德·弗拉维涅先生以及马提尼克圣皮埃尔的商人雅尔丹的埃贝
尔先生——都确有其人。1762 年英国人占领格林纳达后进行的首次
人口调查中登记在册的有侯爵堂区的一位德·弗拉维涅先生，其手
下有 167 个奴隶，"都是上了税的"；卡佐也有登记：他在邻区，有
50 个奴隶。[53] 雅尔丹的莱昂·马里·埃贝尔（Léon Marie Herbert
du Jardin）是马提尼克的一名商人。1764 年 9 月，他在当地过世，
短短几个礼拜后，玛丽·艾马尔便在昂古莱姆签署了那份代理授权；
他尚在襁褓中的女儿几周后成了一场官司的中心人物——在当时的
格林纳达，为争夺奴隶种植园的继承权，人们没完没了地打官司（有
依照法国法律的，也有依照英国法律的），而这便是其中一场。[54]

　　旺达先生——这个神秘的人物"是个船主，也可能是个商人"，
路易·费朗曾把自己的钱存在他处，而人们向他口头打听此事时
他的回答相当令人不满——也确有其人。有两兄弟：贝尔纳·旺
达斯（Bernard Vandas，这个姓又写作 Vanda、Wanda、Vvanda、
Uranda）和皮埃尔·旺达斯（Pierre Vandas），两人的名字时不时
出现在马提尼克锚地圣皮埃尔堂区的档案里。根据记录，两人都是
商人，都是在故乡朗德（Landes）的蒙德马桑（Mont-de-Marsan）
受的洗：贝尔纳（"旺达"）受洗是在 1707 年，皮埃尔（"欧万达"
或"万达"）受洗是在 1709 年。[55]

　　受玛丽·艾马尔之托调查真相的帕斯卡尔·肖万中尉是个更难
确定的人。签署代理授权（玛丽·艾马尔在这份文件中将自己的一

25

切财产和子女的财产都做了抵押）时他不在场；他"即将去马提尼克生活"，但没有证据显示他后来真的去了。"让·帕斯卡尔·伊尔瓦·肖万"（Jean Pascal Yrvoix Chauvin）是昂古莱姆一个杂货商的儿子，他母亲在离阿勒芒家和费朗家只有几分钟路程的圣安德烈堂区卖菜油，他是 1738 年复活节礼拜天在圣安德烈区受的洗，且和加布里埃尔·费朗差不多一样年纪。[56] 他后来确实搬去了西印度群岛生活，最后在圣卢西亚岛（Sainte-Lucie）过世，当时的记录说他是个商人，在炮兵部队任中尉，还是民兵部队的首领。[57]

多明我会建立的慈爱众父（也叫慈爱弟兄）医院——据说路易·费朗病发三天后就是在这里去世的——确实存在。医院坐落于马提尼克圣皮埃尔的海边，服务对象是"渔民和工人"——"路过的人或来岛及住在殖民地的手艺人，都可以免费来修会的医院看病"。[58] 但圣皮埃尔在路易·费朗死后几个月间乃至几个世纪间也发生过一系列难以想象的自然灾害。1759 年 9 月，一场可怕的大火将可能是也可能不是旺达或旺达斯先生住所所在地的"锚地"夷为平地。1780 年 10 月"大飓风"期间，圣皮埃尔再度遭到蹂躏，仅此一地便有千人丧生。一个世纪后，在圣皮埃尔发生了法国历史上最具毁灭性的一场自然灾害：1902 年 5 月，培雷火山（Mount Pelée）喷发，毁掉了这间多明我会医院和各种档案，也吞没了近 30 万的人口以及这座镇子的整个社会圈子。[59] 今日的圣皮埃尔已经成了一座鬼城，而路易·费朗的命运同其他无数人的人生也一道葬在了那里——葬在了时间的灰烬中。

残忍雇主

甚至和路易·费朗签过合同的让-亚历山大·卡佐的历史也没有为其前雇员最后几年的人生提供什么信息。应当说，这段历史只

26　　是叫人看到了个人身份在 18 世纪帝国拉锯间是多么地飘忽不定、难以捕捉。卡佐 1727 年 9 月生于瓜德罗普巴斯特尔（Basse-Terre）堂区。[60]他父亲是波尔多的一名律师，娶了一个种植园主的女儿，这园主叫博洛涅（Bologne），也可能叫布洛涅（Boulogne），是瓜德罗普民兵部队的一名指挥官。倔脾气的老卡佐一度因妻子嫁妆的问题与岳父发生争执，并在其间去了瓜德罗普。后来二人请求岛上的一些官员就此做出仲裁，而这些人最终认为老卡佐"抱怨老博洛涅的理由没有他声称的多"，并且"比起老卡左（Cazeaud）自己来，老博洛涅甚至更渴望女婿回法国"。[61]

　　1730 年初，卡佐一家回了法国，而且来到了昂古莱姆。这家的奴隶（也可能是用人）中至少有一名也跟他们一道回来了。1733 年 7 月，"一场非凡的典礼吸引"了一大群围观者：圣安德烈堂区教堂正为"犹大海岸国家"——在今日贝宁（Benin）的维达（Ouidah）——"来的黑人"让−弗朗索瓦−奥古斯特（Jean-François-Auguste）举行洗礼。此人是路易·费朗雇主的父亲老卡佐"从岛上"带回来的，根据堂区的登记簿，老卡佐"打算之后将他带回去"；黑人的雇主（也可能是主人）称他"可能十六七岁"。教父和教母分别是昂古莱姆主教堂的教士让·卡佐（Jean Cazaud）和玛丽·卡佐（Marie Cazaud）；行洗礼的人——博利厄圣母区的本堂神父——也是姓卡佐的。这位本堂神父在堂区登记簿中写道，"年轻的改教者"身穿白罩衣，头顶一支蜡烛，场面相当有"教化意义"（"建立人"），以至于会众中许多人都请他为自己祷告。[62]

　　路易·费朗的雇主、让−弗朗索瓦−奥古斯特主人的儿子让−亚历山大·卡佐在波希米亚一个骑马步兵团服过兵役；后来终其一生他都自称为"前任龙骑兵军官"。[63]他经常回昂古莱姆，1752 年还娶了镇上一位富裕的丝绸商人（也是个兑换钱币的）的女儿西尔维·卡利斯特·贝努瓦·德·埃萨尔（Silvie Calixte Benoit des

Essarts）。姑娘当时 17 岁。[64] 过了一年出头，由岳父作保，他雇了　27
两个木匠（路易·费朗是其中之一），启程前往格林纳达。[65]

接下来的几年里，卡佐在格林纳达的新事业和昂古莱姆之间
两头跑；1756 年和 1757 年，他的儿子和女儿先后在镇上受洗。
他开始使用一个令人敬畏的新名字：卡佐·德·卢米拉克（de
Roumillac）。[66] 1759 年战争期间，他把家整个搬到了格林纳达，
1761 年他在此"有了一些可观的收获"——这是几年后关于妻子西
尔维的遗嘱条款打官司时他本人讲述的——他后来也把西尔维接到
了岛上，"要她领导自己的企业"。[67] 他作为 50 个奴隶的主人被登
记在册便是在此时。[68] 英国人占领格林纳达后，西尔维回了昂古莱
姆，1764 年又生下一个女儿。[69] 卡佐入了英国籍。继而他再次把
西尔维接来格林纳达，但"她感到自己不论心思还是意愿都是法国
人，便以身体原因为借口，于 1770 年返回了法国"，她一直留在祖国，
直到 1781 年过世。她还乡的真正原因——在为其遗嘱打官司时卡
佐的律师们如是说——"是为了满足自己奢侈享乐的欲望"。[70]

在接下来的十年间，卡佐有时是英国人，有时是法国人，有时
两重国籍兼有。1767 年他宣誓效忠不列颠王室且承认英王的至尊地
位；这一信息来自其子 1811 年向一位英国官员提交的一份悲伤的
请愿（"我一生受神经疾病的折磨，悲惨到甚至不得不频频改换居
所"）。[71] 卡佐也曾对宗教审查法（Test Act）表示过赞同，声称忠
于英格兰教会且已弃绝自己的公教信仰，不过事实究竟如何仍然有
争论。1780 年法国收复格林纳达后，他曾表示作此声明实乃无心。
他在给岛上新上任的法国总督的信中写道："我本来要签一份文件，
人们却错给了我另一份，给我文件的人没有留意，我也没有留意，
直接签了名。"新的法国政府组织的调查得出的结论很冷淡："如果
说签字不过是粗心大意导致的，那么这一错误虽然令人难以置信，
但能犯这样的错误也是相当倒霉了。"[72]

28　　　"整座岛上暴力横行，极度焦躁。"一位新来的英国经营者如此描述英国统治初期的格林纳达，而卡佐完全投入了当时英法之间的政治风浪中。[73]一次，格林纳达选举新的代表大会，人们为此起了争执，卡佐被控"藐视轻慢""国王殿下议会"的"要人、官员和法官"；众人"一片哗然"，而他趁机"开始情绪激动地宣读一份法语报纸，并称此举为抗议"。他被关进了格林纳达岛圣乔治镇上监狱的"一个小房间中，和一些黑人逃奴及各种罪犯一道，受到严密看守，房间中有若干囚犯，其中一个戴着枷锁"；房间中的"味道令人作呕"，他"不得不一直拿烟草和报纸烧火，还拿醋来洒"。接着，签过一份承认"议会公正且温和"的仲裁书后，卡佐启程去了英国。[74]

　　　1770 年，一些英国经营者向伦敦枢密院提交了一份申诉状，文中称卡佐是个"有财富有信誉的绅士"，因"一系列专横、混乱而非法的诉讼"而进了"极为可憎的监狱"。在此期间"新归化的臣民［即入了英国籍的法国经营者］"已经"委派了［他］代表他们［向伦敦］申冤"。[75]在接下来的几年间——这同样是后来为西尔维的遗嘱打官司时卡佐本人的说法——他"有时在法国，有时在格林纳达，有时在意大利或别处，为自己的事务东奔西走"。格林纳达依然有他的长期住所，此地是他的"财富之源"——用他律师的话说则是他"日进斗金"之源。[76]

　　　1779 年时卡佐已经来到巴黎，住在一间租来的房子里，与他一道的还有长女玛丽·玛尔特（Marie Marthe）和一个名为让-亚历山大·詹姆斯（Jean-Alexandre James）的奴隶。关于让-亚历山大的身份说法不一，一些资料称他"生在非洲犹大贸易站附近的黄金海岸"，另一些称他是个"东帝汶王国来的黑人"，此人被运至格林纳达"送到卡泽奥先生家"时还是个孩子；此时他已经 20 岁出头，[77]做了卡佐的贴身男仆，跟着主人先是去了伦敦，后又去了巴29　黎。1799 年 6 月，在受过卡佐及其女儿长年"极度非人的待遇"后，让－亚历山大找到了巴黎的海事法院，要求自由。"这位年轻小姐严苛又专横（她以相当奇异的方式控制了自己的父亲），常常以极度骇人的方式苦待这不幸的仆人"，让－亚历山大的律师们写到，他"遭到了残忍对待"，曾在大冬天被人从病床上拉起来、关进一间又黑又不卫生的地下室，还不给饭吃。根据律师们的记录，卡佐的其他仆人被这一幕吓坏了，甚至纷纷辞了职。[78]

法院受理了此案；与此同时，让－亚历山大却被人抓住关了起来，原因是参与"秘密毁谤［卡佐的］活动"。1779年9月，海事法庭批准释放让－亚历山大，并赔偿了他500里弗尔；六年前伦敦的萨默塞特（Somerset）案曾援引法国判例，类似地，让－亚历山大一案也援引了英国判例。[79]对判决不服且不愿释放让－亚历山大的卡佐提起了上诉。1780年4月，街上有人企图劫持让－亚历山大，后者被打成重伤，最终完全是因为"出现了混乱"才得以脱逃；当天卡佐在巴黎的"追随者"们还"错误地"攻击了另外两名非洲人。在为让－亚历山大所拟的一份备忘录（这份文件攻击了不列颠和法兰西两大帝国奴隶法的最高原则）中，法国的佐审律师称卡佐的行为"龌龊""可憎"。接受卡佐的论点等于承认"在法国，只要是个非洲人，别人就能拿他当奴隶"。"这名仆人已经来到国家的圣所寻求庇护，是时候秉公为其申冤了。"[80]

也是在这一时期——事实上就是与此同时——卡佐再度进行了自我发明，创造了一重全新的身份。1779年2月，来自格林纳达岛的一位"卡佐先生"向伦敦皇家学会宣读了一篇长长的技术论文：《一种新的甘蔗种植方法》。关注点之一为甘蔗的"四套"根（"二级根系，包括第一套aa，第二套bb，第三套cc和第四套dd"）的这篇论文当年分别以英语和法语发表。[81]1780年4月，卡佐当选为皇家学会会员。[82]1785年，他有了一个新名字，还获得了新的学术身份。他写了一篇研究论文《关于一些社会机理的考察》（*Considérations*

30

sur quelques parties du méchanisme des sociétés），其中包括 14 条
假说，还有围绕"如何从地区资本家手中取得 3,333,333 镑：13：加
4：他为支付消费税而不得不留下的那部分的总额"展开的一系列量
化说明。这篇文章被视为"伦敦皇家学会卡佐侯爵"（le Marquis de
Casaux, de la Société Royale de Londres）的研究成果。[83]

数百人中之一

　　1753 年 12 月与路易·费朗签订合同的就是此人，后来路易·费
朗去波尔多与之会合，一道开启了漫长的美洲之旅，最终还送了命。
在其令人惋惜的一生中，卡佐与数千人有过交集，有过数百名仆人
和奴隶，昂古莱姆区区一个细木工人在其人生中留下的痕迹如此之
少并不出奇。尽管（根据西尔维遗嘱权官司的说法）1764 年 10
月玛丽·艾马尔签署代理授权时卡佐也在昂古莱姆，但授权书仅在
交代最初于 1753 年确立雇佣关系时提到过他。[84] 卡佐的扩大家族
中没有人在玛丽·艾马尔和路易·费朗夫妇女儿的婚前协议上签过
名，尽管西尔维当时和新郎的父亲、起草协议的公证人以及 16 名
在协议上签字的人都住在昂古莱姆镇同一片"居住区"。[85] 在卡佐
喧嚣动荡的世界里，人生最后几年的路易·费朗不过是个次要人物。

第二章

婚前协议

83 人

让我们回到更为平静的昂古莱姆，看看镇上的社会关系：玛丽·艾马尔和路易·费朗夫妇女儿的婚前协议是签署代理授权几周后起草的，当时是 1764 年 12 月。24 岁的弗朗索瓦丝·费朗与艾蒂安·阿勒芒订了婚，艾蒂安是镇上一名裁缝的儿子，也是 24 岁，是个"文科硕士"。协议写到，依据习惯法，订婚的二人构成了一个"集体"。两方各预支 50 里弗尔。艾蒂安的承诺相当简单："他现在和将来的一切财产和权利"。弗朗索瓦丝的承诺则囊括了一连串继承期望，包括"父亲死后归于她的一切财产和权利（不论其内容和处所），以及母亲死后归于她的一切财产和权利，以及其他一切方式的所得"，意即那笔失落的钱财和那些可能存在的奴隶也包括在内。[1]

弗朗索瓦丝还列出了据称是兄弟加布里埃尔·费朗欠她的一笔钱。当着公证人的面，她向未来的丈夫和公公以及其他在场的亲属出示(也可能是"描述")了一张字据:立字据的是加布里埃尔夫妇俩,上面的金额为 1,000 里弗尔,日期是 1764 年 3 月 26 日,承诺 1765 年 7 月全款归还。(这是很大一笔钱,相当于一座"中产阶级住宅"价格的十分之一——和新郎同住一个堂区的一名工程师如是说。)[2] 弗朗索瓦丝称这是自己勤奋工作和俭省积蓄所得,并将之算作自己嫁妆的一部分。[3]

协议中最怪异的部分是结尾。因为文件是在 12 月的一个午后于加布里埃尔·费朗家中由 83 个人签署的。当时等于是开了一场冬日胡闹聚会(charivari),来了大群亲戚和邻居,有年轻姑娘,也有老爷爷,有烤面包的、卖小玩意儿的,还有女裁缝。这群人的规模也异乎寻常地大。[4] 玛丽·艾马尔没有在合约上签字——她一如既往地表示自己不会签。[5] 但这 83 人却是她圈子里的人,至少在一段时期内如此。她是新妇的母亲,仪式也是在她自己家里或者说在她与儿子共同生活的家中举行的。

这 83 个签名定格了时间中的一个片刻:1764 年 12 月一个礼拜天的午后。这些签名表明了 83 个人的存在:这些人的人生早在 1764 年 12 月 9 日之前很久便已开始,在这之后又继续,而且彼此发生关联,即便关联只是暂时的。这些签名也是一种对交谈或者说交流的描绘。在加布里埃尔·费朗家中,这 83 个签名者(以及包括新妇的母亲在内的其他到了场却没有签名的人)说着话,也彼此交流着信息。这不是一群不出声的人,排成一长串沉默地等待着签上各自的名字。

玛丽·艾马尔这部历史到此为止一直是一项在时间和空间中展开的调查,类似于她自己围绕丈夫和他那笔钱的下落进行的侦查。从这份婚前协议的角度看,这部历史则是在社会关系空间中展开的调查;从玛丽·艾马尔延伸到其生活在昂古莱姆的各个小堂区中的熟人、朋友和邻居。研究的出发点之一是我们今日的社交网络,以及现代科技带来的诸多视觉化（和解释）的可能。婚前协议上的签名虽只是对玛丽·艾马尔的社交网络或是这对新人社交网络的交集的一种近似的和当时的描述，[6] 但也是确实存在的证据——某种可以作为一种网络得到视觉化和理解的证据。

　　除了1764年曾在同一个礼拜天出现在同一栋房子里，这83个签字的人（也可能是81个——这是我迄今为止多少有信心可以确认的）几乎没什么共同点。这些人当中年纪最大的是新郎的祖父，一个79岁的裁缝。年纪最小的是一个10岁小女孩"罗丝玛琳"，她是一个卖小玩意儿的小贩的女儿，这小贩和新郎的父亲住得很近。[7] 这当中有43人是妇人和姑娘：女性多于男性。签名的有3个裁缝、2个制帽匠、2个面包师、1个屠夫、1个造蜡烛的、2个女裁缝、1个女装裁缝、1个造纽扣的、1个乐师、1对卖菜油和陶器的姐妹俩、1个卖烟草的寡妇、2个书记员、1个旅店老板、1个马具商、1个卖小玩意儿的妇女，还有她的姐夫（也是卖小玩意儿的）、1个盐商、镇上警官的2个女儿、1个退了休的金匠、寄宿学校的2个学生、2个教师和2个文书师傅、1个收税的，还有此人的妻子。[8] 那个金匠是镇上最有钱的人之一，此人几个月后（1765年）便过世了；在婚前协议上签名的还有一个12岁的男孩，是另一个收税人的儿子，1839年过世于艾格尔（Aigre）村。[9]

　　即使退一万步说，调查签名的都是些什么人也是一个不断重复的工作：阅读堂区的登记簿（接着为了寻找另一个人又再次阅读同一套登记簿），寻找另一些事件（其他婚姻和洗礼的档案——教父教母会在记录上签名），搞清楚某些特定的人是在什么时候、多大年纪过世的，在诞生了民事登记这一新制度——其内容相当详细，过世多年的祖父母的历史也会调查到——的后革命时期找到这些人的子女。要弄明白在婚前协议上签字的都是些什么人、弄明白这些人为什么会来，唯一的途径便是确定这些人在时间、空间和家族生活中的各种联系：他们何时出生、何时过世，他们的父母是谁、子女又是谁，他们选了什么人当子女的教父教母，他们自己又当过什么人的教父教母。

于是，在这一调查过程中——或者说是在昂古莱姆市档案馆的虚拟空间中各种意外的流连间——研究进一步通向了关于更大的一群人——包括 83 个签名的人以及这些人各自的亲戚朋友——的信息。这更大的一群人则成了对这份婚前协议进行社交网络视觉化的基础。83 个人再加上各自社会关系的规模太大，很难想象成一个网络，人也很难不为之带偏。但这一网络，包括作为其要素的个体间联系——那些将个体联系起来的"节点"和"边"——又是一个起点：由此开启了对 18 世纪昂古莱姆的经济生活、对漫长的 19 世纪的一系列政治和经济革命，以及对外面的世界、对远离海岸的法国内陆产生的影响的一系列探索。

83 个签名者当中只有一个，即最年幼的那位"罗丝玛琳"，算是个政治人物，不过这仅仅是指在法国大革命期间有她一份专门的政治档案，档案中她是"一位知名的爱国者"，证据是公共安全委员会的一名代表提供的——她与此人"几乎每天"见面。[10] 革命爆发时，在婚前协议上签字的人当中依然在世的至少有 36 人，在革命岁月里这些人依然过着平凡的生活；本书将表明，这些人——至少其中的一些人——依然在原地，同他们各自的联系一道，存在于昂古莱姆法国大革命的历史记录中。

是什么人？

可以将 83 个签名者划分成五组：女方家庭、男方扩大家族、女方哥哥（婚前协议就是在他家签的）的邻居、男方父亲的邻居，以及"其余人等"。（签名者名单见附录二，其中有一个叫"拉康姆

[Racom]"的，至少我迄今为止的研究几乎没有找到什么关于此人的信息。)[11]

当时女方一边签名的人极少。除了哥哥加布里埃尔外、弟弟让或称让－巴普蒂斯特也签了名，而列在几个礼拜前那份代理授权中的另外两个兄弟和弗朗索瓦丝的妹妹都没有签名（也可能是没有到场）。玛丽·艾马尔和男方鳏居的父亲是协议中提到的两个重要人物；仪式开始时，她"表示自己不晓得"（签名这些名堂）。[12] 女方扩大家族来的人不多，包括镇郊圣奥索纳堂区的一个制帽匠、玛丽·艾马尔的一个远房表亲（还带着父亲和妻子），以及加布里埃尔的妻子玛丽·阿德莱德·德维亚伊、玛丽的妹妹多萝泰（Dorothée）和妹夫加布里埃尔·勒迈特（Gabriel Lemaitre，一个画师），另有一人是一个称为克洛茨（Klotz，也写作 Clod 或 Kloche) 的厨子的孙子。

属于男方一边的第二组签名者规模要大得多。签名者当中至少有 35 人来自男方艾蒂安·阿勒芒的扩大家族。裁缝师傅之子艾蒂安是个早慧的学生。继洗礼之后他在昂古莱姆堂区登记簿上首次出现是 11 岁那年，当时他在一位表亲的洗礼记录上签了字，字迹工整而自信。[13] 婚前协议上说他是个"文科硕士"——内兄加布里埃尔的这个梦想在他身上实现了。婚前协议签署后几个礼拜，艾蒂安同弗朗索瓦丝成了婚，当时的记录上说他是一所寄宿学校的老师；在夫妇俩第一个孩子的洗礼记录中他则是个"学校老师"。[14]

艾蒂安的裁缝父亲马克·阿勒芒（Marc Allemand）的祖父"人称拉维热里的纪尧姆·阿勒芒（Guillaume Allemand dit Lavigerie）"，也是个裁缝，生于 1630 年前后。根据镇上人命名的习惯可知，拉维热里一家是从昂古莱姆以西 10 公里的小村庄拉维热里搬来镇上的。[15]（两个多世纪后，拉维热里还有一家人姓阿勒芒：玛格丽特·阿勒芒。她是另一个纪尧姆·阿勒芒的女儿，1808 年在村中过世。1841 年进行人口普查时，拉维热里村在册的 71 人中有一个叫皮埃尔·阿勒芒的农民。）[16] 马克·阿勒芒偶尔也会用"拉维热里"作为自己的签名；他在 1763 年一本税册上登记的是"拉维热里称为拉维热里的阿勒芒"。[17]

马克·阿勒芒有八个儿女，在产妇死亡率极高的当年，他曾经两度丧妻。[18] 他的头一个妻子死于产后并发症，第二个妻子（艾蒂安的母亲）也一样——当时艾蒂安五岁。艾蒂安的外祖父也是个裁缝，此人有 16 个儿女、有过两个妻子；他和第二任妻子（艾蒂安的继外祖母）都在婚前协议上签了名。[19] 扩大家族内的各种关系历史极长。签名者中有 28 人是艾蒂安曾祖父母的后人——这对夫妇的子女的配偶遍及镇上各行各业，令人印象深刻。夫妇俩的一个女儿（马德莱娜）嫁了一个面包师，另一个女儿（也叫马德莱娜）嫁了一个盐商；女儿玛格丽特则嫁了一个布商。小马德莱娜的两个女儿一个嫁了屠夫一个嫁了鞍具匠。婚前协议签名者中绝大多数的表亲都来自几个女儿的各个家族，包括烤面包的戈迪诺（Godinauds）家、贩盐的格洛蒙（Glaumont）家、卖布的茹贝尔（Jouberts）家、从事屠宰和制蜡烛的伊尔瓦（Yrvoix）家，还有造鞍具的迪梅尔格（Dumergue）家。[20]

第三组签名者——女方哥哥加布里埃尔·费朗的邻居——的情况则相当不同。1763 年和 1766 年昂古莱姆曾先后两次造册，对须向国王纳税（以及免税）的人进行过详细登记。七年战争后，政府一直在暗中开展工作，努力增加税收，其手段之一便是造册，同时税册也成了记录这段历史的主要资料之一。18 世纪的镇区分为若干"住宅岛"（isle de maisons），即许多相互毗邻的住宅构成的组团，税册将镇上的居民按各人所居住的"岛"列了名单（1766 年镇上有1,319 户人家，另有 1,229 户位于周边郊区）——因而看名单便能知道谁和谁比邻而居。[21] 同时名单上也能看出几年之间的变化、法国大革命期间哪些人留了下来：革命当时，镇上再度对居民进行了缴税和家庭调查，其登记簿也存于昂古莱姆市档案馆中。[22]

加布里埃尔与母亲一道住在一间"公寓"（pension）或者叫宿舍里，婚前协议也是在这里签的。宿舍里住的都是在昂古莱姆学院念书的男孩（学院在1762年前一直属于耶稣会）。学院一带地方繁荣而勤勉，[23]根据19世纪夏朗德一名档案管理员的说法，这个名叫"哀恸圣母"的小小堂区是个"街道狭窄、房子扎堆"的地方，"驻扎"着各种文官、书记员、律师和税官，还有一些"他们所需的小老百姓"，包括钟表匠人、"文科硕士"，还有镇上的印刷商，全都聚集在其大主顾主教住所的周围。[24]加布里埃尔的邻居便是这些人。签名者中有五人是加布里埃尔·费朗在学院广场岛和学院岛上的近邻，包括一个律师的寡妇（就住在旁边一栋房子里）、邮局局长的女儿、她的父亲和她当律师的丈夫，还有一个印刷商的女儿。[25]

由男方父亲马克·阿勒芒的邻居组成的第四组签名者是更杂的一群人。这些人就住在几分钟开外的镇中心，紧邻桑园广场（今天叫弗朗西斯—卢韦尔广场）的东面。加布里埃尔和母亲住在桑园广场的南面，这广场与其说是四方的不如说是三角的——当年如此，今日也一样。后来这广场见证过革命的大场面，见证过家庭悲剧，有段时间还见证了人们买卖没收财产大发横财。桑园广场及四围的两大地主是提尔塞莱特女修道院（圣方济各姐妹会）和多明我会（雅各宾）修道院。男方家住在广场东面的另一个叫圣安托南的堂区，这一区的房屋同样簇拥着一座宫殿般的建筑——昂古莱姆城堡，城堡中住着残疾军人、战犯，还有为这些人供应日用和安顿起居的各色人等。

签名者及其亲属中有18人和马克·阿勒芒登记在同一座岛上，这岛在1766年称为绿钟岛。这18个人包括一个布商的妻子（此人做过鞋匠，其三个女儿也一道签了名）、那位警官的女儿（其姐姐和侄女也一道签了名）、一个卖菜油的、一个卖小玩意儿的（他的两个女儿也签了名，两人都叫罗丝·马兰［Rose Marin］）、一个教师或称"校务委员"（regent）、同是卖小玩意儿的罗丝·勒泽（Rose Rezé）、一个管登记簿的书记员（其妹妹和11岁的儿子也一道签了名）。起草婚前协议的公证人让·贝尔纳也住在这座岛上。[26]

最后是第五组，包括了剩下的所有签名者共计18人。其中有寄宿学校的两个学生——几个礼拜后两人又见证了艾蒂安和弗朗索瓦丝结婚，并在哀恸圣母堂区登记簿上签了名。[27] 有六个人来自退休金匠让－巴普蒂斯特·马歇（Jean-Baptiste Marchais）的扩大家族。[28] 还有那位卖烟草的寡妇，此人比玛丽·艾马尔年长几岁，和她一样也同镇上管理监狱的人们有来往；和玛丽·艾马尔的外祖父一样，她父亲也在国王的监狱里当过"门房"（concierge）。[29] 还有另一位高官，是收援助税（aides）的，他带着妻子和一个姐妹，和要人们一道在协议末尾签了名。[30] 还有一个商人，也叫伊尔瓦，但和阿勒芒家无关。还有一个女装裁缝，以及另一个律师14岁的孙女。后来死于1839年的那个12岁的男孩圣梅克森·德·克雷夫库尔（St Mexant De Crevecoeur）也在其中，1763年他还在加布里埃尔的婚前协议上签过名，签的是"F. 克雷夫库尔"，他家在艾格尔（以及瓜德罗普），家中人有收税的，也有军官。[31] 还有一个人是1764年昂古莱姆镇上的六个"让·罗伊"（Jean Roy）当中的一个；最后还有一个"拉康姆"或者"拉康普"（Racomp）。

社交网络视觉化

曾在片刻间构成玛丽·艾马尔的关系网络的便是这样一些人。这些人各自都有各种持续的朋友关系、家庭关系、雇佣关系及邻里关系：用镇上堂区书记员的话说就是"与他们亲近的——亲戚和朋友"；在 18 世纪后昂古莱姆，它类似于现代的"社交网络"即签名者交流"信息、态度和行为的一系列主要渠道"。[32] 可以作为社交网络得到视觉化的正是这更大的一群个体——签名者及其各自的联系；不妨将这一网络命名为"83 人"。

　　组成 83 人网络的包括签名者和同这些签名者有关联的全部个体的一个子集，即在昂古莱姆（及别处）的堂区记录和民事登记簿中与某个签名者联系紧密的那些人。[33] 签名者彼此联系，且在镇上以及同外界又各自有各自的联系。这些人可以被描述为"艾马尔网络"，因为这是 1764 年 12 月一个午后聚集在玛丽·艾马尔周围的一群人。其他与之关系紧密的人可以按照数学历史的逻辑认为其"艾马尔数"为 1；20 世纪有过一些"埃尔多斯数"为 1 的数学家——因为这些人与匈牙利数学家保罗·埃尔多斯（Paul Erdös）合著过某篇论文——"艾马尔网络"也与此类似。[34]

　　这一网络是历史性的，也可以说是历时性的（diachronic），反映了仅仅在 1764 年 12 月 9 日短暂地齐聚过一次的 83 个人全部生命的各种关系。但视觉化的对象仅限于玛丽·艾马尔在世期间（1713—1790 年）关系网中活着的个体，且排除了早夭者。换一种更有感情色彩的说法：组成这一网络的是一些与玛丽·艾马尔同一时间生活在这世上的人。这本书不是一部玛丽·艾马尔史，长期来看，这一网络也并非她的网络。而涵盖了 83 个签名者和其他人的扩大的网络则全然不是她的网络。但探索是从玛丽·艾马尔开始的，而 12 月的那个午后在昂古莱姆哀恸圣母堂区，她曾是构成这一网络的那群人的中心。

　　正如克莱尔·勒梅西埃（Claire Lemercier）和保罗—安德烈·罗森塔尔（Paul-André Rosental）所言，网络是历史研究中的"一种简单工具"：是一种思考——尤其是思考作为"联系宏观与微观的环节"的网络中个体的人生——的方式。[35] 这是网络社会学近半

39

个世纪以来的关注焦点，而且至今依然是社交网络和信息产业的希望。[36] 在这一意义上，83人网络是一件工具。这是在昂古莱姆（以及别处）更大的社会中定位玛丽·艾马尔和其家人的途径之一。网络显示了婚前协议签名者拥有的各种海外关系，表明了这些关系在更大的网络中是如何扩散的。最后，这一网络还可以帮助我们概观其中下一代人的人生在历史中的展开：这些人与法国大革命的一系列事件可能的联系，包括在革命期间这些人的（高度的）流动性。

40 和这部历史中其他许多方面一样，这一网络也是不完整的，也存在其他可能性。

为什么来？

　　既然有了这么些故事和这一整套视觉化，那么问题能否得到解答？——这83个人都是谁，这些人又为什么会来？在这部甚至有点人类意识史意味（而马克·布洛赫认为一切历史都应当是人类意识史）的历史中，回答为什么比回答是谁来得容易。[37] 这83人之所以会来，是因为他们好打听事，因为他们对这整件神秘的事情感到好奇。他们关心（而亚当·斯密认为每个人都会关心）"彼此的品格、打算和行动"，而那笔据说失落已久的遗产的故事——婚前协议中承诺的"不论其内容和处所"的权利，还有代理授权中提到的"若干黑人"——无疑也能勾起人的兴趣。[38]

　　签名者中超过半数是男方父亲马克·阿勒芒的亲戚邻居，要说这些人终日在昂古莱姆镇中心几个堂区狭窄拥挤的街上来往，却从没听过他未来儿媳妇的这个奇异的故事，有些站不住脚。有一种站在经济视角上的解释，认为所有这些远房亲戚和继祖母们之所以到场，是因为他们也指望从这笔遥远的钱财中分得一杯羹。而另一种解释则明显得多：这些人之所以到场是因为他们想弄明白究竟是怎么回事。

在这一意义上，83 人网络是 18 世纪昂古莱姆各种信息交流的一种近似模型。谁最适合把信息传开去？这是现代社交网络理论家们曾在印度考察过的问题，而网络中有一些人交流消息、观点和信息的机会尤其多。[39] 马克·阿勒芒这位裁缝到此为止一直是故事的中心人物，因为许多签名者正因为同他有某种联系才来的——这些人或是他的亲戚，或是他的邻居。在正式意义上他也是 83 人网络的中心；在视觉化的诸多"节点"（被描述的个体，包括签名者及这些人各自的关系者）中，马克·阿勒芒的"边缘"（与其他人的联系）数量远远多于别人。他是一个交际很广的人，而这也是其职业使然，他家还是当地一个地标。[40] 1715—1770 年的 55 年间，他在昂古莱姆九个不同堂区出席过各种仪式，在堂区登记簿上总共签过 44 次名。[41]

41

小地方的经济生活

总的来说，在婚前协议上签名的人都不算太穷，也不算太有钱。他们是这对新人的全体熟人的一个子集——一个自己选择出来的子集，因为他们是亲戚朋友中写得了自己名字的那些。艾蒂安总共有五个兄弟姐妹，但只有一人签了名，弗朗索瓦丝的兄弟姐妹中有两人签了名，而总的来说，比起那些写不了（或"不晓得"）的人来，那些参加了签名仪式的人在世上更为成功。[42] 甚至在丈夫死后极度惧怕"陷于贫困悲惨的境地"而且自称生活"穷乏"的玛丽·艾马尔也不算穷。虽然女儿结婚当年她欠的债超过了自己的财产（那些叉子和椅子）总额，但她是同儿子一道生活的；她不在 1766 年税册登记的（女性占绝大多数的）"穷户"之列。

税册上有限的信息表明签名者中也有一些人的生活很艰难，其中之一是艾蒂安姑姑的鳏夫一家，这个退了休的乐师与兄弟的妻子和自己的女儿们（都是做裁缝的）同住，后来他死了，剩下兄弟的妻子和他女儿。1766 年的租税（taille）评价显示，卖小玩意儿的罗丝·勒泽是马克·阿勒芒及其邻居所住的绿钟岛上登记在册的人当中最穷的一个。[43] 评价还表明，这个小小的住宅群中最有钱的是起草婚前协议的公证员让·贝尔纳，第二有钱的是那位做过鞋匠的布商（此人的妻子和三个女儿都签了名）。[44]

　　甚至按照昂古莱姆的标准来看，签名者当中也没有真正意义上的富人。这些人当中没有一个属于登记簿上的"贵族"之列，因公职得以免税的也仅有两人：一个是收援助税的布里耶（Brillet），登记在 1763 年的税册上，另一个是加布里埃尔的邻居、邮局局长格雷亚（Gralhat），登记在 1766 年的税册上。[45] 签名者中最有钱的是退休金匠让-巴普蒂斯特·马歇和弟弟皮埃尔·马歇（舍瓦尔布朗旅店的老板）一家。金匠马歇死于 1765 年，七年后其子成功地以 15,000 里弗尔的价格买到了昂古莱姆镇长一职，借此摇身一变，成了贵族的一员。[46]

　　在许多方面，签名者的人生充满不测。在婚前协议上签名的有五个和弗朗索瓦丝年纪相当的少妇，不出几年，其中两人便死于产后并发症。[47] 在这一网络中，舍瓦尔布朗旅店老板的妻子玛格德莱娜·迪梅尔格（Magdelaine Dumergue）属于人脉颇广的一个，半个世纪间她在不少堂区的登记簿上签过名，其字迹大而自信。[48] 1728 年到 1750 年间她生了 13 个孩子，夭折了 7 个，有死于襁褓中的，有死于孩童期的：这一个家庭的死亡率便超过了 50%。[49] 夏天是镇上最危险的时节。1740 年夏天 8 月到 9 月间，仅圣安德烈一区就有 15 名婴孩死亡，其中包括一位签名者的妹妹、另一位签名者的两个弟弟，还有玛格德莱娜·迪梅尔格的一个儿子。[50]

　　堂区登记簿会按照各人报告的情况记录职业，税册中也会明确各人的行当，但许多时候这仅仅是某种近似描述甚至梦想。各种公证人法律文件的发挥空间尤其大。1763 年 10 月，阿勒芒家在艾蒂安未来的姐夫结婚前列过一份资产清单，在其中艾蒂安自称"中产人士"；加布里埃尔曾自称"商人"之子。[51] 但全部签名者的家庭基本上分属三个职业群。其中最大的一群人属于镇上各种约束性的"团体"或"公司"。和女方已故的父亲一样，男方的父亲多年来也参与各种协会事务，当时任昂古莱姆所在财政区（générialité）监督官的经济学家 A. R. J. 杜尔哥（A. R. J. Turgot）后来将这类协会斥为无知年代的余毒：裁缝、造家具的、面包师和其他人等结成组织，在国家的管理下和自身的法则"对着干"。[52] 签名者中来自镇上各种手艺人家庭的至少有 35 人，许多人的生活都没有保障；1789 年镇上的一些要人曾哀叹"昂古莱姆多数手艺人都极度穷乏，几乎要买不起从业所需的工具了"。[53]

　　有一些签名者属于镇上做小买卖的，他们常与手艺人团体的扩大家族有联系。这群人包括那位蜡烛商，此人是与卖菜油的妻子和开店的内姐同住的；一个做纽扣的，妻子是个破布贩（fripière），就是卖二手衣服的；一对裁缝姐妹；几个仅能确定为"店主"的签名者；一个卖小玩意儿的，带着两个女儿和弟妹，这弟妹即罗丝·勒泽，也是卖小玩意儿的。还有一个杂货商和一个布商，这布商是带着妻子来的，妻子的父亲是个假发商。剩下的一个是另一个假发商的女儿，一个是箍桶匠的女儿，还有一个是皮匠的女儿。

　　属于第三个职业群体的签名者包括玛丽·艾马尔和儿子的邻居。这些人当中有律师、书记员和政府官员：邮局局长及其女儿女婿（这女婿是个律师，岳父死后他当了局长，他死后妻子又成了局长）[54]、另一个律师的寡妇、警官的两个女儿和孙女、镇上管登记簿的书记员（此人还带来了妹妹和儿子），还有那位收援助税的官员（此人还带来了妻子和一个可能是他姐妹的人）。这次签名某种意义上是

43

一场社会关系仪式，而这些有权的人都是阿勒芒和费朗两家的潜在
保护人。[55]

流动和停滞

这些签名者属于镇上不流动的人群，因为 83 人中（至少）有
62 人是在昂古莱姆出生并在镇上某个公教堂区受洗的。[56]但这些
44　人的生命中也持续上演着社会和经济方面的变动。作为镇上的头号
雇主和业主以及裁缝和蜡烛匠人的可靠主顾，教会本身就在为签名
者及其家人的人生创造着流动性。签名者中有四人是教师，而教会
是人们借助教育改善自身处境的重要途径。[57]玛丽·艾马尔自家的
命运便曾因昂古莱姆学院（建立于 1516 年，1622—1762 年间属
于耶稣会）发生巨变。"校务委员"或者说教师的收入不高。但受
教育的机会遍及镇上各个堂区。18 世纪中期昂古莱姆有过一张名单，
列出了镇上和加布里埃尔·费朗一样在公教圣职之路上走出了第一
步的男孩子，其中来自签名者扩大家族的有 17 人。[58]

时不时地，王国政府也会成为流动性的来源。和马克·阿勒芒
同住在绿钟岛的那位管登记簿的书记员是一个细木工的儿子，娶了
一个锅匠的女儿。[59]玛丽·艾马尔的外祖父皮埃尔·奎尔（Pierre
Queil）是从昂古莱姆南面的拉库罗讷（La Couronne）迁来镇上的。
1676 年他和圣安托南区一个裁缝 15 岁的女儿结了婚。外祖父能读
会写，适应能力很强，在 17 年间有过 15 个孩子。1682 年的记录上
说他是个造鞋师傅，1687 年他成了"城堡监狱的门房"；1688 年他
成了开店的；1695 年他又恢复了城堡门房的身份，1696、1697 和
1699 三个年份他又变成了开店的。[60]他过世于 1702 年，当时的身
份是"国王城堡的门房老拉库罗讷"。妻子为办他的葬礼花了 30 里
弗尔，包括付给管圣器的人、执事和副执事的费用，以及 20 场弥

撒的花销；她自称"拉库罗讷太太"（Madame·de La Couronne）。[61] 1708 年，两人的儿子（玛丽·艾马尔的舅舅）接手父亲的差事成了"城堡的门房"；1716 年他成了开店的；1718 年，他又成了税局的一名助理书记员（commis aux aides）。[62]

金匠让-巴普蒂斯特·马歇的两个兄弟一个是假发商，后来卖起了白兰地，另一个是甜点师，后来成了旅店老板。让-巴普蒂斯特自己娶了一名官员的女儿，这官员是利摩日（Limoges）财政区管扑克牌印刷许可的。花 15,000 里弗尔买了贵族身份和昂古莱姆镇长一职的是他的次子皮埃尔。[63] 他的长子也叫让-巴普蒂斯特·马歇（此人的妻子也在婚前协议上签了名），是个做白兰地生意的，曾经三度破产，1765 年他与债主清账时，其债务总额已经超过了67,000 里弗尔。[64]

签名者罗丝·勒泽一家在职业和运势方面同样充满变动。勒泽家是"聚集在主教官邸的周围、受主教的庇护且紧邻耶稣会"的众多印刷商之一。[65] 1633 年起，勒泽家印刷出版过《昂古莱姆教会及主教辖区产业目录》（Proprium SS. Ecclesiae et diocesis Engolismensis）、耶稣会学院的《修辞学》（Arte rhetorica），以及其他一些祷告书和法律书籍，包括 1741 年的一部诗集，是"美洲的布洛涅先生"（Monsieur de Boulogne de l'Amérique）献给路易十五之子的，这布洛涅先生便是玛丽·艾马尔丈夫的雇主、四海为家的让-亚历山大·卡佐的舅舅。[66]

堂区档案表明，18 世纪，勒泽家族各人的发展进一步分化。罗丝·勒泽是在昂古莱姆站稳脚跟的第一位勒泽的孙子所生的 13 个儿女之一。她父亲是卖扑克牌的，她母亲有一个姐妹嫁给了在婚前协议上签名的让-巴普蒂斯特·马歇的兄弟。罗丝有一个兄弟继续做着印刷生意；另有两个兄弟都叫皮埃尔，其中一个是糕点师，另一个是乐师（后来成了布商）；她和同名的妹妹都是卖小玩意儿的，同样签了名的妹夫也一样。[67] 她的侄子克劳德（Claude）是个印刷商，固定向耶稣会学院供货，还为镇上印制法令、护照和供军队住宿用的票。[68] 罗丝有两个外甥女，名字还是叫罗丝·勒泽，其中一个嫁给了罗什福尔（Rochefort）港的一名"海军文书"。[69] 罗丝有一个外甥叫西蒙，是卖"时髦货"的，还有一个外甥也叫西蒙，是在"王后军团"中卖杂货的。[70]

勒泽家的人极爱内斗。罗丝的侄子、为镇上印制法令的克劳德·勒泽曾将自己的父母告上法庭，因为两人竭力阻止他和自己的一代表亲罗丝·马兰结婚——此人也是罗丝的外甥女，且在婚前协议上签过名（同时她也是 1793 年一份档案中那位知名爱国者"罗丝玛琳"的姐姐）；最终二人如愿成婚，当时她 18 岁，而克劳德 42 岁。[71] 继而在 1769 年，一个邻居把克劳德告上了法庭，称其"以犯法的古怪话"威胁要杀他，还埋伏在一间面包铺门外、等他经过时拿棍子打他的头。[72] 同样是在 1769 年，名叫罗丝·勒泽的两个姑娘中的一个成了一桩刑事案的原告：一个下午她正和嫂嫂（在婚前协议上签名的罗丝·马兰）散步，这邻居的儿子"在裁缝拉维热里先生的家门"外侮辱了她，叫她"泼妇""婊子""母狗"，还想掰断她的拇指。[73]

外部世界的影响

签名者的各种联系远远超越了昂古莱姆。83 个签名者中，只有让-巴普蒂斯特·费朗一人最终走出了地理的法国或者说法国本土，踏上了通往圣多明各法兰西角那家珠宝店的不幸旅程。但在这 83 个签名者和与他们关系密切的其他一些人中间，有更大的一群人以这样或那样的方式与海外发生着交流。人的流动、商品的流动，还有信用、契约、信息、遗产和期望的流动将这些人与外部世界联系在了一起。[74]

　　阿勒芒家和费朗家的社交网络充满了这类无形的交流。一些人（如让–巴普蒂斯特的兄弟姐妹）是某位至亲出了国；一些人要么是卷入了当时的战争经济中，要么是抽中签成了民兵，从而有了与外国敌人交锋的（不大的）可能；一些人做着殖民地（或假冒殖民地）商品的买卖；一些人的隔壁便住着从海外来的人；一些人盼望着继承某笔遗产。在玛丽·艾马尔关于那笔失落的钱财所签的代理授权中呈现的就是这样一个信息的世界——她托人代写的各种书信，以及人们向她报告的在马提尼克打听此事的情况——这一世界散布于在婚前协议上签名的人及其家人朋友所构成的整个网络当中。

战争经济

　　1756—1763 年的七年战争几乎是一场全球性的战争，昂古莱姆的日常生活也深受其影响。战争爆发后几个月间，圣安托南区（马克·阿勒芒所住的绿钟岛也在该区）便建起了残疾军人营和英国战俘营。[75] 1757 年，镇上的两个面包师（同好几个签名者是亲戚）和罗什福尔港的海军中尉"口头"签订了一项"协议"，"为扣押在城堡中的英国囚犯供应一切必需的食品"。但后来发现两人供应的面包极为糟糕：是"棕色"的，"毛病"很多，很可能掺了冷水。于是进行了仲裁，请了专业人士来进行"面包检视"（visitte du pain），镇上另外两户烤面包的人家称量和品尝了引发投诉的供货，最终宣告其没有问题。[76]

　　在战前、战中及战后，军队和海军在昂古莱姆一直有着极强的存在感。[77] 昂古莱姆是一个口岸，内通罗什福尔海军基地和位于安热利圣若望（Saint-Jean-d'Angély）镇储存木材、白兰地和火炮的海军仓库。昂古莱姆是一个内河港，位于夏朗德通航河段的起点；一些海军军官被安排来镇上，住在近码头的胡莫的圣雅各（St.
Jacques de l'Houmeau）堂区。签名者中一个人的兄弟 1765 年曾提
交过一份正式抗议书，因为一个"自称此港海军长官"的人截下了
预备销往海外的白兰地，反命人把"大炮和木材"装上了船。[78] 另
一位签名者（一名鞍具匠）1766 年曾卷入一场复杂的争执："海军
视察员"雇了两辆双轮马车来"载他去南特（Nantes）"，因为路上
发生了"一些争吵"，马车被弄坏了。[79]

48
　　1758 年初，战争以一种暴力而直接的方式来到了昂古莱姆。
1758 年 2 月和 10 月，镇上的王宫两度为选民兵举行了抽签，仪式
十分复杂，杜尔哥曾表示"没有什么能让人更强烈地感受到屈辱和
奴役了"。[80] 印制军队住宿用票和"公共仪式"的"邀请函"的克
劳德·勒泽抓住机会要求提高报酬，理由是所需纸张和"会众"人
数的增加超出了预计。[81]

　　2 月首次抽签时，有 91 名年轻人上了候选人名单，这些人是由
镇上各区的"警官"确定的。当中 74 人（超过 80%）后来"缺席"，
从而成了"脱逃者"；到场的 17 个人中有 7 人抽到了印着致命的"M"
字的签，于是领命去民兵团报到。10 月再度举行了抽签仪式；确定
了 185 名候选人，其中 103 人缺席并被认定为逃兵，26 人抽到了印
着字母"M"的签。此外镇上还选了 33 个人，捐钱供应新民兵的
行军费：这些民兵从昂古莱姆启程，先去了利摩日，然后向欧洲的
战争舞台进发。[82] 被杜尔哥称为"某种内战"的这一抽签过程中出
现了不少暴力仪式，例如，人们给了这些新民兵一段时间以"搜寻
和抓捕"脱逃者，他们可以把这些人送上去顶替自己，允许"使用
暴力"，但要注意"秩序"。[83]

　　远距离战争期间选民兵所带来的不确定性几乎弥漫于昂古莱姆
的家家户户。用杜尔哥浪漫的说法，这些人的儿子和学徒工们被迫
"面对一种光是想想就能令人陷入绝望的命运"。[84] 贵族免服兵役，

其仆役也是；学生也免服兵役，"只要不存在为逃兵役而念书的嫌疑"；同样免于服兵役的还有昂古莱姆学院的老师。[85]但免服兵役的法律和实际操作同样存在不确定性；1758 年 10 月那次抽签中，人们从名单上画掉了一个年轻人，因为"可以认为此人属于中产人士"；一个 18 岁的花匠也被"监督官打发走了"，原因是人们发现此人是"女修道院院长的用人"。[86]

　　"拉维热里"在 10 月份的名单上出现过一次，这人有两个孩子，"第一个是国王的官员，另一个是学生"；这个学生出示了一份一位教师提供的证明，从而得以免除兵役。屠夫吉勒·伊尔瓦（Gilles Yrvoix）是签名者之一，也是男方的一个表亲，此人于 1758 年两度出现在民兵档案中；他的用人则上了脱逃男孩名单，他还被要求捐钱供应（上山）往利摩日去的行军费。寡母玛丽·博纳尔（Marie Bonnard）的情况也一样，此人是个面包师，而且也在婚前协议上签过名。[87]签名者伊丽莎白·格洛蒙（Elizabeth Glaumont）的侄子也在抽中签的年轻人之列，他送了一个从汝拉（Jura）村搬来镇上的人上去顶替了自己。[88]"到场抽签者"的名单——法语"签"（sort）这个字也有"命运"的意思——中还包括另一位签名者吉勒·伊尔瓦的儿子，以及格洛蒙家的一个鞍具匠。另一个姓格洛蒙的盐商则列在"缺席者名字"清单上。[89]名单上还有那个叫"图尔人"的脱逃者，此人可能是玛丽·艾马尔那在镇上堂区档案中几乎没有留下什么痕迹的儿子马蒂兰，也可能不是。[90]

　　甚至还有一个称为"图尔的寡妇"（la veuve Tourangeau）的人，此人可能是玛丽·艾马尔——她曾出现在 1758 年的抽签记录中，记录中的身份也带着抽签这件事的典型混乱。在 1764 年的授权许可中，玛丽·艾马尔曾交代自己的丈夫 1753 年 12 月去了格林纳达岛，且启程还乡前在那里生活了"四五年"。[91]如果他只待了四年且是在 1758 年的海战期间动身去马提尼克的，那么有可能在昂古莱姆抽签选民兵时她已经守寡。1758年10月的记录称"图尔的寡妇"有三个儿子，其中一人是训诫者（preceptor，即教师），另两个都是"十三四岁"；记录的页边注了一句"境况及年龄待核实"；另一份文件中的一条注记则称训诫者的长子住在昂古莱姆东面的一个村子里，而其余的儿子"都还年幼"。[92]

50

生活的色彩

虽有种种焦虑挂念，玛丽·艾马尔和家人却与为全球交流所推动的地方经济（换言之即殖民地商品贸易）保持着距离。各种稀奇商品的扩散一直以来被视为新世界贸易影响法国内陆（以及欧洲其他地方）生活的主要方式之一，这一认识不无道理。[93]婚前协议的签名者当中有几个人每天都和异国的商品打交道。曾和海军视察员吵过架的鞍具匠让·迪梅尔格1768年又卷入了一场争端，这次是一个车夫告了他，这车夫在把"42捆棉布"和"其他32件货（包括咖啡、橙子和别的东西）"从波尔多运往奥尔良的途中损失了两匹马。[94]卡特琳·邦瓦莱（Catherine Bonvallet）是贩卖烟草的。[95]母亲、姨母和姐妹都在婚前协议上签过名的保罗·法弗罗（Paul Faveraud）1775年结婚时，他妻子的药店列过一份资产清单，这间开在桑园广场上的店中有伯南布哥（Pernambuco）的巴西木材、士麦那（Smyrna）的明矾、卡罗来纳的大米、9磅巧克力、18磅茶，45磅马提尼克咖啡，还有68磅圣多明各咖啡。[96]

18世纪60年代昂古莱姆市场上已经有了带着遥远海岛风情的纺织品，即所谓的印度印花棉布（indiennes）和暹罗印花布（siamoises），甚至在财政区内也有生产。假冒印度棉布的生意蒸蒸日上，成了一项经久不衰的产业，至少在大西洋港口出口中如此。[97]1760年，圣安德烈区的两名商人将一捆印度棉布退还给了利摩日的一名供货商,理由是布料不论"颜色"还是"质量"都货不对版(订单要的是半细毛的)。[98] 但在儒勒·米什莱(Jules Michelet)所谓的"巨大且重要的变革"(即印花布革命)爆发前五六十年的昂古莱姆,许多时候是富裕的官员家庭在消费颜色艳丽的服饰。[99] 有个住在圣安托南区的寡妇——此人的亡夫是圣多明各的一名海军军官,而其女儿隔壁就住着一个在婚前协议上签过名的人——根据这寡妇的财产清单,她有一套衬印度细棉布的粉色塔夫绸连衣裙,还有一条绣花暹罗印花布半身裙。昂古莱姆镇长的妻子(此人主持过选民兵的抽签,且其本人也在马提尼克继承了遗产)有 124 件不同面料的衬衫、一条印度缎子的连衣裙,还有一条印度真丝薄绸的绣花裙子。[100]

位于本书故事中心的堂区及民事记录充满了各种故事、托词和谎言。但这些记录是"苍白"的——其中并没有色彩。镇上的缴税登记簿也一样。记录了暹罗印花布和粉色塔夫绸的是各种公证人法律文件和资产清单,而这些文件也讲述了一段生活色彩方面的长期不平等历史。19 世纪之前,阿勒芒家和费朗家没有留下太多资产清单;这些人的财产很少,也没有满是货品的店铺。玛丽·艾马尔有两张床,罩着磨损严重的绿色哔叽床罩;锅匠的女儿伊丽莎白·布图特 1774 年和让-巴普蒂斯特结婚时名下有一条"铺着印度印花棉布床单的"床。[101] 加布里埃尔结婚前为家中列过一份详细的资产清单——他是同母亲和姐妹同住的,家(供附近学院学生住宿的公寓)也是他工作的地方,他的财产包括几张床和(58 条)床单;有一张床装饰着几小块"暹罗印花布"和一条"黄色饰带",有一张床有一条蓝色饰带,还有一张带了一床"印度印花棉布被"。[102]

旅居者和访客

　　18 世纪的昂古莱姆最有存在感的海外元素是那些来自各遥远殖民地的旅居者。签名者中有 18 人是马克·阿勒芒的邻居，与他同住在绿钟岛上，而常常往来于镇上和格林纳达岛之间的让–亚历山大·卡佐也住在昂古莱姆同一个税岛上，与这 18 个人比邻而居。[103] 卡佐的父亲"从岛上"带回来的"犹大海岸国家来的黑人"让–弗朗索瓦–奥古斯特 1733 年在镇上受了洗。昂古莱姆的各堂区也还有另一些非洲来的人。1758 年，同样是在圣安德烈堂区的教堂，昂古莱姆主教为"来自几内亚的卡佩劳（Capélaou，象牙海岸的拉胡角［Cap Lahou, in Côte d'Ivoire］）的一个 15 岁上下的黑人"主持了洗礼。"其主人"克劳德·贝努瓦·德·埃萨尔（Claude Benoit des Essarts）做了他的教父，给他起名为克劳德。[104] 贝努瓦·德·埃萨尔和四个签名者（乐师、两个女裁缝，还有面包师戈迪诺）住在同一座税岛上；让–亚历山大·卡佐和 1758 年主持选民兵抽签仪式的昂古莱姆镇长都是此人的妹夫。[105]

　　"12 岁上下"的弗朗索瓦·马丁·阿利奎因（François Martin Aliquain）"身份不详的双亲"是"非洲几内亚"（laguinne en affrique）人；1755 年，在圣若望堂区生活了三个月后，他"自愿且未受任何强制地来到堂区教堂门口，做了弃绝异教的宣誓"；此人的教父弗朗索瓦·马丁·德·布尔贡（François Martin de Bourgon）早年是个军官，他有一个儿子是马提尼克一个军团的少校，还有一个儿子在瓜德罗普军中，后来成了法属圭亚那（Guyana）的总督。[106] 托马斯·图桑·布拉谢（Thomas Toussaint Bracher）——记录上说此人是瓜德罗普生人——是某位"鲁菲尼亚克（Rouffignac）来的先生"的仆人；18 世纪 70 年代他和妻子"玛丽·安妮（Marie Anne）"同住在小圣西巴尔堂区；1773 年和 1775

年，他的两个孩子先后在堂区受了洗。[107]

1775 年，在婚前协议上签过名的安妮·富尔（Anne Faure，一个鞋匠的女儿）还为另一个被人从非洲带来昂古莱姆的少年签过洗礼记录。此人叫"让·拉卡茹"（Jean L'Accajou），是个"非洲土著，15 岁"，是在小圣西巴尔堂区受的洗；根据记录，他"至少表面上"是 1773 年"乘德拉热（Delage）船长的拉基科涅号（La Cicogne）来法国并在拉罗谢尔（La Rochelle）港的海事法庭申报的"。[108] 拉基科涅号是一艘贩奴船，1769 年到 1778 年间进行过五次航行。1771 年，船从拉罗谢尔启程，在维达（位于今日的贝宁）装了 495 名奴隶；1772 年 4 月，船在圣多明各（海地）的法兰西角卸下 430 名奴隶，继而于 1772 年 9 月返回拉罗谢尔。船长叫米歇尔·德拉热，三个月后他再度出发，开始了又一趟贩奴之旅。1773年 3 月，德拉热在非洲过世。[109]

遗产

83 个签名者的家庭关系令人得以切近地观察到各种形式的远距离交流：遗产之争、代理授权、寄错地址的信件。嫁给了让-巴普蒂斯特-费朗并搬去了圣多明各的伊丽莎白·布图特的娘家也有一段与镇上的权力体制纠缠在一起的关于失落和期望的历史。[110] 1772 年，她的叔叔牵扯进了一起关于其已故姐夫路易·德尚（Louis Deschamps）遗产的复杂案子。路易·德尚是昂古莱姆的一名假发商，也是七年战争结束后于 1764—1765 年间移民"赤道法国"（la France Equinoxiale，即法属圭亚那）而惨死于去卡宴（Cayenne）的路上的 9,000 名男女老少中的一个。[111] 可能继承路易遗产的人包括他在波尔多经商的兄弟、两个姐妹和各自的丈夫，还有伊丽莎白的铁匠（也是锅匠）叔叔。案子中引起争端的财产是以 50 里弗尔"佃出"（即出租）昂古莱姆的这一假发商位置的权利。[112]

　　在婚前协议上签过名的让·迪梅尔格（就是在为海军监督官准备马车时与人发生过争执的那位）家中共有兄弟 12 人，父亲是个鞍具匠，也是婚前协议男方的二代表亲。[113] 18 世纪 60 年代他曾深陷因已故双亲遗产而起的家族纷争，而他也有一个兄弟在殖民地。弗朗索瓦·迪梅尔格 1732 年生于昂古莱姆，其时在圣多明各多凡堡（Fort-Dauphin，即今日海地大西洋海岸线上的利贝泰堡［Fort-Liberté］，毗邻前西班牙殖民地圣多明各［Santo Domingo］）经商。[114] 两兄弟时有通信，信里满是东拉西扯的家长里短；在让交于公证人卡约（Caillaud）保管的一封 1769 年的信中，弗朗索瓦提到了双亲的遗产，提到两人的一个兄弟的"品格如何好"而其他兄弟又是如何慷慨（或相反），提到了军事开支带来的重税，还有岛上一触即发的革命："这岛上三分之二的地方已经极度骚乱"，"避免内战"的机会渺茫。他也提出愿意为一个侄子在殖民地谋一份书记员的差事，只要这男孩会写字。但他眼下还回不了法国（他写信时是 1769 年 2 月），因为"各种商业事务的情况相当糟糕"。[115]

　　几个月后，1769 年 9 月，弗朗索瓦·迪梅尔格在殖民地的商业期刊《美洲布告》（Affiches Américaines）上登出了广告，悬赏捉拿一个名叫南内特（Nannette）的克里奥尔逃奴。此人的"西班牙语和法语讲得很好"，双乳上烙有大写的"迪梅尔格"字样，双肩上烙有他名字的缩写"弗·迪"。[116] 1770 年 4 月，他又登出一则更详细的广告，悬赏捉拿"一个克里奥尔的黑女人，双乳上烙有大写的'迪梅尔格'字样，是个女装裁缝，此人即将分娩，也可能已经生产"。[117] 与此同时，他本人"商业事务"的情况持续恶化，1770 年 7 月，弗朗索瓦·迪梅尔格已经沦为"前商人"。"依其债权人申请"，登出了拍卖其财产的广告，列在清单上的包括各种手绢、帽子、长筒袜，还有被法国人称为"金迦"（ginga）的奴隶衣料。[118]

镇上舞蹈教师马克·勒内·勒福尔·拉图尔（Marc René Lefort Latour）子女的继承历史则令我们得以更近距离地观察到昂古莱姆和（从柏林到圣多明各的）外部世界的信息交流。马克·勒内是在婚前协议上签名的一对夫妇的密友：丈夫让·茹贝尔（Jean Joubert）是个布商，也是阿勒芒家的表亲；妻子玛格丽特·杜鲁索（Marguerite Durousot）是一个假发商人的女儿。[119]马克·勒内和妻子在 1730 年到 1751 年间有过 12 个孩子。1763 年（当时妻子过世已经几年），这家人发现家中的儿女都在妻子兄弟（昂古莱姆的一个商人）的继承人之列。当时已经 69 岁的马克·勒内主动承担起了搜寻潜在继承人的全部资料文件的工作。这是一项艰巨的任务：他有三个儿女在巴黎，三人提供了当地一位公证人所拟的代理授权文件；他有一个内弟在柏林做假发生意，此人寄来了一份详细的代理授权文件，授权还由法国大使馆的一名官员做了担保。[120]他的五子路易·加布里埃尔当时在圣多明各，此人与马克·勒内的通信令我们得以详细了解到围绕这一微乎其微的遗产展开的一系列复杂手续所涉及的各种信息媒介。

路易·加布里埃尔·勒福尔·拉图尔勉强算识字，且极爱东拉西扯。他在圣多明各阿蒂博尼特（Artibonite）一处奴隶种植园当外科大夫，时不时会与父亲通信；因交于公证人卡约保管，提到遗产的那封信保存了下来。这封信相当长，路易在信中啰啰唆唆地抱怨自己运气差，说许多消息都打听不到。马克·勒内先前的一封信写错了地址；路易·加布里埃尔的几封信在路上耽搁了，而他父亲的信被送到了岛上另一个姓"拉图尔"的外科大夫手上，此人还把信拆了；正确的地址是"圣多明各圣马可区阿蒂博尼特平原，住在拉维尔的继承者的地业的外科大夫"。

路易·加布里埃尔自己也很困难。为了工作他需要一匹马；他也有些不守诺言的兄弟。他能给父亲捎去的只有一批咖啡——他打算委托拉罗谢尔的一名商人代自己销售。路易·加布里埃尔是这一远距离信息交流的中间人，父亲代镇上的其他人向他提了一连串的问题，但他却无法找到答案。他向"德·布瓦诺布勒小姐"（Mlle de Boisnoble）捎去了最美好的祝福；他已经确认"她兄弟的种植园是一座咖啡园，有些黑人，还有些牲畜"，他写信给一位"德雷先生"（M. Deraix）更详细地谈过园子的事，种植园要变现得花五年时间；他还寄过信去进一步打听此事，但尚未收到回音；他还没找到机会把"达维德"（David）来的信交给住在太子港的"勒孔特（Leconte）先生"；他还往法兰西角去过信，打听一个叫杜苏谢（Dusouchet）的人，但没能打听到。[121]

说到他本人可能继承的遗产和代理授权的事，情况同样困难重重。路易·加布里埃尔找过圣多明各的一名公证人，此人"开价72里弗尔"。于是他决定什么也不做，理由显而易见：到头来为代理授权花的钱会超过其继承所得："我寄不了代理授权给你，因为代理授权花的钱会比这笔遗产还多。"[122] 这笔遗产最终分到每个人头上只有 7 里弗尔 14 苏 3 第纳尔。[123]

信息和期望

玛丽·艾马尔在代理授权中呈现的就是这样一个由不完整的信息构成的世界——一个由人们在登记簿上签名的时候、给战俘送面包的时候、打听圣多明各的来信的时候，或者面对抽签决定逃走（逃避"一种光是想想就能令人陷入绝望的命运"）的时候所作的各种交流构成的世界。而在婚前协议上签名的人及与之有关联的人所处的也是这样一个世界。

将 83 个签名者及其直接网络和朋友视作一个社交网络整体，意味着这类交流可以得到某种程度的视觉化。在 18 世纪各大殖民帝国的统计资料和档案文献中，即便是最常见的表明海外影响的迹象——如（作为人口组成之一的）移民和（作为消费或生产组成之一的）对外贸易——也是难以捕捉的。而当时关于信息和期望的各种无形交流就更是如此。但大体上，这类交流的历史是更大的海外影响之历史的一种补充；其讲述的故事也是类似的。[124]

　　和这段历史的许多其他方面一样，83 人网络也是不完整的。这一网络的边界是清晰的（包括 83 个签名者及其他与之有特定关系的个体），但借此寻找其他个体的进程则可能永无止境。不过，这依然是一种对外部世界的影响——一个人获得关于远方事件的某种信息或错误信息的可能性——进行视觉化的工具，因为这一影响是渗透于网络中的各种社会关系间的。对这一社交网络进行视觉化的一种方案是：走出了法国的人——包括签名者当中的让-巴普蒂斯特·费朗和签名者关系网当中的其他个体——着色更深，而那些有某个亲人在国外的人着色则稍浅。着色极浅的则是与远方的事件有以下一项或多项联系者：本人或亲属承揽了军队或海军的某项事务；本人或家庭成员在 1758 年昂古莱姆抽签选民兵时上了名单；同客居镇上的某个非洲人是邻居或在此人的记录上签过名；和某个在国外生活过的人是住在同一座"岛"（即同一个住宅组团）的近邻。外部世界的影响是无形的，因为它不是个体间交流和商品交换中物质性的成分，但通过表现网络中的各种联系，这一影响可以有形化，换言之：可以得到描绘。

　　借由另外一些视觉化方案，83 人网络的信息还可以用于表现在法国境内、在一座外省小镇的社会中的流动性程度，比如表现个体与昂古莱姆周边村庄或巴黎之间通过家庭关系发生联系的概率。随着玛丽·艾马尔的儿女和孙辈的历史继续前进，随着法国大革命拉开序幕，83 个签名者及其关系网还会多次出现；83 人网络可以用于显示革命（或反革命）情绪在家庭和朋友圈子中的分布情况。

　　玛丽·艾马尔家族和在婚前协议上签名的各人之间的联系各不相同，而且分布不均，在强度和持续性上如此，以不同参与者的权势论也一样。各种关系也随着历史的推进而改变。有钱的金匠家一直资助玛丽·艾马尔家，直到其孙辈。1790 年，在婚前协议上签过名的两个女裁缝（两人同姑姑和鳏居的父亲一道过着贫穷的生活）的积蓄成了她的孙子马夏尔最重要的资本来源。因此，这 83 个签名者的故事本身就是一部大型历史。这些在婚前协议上签名的人被各种消息和信息包围；他们构成了玛丽·艾马尔和家人生活于其间的社会或者说社会之一。

第三章

鸟瞰

1764 年

玛丽·艾马尔和家人的历史是由一连串故事构成的，是一部讲述个体人生和家族命运的充满联系的历史。这部历史并非一个典型故事，也非一项案例研究。这部历史是有条理的或者说是成体系的，因为它是以一个人的历史为起点向外扩展的结果：先扩展到此人的家庭，再扩展到一个社会网络，或者说是（在 1764 年 12 月某日午后）此人女儿的婚前协议中再现的一种社会网络的近似模型；最终扩展到在婚前协议上签名的人各自的关系网。

但这部历史也存在另外一些视角，这些视角更有条理，或者说更为完整。关于玛丽·艾马尔所处社会的这部历史可以延伸得相当广阔。这部历史整个颠倒了研究程序，因为它（几乎）对 1764 年昂古莱姆镇的每一个人都做了概观；它并非从个体出发扩展到家庭再扩展到社会网络，而是从"社会"出发回溯到个体和各人的故事。这部历史同样颠覆了常规做法。无休无止地追踪 83 个人是一种相当适合独行侠的探索（适合独自行动的私下调查——类似那种专门进行家庭调查的不体面的侦探业务）。但是对 4,089 名个体（即研究涉及的人口或者说社会的规模）的信息进行转写和视觉化则是一项全然不同的集体性工作。[1]

这 4,089 人由被记载于 1764 年昂古莱姆各公教堂区的全部登记簿上的所有人构成。[2] 这一人群有其偶然性，因为当时生活于昂古莱姆的人远多于此（总数约有 12,000 人，其中镇中心的几个堂区约有 8,000 人）。[3] 这些人之所以在登记簿上有记载是因为办过什么事或出过什么事：或受洗，或结婚，或生孩子，或过世，要么就是记录这些事件时提到了他们的名字。教父教母和签名者都记录在登记簿中，其中一些人只不过是镇上的过客；这份 4,089 人的名单包括了登记簿上提到的所有人，连那些已去世的和在远方的人也包括在内。

1764 年真正身在昂古莱姆的人构成的名单要短一些，但作为对镇上人口的描述，其本身也不完整。镇上还有许多名单以外的人，这些人在当年没有遇到过什么事，或者说没有什么要记在堂区登记簿上的。有些人不是公教徒，有些人只是在堂区登记簿中一闪而过；这座镇子宗教冲突的历史极长——圣安托南 1731—1735 年的堂区登记簿被包在一张标注着"1680 年"的羊皮纸文稿里，文稿是一份禁令：禁止父母和镇上的教师阻拦儿女和仆役冲"所谓的改革教"的信徒扔烂泥和石头。[4] 还有一些人出席了仪式却没有记录——甚至连说明其不会签名的记录都没有。新婚夫妇（包括其家人和朋友）的存在感最强；孩子多数是记录出生，老年人则是记录死亡。

各堂区的神职人员在提供信息的多寡方面差异极大，在整张名单中，富裕而有文化的小堂区同样是存在感最强的。这些地方能签名的人极多，登记簿上的地方也多，不仅可以签名，还可以画花押、讲人生故事、罗列先人的成就（比如 1764 年圣安托南堂区一名海军军官的寡妇入土时的一条记录："圣路易骑士、海军中队及军队指挥"）。[5]和所有资料一样，这类资料也有其特性和缺陷。但关于玛丽·艾马尔女儿婚前协议签署当年昂古莱姆镇公教人口的全部信息就是这些了。

4,089 人

　　这份4,089人的名单是对1764年的昂古莱姆的一种概观，仿佛从高空鸟瞰全镇。这是表现镇上众多个体人生的一幅画。和婚前协议签名者及其朋友亲戚所构成的那份短得多的名单一样，这份名单也提供了可以借由社交网络视觉化得到表现的信息或者说数据。通过视觉化可以看到1764年碰巧出现在堂区登记簿上的所有个体当中，谁同谁有联系，谁又尤其爱交际——换言之谁的联系尤其多：作为节点（即个体），谁的"边缘"（即与其他个体的联系）尤其多。（这些人多数是当年结婚的人，此外有一些人是因为有许多识字的亲友，还有一些是因为出席过各种不同仪式。）

　　对这4,089人的概观是对18世纪昂古莱姆历史的其他各项证据的一种补充。镇上在1763年和1766年先后造过两本税册，1758年又为抽签列过一系列名单。始自1769年的那起金融法律事件，镇上对债务人及债权人进行了调查并列了三份互不相同的名单。镇上19名执业公证人仅1764年一年便起草了1,000来份"法律文件"或者说记录；镇上的刑事案件也有司法登记。无数个体在记录间出现又消失，这些人或是成了脱逃者，或是要求免服兵役，或是在分割遗产，或是因为邻居诽谤、企图谋杀或者唱耸人听闻的歌谣而将之告上法庭（这些属于刑事司法范围）。某种意义上，这份4,089人的名单提供了一种概观，令我们得以定位其他那些时隐时现的角色。

　　这份名单也令我们得以在鸟瞰视角或者说"社会"全景的基础

上拉近距离观察个体，然后再度回到对社会整体或者说数据的观察。名单上的 4,089 个人是真实的，或者说是历史的，因为这些人的存在是某种有记录和可确证的事实。[6] 这些人的生命中确实发生过各种事件。也存在一些伪造，存在"修正"过的记录，而修正常常发生在多年后。（1826 年在巴约讷，玛丽·艾马尔的孙子称民事登记的记录"很严重、很危急、很紧要"也是对先前遗忘的一种修正。）[7] 但整体上，与公证和司法档案这些更加丰富且"话更多的资料"相比，登记簿仍然是"简陋、枯燥而刻板"的。[8]

在各种公证人法律文件碎片化的协议、控诉和声明当中，人们随心所欲地描述自己。刑事案件中的原告也一样：人人都在讲故事——罗丝·勒泽（名叫罗丝·勒泽的人当中的一个）也在讲，讲自己同嫂嫂在街上散步遇到的事。税册中对各人的描述同样可以被视作想象或者说估计的产物，其作者是拟名单的那些倦怠的书记员：这些人穿街过巷，一本本地翻阅镇上的登记簿，在这一过程中字迹也越来越潦草。[9] 民兵名单上出现了详细的外貌描述，也是唯一一份（至少是我能找到的唯一一份）描述了本书的主角（18 世纪昂古莱姆的数千男男女女）中一些人外貌的文件。而之所以会出现外貌描述，是因为描述对象要么是脱逃者，要么是人们认为可能会脱逃的人。[10]

可以从 4,089 个"节点"构成的全局聚焦至某一个体的人生，也可以从孤立的一份公证人法律文件扩大至有 5,329 条"边"的社交网络：存在如此的可能性令人不安。这种尺度的差异也意味着历史类型的差异，意味着与历史上的个体（或者说一度存在的个体）间关系类型的差异。历史研究中一贯存在不同类型的现实、存在适用于不同类型个体的不同历史资料：有的资料是量化的或称宏观的或社会的，正如哲学家孔多塞 18 世纪 90 年代所预言的，其描述的是"大部分几乎仅靠劳力生存的家庭，是最卑微、最不受重视的一

61

群人，鲜能从各种纪念物中得到其信息"；有的资料是定性的或称微观的，描述的是那些在历史中留下了名字的、过了有意思的一生的个体。[11] 有些个体有故事可讲，有些个体只能计数。堂区的记录令我们得以至少部分地在不同历史之间架起桥梁。这些记录是普遍的（对象包括全部公教人口），这些关于出生、结婚和死亡的粗略人生记录实现了一种平等：居下的也好，居高的也好，卑微的也好，人人都有名字。

无尽的计数

正如历史学者皮埃尔·古贝尔（Pierre Goubert）1954 年所言，18 世纪法国的堂区登记簿数量之巨，人甚至看上一眼就会被勾引："是否我们也应当像其他那么多人一样开始疯狂而无休无止地计数？"[12] 所以下面便是数字。从出生记录开始：1764 年在昂古莱姆的 12 个堂区共有 505 个婴孩受洗。[13] 当年受洗的人当中既没有异端，也没有异教徒，也没有圣公会的信徒，不过 7 月有一个在圣马丁堂区受洗的名叫玛丽的两岁女孩是"一对新教徒夫妇所生"，而她的母亲已经"当了一段时间的无业游民"。[14] 圣安德烈堂区的一位少妇（此人是受玛丽·艾马尔之托去马提尼克开展调查的帕斯卡尔·肖万最小的妹妹）1764 年 1 月生了一个儿子，受洗时起名叫"皮埃尔"，1764 年 12 月她又生了一个儿子，受洗时起的名字还是"皮埃尔"。[15]

1764 年出生并受洗的 505 个婴孩当中，有 50 个当年便入了土。[16] 新生儿中男性多于女性；受洗的男孩有 271 个，其中 36 人在当年夭折，受洗的 234 个女孩中当年夭折了 14 人。1764 年昂古莱姆的新生儿死亡率（在一岁前夭折者所占比例）女孩是 9%，男孩是 15%。[17] 命运最为凶险的是 31 个被描述为"身份不详""私生子"

"非婚生子"或者是被放在"盒子"（"盒子"是开在墙上的一种洞，被放进去的新生儿会由堂区、镇上或者国家照料）里的"弃儿"，其中 13 个是女孩、18 个是男孩。总体上，这算是镇上比较健康的一年。[18]

夏天是镇上最危险的时节，小镇没有可靠的供水，富人们都各想办法运水上山。（一名织工的寡妇曾与镇上一位商人通过公证人让·贝尔纳签过一项协议，约定寡妇可以偶尔使用一只黑山羊，且要负责给他家送水。）[19] 1764 年 8、9、10 月间，镇上埋葬的五岁及以下孩童"仅有"48 名。1765 年同样的三个月间，有 205 名孩童下葬，当年的死亡率高得可怕，圣安德烈、圣雅各和圣马夏尔三区尤甚。[20] 1764 年在昂古莱姆出生的 505 个婴孩中，有 54 人在 1765 年死去，且几乎全部死于夏天最危险的这三个月间。

昂古莱姆各堂区在 1764 年举行过 122 场婚礼；新婚夫妇中有 9 对当年生下了孩子。122 对新人中报告了结婚年龄的不到三分之一；女性平均年龄为 29 岁，男性平均年龄为 31 岁。年纪最大的是阿让（Agen）的一个 60 岁鳏夫，娶了拉罗什富科（La Rochefoucauld）一个 55 岁寡妇。年纪最小的是一个箍桶匠的儿子，据记录当时 15 岁，事实上只有 12 岁零 6 个月，女方当时 20 岁。[21] 新人当中来自昂古莱姆以外的女性有 14 名，男性有 37 名。这些人绝大多数出现在圣马夏尔和圣雅各两个城乡接合部堂区，而且几乎全部来自邻近的诸省，还有一名男性的记录称其生于都灵（Turin）。虽然报告不会签名的仅 22 人，但在登记簿上签了名的只有 39 名女性和 56 名男性。

当年结婚的 122 名女性中只有 2 人报告了职业，她们都是用人。122 名男性中报告了职业的有 66 人：16 个是散工，4 个是箍桶匠，4 个是鞋匠，4 个是裁缝，3 个是农场工人，3 个是织工，2 个是卖鱼的，2 个是木工，2 个是制帽匠，2 个是细木工，2 个自称"乡绅"，1 个是军官，1 个是前随军医生，1 个是面包师，1 个是铁匠，1 个是装订工，1 个是轿夫，1 个是制布的，1 个是造梳子的，1 个是书记员（commis），1 个是旅店老板，1 个是"骑士"，1 个是律师，1 个是被称为开业者（praticien）的法律中介，1 个是锁匠，1 个是商人，1 个是画师，1 个是造纸的，1 个是警官，1 个是开店的，1 个是石匠，1 个是文书师傅；只有 1 人从事的是属于刚刚起步的工业革命的金属制造业——此人是个"造铁丝的工人"，来自镇郊的圣伊里埃堂区。

昂古莱姆这一年过世的人绝大多数是孩童和老人。在 327 场葬礼中，有 122 场安葬的是 15 岁及以下的孩童，有 71 场安葬的是 50 岁及以上的人；有 93 人的年龄不明或没有记载。死亡的孩童绝大多数生活于镇上最贫穷的一些片区：死在圣马夏尔区的占了 27%，而老年人死在该区的占比仅为 15%。死亡的男性多于女性；但死于青壮年期（生育期）的 41 名成年人中女性有 25 人，男性有 16 人。有一些人相当长寿，堂区登记簿上年纪最大的人名叫"玛格丽特·卡索"（Marguerite Cassaud）。此人是在主宫医院（Hôtel-Dieu hospital）过世的，葬在博利厄圣母堂区，当时"差不多 100 岁"。[22]

经济环境

这 1,026 人——包括受洗的新生儿、结婚的男女，还有入土的人们——是 1764 年昂古莱姆镇上 4,089 人所构成的全景当中的主要人物。当年出现在了堂区登记簿上的还有另外 3,063 人：受洗新生儿的母亲，多数时候也包括父亲；出席洗礼并在登记簿上签名的教父教母；其他各类仪式的诸多签名者和见证者；还有一些人则和出席自己头胎孙子（加布里埃尔和玛丽·阿德莱德的儿子）洗礼时的玛丽·艾马尔情况类似：有到场记录，但没有签名。

另外这些人在登记簿中虽然只是一笔带过，但他们在这 1,026

名主角的生命中却意义重大；这些人之所以会有记录，其原因也在于此。对1764年昂古莱姆的这一概观是对时间中一个点的描述。（和社会科学中许多时间序列研究一样，这是历时相当长的一个点：从冬天到了春天，又到了秋天，个体的人生在其间展开，比如旅店老板的妻子让娜·努埃尔［Jeanne Nouel］，她于1764年1月结婚，2月丧了一个孩子，到10月又生了一个孩子。）[23] 这个点也在某个片刻表现出某种历时性，逝者仍然有一种影子般的存在：父母在子女的婚礼上为人纪念，而圣安托南的寡妇死后，熟人在为其安排葬礼时又提起了其亡夫的名字。

65　　　围绕这4,089人进行的大规模调查是对当时经济环境的一种概览。从堂区登记簿上人们报告的职业来看，昂古莱姆聚集了各种行当的工人、散工、律师和用人。有职业记录的671人当中，鞋匠有39人，构成了最大的一个群体；还有34人是散工，23人是用人。有21人自称"讼师"（procureur，即律师或者说吃法律饭的人），有8人是辩护律师。商人有12名，各种"开店的"有32名，包括开肉店的、开锅店的、开马刺店的。木工有11名，细木工有8名，石匠有7名，还有两人是所谓的"企业家"（entrepreneur，当时该词的意思是建筑包工头）。

　　　作为研究基础的堂区记录——尤其是本人没有受洗、结婚或死亡的那些作为签名者和见证者的"其他个体"的记录——更多表现的是识字的和有自我描述意愿的人。（大体上，在多律师和教士的那些堂区，登记簿上的记录和签名者名单都尤其长。）1764年记录在册的个体当中，有9个文书师傅、6个公证人、2个文科硕士、2个中学生和3个大学生；还有3个人是学校的老师（其中一个在前耶稣会学院任"临时文科教授"——当时耶稣会士已经被赶出了学院）。还存在一系列属于昂古莱姆教区这一大型地方事业的职业，包括侍祭、施赈吏、大祭司、教士、诗班男童、诗班指挥、本堂神父、执事、修士、修道院院长、圣器守司及主教堂的司库等。

　　不过，这 4,089 人的记录也是对小地方生活之多样的一种概观。镇上超过半数的人口住在位于城乡接合部的圣马夏尔和圣雅各两大堂区和镇郊各堂区，这片地方有 29 名农场工人、7 名石匠，还有 17 名箍桶匠，这些人多数住在圣雅各的河港边。婚前协议签名者几乎全部住在镇内的各个堂区，但即便这些地方也是半农业的。圣马夏尔堂区（弗朗索瓦·费朗的出生地）延伸到了镇子的墙外，包括大片田地和采石场。这地方有不少"散工、乞丐和住山洞的人"，1782 年 9 月堂区的居民抱怨称其"汇集了各种贫穷困苦的人，不仅有昂古莱姆所辖省内的，还有周边各省来的"。[24]

　　军队在镇上也占有重要位置——4,089 人中有 8 名军官、7 名中士，还有 15 名士兵，其中 11 人有残疾。书记员和官员也有一些，多数属于税务部门，包括 1 个书记员、2 个管税单的书记员、5 个管登记（greffe）的官员、6 个政府接待员（huissier）、1 个收援助税的雇员，还有 1 个收税的。财政区的各制造业在堂区登记簿中体现不多：有 5 名年轻男性在造纸作坊当学徒，有 14 名男性和 2 名女性是织布工人、纺纱工人或分拣羊毛的工人，另有 10 人是制布的；圣雅各有 1 名男性是织麻布的（麻布是以大麻纤维织成的一种包装材料）。如果将生产性等同于从事农业或制造业（当时这一标准就慢慢为经济学者所熟悉），那么镇上的生活就是"非生产性"的。[25] 有 13 个人是小旅店或小酒馆的老板，12 个人是假发商，还有 8 人是外科大夫；1764 年昂古莱姆的职业环境便是如此，而阿勒芒家和费朗家的人们就是在这样一个世界开展着各自的经济生活。

女性的工作

　　1764 年堂区登记簿中全部 4,089 人当中，报告了职业的女性仅有 22 人，其中有 9 人是用人，此外还有 2 个女装裁缝、1 个开店的、1 个厨子、1 个奶妈、1 个接生婆、1 个修女，1 个鱼贩，2 个男装裁缝、1 个女裁缝、1 个分拣羊毛工以及 1 个纺纱工。22 名妇女中半数在登记簿中的角色都是同一个：即为圣保罗堂区被人遗弃在"盒子"中的新生儿当教母——女装裁缝让娜·舍诺（Jeanne Chenaud）当年曾当过两次教母。只有四人是在这一年有事发生过（或其某件事记录在堂区登记簿上）的"主角"。女佣伊波利特·比内（Hypolite Binet）1764 年 7 月嫁给了一个箍桶匠；同为女佣的伊丽莎白·科斯特（Elizabeth Coste）嫁给了一个散工；玛丽·朱莉·拉罗克（Marie Julie Laroque）8 月份给人当过教母，当时的记录称她是个男装裁缝，六天后她嫁给了一个箍桶匠；修女安妮·塔比托（Anne Tabuteau）于 10 月过世。[26]

这 22 名女性的记录只是昂古莱姆女性经济历史中的一小部分——是小小的一缕，仿佛 30 来年后镇上那些弃婴手腕上绑的带子。尤其值得一提的是，这一时期的两本税册为镇上各堂区和周围郊区的经济生活提供了一种补充性的概览，而这也成了这一历史研究中另一个成体系的板块。1766 年的税册上登记的 2,548 户人家中有 119 户或是由载明了职业的女性当家，或是家庭成员中包含了职业女性：这样的女性总计有 128 名，因为有好几户是两三个职业女性登记在一起，比如"出租椅子的玛格丽特和热纳维耶芙·库利特"（Marguerite et Geneviève Courlit loueuses de chaises）。1763 年的税册上登记了 120 户有职业女性的人家、共计 135 名女性，其中有 40 人两年后仍然在税册上。

堂区登记簿上的 4,089 人中记录了职业同时又载入了税册的女性只有两人。一个是雅凯特·库普里（Jacquette Couprie），此人是个开店的或者说"商人"，1763 年和 1766 年她两度出现在圣安德烈某个拥挤的税岛中，登记的身份是卖汽水的寡妇埃斯帕

文（L'Esparvin）。此人是一个制布工的寡妇，相当富有，据估计
1763 年其应课税财产达 400 里弗尔。（婚前协议中男方的叔叔与
她同在一个税岛，应课税财产为 150 里弗尔。）[27] 另一个是那位
给两个"盒子"中的弃婴当过教母的女装裁缝，此人出现在了
1763 年的税册上："女裁缝舍诺"（la Chenaude couturière）的应
课税财产为 15 里弗尔。[28]

　　昂古莱姆全部职业女性——1763 年或 1766 年或两个年份同时
登记在册的共有 223 名——所组成的社会则展现出一幅更为多样的
图景。税册上登记的女性相对都较富裕——尽管其中也有几个"身
无分文"者。1766 年的名单中女性用人只有一名，叫"玛丽·沙里泰"
（Marie Charité）。而主导着昂古莱姆许多女性经济生活的无报酬工
作在两本税册中则全然没有提及。（玛丽·艾马尔 1764 年 1 月的债
务清单中提到了这类工作：买洗衣碱赊了 74 里弗尔，买布赊了 49
里弗尔 11 苏，买菜油赊了 94 里弗尔。）[29]

　　多数在税册上明确记录了职业的女性要么是独身，要么是寡居；
被描述为与丈夫一道生活的不到四分之一。有些人家全是妇女：出
租椅子的库利特姐妹；裁缝三姐妹；一个带着几个女儿的寡妇，母
女都是女装裁缝；在婚前协议上签过字的退休乐师与自己的女儿们
和兄弟的妻子同住，家中的妇女都是做裁缝的。[30] 镇上有一些勤劳
妇女扎堆的片区。女装裁缝所生活的小小税岛上还有 1 名洗衣妇、
1 名分拣羊毛工、1 名纺纱工和 1 个被称为"镇上的女佣"（servante
en ville）的妇人；岛上的 27 户人家中有 13 户是女性当家。[31] 小莫
尔（Petit Maure）税岛上住着旅店老板"克鲁瓦塞寡妇"（la veuve
Croiset）、3 个卖旧衣的妇人、3 个开店的、1 个裁缝（tailleuse）、1
个卖菜油的（此人是去了马提尼克的帕斯卡尔·肖万的母亲）：这
些人全都聚集在一座 14 户人家的小税岛上。[32]

　　镇中心几个堂区集中了一些从事交际性的零散工作的妇女：卖

68

汽水的、出租椅子的姐妹俩、旅店老板，还有 8 个小酒馆老板。从业人数最多的各个行业都是围绕女性的家务发展而来：男装裁缝有 17 个，女装裁缝有 15 个，卖菜油的妇人有 10 名，洗衣妇有 8 个，接生婆有 4 个。女面包师有 11 个，都是寡妇；水果贩子有 9 个，葡萄商人有 1 个；鸡贩（cocassières）有 4 个；鱼贩有 1 个，另有 1 个卖沙丁鱼的；卖草药的有 1 个。还有一些是家用物品零售商：有 13 个破布贩，3 个卖小玩意儿的（clincaillerie），其中一个是在婚前协议上签过名的罗丝·勒泽。1 个妇人是沿街叫卖的小贩（marchande colporteuse），1 个是有耕牛的农场工人，1 个是造纸工，2 个是纸商，1 个是铁商，1 个是肉店老板，有两姐妹是卖草料的，还有 2 个妇人是教师。巨量的非描述性的堂区记录对这些勤劳的妇女只是一笔带过；1764 年昂古莱姆的经济生活中有过她们的身影。[33]

签名者和全体居民

如此，我们对昂古莱姆堂区记录中的 4,089 人做了一次鸟瞰。现在让我们仔细观察一下镇上的几个家庭，在婚前协议上签名的人当中有 33 个出现在了堂区的记录中。签名者中的两个——加布里埃尔·费朗的妻妹多萝泰·德维亚伊和画师加布里埃尔·勒迈特1764 年 9 月在博利厄圣母堂区结婚，仪式相当复杂，堂区登记簿上留下了 16 个签名，在弗朗索瓦丝·费朗和艾蒂安·阿勒芒的婚前协议上签过名的 83 人中有 5 人也在签名者之列。[34] 面包师的女儿、同样在婚前协议上签过名的玛格丽特·戈迪诺 1764 年 6 月也结了婚，婚礼是在圣安德烈堂区举行的，规模也很大，有 18 个人签了名，包括 4 个费朗和阿勒芒婚前协议的签名者。[35] 但这一结合注定是不幸的。分娩后不久（1769 年）玛格丽特便过世了；其鳏夫再婚后很快（1771 年）也死了，继而他的遗孀（玛格丽特的鳏夫的遗孀）嫁给了波尔多的一个商人，此人名叫让·亚伯拉罕·罗德里格斯·萨尔泽达斯（Jean Abraham Rodriguez Sarzedas），1773 年在圣若望堂区做了弃绝犹太信仰的宣誓；1776 年她死了，翌年萨尔泽达斯又结了婚；萨尔泽达斯死于七年后（1783 年）。[36]

甚至在更大范围的镇上居民中间，婚前协议的众签名者也属于交际较广的：这些人是签名者和见证者，是教父教母，也是朋友。玛丽·艾马尔当过自己头胎孙子的教母，也是 4,089 人当中不多的几个有备注说明"不知道怎么签名"的。[37]婚前协议中男方的父亲马克·阿勒芒 1764 年 1 月签过一份结婚记录（结婚的是一个鞋匠和一个裁缝的寡妇）；造纽扣的路易·迪帕尔（Louis Dupard）5 月签过一份结婚记录，10 月又当过一次教父。[38]加布里埃尔·费朗的邻居玛丽·肖蒙·戈蒂埃（Marie Chaumont Gautier）7 月在哀恸圣母区给一对用人夫妇的儿子当过教母。[39]罗丝·马兰 11 月在圣安德烈区给镇上一位神学家仆人的遗腹女当过教母。[40]

在更大范围的镇上居民中间，这 83 个签名者算是相对富裕的：这些人的家族的圈子里没有散工，没有农场工人，也没有用人（女方的一个弟弟有可能是例外：他可能是舍瓦尔布朗旅店老板的用人，也可能不是）。和有记录的其他许多人一样，这些人当中也有不少裁缝。父母或是鞋匠，或曾经是鞋匠，或是鞋匠配偶的签名者共有五名，均为女性；玛丽·艾马尔的祖父和曾祖父也都是鞋匠。这些人很勤劳，其家庭常常多世同堂且兼有多种职业，这样的人家在税册中每每可见：造纽扣的路易·迪帕尔与岳父、做旧衣生意的妻子、当裁缝的姐姐以及内弟一同生活；乐师让·富尔（Jean Faure）与自己的女儿们和兄弟的妻子同住，家中的女人都是裁缝；卖蜡烛的让·伊尔瓦（Jean Yrvoix）与开店卖菜油和陶器的妻子让娜·沙博（Jeanne Chabot）和同样开店的嫂嫂一同生活，这一家三口都在婚前协议上签了名。[41]

其他人的关系网：马格德莱娜·富尔

论到对东拉西扯的爱好和信息来源的多样，婚前协议的众签名者也并不特殊。这 4,089 人的全景中还有另一些故事可讲：有另一些街道、人家，还有家中的个体，都在计划着各自的未来。堂区记录上的 4,089 人中与他人联系最多的——在形式上表现为一个节点有着最多的边，换言之此人当年与他人发生的联系最多——是住在近码头的圣雅各堂区的一名 21 岁妇女，名叫马格德莱娜·富尔（Magdelaine Faure）。1764 年 10 月她嫁给了让·罗伊。在堂区登记簿上，罗伊自称装订工，在一天前立的婚前协议中又自称散工。有 19 人在夫妇俩的结婚记录上签了名，在两人的婚前协议上签名的则有 28 人。[42] 1764 年 9 月，也是在圣雅各堂区，马格德莱娜·富尔给一个石匠的女儿当过教母；10 月，在镇中心的圣保罗堂区，她给一个看炉人的女儿签过受洗记录；11 月在圣马夏尔，她又在另一份受洗记录上签了名。[43]

马格德莱娜·富尔所处的信息交换圈子和众婚前协议签名者的关系网相隔甚远。她父亲是个邮差，在昂古莱姆和多尔多涅省（Dordogne）的贝尔热拉克（Bergerac）之间两头跑；他早年是在波尔多和昂古莱姆两地之间送信的。她的一个姐妹吕丝·富尔（Luce Faure）是织地毯的。她丈夫在入装订这行之前是造工具的；她妹夫（此人既是她妹妹玛格丽特的丈夫，也是她丈夫的兄弟）先后当过箍桶匠、打包工和装订工。她和两个姐妹都是交际颇广、能读会写之人，常常在镇上不同堂区给人签名。她 16 岁时便和未来的丈夫一道在圣保罗堂区当过教父教母，当时是 1760 年，12 岁的吕丝·富尔也在记录上签了名。1765 年 5 月在圣雅各，三姐妹都在一名邮差学徒儿子的受洗记录上签了名。[44]

和镇上其他许多地方一样，马格德莱娜·富尔和丈夫所在的税岛也聚集了各行各业；这地方有 1 个女帽匠、1 个箍桶匠、1 个陶画师、1 个鞋匠、1 个造工具的，还有 1 个富商，1 个前假发商（此人是 83 个婚前协议签名者之一的父亲，也是金匠让-巴普蒂斯特·马歇的兄弟）。在 1763 年的税册上，马格德莱娜·富尔当邮差的父亲登记的应课税收入为 300 里弗尔；她未来的丈夫则被列为"穷户"。[45]

马格德莱娜·富尔好交朋友、人脉广泛，因此成了昂古莱姆"下层"启蒙运动历史的一部分，她还是印刷工和装订工圈子的一分子（在启蒙运动的众多敌人看来，这个圈子太容易受摩登时代的诱惑）。[46] 他的人生也上演着社会历史的无常。1765 年 8 月 14 日，她的女儿玛格丽特·罗伊（Marguerite Roy）出世，当天在圣雅各堂区受了洗。小女孩四天后就死了。马格德莱娜·富尔比女儿多活了九天。1765 年 8 月 27 日，她过完 22 岁生日一周后，人们在圣雅各埋葬了她：母女两人都是致命夏季的牺牲品。1767 年，丈夫让·罗伊又结了婚。婚礼在圣安德烈堂区举行，马格德莱娜的母亲和一个姐妹在记录上签了名。罗伊又生了九个儿女，还在昂古莱姆建起了一个造纸印刷业帝国。[47]

其他人的婚姻：雅克·蒂农

玛丽·艾马尔的家人同样并不特殊：他们也和别人一样热衷于订立婚前协议和其他各种公证人法律文件。弗朗索瓦丝·费朗和艾蒂安·阿勒芒的婚前协议订立仪式论规模固然是非凡的（签名者多达 83 人，此外还有包括女方母亲在内的其他一些人到场），但镇上 1764 年结婚的 122 对夫妇多数都立了婚前协议。[48] 起草费朗和阿勒芒婚前协议的让·贝尔纳（"曾为小老百姓们写过不少文书"）总共为 11 对夫妇拟过协议。有一对夫妇是劳工（或者说农民），都是附近村子的，一个来自马尼亚克（Magnac），一个来自迪拉克（Dirac）；有一对的男方是看炉人的儿子，女方是石匠的女儿；有一对的男方是个织工，女方是一个散工的女儿；有一个是罗什福尔军港的书记员，父亲是滨海布洛涅（Boulogne-sur-Mer）一个织地毯的工人；还有一个叫雅克·蒂农（Jacques Thinon）的乞丐，娶了一个乞丐的女儿。[49]

雅克·蒂农和妻子玛丽·勒热（Marie Leger）是 1764 年 7 月在圣马夏尔结的婚。[50]根据记录，雅克·蒂农来自昂古莱姆以北一个叫库隆热（Coulonges）的小堂区，堂区总共 37 户人家。[51]依据昂古莱姆地区的习惯法，雅克和玛丽两人构成了一个"集体"；两方各预支 5 里弗尔。协议还对未来各种债务、费用以及女方在"衣物、戒指、首饰和内衣"方面的个人特权做了规定；订立婚前协议的花费是 39 苏，且标明了"已清偿"。[52]

73 　　接下来的 16 年间雅克·蒂农和玛丽·勒热生了两个女儿、五个儿子，都是在圣雅各堂区的教堂受的洗。14 个教父教母当中能签名的仅有两人。[53]接着，在 1776 年 2 月，这家人成了另一份协议的当事人，起草协议的仍然是让·贝尔纳。该协议是为了解决围绕玛丽·勒热外祖父母的财产而起的一场争执，争执始于 1748 年，当时是在昂古莱姆以北的巴尔扎克堂区，相争的是玛丽的叔外祖父和玛丽母亲的堂兄。[54]1776 年协议的各方包括叔外祖父的孙子（巴尔扎克的一名劳工）；玛丽和雅克；还有母亲堂兄的两个女儿，两人都叫玛丽·戈迪诺（Marie Godinaud），住在不同的村子里，妹妹在一个姓戈达尔（Godard）的男人家中当仆人。记录上说雅克·蒂农"因眼瞎而无业"。[55]

　　这一争执持续了 28 年，所争夺的继承物却极不值钱："价值很低，状态也糟，因而几乎算不得什么。"出现在协议中的包括 15 名家中的成员、两位玛丽·戈迪诺中的妹妹的雇主以及巴尔扎克的一名法官。[56]四年后，玛丽·勒热在昂古莱姆过世，当时她 40 岁，刚刚生下第七个孩子。三个月后（1781 年 2 月），雅克·蒂农再度结婚。此任妻子已经在圣保罗堂区当了 20 年的用人，当时也是 40 岁。1783 年 4 月夫妇俩有了一个女儿；洗礼记录再度确认雅克为乞丐。[57]雅克·蒂农和玛丽·勒热的长女 1790 年嫁给了一个水手；她于 1850 年在昂古莱姆过世，时年 82 岁。[58]

帕斯卡尔·肖万及其余人等

婚前协议的众签名者和堂区记录中的其他人大同小异，甚至在与远方机遇的联系方面也不例外。即将去马提尼克生活且成了玛丽·艾马尔代理授权确定的受托人的帕斯卡尔·肖万（让·帕斯卡尔·伊尔瓦·肖万）不在 1764 年的堂区记录中。但在这些平凡的人生事件中却留下了他家人的身影。他的祖母（一个面包师的寡妇）5 月在圣若望堂区过世，时年"大约 83 岁"。[59]他母亲是小莫尔税岛上九个事业女性之一，税册上登记的职业为卖菜油的。[60]1764 年在圣安德烈堂区生过两个孩子的玛丽·伊尔瓦·肖万（Marie Yrvoix Chauvin）是他的妹妹；他负债累累的妹夫也有一些记录，关于其行当各处说法不一，有的说他是造蜡烛的，有的说他是开店的，有的说他是个杂货商。[61]

帕斯卡尔·肖万是在马提尼克以南约 80 公里的圣卢西亚岛过世的。这位商人兼民兵长将自己的遗产（绝大多数是岛上各种未收回的债权）留给了在昂古莱姆的兄弟和妹妹。但这一遗产无法兑现，部分原因在于 62 名债务人中居首的一个是当地管执法的官员，故而执法员们"不敢"办此案。法属殖民地的历史间充斥着这类错综复杂的继承故事：玛丽·伊尔瓦·肖万和丈夫向昂古莱姆省长寻求保护；省长以"这两个不幸的人"的名义写了信，称两个主要继承人"生活在昂古莱姆，而且确实生活困难"。[62]

在堂区记录中的 4,089 人中，也有另一些人曾经历过期望和失落，这些人的家族与殖民地奴隶经济也各有各的关联。那位舞蹈教师有两个女儿（也是圣多明各阿蒂博尼特奴隶种植园那位外科大夫的两个姐妹）曾出现在圣马夏尔堂区 1764 年 8 月的一份洗礼记录中。[63] 还有那位移民去了法属圭亚那的假发商的姐妹——她女儿 6 月在圣安德烈堂区受了洗。[64] 罗丝·西瓦迪耶（Rose Civadier）是堂区记录中的 4,089 人之一，她在圣保罗的一场婚礼上签过名，她自己也在 1766 年结了婚，嫁给了一名获得"法兰西角主权议会"（sovereign council of Cap-Français）认证的"外科医师"。[65] "12岁上下"时宣誓弃绝异教的弗朗索瓦·马丁·阿利奎因的保护人有一个女儿 10 月在哀恸圣母区给人当过教母。[66] 载阿利奎因来拉罗谢尔的贩奴船的船长不在 1764 年昂古莱姆的堂区记录中（他当时正在预备开另一艘叫康斯坦［Constant］的船再度踏上贩奴之旅，并且计划 1765 年 2 月从拉罗谢尔启航）；但有 14 个"德拉热"曾在记录中出现过（涉及四次不同事件）。[67]

1764 年的昂古莱姆堂区甚至和监狱船的世界有过交集。这 4,089人中有一个叫马克·盖斯托（Marc Gestraud）的铁匠，1764 年 11月他在圣伊里埃堂区给一个男孩当过教父。1764 年 9 月 16 日，马克·盖斯托和一个邮差的寡妇马蒂兰娜·里普（Mathurine Rippe）签了一份婚前协议。[68] 六天后，9 月 22 日，盖斯托的母亲找到公证人让·贝尔纳，正式申请了一份针对这桩婚事的"反对文件"。她没有说明自己反对两人结婚的理由（她还把自己的准儿媳叫作"罗丝·里普"）；她提到自己的丈夫让·盖斯托（也是个铁匠）已经"15年多没有回省了"。[69]

这时马克·盖斯托又取得了另一份令人惊叹的文件：一份有他不在场的父亲签名的公证人法律文件——文件是 1764 年 8 月 28 日在土伦（Toulon）签署的——在其中父亲表示儿子马克可以"照自

己的意思与随便哪个单身妇女或寡妇结婚"。让·盖斯托是罪犯船（galley）上的一名囚徒，"犯了擅离职守罪"的他当时被关在土伦军港的苦役营（bagne，即强制劳动营）中。他是捆着铁链被监狱的看守（pertuisanier）送去镇上一名公证员的办公室的（这看守白天监工的时候要和 10 个囚犯锁在一起）。手续到了关键的时刻，看守"解开了盖斯托的镣铐"，"往他头上加了一顶帽子"。随后，盖斯托再度被铐上双手，"恢复了此文件订立前的状态"。[70] 1765 年 2 月在圣伊里埃堂区教堂，马克·盖斯托和马蒂兰娜·里普终于结了婚。[71]

克洛茨或克洛德或克洛什

堂区记录中这 4,089 人的关系网一直延伸到了大海，同时还向东延伸到了德意志的地界。玛丽·安妮、玛丽和弗朗索瓦丝·克洛茨姐妹三人和 1764 年有记录的加布里埃尔·费朗是姻亲。在加布里埃尔的妻妹和画师加布里埃尔·勒迈特（夫妇俩都曾在婚前协议上签名）程序复杂的婚礼上，玛丽·安妮和玛丽都签了名。[72]加布里埃尔·勒迈特是两人的外甥，还是玛丽·安妮的教子；他母亲是两人的姐姐，名字也叫玛丽·安妮·克洛茨，已于 1748 年过世。[73]

克洛茨三姐妹的父亲是个谜一般的人物，名叫约翰·格奥尔格·克洛茨（Johann Georg Klotz），他首次出现在昂古莱姆堂区记录中是 1717 年 11 月，当时他娶了镇上一个叫莫里切特·布尔达热（Moricette Bourdage）的妇人。据记录他是"托尔萨克的先生"（M. De Torsac）的厨子；他是取得雇主的同意后结的婚。几个月后，约翰和莫里切特头胎的孩子（年长的那位玛丽·安妮）受了洗；记录仍称约翰为厨子。他雇主的妻子托尔萨克的玛丽·安妮·扬森（Marie Anne Janssen de Torsac）当了女孩的教母。[74]此人的父亲是荷兰的一名纸商，于 17 世纪中期迁来昂古莱姆，并成了镇上现代造纸业的奠基者之一。臭名昭著的"议会议员提奥多雷·扬森爵士"（Sir Theodore Janssen M.P.）是玛丽·安妮·扬森的兄弟，此人1654年生于昂古莱姆，后移居温布尔登（Wimbledon），还参与建立了英格兰银行和东印度公司，最终于1721年著名的南海泡沫骗局中身败名裂。他当时是南海公司的董事（该公司以往美洲西班牙各殖民地贩奴为业）。[75]

　　在婚后数年间，约翰·格奥尔格·克洛茨频繁出现于昂古莱姆的记录中：他给人当过教父、帮人签过文件，自己的子女也受过洗。自1719年起，他在记录中的身份成了旅店老板。在负责堂区登记簿的书记员那里，他这个人包括他那不常见的名字都具有几分神秘色彩。他本人的签名又大又复杂，许多年来几乎没有变化。转写出的名字却五花八门，在博利厄圣母和圣若望两个堂区的记录中先后出现过 Klocq、Blocq、Clod、Bloch、Bloth、Kloche、Kloz、Klotz、Cloth、Cloche、Klots、Kloss 以及 Kloste 等写法。[76]

　　18世纪20年代中期，约翰一度从镇上的登记簿中销声匿迹。他至少有三个子女是在别处受洗的；1813年他的女儿玛丽过世（此人在1764年两场复杂婚礼中的一场的记录上签过名），根据其死亡登记，她是在多尔多涅省靠近玛丽·安妮·扬森弟妹庄园的一座村庄里出生的。[77] 1737年长女大玛丽·安妮结婚时，他在记录中的身份又变回住在昂古莱姆的一名厨子。而1751年小玛丽·安妮结婚时，他已经不在世上。[78]

　　经历这一系列无常变迁的同时，约翰·格奥尔格·克洛茨在昂古莱姆建立起了一个宏伟的"王朝"。他有22个孙子孙女在镇上受洗，还有6个生在巴黎市郊，都是其子雅克所生。雅克·克洛茨1723年生于昂古莱姆，1755年结婚时的记录上说他是"巴黎中产人士"。他是高级军官"埃格蒙伯爵卡齐米尔·皮尼亚泰利亲王"（Prince Casimir Pignatelli、Comte d'Egmont）的"贴身男仆"，七年战争

中他有很长时间都在"作战";埃格蒙和在路易十五妻子家中做侍
女的姐姐还是雅克头胎孩子的教父教母。[79] 革命初期,埃格蒙曾
是制宪会议的一员,后于 1792 年移居国外。雅克·克洛茨后来回
到昂古莱姆,同他一道回来的还有女儿伊丽莎白·索菲(Elizabeth
Sophie);伊丽莎白买下了米纳日街上一户军官人家的大宅子:"买
主是克洛茨的一个成年女儿。"[80]

西尔维·卡佐系列审判

　　堂区记录中的 4,089 人和与玛丽·艾马尔结亲的几户人家当中
的那些"小老百姓"的打拼故事便是这些。而昂古莱姆中产阶级的
冒险活动又另有一番引人注目之处。与丈夫让-亚历山大·卡佐(玛
丽·艾马尔丈夫的残忍雇主)分居的西尔维·卡利斯特·贝努瓦·德·埃
萨尔也在这 4,089 人之中。1764 年 9 月,她的女儿梅兰妮·加布
里埃勒(Mélanie Gabrielle)在圣安德烈堂区受洗,卡佐没有到场。
舅舅克劳德·贝努瓦·德·埃萨尔(六年前在同一座教堂受洗的"来
自卡佩劳"的"克劳德"的主人)做了梅兰妮的教父;"博洛涅先
生的夫人阿波罗妮·乌森夫人"(Dame Appollonie Usson femme
de Mr de Bologne)做了教母。[81]

　　此后的几年间西尔维回了格林纳达,继而于 1770 年回到法国;　　78
丈夫命人将她关了起来;1781 年 5 月她在巴黎过世。她当时被称
作"卡佐侯爵夫人"(Madame la Marquise de Cazot),住在小奥古
斯丁街一间租来的公寓里。她死后居所被贴上了封条,这是大都市
独有的烦琐的司法程序之一,以防有人转移其财产。1781 年 5 月
22 日清晨 4 点 30 分,巴黎司法部门人员领命来到公寓,发现了
"一名女性的尸体",随即开始"施以"查封。之后的九个月间(封
条直到 1782 年 2 月才被揭掉),各种债权人、搬运工、女佣、亲

戚、来自昂古莱姆的访问律师和慷慨的朋友纷至沓来，数量足以演一整出关于巴黎生活的人间喜剧。在整场官司中，西尔维在记录中的姓五花八门，先后出现过 Cazot、Cazeau、Caseau、Casseau、Cazaud、Decazeaux 和 De Cazeauld 等一系列写法。[82]

许多人声称有权决定是否解封遗产——为此提交的申请文件共计 41 份——这些人包括 1 个锁匠、1 个香水师、1 个珠宝商、2 个挂毯匠人、2 个管筵席的、1 个细木工、3 个女装裁缝、1 个药剂师、2 个裁缝、1 个护士、1 个医生、1 个画师、1 个铁匠、1 个给王后供应时装的、1 个造纸工人、1 个鞋匠、1 个用人、1 个商人、1 个布商、1 个酒商、封条的看守、1 个假发商人，还有西尔维的贴身侍女——主人在世的最后时光曾问她借过钱，她还自掏腰包付了请神父、掘墓人和搬运工的钱，"喂鹦鹉的鸟粮钱"也是她出的。[83]

1781 年 8 月，西尔维做酒生意的房东和这位贴身侍女两人告知司法人员称他们给卡佐或者说"死者的丈夫卡索侯爵"（Marquis de Casseau）写过信，但"已经过去三个多月"却依然没有回音。9 月，西尔维的兄弟带着一名昂古莱姆的律师（一个 1764 年婚前协议签名者的叔叔）来了，两人住在"图卢兹大酒店"（Grand Hôtel de Toulouse）。[84] 11 月，卡佐终于现身，当时的记录称他为"让·亚历山大·德·卡佐·厄瓜耶（Jean Alexandre de Cazeau Ecuyer），曾任格林纳达法国居民派驻圣詹姆斯法庭代表、前任龙骑兵军官"。他以自己和三个子女的名义提交了文件，在反对揭封条的人中他排第 40 位；他也住在附近的一家酒店里，酒店的名字叫"西班牙大酒店"。

这时又有一个人物登场，带来了一段新的法律故事：称为加马什伯爵（Comte de Gamaches）的骑兵军官派来了其法定代理人。根据这位律师的说法，自 1779 年 2 月 28 日以来，加马什先

生一直自掏腰包资助西尔维，而且多次为她做信用担保。律师回忆
称，1779 年 2 月 28 日是"卡佐先生针对她取得的盖章信作废的日
子"（lettre de cachet），即说是西尔维获得自由的日子（在旧制度下，
丈夫和父亲可以任意关押妻女——这一权力是受国王认可的）。在
卡佐向伦敦皇家学会宣读自己那篇关于甘蔗的论文的同时，其奴隶
让－亚历山大·詹姆斯正关在一间地下室中奄奄一息，而西尔维本
人的监禁生活也即将走到尽头。[85]

　　此时加马什先生本人也已经成了西尔维的债权人。根据多个供
应商的账目，他曾经花钱为西尔维买过 155 米（带"玫瑰色图案"的）
白色锦缎和 8,500 枚镀金的钉子。不过也有人提到过一些更幸福的
时光。审讯中谈及西尔维的首饰时，那位贴身侍女称女主人的首饰
相当少，只有"两枚各藏着一绺头发的金戒指"，而"她以为这位
已故的卡佐夫人必然已经将之还给了加马什伯爵"。楼里的搬运工
接受审讯时也被问及西尔维首饰的事，他称自己不太清楚她公寓里
有些什么；他只知道"在隆尚（Longchamps）赛马期间的某天他
曾看到她同加马什伯爵一道坐着一辆马车出去，当时她戴了一对在
他看来极美的钻石耳环"。[86]

　　公寓解封后，卡佐开始为西尔维的遗产打官司。死前那个夏天
西尔维立过一份遗嘱，在其中她留下了 50,000 里弗尔给自己的一
位上了年纪的法律顾问（此人曾借钱给她），并确定这笔钱清偿欠
他的债后所余要遗赠给她的两个女儿和女佣。[87] 卡佐打官司的目的
便是要证明这份遗嘱无效，而这一过程带来了一系列巨细无遗的证
明文件：他具体什么时候住在格林纳达，又是什么时候把西尔维接
来管理自己几个种植园的，他哪些时候在出差（"有时是去意大利，
有时是去别处"），等等，而反对方围绕西尔维如何自始至终都深深
感到自己是个法国人提供的证明文件也同样不厌其详。[88]

　　此案的焦点在于法国和英国法律的交叉——在卡佐的人生中、

80

在被占领的诸岛上（也是玛丽·艾马尔调查的对象），这样的交叉每每可见。"一个法国女人，是否仅仅因为丈夫搬去了外国居住，就失去了自己从未有意离开的法国住所？"《法院公报》（*Gazette des Tribunaux*）在报道卡佐诉讼案时质问道。人们为那位上了年纪的律师（此时他已经将自己得到的那份遗产转赠给了一个人称露西小姐［Dlle. Lucie］的新当事人）辩护称离开法国从来不是西尔维的本意。西尔维几次去格林纳达"都不过是暂居，而且全然是丈夫一己所定"；"丈夫未能迫使她离弃祖国随他去异乡"。无论如何，于战后过渡期回到了昂古莱姆的卡佐自己也并未变成英国人。（七年战争结束时签订的巴黎条约确定了八个月的过渡期，在此期间准许法国国民离开英国殖民地——这些人可以"安全且自由地撤回"。）[89]

　　但此案最终的判定根据甚至更为意义重大。卡佐的这场官司升格成了一场关于女性权利和婚姻本质的辩论。卡佐称，西尔维的遗嘱应当被判为无效，因为"根据英国法律（两人都生活在属于英国的土地上），在有丈夫辖制的情况下女性不能不经丈夫准许和认可而订立遗嘱"。就此卡佐的反对方回应称他从未定居英国——即便
81　他定居了，西尔维也没有。卡佐继而回答称这同样不在已婚女性权利之列；"他引经据典，证明在有丈夫辖制的情况下女性不能在丈夫的居所以外另有居所"。经过上诉，卡佐胜诉。[90]

玛丽·玛尔特在罗马

　　1783 年 9 月西尔维遗嘱的案子判定时，卡佐已经打起了又一场官司。当时他的长女玛丽·玛尔特也同他住在一起，根据让-亚历山大·詹姆斯 1779 年申请书中的说法，1757 年生于昂古莱姆的这位"年轻小姐严苛又专横"。[91] 1782 年 10 月，卡佐和玛丽·玛尔特在阿维尼翁（Avignon）的教宗飞地安顿了下来。两个月后她嫁

给了当地的一位德鲁侯爵（Marquis de Roux）。两人的婚姻只维持了几个礼拜，1783 年 3 月，已经有孕在身的玛丽·玛尔特获准与丈夫临时分居。她说丈夫凶暴又爱吃醋，他则说她太冷漠；她问他道："您要的是爱吗？阁下，我什么时候答应过爱您？我们结婚前我就告诉过您我不懂爱。"据说玛丽·玛尔特有 600,000 里弗尔的嫁妆；丈夫（或其代理人）称两人结婚时她已经怀了别人的孩子。这一系列事件都是卡佐本人讲述的——1784 年他在伦敦用自己的新名字出版了一本 245 页的历史书，题为《伦敦皇家学会卡佐侯爵的案件声明》（*Mémoire justificatif du Marquis de Casaux, de la Société Royale de Londres*）。[92]

根据《案件声明》的说法，1783 年 4 月卡佐和玛丽·玛尔特从阿维尼翁逃去了附近一个瓜德罗普表亲的家中。[93] 5 月，玛丽·玛尔特的丈夫提起了刑事诉讼，控告卡佐劫持玛丽且不兑现嫁妆。8月，卡佐和此时身子已经相当沉重的玛丽·玛尔特再度出逃，来到阿维尼翁法庭最高审判权所在的罗马。9 月，"结婚九个月零三天后"，玛丽·玛尔特在罗马死于分娩。[94]

《案件声明》讲述了两名家庭暴力目击者（卡佐的银行家和为他供货的假发商）的悲惨故事，又一次谈及居所法（卡佐在女婿面前坚称自己是"格林纳达岛"的臣民，而这岛在 1782 年故事开始时是属于法国的，到 1783 年故事结束时则成了英国的），还讨论了（在阿维尼翁的教宗法下）女性订立遗嘱的权利。书末尾是一系列骇人的情景。"我要是死了，他不就人财两空了吗？"据说玛丽·玛尔特曾这样问道，而她得到的回答是："别骗自己了，如果你死的时候腹中的胎儿已经能成活，这些人就会把你剖开，而只要你孩子的手指动那么一下，就足够确保他所继承的归于你丈夫了。"[95]

从罗马回来后，卡佐开始了作为哲学家、经济学家和启蒙运动人物的新生活，而且如鱼得水。甚至在关于他女儿婚姻的那本极度

疯狂的《案件声明》中，他也时不时陷入更深的思考，谈到命运的
"无形之手"，谈到为保障美洲殖民地财产权而实行"普遍海上治安"
的可能，还谈到大西洋帝国的未来，卡佐写道，不出"百八十年"，
大不列颠十有八九会"被迫将其帝国之位拱手交于美利坚，而其古
老的首都也会沦为美利坚的一个省"（这是对《国富论》中一条著
名言论的化用）。[96]"伦敦皇家学会卡佐侯爵"那篇充斥着不痛不
痒的探讨（例如考察"进出口是否仅仅是某种和网球一样无罪的娱
乐性竞赛"）的《关于一些社会机理的考察》被《批评》（Critical
Review）杂志称为"古怪"："貌似深思熟虑，仿佛有理有据。"[97]
1786 年到 1792 年间，卡佐又发表了 18 篇论文，研究对象从公债到
法国宪法再到殖民地贸易的优势，不一而足。

　　大革命头几年间，卡佐再度回到法国。他成了保守主义启蒙运
动中一个多产的角色、一个有"大气魄"的人——支持君主制，"维
护奴隶制、奴隶贸易和肤色贵族制"。[98]他写过不少小册子，其中
之一被米拉波（Mirabeau）称为"孕育了革命的天才之作"："扎实
而深刻，蕴含着取之不尽的思想"。[99]在 1791—1792 年的殖民地
花费之争中，他成了奴隶制理论家皮埃尔-维克托·马卢埃（Pierre-
Victor Malouet）的副手。（十年前他曾向此人讨过一封推荐信，当
时他正围绕自己究竟是英国人还是法国人的问题无休无止地与人争
论。）[100] 1791 年卡佐提到，"公民的和政治的欧洲"都依赖殖民地
贸易，"在这方面施措不当必然会导致全面破坏——这一情景甚至
想想也会叫人战栗"。他宣称正是经济交流——正是所谓在殖民地
上"挥霍"的资源——为欧洲 900 万乃至 1,000 万人创造了就业机会，
而且"叫人们不再只盯着恐怖统治"。[101]让-亚历山大·卡佐 1796
年过世于英国，葬在埃塞克斯的伍德福德（Woodford in Essex），
墓碑上写的名字是"卡索侯爵让·亚历山大"（The Marquis de
Cassaux, Jean Alexandre）。[102]

梅兰妮·加布里埃勒·索菲的漫长人生

梅兰妮·加布里埃勒·索菲（Mélanie Gabrielle Sophie）是西尔维的子女中年纪最小的（其出生后来曾被当作说明父母的居所和国籍如何变动不定的证据），是堂区记录中的"主角"之一，属于当年在昂古莱姆受洗（且未在年内夭折）的454名新生儿之列。她在各种家庭纷争间度过了漫长而没人爱的一生。1783年关于母亲遗产诉讼的报告曾一笔带过地提到她：在这份引发了争端、后又为父亲所推翻的遗嘱中，母亲留了10,000里弗尔给长女、1,000里弗尔给次女（梅兰妮）、400里弗尔给自己的女佣。[103]父亲和姐姐玛丽·玛尔特去了阿维尼翁，又去了罗马，梅兰妮却被两人撇在身后；父亲就（"孤身于猛虎豺狼中间"的）长女的各种麻烦事所写的那本245页的书里只提到过她一次，说玛丽·玛尔特在罗马的时候曾"佯作给妹妹写回信"。[104]

卡佐自掏腰包为玛丽·玛尔特预备了600,000里弗尔的妆奁。而根据姐妹俩的兄弟让－弗朗索瓦的遗嘱的说法，卡佐给梅兰妮的则是"每年80镑"。[105]让－弗朗索瓦1756年生于昂古莱姆，"一生受神经疾病的折磨"，他继承了家中的种植园——格林纳达岛的甘蔗园，后来又加上了圣樊尚岛的棉花园；他也给自己弄到了一个新头衔：英国西印度格林纳达岛萨利河的卡索侯爵约翰·弗朗西斯·杜古特（John Francis Dugout, Marquis de Casaux, of River Sallee in the British West India island of Grenada）。他在自己的遗嘱（1832年3月于伦敦获认证）中给妹妹"梅兰妮·加布里埃勒·索菲"留下了一笔200镑的年金。（他还交代将自己的心送去比利时布鲁日的一处坟场和"挚友安·史密斯"同葬，而自己"遗体的其余部分"则要送到埃塞克斯伍德福德已故的父亲"脚边"。）[106]

时光飞逝，梅兰妮先后见证了法国大革命、1830年的"七月革命"、1848 年革命，还有格林纳达岛上奴隶制的终结。其侄女亨丽埃特（Henriette，那位受神经疾病折磨的让－弗朗索瓦的女儿）也在遗嘱（1852 年 1 月于南特登记）中给"我亲爱的好姑姑索菲·梅兰妮·加布里埃勒·杜古特·德·卡索"（Sophie Mélanie Gabriele Dugout de Casaux）留下了一笔 30 磅的年金。按照这个古怪的家族的标准，这同样是一份古怪的遗嘱。亨丽埃特"常常突然昏厥"，担心被人误以为已死的她在遗嘱中确定，"在认为我死后"人们至少要等上八个小时，之后要在她的左踝或右踝切一个口子。她的财产多数"投入了同俄罗斯人的生意"，由于遗嘱执行人破了产，需要附加遗嘱修改条款；她在南特还确立过另一条附加条款，声明"由于我不再生活于英国，我对该国的公教礼拜堂的赠予均作废"；继而她把钱投入了某"俄罗斯股票存款"；"为我的灵魂安息"，她捐了"1,000 场小弥撒"。[107]

梅兰妮·卡佐过世于 1852 年，当时 87 岁。她自称"苏菲·德·卡佐"，"先前住在法国巴黎，而今住在［伦敦］波特曼广场乔治街"。她的遗嘱至少还算直截了当。她把一切都留给了波特曼广场小乔治街法国礼拜堂"尊敬的皮埃尔·瓦伊（Pierre Wailly）神父"。

85　　　　　英国小姐的小狗

最终，通过梅兰妮的教母、圣安德烈堂区登记簿上那位"阿波罗妮·乌森夫人"，1764 年有记录的这 4,089 人所处的外省世界和永恒的文学名著发生了关联。这位夫人名叫贝内蒂汀·于松（Bénédictine Husson），自 1737 年起成为瓜德罗普的一位名叫皮埃尔·德·博洛涅（Pierre de Bologne）的诗人的妻子。皮埃尔·德·博洛涅是种植园主兼瓜德罗普民兵指挥官之子，也是让－亚历山大·卡佐的舅舅。[108]

伊丽莎白和莉迪亚·斯特恩在昂古莱姆的时候，"德·博洛涅夫人"（la dame de Bologne）贝内蒂汀·于松是两人的房东。1768年劳伦斯·斯特恩在伦敦过世，为找一个阳光更好更省钱的地方生活，斯特恩的妻女启程去了法国。母女俩最终来到了昂古莱姆，成了"德·博洛涅先生和太太"家的租客，夫妇俩的房子在方济各会士街（Rue des Cordeliers）（今天的博利厄街）上，靠近镇中心。博洛涅一家也处境窘迫，他们欠了一个旅店老板及其子（克洛茨姐妹的亲戚）8,600里弗尔的债，就是这笔债引发了昂古莱姆18世纪60年代和70年代的法律金融危机。[109]

小狗的故事开始于1769年10月4日早晨：莉迪亚·斯特恩发现自己的狗丢了。这是一只白色贵宾犬，全身"除了头上的毛都剃得短短的"，"背上有一大块黑斑，全身上下还有许多小黑斑"。[110]伊丽莎白·斯特恩派了一名仆人出去打听情况；当天晚些时候，镇上的公告员敲着鼓走遍了昂古莱姆镇中心，向人打听小狗的下落。[111]

1769年10月9日，伊丽莎白·斯特恩向镇上的刑事司法部门提交了一份控诉状。她称这只狗"品种极为稀有"，一直以来都是"某些人垂涎的对象"。狗是10月4日上午11点左右被人拐走的，她尽了一切努力仍然未能寻回；狗必定已经被"拐卖者、其同伙以及共犯"运出了昂古莱姆。她申请就此案的事实及情况展开刑事调查。她称自己的女儿极为喜爱这只小狗；小狗戴着一只红色摩洛哥皮革项圈，上有黄铜花饰，还写着"英国的斯特恩小姐"（Mlle Sterne anglaise）字样。[112]

翌日（10月10日），调查开始。这个礼拜昂古莱姆下属司法部门相当忙碌——镇上"昂古莱姆高利贷者"的法律金融危机已经露出苗头。但丢狗案立即确定了嫌犯——此人是"卡佐夫人"西尔维·贝努瓦·德·埃萨尔的一名仆人。有一个看炉人出来做证，称自己在过桥进镇时看见一个陌生男人，这人高高的个儿，皮肤白皙，左胳膊下夹着什么，那东西裹在一块脏布里，一直在动，他认为"要么是只狗要么是只猫"。一个假发商在方济各会士街和谷市（米纳日街）之间看到有人——这人他是认识的，就是"卡佐夫人"的仆人——抓住了一只正经过的小狗，将之带走了；他认出了这狗——一只新近剃过毛的"巴贝特犬"（即贵宾犬）——他经常看见那位英国小姐带着这只狗在博利厄田间散步。[113]

　　有一名刀匠当时坐在谷市对面的自家门口，他看见一个穿长大衣的男人（他认为此人是个用人），左胳膊下夹着一只狗。他认出了这狗，因为狗从大衣下伸出了（没有剃毛的）头来；几天前他见过那位英国小姐出来散步，当时狗走在她的前面。一个律师的14岁儿子在父亲家门外看见"卡佐夫人"的仆人从谷市口往外走，左胳膊下夹着一只狗，他认出了这狗（狗从长大衣下伸出了头来）；这狗常跟着那位英国小姐在监狱附近散步，他见过许多次。一名商人当时在谷市对面自己的店门口，他看见对面街上有个陌生男人，左胳膊下夹着一只狗，他认出了这狗；他也多次见过那位英国小姐遛狗。当天晚些时候，镇上的公告员为这小狗敲着鼓在昂古莱姆镇中心四处走时，商人报告了自己的所见；一个他不认识的年轻姑娘告诉他这人是"卡佐夫人"的仆人。[114]

　　"铁证如山"，亚历山大·普雷瓦尔被捕入狱，记录上说他是卡佐夫人的仆人，"住在她方济各会士街的家中"。他是个新来的。1769年6月他和布里夫（Brive）一个叫莉贝拉尔·朗格拉德（Liberalle Langlade）的妇人结婚，当时的记录上说他是多尔多涅一个村里细木工或者说木匠。1769年10月，他被捕几天后，两人的女儿让娜在圣若望堂区受洗，当时的记录上说他是"卡佐夫人"的"家仆"（valet domestique）。[115]对监禁不服的他提起了上诉，1769

年 12 月 9 日，此案提交给了巴黎的议会重审。[116]

劳伦斯·斯特恩的女儿的小狗的故事就这样结束了，昂古莱姆堂区登记簿上这 4,089 人的故事也结束了，就像《多情客游记》的结尾一般，"我伸出手去，抓住了这女佣（fille de chambre）"。[117] 1770 年 3 月，莉迪亚·斯特恩在方济各会士街上的住处写信给英国的表妹："镇子虽然建得糟糕，但区位极佳，风景优美，人行道也漂亮——但论到镇上的人们，除了不多的几个——我还是别说了——但我目前还是得表扬他们几句，这些人很懂吃，而且比世界上其他任何国家的人都会玩……这个小镇上有 59 个管筵席的（traiteur），都穿着带花边的外套，佩着猎刀（couteaux de chasse），书商却只有一个，而且这可怜人过得很艰难，那模样就像莎士比亚写的那个忍饥挨饿的药剂师——人们爱饕餮导致市场东西很贵，所以我们打算再往南走一点点，找个更便宜的地方住——这里的人对我们倒是很有礼貌。"[118]

第四章

第一场革命

历史时间和家族时间

迄今为止，本书对玛丽·艾马尔及其关系历史的研究都是在探索基于空间（昂古莱姆的各个街坊）和家族社会网络（婚前协议签名者和 1764 年的堂区登记簿）的邻近性而形成的关系。这部历史也充满了插曲，故而是一段时间中的故事：我们遇见了卖小玩意儿的小贩和弟妹、舞蹈教师在圣多明各的儿子，还考察了梅兰妮·卡佐那没人爱的漫长的一生。毕竟，要弄清楚这一网络中都有些什么人，这是唯一的方法，而这探索已经成了一场望不到头的旅途。

剩下的历史将探索各种关系随时间的变迁：横跨漫长的法国革命时期和 19 世纪的现代历史，探索家族关系和其他关系在时间中的邻近性，探索玛丽·艾马尔的几个儿女后来的际遇，包括其各自的家庭。可以认为故事中的各个角色转了个 90 度的弯，走入了另一重维度：历史时间的维度。而这又意味着故事进入了另一种历史。每个人都活在时间里（尽管迄今为止的故事中还没有出现什么历史

人物：没有出现在法国或世界历史上有重大意义的人）。有时人们
过家庭生活；有时人们工作，有时谈情说爱；有时人们借贷，有时
抱着期望。1764 年昂古莱姆的每一个人——包括全体签名者和 4,089
个出现在堂区登记簿中的人——也都存在于政治历史时间中，而这
便是本书接下来的主题。

89

　　1790 年 4 月，玛丽·艾马尔在昂古莱姆过世。她生于战争年代，
经历了两次几乎席卷世界的战争；她在昂古莱姆度过了法国大革
命的第一年。她的第三个儿子——可能逃过民兵兵役的马蒂兰——
1743 年生于昂古莱姆，与让-保罗·马拉（Jean-Paul Marat）、M. J.
A. N. 孔多塞和图桑·卢维杜尔（Toussaint Louverture）三人是同年。
玛丽·艾马尔的儿媳妇、有一个亲戚死在卡宴的锅匠的女儿伊丽莎
白生于 1755 年，和玛丽·安托瓦内特（Marie Antoinette）是同年。
和其身边的众人一样，玛丽·艾马尔也属于见证了漫长的法国革命
的一代人。

　　这个政治故事开始于婚前协议签署那年，开始于 18 世纪 60
年代、70 年代和 80 年代这段变革期——在《旧制度与大革命》
（*L'ancien régime et la révolution*）一书中，托克维尔描述过这段
时期（部分是基于利摩日财政区的行政记录），称之为“漫长革命”
的开始。[1] 接着是法国大革命时期（这期间昂古莱姆没有发生多少
大事）。继而进入了各种革命战争的年代（这段历史绝大部分属于
玛丽·艾马尔孙辈的人生）。昂古莱姆的地方史不曾断过，根据这
部历史，在这段动荡年月里此地没有发生过太多事；甚至现代的地
区网站也在 2019 年报告称：“革命期间夏朗德虽然受到了巴黎和前
线一系列大事件的影响，但没有出现暴动和混乱。”[2]

　　在这段乍看平淡无奇的历史中，阿勒芒和费朗两家几乎全然隐
形了。扩大家族中一个重要的革命人物都没有出过，关于革命的各
种历史文献仅一次模糊地提到过加布里埃尔的次子。[3] 而 83 个

婚前协议签名者的全部社会网络中勉强算得上这一革命时期的政治人物的也只有三人。但从各个家族及其关系视角来看，革命历史本身就是一部政治历史。这段历史探索的是事实上发生了什么，是日常生活中的各种事件——各种机遇、损失和邂逅——都是革命的改变所导致的。这一时期行政上、教会中以及全面战争带来的各种新形势几乎改变了公共和私人生活的方方面面：公共思想和私人思想、经济思想和政治思想，无一例外。

　　托克维尔将法国革命的初期描述为一段"内在震动"的时期：人们的"生活受到扰动和考验，因而不得不做出改变"。[4] 昂古莱姆接下来（1764—1789 年）的历史是一部四幕剧，也是一段动荡年月的故事。第一幕是和伊丽莎白·斯特恩的小狗被盗同时（1769 年10 月）同地（桑园广场四周的几条小街上）发生的那起最终导致了昂古莱姆在全国范围甚至国际上名声败坏的法律金融事件，即所谓的贸易"革命"。其他三幕分别是教会及其教育机构、殖民地贸易，以及税务部门——玛丽·艾马尔本家的人们在这三重环境下努力改善着自己的境况。恰是在旧制度结束时，1764 年婚前协议中那对新人的长子马夏尔·阿勒芒·拉维热里（Martial Allemand Lavigerie）获得了税官的差使。

玛丽·艾马尔的孙辈

　　1764—1789 年：这 25 年间的历史可以当作一个家族故事来讲。玛丽·艾马尔的子女陆续结婚、生儿育女。弗朗索瓦丝和艾蒂安——1764 年婚前协议中那对新人——有 9 个女儿、4 个儿子；加布里埃尔和玛丽·阿德莱德有 6 个儿子；让-巴普蒂斯特跟一个钟表匠学艺，后来移民去了圣多明各。艾蒂安在（先前属于耶稣会的）昂古莱姆学院谋到了一份文科教职。弗朗索瓦丝和艾蒂安的长子马夏尔·阿

90

勒芒·拉维热里是玛丽·艾马尔的孙辈当中头一个成家的，马夏尔1790年结婚，几天之后外祖母玛丽·艾马尔便过世了。[5]

孙辈一代的人生初期是在一个狭窄空间中展开的。加布里埃尔的6个儿子都生在小小的哀恸圣母堂区（1764年妹妹弗朗索瓦丝的婚前协议也是在此签署的）。艾蒂安和弗朗索瓦丝婚后在哀恸圣母附近的圣安托南区住过一段时间（艾蒂安的父亲马克·阿勒芒的裁缝铺就开在这里）。接着夫妇俩搬到了哀恸圣母区，在靠近加布里埃尔一家的地方住了下来；1783年，和玛丽·艾马尔比邻而居的孙子孙女至少已有17个，各家相距不过几步远。在堂区登记簿上，加布里埃尔的职业自始至终都包括"文书师傅"；1775年的记录中他是"文书师傅和管公寓［寄宿学校］的老师"。艾蒂安的头衔还包括"文科硕士""学校老师""校务委员"和"寄宿生老师"。[6]

两家人的关系相当亲密，简直有些"自闭"。加布里埃尔、玛丽·阿德莱德、艾蒂安和弗朗索瓦丝先后为子女选过38个教父教母，其中有28个是兄弟姐妹和堂表亲戚等自家人。其余的是学生和各种保护人，包括1778年的一个被称为"卢克索利埃的皮埃尔·路易·马丁先生"（Sieur Pierre Louis Martin Grand de Luxollière）的学生和1779年的一个种植园主的寡妇，"美洲的贝图米厄的寡妇玛丽·卡特琳·芒德鲁夫人"（Dame Marie Catherine Mandrou veuve Berthoumieu delamerique），此人是新近从圣多明各来的。[7] 加布里埃尔、弗朗索瓦丝和艾蒂安三人似乎已经永远离弃了父母的社交网，即旧时在昂古莱姆为他们这一代人当过教父教母的木匠、制帽匠和锁匠妻子等人组成的圈子。[8] 艾蒂安从1771年起用上了复姓"阿勒芒·拉维热里"；学院管事的都称他为"拉维热里"。[9]

这两家人的适应性也都惊人地强。弗朗索瓦丝有过13个儿女（在1765年到1771年的6年中她连续生了7个），其中至少11个平安度过了婴儿期。加布里埃尔和玛丽·阿德莱德的6个儿女当中

91

的至少 5 个、让－巴普蒂斯特和伊丽莎白的 4 个儿女当中的至少 3
个也都活了下来。[10] 弗朗索瓦丝的 9 个女儿当中有 5 个 19 世纪 50
年代依然生活于昂古莱姆。其长女自称"大让娜"（Jeanne ainée），
19 世纪间成为家族最重要的资本来源，1860 年在昂古莱姆过世，
享年 91 岁。其幼女路易丝·梅兰妮（Louise Mélanie）1865 年在
勒芒附近过世，当时她正在萨尔特省（Sarthe）探望自己的甥孙
女。弗朗索瓦丝的长子马夏尔（红衣主教阿勒芒·拉维热里的祖父）
1856 年过世于昂古莱姆，享年 88 岁。[11] 玛丽·艾马尔孙辈当中最
年轻的一个 1873 年在普法战争余波中死于诺曼底的一个小镇。[12] 92
这些儿女、孙辈及其最终组建的家庭便是接下来探索的中心。

资本家和阴谋家

1769 年，昂古莱姆发生了重大贸易危机，危机先后经历了两个
阶段，直到 1789 年才结束。在 A. R. J. 杜尔哥谈这场经济危机或者
说"革命"的备忘录中，昂古莱姆经济不算发达；这座镇子本来应
当发展"贸易"，却从不曾真的发展过。杜尔哥还感叹道，有些人
家就算生意做得不错，也总想着尽快退出这一行买一个官当、跻身
少数贵族阶级之列（婚前协议签名者让－巴普蒂斯特·马歇的儿子
就是这样做的）。[13] 贸易主要集中于资本极少的人群、集中于昂古
莱姆镇上和周边地区的三大主要工业——造纸、白兰地买卖、航海
金属用品铸造——而白兰地贸易和铸造业的风险都很大。"昂古莱
姆事件"（或称"高利贷事件"）便是在这一经济领域发生的。[14]

1769 年 10 月，由一班债务人组成的"阴谋集团"（杜尔哥语）
将其债权人——所谓的（资本家）——告上了法庭，称这些人在放
高利贷，一系列诉讼由此开始。阴谋集团头目的妻子是婚前协议签
名者的社会网络中的一个次要人物——加布里埃尔小舅子的教母、

约翰·克洛茨的女儿玛丽·安妮·克洛茨（Marie Anne Klotz）。几个礼拜之后，"看过了自己的部门"——换言之，检视过了分管的财政区的杜尔哥碰巧来到了昂古莱姆。镇子当时已经陷入了"恐慌"和"某种眩晕"。靠着当地一名律师的帮助，仗着主公诉人的默许，阴谋集团援引长年未得执行的高利贷禁令，要求资本家们赔偿其损失。一位资本家在听了自己的律师兼堂兄的"草率"建议之后逃跑了；另一位资本家——一个名叫亚伯拉罕-弗朗索瓦·罗班（Abraham-François Robin）的纸商——的儿子被控蓄意谋杀；"一切贸易投资活动都中断了"。[15]

1770年到1776年间，最高行政法院（Conseil d'Etat）针对"昂古莱姆事件"连续发布了八道法令；此事后来以资本家获判无罪（暂时）告终。关于这一事件，存在相互竞争的历史叙述。杜尔哥1789年出版的备忘录属于官方记录，目的在于报告"昂古莱姆事件始末"并概述一种关于金融市场中的风险、期望和自由的理论：在后世经济学家看来，这一理论为接下来的整个金融体制改革奠定了基础。[16]资本家们也有自己的版本——一个关于"银行家心中的困扰、担忧和恐惧"的故事——亚伯拉罕-弗朗索瓦·罗班为其子女所写的"昂古莱姆贸易革命*秘密历史"讲述的就是这个故事。[17]阴谋集团也有一个版本，这些人对即将来临的"致命革命"大加声讨，1776年，声讨被最高行政法院压了下来，因为如此"鲁莽诽谤"全然是"对国王殿下不敬"。[18]与各种版本的故事相伴的是关于参与昂古莱姆镇上资本交易人员的各种名单：出现了各种相互矛盾的债务债权清单。

卷入这起事件的主要资本家共有五人；这些人用以自称的"资本家"（capitaliste）一词还是个新说法。[19]五个人中又数两人名气

---

* 作者后面也称其为"金融危机""信贷危机"。

最大：一个是西尔维·卡佐的父亲（1753 年他以自己女婿的名义和玛丽·艾马尔的丈夫签过合同），另一个是西尔维的兄弟（也是"克劳德"的主人）克劳德·贝努瓦·德·埃萨尔。那位逃跑的资本家同两人是姻亲；此外，收租税的皮埃尔·马罗（Pierre Marot），纸商亚伯拉罕–弗朗索瓦·罗班也在五个资本家之列。罗班以前在镇上当过议员，还是镇上商人领事法庭的"大法官"，"用自己的积蓄参与过一些金融活动"。[20] 克劳德·贝努瓦·德·埃萨尔是五个资本家和 1764 年出现在堂区登记簿上的 4,089 人之间唯一的交集——当年他给自己的外甥女梅兰妮·卡佐当过教父。[21]

　　这起事件的两大主谋——亚伯拉罕–弗朗索瓦·罗班称其为"阴谋家"——旅店老板皮埃尔·努埃尔（Nouel）和儿子让–路易在 1764 年的堂区登记簿上都有记录（皮埃尔的孙子和另一个儿子纪尧姆也出现在同一条记录中）。[22] 皮埃尔·努埃尔在关于此事的各版历史中都是个重要角色。在杜尔哥的讲述中，这人"原先是昂古莱姆的一个旅店老板，后来稀里糊涂地闯荡了一番，如今已经陷入绝境"。[23] 根据罗班的说法，努埃尔的儿子是做白兰地生意的，也是"阴谋集团的头子"。1770 年，皮埃尔和让–路易败诉，最高行政法院判处二人赔偿资本家们 18,314 里弗尔。父子俩和律师共同撰写了《皮埃尔和长子让–路易·努埃尔向国王及议院大人们的上书》（*P.-J.-L. Nouel, l'ainé & fils, & Drou, Au roi, et à nosseigneurs de son conseil*），父子二人作为原告签了名，但 1776 年，上书被最高行政法院压了下来。[24]

　　根据堂区记录，皮埃尔·努埃尔曾作为家长出席过小儿子纪尧姆在圣若望区的婚礼；让–路易·努埃尔和妻子玛丽·安妮·克洛茨——此人在以婚前协议为核心的扩大网络中的"艾马尔数"为 1——也参加了兄弟的婚礼，两人的儿子皮埃尔是在博利厄圣母区受的洗。[25] 而让–路易的新弟妹的兄弟是接下来整场阴谋的核心人

94

物：一层与这一整个事件纠缠不清的关系——根据亚伯拉罕-弗朗索瓦·罗班的说法，此人"心狠手辣、不虔不义"，实乃策划阴谋的不二人选。[26]

这一故事中有几个次要人物也属于这 4,089 人组成的扩大群体——几个出现在各种相互矛盾的债务人清单上的店主。玛丽·伊尔瓦·肖万——当年她生了两个儿子，名字都叫皮埃尔，她的哥哥帕斯卡尔·肖万就是那个据说去了马提尼克的中尉——的丈夫也在清单上，据记录五个资本家都借过钱给他，他曾为先前支付的利息向这些人强索过赔偿，根据最高行政法院的判决，他需要为此归还 60 里弗尔。[27] 让-皮埃尔·大卫是个偶尔做做金融中介的布商，住在桑园广场，1764 年 11 月他在圣若望区给一个女婴当过教父（教母是几个罗丝·勒泽当中的一个），阴谋家们的清单上也有此人的名字，因为他曾经拒绝向几个资本家强索利息赔偿，后来又在一个资本家的强迫下签署了永不索赔的保证书。[28]

95 各种说法不一的历史都表明昂古莱姆全镇和周围地区都密切关注着这一资本家和阴谋家的事件。杜尔哥表示这是一段普遍的"焦虑和怀疑"期，与此同时"钱财极度短缺"。[29] 五个资本家当中收租税的那位抱怨称人人都在"窃窃私语""高声喧哗"，而且谣言四起。[30] 罗班称债权人遭到的"落井下石触目惊心"，阴谋家们"在昂古莱姆的大小广场和十字路口、在附近的镇子和农村到处散布流言、传唱各种毁谤歌谣，给每个银行家都起了难听的绰号"。[31] 在 1764 年的堂区记录中还有一名珠宝商（其子当年在圣安德烈堂区受洗），他状告五个资本家之一出言毁谤，最后胜诉，判决书"贴遍了昂古莱姆的大街小巷"。[32]

无论是对这场危机相互竞争的叙述，还是债务人和债权人各执一词的各种清单，都没有提到玛丽·艾马尔及其直系家族。这些人生活在镇上一个与此隔绝的经济圈中：这一圈子没什么资本，家庭财产也极为有限。玛丽·艾马尔本人的几个债主——1764年曾扬言要抢她家具的洗衣碱贩子和菜油贩子，还有这些人雇来的中间人——都太不起眼，要么就是太没出息，够不上载入债务人和债权人各种清单的门槛。[33] 婚前协议签名者的扩大网络中与这段历史有牵连的有三个人，都是阴谋集团一边的。加布里埃尔·费朗的妹夫加布里埃尔·勒迈特和让−路易·努埃尔是姻亲。亚伯拉罕−弗朗索瓦·罗班罗列过34名带头进行过"敲诈勒索"的商人，鞍具匠人让·迪梅尔格也在名单上（此人有一个兄弟在圣多明各），名单称他"已经破产且已与妻子分居"。[34] 有钱的金匠让−巴普蒂斯特·马歇的儿子——其妻玛丽·迪朗（Marie Durand）也是签名者之一——也在"1769年对几个银行家进行敲诈勒索的破产商人"之列。[35]

在玛丽·艾马尔和家人的生活空间中，在拥挤的昂古莱姆镇上，"眩晕"感要强烈得多。各种声响、各种场面都在诉说着这场信贷危机。克劳德·贝努瓦·德·埃萨尔住在桑园广场，而亚伯拉罕−弗朗索瓦·罗班就住在附近，同艾蒂安·阿勒芒和弗朗索瓦丝·费朗夫妇相距不过几步。老贝努瓦·德·埃萨尔、那个草率的律师、马克·阿勒芒以及许多在婚前协议上签过名的人都住在绿钟岛这个小小税岛上。[36] 阴谋家当中有一个多尔多涅的铁匠，此人借住在昂古莱姆学院街的姐夫家，几乎就在加布里埃尔·费朗家的隔壁。[37]

学院街的这栋宅子1769年10月甚至还上演过一场可怕的交锋。危机初期，让−路易·努埃尔曾邀罗班来此会面；罗班独自去了，努埃尔却带了兄弟和姻兄（那个心狠手辣的律师）赴会。罗班在其秘密历史中回忆称自己当时即便喊叫也不会有谁听到；"宅子位于镇上最荒凉的一带"，铁匠的房间又在"背街面"；"选这地方是故意的，当时是10月的一天，已经晚上9点了"。[38] 几天后这里还开庭审理过镇上的一起刑事诉讼案——这铁匠控告罗班的儿子企图谋杀：证词称当时这年轻人怒不可遏，他兜里揣着一件东西，原告"以为是一把手枪"；根据铁匠姐夫的证词，当天晚些时候罗班儿子的姐妹曾跟在他后面大哭不止，哀诉称"叫孩子们见到自己的父亲受指控太令人痛心了"。[39]

教区的动荡年月

1760 年，玛丽·艾马尔的长子加布里埃尔开始了自己"教导年轻人"的职业生涯，他的经济圈子在当时要平静得多。[40] 下设众多学校、神学院和学院的教会当时主导着昂古莱姆的经济：杜尔哥和其他一些经济学家称之为非经济的地方经济，换言之这是一套提供 97 就业和盈利机会却不生产商品的机构。18 世纪 50 年代的耶稣会学院相当兴旺，学生达 280 人，教师也有 15 到 20 人。学院楼的周围有夏园、冬园、一个种着椴树的庭院，还有一座巨大的图书馆。学院常为镇上组织戏剧演出、举行各种公开颁奖典礼。[41] 学生当中仅有 25 人（其中一些拿着奖学金）原本就住在学院内、有仆人和各自的房子。其余学生都是当地的孩子，或走读或寄宿。众多学生"公寓"或称寄宿学校簇拥在学院周围。包括加布里埃尔在内的称为"训诫者"的公寓老师会辅导学生功课，学院还允许这些公寓老师教学生一些初级法语和拉丁语。[42]

昂古莱姆镇中央的这一大群十多岁的男孩构成了一个令人印象深刻的微型经济圈。众多学生、教授、仆役、司铎和园丁形成了一个稳定的服务和商品市场。学院会购买蜡烛、书籍、酒和黄油，而且有专门的洗衣房和裁缝铺，有时还需要药剂师、公证人和外科大夫的服务。学院有自己的供货商，比如卖小玩意儿的贩子罗丝·勒泽的侄子就是固定供应学院的印刷商。学院的学生在镇上的堂区记录中出现不多（有时是给老师的子女当教父，有时是做孤死者的见证），但对镇上的经济却相当重要。[43]

　　1762年,耶稣会遭到驱逐,继之而来的是一段"无组织""无政府"的"堕落期"(19世纪,学院的历史学者称之为学院的"痛苦期")。对镇上的年轻男性而言,这却是一段充满机遇的时期。耶稣会的教授离开了(只许带走各自的床加18件衬衣),取而代之管理寄宿学校的是自称文科硕士的"校务委员",即在俗的老师;1766年的两份请愿谈到当时"教育质量堪忧","许多老师不够格、难胜任"。后来一些校务委员被撤下,又新任命了一批公寓老师。[44]

　　加布里埃尔·费朗成为公寓或者说寄宿学校老师时正值这一变革年代,1764年的那位新郎艾蒂安·阿勒芒先后当过文科硕士、校务委员和"文科教授"。这类教职薪酬不高。校务委员在税册中属于最穷的一类人,我们接下来会看到,艾蒂安的一生就是由一连串加薪请求和欠薪追讨构成的。税册中有登记的校务委员、"学师"或者说寄宿学校老师共15人,包括14名男性和1名女性,其中算得上有钱的只有1人,而此人也是个退了休的"生意人"。[45]但某种意义上,教书还算有保障:有饭碗,社会地位也算较高。

　　耶稣会走后,学院持续经历着重组,其间连旧学院的建筑也开始衰落。1774年1月,由地方要人组成的学院管理"办公室"(bureau)被告知出现了窗扇丢失、百叶朽坏的情况;6月,这些人又得知学院春天因为下雨倒了几座墙;9月,花园的围墙倒了;11月11日,学院三班的老师(此人是镇上一个裁缝的儿子,也是约翰·格奥尔格·克洛茨的女婿)忽然过世,当时不过40岁;11月25日,办公室的人找到艾蒂安——"镇上教文科的老师拉维热里先生"——希望他来补缺。[46]

　　几年后,学院的最后一个原住生离院,拿奖学金的学生也都被安排到艾蒂安家与之同住;艾蒂安本人也有一个儿子拿到了奖学金。[47]加布里埃尔的一个儿子则走出了公教圣职之路的第一步——和父亲30年前一样。[48]根据1786年艾蒂安·阿勒芒和另一名教师致政

98

府的一封信，他们正在经历一场"革命"：一场开始于 12 年前的经济革命，表现形式是必需品价格陡增；"这一革命使得我们薪酬的相对价值出现了相当程度的缩水"，教师们曾得到承诺（至少这些人以为如此）：如果物价持续高企，会以某种形式给他们发放补贴。在信中两人表示，后来并没有兑现什么，而"这场革命［却］越演越烈"。[49]四年后艾蒂安又写了一封信，代表拿奖学金的学生要求提高生活开销补贴标准；物价继续上涨，他已经为学生们投入了全部的时间和精力，此刻甚至连他本人"家业"的"小小产出"也不得不贴进去了。[50]驱逐耶稣会时学院有 280 名学生，到 1790 年只剩 15 名了。[51]

这所旧学院的悲惨命运仅仅是冰山一角——地方宗教教育体制正在全面陷入困境。昂古莱姆的另一处重要教育机构是一所培养未来神职人员的神学院，学院位于圣马夏尔堂区，1704 年移交圣拉扎尔（St. Lazare）布道团，由所谓的"遣使会"（Lazaristes）进行管理。[52]和耶稣会一样，遣使会在接下来的一个世纪也陷入了各种冲突——中央改革、地方政府和进行着革新及教产估价活动的教会间争端频出，而这类争端与始于 1769 年贸易"革命"的资本家和阴谋家冲突之间又有着千丝万缕的联系。

1769 年危机秘密历史的作者亚伯拉罕-弗朗索瓦·罗班先后当过印刷商、造册官和镇政府代表：他承揽过议会各种学院事务法令的印刷，对耶稣会财产进行过登记，还作为镇政府代表入驻过学院办公室。[53]罗班的大对头——1769 年案件的主要公诉人，以及那位草率的律师，即那位逃跑资本家的"律师兼亲戚"，当时也都是镇上驻学院办公室的代表。[54]18 世纪 60 年代、18 世纪 70 年代，之后是 18 世纪 80 年代，处理各种激增的宗教争端成了几个代表的首要事务。耶稣会走后的几年间，多明我会曾自告奋勇要填补空缺，表示可以提供哲学和神学教育，但主教怀疑多明我会的人有改革倾向，因而表示反对；后来镇政府又先后接触过本笃会和遣使会的成员，后者表示可以提供哲学和数学教育（最终教起了神学）；遣使会会士遭到了巴黎议会的反对；镇政府又回头去找本笃会，最后还找过戴蒂尼会（Teatini），这个意大利小修会最出名的事迹是曾往婆罗洲和亚美尼亚传过道。[55]

　　1779 年，昂古莱姆神学院也上演了一场令人担忧的冲突。当时影响了其他修会的几场中央改革（其内容包括 1768 年开始的对特定种类教产的暂时性废除）也触及了管理神学院的遣使会会士。[56]神学院为教区培养预备教士，在学院的"堕落期"也设立过接收走读生的哲学课程。[57]其后，1779 年夏天一个温暖的晚上，位于圣马夏尔堂区的神学院大楼前来了几个男孩或者说男人，开始朝学院窗户扔石头。学院内的几个教士朝街上开了一枪，射杀了一个男孩。五个遣使会会士被控杀人；开枪者是个"炊事弟兄"（frère cuisinier，神学院的厨子）。[58]

　　被害的年轻人或者说男孩人称"修士米乌勒"（abbé Mioulle）。此人 21 岁，也是有圣职的，而且品位不低：他是昂古莱姆主教堂的教士——当时的教会圈子可谓错综复杂。和 1764 年在婚前协议上签过名的许多人一样，他也住在圣安托南堂区的绿钟岛上。[59]调查显示当时的情况是：1779 年 7 月 18 日晚上，他的一个朋友（也是在主教堂任教士的）到河里游泳，在路上遇到了一个律师朋友，两人决定去探望米乌勒，后者当时正在家中同兄弟和另一名年轻律师一道吹笛子。几个人叫附近酒馆送了些啤酒和杏仁露来。夜里 11点，他们决定出去散散步。几个人往城墙方向走去，经过了马克·阿勒芒家，又经过了监狱。米乌勒"因为有些事"，在一位"奥格迪亚斯先生"（M. Ogerdias）门前停留了片刻，一时落后了其他人几步。几分钟后，几个年轻人来到了神学院门外，接着神学院里的人便开了枪。[60]

100

主公诉人下令进行司法"调查",调查于 7 月 21 日开始,一直到 9 月才结束,先后有 98 名目击者接受问讯。有 10 名目击者提到神学院这年夏天一直不太平,窗户被一群又一群年轻人打碎过,这些人嘴里还喊着"臭要饭的""滚回你的老家去""把这些婊子养的遣使会会士扔进罗什福尔去"之类。有一个裁缝出来做证,称凶案发生前两天曾听见有人朝神学院的窗户扔石头,玻璃碎了,有四个人高喊着"臭遣使会会士""臭烤饼的""臭要饭的,滚回波尔多去"之类。凶案当晚她又听到有人在喊"臭要饭的!臭叫花子!",还打碎了玻璃,但她相当害怕,甚至"怕得叫醒了自己的姐妹";随后她又睡了。一个棉纱工人称在路上曾碰到几个人正朝神学院方向走,看发型她觉得这些人都是教士;镇上刽子手的妻子也出来做了见证,称棉纱工人的话不可信,还"说没什么事是非黑即白的"。一个旅店老板的儿子称,他听到有个年轻人说想要去喝点儿洋葱汤;在这个故事中登场的旅店老板或者说管筵席的总共有五个。[61]

最终有五个所谓的遣使会会士被控杀人。后来发现其中只有两人是遣使会的;其余三人,一个是"访问教授,教哲学的",一个是厨子,还有一个是圣马夏尔堂区的圣器守司。翌年,几个人得到了国王的特赦。[62] 据说那个访问教授曾表示,扔石头的几个年轻人都是"好人家的儿子"、穿着教士的背心,此人还在原属耶稣会的昂古莱姆学院任施赈吏;20 年后,作为雅克·鲁(Jacques Roux),这位"红衣教士"再度现身,登上了法国大革命的舞台。[63]

1779 年 7 月的骚乱发生几天后,昂古莱姆的镇长——此人就是1764 年在婚前协议上签过名的那个有钱金匠的儿子皮埃尔·马歇(Pierre Marchais),又叫马歇·德拉贝热(Marchais Delaberge),镇长一职是他以 15,000 里弗尔的价格买下的——和包括纸商亚伯拉罕-弗朗索瓦·罗班在内的一众镇议员决定:"鉴于出现了暴力",镇上需要设立巡夜。[64] 根据巡夜班长的报告,几个月后的一天,巡夜人员正守在圣安德烈教堂外，"迎面来了"一群年轻人，这些人一面骂着"臭要饭的，婊子养的，龟儿子杂种"，一面朝巡夜人员扔起石头来。接着镇长出现了，在"德塞萨尔先生（M. Desessard）家附近"（这位先生家住桑园广场，是西尔维·卡佐的兄弟，也是"资本家"之一）注意到了这群人。几个年轻人又扔了几块石头，"有的落在了他脚边，有的击中了几个兵"。[65]

"镇长［见状］高叫起来，称与其被杀还不如开火"，接着有人开了一枪；"轻伤"了一个人，逮捕了两个。有一个没被抓的年轻人表示："我有两个同志进去了，这些人愿交也好不愿交也好，我都得叫他们把人交出来。"据称当时还有一个年轻人迎着镇长走上去，这人一只手拿着一个瓶子，另一只手握着一把"军刀或者猎刀"，他扔掉瓶子，弯腰捡了几块石头。接着镇长"高叫起来：我受伤了，快开枪！"士兵再度开火，击毙了拿瓶子和猎刀的人；年轻人一哄而散，有的逃往桑园广场，有的逃往雅各宾教堂（即多明我会教堂）；巡夜人护送镇长回了家，翌日人们在镇长家"检查了他的伤势"，发现其右手两指有"两处相当重的瘀伤"。[66]被击毙的年轻人名叫让·伊尔瓦，是当地一个律师的儿子，也是婚前协议签名者之一的侄子。翌日，年轻人在几步之遥的圣安德烈教堂入了土。[67]

殖民地贸易

玛丽·艾马尔的小儿子让-巴普蒂斯特怀着致富梦去了殖民地。乍看之下，殖民地贸易的前景的确相当光明。1764 年正值战后美洲诸岛殖民地扩张初期，而法国革命初期阶段（18 世纪 70 年代和 18 世纪 80 年代）也是法国最为"光辉"的殖民时代。[68]"真是工业的奇迹！和凡尔赛宫墙所围的园子一般大的一块地，其产出的财富竟超过了半个俄罗斯帝国！"卡宴的前监督官（也是让-亚历山大·卡

佐的保护人）写到 1776 年的圣多明各之旅时曾表示。[69]此间法国
的海上奴隶贸易年规模从 1764 年的 17,400 人增长到了 1790 年的
54,400 人；1784—1792 年的经济扩张期间，仅圣多明各一地就有
不下 260,000 名奴隶登陆，此地总人口不过 500,000 出头，其中为
奴的却有 450,000 上下。[70]这既是繁荣的年代，也是战争和暴力的
年代，其影响远及法国内陆，也触及了昂古莱姆的各个家族。

　　让－巴普蒂斯特·费朗 1774 年在昂古莱姆成了家，1779 年举
家迁往圣多明各。[71]比起死在马提尼克的父亲和死在卡宴的姻叔来，
他要幸运得多——至少开初是这样。许多年后他曾回忆称，当时他
的钟表生意蒸蒸日上，他还在法兰西角开了一间"相当不错的店"，
卖"金盘子、珠宝、时钟"等。1822 年他写到，在岛上待了 15 年
后，人们都觉得他"与其说［是］欧洲人，不如说［已经是］克里
奥尔人了"。[72]他的店开在法兰西角一片繁华的商业地带，18 世纪
80 年代的经济扩张将近尾声时，这家店已经成了镇上的地标和众
多访问企业家的展览厅。1789 年，让－巴普蒂斯特宣布：自己的身
份已经不再限于钟表匠——他还是个"珠宝商"，而且销售咖啡壶、
油壶和金链子。他的房客当中有一个美发师（此人新近从巴黎带来
了各种"最新潮的发型"），还有一个乐师，给人上吉他课、声乐课，
还教人"弹奏竖琴的法则"。[73]让－巴普蒂斯特的店里甚至还有一
座"人像橱窗"，展览许多等身大的蜡像，蜡像是 1789 年 5 月马萨
诸塞的一名策展人运来的，其中有乔治·华盛顿、海军上将凯佩尔
（Admiral Keppel），还有乔治三世。乔治三世蜡像身上所穿甚至是
"不列颠国王殿下亲自送给艺术家的"。[74]

　　在昂古莱姆镇上，美洲殖民地的经济影响也日益显著。在某种
意义上，1769 年的贸易危机本身就是海军当局和殖民地当局之间上
演的一出戏。根据亚伯拉罕－弗朗索瓦·罗班版的历史，1740 年"那
场漫长的战争"（奥地利王位继承战争）爆发时，这场戏便已经拉

开了序幕。1759 年，"已经为这场毁灭性的战争所耗竭的政府"暂
停了对其军火供应商的偿债，战争带来的直接危机由此进一步加剧。
阴谋家当中有好几个——都是努埃尔的共谋——也多少参与了这一
远距离贸易（这些人冒着极大风险借了债，其全部指望就在于政府
信守合同）：有一个人来自多尔多涅省的一座村子，是给军队"供
应火炮的"；还有一个是铁匠，给法国和西班牙军队供应炮弹，根
据罗班后来的记录，此人"破了产，穷困潦倒地死了"。[75] 阴谋集
团中还有在婚前协议上签过名的金匠的一个女婿，1773 年此人"已
经破产，流落到了马提尼克"。[76] 那个炮弹供应商 1770 年曾在巴黎
给人写信，称"有些卑鄙下作的人"散布谣言称他已经负债累累；
他预计"西班牙欠我的 120,000 里弗尔——就是买我送去罗什福尔
那批军火的钱"能立即到账；又表示"西班牙的事一办成，即军火
一送到卡塔赫纳（Cartagena）跟加的斯（Cadiz）这事就能成"，自
已就能回家。[77]

　　这场贸易危机中的几个资本家同样与各种遥远的事件有联系。
马提尼克发生过一起旷日持久的遗产争端，争端涉及昂古莱姆的一
个制帽匠的子孙共 21 人，这些人都住在哀恸圣母堂区，是加布里
埃尔·费朗跟玛丽·艾马尔的邻居；这起争端当中的主要人物还包
括贸易危机中打头的银行家或者说资本家当中的两个，以及那位不
幸的修士米乌勒的双亲。[78] 制帽匠的一个儿子弗朗索瓦·特雷莫
（François Tremeau）——此人早年曾迁居马提尼克，后来回到了故
乡——1760 年过世，争端由此开始，1768 年一家人签订协议，争
端告终。两个资本家和米乌勒的父亲都是这位制帽匠的孙女婿，后
者是从卢瓦尔搬来镇郊的圣奥索纳堂区的，1674 年娶了当地一位制
帽匠 12 岁的女儿。[79] 到了 1768 年，他的后人都已相当发达，这些
人要么是商人，要么是高官：包括律师、"国王的顾问"和地方法
院的判官等。[80]

21 位继承者及其成年子女中仅有一人真正搬去了马提尼克，此人继承了叔叔的衣物、一匹马和一个新近取得的带奴隶的种植园。剩余的财物则要在昂古莱姆的众多兄弟姐妹之间进行分配，构成此人遗产的是数量惊人的契约、货品和器械，其中最重要的是一笔 5,333 里弗尔的债务，是弗朗索瓦·特雷莫向一名妇人借的，但只知道这人被称为"混血儿亨丽埃特"（Henriette mulatresse）。也可能这笔钱本来就是马提尼克另一名商人（此人的女儿碰巧就是继承了 124 件衬衫的那位）付给这位亨丽埃特的，弗朗索瓦不过是"代她"收下罢了。[81] 属于亨丽埃特的那笔钱要"以遗产中最干净的财产"进行支付；后来法院多次下令，但众继承人拒不从命，法院派出执法官来收缴了一个继承人的家具和动产，她才终于拿到了钱。有四名当事人还在争端期间过世了。[82]

此案形成的长达 47 页的协议书是一幅展现镇上富裕家庭（穿印度缎子的家庭）之间以及远距离贸易这一新世界当中各种经济关系的全景图。协议书纳入了 1758 年为应对"殖民地的高额花销"所立的一系列战时契约，其中有些息票甚至只能抽签兑付，另一些支付则因为出现"严重的全面失信"情况而中止。协议还详细说明了"资本、收入、利息和预支款项"之间的区别。协议列明了各种货品，如以包计的米、以桶计的油、以箱计的贝类、马赛出产的橄榄、由加的斯经陆路运来的大大小小的行李和包裹，还承诺未来会从马提尼克运回更多。

协议中还载有各种家族债务，比如逝者的妹妹在哥哥在世的最后 11 年间为其买药花了 146 里弗尔 2 苏；洗衣服则欠下了 6 里弗尔；弗朗索瓦生前的最后几笔交易之一——他花钱为昂古莱姆一个名叫诺埃尔·维罗尔（Noel Virol）的年轻人（一个假发商的儿子）买了一个学徒工的名额——也有记录。[83] 协议记载了卖出一处带奴隶的种植园的进项（4,000 里弗尔），甚至 1755 年弗朗索瓦口袋里有几个硬币都记得清清楚楚：4 枚塔币（一种中国钱币）、1 枚越南金币、5 枚马耳他的金路易（louis d'or），还有几枚比索、达布隆（均为西班牙钱币）和葡萄牙钱币。官司打到最后，众继承人彼此保证：大家都是"亲戚、都是好人家的儿女，彼此也都相熟"。众人在打头资本家的岳母家中签署了这份文件，文件末页的最后一段话似乎是某个签署人临时起意添上的："四箱贝类的处理原则同上。"[84]

　　为 1769 年革命著过史的亚伯拉罕－弗朗索瓦·罗班在殖民地也有些亲戚。有一个后来成了"圣樊尚岛的主修外科大夫"（1763 年、1779 年和 1783 年，部分西印度群岛领地曾在法国和不列颠之间几度易手，圣樊尚岛也是其中之一）的年轻人，名字也叫亚伯拉罕－弗朗索瓦·罗班。此人娶了岛上一个叫伊丽莎白·斯塔布斯（Elizabeth Stubbs）的英国女人，接手了其妻家负债累累的奴隶种植园。根据债主（一个暴怒的法兰德斯人）的说法，这人后来逃了，还带走了"四五十个最好的黑人"和"差不多所有牲畜"，甚至"连造糖和朗姆酒用的大小铜锅"都卷走了。1783 年他在马提尼克入了狱，但他相当幸运，1785 年甚至带着自己的英国妻子回到了昂古莱姆，在加布里埃尔和特雷莫一家所住的街坊安顿了下来，其身份也成了"美国人罗班先生"。[85]

　　法国革命最初的 25 年间，同海外的交流与昂古莱姆的日常生活如影随形。1765—1766 年公证人卡约接手过一个案子，事关一桩卡宴惨剧的受害者。当事人是个八岁大的小男孩（也是约翰·格奥尔格·克洛茨的荷兰女雇主的曾孙侄），由五个叔叔做他的代表：孩子的父亲已经死在了加拿大，母亲和祖母都死在了去卡宴的路上。这一"已故母亲的继承案"的中心是从卡宴寄给罗什福尔"海军店主"的"一包贸易信件"。[86] 一个年轻的圣多明各妇人——其已故的父亲是个"种植园主，也是太子港区的总管"，母亲现在在桑园广场边的提尔塞莱特女修道院隐修——1765 年 4 月在圣安德烈结了

106

婚。当年晚些时候，圣多明各圣马克（St. Marc）一个外科大夫的寡妇在博利厄圣母区结了婚；夫妻两人都称自己签不了名。[87] 1766年，几匹拉车的马脱了缰，撞伤了一名散工，工人的腿断了；据记录车主是"奥斯曼帝国军队的前任主治医师"。[88]

1770 年，圣安托南区的一名妇人同丈夫达成协议：丈夫同意去圣多明各监督她和兄弟两人的一系列共同财产（"各种货品、动产和不动产、黑人、牲畜、信贷和其余一切财产"）的分割（"或诉诸法律，或以友好的方式"）。[89] 后来发现，在她名下还有抵押给了她第一段婚姻的孙子的种植园的一半以及"在分割中转至其手的黑人"的一半。[90] 这妇人的丈夫在法兰西角待了两年。1772 年，夫妻俩在圣安托南的家中签署了最终协议，协议表明"扣除旅行和生活开销"后丈夫要向妻子支付 170,159 里弗尔，另加 60,000 里弗尔的产业收入。[91]

1780 年，圣马夏尔堂区的一位圣多明各来的妇人和来自太子港的一位名叫埃默里·沙卢潘（Emery Chaloupin）的中产者达成了一项协议。这妇人住的是临时寓所，沙卢潘住的是圣雅各堂区的一间旅店。围绕他以"金银和货币"形式借给她的共计 70,000 里弗尔所订立的这份协议相当复杂：她同意"眼下的仗打完后"的一年、两年和三年内分三期偿清借款。（沙卢潘一家在太子港做生意，销售特许药品和奴隶，1799 年这家人曾卖出一名"36 岁的黑妇人"，外加其两岁的女儿、一个年长的女儿和八个月大的外孙女。）[92] 1782 年，60 岁的托马·苏顿爵士（Sir Thomas Sutton）在昂古莱姆皇宴酒店过世，此人是法国东印度公司的董事，在圣多明各有产业，还参与了印度洋奴隶贸易。[93] 1786 年，一位名叫玛丽·勒努瓦（Marie Lenoir）的 27 岁年轻妇人"途经镇上时"死在"外科大夫梅里永（Merilhon）先生家中"；这妇人的亡夫是个官员，"大约两年前死在塞内加尔"。[94]

罗丝·西瓦迪耶 1764 年曾出现在堂区记录中，1766 年嫁给了圣多明各法兰西角一位外科大夫，其家族故事可谓一出长达 30 余年的婚姻和经济交流大戏。西瓦迪耶家族世代居住在圣保罗堂区，家中的人多是警员、律师和教士；1770 年罗丝的兄弟搬去圣多明各，成了总督的秘书，次年在圣多明各过世，其母成为继承人。罗丝的弟弟、1741 年生于圣保罗堂区的路易·米歇尔·西瓦迪耶（Louis Michel Civadier）当时也到了圣多明各，受母亲委托处理"一切已经出现和可能出现的争端"。[95] 此人后来在圣多明各的雅克梅勒（Jacmel）"得到了一些充公的财货"（包括"19 个黑人——其中 4 个是优秀的水手"），最终还在雅克梅勒置了业。[96]

法国大革命爆发几个月后，路易·米歇尔·西瓦迪耶离开圣多明各回到了昂古莱姆。回乡后不久，路易和自己年轻的外甥女——路易的姐姐和法兰西角那位已故外科大夫的女儿——玛丽·夏洛特（Marie Charlotte）结了婚。两人在巴尔扎克的村子举行了婚礼。婚事是教宗特许的（巴黎的一家金融事务所托人快马加鞭送来了特许令）。[97] 路易和玛丽·夏洛特随后回了圣多明各，1790 年 7 月，玛丽在雅克梅勒死于难产；1796 年路易再婚（仍是在雅克梅勒），对象是自己的妻妹兼外甥女——罗丝的另一个女儿，记录称这姑娘"还未成年"，而且是"昂古莱姆当地人"。当时他 54 岁，而她 18 岁。[98]

搬来昂古莱姆定居的甚至还有一个东印度公司出身的人，此人就是"奥格迪亚斯先生"——1779 年 7 月，在自己送命那晚，修士米乌勒曾在其门前停留过。这位先生是个地方官：地区的"水务和林务总管"——这职位是他 1773 年买下的。[99] 克劳德·奥格迪亚斯是 1772 年坐一艘孟加拉地区的船来的法国，其妻带着两个孩子和五个"黑仆人"先行一步，已于几个礼拜前登陆。[100] 此人在孟加拉地区时任荷兰东印度公司的"建筑工程和防御工事督察"，是壕沟方面的专家，住在加尔各答以北胡格利（Hooghly）河畔金苏拉（Chinsurah，为丘丘拉［Chuchura］的旧称）的荷兰人聚居区。
1762 年，他往南搬了五公里，去了金德纳戈尔（Chandernagor，即
金登讷格尔［Chandannagar］）的法国东印度公司殖民地。安顿下
来后，他和一位"货管"（supercargo，公司轮船上的货物总管）18
岁的女儿米歇尔·盖诺瓦（Michel Guenois）结了婚。[101]

　　来到金德纳戈尔后，奥格迪亚斯成了殖民地总督"各种货物［生
意］及探险"的合伙人，而且尤其深度参与了东印度群岛的奴隶贸
易；1768 年儿子在金德纳戈尔受洗时，他自称为"这块殖民地上的
商人"。[102] 几年后，奥格迪亚斯将英国东印度公司的两名官员告上
了伦敦衡平法庭（Chancery Court），称两人在"马来海岸及马六甲、
婆罗海峡"运奴之旅的失事保费上骗了自己。涉案金额相当大，"以
英格兰开的账单计共 190,000 英镑"。官司还涉及另一位被称为"米
扎普尔先生"（Mr Mizzapour）的合伙人；两名英国官员一口咬定
对这一交易一无所知。[103]

　　1772 年，奥格迪亚斯在洛里昂（Lorient）的法国东印度公司
港口登陆，错把他当成毛里求斯（Mauritius）岛来的一名前出纳
的法国政府派了特务追捕他，他不得不四处躲避。[104] 1773 年春，
他以 4,000 里弗尔的价格买下了昂古莱姆地区"国王顾问兼水务
和林务特派总管"一职——卖家就是 1769 年起打头控告几个资
本家的公诉人——到了夏天，他已经开始主持昂古莱姆教职的公
众听证了。[105] 1775 年，收租税的"资本家"皮埃尔·马罗将自己
的住所（也是镇上最大的一栋房子）转租给了奥格迪亚斯。这座正
对着城墙和监狱的宅子就是后来的法兰西酒店，当时还在加尔默罗
（Carmélite）女修道院名下。[106] 米歇尔·盖诺瓦后来一直留在昂古
莱姆，直到 85 岁（1830 年）过世。[107]

税局的动荡年月

　　玛丽·艾马尔的孙辈当中头一个在昂古莱姆谋到铁饭碗的是1764年婚前协议夫妇的长子马夏尔·阿勒芒·拉维热里。1790年4月，马夏尔同一个药剂师的女儿结婚，当时的记录上说他是个收租税的职员（commis à la recette des tailles），1791年他第一个孩子受洗时，记录上仍然说他是个收租税的职员。[108]同一年——租税（一种对百姓征的税）这种"可耻的压榨"已经被法国大革命期间的立法权废除——马夏尔从自己外祖父的老雇主让-亚历山大·卡佐手上租下了对街的一栋房子，当时的记录上说他是地方收税的职员（commis à la recette du district）；1792年第二个孩子受洗时，他升了职，成了地方收税的出纳（caissier à la recette du district）。[109]1795年，他在财政部门的职业生涯告终，开始以商人自居。[110]

110

　　税收管理是托克维尔关于旧制度各种"琐事"的历史的核心。[111]当时昂古莱姆持续最久的一场金融事件也是在税务部门发生的。1776年夏天，几个资本家获判无罪，爆发于1769年的贸易危机告终。最高行政法院向众"阴谋家"下了命令：禁止就该案继续打官司、查禁努埃尔父子和律师所签署的"印刷诉状"——原告的这份长达72页的小册子"打着恭谨呈现"先前决定的"幌子"，在把整个案子公之于众的同时，还称国王的决定是"对高利贷、欺诈和失信行为的嘉许"。努埃尔父子的律师受到警告：若再签署类似诉状将被取消律师资格。[112]

　　于是，1776年夏天，案子就此暂告一段落。但表面的太平并非真正的太平——昂古莱姆历史上的各种小革命每每如此。几个"资本家"及其子女依然过着提心吊胆的日子，因为一时的胜诉很可能会被推翻，毕竟公法和公共政策一直在变。1777年，亚伯拉罕-弗朗索瓦·罗班收到了好几封匿名信：奥尔良镇上也发生了高利贷争端，也有一些银行家被告上法庭——同昂古莱姆当年如出一辙。在巴黎的儿子写信给罗班称："我得说——奥尔良一案的严苛判决多少是当年昂古莱姆事件的积怨导致的。"[113] 接着，1778 年夏天，在昂古莱姆税局，一场新的风波开始了，当年贸易危机的许多主要人物再度卷入其中。

1776 年获判无罪的五名资本家除一人之外都是体面人——都是家大业大的商人，有着极广的海外贸易人脉。四个人包括路易·费朗的格林纳达雇主的岳父和妻舅（后者也是"克劳德"的主人）、两人的姻亲（马提尼克遗产案的主要当事人之一），[114] 还有镇议员罗班本人。[115] 五人中出身一般的仅有皮埃尔·马罗一人，而这一新风波便是在此人的办公室开始的。马罗的父母是昂古莱姆南面一个小镇上"看酒铺的"（cabaretier），他是从勤杂工做起一步步升上来的；曾有一些批评他的人写道："他的生意是从贫贱的小酒馆开始的。"[116] 1749 年马罗的儿子在昂古莱姆受洗，当时的记录上说他是个职员——一个收租税的职员。[117] 1771 年他买到了国王顾问一职，还成了整片地区两个收税的官员之一。[118]

马罗就是曾向自己的律师抱怨称人人都在"窃窃私语""高声喧哗"而且谣言四起的那位资本家。[119] 1784 年的一条记录称他是"昂古莱姆省最有钱的人"，另一条则称他"可能是昂古莱姆地区最有钱的资本家"。[120] 30 余年间他一面干着收税的差事，一面向地方的商人放贷，慢慢发了一笔财。根据其对头的统计，马罗放了不下80 笔贷，其中 61 笔的借款方都是当地人，利息从 7 厘到 7 分 2 厘不等，据估计涉及的总金额在 150 万到 180 万里弗尔之间。[121]

这场新风波始于 1771 年，当时马罗安排了一个名叫弗朗索瓦·拉普朗什（François Laplanche）的 19 岁少年做办公室的助理职员（马罗本人和马夏尔·阿勒芒·拉维热里都当过助理职员——一个是 20 年前，一个是 18 年后），或称收租税的职员。[122] 拉普朗什同样出身"低微"（这是其本人的说法）——他是昂古莱姆一个旅店老板的儿子。[123]拉普朗什也在 1764 年堂区登记簿上的 4,089 人当中：当年他 12 岁，是在参加圣雅各堂区的一场洗礼时签的名。[124]在税局他拿的钱很少：头三年完全没有工资，随后慢慢多起来，到 1778 年时一年有 300 里弗尔。[125]不过他却在这岗位上发达起来，在马罗眼中也是个勤勉诚实的人；1772 年他给马罗厨子的女儿当过教父。[126]1775 年他娶了一个鞋匠的女儿，当年晚些时候还有了自己的女儿。[127]接着，1776 年——按照马罗的说法——一切都变了。趁着马罗人在巴黎——那年夏天最高行政法院正在处理最后一起混乱的高利贷诉讼案——拉普朗什开始一小笔一小笔地偷钱。[128]

　　1778 年 8 月，马罗发现——至少他本人是这么说的——税局的账面上出现了 15,830 里弗尔的赤字。他和儿子，还有局里另一个年长的职员（也是个出纳）都认定是拉普朗什干的。三个人带了两个律师、一个公证人和地方法庭的三个警官（都穿着全套的法袍）和他对质。[129]根据拉普朗什的说法，他被马罗关在税局里整整三天两夜；他还被拖到内室，遭到了马罗的儿子、出纳和公证人三人的人身侵犯；他的妻子被软禁在家里，夫妇俩的财产全部被没收，贴上了待售的价签，连妻子的内衣也未能幸免；他在一份供状上签了字，但后来收回了供词。拉普朗什随后启程去了巴黎，找到在先前的贸易案中为阴谋家们效过力的律师（1776 年遭到查禁的诉状的作者），寻求法律建议。他回到昂古莱姆，将马罗和儿子告上了法庭，称两人对他进行了诽谤和非法监禁；马罗也告了拉普朗什一状，称他偷盗和伪造登记簿。这场官司总共上过七个不同的法庭，从昂古莱姆打到巴黎，又打回昂古莱姆；拉普朗什两度被判死刑。官司打了整整 11 年，最终于 1789 年以拉普朗什获判无罪告终。[130]

　　可以认为昂古莱姆税局职员案是 1769 年危机的余波，此案也

112

是旧制度下最后一批知名案件之一。马罗曾表示这案子"在镇上人尽皆知"。[131] 从穿着法袍的官员出发朝马罗家开进的那一刻起，此案就已经成了一起公共事件。清点拉普朗什财产的是个卖二手衣服的贩子，此人的丈夫就是在婚前协议上签过名的造纽扣的路易·迪帕尔，这家人的圈子里都是些勤劳而忙碌的人。[132] 马罗曾描述称拉普朗什的妻子"年轻又漂亮"，她的两个姐妹也卷进了这场风波；她被软禁在家中时，有人看见她的一个姐妹将一包充公待售的内衣从窗户扔了出来，另一个姐妹则在街上接应。[133] 旁观者无处不在；马罗的一个仆人报告称拉普朗什被囚的第二天吃过"一块肉排和一块饼干"，拉普朗什的几个律师则称有人给法庭的三个警官送来了"蛋糕、水果和葡萄酒"。[134] 1779 年诉讼期间，马罗总共找来了 43 名证人。[135] 拉普朗什的人像在巴黎上过绞刑架；在昂古莱姆，他得到的判决是"绑到绞刑架上（绞刑架要立在昂古莱姆广场上），前后挂上牌子，上书造假者、不忠的职员"（commis faussaire et infidèle），他要受鞭打、受烙刑，然后被送到罪犯船上关一辈子。[136]

　　据说这案子甚至在昂古莱姆以外也"引发了轩然大波"。[137] 至少有 28 名律师参与了此案。巴黎先后印过六版四开本的案情摘要；1778 年 11 月甚至仅仅一次程序——为拉普朗什控告马罗非法监禁进行的"调查"或称证人取证——就填满了不下 18 本笔记。[138]《历史回忆录》（Mémoires historiques）期刊描述称构成整个故事的是"一大堆模棱两可离题万里的证词"，当时的各种期刊和信件对此也多有报道；《秘密回忆录》（Mémoires secrets）称各种审判和裁决之间显露的众多"矛盾"简直"令人震惊"。[139] 将近一个世纪后，还有人重提拉普朗什诉马罗案，称"落伍得骇人""复杂、随意，简直是野蛮"的此案算得上旧制度刑事法庭上最稀奇的事件之一。[140]

　　税局职员的事之所以令人着迷，部分原因在于该事件的几个人物相当有趣。在其本人的几个律师的描述中，拉普朗什"是个悲惨的人，先天便有不足"，"身高最多不过四尺八寸，而且前鸡胸后驼背"。[141] 此人还是个有不少朋友和"保护人"的角色。马罗控告拉普朗什的罪状中有一条是此人的生活安逸得有失体统，还住着"一所颇为像样的宅子"。[142] 关于自己的发达，拉普朗什有过一些不大能服人的解释，称自己年少时便到了波尔多的一个英国人（至少也是某个"好像英国人"的人）手下当差，这人的名字他不能提，但这人给了他"不少漂亮衣服、许多钱跟珠宝"。他还有一种说法是自己在瓜德罗普有一个有钱的叔叔（此人在南特颇有人脉），这位叔叔给拉普朗什汇过几大笔钱。案子的焦点甚至一度转移到讨论这位叔叔究竟有钱没钱上面（此人有一封哭穷的信到了马罗手里）。根据拉普朗什的说法："我叔叔有一大堆穷亲戚，全都朝他伸手，令他不堪重负。为了摆脱这些人的死缠烂打，他给我写过一些叫穷的信。这些信他就是为了教其他亲戚读到才特意写给我的：但他穷只是在这些人面前穷；在我面前他向来是有钱又厚道的。"[143]

被关在马罗办公室的三天间，拉普朗什还向另外两位朋友借了钱，这两人一个是波尔多的商人，一个是曾经租过拉普朗什一处公寓的一名退役军官。这军官回忆道，1778 年 8 月拉普朗什遭到马罗和儿子监禁的当时，刚从比利牛斯山一处温泉疗养地回来的他恰好走到昂古莱姆，正准备下车。出于同情，"缺乏经验"的他给马罗送了钱，指望后者能放了拉普朗什；他还花了 600 里弗尔从马罗手上买下了拉普朗什太太的内衣。他后来将马罗父子告上了法庭，称二人诽谤中伤；马罗父子则报之以各种"离题万里的诽谤话，大肆中伤"军官的"出身、为人、家业、品行"及其已故的母亲。[144]《历史回忆录》称这位军官是"拉普朗什太太的保护人"，《秘密回忆录》则表示他"可能是［其］情人"。[145]

该案之所以重要，也在于其每一步都是围绕各种登记簿和书面

114

文件展开的。把拉普朗什关进内室后，马罗干的第一件事——根据拉普朗什的说法——就是"收走其全部证件"："这一神圣的财产——最为重要也最为不可侵犯的秘密几乎都在其中"。[146] 巴黎的援助税法庭曾派专人来昂古莱姆收集文件；马罗援引过拉普朗什本人的婚前协议和拉普朗什父亲过世时的遗嘱认证报告。退役军官也派了人在全省各处搜罗证据，并且陆续寻到了马罗的出生证明、马罗父亲的死亡记录和税收巡检员开具的两份关于马罗父母究竟是卖瓶装酒的酒商还是进瓶装酒来卖的酒馆老板的文件。[147]

拉普朗什自称是个处理官方记录的文书——一个文员（commis aux écritures）。[148] 马罗控告拉普朗什的罪状中有一条是此人为掩盖自己的偷盗行为造假，篡改了税收登记簿每页末行的数字；拉普朗什也控告马罗，称数字是后者在管理登记簿的三年间假造的。几名笔迹专家被请来鉴定了"两处晦涩难解的注记"。此案的众多诉状中还包含围绕税收登记簿每月概述的实施情况、一些名词的"语法等同"乃至字母和数字的本质所作的一系列专题研究。拉普朗什的律师们曾写道："文字材料包含了各种关系和多样的联系"；"与此相反，构成数字的最多不过 10 个符号，而且都是孤立而缺乏上下文的"。[149]

这场风波最令人着迷的一点在于各种日常税收细节。"这一系列登记簿、概述和报告生动地再现了一个税务部门的工作。"拉普朗什的最后一位律师曾写到，财政系统内部的一切流程仿佛都大白于其间。19 岁那年，拉普朗什"到了一个随时都有金银进出的地方"——在为这段历史所作的导言中马罗写道。根据拉普朗什律师的说法，"税局是向全世界开放的"；"来马罗先生办公室上交税款的税吏大约有 300 名"，"税官们交上来的一笔笔小钱积少成多，乃至于汇成了一个天文数字"。[150]

收入的税款虽然多，处理款项的职员却只有两个，一个是拉普朗什，另一个便是那位老出纳。税局坐落于拥挤混乱的城乡接合部，办公室的工作时不时被打断。马罗回忆称，一次有个卖牛的赶着几头牛经过，想着为自己乡下庄园添些牛的他急忙放下手头的工作冲了出去，一时疏忽把钥匙留在了锁眼里——那是拉普朗什第一次打开税局装银币的抽屉。到处都堆着钱；"银币是在一张堆满文件的桌上数点的"。一个个"红布"口袋里装满了钱——有几袋据说被拉普朗什藏在了保险柜后面（要么就是壁橱后面）——而办公室的密码极为复杂。拉普朗什一度还被控试图以谷物贸易当幌子；马罗写到，当时他注意到一张碎纸上写着"九袋燕麦"云云，而这明显是指九袋钱——每袋 1,200 里弗尔，都是"从保险柜里拿的"。[151]

案子接近尾声时，甚至税局的家具摆放也成了焦虑的源头。许多证据的核心都在于探讨拉普朗什可能把几袋钱币（或者说"几袋燕麦"）藏在哪里：是保险柜后面呢还是办公桌后面。但马罗的办公室在 1783 年搬走了，曾参与过马六甲海峡的奴隶贸易的"奥格迪亚斯先生租下了房子，一切都变了样。斗橱、保险柜、办公桌通通没有了。还能去哪儿找所谓的犯罪痕迹呢？"[152]

此间尤为明显的是一种永无止境的不安感。拉普朗什的律师写到，收税官们"永远欠着马罗的债，时刻提心吊胆，怕要负责、要坐牢"。出纳怕被控偷盗，马罗的儿子怕被父亲发现自己欠了一屁股债；整个税局已经为"秘密的深渊"所吞噬。[153]当局各种人物的角色变幻莫测。带头找来几个穿法袍的官员又在内室对拉普朗什进行过人身侵犯的那位公证人原来是出纳的姐夫；根据拉普朗什的说法，此人是"昂古莱姆镇上所有人当中报复心最强的"。[154]

拉普朗什和朋友们在抗辩时使用了不少政治正义的语言。退役军官在 1785 年的陈述中表示，镇上的财务官们已经成了"暴君"。同年拉普朗什的律师写到，拉普朗什"最神圣的人权和公民权"均受到了侵犯。[155]然而与此同时，税局也是个充满经济机遇的地方。拉普朗什的律师们在最后一份诉状中回忆称，危机爆发当时

116

（1778 年 8 月），拉普朗什在镇上很受尊敬，进一步晋升也指日可待；"在他看来，自己和当年的马罗很像——出身低微的马罗本人也是在辛勤工作了很长一段时间后成功晋级、坐上待遇更优厚的位置的。"[156]

　　昂古莱姆税局职员风波令人近距离感受到了托克维尔的历史中旧制度下小地方行政部门的那种躁动不安。带着一袋袋钱币来到马罗办公室的那"大约 300 名税吏"同样是托克维尔历史中的角色：这些人只剩下"绝望、几近毁灭"，"手握极度专制的权力"，"全然是暴君也全然是烈士"。拉普朗什的律师们描述的那幅提心吊胆的画面也属于托克维尔笔下的世界：职员和税吏因为自身的恐惧而变得"冷酷无情"，租税官"暴虐贪婪地剥削穷苦人而无所不用其极"。[157]拉普朗什的故事同时还展现了托克维尔《旧制度与大革命》一书中的另一个宏大主题，即个体层面的躁动不安和经济上升。这是一个充满上升机遇的世界，为拉普朗什所景仰的马罗"可能是昂古莱姆最有钱的资本家"，而其财富却是借着小额贷款和执行税务积累起来的——至少人们是这样认为的。

不安岁月中的一家人

　　托克维尔认为早在法国发生政治革命之前，人们在情感上便已经历了革命，而且令政治革命成为可能的正是情感革命。这是历史学家基于对当时社会的充分观察所作的反思。昂古莱姆 1769 年的一系列事件被杜尔哥称为一场"革命"，纸商亚伯拉罕-弗朗索瓦·罗班也采用过这一说法。玛丽·艾马尔的女婿艾蒂安·阿勒芒曾抱怨 18 世纪 80 年代"革命"带来了物价飞涨。连努埃尔父子 1776 年也发过怨言——父子俩的巴黎律师以其特有的文风表示"法兰西民族的法律和道德"正面临"一段极为险恶的革命期"，现今举国上下一团混乱，"各种现代的破坏性体系"层出不穷。[158] 同每每可见的思维方式的转变一样，"革命"一词也已经成了日常生活的一部分。

在《旧制度与大革命》的宏大历史中，这一早期革命或者说预革命从此被定性为一种文化或者说思想上的变革：启蒙运动众哲学家的思想渗透到了最边远的外省地区。[159] 在一些人看来，大体上托克维尔本人对社会经济领域以及具体财政历史方面变化的关注充其量不过是某种消遣。弗朗索瓦·福雷（François Furet）曾表示托克维尔"在经济方面向来肤浅含糊"：他"研究旧制度时从未采用过严格意义上的经济资料"，并且"忽略了法国社会的经济革命本身"。[160] 在这一意义上，与这一历史有关的几起事件——信贷危机、税局风波，以及耶稣会学院的关闭——都不属于、至少"严格意义上"不属于经济领域。这些事件无关 20 世纪中期探讨法国大革命的经济起源的一系列历史中那种突出的"经济气象学"（认为法国大革命是一场"穷困或者说富裕导致的革命"）。[161] 但在另一种更为现代的意义上，不妨将昂古莱姆迎来的第一场法国革命视作一段讲述经济选择之变幻无常的"超经济"的历史。

和托克维尔历史中的经济人一样，几个事件中的人们处境都相当"不安"，他们不断受到考验，因而不得不持续改变。[162] 有时这些人会说到自己的打算，如加布里埃尔·费朗想要教导年轻人，而弗朗索瓦·拉普朗什渴望自己能"坐上待遇更优厚的位置"。然而在这一系列故事中，这些人行为的大背景却是一种完全为教会和税务主导的"非生产性"的或者说非经济的经济。这些人也追求上升，途径是进行非经济的活动——违反既有或正在成型的经济交换（内在）规则：这些人寻求保护、寻租、在规章制度上做手脚牟利，还违反贸易法律和交易规范（1769 年信贷危机就是这种情况）。危机期间形成的债权人和债务人清单描述了一个由小店主和小资本所有者构成的经济体，对这些人而言能带来最大利益的就是往殖民地出

118

口或与海军签订协议，同时这些活动的风险也是最大的。

在这些故事之间的昂古莱姆微观历史是对近来经济历史研究的一系列宏观结论的补充。尤其值得一提的是，这一微观历史反映了旧制度最后几十年间金融活动（以公证人信贷即所谓的"暗贷"的形式实现的）的显著扩张——霍夫曼（Hoffman）、波斯特尔-维奈（Postel-Vinay）和罗森塔尔（Rosenthal）等人对此均有过描述。[163]托克维尔历史中"公共事业的繁荣"以及"道路、河渠、制造业、贸易"的兴盛等所反映出的18世纪末以海外贸易为基础的经济扩张在这一微观历史中也得到了佐证。[164]与此同时，这一微观历史也是近来各种关于法国大革命的经济起源（"税收政治经济"和"君主征税无能"）的研究的补充。[165]这部历史是同一个序列（或同一张资产负债表）的另一面，讲述了国家的收入如何供应或者说无法供应在海军协议、殖民地和司法事务上的公众花销。

而最重要的是，这一系列故事构成了一段无常的历史。利率、物价和海外机遇瞬息万变，契约随时可能中止。法国大革命爆发时，谈及旧制度的诸多弊病，昂古莱姆以东八公里的沙吕（Châlus）村的人们有一种引人注目的说法。这些人自称"无畏的民族"："我们的交流和我们的荣耀"已经达到"地极"。但后来这一发展被扰乱了——"健康经济"和"公共经济"都生了病：公共生活开始"大起大落"（décroissances et bouffissures）。[166]而这同样可以用来描述昂古莱姆1764年到1789年间的历史。

从这一经济生活史的角度出发，可以认为昂古莱姆的几起事件也是法国大革命初期历史的一部分，也在导致革命的经济事件之列。按照福雷的分类学，这不算一部关于经济"本身"的历史——其讲述的是普通人经济生活中的事件。这部历史中的各个事件都是昂古莱姆大街小巷人尽皆知的，也在社会层面造成了影响。这一系列事件是可见的：耶稣会士带着床离开学院，人们贴出海报来控诉资本家的罪状，法庭的三个警官穿着法袍朝税局开进……同时这些事件也是听得见的：秘密历史的作者的女儿在学院街上离玛丽·艾马尔家不远的地方哭泣，神学院外响起枪声和喊叫声，一些年轻人在桑园广场上冲镇长扔石头……这是一部讲述社会经济领域变革的历史，这部历史是托克维尔的普遍历史的一重缩影，也是理解后者的途径之一。

第五章

法国大革命在昂古莱姆

革命中的平静

昂古莱姆在许多方面都是与世隔绝的，在革命政治上也不例外。镇上关于法国大革命唯一一部算得上重要的历史在概要中称"关于革命的各种编年史从来没有提到过"昂古莱姆；较之相邻地区，"革命时期"的昂古莱姆"没有那么多戏剧性事件，也没有经历那么多血腥"。以昂古莱姆为首府的整个省也一样："既没有发生过什么不同寻常的事件，也没有出过什么配得上列为革命先贤的人物"。而即使以反革命的标准衡量，这座镇子也是无足轻重的。[1]

昂古莱姆只出过两个在法国大革命的宏大政治历史中多少算得上重要的人物，一个是纸商兼贸易危机秘密历史作者的一个儿子，另一个是马提尼克遗产案中那位假发店学徒的侄女。两个人几年前就去了巴黎。在婚前协议上签过名的爱国者罗丝玛琳 1792 年搬去了图尔。但这一革命时期对法兰西举国上下每一个人而言都是一段充满变革的岁月，昂古莱姆也不例外：财产所有权、教会命运、武装力量的组织、税收,包括各种出生、结婚和死亡登记都在经历改变。玛丽·艾马尔的子女和孙辈就是在这样一段平常生活的历史中生活、求存和死去的。[2]

文员过多

121

1789 年 2 月,以一种小地方独有的方式,革命在昂古莱姆拉开了序幕。革命期间召开首次国民议会之前编制过一系列控诉既定秩序的所谓意见书(*cahiers de doléances*),这些文件与阿勒芒和费朗两家人后代所在的一些行政机构有惊人紧密的联系。[3] 与此同时,这些行政机构也见证了托克维尔的初期法国革命,见证了 18 世纪 60 年代、70 年代和 80 年代包括资本家和阴谋家的信贷危机、学院和神学院的一系列戏剧性事件以及税局风波在内的昂古莱姆的许多"风波"。

1789 年 2 月 24 日召开了最初一批会议,组织者是镇上木匠、制帽匠、锁匠、鞍具匠和制布工等组成的各种小团体或称公司。接着,面包师、裁缝和公证人团体(包括拉普朗什对马罗一案中税局出纳那位报复心极强的姐夫)也相继召开了会议。出席昂古莱姆首届大会的共有 468 人,都是相对体面的人物——"生而为法国人"且"在税册上有登记的"。加布里埃尔·费朗和艾蒂安·阿勒芒也出席了会议,两人都"会写字"且在会议记录上签了名——与会者当中这样的人共有 182 个。[4]

在最初几次会议中只有鞍具匠团体表现出显著的革命倾向。这些人在其意见书中宣称受到了省里一些官员的侵犯,这些人来到他们的作坊,索要先前强借给他们的款项,甚至搜查他们的财产;"我们要是企图为自己辩护,就中了这些人恶毒的花招……呜呼!这些骇人的暴君坑了我们当中不少人。"艾蒂安的一位表亲(也是在

1764 年那份婚前协议上签过名的，圣多明各那位曾登出广告来悬赏捉拿一名怀孕的奴隶后来又破了产的商人是此人的兄弟）在会议记录上签了名，此人的儿子也签了名；这些鞍具匠写到，收租税"不合理"，各种"花招把戏"已经断送了分配公平，"我们镇上的行政工作当中没有什么是合法的"。[5] 当天锁匠们也开了会，且在会上控诉政府"滥征租税和五花八门的各种税项"。这些人还谈到若"向各色人等"都敞开他们这一行的大门，社会将会陷于何等骇人的不安："在镇上、在乡下，只要有锁匠的地方，每一栋房子、每一个橱柜和每一件锁起来的东西，锁匠都有钥匙开。"[6]

　　法国各地的意见书都是妥协的结果，其间既有人们切身的不满，也不乏关于国家、市镇及普遍权力的各种哲学思考，在昂古莱姆镇和昂古莱姆省也不例外。在法国第一场革命期间，学院、教区和租税部门一直是昂古莱姆的人们争论的焦点。（包括签名者之一艾蒂安的姐夫在内的）镇上的裁缝们提出，镇政府官员的选任要公开，不可"偷偷摸摸"，且"应当［设法］使学院恢复 30 年前的兴盛"。[7]（包括倒霉的税局职员拉普朗什的年轻妻子的叔叔在内的）鞋匠提出，神职人员的数量应当减少，关了门的修道院如有收入，应当转用于镇上"学院的建设"。[8] 这份集体意见书还表示"被安排到昂古莱姆各处公寓的年轻学生是镇上人的一种资源"；人们在初稿基础上又进行过修订，根据 20 世纪初一位编辑的说法，最花心思的要数对神学院收入和教区管理等问题的修订。[9]

　　各省的意见书处处都在控诉"财政制度"尤其是租税制度之"恶"，昂古莱姆省也不例外。意见书中的用语相当骇人：租税是一种"不合理的、吃人的体制"，是一种"专制的强征"，收租税的官员为"各堂区所深恶痛绝"。锁匠们曾控诉政府"滥征租税和五花八门的各种税项"。"镇上的各个群体"提出：有 16 种税的征收已经变得相当"随意"，应当废除；同时要"禁绝监督官"："国家的罪可以少一重、专制机构可以灭一种——此乃民心之所向。"[10]

123　　　地方和个体层面的税收管理是意见书尤其关心的一个切身问题。职员或者说文员——曾被控盗窃银币的拉普朗什和1790年的马夏尔·阿勒芒·拉维热里都属于这一底层官员阶级——成了众矢之的。昂谷莱姆南面一个村子的居民曾表示"关于这些文员的无数传说"足以"叫人不寒而栗"。附近一个村子的居民则认为已经出现了一个"精确和警惕得超乎自然的文员团体";南面另一个村子的居民要求禁绝一切文员。昂古莱姆的裁缝抱怨称受到了文员的"骚扰"和"不公待遇";鞋匠表示"每天"都被文员找麻烦;鞍具匠要求"禁绝一切文员和其他雇员";镇上的主要意见书称"大批文员""不断制造着麻烦",还描述了一幅可怖的景象:这些文员站在"城墙顶上",仿佛搜寻猎物一样望着下面田里割草的农夫。[11]

　　1790年,昂古莱姆镇外一个村子里一位名叫玛丽·索沃（Marie Sauvo）的年轻寡妇在"我县所有女士的委托"下写了一份妇人意见书。和他处的各种意见书一样,这份文件也是对先前各种怨言稍加润色形成的:作者一面抒发从当时各种传单上吸取的思想情怀,一面声讨"不合理的征税"和对法律的各种"曲解"及法律的各种"空子",称其"每天都在误导负责执法的官员"。玛丽·索沃采用的范本是1789年的一份出自诺曼底科地区（Pays de Caux）的"B.B.夫人"之手的传单。玛丽·索沃和B.B.夫人写道:生活在无知年代的"女性以工作、顺服和缄默为座右铭";而在一个"普遍革命的时期","人人"都可以"以出版的方式提出要求、交流观点、进行思考和讨论"。[12]

　　玛丽·索沃对B.B.夫人的文字做了大约70处修改,多数是无关紧要的调整。传单称:"解放黑人据说是当下的一个问题;和黑人所受奴役几乎不相上下的人民也应当重获权利。"家人就住在昂
124　古莱姆镇上（一度携众奴隶和大小铜锅逃跑的）的"美国人罗班先生"隔壁的玛丽·索沃的说法则稍有不同:"黑人据说已经解放;

和黑人所受奴役不相上下的人民已经重获权利。"[13] 她还加上了一些原创话语：她为寡妇请愿，又号召人们发扬博爱精神——"消除一切差异标志"，最后是一段豪迈的结束语："应当允许我们组建自卫队，我们对工作有热情，对武装斗争同样有热情：我们理应获得批准。"[14]

革命年代场景之政府部门

公共行政部门这一地方经济体见证了昂古莱姆的首批革命性改变。"和其他许多镇子一样，获得了全新的广阔管辖范围的我们的昂古莱姆镇必将大大受益于这场革命。"早在 1788 年 5 月，亚伯拉罕—弗朗索瓦·罗班身在巴黎的儿子莱昂纳尔（Léonard）——多年前他曾向父亲提过"昂古莱姆事件积怨"云云——便在一封信中对父亲做过预言。[15] 1789 年 12 月到 1790 年 3 月期间，全国进行了大规模行政区划调整，最终建立了 83 个省，各省均下设区、县及自治市镇，为"[集]行政、军事、宗教、司法和财政权[为一体]的大型政府机构"奠定了基础。[16] 昂古莱姆成为新建立的夏朗德省的首府，依法要设立一个选举代表大会、一个议会加一个常务理事会，这为镇上的律师、文员和管登记簿的书记员提供了无尽的机会。

镇上新设了一套行政班子，随之而来的是新的委员会、新的委员、各种全新的纪念日和"公民责任"（civisme）证书。昂古莱姆新绘制了一幅巨大的"总体地图"（Plan Directeur），图上每一条街每一栋房子都有标注，并根据 1769 年的一套数字系统（当时是为管理民兵住宿而确立的）进行了编号。[17] 1791 年，人们对全部房屋进行登记造册，编制了一份"财产登记表"，业主和租户的名字、财产的规模和"内容"以及应课税净收入估值都有登记。[18] 人们统计了驴的数量（共计 268 头），[19] 还开展过"马匹普查"，为此还

125 在桑园广场举行过集会，集会地点在艾蒂安·阿勒芒位于绿钟岛的家和学院广场岛（1764 年人们就是来此为其婚前协议签名的）之间。[20] 共和历 4 年的各种登记簿的"详细目录"表明，当时人们为"麻袋"造过册，进行过"羊毛统计"，还列过一张"地区鱼油清单"。[21] 对"个人物品、财产和限制消费"也有专门登记，房租、马车和家中仆人等数据均一一记录在案。[22] 镇上人们给国家的赠礼也有统计：1793 年 3 月人们共捐出鞋 198 双、绑腿 181 副、长筒袜 27 双、衬衫 8 件、帽子 1 顶。[23] 国家也给镇上送过东西：1795 年 3 月，每户的户主都分得了 1 条鳕鱼。[24]

1790 年设立的夏朗德省对于"确定的规律性程序"有着惊人的爱好。在关于该省档案管理的最早文件中，有一张未注明日期且写满注释的草稿，根据这一草稿可知："送来理事会的各种信件和包裹会先集中到办公桌（bureau）上，由会长打开向理事会全体成员宣读并进行登记，之后立即分送各个办公室（bureaux）。"[25] 不出几年，省长以下便形成了五个部门（bureaux），包括一个下属部门，以及移民部、会计部、军需部和档案部。[26]

在这段革命时期也发生了一系列被新上任的官员们称为"乐事"的公共事件。人们举行庆典，为各种抽象政治概念大唱赞歌：1793 年一天清晨，"400 名女性公民"身穿白衣，游行支持"不可分裂的团结"，随队的横幅上，一尊"代表法国人民的巨大雕像将联邦主义压得粉碎"。[27] 几个礼拜之后，一支由"行政官员"组成的仪仗队隆重地开到了一位 18 岁姑娘的家门前——"公众已经指定［这姑娘］为理性的代表"。[28] 在一场颂扬"无上主权"的庆典上，一尊雕像将"专制统治的魔鬼"压得粉碎，一道压碎的还有"弥撒仪规、各色法令、王室法条、柏克（Edmund Burke）的文章"；前耶稣会学院的不少教授也参与其中，和众警官一道列队朝桑园广场开进，一路随着军乐"咒骂旧制度的奴役"。[29]

新的行政程序中覆盖范围最广、从而对日常生活的各种事件——或者说对迄今为止构成了本研究最重要的资料来源的各种记录——影响最为显著的是昂古莱姆 1792 年 11 月开始实施的民事登记制度：短短几个小时之内，由洗礼、婚礼和葬礼记录构成的堂区登记变成了由出生、结婚、死亡和离婚记录构成的民事登记，负责人也变成了公务员。1792 年 9 月，法国宣布离婚合法，1793 年，昂古莱姆启用了全新的共和历。[30] "共和历 2 年 1 月 28 日"，也即 1793 年 10 月 19 日，阴谋家皮埃尔·努埃尔和甜点师约翰·格奥尔格·克洛茨两人的（外）孙女成了新历法下登记的首名新生儿；小皮埃尔·努埃尔做了主要见证人，此人是 1764 年堂区记录中的 4,089 人之一（当年他在博利厄圣母区出世）。[31]

　　1792 年 11 月，昂古莱姆各堂区的登记簿被纳入了民事登记的新体系，格式层面转换的实现几乎未费吹灰之力。[32] 新体系甚至直接沿用了旧登记簿。[33] 1791 年，在护宪的新主教的主持下，镇上 12 个教堂区废除了 10 个。（主教是舞蹈教师马克·勒内·勒福尔·拉图尔的姻甥，也是圣多明各阿蒂博尼特奴隶种植园那位极爱东拉西扯的外科大夫的堂亲。）[34] 新设立的圣皮埃尔堂区的登记簿上有一条 1792 年 11 月 5 日的洗礼记录，同一页上紧随其后是一条由"本镇公务员"所作的出生记录；1764 年在婚前协议上签过名的让·戈迪诺（Jean Godinaud）是当天的见证人，一道作见证的还有让的兄弟。[35] 几天后的 11 月 14 日，"堂区登记簿"上出现了昂古莱姆的首条离婚记录；在婚前协议上签过名的罗丝·勒泽的侄子到场作了见证。[36]

　　几个礼拜后，1793 年 1 月 1 日，由镇公务员管理的新民事登记簿就位。1793 年 11 月起用共和历，出现了雾月（Brumaire，即 11 月）的出生和死亡记录、霜月（Frimaire，11 月 /12 月）的结婚记录等。[37] 但人们用起新历法来仿佛有些犹豫，对一些说法也还

126

127　不熟悉，雾月、死亡（decès）等字眼常有写错的（如 brumaire 误作 brumere、decès 误作 deceais 或 dessert 等）。[38] 1793 年情人节，镇上的民事婚姻登记簿上出现了第二条离婚记录，离婚双方在 1764 年堂区登记簿上都有记录，男方是一个裁缝的儿子，1764 年 1 月受洗，女方是一个警官的女儿，1764 年 8 月受洗。[39]

　　在法国离婚合法的 24 年间，昂古莱姆离异的夫妇共有 96 对，其中四分之一都是由于一方（均是男方）移居国外。[40] 其余离婚多是常有的人生不幸造成的。离异者当中有四个农民、两个假发商、一个马匹商，还有一个杂货商（marchande epicière），这位杂货商和造蜡烛的原配离婚没几天便和另一位杂货商结了婚。[41] 1793 年，弗朗索瓦丝·克洛茨的姐夫也离了婚，结束了自己长达 18 年的婚姻，此人拒绝在登记簿上签名，原因是"不想签"。[42] 共和历 2 年，一名散工的两个女儿嫁给了一位农民的两个儿子；共和历 9 年，两对夫妇双双离婚，原因是这两兄弟已经将近八年"音信全无"；姐妹俩后来又嫁给了一名石匠的两个儿子（其中一人为 1764 年有记录的 4,089 人之一）。[43]

　　1795 年，圣奥索纳一名布工 14 岁的女儿让娜·大卫（Jeanne David）嫁给了巴特莱米·雷蒙德（Bartélemi Raimond），记录上说后者是个"西班牙来的逃兵"，父母都生活于瑞士。[44] 过了一年多，15 岁的让娜请求离婚，原因是两人"脾气性格不合"。初步仲裁记录——这份记录被"错误地"归到了民事婚姻登记中——表明，夫妇俩的朋友们认为巴特莱米是"愿意与妻子和好［的］，而［妻子］却从未对他有所让步"，离婚的事暂时搁置下来。又过了两个月——其间让娜又三度提出离婚要求——1797 年 6 月，两人终于离婚。[45] 三个月后，1797 年 9 月，16 岁的让娜·大卫过世（记录上说死者是个开店的）。[46]

　　新公务员们最为艰巨的任务是在收到死亡报告后第一时间赶去

检视死者——"我立即前往前述临终安养所"或者前述住所。[47]"被
弃"儿童也有登记。1793 年 3 月 1 日，一名公务员写道：圣雅各的
一位助产士"抱来了一个约八天大的女婴"；女婴是头天晚上发现的，
"载入了前述弃婴登记簿，编号 365"；"我给女婴起名为'卡特琳'
（作为记号，这位卡特琳右边头顶有一条粉红丝带，7.6 厘米长 6.2
厘米宽、一端剪短）。"1764 年在婚前协议上签过名的让·格洛蒙（Jean
Glaumont）为女婴和丝带做了见证。[48]

　　旧制度末年，昂古莱姆的私生或者说"非婚生"子女的命运相
当悲惨。镇郊的圣马丁堂区 1789 年 4 月的记录中有一封长达八页
的请愿书，是一名木工学徒呈给主教的：此人为了结婚需要受洗证
明。这学徒从未见过自己的父母，也不知道自己生于何处；他记得
自己五六岁时住在佩里戈尔（Périgord）一个村子里某个妇人家中，
但到七八岁时便在妇人的"棍棒之下被赶出了家门"。他从一个堂
区游荡到另一个堂区，竭力赚钱糊口，最后偶然遇到了昂古莱姆来
的一个包工头，包工头认出了男孩，于是收他做了学徒。1789 年 2 月，
这学徒回到佩里戈尔，找到了幼时那个妇人，当着几名见证人的面
"要求她就他的身份给个说法"。妇人拒绝了；另外两个建筑工人出
来做证，称当年见过男孩，但对其身份一无所知。1789 年 5 月，这
名学徒在圣马丁堂区领了洗，并于三天后结了婚。[49]

　　革命年代的"国家儿童"遭遇了另一种工业化的大规模管理或
者说失管。1793—1802 年间，昂古莱姆镇公务员记录的弃婴或者说
非婚生儿童的死亡多达 689 例；而实际的死亡人数甚至远多于此（有
好几百人或是死亡而没有登记，或是死于周边村庄）。[50]这一惨状
一直持续到拿破仑战争时期。一天大的于尔叙勒（Ursule）是 1804
年登记簿上的第 1,340 号，女婴的标记是"脖子上有一条 24 厘米长
1 厘米宽的黑天鹅绒带子"。翌日的第 1341 号名叫德尼（Denis），
右手腕上绑着一条黄条纹的丝带；1,342 号叫洛尔（Laure），左臂

上绑着一条红丝带。脖子上有一条黑天鹅绒带子的于尔叙勒八天大时死在了"弃婴库"里。[51] 到这一时期末，甚至婴儿得到的名字也变得粗暴起来，如孤苦的克里斯蒂娜（Christine Desolée）、西普里安·年历（Cyprien Almanach）、发青的伊斯基里翁（Ischyrion Vert）、奥林匹亚·眼镜（Olympiade Lunette）、奥默·纸（Omer Papier）、奥涅辛·鹧鸪（Onésine Perdrix）、穷人普利瓦（Privat Privé）、吕斯蒂克·公鸡（Rustique Coq）等，不一而足。[52]

革命年代场景之教会

教会及其下属机构曾主导着 18 世纪昂古莱姆的经济，这些机构是各大旧堂区的地主，也是 1764 年出现在堂区登记簿上的许多侍祭的雇主，其垮台则是革命期间的重要公共事件。阿勒芒和费朗两家人都生活在老镇中心的小"岛"上，为一个个住宅小岛簇拥、位于中心的则是各种教会机构。公证人让·贝尔纳、修士米乌勒和 18 个婚前协议签名者所居住的绿钟岛毗邻雅各宾女修道院。学院广场岛（1764 年 12 月人们就是来此为那份婚前协议签名的）则为前耶稣会学院、主教堂和称为"信心的女儿"（Filles de la Foi）的女修道院所包围。[53]

提尔塞莱特女修会（圣方济各姐妹会）是镇上的一大地主，其修道院是桑园广场上最宏伟的建筑之一。住在提尔塞莱特岛上的包括亚伯拉罕-弗朗索瓦·罗班和资本家克劳德·贝努瓦·德·埃萨尔，还有艾蒂安·阿勒芒的乐师舅舅和后者的几个裁缝女儿。镇上存放公证人档案的地方也是向提尔塞莱特女修会租的。[54] 伊丽莎白和莉迪亚·斯特恩曾带着小狗借住的"德·博洛涅夫人"家所在的方济各会士街——已经更名为博利厄街——上扎堆住着主教堂的许多教士和参事。甚至谁也说不清其壁橱后面藏没藏着鼓鼓钱袋子的

倒霉税局——就是曾先后租给税官马罗和金德纳戈尔来的工程师奥
格迪亚斯那所位于加尔默罗大楼岛（Isle de la Grande Maison des
Carmélites）上的房子——也是加尔默罗修会名下的。[55]

革命期间昂古莱姆的公共空间上演了一系列改革下的交易和悲
剧。1790 年初，镇上的修女和修士被告知从此可以随意离开修会。
1790 年 5 月，镇上的三个官员来到提尔塞莱特女修会，对其场地进
行了测量，还形成了一份财产目录；在场的 21 名修女均表示自己"极
其热烈地渴望""继续遵循其修会的规条共同生活"。[56] 人们又进行
了几次检查，编写了更多的财产目录，对修女们的财产、资本、"利息"
和"收入"等均进行了登记；人们对提尔塞莱特教堂进行了精确测量，
1791 年 7 月，院长"罗莎莉修女"（Sister Rosalie）和管理修会经
济事务的"费利西泰修女"（Sister Félicité）代表修会在测绘成果上
签了字。[57]

1791 年，人们开始拍卖女修道院的地产和财产，拍卖项目包括
几块土地、部分礼拜堂、银饰和厨房家具。1792 年 9 月，修女们被
赶出了修道院，随身只带着"一点床上用品"（和 30 年前的耶稣会
士一样）。人们向修女们承诺：只要发誓忠于自由和平等，以后就
能拿到一笔抚恤金。[58] 1793 年，提尔塞莱特的财产——饰物、盘
碟、家具和各种织物布料（"一包女帽""一包紫色锦缎"，还有"一
包旧的可作床单的绯红锦缎加天鹅绒"）——在几日之间变卖尽
净。邻居们仿佛人人都想买一件留作纪念似的：一个称为"罗班"
的买主花 5 里弗尔买下了一把椅子；"公民咪咪"（la citoyenne
Mimi）买下了"布道坛"和"一副厨房大熨斗"。[59] 各修会的藏
书被装上车，运到了嘉布遣会（Capucins）的旧修道院，女修道
院几座小教堂的大钟被人顺着坡滚到河边，预备装上驳船运往罗
什福尔和拉罗谢尔。[60]

物件和人都在不断地流动。一度占据了桑园广场上数一数二的

宏伟建筑的多明我会女修道院的银器被人顺着博利厄街运到科德利
埃会（Cordeliers）女修道院，送进了院档案室。[61]教区的各种文
件契据则送到了"信心的女儿"女修道院。[62]位于圣马夏尔、发生
过枪杀修士米乌勒事件的神学院被圣雅各区的纸厂主亨利买了下来
（此人是新主教的姐夫）。[63]神学院的学生们搬去了原耶稣会学院。
抗宪或者说拒绝宣誓效忠的教区教士当中最年长的几个被关进了加
尔默罗会女修道院。[64]新理事会把办公室搬进了原多明我会或称雅
各宾修道院。乌尔苏拉会（Ursulines）的女修道院成了监狱，嘉
布遣会修道院成了战俘营。提尔塞莱特女修道院则成了著名的"零
售贸易""场所"。[65]

国家财产

　　在这一团混乱中，对昂古莱姆经济生活影响最为深远的事件当
推教会地产的拍卖。法国各地都出现了国家财产（biens nationaux）
市场，夏朗德省全境也不例外。[66]这一市场在昂古莱姆的老镇中心
无所不在、无孔不入。全新的"财产登记表"中有一栏是记录"1791
年发生的所有人变动"情况的，该栏在后续数年中又增加了大量注
记：伴随革命而来的是一系列疯狂的城市土地交易。桑园广场附近
登记为教会机构所有的地产大约有80宗，热心的"买主"数不胜数，
许多是新政府的官员。如果在"总体地图"上将革命初年确定归属
国家的全部地产涂上阴影，就能看出阿勒芒家和费朗家、众资本家
和阴谋家所在的旧镇区上几乎没有哪条街不受到全新的公私产业制
度的近距离影响。[67]
　　各种细碎的记录向我们展示了这些国家财产的命运，求购的呈
书、拍卖和出价记录，以及最终的成交情况等均有清单，许多婚前
协议签名者包括其关系网中的人都出现于其间。甚至婚前协议中的

男方、曾经因生活成本太高叫苦不迭的艾蒂安·阿勒芒·拉维热里
也买到了一栋房子——房子位于旧时的哀悯圣母堂区，原为昂古莱
姆教区主教堂教士参事会的产业。1791 年 9 月，房子被"判"给了
他，总价 4,625 里弗尔，分 12 期在 12 年内支付。他陆续付了款——
最初还是用的指券（assignat，大革命期间立法机构发行的一种纸
币）——交易最终于 1812 年完成。当时这座靠近主教堂的房子已
经成了家族财产的重要担保。[68]

　　面向桑园广场的一栋前耶稣会学院的房子以 446,000 里弗尔的
成交价成了最大的一笔买卖；新主人是在婚前协议上签过名的金匠
家族的"马歇小姐"（Dlle Marchais）。[69]金匠的孙子买下了著名的
加尔默罗会大楼——大楼当时租给了克劳德·奥格迪亚斯的寡妇，
即金德纳戈尔那位"货管"的女儿。[70]金匠的另一个孙子也买了一
栋原属学院的房子，房子带着终身租约，租户是"美国夫人卡莉奇"
（la demoiselle Caliche amériquaine），又名"公民卡莉奇·圣咪咪"（la
citoyenne Caliche St. Mimi），就是在提尔塞莱特的财产拍卖时买
过一座布道坛的邻居，此人名叫卡特琳·圣梅米（Catherine Saint-
Mesmy），"生于美国"，1827 年过世于昂古莱姆，时年 99 岁。[71]

　　管登记簿的书记员的儿子、11 岁时在婚前协议上签过名的巴泰
勒米·蒂博（Barthélemi Thibaud）买下了"信心的女儿"的一栋
房子；后来又有新的一批没收自逃亡者的地产挂牌销售，此人又买
下了城墙边的一栋房子。[72]造纽扣家族的路易·迪帕尔买下了博利
厄修道院的一片牧地和日内瓦街（Rue de Genève）的一栋房子（房
主人曾在税局职员风波中任国家公诉人）。[73]1769 年打头的阴谋家
"皮埃尔·努埃尔的几个继承人"买下了"圣奥古斯丁礼拜堂"。[74]
来自圣樊尚岛、曾携奴潜逃的"美国人罗班先生"和艾蒂安一样买
了一栋原属主教堂教士参事会的房子。[75]

　　全夏朗德第一个提交求购书的是 1769 年危机中的资本家亚

133 伯拉罕－弗朗索瓦·罗班，这位秘密历史作者当时已经 74 岁；罗
班表示自己有意购买原属昂古莱姆科德利埃会的一处称为尚托索
（Chantoiseau）的河滨庄园。[76] 神学院的新业主大亨利（Henry
l'aîné）则对另一处带磨坊的河滨庄园（原为拉库罗讷修道院的产业）
表示了购买愿望。[77] 各处产业受到狂热抢购：共和历 3 年拍卖了旧
城堡附近的一座花园（是艾蒂安·阿勒芒·拉维热里自 1782 年以
来一直外租的），起拍价 3,375 里弗尔，六位竞拍者竞相出价，最终
花园以 300,200 里弗尔拍出。[78]

　　有一段时间，玛丽·艾马尔的长子加布里埃尔·费朗也参与了
没收财产的交易，不过购买的商品——国家财产的短期租权——价
格相对低一些。1793 年初，博利厄修道院的地产开放租赁：2 月 26 日，
加布里埃尔花 170 里弗尔买下了"部分建筑"的三年租权；3 月 5
日，他又花 26 里弗尔买下了另一部分建筑的租权；翌年，他花 90
里弗尔租了一栋"赠予地方的建筑"的一部分。第一份租约的担保
人是妹夫艾蒂安·阿勒芒·拉维热里，第二份的担保人是"公民拉
比（Raby），一名商人"。[79] 加布里埃尔甚至也稍稍参与过桑园广场
上对提尔塞莱特财产的疯狂抢购。同样是在 1793 年 3 月 5 日，他
花 26 里弗尔买下了修道院一块地的部分租权——这地便是"先前
属于教会"的那块土地。[80]

理性与孤独

　　在一系列教产交易中，1764 年婚前协议签名者扩大关系网中的
一位玛格丽特·奥贝尔（Marguerite Aubert）不可思议地成了焦点
人物，成为教会清扫活动中最美场面的主角。她是一个签名者的教
女兼孙女，是另一个签名者的外孙女，还是 1793 年 11 月被"公众
［……］指定为理性的代表"的那位姑娘；一支由"行政官员"组成

的礼仪队曾隆重地开到她家门前迎接她。[81] 接着，在巴黎国民公会（Convention）一名代表的带领下，在身着白衣的女性公民的簇拥下，仪仗队向着（昔日的）圣皮埃尔主教堂开进："理性向着自己的神庙出发了。"为了这一庆典，人们用花瓶、火炬和雕塑将这座主教堂或者说神庙装扮一新。玛格丽特在人们的引导下登上圣坛，国民公会代表"以神圣自然之名"向她和昂古莱姆的女性致辞："你希望他人如何待你，你就要如何待人。"[82] 记录上说玛格丽特·奥贝尔美得令人窒息。1807 年她嫁给了税局的一名官员；后来她也和祖父一样成了布商，在桑园广场附近开了一家店。[83]

与旧制度下的各种节日一样，1793 年 11 月的这场庆典也为地方上的各行各业提供了一展身手的机会。国民公会的这位代表批准向一名承包商支付 690 里弗尔以供"理性神庙的各项花销和工作"（为此雇了 3 名木工、5 名石匠、2 名抹灰工、2 名锁匠、1 位画师和 1 位雕塑师，还向卖蜡烛的和卖蜡油的订了货）。为"拆除理性神庙的铁栅栏""建造穹顶"（记录称其为"国家"工作）及"封上众选举代表的门"还花钱雇了散工（"每天 30 苏，干了两天两夜"）。镇上滑稽剧场举办的庆祝舞会得到了专项拨款——人们用这些钱雇了 4 名乐师、买了"挂壁毯的"钉子、买了蜡烛和蜡油、租了椅子、为乐师买了"饮料"，雇了 1 个木匠修复破损的椅子，还雇了"一个守夜的人"。承包商和卖蜡烛蜡油的商人中有几个就是 1764 年在婚前协议上签过名的伊尔瓦家的人。[84]

婚前协议关系网中还有一个年轻人也参与了教会清扫活动：此人是绰号为拉罗斯的让·勒克莱（Jean Lecler dit Larose），又叫勒克莱－拉比（Lecler-Raby），当时是个监督官，也是昂古莱姆镇政治舞台上一个次要却坚挺的人物。这人的父亲是个漂羊毛的，他的婶婶兼教母、叔叔、祖母、祖父兼教父 1764 年都在婚前协议上签过名。[85] 和许多人一样，他也是从一名登记出生、结婚和离婚以及检视尸体的公务员做起，走上革命之路的。[86]他很快成了进行"家访"和访问可疑学校（他称之为"令人痛苦的工作"）的专职人员。共和历 7 年他探访过一位女教师——此人原先是个修女——这位女教师"以确定无疑的语调"表示自己天天都带学生做晚祷。他又报告称，女教师的教室中全是"陷于癫狂的书籍"；"这些人根本不认识'公民'这个词，任我们百般努力，也无法从教师和学生口中'掏出'这两个字来"。还有一位教师只教学生拉丁语、数学和生物；"多么可怕的不忠！"[87] 1805 年，勒克莱-拉比依然做着公务员。他先后见证了拿破仑帝国和波旁王朝复辟，1830 年 7 月革命后再度当上了镇上的公务员；1848 年，勒克莱-拉比在昂古莱姆过世。[88]

　　伊丽莎白和莉迪亚·斯特恩女房东"德·博洛涅夫人"的女儿是本笃会的一名修女，人称贝内蒂汀，其间也被人逐出了博利厄圣母修道院。幸运的是 1795 年 4 月，她在亲戚（玛丽·艾马尔丈夫的雇主和奴隶制理论家）让-亚历山大·卡佐绿钟岛上的家中找到了安身处。贝内蒂汀模糊地称这位亲戚为"让-弗朗索瓦·卡佐"（这其实是他儿子的名字），又称他是"×岛"（岛的名字没有填）的人、在那里生活过许多年。当时卡佐已经流亡到了英格兰，而且几个月后就过世了。[89]卡佐家中的境况并不乐观：卧室的地板已经朽坏，许多木板都破了，墙也倒了几面；贝内蒂汀选的房间只挂了一把发霉的木锁。但四年后她还住在那儿，而且有了一名女佣；她开了一间寄宿学校，1801 年时有九个学生；1841 年她在昂古莱姆过世，死时仍然没有离开绿钟街。[90]

　　仍然是 1795 年 4 月，桑园广场角上的一栋大楼见证了一段更为沉重的历史。这栋原先属多明我会名下的大楼是广场周边数一数二的建筑，"大楼构成了桑园广场的一角"，正对着昔日的提尔塞莱特女修道院。当时大楼的所有者是一位名叫让-皮埃尔·大卫的布商，此人是曾在婚前协议上签过名的小让-巴普蒂斯特·马歇的岳父。[91]

4 月 13 日晚间，大卫和自己的岳父（一位退了休的面包师）来到镇政府办公室，报告称"在前述大卫家的井里捞出一具女尸，是一位名叫玛丽·比亚尔（Marie Billiard）的公民——此人五十七八岁，原先是提尔塞莱特的一名修女"。两人已经找一位当地的法官写了报告；镇政府的公务员亲自前去检查；记录称淹死的妇人是桑特（Saintes）镇邮局已故局长的女儿。妇人名叫玛丽·尤斯特尔·比亚尔（Marie Eustelle Billard），是 1762 年夏天进的提尔塞莱特女修道院。她在修道院生活了 30 年，之后于共和历 3 年死在了几步开外。[92]

革命年代场景之军队

同教会和税务部门一样，军队也是昂古莱姆当地一个稳定的经济体。早在 1789 年夏天人们便已经开始预备内战，其时正当革命头几个月，"大恐慌"从吕费克（Ruffec）一路向南传到了昂古莱姆，一时间谣言四起，传说有 1,000、2,000 乃至 18,000 名强盗正在杀来。昂古莱姆东面的一座村庄里，一位教士在堂区登记簿上写道："有人说来的是英国人，有人说是克罗地亚的兵，有人说是摩尔人，还有人说是监狱船上逃出来的。"[93] 同样是刚刚得知消息的昂古莱姆镇新"常务委员会"下令立即组建国民卫队（所谓的"爱国"卫队）和"军事议会"；卫队的指挥官是个酒鬼，曾经（作为奥地利外国军团的一员）参加过七年战争，还负过伤。[94]

爱国卫队自成立起便对各种仪式极为关注。1789 年 8 月初，卫队主持了一场纪念活动，庆祝"神职人员和贵族阶级特权"被粉碎，1790 年 4 月又办了一场更大的庆典：骑兵、步兵、炮兵和军乐队组成的"联盟"浩浩荡荡地穿过镇子，来到夏朗德的一座岛上，对着一座新立的"团结圣坛"宣了誓。1792 年开始的战争总动员甚至带

137

来了更多的公共事件。"对于那些还记得当年在腐朽的旧制度下战讯最初带来的那种深深惊恐的人而言，这是怎样一番景象啊！"镇上的要人在给（如今已经当上巴黎国民议会议员的）爱国卫兵指挥官的上书中写道："如今［这仗］却是人民打的，也是为人民而打的。"[95]

　　战争的预期和革命的三色旗激励了昂古莱姆众多店主的心。"星期五晚上我们有幸同您的几个旅行推销员共进了晚餐，"1791 年 10月，一位名叫玛格丽特·阿勒芒的商人在给贝努和凯内尔（Baignoux and Quesnel）公司的信中表示。贝努和凯内尔是波尔多的两位商人，主营葡萄酒、布匹、纸张和"殖民地产品"，与此同时对莫桑比克奴隶贸易也有些兴趣。她问两人能否寄"6 打山羊毛的帽花［来］——三色的，颜色要漂亮鲜艳"；她又表示还需要"12 副三色羽饰，也要最漂亮的""12 打制服纽扣""12 打带花饰的红色肩章"，还要"4 打玩偶掷弹兵"。[96]

　　1789—1799 年各个革命议会上代表夏朗德全省的 19 人中只有4 人来自昂古莱姆。[97] 根据议会档案，其中 2 人完全没有发表过意见；那位酒鬼军官最为引人注目的事迹是 1792 年 4 月在会上对自己的妻子和几个年幼的儿子的"爱国赠予"进行的宣传。"（掌声）'……我们还太幼小柔弱，无法听从自己勇气的催促，［但］我们已经决定把爸爸每个月给我们的零花钱 12 里弗尔捐出来给你们。'"[98]大会就处决路易十六一事进行了表决，来自昂古莱姆的 4 个代表中有 3 人投了赞成票，有 1 人既投了赞成票又投了反对票。"路易十六该死，"那位军官宣称，"那些低贱到表示怀疑的奴隶是当受诅咒的。"[99] 1793 年 11 月，图尔发生了"严重侵犯自由"的事件，大会为此派去一名代表，此人叫金贝托（Guimberteau），是个律师。有些"恶棍"——可能是英国人花钱雇来的——"胆敢在剧院里叫打倒自由帽"。"逮捕了 2 名嫌疑人，"金贝托向大会报告称，"我刚刚成立了一个军事委员会，对罪犯进行就地审判，明天断头台就要不停地工作了"；"此时此地恐怖就是秩序：船到桥头自然直（ça ira）。"[100]

1792 年，斗争正式开始，昂古莱姆启动了征兵工作，出现了逃兵役的，也出现了大群渴望"飞往前线"保卫祖国的志愿者。圣雅各区一座仓库发现的一系列军需调拨单，记载了包括衬衫（每人达六件之多）、牛板油、洗衣灰和一大批豆子在内的物资。还有一份"征募 18 岁到 25 岁的年轻男性"的文件。[101]圣安德烈教堂的大钟被人"从钟塔上取了下来"（按照镇长的说法："更准确地说是被人从塔顶扔了下来，只是没有摔坏"），用车运到了卢莫（L'Houmeau）港口一个纸厂主的仓库里，"计划之后送去铸大炮"。[102]镇子成了一个为"驻扎在嘉布遣会女修道院和从前的雅各宾派教堂"的"共和国军队供应马匹的兵站"。[103]

和在 18 世纪全球各地早先的几场战争中一样，镇上也建起了战俘营。和税吏大楼隔街相望的几座旧监狱 1792 年夏天已经"沦为危害社会的下水道"。[104]加尔默罗会女修道院、博利厄修道院和乌尔苏拉会女修道院都被改成了监狱；嘉布遣会女修道院、旧耶稣会学院、圣安德烈教堂和圣若望教堂则既是骑兵马匹站又是战俘营。[105]1795 年 2 月，镇上死了一个名叫路易丝·罗伯森（Louise Robertson）的两岁女童，记录上说女童是两个"英格兰战俘"的女儿，"生于北利斯（North Leith）"。[106]同年还有一些西班牙战俘在紧邻镇子的一座铸造厂干活；也有葡萄牙人战俘，还有"桀骜不驯""趁夜打劫"的奥地利人，1807 年还来了一支西班牙后备军团，据报道有 12,000 人之多，士兵都穿着肮脏的白制服。[107]

战俘和看战俘的兵需要衣食住宿。1794 年夏天形形色色的"战争委员"的一系列信件展现了战争这一新经济带来的挑战和机遇。从波尔多寄来了一封给镇长和镇政府的信，写信的公民弗洛特

（Flotte）表示通报"你镇"近来接收 345 名西班牙战俘的前信已收悉，并报告还将有 53 名战俘到来。过了一个月，另一名委员告知镇长和镇政府几天之内还会送来 423 名战俘，又建议镇上找"一个足够大的地方安置这些人"，因为嘉布遣会女修道院"住了 400 名战俘，已经满了"。又过了几天，共和历 2 年果月 5 日，又有一群官员发出通知称会送来 900 名西班牙战俘，这些人"8 号到，9 号就走"。[108]

　　对于一座总人口依然不过 12,000 上下的镇子而言，这一系列数字相当之大。此外镇上还接到过一些紧急任务。两天后同一名委员又来信提出特殊要求：这批西班牙战俘中有一名瑞士海军上尉，衣服都被人抢了，当局要破例为其提供一件衬衫和一副长筒袜；此人"身上除了一件满是虱子的衬衣外已经什么都不剩了"。[109] 有众多亲戚都在 1764 年的婚前协议上签过名的镇公务员勒克莱—拉比的公务之一便是视察监狱，共和历 8 年，他发现狱中超过四分之一的囚徒都感染了一种发于咽部和上颌腺体的"病害"；"当务之急是对情况进行核实"。[110]

　　甚至桑园广场也见证过一起军事冲突——至少算是一起军事骚乱。1793 年旺代（Vendée）内战危机期间，1789 年"大恐慌"时架过的大炮又被人重新搬出来保卫镇子。[111] 广场上原属提尔塞莱特女修道院的地界上还建起了一座"滑稽剧院"。1797 年（共和历 5 年）夏天的一个晚上，一些士兵进入广场上的"选举人咖啡馆"，对这一经营场所进行了搜查，寻找反革命党人；士兵离开时称"此地没有舒昂（Chouan，保王党人）"。这时剧院的演出恰好结束，出到广场上的观众遭到了一大群手持刀棒唱着马赛曲的士兵的攻击；根据一名路人的说法，这些兵唱到"拿起武器来，公民们，拿起武器来一句"时显得尤为"造作"。[112]

　　住在附近的人们一时都关了门闭了户；恐惧在全镇蔓延开来。

接着看戏的人们发起了反攻；附近的兵营里出来了一些宪兵，一面高声喧哗一面开起枪来；宪兵指挥官受到了士兵们的斥责，因为指挥官称自己的部队为"勇敢的保王党人"。记录这一系列事件的文件被送到了巴黎司法部，布商让－皮埃尔·大卫的妻妹也为此做了证，称一个年轻人——一个锁匠——当时"神秘兮兮地拿出一张纸来"；"那副样子相当紧张"。[113] 部长还收到过一封长长的匿名信，信上报告了昂古莱姆近来的一系列军事骚乱，又提到镇上一些人的角色如何不断变化："以前被人告发的现在成了告发人的"，还有一些告发人的反被人告发了。[114]

罗丝玛琳

　　10 岁那年在婚前协议上签过名的罗丝玛琳——也写作罗丝·马兰、罗丝·马兰·杜罗齐尔（Rose Marin du Rozier）——是签名者罗丝·勒泽的外甥女，和（"在裁缝拉维热里先生的家门"受过侮辱的）小罗丝·勒泽是表姐妹。革命爆发那年她 35 岁，当时她在镇上的"新区"有一栋小房子。[115] 1792 年夏天，她把房子卖给了革命宪兵的一名军官，离开昂古莱姆去了图尔。倒霉的是后来人们以为她离开了法国，于是告发了她——她成了"逃亡者"（émigré）。从 1793 年一直到 1798 年夏天，她竭力将自己的名字从逃亡者的"可耻名单"上（以合法的方式）移除，她在警察局中的档案都是关于此事的。[116] 档案中包含了各式各样的请愿书、居住地证明、未移民证明、旅行之不可能性证明和关于其政治立场的证明信，还有大量描述性文字（"黑头发""黑眼睛""头发和眉毛为深棕色，身高五英尺，鹰钩鼻""前额宽阔"），还有她的签名"罗丝玛琳"——字迹和 1764 年旧制度下她幼年时的字迹惊人地相似。[117]

　　罗丝玛琳的档案可以说是由一连串误解和怀疑构成的，借此可以一瞥革命期间的各种文件程序。有些文件"有问题",有些文件日期有误,有些证明因为存在"不规范"情况而"失了效",有些文件"不具有真实性"。她的财产"藏得很深",有一位"叫拉巴图(Labatud)的公民"借过罗丝玛琳的钱。[118]在写于图尔的一封信中,罗丝玛琳还提到自己有一次"就要饿死了"云云。[119]国民公会代表金贝托后来对此案发展起了决定性的作用,据他猜测,罗丝玛琳上逃亡者名单是那些欠了她的钱的人所为,目的是逃债。[120]

金贝托和罗丝玛琳一家是朋友——至少看上去如此;在写给此人的求助信中,罗丝玛琳自称"罗泽德"(Rozede),又向他转达了"你亲爱的兄弟"的祝福,落款时还表示"全心拥抱你"云云。[121]1793年11月金贝托担任军事委员处理"恐怖就是秩序"事件时她住在图尔。这位委员在这一时期相当忙碌,他曾给巴黎恐怖安全委员会去信称"我剿灭了一个专横的阴谋集团";他还对民间社会进行了"净化","重组了革命政府"。1794年2月他报告说,"大众觉悟……今日已经有了革命高度",自己"明天一早会动身"前往瑟堡(Cherbourg)(开始处理革命军马匹供应事务)。[122]1793年12月,他在百忙之中给昂古莱姆政府的公务员去了一封信,表明自己对罗丝玛琳的支持:"这一声明是诚实的,您尽可以放心。"后来他又写道:"我［在图尔］住了四个月,几乎天天都见到她。"[123]昂古莱姆政府办公室总结道:此人做证"这位公民的爱国热情人尽皆知"。1798年夏天,人们把罗丝玛琳的名字从逃亡者名单上涂掉了;当时她已经搬到了巴黎,住在皇宫附近。[124]

路易·费利克斯

婚前协议签名者的扩大网络中有一个名叫路易·费利克斯(Louis Félix)的人后来在昂古莱姆革命期间出了名。此人1765年

11 月在圣多明各的圣马可区受洗。记录称之为"混血儿路易",父亲身份不详,母亲是个名叫伊丽莎白的黑奴;他一出生母亲的主人就释放了他。[125] 15 岁那年他已经来到昂古莱姆,住在小圣西巴尔堂区的一所公寓里,1780 年 4 月在堂区教堂受了坚振礼。[126] 在1785 年的记录上,他已经成了金匠的学徒,住在圣安德烈;他第一个孩子也于同年受了洗。[127] 1789 年 11 月他结了婚,记录上说他是"雅克·奥里亚克先生(Sieur Jacques Orillac)和玛丽·伊丽莎白(Marie Elizabeth)"的私生子。[128] 1798 年他的妻子过世,当年晚些时候他又结了婚,女方马尔特·迪梅尔格(Marthe Dumergue)是艾蒂安·阿勒芒的表亲,父母都在 1764 年的婚前协议上签过名。马尔特的父亲就是有一个兄弟在圣多明各的那位阴谋家,也是 1789年曾表示"我们镇上的行政工作当中没有什么是合法的"的激进鞍具匠之一。[129]

革命期间路易·费利克斯成了镇上各种政治活动中的知名人物。他也当过一段时间的"昂古莱姆镇政府公务员",干着在出生、结婚和离婚记录上签字以及赶去检视死亡现场的活。[130] 他是 1797年夏天卷入桑园广场军事骚乱风波的重要"爱国者"之一:这个告发和反告发的时代也有其独特的语言风格,当时一名证人称尚涅(Champniers)村来的一个人曾告诉他村里先前来过三个镇上的人,"对农民说:这些人想给你们戴上枷锁,派教士和贵族管你们,你们必须准备好支持我们——一听到风声就行动。"证人的邻居还告诉他三人的名字分别是"布朗多(Blandeau)、拉特雷耶(Latreille)和费利克斯"。[131]

1797 年 9 月,受巴黎政府反保王党政变的影响,昂古莱姆镇政府换了一套人马,路易·费利克斯也获任成为新政府部门的一员;他声明自己与逃亡者没有任何瓜葛,同时发誓"憎恶王权和无政府状态"。[132] 1798 年 1 月,他升任"镇政府理事会委员",这一职位权力更大（报酬也更优厚）了，他在这个位置上安顿下来，甚至拿破仑称帝后还继续干了好几年。[133] 在这期间，路易·费利克斯尤为关注庆典活动和歌谣。他希望有更多的革命庆典（以取代"君主制和狂热病制造的"各种节日），希望人们更勤勉地遵守新的十日一周制度。他以"家访"的形式在镇上展开了一系列的调查，寻找藏匿于各处的不顺服的教士。1800 年，他和一名当药剂师的朋友亲自出马，对原圣马夏尔堂区的原神学院展开了深度家访，神学院如今是圣雅各的纸厂主亨利——一个（温和）革命派——的产业。[134] 君主制复辟后，路易·费利克斯回归中产阶级生活，成了商人兼金匠。[135] 1851 年，他在昂古莱姆过世，就在三年前，法兰西帝国终于废除了奴隶制，过世时他 85 岁，记录上说死者是个"食息者"（rentier）。[136]

法国大革命人物之莱昂纳尔·罗班

昂古莱姆镇上唯一一个勉强算得上在革命——或者以"上层"视角来看作为"议会和党派"故事的革命——政治历史中有些分量的人物莱昂纳尔是纸商和资本家亚伯拉罕–弗朗索瓦·罗班之子，在 13 个兄弟姐妹中排行第三。[137] 他少时在昂古莱姆的耶稣会学院念书，18 岁那年（1763 年）去了巴黎。[138] 他成了一名成功的律师，擅长处理土地权属、银行欺诈和镇沼泽法等棘手问题，曾接手路易十四几个弟弟的地产案；他为后来的查理十世打赢过一场大官司，事涉地方社区对于称为"无主空地"（terrains vains et vagues）的未开垦土地的权利。他还多次帮助父亲应对"昂古莱姆风波"（亦即资本家和阴谋家革命）的余波。[139]

1788 年到 1789 年间，莱昂纳尔·罗班给昂古莱姆的双亲写过不少信，这一系列信件讲述了一个（个人和公共领域的）巨变的故事。早在 1788 年 1 月，他便谈到出现了各种变化的苗头——他称之为各种"公共麻烦"。他在 1788 年 5 月给父亲的信中写道："我们终于也身处革命中了。"是否从 14 世纪起"我们就没有得到过什么权利"？他在"对当下革命［进行］个人而特殊的小小反思"时自问；接着又问道："我会变成什么样？我的兄弟会变成什么样？"1788 年 12 月，他表示明日之事令自己"极为恐惧"。"未来于我甚至比过去更可怕。"[140]

这些信每一封都是家事和国事的大杂烩。莱昂纳尔从巴黎寄回昂古莱姆的有一包包的小册子，也有其本人各种诉状的副本。在报告公共领域的各种混乱之余，他也谈到自己蒸蒸日上的事业。1788 年鲁昂（Rouen）的一起银行诈骗案是"我生命中最美的胜利"。他有一位当事人要求相当苛刻，他每封信都会谈到此人：一个奥斯曼的要人，来自士麦那，是个公教徒，称为穆罕默德-阿里（Méhémet-Aly），又叫布隆·莫朗热（Boullon Morange），此人名下的几块沼泽地自 1781 年起引发了一系列争端，连国王的议会也卷入了这些麻烦事。[141]

住在昂古莱姆的父亲则给巴黎的莱昂纳尔寄来一包包食物。邮局职员常常雁过拔毛——1788 年，莱昂纳尔发现了一些引起他警觉的事：

> 肉派我这周收到了……看上去状态不错，我猜味道应该很好；但我感觉包裹被人碰过了：要么是邮局职员这些流氓，要么是别的什么人；馅饼顶层的酥皮破了，我还发现肉派里有个坑，只有一个解释，就是有人把里头的松露掏走了。[142]

各种日常生活的交流甚至到了 1789 年 1 月也没有中断。莱昂纳尔要父亲"用四只鹧鸪加上松露做一份上好的肉派"，用绳拴仔

145　　细、封好口，"免得肉派被海关和邮局的人偷吃"："我觉得最好的预防措施是叫昂古莱姆的人拿铅匣子包装一下，我很愿意承担此项费用。"[143]

1789年8月莱昂纳尔又一次写信的时候，一切已经天翻地覆。他写道：自"著名的7月13日清晨"以来——当天巴黎发生了暴动，随后人们攻占了巴士底狱，暴动也促使中产阶级组建起了一支民兵——他的全副精力都投入了"一系列必将永垂史册的革命"带来的日常之中。他已经"当选为中尉"，摘下了律师的白领，披挂上了"步兵军官的各种复杂装饰"。他参与了"各种地区全体大会、军事委员特别大会、守卫任务、特别委员会、代表团，我真是分身乏术；整整一个月分秒必争，寄送各种摘要、安排会议讨论结果的印刷、撰写演讲稿和动议，还陆续接待了一大批人"。[144]

同时莱昂纳尔也发现了另一个自己。在给父亲的信中，他表示当了19年律师的他一直以为自己"不做准备、没有稿子是讲不了话的"；"我刚刚经历的一切却恰好相反：有1,000次，都是在危急关头——我必须调动人们的情绪、说服人、挽回人、鼓动人、推动一群人赞成某个决定（这一群人可能有400、500、600人，甚至更多）；这一切都带着几分辉煌的色彩，但危害也很大。"[145]

1789年9月，莱昂纳尔当选为地区主席和巴黎城代表。[146]他住在玛莱（Marais）的博堡街，这一地区（后来称为加尔默罗区）是繁忙的贸易、制造业和政治中心；他住的楼里开着一间制作锅、餐具、灯具和装饰性挽具的工厂。[147]最早的巴黎公社*权利宣言就是区议会1789年7月在莱昂纳尔的动议下发布的。[148]该区后来还为承认犹太人公民权一事带头请过愿（同样是源于莱昂纳尔的动议）。"加尔默罗是各区当中犹太人数量最多的一区，对这一人群的

146

---

* 指1789—1794年的巴黎公社，是巴黎的城市自治机构。

公共表现也最为了解——曾经如此，现在也一样"，该动议称，全区一致同意上书请愿："本区可以做证，［犹太人］表现良好且对公共利益无限忠诚，从今以后应当享有积极公民的各项权利。"[149]

当时正是"痛苦的年代：内部的麻烦、无穷无尽的警报、骇人的处决、各式各样的危险无所不在"，1789 年 11 月，莱昂纳尔在写给昂古莱姆的母亲的回信中表示；要不是有些远见，"这四个月来我们在巴黎早就掉过 20 次脑袋了"。他又称她的信抚慰了他的"心，因为这里发生的每一件事都一次又一次地令我的心弦紧绷。我已经不知道我们如今到了什么地步、未来又会如何了"。[150]

在接下来的三年间，莱昂纳尔·罗班成了存在感极强的革命角色之一。他是三人委员会的成员之一，另外两人分别是雅克·皮埃尔·布里索（Jacques Pierre Brissot）和孔多塞——按照 19 世纪末巴黎公社史学者的说法，他"没有这两个人那么出名"——两人 1790 年 5 月就犹太人权利问题撰写过更为详尽的报告，后来成了法国犹太人解放的基础。[151]1790 年 9 月，他当选为巴黎城的"名人"。1790 年 11 月，他就巴黎地区供水组织和地方政府工作原理问题撰写了一篇报告，1790 年 12 月又写了一篇报告，讨论如何组织一场"包罗巴黎城的一切纪念性和公共作品——包括绘画、雕塑、蚀刻版画、铸章、建筑、桥梁、岸线、道路以及与纯文学、科学和艺术有关的方方面面"的庞大竞赛。[152]

1790 年圣诞节前不久，国民议会向昂古莱姆西南的洛特（Lot）省派出了两位"维和"民事专员，莱昂纳尔也在其中。洛特爆发了一系列叛乱，众多造反者拒绝交纳封建地租，对许多庄园和"行政官员宅邸"发动了攻击，还树起了许多五朔节花柱（有些和绞刑架有几分相似），骑在马上的反革命绅士达 30 名之多，还出现了一支"村军"，据估计有 4,000 余人。1791 年初，莱昂纳尔和另一名专员坐着车走遍了全省各地，同行的还有两名秘书（其中一人是莱昂纳尔的弟弟），手无寸铁也"没有军队保驾、没有平民护航"的四个人在各处发表演讲，签发政府法令副件，竭力恢复"信仰和法律的力量"。四个人报告称他们原本打算"以恐怖统治"镇压煽动叛乱者，"以理性"制服受其迷惑的追随者。但出乎意料的是，他们所到之处的人们纷纷"表示忏悔"："带着巨大的喜悦，我们承认——这是一个伟大的民族，这个民族从今往后将只服从理性的统治。"[153]

1791 年 3 月，这篇报告登了出来，而莱昂纳尔此时已经再度启程：在洛特取得成功后，他被派往了法国南部的加尔（Gard）——另一个难以驯服的省。莱昂纳尔在尼姆时曾宣称此地的公教徒有三四万之众（其中一些人高喊着"打倒国家！"）。与莱昂纳尔同行的有上次的两名秘书，还有两位新专员——和之前一样，几人都是从巴黎政治圈抽调的。这一行人自称"国民议会和国王的喉舌"，并宣告：面对"旧制度的专制和不公"，需要的"不是改革，而是彻底的革新"。[154]

1791 年夏天，逃出了巴黎的路易十六和玛丽·安托瓦内特在瓦雷纳（Varennes）被捕。两人逃亡后，莱昂纳尔又接到一份技术含量极高的工作。1791 年 6 月 21 日，巴黎市当局选派了包括莱昂纳尔在内的六名专员火速前往杜伊勒里宫：专员们要查封国王的寓所，对逃亡事件展开调查，同时逮捕所有留在宫殿内的人。这是一项艰巨的任务，"这些人贴封条贴了一整夜"，接着又不得不去寻求特许："宫殿内"需要销售"食物"，被逮捕的 2,000 来号人也需要取自己的衣服（允许的同时要"亲自确保衣服中间没有藏着什么"）。[155]

杜伊勒里当地的法官对整个程序抱怨不休，还坚持认为贴封条是自己的特权，莱昂纳尔和其他几位专员又接到了一项任务，"国王的马厩里逃出了许多马，眼下分散在首都各地"，这些人要把马找回来。1791 年 6 月 25 日，王室回到了杜伊勒里宫，安排了重兵看守。莱昂纳尔和其他几位专员再度接到任务，这次是要撕掉他们四天前贴上的封条，同时要搜查逃往瓦雷纳所用的马车；人们在马车和宫中找到的文件要悉数转移到新设立的国家档案馆——监督这一转移成了这些人的最后一项任务。[156]

1791 年 9 月，莱昂纳尔迎来了自己政治人生的巅峰：在巴黎为新成立的国民议会举行的选举中，莱昂纳尔当选为议员。在 24 名当选者中他排名第 20（得票数多于排名 22 的孔多塞）。[157] 在议会上，莱昂纳尔一如既往地关心各种法律和程序问题，谈到议会委员会的组织和议会文件的分类每每口若悬河。经选举，他成为地产委员会的一员；他捍卫自己的选举人（"靠地租收入过着极度贫穷的生活的人们"）和拿着微薄薪水的公务员（有部门职员，也有政府职员）的利益。他曾提出一套复杂的法律程序，用以决定是否应当将抗宪的教士们驱逐出境；他还设计了一套体制，规定发生外国人留宿时寄宿地的所有者有义务进行申报，这后来成了一代又一代旅馆员工的沉重负担。[158]

在莱昂纳尔对法国大革命的诸多贡献当中，影响最为深远的是其起草的一部法律。报道当时情况时，他的朋友多用溢美之词而只字不提莱昂纳尔死后他父亲关于其人生所作的一些尖锐的评论。[159] 莱昂纳尔·罗班是 1792 年 9 月 20 日通过的著名法律——现代首部离婚法——的主笔。"热爱自由的你长久以来都想在至亲的家人中间承认离婚，你也已经认定法国应当容许离婚。"他向立法议会宣称，他为自己所起草的法律进行了各种谈判，又在接连八场辩论中为之辩护，草案最终获得议会采纳。双方协商一致离婚、性格不合离婚、特定理由离婚从此写入了法国的法律，应当允许离婚，因为"个体的自由不容任何成俗的霸道侵犯"。[160]

莱昂纳尔提出的离婚法是在立法议会最后一天的晚间会议上得到采纳的；其条款纳入了当天确立的另一部法律（针对出生、结婚及死亡的民事登记法）。[161] 莱昂纳尔对民事立法的热情还远远没有耗尽。1792 年 9 月 21 日凌晨一点，晚间会议中止；几个月之前，他还提交过另一份关于非婚生子女权利的法律草案，为"野蛮的偏见和法律的不公"的"无辜受害者"辩护，宣称"非婚生子女有权享受父母的关爱和物资供应"，这一草案成了他所有文章中最为引人注目的一篇。[162]

当天晚些时候，国民公会接立法议会的班开了第一次会，莱昂纳尔的政治生涯走到了尽头。他回归法律实务，做起了辩护律师和法官。他甚至还写过一份更长的离婚"指南"，是对自己独创性法律的精彩阐述，1793 年 2 月，在弥漫欧洲的硝烟和遍布巴黎的革命恐慌中，他向国民公会宣读了这一指南。文中有一些配合时代情绪的藻饰："太久了：奴隶制（充斥着憎恶、不和与仇恨的家中那最恶劣的一端）为宗教所圣化已经太久了。"另一些语句则显示出一种充满哲学色彩的、亚当·斯密式的庄严（"论离婚的本质和原因"），先时的一些争端也在文中得到了解决。文章甚至还对家庭的"不融洽"做过极为细腻的溯源：家庭不和的根源在于"日复一日的各种小事、小错——是除了受其折磨的配偶之外谁都察觉不到的"。[163]

莱昂纳尔的父亲在写及儿子的一生时曾提到儿子和罗伯斯庇尔很熟——他很早就加入了雅各宾俱乐部。[164] 在始于 1793 年的恐怖统治期间，罗伯斯庇尔的许多旧相识都遭到了逮捕，莱昂纳尔也不例外。他一度入狱，获释后又再度入狱——用歌颂他的人们的话说，他摇摆于两极之间：一时是"同胞公民的法官"，一时是"暴政地牢的居民"。他最终重获自由时已是 1794 年 7 月。[165] 这一时期的一部狱中回忆录讲述了 1794 年 1 月莱昂纳尔被送入自由港（Port-Libre）监狱（又名嫌犯大楼）的事。回忆录称，莱昂纳尔带来了许多外面的新闻，包括公共安全委员会签发 1,200 张逮捕状一事。在昂古莱姆资本家风波中为亚伯拉罕–弗朗索瓦·罗班提供过保护的拉穆瓦尼翁·德·马勒泽布（Lamoignon de Malesherbes）当时也关在自由港监狱，一道被囚的还有此人的女儿和女婿——亚历克西斯·德·托克维尔的祖父母。[166]

在革命的这些年间，莱昂纳尔悄无声息地变成了一个富裕的地主。1788 年，那位苛刻的奥斯曼当事人——此人住在圣奥诺雷街（Rue St. Honoré）的嘉布遣会修道院中，又称"极为圣洁的父"——将自己全部的争议地产都遗赠给了莱昂纳尔。此后不久，穆罕默德-阿里过世，莱昂纳尔将此事告知了自己在昂古莱姆的父亲，称"要是事情顺利，我就能获得一大笔财产"。[167] 在 1789 年 8 月那封汇报自己全新的政治生活和新发现的说服"400、500、600 人，甚至更多"人的潜力的信中，他依然相当乐观，认为事情能顺利解决；他的对手们"如今已经阵脚大乱"，而"部门里有些人［也］在帮我"。[168]

1793 年，莱昂纳尔又回头处理已故穆罕默德-阿里的事。后者的争议地产——在莱昂纳尔本人过世后，人们围绕这一地产还打过很长时间的官司——涉及诺曼底的几片沼泽地，穆罕默德-阿里曾将之让渡给一户小贵族，后者又将之让渡给了路易十六；穆罕默德-阿里坚称这户人家欠自己一大笔钱——至少 100 万里弗尔。[169] 1792 年，莱昂纳尔的对手已经逃亡、成了国家的敌人，这户人家的财产（位于勃艮第约讷省）也成了待售的国家财产。[170] 1793 年，先前国王议会的这宗引人注目的案子已经由巴黎法院接管，莱昂纳尔再次出庭争辩，终于获胜。[171]

同样是在这段疯狂的革命年月，莱昂纳尔开始陆续买入自己旧日的对头（穆罕默德-阿里地产的债主）在约讷的产业。1793 年 11 月，他买下了这家人在桑斯（Sens）附近的一座风磨；1794 年 2 月，身在自由港监狱的他买下了附属这家人庄园的一座葡萄园；1797 年 2 月，他买下了庄园及其周围的土地。他刚刚结了婚（此人应该没有结过第二次婚），女方叫玛丽·伊丽莎白·埃米莉·奥堡（Marie Elisabeth Emilie Aubourg），是枫丹白露一个商人的女儿，两人已经同居很长时间；莱昂纳尔如今有了一座"相当漂亮的庄园"和一座葡萄园，自己也成了地主，成了一家之长。"罗班——当时这位如此热衷置产的公民究竟是谁？"一位研究约讷省法国大革命的历史学者1915年问道。[172]

回到巴黎的莱昂纳尔重拾了革命前自己对地产法的兴趣，1799年还获任夏朗德省的"抵押监督"，坐上了一个相当赚钱的位置（巴尔扎克描写各种小地方生活场景时对这一官职也有提及）。[173]亚伯拉罕－弗朗索瓦·罗班写道："他回到了故乡昂古莱姆。"但后来抵押登记和地产登记两个部门合并，莱昂纳尔又回了巴黎。最终他又在巴黎政界得到了一份新差使。他被第一执政拿破仑·波拿巴任命为塞纳省民事法庭的"政府专员"，1802年2月又成为新罗马政府的百名"护民官"之一。[174]他依然缺乏安全感，而且几乎终其一生都没有摆脱这一感觉。在1801年8月给妻子的一封（也是唯一保留下来的一封）信中，他特别谈到了新买的一匹马。当时莱昂纳尔在巴黎，埃米莉在勃艮第，看样子妻子似乎买了一匹"黑森马"：

我完全算不上绅士，我不骑马：没有习惯也没有兴趣。我也不喜欢马。我们家不需要马，你知道对于买马我一向是拒绝的。我向你保证：我未来要是能坐上别的位置、津贴达到10,000、12,000甚至15,000里弗尔，我们就去买一辆四轮马车、一辆敞篷车外加一匹马，但在那之前我只想继续用两条腿走路……当然马无疑会给男孩子们带来一些快乐，[但]我情愿他们不碰这种东西。故而我恳请你立即而且以尽可能有利的方式处理掉那匹黑森马——连鞍带笼头都处理掉。我这边没有什么新闻。我的身体正在一天天好起来。衷心吻你。[175]

几个月后，1802年7月，莱昂纳尔·罗班在约讷自己的庄园过世。[176] 他曾深入法国大革命的中心，但算不上重要人物。他没有受到太多关注，却参与了那个年代的诸多大事件：1789 年他参与过巴黎公社；1790 年他与孔多塞一道发表过一系列自由宣言；1791年路易十六和玛丽·安托瓦内特逃离后，他参与过杜伊勒宫的搜查；当年晚些时候他参与过立法议会的投票；1792 年立法议会垂死挣扎的最后几个小时里他提出了自己的离婚法草案；在自由港监狱他见过马勒泽布；他还在拿破仑的反革命政府中当过护民官。[177] 他一直算不上重要；他只是在场，是历史的一部分：过着自己的生活，在这世上走着自己的路。

法国大革命人物之玛丽·马德莱娜·维罗尔

参与过当年大历史的另一个昂古莱姆人是革命的敌人。玛丽·马德莱娜·维罗尔（Marie Madeleine Virol）1768 年在圣马夏尔堂区受洗。[178] 玛丽的父亲是个假发商，她还有一位在该镇先前的历史中算个次要角色的叔叔——诺埃尔·维罗尔：涉及几个资本家的马提尼克遗产案中的死者曾为诺埃尔买过一个学徒工的名额，而诺埃尔的父亲也是个假发商。[179] 玛丽·马德莱娜的祖父是假发商，这位穷商人的店（也是住家）就开在桑园广场背后，是向雅各宾修会租的。[180] 玛丽的叔叔诺埃尔·维罗尔后来成了外科大夫，搬去了巴黎。[181]

玛丽·马德莱娜在革命前也去了巴黎，她进了一位军官家，当了做清扫的女仆。这位军官是个"前贵族"，原先是昂古莱姆以西乡下的一位伯爵，父亲是国王派驻马提尼克的一名官员。玛丽在军官家一直待到 1792 年，后来又做过各种工作，且（用她的话说）"去过各种地方"。[182] 她还服侍过另一位"前贵族"——一位侯爵夫人，一直干到 1794 年三四月间。之后她干起了美发，而且搬到了巴黎旧皇宫附近的科基利耶尔街。[183]那年她25岁。

　　1794年5月2日晚十一点半，玛丽·马德莱娜和朋友、21岁的费利西泰·梅兰妮·海诺夫（Félicité Mélanie Hénouf）走进了以前弗扬修道院区的警察局（杜伊勒宫和皇宫都在修道院附近）。二人拿出了头一天晚上写好的两份东西（二人称之为"卡"）。"这是我的公民卡。"玛丽·马德莱娜在这张对折的纸上写下了自己的宣言：

　　　　开国民公会的纯粹是一群流氓、一群叫花子。罗伯斯庇尔是一条吠犬；走到台上他就摆出一副好共和党人的模样；但整个共和国根本是丢人现眼……这些议员的花言巧语把穷人们都给骗了……必须要有国王，必须，为了人民的安全必须要有国王……好王万岁！王啊，我将你的像戴在自己胸前，我会戴着这像一直到死！路易十七万岁！路易十六万岁！来吧，回来，从这些流氓手中夺回你的产业。这是我本人写的。你们通通是些鸡贼（pla bougre）、驴下巴。[184]

　　在纸的反面她写道："我不是公民，我是个保王党。"[185]
　　"人民啊，睁眼看看吧！"时装店员工费利西泰·梅兰妮在自己的宣言中写道：

　　　　别再任由掌控政府的那帮强盗把自己往沟里带了，因为这些人只想着掌权，而你们是永远不会幸福的。那些人口中的恶人才是好人——投靠他们就会有幸福。我爱我的王，我日日思念他，我要追随他，我要把我自己交到这些邪恶的萨拉森人手上。这些人既然喜欢牺牲品，就把羔羊纯洁的血给他们喝吧。[186]

　　玛丽·马德莱娜和费利西泰·梅兰妮遭到了逮捕。警察局的报告称当班的警官们"检查过文件后，确认文件表明了重建君主制的愿望"。[187] 接下来的两天间，人们对两人展开了审讯。女扮男装的玛丽·马德莱娜报了自己的名字，并称自己是昂古莱姆人；被问到现居何处时"她回答称自己对住的地方所知甚少"；"问到姓什么时，她回答称'这是秘密'"。这份东西是谁写的？——"是她。"是在哪儿写的？"是在一间咖啡馆里写的。"这间咖啡馆在哪儿？"她不知道。"人们搜了她的身，发现她带着一小方白色锦缎，包在一张纸里，锦缎上印着一个圆形图案，图上是国王一家人（几个官员称之为"暴君和妻儿"）。[188]

154

　　人们也问了费利西泰·梅兰妮同样的问题。她拿的这份东西是谁写的？"是她本人写的。"为什么要写"路易十七万岁"？"因为路易十七应当登基掌权。"她是不是移民国外了？"没有。"为什么她想要国王？"因为我爱国王。"为什么她更爱的是国王而不是共和国？"因为人民有王会更幸福。"最初她拒不透露名字和住址，说自己以树林为家，而且已经在林中住了两个月，找到什么就吃什么。人们又问她："你写这份东西的意图何在？""意图就是公开我的立场，还有受拘捕。"[189]

　　"你们的意图何在？"第二场审讯中人们再度向玛丽·马德莱娜提出这一问题。"我们的意图就是受拘捕，因为我们受不了当下的制度"，"我们的意图这份东西［也］已经表明了"。为什么她要"固执地隐瞒自己的真实身份"——毕竟她声称所属的阶级竟会有妇人盼望有国王是不可思议的。"她坚称自己一直都盼着国王回来，因为有了王，法国会更幸福，也不会有那么多人送命了。"人们又问她，她和她的同志有没有去巴黎周围的树林里游荡过？她表示没有。她最后一位雇主三个礼拜前走了，自那之后她一直同这位"埃米莉"在一道，就是和她一道被捕的姑娘——她只知道她叫"埃米莉"。"是谁授意她们写下这些煽动性文字的？"人们再度向两人发问。"两人坚称这些文字全是出于她们自己，没有任何人授意过。"[190]

155   1794 年 5 月 5 日，玛丽·马德莱娜和费利西泰·梅兰妮被送上了（"专为审判谋反者"设立的"不允许上诉"的）革命法庭。[191]人们向费利西泰·梅兰妮发问："这份东西里的全部观点是否都出于你本人？""你任由自己批评共和政府时是否心智正常？""我的观点从未变过，我写下这些观点时心智也完全正常。""你究竟遭遇过什么羞辱，竟至于公然自称国家的敌人？""我确实经历过一些羞辱，但这些事从未影响过我对我的国家的态度，而这些羞辱也是我本人会保守到死的秘密。"[192]

公诉人向玛丽·马德莱娜发问道："你这些观点是谁教的？""这些观点是而且一直都是我本人的，没有任何人对我灌输过什么。""你父亲是谁？""我父亲是个假发商人，我整个家族里没有贵族。""你对国民公会有什么意见？""我曾经眼睁睁看着我至亲的人成为牺牲品，我无法对一场夺走了我亲人的革命青眼相看；但最重要的是，我的观点完全出自我本人，同其他任何人都没有关系。""你怎么竟然变得不爱国了？""对罗伯斯庇尔我打一开始就是厌恶的，我讨厌这人的信条，除了国王的政府外我不承认任何合法政府。""对于这类观点所当受的惩罚你必然不是全无概念吧？""我已经献出了我的生命，我恨我的生命，那只给我解脱的手会得到我的祝福。"[193]

玛丽·马德莱娜和费利西泰·梅兰妮被定了罪，罪名是"写作有复辟君主制倾向的文章"，两人当天就上了断头台。[194]根据古监狱（Conciergerie）的官方记录，两个人都是四尺六寸*高。费利西泰·梅兰妮是栗发蓝眼，玛丽·马德莱娜是棕发褐眼。[195]

玛丽·马德莱娜的叔叔、昂古莱姆的诺埃尔·维罗尔 1793 年

---

*　此处的尺寸应为法尺与法寸，而非英尺英寸，约等于 1.46 米。

12 月进了前加尔默罗女修道院监狱（Carmes），此时他依然未得自由。[196] 在巴黎当外科大夫期间，他有幸或者说不幸成了罗伯斯庇尔的医生，"国民公会的许多成员"也找他看病。[197] 在加尔默罗的六个月里，维罗尔成了监狱的"健康官"，日日在修道院花园中同人谈话。他的对头们认为他尤为关注那些付得起钱的囚犯，对"贫穷者则任由其忍受病痛"。[198]

1794 年春——此时玛丽·马德莱娜和费利西泰·梅兰妮两人可能住在林子里，也可能并没有；在此期间罗伯斯庇尔提出了自己关于美德和恐惧的理论——革命政府的公共安全委员会开始疯狂调查所谓的监狱阴谋。有人报告称加尔默罗的一群犯人正在计划越狱——这些人打算用两条绳子（一条是原先教堂塔楼用来挂钟的，另一条是捆褥子的）翻墙逃跑。公共安全委员会派出了三名警官去监狱"听告发的详情"，诺埃尔·维罗尔被指为主谋之一。[199]

有不少人出来做证，其中一个称维罗尔在花园中散步的时候曾宣称"罗伯斯庇尔是个大流氓，总是幻想别人在搞阴谋"，又称"圣茹斯特（Saint-Just）和科洛·德尔布瓦（Collot d'Herbois）是脏要饭的（foutus gueux），这些蠢货当中有一个他还给治好过梅毒，而这人还没付他钱。"这位证人"相信自己记得没错：他确实提到了圣茹斯特"。[200] 另一位证人称自己同维罗尔在昂古莱姆就认识了，他表示，自己也和维罗尔在园中谈过话，后者"一听到罗伯斯庇尔这个名字就开始说毁谤话"；维罗尔还说过"国民公会已经越权了"，又说"国民公会的野心太大，我们要重蹈罗马的覆辙了"。[201] 有一位证人称维罗尔是"反革命分子的头目"，称其"做派有如贵族"，而且"常在监狱里公开表示领导政府的都是些流氓，这句话已经成了他的口头禅"。还有一位证人讲述了维罗尔如何"天天将罗伯斯庇尔是个流氓这话挂在嘴边"——"众囚犯对公共安全委员会和公共安全的一切仇恨都是［此人］煽动的"。[202]

　　维罗尔本人在接受审讯时几乎对一切都矢口否认。他称自己确实"给国民公会的几个人看过病，但他已经记不清这些人是不是公共安全委员会的成员了"；又表示不愿透露自己给这些人看过什么病；还称"这些人还没付他钱"；他认为罗伯斯庇尔是"一位相当正直的公民"；"他给［昂古莱姆来的一名议员］看过病，此人还没付他钱"，找他看过病的还有"其他许多人，他已经不记得名字了"。"他通常都和哪些人谈话？"人们问他。"他对全部囚犯一视同仁，和谁都谈，有人把他的话歪曲了。"[203]

　　审讯结束后不过片刻，狱中的维罗尔跳了窗，当场毙命。[204]五天后，46 名囚犯被送上了断头台，罪名是参与阴谋活动。又过了四天，共和历 2 年热月 9 日，罗伯斯庇尔本人在国民公会上倒台。和关押过莱昂纳尔·罗班及托克维尔祖父母的自由港监狱一样，1794 年夏天的加尔默罗监狱也杂居着上层和底层的人，既有海军上将和王公贵族，也有清洁员和卡宴的老兵。国王逃离巴黎期间曾任国民议会主席的亚历山大·德·博阿内尔（Alexandre de Beauharnais）也是那年夏天死在断头台上的加尔默罗"阴谋"参与者之一。博阿内尔之妻约瑟芬（Joséphine，后来成为法兰西第一帝国皇后）当时也被囚于加尔默罗，后于 1794 年 8 月获释。[205]

第六章
变革年代里的一家人

阿勒芒家和费朗家

　　让我们回头继续讲玛丽·艾马尔家的故事。18世纪90年代，阿勒芒和费朗家既没有出过莱昂纳尔·罗班这样的革命人物，也没有出过玛丽·马德莱娜·维罗尔这样的反革命角色；和法国千千万万人一样，两家人的生活仍在继续。在印刷品的世界中几乎没有两家人的存在——这些人不论作为还是际遇都鲜有重要到足以登到报上、载入书里或写进法庭公告的。甚至在这场革命所发明的不计其数的文件（各种层出不穷的收入声明、财产登记、奢侈品登记、居民名单、爱国赠予清单、公民责任证书等）中，也仅是间或可见这两家人（或者说其中的一些人）的身影。

档案管理员

　　玛丽·艾马尔的子女当中有一个人曾在革命档案中出现过——

为时虽短,记录却极尽烦冗细致。1791 年取消哀恸圣母堂区的时候,加布里埃尔·费朗依然住在其地,生活在主教堂的荫蔽下。1793 年人们对持有"公民责任证书"的人员进行过统计、列了名单,加布里埃尔及其四个儿子也在名单上。其长子加布里埃尔登记的身份是"掷弹兵领队";艾蒂安和皮埃尔·亚历山大也上了名单,同在名单上的还有"青年教师费朗"（Ferrand jeune instituteur）;第五个儿子约瑟夫（Joseph）1793 年 8 月过世于昂古莱姆。[1] 加布里埃尔本人过得很安逸。1791 年昂古莱姆进行过财产登记,记录表明他租住的房子（房东是一名外科大夫）是那一带最大最值钱的。[2] 有一阵子他参与过国家财产短期租权的交易（包括博利厄修道院的部分建筑和桑园广场"先前属于教会"的那块土地）。[3] 1794 年他当过昂古莱姆下属司法部门一位太平绅士（justice of the peace）的"助理行政官"（assessor）。[4] 昂古莱姆开始征兵后,加布里埃尔——他本人就有好几个满怀爱国热情的儿子——加入了"选兵委员会"（jury for the choice of conscripts）。新入伍的士兵离乡奔赴前线：这些人就是奴役和自由之争中的"幸运儿"。[5]

1797 年,59 岁的加布里埃尔遇见了自己一辈子的事业。新设立的夏朗德省对于档案和"确定的规律性程序"有着惊人的爱好。[6] 省上建了不少保管处,存有各种写在纸和羊皮纸上的记录、地契,外加一口教堂的大钟,大批想要获取档案的公民常常将保管处围得水泄不通。[7] 加布里埃尔进了新成立的档案部门,他的名字也开始出现在各种收据和票据上;"受雇管理夏朗德省档案馆的公民费朗"有时获得授权为当地的一名公证人提供一份抄本,有时受托递送与一宗土地交易相关的文件——"同时保留一份财产目录"以及"一份相关地产的收据"。[8] 甚至 1794 年关于那位几乎一丝不挂的瑞士海军上尉一事的档案中也有一句潦草的记录："已授权费朗［送去］一件衬衫和一双长筒袜。"[9] 在 1797 年 12 月的一条记录中,加布里埃尔是"档案管理员费朗",到了 1799 年 11 月,他已经成了"档案局局长"。[10]

加布里埃尔的人生获得大量记录的那段短暂时期开始于 1799 年春天。共和历 7 年芽月 12 日(照传统历法是愚人节),全省开始推行一套新做法——"一种用于展现[其]雇员出勤情况的签名册"。第一天有 39 名官员登记并签名,上午 8 点签了一次,下午 3 点又签了一次;加布里埃尔也在其中,名字写在页底。这套做法持续了三个多月,签名的人一天比一天少。签名册的最后一页上只有 6 个官员的名字。加布里埃尔每一页都签了。[11] 当年晚些时候,一本奢侈品税相关登记簿中留下了他的声明:他称自己没有地产,住的房子是花 240 里弗尔租来的,而且除了自己的"档案管理员津贴"("其中十分之一还交了税")之外别无收入。[12] 1816 年,78 岁的他在昂古莱姆过世,根据记录,他当时是"夏朗德地区档案局的局长"。[13]

160

护宪的教士

加布里埃尔和玛丽·阿德莱德的次子艾蒂安·费朗是这一扩大家族中一度近乎成了革命人物(至少是成了遭到反革命者攻击的人物)的唯一一人。和父亲 30 年前一样,他原本也是预备受圣职的;不同于父亲的是,他确实(在革命的头几个月间)受了圣职。1790 年,他成了昂古莱姆以北一个小堂区若德的代牧(vicar,即本堂神父的替代者)。从 1790 年 7 月到 1791 年 4 月,他在若德堂区登记簿上总共签过 39 次名:多数是为周边几个比若德还小的村子的人们的洗礼、婚礼和葬礼记录签名。[14]

1790 年 12 月,神职人员民事宪法颁布,随后是动荡不安的几个月,其间艾蒂安的人生再度改变。昂古莱姆地区四分之三的教士选择了拥护宪法,艾蒂安也是其中之一。很快他便获得了晋升。[15]

因教区一些教士"桀骜不驯",相关堂区启动了一项工作:择拥护宪法的神职人员取而代之。这些替代者被平信徒们称为"入侵者"。舞蹈教师的姻甥皮埃尔-马蒂厄·茹贝尔(Pierre-Matthieu Joubert)新近当选为昂古莱姆主教,几个礼拜之间,许多新人获得任命和祝圣,新主教仿佛在主持一场盛大的庆典。[16]

昂古莱姆原有 12 个堂区,其中只有圣马夏尔的本堂神父拒绝宣誓。[17] 1791 年 5 月,艾蒂安·费朗被确定为此人的继任者。他成了新设立的扩大堂区的本堂神父,还成了昂古莱姆神学院的主管教士——在第一场法国革命期间这里曾发生过无数骚动,修士米乌勒也是在此死于枪下的。艾蒂安·费朗当时 25 岁,已经受圣职两年了。5 月末,原本堂神父(一位桀骜不驯的老人)离堂,随后(6月 12 日)最后一批教授离开了神学院;当天晚些时候,艾蒂安主持了来堂区后的首次宗教仪式。[18] 19 世纪神学院的一位历史学者写道:"取代这些人的入侵者原先是若德的代牧,名叫费朗。"研究夏朗德教牧(clergy)的一位历史学者用语甚至更为简练:"圣马夏尔……艾蒂安·费朗,原若德代,12.6.91 c.i.——TSS. *Séc*。"艾蒂安是个入侵者(curé intrus),宪法要求宣的誓他都宣了,后来他还还了俗;据我所知,艾蒂安(也包括其家族全部成员)的名字出现在法国大革命浩如烟海的历史记录中,这是唯一一次。[19]

接下来的几个月间,圣马夏尔堂区登记簿上的每条记录都有艾蒂安的签名,之后一年的革命过渡期间他又签署过好几百条,和当年在若德一样,记录的也是出生、结婚和死亡,而记录中的许多人家都是 1764 年有过堂区登记的。[20] 1792 年 11 月 15 日,在一个七岁女孩——"私生女罗莎莉"(Rosalie, fille illegitimate)——的葬礼记录上,他最后一次签了名。当天晚些时候,镇政府办公室终止了堂区登记制;全新格式的民事登记在同一页开始,第一条记录的又是死亡,死的又是一个女孩——一对搬来镇上的夫妇的女儿。[21]

美洲人让-巴普蒂斯特

　　昂古莱姆的革命档案中也有玛丽·艾马尔的小儿子让-巴普蒂斯特·费朗的身影：在几经起落的许多年间，因为领着革命政府的救济金，持续报告自己的经济生活成了他的义务。让-巴普蒂斯特和妻子伊丽莎白·布图特在圣多明各岛上生活了 15 年——其间他在法兰西角开过一间"相当不错的店"，拥有"15 个黑奴"，店里还办过蜡像展。[22] 1793 年 6 月，圣多明各内战期间一场毁灭性的战役后，法兰西角成为一片火海，一家人在大火中失去了一切。沃德勒伊街和圣约瑟夫街街角一带的房子尽被烧毁，让-巴普蒂斯特的店也在其中（当时镇上绘制了一幅地图，"以黑色墨水标记了［6 月 20 日的］首场大火造成的毁坏"）。[23] 让-巴普蒂斯特和伊丽莎白夫妇俩 18 岁的儿子马夏尔（1775 年生于昂古莱姆）"为殖民地捐躯"。[24]

　　几个月后，让-巴普蒂斯特带着伊丽莎白和女儿弗朗索瓦丝逃难回到了昂古莱姆。1795 年 4 月 27 日，囊空如洗的一家人获得了紧急救济（emergency relief），一道获得救济的还有"一名有色妇女罗莎莉"。[25] 记录上说让-巴普蒂斯特是一名"因弱视丧失了劳动能力的钟表匠"。1796 年 1 月，两人的儿子小让-巴普蒂斯特在昂古莱姆出世，这是玛丽·艾马尔孙辈当中最小的一个，也是唯一一个生于她死后的；户籍登记员是路易·费利克斯——这位生于圣多明各的前奴隶当时已经 30 岁。[26] 老让-巴普蒂斯特后来进了设在原耶稣会学院的"葡萄牙战俘营"，算是找到了一份差事；1798 年的记录称"他已经 18 个月没拿过薪水了"。1798 年 9 月，老让-巴普蒂斯特、伊丽莎白夫妇俩和一双儿女都领到了"贫困证明"，一同领证明的还有罗莎莉和其子阿尔辛多（Alsindor）。包括这两家人在内，当时昂古莱姆的革命政府接纳供养的圣多明各难民共有

162

16 人；镇上还有另外一些难民：从马提尼克来的有 9 人，从瓜德罗普来的有 6 人，从圣卢西亚岛来的有 4 人，全都"贫困"，而且多数是儿童。[27]

1799 年夏天，老让–巴普蒂斯特的景况开始有所好转。1799 年7 月 7 日，"用于展现"夏朗德省政府雇员"出勤情况"的（加布里埃尔在每一页页底都认认真真签过名的）"签名册"上面多了一个新名字：让–巴普蒂斯特。他属于"第三部门"，这一行政分支体量极大，管辖范围涵盖了"宗教、神职人员薪资、国家财产出售、监督、贸易、农业、森林监管以及一切涉及上述各项的特案和争端"；让–巴普蒂斯特的签名是"小费朗"（Ferrand jeune）。[28]

两天后，照着奢侈品相关法律的要求，他在新的税收登记簿上签了名。他自称"美洲人费朗"（Ferrand américain）。"我受雇于省政府，能拿多少薪水我一无所知，"他写道，"我没有仆人，我花钱请了一个带着孩子的有色妇人。作为圣多明各难民应得的救济我一分都没有拿。我住在昂古莱姆学院。"[29] 1805 年他在巴黎，同伊丽莎白和小儿子让–巴普蒂斯特一道住在靠近中央市场的费隆纳里街上，有六个邻居（微缩画家兼共济会数字理论家教师、两个雇工、区长和代理区长）为他做证，称他"在法国境内没有地产"，也"没有什么报酬优厚的工作"；"他生活贫困"。[30]

弗朗索瓦丝和家人

在各种革命记录中，1764 年婚前协议中的女方弗朗索瓦丝·费朗几乎是个隐形人。革命期间她的名字在民事（état civil）登记簿上总共出现过三次：1797 年有一次，是报告婚前协议签名者之一、自己的姻亲玛丽·阿勒芒的过世；1801 年有两次，先是她的一个儿子结婚，之后是见证孙女出世。[31] 1790 年，为响应"国家需要"

进行了爱国赠予登记，弗朗索瓦丝的丈夫艾蒂安·阿勒芒·拉维热里也报了名；他捐的不多，总共6里弗尔，分三期支付。同年路易·费利克斯报了12里弗尔，在艾蒂安和弗朗索瓦丝婚前协议上签过名的让－巴普蒂斯特·布里耶（Jean-Baptiste Brillet）报了225里弗尔；弗朗索瓦丝的侄子、本堂神父艾蒂安·费朗报了50里弗尔，一次性支付。[32]

　　艾蒂安·阿勒芒·拉维热里1793年和1794年两度获得公民责任证书；儿子马夏尔也一样——记录上说他是税局的职员。艾蒂安的三子、旧学院最后一批拿奖学金的学生之一安托万（Antoine）也获得过证书，记录上说他是一名职员，同时获得证书的还有另一个当志愿兵的儿子。[33] 1791年10月，艾蒂安得到了教区（或者说他和家人长久以来所生活的主教堂一带）的一部分产业："前参事会的房屋和院子"——这一国家财产是以分期付款方式买下的，其支付前后持续了21年。[34]

　　一年又一年，艾蒂安不停为前耶稣会学院教授们的工作条件叫苦，与此同时，1786年"我们酬金的相对价值"的"革命"已经升格为真正的革命阵痛：终于连学院也不复存在。1791年，他和另外两名教授"以法国人和教授的身份"向新政府的"第二部门"提交了投诉，称自己接到了相互矛盾的命令。三人称昂古莱姆地区禁止他们给学生上课，而国民议会又要求他们上课。"由于出现了这样的冲突，他们认为只有交由省上裁决，"三人写道，"他们不揣冒昧，情愿相信［省上］会下令继续给他们发薪——虽然禁止他们履行自己的职责，但薪水绝不能因此就免了。事实上教授们原本便是为着公共利益放弃了报酬更为优厚的工作，这份薪水也不过是对这一牺牲的一点极微薄的补偿罢了。"[35]直到1795年，艾蒂安依然照管着五个学生。[36]但他当时的景况已然是学院19世纪的历史学者口中那"漆黑的苦境"了。[37]

164

革命年月中，作为省上的职员，艾蒂安和儿子安托万断断续续地领到过一些薪水。两人的主要工作是制造各种清单和证书——这是一项巨大的工程。共和历4年，作为受雇登记以指券支付的"强制贷款"的职员、抄写员、运输员和"编外人员"，艾蒂安（又名"拉维热里老爹"）多次出现在各种支付记录上。[38] 安托万是昂古莱姆地区"地产"部门的一名职员；他原本受雇于邮政部，部门"取消"后转到了移民部——其时身在图尔的罗丝·马兰的案子还一眼望不到头。[39] 这些都不是铁饭碗。共和历4年艾蒂安还在一份请愿上签过名：人们原本承诺以指券向编外人员兑付薪水，最后却什么都没给。[40] 就在几天前，省理事会刚刚作出决定：以存在于各办公室的小面额硬币（1苏或2苏，最多不超过10法郎）代替已经"靠不住"的指券支付雇员的薪水。[41]

1795年12月，在写给战争部长的信中（信中的事相当复杂）：他的次子皮埃尔被控偷盗一位负伤战友的制服，虽然后来发现原来制服是被装在一个大箱子里误送到了南特和昂古莱姆之间的某地，但这一不实的指控却导致皮埃尔从上尉被降为了少尉——艾蒂安称自己的景况"触目惊心"。他"没有家什、钱财、工作，原本在昂古莱姆学院的教职已经丢了"；他供养着"11个子女、1个孙女，还有1个美国姑娘，此人的救济金自1784年起他几乎一分都没有拿到"。[42]

最终，和昂古莱姆的其他一些人一样，艾蒂安也不得不重返曾祖一代100多年前便已走出的乡村世界。[43] 在写给战争部长的信中他自称"雅纳克（Jarnac）附近贡德维尔地界（Terre de Gondeville）上管农场的"。（这座庄园属于1764年在婚前协议上签过名的金匠让-巴普蒂斯特·马歇的儿子和孙子，是父子俩在1793年买下的。）[44] 艾蒂安的儿子皮埃尔1796年结了婚（当时他已经恢复了上尉军衔），记录上说艾蒂安是"前任昂古莱姆学院教授，现

为农民"。[45] 1799 年的税收登记簿上，他申报了一栋房子，租值
100 里弗尔，并补充道："我没有任何奢侈品，也没有雇任何人，还
希望说明的是我是受家人供养的。"[46]

大拉维热里

　　1799 年的登记簿向我们展现了经历 10 年革命后的昂古莱姆的
经济概貌：共有 522 名多多少少算是有钱的人家做了申报——这些
人都是限制消费税的征收对象或潜在征收对象。名单上最富的当属
拥有众多国家财产的前镇长和金匠之子皮埃尔·马歇·德拉贝热。
他的名字就签在艾蒂安旁边。此人申报的财产包括一栋房子（租
值 500 里弗尔）、一辆马车、两匹拉车的马，还有四名仆人。"理
事会委员"路易·费利克斯申报了一栋房子（租值 430 里弗尔）
和一名女佣。亚伯拉罕-弗朗索瓦·罗班申报了一栋房子（租值
200 里弗尔）和一名女佣。"奥格迪亚斯的寡妇"米歇尔·盖诺
瓦申报了一名女佣和一栋房子（或者说是房子的一部分，因为
监狱对街的这栋前税局大楼的大部分已经被她租了出去），租值
200 里弗尔。[47]

　　玛丽·艾马尔的 23 个孙子孙女当中，出现在 1799 年登记簿上
的仅有 1 人。1791 年那份（陆续补充过大量注记的）财产登记表
上记录了弗朗索瓦丝和艾蒂安的几个女儿（"拉维热里家的女公民
们"）：她们住在桑园广场一角的一栋房子里，房东是皮埃尔·马
歇·德拉贝热之子（此人的祖父在她们父母的婚前协议上签过名）；
房子还有其他一些租客，包括 1 个管筵席的、1 个理发师和 1 个
金匠。[48] 八年后，还活着的 7 个女儿当中年纪最大的让娜·拉维
热里出现在了税收登记簿上。她以遒劲的笔法签了名："大拉维热
里"（Lavigerie ainée）。记录上说她是个"商人"，或者说是开店

166

的。她是全家最有钱的："我个人住所的租值是 250 里弗尔，其中 50 里弗尔要抵扣我的铺租。"[49]

结婚率

这些记录都不过是一笔带过，在革命文件的汪洋当中仿佛零星漂散。玛丽·艾马尔其他子女和孙辈的记录甚至更少。他们即便现身，也是在各种出生、洗礼、结婚、离婚、死亡和葬礼记录中间（而这些日常记录也是这段历史最为关键的文件资料）。因而这些人属于一种不同的、乍看之下甚至不具历史性的历史。生活在继续，老老少少在坠入爱河，有孕育、有失去、有死亡。在祖父母的话旧之间，在各种回忆录之间（有些家族——不同于阿勒芒家和费朗家——会给后人留下书信和日记），在家系历史中间一次又一次上演的，正是这种历史或者说故事。这段故事与 18 世纪 90 年代的一系列政治事件和革命历史没有交集；如果要说它有所归属，那就属于历史时期中广阔的人类境况——生育、婚姻、死亡——历经一代又一代，变化着，却几乎难以察觉。

但我们会看到，这一家族在革命期间的"结婚率"也构成了一段现代历史。因为社会生活方方面面的变化都在这一故事中得到了展现：打破成规、外婚、社会流动——包括跨越法国国境流向欧洲各地和美洲。和更宏大的昂古莱姆政治历史一样，这也是一段关于宗教机构变迁和战争组织变化的历史。

玛丽·艾马尔的 23 个孙子孙女当中，平安度过了婴儿期的至少有 20 个。有 22 个都是 1764 年到 1781 年间在昂古莱姆出生的——只有让-巴普蒂斯特和伊丽莎白最小的孩子例外，是 1796 年夫妇二人从圣多明各逃难回来获得紧急救济九个月后出生的——这些孙辈也并未表现出特别显著的结婚倾向。[50] 和巴尔扎克的外省生活小说

《老姑娘》（*La vieille fille*）中的主角一样，因为革命和战争年月的大规模流动，这一代人普遍情路多舛。[51] 玛丽·艾马尔的孙女当中有 8 个长大成人，但只有 3 个结了婚，12 个孙子当中成了家的也只有 7 个。而事实证明，这些人的婚姻已经全然打破了小地方的保守。

马夏尔的第一段婚姻

玛丽·艾马尔的孙子孙女当中第一个结婚的，也是唯一一个在她过世前成家的，是税局职员马夏尔·阿勒芒·拉维热里。婚礼是 1790 年 4 月在圣安德烈堂区教堂举行的，教堂对街就是提尔塞莱特女修道院（院中的众修女已于 1 月被"请"走）；过了不到两个礼拜，玛丽·艾马尔便过世了。[52] 马夏尔当时 22 岁，新娘路易丝·瓦兰（Louise Vaslin）20 岁。新娘的父亲是镇上的一名药剂师，祖父是个假发商。[53] 这桩婚事算是内婚——双方都属于昂古莱姆的社会圈子——阿勒芒－费朗这一扩大家族中后来再也没有过这样的婚事。同自己的父母和叔叔婶婶们一样，马夏尔也与自己的邻居结了婚：两人都住在老镇中心。[54] 路易丝的母亲住在日内瓦街，祖母住在提尔塞莱特岛；她的祖父是死在去卡宴路上的昂古莱姆假发商路易·德尚的教父，还是玛丽·艾马尔的儿媳伊丽莎白·布图特的姻叔。[55]

在昂古莱姆小商小贩小手艺人的经济圈子中，这算是一桩不错的婚事。路易丝有着一长串继承期望，都写在婚前协议中（共有 67 人在婚前协议上签了字，包括马夏尔的 5 个兄弟姐妹，还有其收租税的雇主）。她和姐姐姐夫已经商定：未来祖父母位于圣雅各堂区的房子会有一份归她，此外她还将得到母亲一半的家具、祖母六分之一的家具、日内瓦街上一栋房子的四分之一；此外，房子当中的物件（扣除酒的花销）和已故父亲的药房产业也都有她的一份。婚前协议还间接提及了对路易丝祖父母生意的裁决、姐姐和姐夫的婚前协议、关于母亲家具的一份公证人协议，还有已故父亲家业的清单。[56]

马夏尔本人的情况则相当不同。尽管旧制度下财政体系的寿数已经只剩几个月，但他的工作依然颇有前途。不过他未来可继承的资本却相当有限，而且主要是来自两位隔一代的表亲，"让娜和玛格丽特·富尔（Jeanne and Marguerite Faure），都是裁缝"，这两姐妹 1764 年在马夏尔父母的婚前协议上签过字，如今都已 60 岁开外，而且都未曾结过婚。两姐妹也在马夏尔的婚前协议上签了名（就签在路易丝母亲名字的旁边），并且表示出于与男方的"友谊"，两人愿意每人向他提供 500 里弗尔；待两人都过世后兑付。父母能留给儿子的则没有那么多：弗朗索瓦丝·费朗和艾蒂安·阿勒芒·拉维热里预计马夏尔可以从他们最终留下的遗产中分得 400 里弗尔。在这个大革命的春天，老两口也作出了承诺："在未来的继承事宜上〔马夏尔将〕与其他兄弟姐妹享有平等权利。"[57] 马夏尔未来能够继承的资本总计是 1,400 里弗尔，其中还有 1,000 里弗是来自两位表亲的；而路易丝可以继承的"各项钱款物件"的总价值则达到了 9,885 里弗尔之多。[58]

169

圣马夏尔前任本堂神父

四年后，艾蒂安·费朗成了玛丽·艾马尔的孙子孙女当中第二个成家的。这位若德前任代牧和圣马夏尔前任本堂神父是 1794 年 6 月在昂古莱姆结的婚，当时大革命毁灭性的恐怖统治已经开始，社会环境已经大变。新娘 29 岁，名叫玛丽·肖斯·卢内斯（Marie Chausse Lunesse），同家人一道住在艾蒂安曾任本堂神父的圣马夏尔堂区近郊。[59] 仪式是照共和国婚礼的程序办的——艾蒂安和玛丽"大声宣布彼此结合，成为夫妇"，而新郎家没有一个人到场，至少登记簿上没有留下新郎家任何人的名字。新娘的三个姐妹在登记簿上签了名。陪同艾蒂安的是圣马夏尔的另一名教士，此人当年早些时候也结了婚，当时革命政府的一个人曾称其为"监督委员会的一员"。[60]

艾蒂安的婚姻属于外婚，同时也打破了成规。1790 年，在玛丽的姐妹弗朗索瓦丝的结婚记录中，艾蒂安的新岳父称自己是"国王的顾问、法官、治安官"。[61]艾蒂安和玛丽的结婚记录上则说此人是个"农民"（agriculteur，这一名称在当时的昂古莱姆中产阶级中间用得相当普遍）。娶了"卢内斯家的肖斯"的艾蒂安借此进入了昂古莱姆的特权阶级：这一阶级的界限并不稳定，其一端是一文不名的贵族，另一端是拥有土地的中产阶级。[62]

婚后一年出头，艾蒂安的名下（至少表面上）有了一片大地产：位于昂古莱姆以北的马尔萨克（Marsac）的库朗塞（Courances）。这片地产原是艾蒂安妻子家的，或者说至少是妻子的两个已经被定为"逃亡者"的兄弟的，产业。1795 年 9 月，艾蒂安以 445,000 里弗尔的高价买下了地产，并于同年 12 月以指券完成了交易。没有证据表明他住在该地，国家财产登记簿上说他是"费朗家的儿子，圣马夏尔前任本堂神父"。[63]

与此同时，艾蒂安的两个新姻兄弟正在法国乡间流浪（这是两人后来交代的）。和罗丝·马兰一样，让·肖斯·卢内斯（Jean Chausse Lunesse）也曾努力将自己的名字从逃亡者的"可耻名单"上移除，并且也因此在警察局留下了大量档案，但让的努力却以失败告终。此人温柔、谦逊，而且热爱和平，共和历 9 年，昂古莱姆有不少公民为他做过证；他"没有钱财、没有前途"，靠做"小生意"自立。他曾提交过一份居住证明，表明 1792 年到 1797 年自己生活在巴黎以东的丰特奈（Fontenay）；他在法兰克福和汉堡有些生意；他交代称自己和兄弟（也叫让·肖斯·卢内斯）离开夏朗德是为了"去各大贸易重镇寻求指引",但因为"求职遇到困难",两人后来成了小贩,"挑着货东奔西走,只为了糊口"。[64]

通过这桩婚事,艾蒂安也与殖民地军事政府有了交集。新婚妻子的姐姐弗朗索瓦丝·肖斯·卢内斯(Françoise Chausse Lunesse)和丈夫约瑟夫·马丁·德·布尔贡(Joseph Martin de Bourgon)是1790年结的婚,约瑟夫"曾在马提尼克兵团任少校",还是圣路易勋章骑士(这一军事或者说准军事勋章在法国殖民地中间相当有分量)。[65]马丁·德·布尔贡家原先属于昂古莱姆中央堂区的贵族阶级,1755年那位来自"非洲几内亚"、在圣若望堂区教堂门口做过弃绝异教宣誓的12岁少年弗朗索瓦·马丁·阿利奎因的教父教母就是约瑟夫的双亲。[66]约瑟夫的兄弟雅克·马丁·德·布尔贡(Jacques Martin de Bourgon)在瓜德罗普有一座甘蔗园,1789—1791年间还曾出任卡宴的总督,这期间他领导过一场军事起义,(照他本人的说法)成功镇压了一起奴隶暴动,当地的公园为他立了一座纪念胸像,他同殖民地议会发生过争执,"为使事态不致恶化",他不得不委托人撰写"极为复杂的文件",还曾要求巴黎的革命政府报销相关花费。[67]

艾蒂安的这对新姻亲——弗朗索瓦丝·肖斯·卢内斯和约瑟夫·马丁·德·布尔贡——的婚姻本身也是变革年代的一段历史。革命爆发前不久,1787年10月,一名男婴在圣保罗堂区教堂受洗,起名为雅克·德·布尔贡(Jacques de Bourgon)。据记录男婴是弗朗索瓦丝·肖斯和约瑟夫·马丁·德·布尔贡的儿子。用堂区登记簿的说法,约瑟夫是"昂古莱姆辖区区长经司法裁决判为父亲"的,且"据说当事人不服这一裁决,正在上诉"。[68]两年后,1790年1月,弗朗索瓦丝和约瑟夫结了婚,婚礼是在艾蒂安·费朗即将出任本堂神父的圣马夏尔堂区教堂举行的;夫妻俩称"1787年10月受洗的孩子"是"两人的亲骨肉","今日两人承认其为自己的合法子女"。[69]

弗朗索瓦丝和约瑟夫从此过上了幸福的生活——不论如何，两人又生了五个子女。几个儿子（艾蒂安·费朗的姻甥）都成了军官。雅克·德·布尔贡成了海军军官，一个弟弟去了北美，成了将军，小的弟弟也成了将军，1848 年巴黎爆发革命，这位将军率军抗击，死在了混战之中。[70]

萨尔特情事

玛丽·艾马尔孙辈中第三个成家的是艾蒂安·费朗的表弟皮埃尔·阿勒芒·拉维热里，故事的场景切换到了新设立的萨尔特省——向北移动了 350 公里。艾蒂安·阿勒芒当年关于丢失的制服和运错地方的大箱子一事致战争部长的那封哀怨的信就是为这个儿子而写的。1796 年 2 月 1 日，皮埃尔在勒芒以北的小镇锡耶勒纪尧姆（Sillé-le-Guillaume）结了婚。[71] 他早先志愿加入了革命军，1796 年已经当上夏朗德猎骑兵第一营的领队。当时大部队正向大西洋诸省开进，他则驻扎在锡耶勒纪尧姆。皮埃尔上一年认识了一名年轻姑娘，姑娘名叫阿德莱德·夏洛特·马斯林（Adelaide Charlotte Maslin），父亲是个退休的公证人兼税吏。夏洛特的双亲都对新时代满怀热情，夫妇俩还给 1794 年生的儿子起名叫"德卡迪·蒙大拿·马斯林"（Décadi Montagnard Maslin）。[72] 当时姑娘的母亲与艾蒂安的父亲通过信（至少艾蒂安对战争部长是这么说的），表示自己极为欣赏他儿子所受的教育，且看他的儿子如同亲骨肉一般。[73]

这场婚礼虽然远离家乡，却是战时昂古莱姆的一幅缩影。登记簿上共留下了 25 个人的签名，5 个是新娘的亲属，另有至少 9 个是皮埃尔所在的夏朗德兵团营中的士兵。其中包括来自昂古莱姆的努埃尔和克洛茨（即甜点师和阴谋家）扩大家族的 B. G. 努埃尔（记录上说他是营中的军需官）、一名年轻的印刷商人（此人的舅舅

1764 年在皮埃尔父母的婚前协议上签过名）、纸商皮埃尔·奥古斯特·亨利（Pierre Auguste Henry，1795 年圣安德烈教堂的大钟就是被运到了此人的仓库里，此人的叔叔还是神学院的新东家）。[74] 结婚仪式的关键文件是提交给军营指挥长的一份代理授权，文件是身在昂古莱姆的弗朗索瓦丝和艾蒂安拟的：夫妇俩对这桩婚事表示了许可；两年前见证过皮埃尔的表兄、前神父艾蒂安·费朗那桩打破成规的婚事的官员——那位"监督委员会的一员"——再度出场主持了婚礼。[75]

战争的沙漏

　　玛丽·艾马尔的孙子孙女中年纪最大的是生于 1764 年 11 月的（小）加布里埃尔·费朗，1790 年他上过昂古莱姆国民警卫队的一份登记簿（记录上说他原先是个钟表匠），1793 年还以"掷弹兵领队"的身份获得过公民责任证书。[76] 旺代接连爆发内战，加布里埃尔和表弟皮埃尔·阿勒芒·拉维热里都在夏朗德派往旺代的志愿军之列。1796 年他住在莱萨布勒—多洛讷（Les Sables d'Olonne），大西洋边的这座小小海港是昂古莱姆派出部队的驻地，且（用一位革命军委员的话说）见证过"骇人的屠戮"。[77] 莱萨布勒这座小镇原本约有 2,000 户人家，后来却成了一处屠杀所。[78] 连镇上的民事登记簿也是一本毁坏记事录："以字母表顺序登记的一系列葬礼和死亡"在革命年代转化为了一页又一页毁坏记录。记录分为两大类，一类登记镇上的人，一类登记"部队和难民"。死于屠杀的人名字边上都"标有一个 x"。[79]

　　1796 年 5 月 14 日，加布里埃尔·费朗在莱萨布勒—多洛讷结了婚，新娘是本地人，名叫弗洛伦丝·斯科拉斯蒂克·博尔涅（Florence Scholastique Borgnet），娘家是造滑轮和打铁的。[80] 记录称加布里埃尔是个钟表匠，已经在此地住了六个月有余。加布里埃尔一家住在共和国大街上（这座新的爱国小镇上还有人民大街、人性大街和革命大街等）。这一家人在莱萨布勒生活了几年，[81] 然后搬去了内陆，在靠近奥尔良的卢瓦雷的博让西（Beaugency in the Loiret）安了家，1816 年，52 岁的加布里埃尔在当地过世。[82] 加布里埃尔的女儿斯蒂芬妮是个酒商（1871 年还以引人注目的方式破了产），店开在巴黎第九区一条名声暧昧的街上。这个女儿最终成了昂古莱姆这个家族和第二帝国追逐文学和艺术的风月场之间的桥梁。

马夏尔的离婚和再婚

　　玛丽·艾马尔孙辈的婚姻年表上接下来又发生了一件事，但不是结婚，而是离婚：1796 年 10 月，马夏尔·阿勒芒·拉维热里和路易丝·瓦兰双方协商一致，解除了婚姻关系。[83] 1792 年 9 月莱昂纳尔·罗班发表演说（"个体的自由不容任何成俗的霸道侵犯"）过后不出几周，昂古莱姆便建立起了离婚制度。[84] 马夏尔和路易丝是昂古莱姆第 55 对申请离婚的夫妇，也是首例"双方协商一致"离婚的。[85] 两人履行了必要的程序——与家族仲裁人会面，提供了"调解无效书"——而最终的仪式相当平淡。生于圣多明各、岳父岳母都在 1764 年婚前协议上签过名的路易·费利克斯再度出场担任主持。马夏尔称自己是个批发商。他的家族中没有人到场见证，路易丝一边也只来了一位亲属（一位在药房当学生的堂弟）。马夏尔和路易丝结婚已经六年，有三个子女，最小的儿子莱昂-菲利普（Léon-Philippe）当时一岁。[86]

　　差不多五年之后，家族迎来了又一场也是仪式最为复杂的一场婚事。1801 年 6 月 17 日，马夏尔·阿勒芒·拉维热里再度结婚，女方是圣多明各的一名年轻女子，是父母过世后（母亲死于圣多明

174

各，父亲死于费城）经波尔多辗转来到昂古莱姆的。女子名叫（虽然后来人们对此有所争议）玛丽·路易丝·邦妮特·雷蒙·圣热尔曼（Marie Louise Bonnite Raymond Saint Germain）。[87]

婚礼的整个过程充满了偶然性。马夏尔这次对自己的描述是商人的雇员（commis négociant）；记录上邦妮特已故的父亲是个"业主"。她25岁，1776年1月生于圣多明各。她无论是出生、远走逃难还是父母亡故都没有记录；她能提供的只有1797年"八位公民"——这些人当年在殖民地西部的热雷米（Jérémie）和她的双亲有过往来——在波尔多联合签过名的一份"证明文件"（act of notoriety）。马夏尔的母亲在结婚记录上签了名，同样签了名的还有他有钱的大姐，即开着店的"大拉维热里"，还有最小的弟弟安托万，后者原先是移民部的职员，而此时登记的职业也是商人的雇员。做见证的有三个人：一个是公证人，一个是五年前在锡耶勒纪尧姆为皮埃尔·阿勒芒·拉维热里的结婚记录签过名的昂古莱姆纸商皮埃尔·奥古斯特·亨利，还有一个是新人，其签名颇具浪漫色彩："夏朗德省中央理工学院设计教授洛朗·西尔韦斯特雷·托潘（Laurent Silvestre Topin）"。[88]

和1764年马夏尔的父母结婚时一样，1801年，在结婚前几天，马夏尔和邦妮特也签署了一份协议。这是一份充满感情的文件。夫妇二人构成了一个集体，共同拥有财产，现在如此，将来也一样，"不论二人生活在哪一个国度，也不论其地的法令和成俗如何"。关于未来的各种抵押贷款、尚未出生的子女，包括白发人送黑发人的可能情景都有详细约定。邦妮特谈到了自己的希望和恐惧：

> 在此女方希望以确定无悔的方式表达对自己未来夫君的爱恋，同时预计到他可能会活得比她长而两人的结合可能不会留下子女，[她]宣布将自己可能继承的所有财产和权利，不论是动

产还是不动产，不论是存款、收藏、岁入，还是金银财物，也包括其他一切都归到他名下（他也以感激的心正式接受这一馈赠），一旦发生赠予人死亡，受赠人便可以将之视同自己的产业，以自己认为合适的方式对之进行追索、收回、享用、利用和处置。[89]

邦妮特的婆婆在自己的婚前协议中对"不论其内容和处所"的权利作出承诺 36 年后，又出现了一笔失落的钱财，即是说又一次出现了继承各种权利包括奴隶的可能。马夏尔的父母艾蒂安·阿勒芒和弗朗索瓦丝·费朗在文件的最后一页签了名，舅舅加布里埃尔和舅母玛丽·阿德莱德也签了名；签名的还有马夏尔的七个姐妹和两个兄弟，表兄加布里埃尔带着自己莱萨布勒－多洛讷的新婚妻子（"费朗之妻博尔涅"）到了场，在场的还有"马歇·德拉贝热"：艾蒂安姐妹的这位房东是昂古莱姆最有钱的人之一，其祖父也在 1764 年 12 月那份婚前协议上签过名。[90]

邦妮特·雷蒙·圣热尔曼签署婚前协议时已有大约四个月身孕，而她不祥的预感并未成真。1801 年 12 月，夫妇俩的第一个孩子在昂古莱姆出世，两人从此（至少在后来的若干年间）也过上了幸福的生活。[91] 1803 年，一家人已经搬去了巴约讷，在大西洋边这座港口城市，夫妇俩又生育了五个儿女。在革命时期先后有过收租税的职员、地方收税的出纳、商人、批发商和商人雇员等一系列身份的马夏尔此时再度成了一名公务员——成了"巴约讷彩票总管"。[92]　176

身份不详的所有者

玛丽·艾马尔的孙女中第一个成家的是让－巴普蒂斯特·费朗和伊丽莎白·布图特的女儿、1777 年生于昂古莱姆的弗朗索瓦丝·费朗。她还在襁褓之中便随父母远走国外，直到 1795 年才还乡；1798 年 9 月，她以圣多明各难民的身份获得了昂古莱姆发放的贫困证明。[93] 1800 年她已经到了巴黎，而且嫁给了一个名叫约瑟夫·布雷比翁（Joseph Brébion）的士兵——一名中队长（chef d'escadron）。1804 年她在纽约生下了女儿克拉拉·布雷比翁。[94] 到了 1814 年，弗朗索瓦丝已经成了寡妇，带着三个年幼的儿女生活在巴黎。根据（旧）第七区区长的一份声明，弗朗索瓦丝的处境相当"穷苦"，在法国境内没有地产，没有工作，也没有任何"凭自己的勤勉"养活自己的途径。[95]

和父亲一样，弗朗索瓦丝也向海军和殖民地部提出了申请，要求确认她为"圣多明各的业主，因逃难回了法国"。她的申请被转呈到了"知名拓荒者委员会"，该委员会是为评估难民关于在圣多明各岛上拥有土地或奴隶的声明而成立的；经委员会确认，她确实拥有地产。1814 年 8 月，她获得批准享受"一级援助"。[96] 她每年都于可领到一笔抚恤金，到 1860 年过世时一共领了 45 年；补助甚至在她过世之后还持续了一段时间，不过那已经属于阿勒芒和费朗两家人 19 世纪的历史了。[97]

弗朗索瓦丝和约瑟夫两人的婚姻在其他方面则是个谜。可能约瑟夫·布雷比翁本人在圣多明各也有产业；弗朗索瓦丝的父亲让-巴普蒂斯特·费朗曾多次向知名拓荒者委员会争取，希望其确认自己拥有地产，但没有成功。约瑟夫是部队的一员，有地产，也有子女和孙子孙女：有了这三项条件，在浩如烟海的家族历史记录中的某处寻到某人的可能性相对会有所提高。但他死在了战争年代，而正如试图对任性的难民救济系统进行改革的诸多官员中的一位所言，圣多明各保存下来的记录又少得几乎没有："管理系统极度混乱，又接连遭遇劫掠、屠戮和大火，使得殖民地一切可供确认［财产］价值的文件都已消失殆尽"，出生、婚姻、死亡的记录，以至于各种用于确认个体存在的文件的命运莫不如此。[98]

"诡计多端"的女人

构成弗朗索瓦丝·费朗和圣多明各士兵的婚姻（也包括其表兄皮埃尔在萨尔特的婚事和堂兄加布里埃尔在旺代的婚事）背景的是18世纪90年代和19世纪第一个十年的全面战争。弗朗索瓦丝的堂兄皮埃尔·亚历山大·费朗在这段战争年代的人生则要不幸得多。在加布里埃尔·费朗和玛丽·阿德莱德·德维亚伊的六个儿子中，皮埃尔·亚历山大是年纪最小的一个，他结婚时同样正值混乱错位的战争年代，而且景况甚至更为晦暗不明。他曾经三度出现在昂古莱姆的登记簿上：一次是1775年受洗，一次是1839年妻子过世，还有一次是1841年他本人过世。[99]而在这之间，构成他人生的是一连串的不幸，一次比一次更悲惨。

皮埃尔·亚历山大1793年在昂古莱姆获得公民责任证书。[100]根据一部拿破仑军队传记词典的说法，他早先加入了夏朗德军团第11后备营。皮埃尔于1792年9月升任军士长，1794年又当上了上尉。他先是随北部军征战，后来加入了意大利军。1800年横渡明乔河（Mincio）时——拿破仑·波拿巴第二次出征意大利期间，1800年圣诞节，经过血战，法军横渡了明乔河，打开了通往威尼斯的路——他"被枪击中上颚"，从此"无法咀嚼"。他以伤残兵的身份退了役。[101]

1810年，皮埃尔·亚历山大已经"带着一位从威尼斯娶回的意大利女子"回到昂古莱姆安顿了下来。他住在镇郊，过得相当拮据；"由于头部受伤，［他］患上了痴呆。"1831年有人"认为［他］是个'与社会脱节'的军官"。[102]1841年12月，66岁的皮埃尔·亚历山大·费朗在昂古莱姆过世。[103]

皮埃尔·亚历山大的妻子叫"奥古斯特·西瓦·德·维尔纳夫·索拉尔"（Auguste Siva de Villeneuve Solard）。此人1839年过世于昂古莱姆，记录上只说她"生于威尼斯"，"大约65岁上下"。[104]她

178

还几乎与 18 世纪 80 年代一个浪子故事中的人物同名：1787 年在伦敦，一位"克拉拉·索菲亚·奥古斯塔·德·塞维·德·维尔纳夫·索拉尔"（Clara Sophia Augusta de Ceve de Villeneuve Solar）将一位周游四方的英格兰准男爵告上了法庭。她称后者违背了 1784 年 9 月在马赛"欧罗巴酒店"订立的协约。这位奥古斯特或者说奥古斯塔自称生于那不勒斯，是撒丁王国一位公爵的寡妇，她曾拿 75,000 里弗尔同这个英国人交换了一份年金。这位周游四方的准男爵则在圣彼得堡发誓称这个妇女是个"高级妓女"，在巴黎时他曾与她有过"密切交往"。他说此人是个"诡计多端"的女人，曾假意向他求助，称要回"马赛和热那亚之间的海岸线上"一座叫"奥内利亚"（Oneille）的镇上找她的丈夫和"几个孩子"，他出手相助，却被她骗了。[105] 如果"奥古斯特·西瓦·德·维尔纳夫·索拉尔"和"奥古斯塔·德·塞维·德·维尔纳夫·索拉尔"是同一人，那么 1838 年她在昂古莱姆过世时就是 70 多岁了——一位老妇人，死在了异国他乡。

昂古莱姆的艺术家

在玛丽·艾马尔的众多孙女中，只有人称玛丽耶特（Mariette）的让娜·阿勒芒·拉维热里（Jeanne Allemand Lavigerie）一人在昂古莱姆成家，她在艾蒂安和弗朗索瓦丝九个女儿中排第六。她是 1801 年 7 月结的婚，丈夫就是那位签名颇具浪漫色彩的洛朗·西尔韦斯特雷·托潘。西尔韦斯特雷是 1796 年来的昂古莱姆。1792 年他在巴黎学建筑，还曾在"一位有钱客户的公馆设计"竞标中胜出过——在革命如火如荼而君主制已然覆灭的当时，这相当不可思议。[106] 他师从大卫·勒鲁瓦（David Le Roi）——这位建筑师的一项知名设计是一种既可航行内河又可航海的"船"。1793 年皇家

建筑学院关闭，他转而投奔伟大的革命画家雅克·路易·大卫（Jacques 　179
Louis David）。西尔韦斯特雷所绘制的一栋"教育厅"的立面还在
1795 年卢浮宫沙龙的建筑部展出过。[107]

　　1796 年，西尔韦斯特雷·托潘来到夏朗德省中央理工学院，应
征"设计教授"这一新职位。艾蒂安·阿勒芒多年来满腹牢骚地为
之效力的耶稣会学院已经关门，这所新近成立的世俗理工学院顶替
了其位置。提交了一份"带柱列的立面设计""一栋大厦的几何平
面图"和一幅以"黑色铅笔"绘制的学院草图过后，25 岁的他成功
获得了这一职位。当年晚些时候他开始上课，1797 年职位获得正
式确认。[108]设计课一炮而红，学院的学生有一大半都选了这门课。
西尔韦斯特雷为学院收集了一批共 545 幅的画作，还表示希望"激
发工人们对艺术的爱好"；他的学生画过港口和证券交易所，还临
摹过格勒兹（Greuze）和范卢（Vanloo）的画作。[109]

　　1798 年夏天，西尔韦斯特雷的命运再度改变。当时革命军正
横穿意大利，他获得任命，成为军队的绘图师。1798 年 6 月，内
政部部长致信夏朗德省政府，称"负责为军队的意大利战事绘制地
图的勒克莱尔（Leclerc）将军急需你省中央理工学院的设计教授、
公民西尔韦斯特雷·托潘参与此项重要工作"，于是西尔韦斯特雷
启程赶往意大利。[110]他在阿尔卑斯山以南的这趟冒险历时一年出
头，其间他不仅履行了"绘图师的职责"，也设计了不少作战方案。
1799 年夏天，他带着一份豁免令回到了昂古莱姆，该法令批准他享
受"绝对假"，未来免服一切兵役。绘图师西尔韦斯特雷此时已经
有了不少颇有分量的朋友。当省政府以他可能再度被召服务军队为
由，在他重返教职的事上耽搁之时，战争部和内政部在数天内便有
几封信送至省政府，称"军队不会再度劳［西尔韦斯特雷·托潘］
大驾了"。[111]

　　西尔韦斯特雷回归后，设计课的火爆更胜以往。返程途径里昂

180　　时他曾写过一封信，称"为了激发年轻人对设计艺术的爱好"，"我这次从意大利带回了一些珍贵的版画"。[112] 他尤其热衷于为应得奖励的学生选择奖品：1799 年秋天的人像画大赛一等奖的奖品是"普桑（Poussin）的七圣事"，另一场"装饰"设计赛一等奖的奖品是"古典建筑残片"。[113] 此时中央理工学院已经进驻原先的博利厄修道院。革命时期昂古莱姆每每可见的物品流动也为学院带来了一些新装备：一座植物园、一些精致的木雕作品，还有一幅装饰着花纹的铁格栅，是从桑园广场上的（原）提尔塞莱特女修道院运来的。设计课有了一间阳光充足的大教室，原先是本笃会的洗衣房。[114]

　　1801 年，西尔韦斯特雷和让娜·阿勒芒·拉维热里在昂古莱姆成婚。照当时家族节事的标准看，婚礼办得相当简单；让娜的母亲弗朗索瓦丝·费朗没有在登记簿上签名，姐妹们也一个都没有签，其中六个仅仅几周之前还在马夏尔和邦妮特的婚前协议上签过名。父亲艾蒂安以及马夏尔和安托万·拉维热里两兄弟都为婚礼做了见证，纸商皮埃尔·奥古斯特·亨利也一如既往地到场了；出席的还有公共教育部的头头，此人早年当过教士，目前承印着各种革命法令，还是 18 世纪 60 年代制帽匠之子的马提尼克遗产争端中的众多可能继承人之一。[115]

　　婚礼记录上说西尔韦斯特雷是已故的尼古拉·托潘（Nicolas Topin）和巴黎的玛丽·卡特琳·拉科纳（Marie Catherine Lacorne）之子，而西尔韦斯特雷与法国大革命之间最为重要的联系正是他的母亲（其分量之重甚至超过了西尔韦斯特雷在军中的几个保护人）；同样是通过此人，阿勒芒与费朗两个家族也意外地与大革命高层的政治历史产生了交集。尼古拉·托潘曾是"国王的画师"，其主要作品是各种各样的镀金椅子和仿真大理石雕。此人还是个发明家，掌握着一套制作轻便军用头盔的"秘密"方法。[116] 玛丽·卡特琳·拉科纳是个地理教师，父亲是舞蹈教师（国王一位表亲的众多侍从都是其学生）。她是个自由派，革命初期便被选中，作为"家庭女教师"（undergoverness）照顾法国最后的几位公主之一路易丝–尤金尼亚–阿德莱德（Louise-Eugénie-Adelaide），这位公主是拥护革命的"平等菲利普"（Philippe Egalité）也即奥尔良的菲利普之女、后来的路易·菲利普国王＊的姐妹。她同奥尔良家族一道住在皇宫（"平等宫"［Maison Egalité］）。[117]

181

1793 年 3 月，托潘夫人相当不幸地被奥尔良公爵派往了比利时，她要去图尔奈为公爵流落其地的女儿付账，且如有必要还要将她带回法国。西尔韦斯特雷的母亲抵达目的地时，发现军队已经打到了图尔奈，而且城里还爆发了政治反革命。她见到了自己已经 16 岁大的学生、公主 19 岁的兄弟（后来的国王），还有一位名气比她大得多的家庭女教师——小说家让利夫人（Madame de Genlis）；迪穆里埃（Dumouriez）将军当时也在图尔奈，此人在革命战争最初几个月是军中的英雄，后来却成了革命的敌人。

托潘夫人回国后回忆，在"激烈"的政治谈话之间，她"注意到［年轻的王子］显得相当震惊"，于是决定"提醒他迪穆里埃正计划借着引诱他加入［反革命］党而毁掉他"；她也希望"想办法"帮年轻的公主"从圈套中脱身"。但一天晚上来了"一大群轻骑兵"，公主和让利夫人都被带走了。回到巴黎后，出于"义务"和"公民职责"，托潘夫人立即前往了警察局。她讲述了自己比利时之行的所见所闻，描述了各种颠覆性的谈话，并报告称在一些安静的时刻曾听到年轻的王子"在唱弥撒和晚祷时唱的歌"。[118] 1793 年 4 月，共和党印刷厂将托潘夫人的证词印成了传单。1793 年 11 月，平等菲利普上了断头台；自那之后，拉科纳·托潘夫人便成了革命之背信弃义的象征。[119]

＊ 于七月革命后成为法国国王，后终老于英国。

西尔韦斯特雷正是从这样的政治历史中逃离而投奔宁静外省昂古莱姆的。他与新婚妻子一家人的关系相当融洽。和嫂嫂邦妮特一样，让娜 1801 年 7 月结婚时已经有孕在身。她头胎的孩子生于 1801 年 10 月；这次母亲弗朗索瓦丝·费朗是主要见证人。1803 年 1 月，她和西尔韦斯特雷有了第二个女儿弗朗索瓦丝·梅洛埃（Françoise Méloé），1804 年 8 月夫妇俩又添了一个儿子。为两人儿子的出生记录做见证的就是先前圣樊尚岛的那位外科大夫。[120] 但昂古莱姆的中央理工学院的田园牧歌，包括开设在昔日女修道院洗衣房的人像画课程已经成了过去。1802 年拿破仑教育改革期间，各省新成立的有着革命名声的自主世俗学院纷纷关了门；1804 年 9 月，昂古莱姆的课也停了。[121]

西尔韦斯特雷和让娜回了巴黎，1807 年和 1813 年又先后有了两个孩子。[122] 西尔韦斯特雷的母亲玛丽·卡特琳·拉科纳·托潘也住在巴黎，后于 1810 年过世。她已经退休，在索邦大街艺术家博物馆附设的艺术家公寓的三楼租了一间房住。她估价 48 法郎的遗产由同住公寓的另一个人认领了（此人也当过前王室子女的教师，教授的是历史场景绘画），记录上说她"据知没有继承人"。[123]

比利牛斯山间

法国大革命爆发时，弗朗索瓦丝·费朗 13 个子女中排第 12 的艾蒂安还是个孩子。1790 年他兄弟（第一次）结婚时，9 岁的他也在记录上签了名。[124] 他在革命期间成了一名金匠。1806 年他在波城（Pau）——在昂古莱姆以南 300 余公里外，靠近西班牙边界。1807 年 1 月 1 日，他在当地结了婚，新娘是个 15 岁的姑娘，名叫玛丽·孟德斯鸠，母亲是镇上开食杂店的。[125] 三年后，1810 年，艾蒂安已经搬到了波城以西 100 公里外的港口城市巴约讷。[126] 玛丽·孟德斯鸠 1837 年在波城过世。[127]

　　玛丽死时艾蒂安还在世；两人没有孩子（至少在各种瞬息万变的家族历史网站上我迄今为止没有找到两人在波城或者巴约讷有过孩子的记录）。玛丽·艾马尔的众多孙子孙女的命运千差万别，关于这些人的婚姻和人生的信息同样参差不齐。23 个人没有一个留下过信件（至少我迄今为止没有发现）；孙子孙女当中只有马夏尔·阿勒芒·拉维热里一个曾经蜻蜓点水地上过报纸。但是就连民事登记簿记录的可获取性也是参差不齐，像艾蒂安这样早年人生受到革命时期的迁徙流动影响的人就更是如此。孙子孙女当中平安度过了婴儿期的至少有 20 个，而其中 2 人——都是男孩——几乎没有任何历史记录。[128]

巴约讷的公寓

　　玛丽·艾马尔儿的孙女当中最后一个在漫长的法国大革命期间结婚的是约瑟芬·拉维热里（Joséphine Lavigerie）。约瑟芬 1779年生于昂古莱姆，在弗朗索瓦丝·费朗和艾蒂安·阿勒芒夫妇的 9个女儿中排第八，洗礼时起名为"约瑟芙"（Josephe）；圣多明各一个种植园主的寡妇当了她的教母。和 19 世纪初许多年轻女子一样，她后来也改成了拿破仑第一任皇后的名字："约瑟芬"。[129]

　　1803 年到 1807 年之间的某时，约瑟芬去了巴约讷，投奔新婚的哥哥马夏尔一家。1807 年 9 月，她和马赛的一名教师约瑟夫·亚历山大·塞萨尔·彭萨尔（Joseph Alexandre César Ponsard）结了婚。记录上说她是与任"皇家彩票总管"的兄弟同住的。为婚礼做见证的都是战时巴约讷政府圈子中的人：一个是上校，一个是商人，一个是"税务主计官"，一个是"帝国海军发饷官"。1809 年 4 月，约瑟芬和亚历山大的儿子出世，当时她另一个兄弟也已经来到巴约讷；马夏尔·阿勒芒·拉维热里和皮埃尔·阿勒芒·拉维热里做了出生登记的见证人，皮埃尔已经离开部队，当时受雇于萨尔特省政府，记录上说他是"财政处的员工"。[130]

离开昂古莱姆远走他乡的约瑟芬回归了父亲和叔叔的生活方式。1810 年，约瑟芬的丈夫为马夏尔和邦妮特的女儿夏洛特·于尔叙勒（Charlotte Ursule）作了出生见证，当时的记录上说他是个"教师"；根据记录，另一位见证人皮埃尔·阿勒芒·拉维热里已经当上了"战争发饷官的副手"。[131] 和岳父及妻舅一样，亚历山大·彭萨尔也当上了"管公寓的老师"，而且成了"大学的一员"；1824 年 10 月，他见证了莱昂·菲利普·阿勒芒·拉维热里（Léon Philippe Allemand Lavigerie）的婚礼，莱昂是马夏尔和第一任妻子路易丝·瓦兰的儿子，1795 年生于昂古莱姆，当时"受雇于皇家海关，负责接收报关文件"。[132] 不同于自己的兄弟，约瑟芬再未回过昂古莱姆。她和丈夫的家位于巴约讷的老镇中心，1847 年丈夫在家中过世，1855 年，75 岁的她也在家中过世。[133]

最后的孙子

玛丽·艾马尔的孙辈当中年纪最小的让-巴普蒂斯特·费朗是父母从圣多明各逃难回来后出世的，他当过兵，入伍的时候正值拿破仑革命战争的终点。1814 年 2 月，他应征加入帝国卫队步兵，作为持矛轻骑兵为法国上过阵，五个月后，1814 年 6 月，他退了伍。他是众多孙子孙女当中唯一一个多少算是留下了些外貌描述的。部队的记录称他身高 1.73 米，有着一张长鹅蛋脸，棕眼睛，嘴不大，头发是深栗色的。[134]

让-巴普蒂斯特·费朗是个画师。他娶了一个名叫埃莉萨·科莱（Elisa Collet）的女子（两人也可能只是同居），两人有一个女

儿，名叫罗丝·卡莉斯塔·费朗（Rose Calista Ferrand），1833
年生于巴黎；1836年，埃莉萨·科莱在巴黎过世。1839年让－巴
普蒂斯特再次结婚，女方叫安妮·蒂里奥（Anne Thiriot），是个商
人和柠檬水小贩。夫妇俩住在蒙特罗（Montereau），这座小镇位于
塞纳河与约讷河交汇处，同昂古莱姆一样也是一座河港。蒙特罗还
是彩画和彩印陶瓷的制造中心。当时他43岁，自称是个鳏夫。他
又告诉婚姻登记员称自己的父母已于几年前在巴黎过世；至于祖父
母过世的时间和地点他已经想不起来了。安妮·蒂里奥也是丧了偶
的。记录上说让－巴普蒂斯特是个艺术家，是个画师。[135] 25年后
他还住在蒙特罗，而且依然是个艺术家；1861年他又一次成了鳏
夫。[136] 让－巴普蒂斯特·费朗死于1873年，当时普法战争刚刚结束。
他是在女婿家过世的，女儿罗丝·卡莉斯塔的丈夫是诺曼底维穆捷
（Vimoutiers）镇上的一名锡匠。[137]

家族革命

　　玛丽·艾马尔孙子孙女的扩大网络中的各种日常生活事件便是
如此，上演于其间的有爱情，有友情，也有死亡。不过，阿勒芒和
费朗两家人的故事也是一部关于法国大革命的历史：一个革命年代
的真实故事、一段没有尽头的变革历史。

　　在宽泛的意义上，阿勒芒－费朗家族可以算是一个革命家族。
玛丽·艾马尔有两个儿子、一个女婿和两个孙子受雇于昂古莱姆新
成立的革命政府；还有一个孙子为萨尔特省工作；她有六个孙子（包
括孙女婿）在拿破仑革命军中服过役，有两个孙子当上了帝国政府
的官员；有一个当过神父。[138] 艾蒂安和弗朗索瓦丝住的地方是艾
蒂安1791年买下的国家财产，原为主教堂教士参事会的产业。[139]
加布里埃尔拥有提尔塞莱特修会一块土地三年的租权，儿子还是原

属儿媳兄弟的国家财产的所有人（至少表面上如此）。

婚姻登记簿显示，孙子孙女们的社会网络每每可见革命友人的身影："镇革命军官"、"监督委员会"的委员、皮埃尔的萨尔特新岳父（就是给儿子起名德卡迪的那位）、热心革命的纸商皮埃尔·奥古斯特·亨利等等，不一而足。[140] 时代的变革甚至渗透到了 1764年 83 名婚前协议签名者及其各自的关系网构成的扩大社会网络中的人们生活中，而这些人对此安之若素。83 人的网络中没有逃亡者，没有抗宪的教士，也没有革命之敌；当地的三个革命者路易·费利克斯、玛格丽特·奥贝尔和勒克莱－拉比都在这一网络中。

在迄今为止的历史中，没有任何人留下过政治观点方面的记录和证据（只有居无定所的罗丝·马兰是例外）。在这个始于玛丽·艾马尔的故事中，只有立法委员莱昂纳尔·罗班和反革命分子玛丽·马德莱娜·维罗尔这两个边缘人物在一系列革命事件中多少算得上重要，换言之只有这两个人属于那种可能出现于传记式或人物传式革命历史当中的角色。通过玛丽·马德莱娜·维罗尔，我们对 1794年革命法庭的典型案件进行了一次粗略的探讨：为什么她作为工人阶级的女儿，会成为反革命分子？莱昂纳尔·罗班有声有色地描绘了自己的革命发现之旅：他写到，他早先以为自己不准备是讲不了话的，而"我刚刚经历的一切却恰好相反，有一千次……"[141]

如果要考察革命历史中最重大的问题即革命为什么会发生，阿勒芒和费朗两家人的历史就更加算不上政治历史了。这是一部底层历史，构成其参考资料的绝大多数情况下都是社会史的传统资料——经济生活的资料，记录的是各种雇佣关系、税收和财产：先是 1764 年到 1789 年"第一次法国革命"的 25 年，接着是长达 25年革命性转变期。这类资料大体上是适合大尺度历史研究的，在这种历史当中，"一项项要素是累加的"，而政治事件是"超乎［政治］控制的长期既有力量"导致的。[142] 但始于玛丽·艾马尔的这部历史却成了一个关于个体人生的故事——几乎成了宏观历史的反面。

　　到头来，要让这个故事里的人们连同其各自的名字、地址和婚前协议与关于力量和要素的历史合拍是不可能的。这些人的人生证据太多了；几乎可以说，此时我们对他们已经太过熟悉了。认为自己的人生从属于某种"力量"（比如认为其受到价格变化或民族主义兴起的影响，或者把自己的政治观念当作集体情绪的一部分）是令人不安的，而以这样的方式看待其他人的人生也同样令人不安。这甚至不是历史研究尺度的问题——因为个体人生研究的尺度是大是小完全取决于（精疲力竭的）历史学者的耐力几何。关于昂古莱姆的几百上千人的历史研究可以扩大（前提是资源是无限的）到邻近的乡村、相邻的省份乃至整个法国——这无疑是容易想象的。但如此也不会带来什么改变。构成这一广阔历史的依然会是许多个体的故事，这样一部历史依然不是讨论原因的历史。

　　尽管如此，这部历史依然包含了现代的一系列大事件。邻近性历史——故事从一个个体或一个家族扩展到与之有关联的朋友和亲属、包括这些人的居住地——凭借其邻近性，可以成为一部研究上演着各种思想观念的交换的社会空间的历史。阿勒芒和费朗两家人在法国大革命期间的历史多少表现出了这一特征。尽管关于革命的各种历史著作中没有这些人的身影，他们却存在于底层历史中，存在于各种档案之间，有时甚至包括日常经济生活中一些转瞬即逝的文件，比如从革命政府领薪水时签署的那张小小的收据。这些人，包括他们的朋友和邻居，也存在于国家财产的租赁和购买名单上。这些人的故事同样是一部革命经济生活的历史。

社会经济

　　让我们回到托克维尔的"社会经济"因果历史：阿勒芒和费朗

两家人都是第一次法国革命中的人物。同"人民"一样，这些人也为一种"改变自身境况的热望"所激动。[143]甚至玛丽·艾马尔那三个 1764 年在世、后来由于缺少（或者说迄今为止没有找到）堂区记录和民事记录而从历史中消失的孩子也在寻求某种改变；三个人都将昂古莱姆抛在身后，死在了别处。这个家族的社会网络的细节也是托克维尔式的：人们不断交流着思想和观点，彼此影响。

188 　　托克维尔 19 世纪 50 年代提出的法国大革命根源假说不难理解，但又相当晦涩。这一假说之显而易见在于它是 1789 年政治革命后无数回忆的再现，是一代人——（与莱昂纳尔·罗班同时蹲过自由港监狱的）托克维尔的祖父母一代——努力要看清或者说记住的法国大革命最深层次的根源：是广大人民的"境况和情感"首先有了改变，这才导致了革命。仿佛单纯的政治形势无法导致如此巨大的革命似的。"法律革命"之前必然有过一场"思想革命"：这一时期仍然存在于人们的记忆中或者说想象中——人人"勤勉非常，但焦虑更甚"，"除了万事永恒的改变之外没有什么是长存的"。[144]

　　与此同时，情感改变先于革命爆发的假说又是晦涩的，因为这一机制很难看出或者说寻觅到。在某种意义上，与 18 世纪 90 年代的一系列反对革命的文章一样，托克维尔对古代制度的探墓之旅也在寻找某些哲学思想的影响，或者说在寻找"酿成革命的书籍"。[145]但与此同时——用托克维尔本人的话说——这也是在探索古代制度行政和财政历史的细节。[146]对乔治·勒费弗尔（Georges Lefebvre）而言，这是一部研究"经济对社会的影响"和"经济变化的社会后果"的历史。[147]这部历史是不完整的，因为思想和情感层面的证据，换言之，关于思想交流造成社会影响的机制的证据极少。但正如勒费弗尔在 1934 年所言，在被当作原因的"经济、社会和政治生活境况"和被当作结果的政治"事件"之间有一种中介或者说中间层，这便是集体思考方式（不安、热望等）构成的"机体"（constitution）。[148]

阿勒芒和费朗两家人的历史，其本身就尺度论便是居中的，处于微观和宏观两极之间，它是一部托克维尔意义上的社会经济历史，是（经济和社会的）生活境况和（公共或私人的）事件之间的一层中间历史。玛丽·艾马尔的子女和孙辈都是经济人，他们买入也卖出，借入又贷出，算计着、追求着（或者试图追求）各自的利益。这些人是勤劳的，大体上他们并没有参与运河、工厂和贸易等现代产业。自从杜尔哥的昂古莱姆信贷危机备忘录出版后，区分市场和国家已经成为定义"经济体"的关键，然而这一区分在这些人的生活中却难见踪影；国内经济和国际经济之间的界限也同样模糊不清：在这个外省社会，殖民地和家乡之间不断地发生着各种契约和期望的交流。构成家族和朋友们的财产（"资产"）的有各种家什（包括玛丽·艾马尔的铁叉和加布里埃尔·费朗的许多张床），也有继承来的权利，而在当时的改革者们看来，此类事物都是极度不体面或者说怪诞的。[149]

和在那份婚前协议上签名之人构成的社会网络中的许多人一样，构成这一家族发展背景的也是教会经济、税收管理和（集政治性和经济性于一体的）海外殖民地这三大要素。18 世纪 60 年代、70 年代，一直到 80 年代，在这一背景下上演了许多震惊全镇的"风波"，包括信贷危机、发生在神学院围墙外的少年修士枪杀疑案、税局职员风波等等，不一而足。昂古莱姆的经济生活充满了各种信息、期望和不安，也在法国大革命早期酝酿了革命。

"每一个世纪或多或少都是变革的世纪"，套用诗人贾科莫·莱奥帕尔迪（Giacomo Leopardi）1832 年的说法，每一个年代或多或少也都是动荡的年代。[150] 对昂古莱姆而言，法国大革命爆发前的几十年是动荡不安的，而且尤其体现在政治利益和经济利益的关系上。经济的改变给政治（或社会）造成了影响，政治的改变也给经

189

济造成了影响；出现了一些或者说一系列构成"生活境况"的事件。其中既有外部世界的改变，也有思想和情感构成的内部世界（镇子这一社会空间中集体的或者说共有的思想方式）的改变。

切分时间

190

按照托克维尔的说法，认为 1789 年的法国人曾试图"对自己的命运进行切分"，"以一道深渊"隔开未来和往昔是一种幻觉。[151] 他在《旧制度与大革命》一书中最大的一项工程便是证明革命及后革命时期的法国依然延续着旧制度下的建制和情感。昂古莱姆的历史也是一部延续的历史。弗朗索瓦丝·费朗的女儿当中有五个终其一生——从 18 世纪 60 年代一直到 19 世纪 60 年代——都住在昂古莱姆老镇中心那几条狭窄的街道上。（路易丝·梅兰妮是 1865 年在萨尔特省探望自己的甥孙女时过世的，但这属于 19 世纪的历史。）1788 年 5 月莱昂纳尔·罗班曾向他的父亲预言称"我们镇"将大大受益于革命，而昂古莱姆的经济生活在革命之前、之中和之后都充斥着各种部门、职员和文员。[152] 镇上的各种小小行当依旧兴旺：人们在订购各样部队装饰品（红色肩章和玩偶掷弹兵），在为昔日和未来的主教堂制作着铁栅栏和蜡烛（"国家"工作），如此等等，不一而足。[153]

然而对阿勒芒和费朗两家人而言，这场革命也几乎改变了一切，在这一意义上，这些人的人生有着深刻的非托克维尔性。因为归根结底，正是在人生的日常轨迹间——在家族的"婚姻情况"间——阿勒芒和费朗两家人的历史才最为明显地表现为一部革命历史。构成家族中所有人婚姻背景的正是革命期间空间和社会意义上的流动。只有马夏尔与第一任妻子路易丝的结合多少还具有小地方的特性：两人是邻居。玛丽·艾马尔的孙子当中有三个是在革命军中服役时、在社会变革期同在远方认识的女性结的婚；她的孙女嫁给了圣多明各的一名中队长。艾蒂安·费朗娶了曾受牧于自己的堂区居民，马夏尔还离过婚。马夏尔的第二任妻子是从圣多明各出发取道波尔多和费城来的昂古莱姆；洛朗·西尔韦斯特雷·托潘则是为设计教授一职而来，他的家在巴黎，后来还作为绘图师随军出征过意大利；约瑟芬去了巴约讷投奔刚刚在帝国政府找到工作的兄弟，后来在当地认识了自己的丈夫——那位马赛的教师。

　　人们一向认为家族生活的历史是缓慢的、自然的或者说生物性的，一言以蔽之是人口学意义上的；同样，经济生活也是以变动的平均数的节奏缓慢地发展着的。[154] 18 世纪 90 年代到 19 世纪第一个十年这 20 年间，玛丽·艾马尔孙辈的家族历史却颠覆了这一切。在出生、婚姻和死亡等各种记录中（换言之于日常生活证据构成的"底层"）发现革命事件就像对各种仪式进行一次横剖：革命发生于 1792 年 11 月的圣皮埃尔堂区登记簿中、发生于记录在同一本登记簿上的昂古莱姆首例离婚中、发生于艾蒂安·费朗曾任本堂神父的圣马夏尔堂区登记簿中。这也意味着在家族婚姻状况中发现空间、时间和社会境况的转变。

桑园广场上的革命

　　玛丽·艾马尔的孙女当中有五人终身未婚，而且整个革命期间都住在桑园广场周围的几条街上（她们的父母就是在这里长大的）；甚至对这些人而言，持续上演的各种吸引眼球的革命事件也是无法视而不见的。这便是婚前协议签名者的空间网络：在几条街构成的这个小小世界里，许多人曾看见西尔维·卡佐那个白皙的高个仆人匆匆逃跑，看见莉迪亚·斯特恩的小狗在他的左胳膊下挣扎。《幻灭》中虚构的昂古莱姆革命历史也发生在同一条街上；"印刷厂位于博利厄街和桑园广场的交叉口"——和 1801 年让娜（玛丽耶特）·阿勒芒·拉维热里婚礼上的那位见证者一样，"在灾难性的 1793 年"，这座老印刷厂也同革命政府签下了印刷法令的合同。[155]

根据 1791 年那份作了大量注记的财产登记表，由艾蒂安·阿勒芒从小长大的那条街走上桑园广场，就能看见广场一角西尔维·卡佐兄弟的房子；接着映入眼帘的是提尔塞莱特女修道院的入口；然后是加布里埃尔·费朗 1793 年租下的"教会"；接着是博利厄街口的一栋房子，主人是莱昂纳尔·罗班的父亲、印刷商亚伯拉罕—弗朗索瓦·罗班。广场的南边有一栋房子，主人是个药剂师，其母亲、婶婶和姐妹都在 1764 年婚前协议上签过名；接着是路易·费利克斯租下的那栋房子；接着是布商让—皮埃尔·大卫的房子，此人的女儿也嫁给了一位婚前协议签名者，而玛丽·尤斯特尔·比亚尔 1795 年就死在他家花园中。离开广场往弗朗索瓦丝·费朗的父母家走，就能看见马歇·德拉贝热的房子，在登记当时房子里的租客包括一个管筵席的、一个理发师，还有玛丽·艾马尔的几个孙女——"拉维热里家的女公民们"。[156]

在街坊巷里，革命的恐怖统治吸引着人们的眼球。广场上举行过一场主权庆典，学院的教授们也参与其中，"咒骂旧制度的奴役"；人们曾目送新入伍的士兵奔赴前线；共和历 4 年，罗伯斯庇尔倒台的周年纪念日那天发生了一场暴动，导致"女公民勒泽"的咖啡馆关闭；一年后，共和历 5 年，暴动再度发生。[157]桑园广场在旧制度下就是公开行刑地，到了 1793 年又立起了断头台。"断头台一就位，就断了恶人的根，光是看一眼断头台就足以叫这些人本本分分了。"国民公会的一名代表在昂古莱姆报道称，他提到的"这些人"是指镇上的磨坊工人和面包师；这些人一看到断头台"就变得（尽其所能地）又顺服又正直了"。[158]

罚没财产市场本身也吸引着人们的眼球。桑园广场上提尔塞莱特修会财产的检视和最终拍卖（包括其本身成为"零售贸易""场所"）是一次公共事件。[159] 同样，人们用车拉着旧修道院的铁格栅、藏书和礼拜堂装饰品在博利厄街上来来去去也构成了一次公共事件。还有 1791 年财产登记簿上的注记以及搬运发送各种家具的交易记录：这一改变同样是无法视而不见的。[160] 广场南面紧邻布商大卫的房子的一栋编号 1,000 的房屋在登记簿上的说明是"已故的……［因涂抹无法辨认］的继承人"的财产，"所有者为老马歇"（画掉了），"租户为寡妇勒泽，商人"（也画掉了），"所有者为大卫""租户为费利克斯"。这便是"黑人女奴伊丽莎白"之子、对革命满怀热情的金匠路易·费利克斯的家。[161]

　　与此同时，昂古莱姆的大街小巷又成了革命重建的对象。1792 年列了一份街道清单，作为镇上"组织"工作的"参考点"：这是一项历时两个月的复杂工作，一班委员围坐在一张大地图的周围，一次又一次提及人权宣言（关于私有财产权不可侵犯的）第 17 条。人们提出了一系列专横的变革建议——"地图上一条黑色铅笔线"表明了修改内容——地产面临修改或者说删减的人包括 1778 年税局风波中那位职员妻子的两个姐妹（两人曾将职员妻子充公待售的内衣扔出窗外）、住在桑园广场一角的西尔维·卡佐的兄弟，还有曾经携奴潜逃的那位无处不在的"美国人罗班先生"。[162]

　　这些改变也影响到了人们所熟知的一些人，伊丽莎白和莉迪亚·斯特恩住在后来称为博利厄街的方济各会士街上时，就在同一条街上几步开外，两人的房东 16 岁的女儿贝内蒂汀·德·博洛涅被人赶出了博利厄圣母女修道院；这姑娘在离桑园广场不远的地方找到了安身处。漂泊不定的克劳德·奥格迪亚斯的女儿让娜·弗朗索瓦丝·奥格迪亚斯生在印度金德纳戈尔，五岁时来到昂古莱姆，后来成了圣马大（Sainte-Marthe）护理院的一名修女。当时在博利厄街上的一所医院的她同样被人赶了出来；她母亲依然住在北面几

193

步开外原先租给税局的楼里——1779 年，在自己送命那晚，修道院修士米乌勒曾在其门前停留过。[163]

在这一带拥挤的街巷间，想要避人耳目是不可能的，对革命视而不见也是不可能的。建筑换了新立面，街道重新进行了组织，房子也有了新主人。日常生活的各种噪音变了，而游行队伍正在经过玛丽·艾马尔孙女们的家门外。家族关系或者说婚姻状况也构成了某种队伍。几个孙女出世时已经过世多年的祖父在美洲的几个蓄奴岛上有过一笔鲜为人知的财产，她们的兄弟在共和历 9 年所娶的新妇也有这样一笔钱。姐妹中有一位的夫君出自凡尔赛一个舞蹈教师之家，她们还有一位姻亲是威尼斯（也可能是那不勒斯或尼斯）人。巴约讷和勒芒都有她们的侄儿侄女，而她们的侄孙子一代最终去了贝鲁特、迦太基、塔希提、摩洛哥甚至墨西哥。这段故事属于这些人在 19 世纪间的历史，同时也是法国大革命的漫长历史的一部分。

第七章
现代人生

孙辈的孙辈

那么接下来发生了什么，这个故事又有着怎样的结局？或者这到底算不算一个故事，又有没有一个结局呢？迄今为止，一个法国外省家庭及其所处的由信息、友谊和邻近性所构成的网络一直是这段历史的主题。和众多朋友邻居一样，这家人的生活也充斥着来自海外的无数消息和错误信息。在政府、教育机构和教堂构成的旧经济下，家族中有人发达，也有人遭受挫折。他们的人生因法国大革命而改变，也因革命年代的跨族群和社群的通婚而改写。

玛丽·艾马尔的子女和孙辈——或者说至少其中多数人——一直活到了属于现代的 19 世纪。巴尔扎克曾表示，哲学家布里亚-萨瓦兰（Brillat-Savarin）属于"骑在两个世纪之脊上"的一代人，玛丽·艾马尔的子女和孙辈也一样。[1]让-巴普蒂斯特·费朗 1749 年生于昂古莱姆，1831 年过世于巴黎；他的儿子、玛丽·艾马尔的孙子当中最小的一个，1873 年过世于诺曼底。1799 年出现于财产登记簿上的店主让娜·阿勒芒·拉维热里生于 1768 年，过世于 1860 年。1855 年，这群孙子孙女带着各自的家人在昂古莱姆最后一次相聚——依然是为了婚前协议的签名，婚前协议的一方是玛丽·艾马尔孙子的孙女路易丝·拉维热里（Louise Lavigerie），另一方是一个来自巴黎的年轻人："奥尔良铁路的账目检察员"。

196　　只有艾蒂安·阿勒芒和弗朗索瓦丝·费朗（1764 年婚前协议中那对新人）的五个没有出嫁的女儿留在了昂古莱姆，五姐妹在一所女子学校教书，学校开在博利厄街尽头南城墙（Rempart du Midi）上的一栋房子里，这栋房子成了这家人的交流中心。五姐妹的家是本书最后一部分的主角。五姐妹的兄弟、有好几个儿子在海关和税务部门供职的马夏尔，在其生命的尽头回到了这里；她们的姐妹、嫁给了那位周游四方、一度当过绘图师的建筑师的让娜，最后也同丈夫一道回到了这里；皮埃尔·阿勒芒·拉维热里的儿子在萨尔特建立了一个全新的家族银行公司，但 1848 年他也搬来了南城墙；五姐妹的孙侄、1849 年受圣职成为教士的夏尔·马夏尔常来探望五人。夏尔·马夏尔的姐妹路易丝是 1855 年结的婚，当时她还在念书，她对亲族关系、继承问题和各种家族回忆了如指掌，后来一直充当着关于这家人关系的各种新闻和信息的主要来源，直到 1906 年过世。

从 1764 年到拿破仑帝国末年，这家人在半个世纪间的历史讲述了一个故事，令我们得以窥见在漫长的革命期间究竟发生了什么。在这些年间，阿勒芒和费朗两家人走进了政治历史（那不安的）时间。在本书的剩余部分，这些人将继续前行，走进经济历史的时间，或者说经济生活的历史——走进现代那缓慢而无尽的变革中。

如果把 19 世纪的现代经济理解为棉布、煤炭、钢铁和纺织等"主导"产业，那么在这一扩大家族中没有一个人参与其中。[2] 但如果我们在甚至更为现代或者说普遍的意义上将经济理解为"改善我们境况的愿望"，那么这些人确实都扮演着经济角色。[3] 这些人的经济生活故事是从一个名不见经传的大家族的角度、从 19 世纪经济革命的角度出发讲述的一段历史。主要的研究资料依然是明显而易于获取的民事登记记录、公证人档案，以及遗产、税收和财产等的登记簿。这些资料又导向了税收、银行和教会的管理——在这家人 19 世纪的历史中，很多时候正是这些"不算产业"的产业为其创造了发展的机会。

送礼用的精美的家谱（有时涂成天蓝色）扎根于当下，以"我"为起点，上溯至父母、祖父母、曾祖父母和高祖父母，分支越来越细、越来越小。以无限的耐心——以信息随时间不断变化的坏的无限性（换言之即黑格尔的"不断超越局限"）——反转视角、搜寻玛丽·艾马尔的所有后代，甚至一直到（无穷小的）此刻[4]：这并非没有可能，但这就成了以一个家族为中心的历史，而不再是一段家族历史了。在家族历史里，家族是许多重网络中的一重，是时间中的信息网络，正如朋友和邻居关系构成了空间中的信息网络一样。故而，这段历史会终结于孙辈的孙辈这一代人——通过家族记忆的直接关系，这一代人与其祖父母存在着联系，通过同样一些关系，后者又与玛丽·艾马尔存在着联系。[5]

玛丽·艾马尔孙辈的"结婚率"的历史在某种意义上是一个关于家族信息、关于家族在法国大革命期间如何变化的故事。这些孙子孙女自己的孙子孙女的历史则是另一个不同的故事，而且波澜更少。这个故事也更不完整，而这部分是缘于阿勒芒和费朗两家人在这么多年间的那种典型的无休无止的流动性——在空间意义上如此，在阶级和社会境况意义上也一样。这是一个不均衡的故事，也是一段不平等的历史——家族成员间一种源于命运差异的发展不平等。

这个关于孙辈的孙辈的故事之所以不均衡，也在于探索这些人不同的人生的资料或者说证据参差不齐。大体上，在报纸、印刷法律报道和商务地址簿无处不在的 19 世纪，每一个人留下的证据都更多了。马夏尔一个女儿的名字出现在了 1832 年巴约讷的一份地址簿上，登记的职业是音乐教师；皮埃尔一个儿子的名字出现在了 1842 年勒芒的一份地址簿上，登记的职业是商人——贩卖"各种包袋"；南城墙上那栋公寓出现在了 1857 年昂古莱姆的一份商业地址簿上。[6] 加布里埃尔·费朗的孙女曾在巴黎被登记为一名酒商。[7] 而弗朗索瓦丝·费朗·布雷比翁的几个女儿和孙女虽然也在巴黎，其留下的记录却只有一些救济申请，以及民事登记簿上那冗长而悲惨的叙事：出生、结婚、生产、孩子夭折，还有死亡。

198　　在马夏尔第一次婚姻（对象是昂古莱姆一个药剂师的女儿）留下的孙子孙女身上，这种证据的不均表现得尤为明显。这是一部自下而上的历史，许多时候着眼于"名不见经传"的遥远事件、着眼于孔多塞所谓"最不受重视〔……〕鲜能从各种纪念物中得到其信息"的那些人。[8] 但在 19 世纪的历史中，家族中确实有一个人一度成了举世瞩目的名人。同许多人一样，路易丝·拉维热里的兄弟夏尔·马夏尔也参与着各种平凡的家族事件：1855 年在昂古莱姆，同几位姑婆和表亲一道，他在路易丝本人的婚前协议上签过名；1858 年，他又为自己一位堂兄签过婚前协议。但最终他也成了（家族）整个 19 世纪最出名的人之一，现存关于他的证据也是最多的。他是个多产的写作者，上过许多文章，留下了许多照片，还曾被雕成大理石像。在一位早期传记作者的描述中，此人"周身散发着一种华贵堂皇的气质"，"他的声望极高，并且广为人知。每一种语言都在称颂他的名字，每一个人都熟悉他的相貌"。[9] 红衣主教夏尔·马夏尔·阿勒芒·拉维热里同样是这一家族历史的一部分——大得不成比例的一部分。

重建昂古莱姆

家族 19 世纪的历史开端于一系列重建工作——完全的物质意义上的重建。1800 年，夏朗德省的首位省长获任，这位秩序力量的代表住进了昂古莱姆的旧主教府，省长隔壁的国家财产就是艾蒂安·阿勒芒和弗朗索瓦丝·费朗 1791 年以来的家。[10]艾蒂安任教多年的前耶稣会学院（从圣多明各逃难回来的让-巴普蒂斯特·费朗一度也住在其附近）迁往了另一处国家财产：位于博利厄街尽头的修道院；1799—1803 年学院进行了重建更新工作，到 19 世纪 40 年代，这所公共教育机构已经改头换面，成为一座壮观的新古典建筑。[11]

在法国各处，君主制的复辟都意味着市镇和教区建筑的胜利，昂古莱姆也不例外。镇议会厅的各项抹除历史记忆的工作在 1815 年春天进行得如火如荼。[12]1815 年 8 月，路易十六和玛丽·安托瓦内特的女儿（当时人称昂古莱姆公爵夫人）来访，逗留了几个钟头；公爵夫人走过的道路被装点得灯火通明，南城墙下还竖起了一根爱奥尼柱。[13]柱的设计者保罗·阿巴迪（Paul Abadie）是波尔多一个粉刷匠的儿子，此人的儿子也叫保罗·阿巴迪，或"称为阿巴迪的保罗·马拉尔"（Paul Mallard surnommé Abadie），在接下来的几十年间，父子俩主持了镇上一系列重大重建工程。而阿巴迪一家又与阿勒芒·拉维热里一家有着千丝万缕的联系，两家人历史的交织直到 19 世纪 80 年代才告终。[14]

从路易十六的两个弟弟路易十八和查理十世的复辟王朝，到路易·菲利普（这位王子一度流亡比利时，期间还曾因"唱弥撒和晚祷时唱的歌"被让娜·拉维热里·托潘的婆婆告发，1830 年他当上了法兰西国王）的七月王朝，再到拿破仑三世的第二帝国，半个世纪间，昂古莱姆在阿巴迪父子及其资助者和业主的手中变了样，建

199

起了许多有着纯白立面的新古典公共建筑，最终形成了一种哥特复兴风貌。用老阿巴迪一位传记作者的话说，这"几乎是一次彻底的变革"，"好在形成的是一种庄重的风貌"。[15]

　　昂古莱姆的众多建筑订单引起了各方瞩目。建设始于第一帝国时期省里的一座乞丐收容所，这是一项复杂的大工程，据估计建筑需要容纳的男女和孩童达 900 人之多。收容所选址于医院隔壁（医院部分土地为让－巴普蒂斯特·马歇家所有——此人曾在 1764 年的婚前协议上签过名）。[16] 1818 年，老阿巴迪成为省聘建筑师，他接到的第一单重大项目是翻新镇监狱，当时的监狱是个混杂的地方，一些牢房关着犯人，另一些关着债务人、妇女和所谓的"死刑犯"。[17]一栋全新的法院大楼统摄了桑园广场，是用便宜美观的当地石材盖的。[18] 1828 年，阿巴迪为省长设计了一栋朴素的新古典府邸，预备了安顿王室访问成员的房间，还顺着城墙修了一条短短的小径，连接旧主教府。[19]乞丐收容所中一度办过一所新皇家海军学院，收容所的新古典庭院也是阿巴迪设计的；收容所后来成了奥尔良铁路公司的火车站。据说海军学院的水文地理学教授曾买过热里科（Géricault）那副描绘船难的名画《美杜莎之筏》（The Raft of the Medusa）的一份副本，"好叫自己的学生对大海有点概念"；1826 年，学院迁到了布雷斯特（Brest）海岸边的一艘军舰上。[20]

　　在旧制度末年和革命时期的改革者眼中，昂古莱姆镇中心狭窄的街道和拥挤的房屋可谓骇人。1774 年，后来的查理十世派出的视察员报告称，镇上的刑事司法部门（就在艾蒂安·阿勒芒幼时的家对街）的接见室"已经彻底破败"；1792 年的总体地图上，预备"扩建"的街道涂成了红色，而"降级或部分拆除的［涂成了］黄色"。[21] 1806 年开始，出现了人行道，1843 年有了路灯，还通了水。[22]而正如昂古莱姆主教 1852 年回忆往事时所言，"宽马路""统一的人行道""地下线组织的路灯"和"泵升到小丘顶的"水只是一小部分，而整个重建工程的规模还要大得多。[23]

　　镇上的新建筑首先是服务于宗教秩序的恢复。1825 年，12 世纪的圣安德烈堂区教堂（玛丽·艾马尔最小的三个子女都是在这座教堂受的洗）换上了新古典立面，设计者是老阿巴迪。1840 年，胡莫的圣雅各堂区也换上了新古典立面，加了四根雅典风格的柱子和镀锌屋顶，设计者依然是阿巴迪。[24]1851 年，圣马夏尔堂区教堂拆除——1740 年弗朗索瓦丝·费朗曾在此受洗，后来她的外甥还在革命政府治下担任过堂区的本堂神父。在小阿巴迪的主持下，教堂进行了重建，新建筑采用了当时流行的新罗马风格，用耀眼的白色石材筑成。[25]圣奥索纳堂区教堂也重建了，设计者依然是小阿巴迪，新建筑是哥特复兴风格的，基座以"3,000 米旧石块"加"不坏的水泥"　201
垒成。[26]1852 年，昂古莱姆主教在写给后来的路易·拿破仑皇帝的信中抱怨称，圣皮埃尔主教堂的立面依然残留有"革命之不虔的印记"或者说"那句可耻的铭文：理性神庙"。1869 年，随着阿巴迪对主教堂的（哥特式）修复工程竣工，先时的"亵渎话"终于"擦除尽净"。[27]

擦除记忆

　　在镇上开展各种物质重建的同时，漫长的法国大革命期间昂古莱姆一度出现的一些人物多数回归了中产阶级生活常态。税局风波中的职员弗朗索瓦·拉普朗什活着见证了整场革命，1802 年在巴黎过世；他的女儿 1791 年曾经作为圣马夏尔教堂附近一栋房子的所有者上过革命政府的登记簿，后来嫁给了一位三角数学家（一位"直接税主计员"），搬去了巴黎北面的一座村子，1851 年她依然住在村中，当时的记录说她是个"领国家抚恤金的"。[28]

　　一度在马提尼克因为偷盗四五十个奴隶进过监狱的美国人罗班

后来带着自己的英格兰妻子回到了昂古莱姆，革命期间他回归了乡村生活。虽然在昂古莱姆镇中心购置了国家财产，1793年他却自称为"农民"。[29] 他和妻子在昂古莱姆以南的狄拉克林中有一片地产，1824年妻子在此过世，当时的记录说她是"土生土长的伦敦人"。[30] 亚伯拉罕·弗朗索瓦或者说弗朗索瓦·亚伯拉罕·罗班接着回到了昂古莱姆，回到了旧日的"主教府街"——如今已经改名为"省府街"。他的邻居当中还有1790年曾写过女性权利宣言的那位寡妇一家。[31] 他过世于1833年，当时的记录说他"先前是收直接税的"。[32]

镇上的革命分子、1765年生于圣多明各的路易·费利克斯革命期间住在桑园广场上，此时他已经重拾旧业。1820年他出现在儿子的结婚记录上，职业是"商人兼金匠"——他的儿子和亲家公也都是金匠；一家人住在绿钟街上。[33] 路易·费利克斯还在各种家庭事务记录上留下了不少签名：1821年他女儿同一个印刷商结婚，同年他的两个外甥女（两人的祖父母曾在1764年的婚前协议上签过名）同桑园广场上卖书的两兄弟结婚，还有他的孙女1841年同一位音乐教授结婚都有他的见证。1841年，路易·费利克斯再度成为省上的雇员。[34] 他和妻子最终搬去了新开发的镇郊，1851年他在那里过世，当时的记录说他是个"食息者"。[35]

监狱监督官、专访可疑学校的让·勒克莱－拉比也开始了舒适的休养生息。1812年其妻去世时留下的记录称他是个业主；1827年昂古莱姆进行了第一次地籍测量，根据当时的记录，他和几个儿子在镇中心的几条狭窄的街道上总共拥有8处地产。[36] 1846年他成了"前商人"，同家人一道住在米纳日街上的一栋大房子里，家中还有两名仆人。让·勒克莱－拉比于1848年在昂古莱姆过世，时年82岁。在这一新的革命时期，记录称他是"前商人和前政府官员"。[37]

1793年在主教堂的圣坛上代表过理性的年轻姑娘玛格丽特·奥

贝尔成了昂古莱姆商贸圈中一个受人尊敬的人物。1807 年，她嫁给了夏朗德省税务部门的一名雇员：当时还有过一段插曲，新郎的母亲拒绝对两人的结合表示许可，原因是自己的丈夫"刚刚离家"。[38] 玛格丽特的教母（也是祖母）曾在 1764 年的婚前协议上签过名，当时依然生活在昂古莱姆。[39] 在复辟期间，玛格丽特和丈夫成了开店的，夫妇俩住在桑园广场附近的一条街上——半个世纪前，艾蒂安·阿勒芒就是在这里长大的。19 世纪的古莱姆也有一些不怀好意的饶舌者，其中一个（镇政府的一名官员）曾谈到玛格丽特，称这个布商"当年引人赞叹的漂亮面孔和优美身材"一点痕迹都没有留下。[40] 玛格丽特过世于 1842 年，时年 67 岁，此前她已经搬去昂古莱姆北面的一座小镇，与女儿和在当地当公证人的女婿同住。[41]

革命的遗产

203

　　昂古莱姆的两位走入了革命的大历史的人物——玛丽·马德莱娜·维罗尔和莱昂纳尔·罗班——仅仅在精神上或者说在其可能继承人的想象中还了乡。1802 年莱昂纳尔·罗班过世时，他的父亲和两个姐妹依然生活在昂古莱姆；他的兄弟也还有三个活着。莱昂纳尔死后，他在巴黎奥古斯丁大街的公寓见证了一场围绕其财产清单的不体面的争端。当时在场的有莱昂纳尔的寡妇、几个公证人，还有莱昂纳尔的两个兄弟——两人自称和昂古莱姆的两个姐妹及莱昂纳尔的另一个兄弟（一个部队发饷官，当时生活在安德尔省［Indre］）同为莱昂纳尔财产的继承人。此时又出现了一个人，也是生活在安德尔的，自称"唯一的假定继承人"。这位"路易·莱昂纳尔·罗班"还亮出了一份出生证明，日期是 1774 年（他父亲要到好几年后才结婚），表明自己是莱昂纳尔·罗班之子。[42]

　　路易·莱昂纳尔·罗班的两个叔叔提出了反对，两人援引家庭法（这一保护"非婚生子女权利"的立法还曾受到莱昂纳尔的推动和启发）改革过程中新增加的限制性条款反对这位新的继承人和他"所属的族类"。[43] 各方同意清点死者的财产，历时 16 天，财产清单形成了。生活于革命年代的莱昂纳尔有着与这个年代相配的财产。列在清单上的有五条黑裤子和一套黑西服（根据莱昂纳尔的寡妇的说法，可能需要归还宪法法院），两座小小的青铜半身像，一座是伏尔泰，一座是卢梭，55 卷《方法论百科全书》（*Encyclopédie méthodique*），一块刻着"人权、宪法"的黄铜奖章，还有"两幅糟糕的黄色塔夫绸窗帘"。但清单中争议最大的部分是莱昂纳尔的各种文件，尤其是和死者已故的奥斯曼客户穆罕默德–阿里或称布隆·莫朗热的财产及死者在国家财产市场上买下的约讷省的庄园相关的证明。[44] 此时又出现了一个自称继承人的人，名叫阿梅–梅米斯（Amet-Mémis），又叫卡纳雷斯–欧格洛（Canalès-Oglou）。此人自称布隆·莫朗热的堂弟，为"士麦那帕夏"和加泰罗尼亚一名俘房所生（莱昂纳尔死后他曾出现在约讷省的庄园）；他既不承认路易·莱昂纳尔·罗班的继承权，也不承认莱昂纳尔寡妇的继承权，还控诉这妇人在他可怜的堂兄弥留之际假扮护士。[45]

　　这一牵扯到莱昂纳尔的兄弟姐妹以及昂古莱姆那位老父亲的争端演化成了一场讨论非婚生子女权利的著名官司。莱昂纳尔的儿子此时获得了继母（莱昂纳尔的寡妇）的支持，西雷（Sirey）在其司法词典中将此案称为"非凡奇观"："这桩案子真是十足怪异：死者的父亲不认自己儿子的孩子，死者的寡妇却欢迎这孩子，还用尽全力保护他。"路易·莱昂纳尔亮出了自己的出生证明，还宣称人们一直把自己当莱昂纳尔的儿子对待；两个叔叔则表示莱昂纳尔同路易·莱昂纳尔的母亲没有结婚，而且人们——至少他的祖父——也并不当他是莱昂纳尔的儿子。两人否认了莱昂纳尔的整个革命成果，陆续援引了 1566 年、1579 年和 1677 年的判例；莱昂纳尔的父亲亚

伯拉罕·弗朗索瓦·罗班（1769 年金融危机秘密历史的作者）1804
年在昂古莱姆过世，时年 88 岁，当时人们依然在就此案上诉。[46]

最终，上诉法庭判决路易·莱昂纳尔胜诉，随后路易和继母一
道回了约讷省的家族产业。[47] 但昂古莱姆这户好争讼的人家却笑到
了最后。1825 年路易·莱昂纳尔过世，产业回到了他的三个叔叔和
一个还在世的姨母手中，当年晚些时候就被兄妹四人卖掉了。莱昂
纳尔的寡妇在这片产业上又住了五年；1843 年她在巴黎过世。莱昂
纳尔的兄弟姐妹最后只剩玛丽·罗班（Marie Robin）一人，许多年
前在圣樊尚，她曾为那位携奴潜逃之人的儿子当过教母，1837 年，
88 岁的她也在昂古莱姆过世。[48]

反革命人物玛丽·马德莱娜·维罗尔没有留下地产。但连她
的衣服也一度引发过争端。1794 年夏天，她死在断头台上的次
日，革命时期巴黎的另一处监禁所皮克普斯监狱——当时萨德侯爵
（Marquis de Sade）也关在里面——的一名囚徒写信给公诉人，称
玛丽·马德莱娜是自己的仆人，并要求行使检视其财物的权利。"我
刚刚从报上得知公民维罗尔死在了法律之剑下"，他写道，并表
示"她无疑是咎由自取"。他"对她［过去五个月来］的所作所
为一无所知"，而"尽管震惊"，他却坚信"这就是原先服侍过我
的那姑娘"。[49]

这囚徒写到，"这姑娘当时住在我家，自己有一间房，房里必
定有她不少东西"，而这些东西"此刻已经属于共和国了"；他要求
人们带自己回一趟家，好清点她的财产。两个礼拜之后，此人又写
了一封信，提到了更多的细节，语气也更为专横："这个姓维罗尔
的人已经受了死刑。她原先是服侍我的。她的衣物都放在我公寓的
一间房里。请给我 24 个小时，放我回去将之归还——还给随便哪
个人都好，只要此人有权取得之——前提是别的什么人不会认出这
姑娘的内衣来：因为她的内衣可能会同我自己的混在一起。顺致友

好问候。"[50]

　　但玛丽·马德莱娜死后也多少算是对昂古莱姆的财产关系或者说继承期望产生过一些影响。1794 年 7 月，她的叔叔诺埃尔·维罗尔在加尔默罗监狱跳窗毙命，留下一个寡妇，这妇人 1810 年过世于巴黎，其遗产同样引发了官司。玛丽·马德莱娜的弟弟伊波利特（Hypolite）是德塞夫勒省（Deux-Sèvres）一个小镇上的裁缝。伊波利特自称是叔叔寡妇的"独一无二的继承人"，登记自己和这个寡妇的关系时，他报告的可能是母子，也可能是姐弟（在公证人记录上，"母子"被画去，改成了"姐弟"）。[51]

　　诺埃尔·维罗尔的寡妇生前住在圣奥诺雷街，她在街上一个织地毯的工人家租了一间房子，而她的财产也不多（其中还有玛丽·马德莱娜母亲的一份死亡证明），总共估价 189 法郎（扣除了支付医药费的 903 法郎）。[52] 但昂古莱姆的堂区登记簿上这一家族关系的
206 不确定性依然在继续。伊波利特是 1775 年受的洗，当时的记录"1811 年 4 月 5 日根据塞纳省初审法院的判断"作了"修正"，改了一处拼写错误（把"维罗尔"改成了"维罗勒"[Virole]）；诺埃尔·维罗尔 1736 年的受洗记录、他的一个姐妹和他的同母异父或同父异母兄弟（玛丽·马德莱娜和伊波利特的父亲）的受洗记录上也有同样的改动。[53]

加布里埃尔的后代

　　阿勒芒和费朗两家人是昂古莱姆 19 世纪历史（男系一直到 1841 年，玛丽·艾马尔的女儿和孙女一直到世纪末）的一部分。玛丽·艾马尔的子女当中唯一一个终身同登记簿和收据打交道、后来当上了省档案管理员的加布里埃尔·费朗于 1816 年在昂古莱姆过世。[54] 18 世纪间他是这家人唯一一个留下了（或者说一度留下过）

一幅肖像的。1910 年的《夏朗德省考古和历史社会的公告和回忆》（*Bulletins et mémoires de la société archéologique et historique de la Charente*）的一条简注记录称，比艾先生（M.Biais，19 世纪昂古莱姆镇的档案管理员）"送来了表现夏朗德省档案管理员费朗先生的一幅水彩画，翻绘自帕耶先生（M.Paillé）所绘的一幅肖像"。[55]但水彩画已经不在了，肖像也找不到，甚至整个昂古莱姆都没有留下哪怕一幅"帕耶先生"的画作。[56]

　　加布里埃尔六个儿子中至少有三个结了婚：一个是住在莱萨布勒－多洛讷的小加布里埃尔、一个是当过教士的艾蒂安，还有一个是那位不幸的残疾上尉、1841 年过世于昂古莱姆的皮埃尔·亚历山大。[57]其中只有小加布里埃尔一人育有子女（或者说我迄今为止只能找到此人的子女记录）。他的儿子樊尚·加布里埃尔 28 岁就死了，还活着的子女只剩下皮埃尔一个，皮埃尔同寡居的母亲一道住在巴黎，妇人在米切街上开了一间阅览室。玛丽·艾马尔的孙子的孙子皮埃尔·费朗成了一名销售员，后来娶了一个女裁缝，妻子的父母都是编篮子的。[58]皮埃尔自己的儿子路易·加布里埃尔·费朗在巴黎当商店店员，娶了一个洗衣妇。[59]加布里埃尔·费朗这一脉的最后一个人是路易·加布里埃尔的儿子欧仁·加布里埃尔·费朗，1916 年他在凡尔登霍姆山（Mort-Homme，意为"死人山"）战役中牺牲。[60]

207

　　小加布里埃尔的女儿——档案管理员的孙女、玛丽·艾马尔的重孙女——斯蒂芬妮·费朗（Stéphanie Ferrand）1799 年生于莱萨布勒－多洛讷，此人曾短暂出现于 19 世纪的文学史中。斯蒂芬妮 1820 年嫁给了卢瓦尔谢尔（Loir-et-Cher）的一名食品杂货商。[61]夫妇俩后来也搬去了巴黎，她上过巴黎 1854 年的一份商业地址簿，记录称这位"寡妇迪诺绍"（veuve Dinochau）是（位于今天第九区的）布雷达街 16 号一间酒铺的所有者。[62]布雷达街一带是巴黎城极为浪漫或者说极富艺术气息的一带——"布雷达"一词当时指名声不好的女子——而斯蒂芬妮·费朗的店便成了画师、摄影师和韵文诗人的聚会所。[63]日记作者埃德蒙·德·龚古尔（Edmond de Goncourt）曾回忆自己 1856 年在店里用餐的情景：这"布尔乔亚的一餐"总共花费 35 个苏，"有汤，还有煮熟的肉"。许多年后他回忆道，当时有个洛可可画师（此人在附近帮人做室内设计）进店来要喝苦艾酒，闻到了卷心菜汤的香气，便问人自己可否留下来吃饭；布雷达街著名的文学卡巴莱（cabaret）*就此诞生。[64]

餐馆接待的客人包括：马内（Manet）、波德莱尔、库尔贝（Courbet）和阿尔封斯·都德（Alphonse Daudet）；摄影师纳达尔（Nadar）和卡雅特（Carjat）；新近蓬勃发展的《费加罗报》（Le Figaro）的记者；《波希米亚人的生活情景》（Scènes de la vie de bohème）一书的作者亨利·缪爵（Henri Murger），还有年轻的莱昂·甘必大（Léon Gambetta）。[65]1859 年库尔贝工作室举办过一场"盛大的现实主义节庆"（Grande Fête du Réalisme），当时斯蒂芬妮·费朗的卡巴莱餐厅也上演了众多节目。[66]1870 年的拉鲁斯（Larousse）词典收录了"迪瑙绍"（Dinauchau）一词："文学史上的一种机构，一度相当出名"，常客包括"文人、半吊子波希米亚人、半吊子记者、精神百万富翁"，"接受女士入场"。[67]斯蒂芬妮·费朗管账、做饭，时不时还出来维持一下"严肃"秩序。和她一道管店的还有她的两个儿子，其中爱德华·迪诺绍（Edouard Dinochau）——玛丽·艾马尔孙子的孙子——人称"文人餐厅老板"（restaurateur des lettres）。[68]斯蒂芬妮还属于整个扩大家族中为数不多的几个多少留下了些相貌描述的人。龚古尔曾回忆称，她有着"一双大大的凸眼睛，仿佛火车头减震器一般"。[69]爱德华的"一双

208

---

* 指有歌舞或短剧等表演助兴的餐馆。

眼睛似乎继承了母亲的遗传"，头发浓密而微卷，"眼珠活像一对乐透球"；他还留下了一幅漫画，画上的他穿着白衬衫、黑马甲，正在开一瓶酒。[70]

1870 年 8 月，斯蒂芬妮·费朗在巴黎过世，当时普法战争刚刚爆发，法军正在一路败退。[71] 爱德华和弟弟阿尔弗雷德·夏尔当时已经债台高筑：许多年来他们一文不名的客人们赊下了不少帐。巴黎公社被镇压后，1871 年 6 月，爱德华也遭到逮捕，被控"向在皮加勒广场（Place Pigalle）守卫路障的叛乱分子提供帮助"。接受审讯过后他得到了释放："据发现他是当时只不过拿了些征用的酒来倒罢了。"[72] 1871 年 11 月，兄弟俩的生意垮了。[73] 1871 年 12 月 9 日，终身未婚的爱德华·迪诺绍在第十区的拉里博伊西埃旧霍乱医院（Hôpital Lariboisière）过世。[74]

1872 年的"迪诺绍破产"一度引发了文学界的瞩目。有记录称阿尔弗雷德·夏尔（Alfred Charles Dinochau）"原先住在布雷达街 16 号，目前据知没有住所"。[75] 后来发现，人们赊的账就是兄弟俩仅有的财产：总共有 282 位客人赊过账，根据 1872 年 10 月的估算，总计达 107,548 法郎。裁定破产案的法官列出的客人名单引发了人们的狂热关注，塞瓦斯托波尔大街（Boulevard de Sébastopol）一个公证人的办公室举行了"迪诺绍债务"公开拍卖。[76] 当时有记录称这份名单简直"像个万花筒"，充满了"被人遗忘的艺术家和著名诗人"、记者、职员和交际花。[77] 多数债务人就住在皮加勒一带：有"布朗什"（Blanche）、"朱丽叶"（Juliette）和"亨丽埃特小姐"（Mlle Henriette）；有圣彼得堡法语剧院的一名艺术家，还有第十五区的一名洗衣妇。[78] 最终《费加罗报》的发行者出价 4,350 法郎，将 282 笔欠款悉数买下，算是履行对朋友们的"义务"；账单被收进了一个"纸盒"或者说"记忆的坟墓"里吃灰。[79] 1901 年，终身未婚的阿尔弗雷德·夏尔·迪诺绍在克雷姆兰－比塞特尔

（Kremlin-Bicêtre）公共医院过世。[80]

让－巴普蒂斯特的后代

　　玛丽·艾马尔最小的一个儿子让－巴普蒂斯特·费朗和妻子伊
丽莎白·布图特一度从圣多明各逃难回到昂古莱姆，但 1805 年夫
妇俩已经离开本乡。两人在巴黎生活了四分之一个世纪有余。1830
年伊丽莎白过世，次年 82 岁的让－巴普蒂斯特也死了。[81] 一长串
的救济申请记录了他居无定所的悲惨生活。1805 年"穷困潦倒"的
他住在费隆纳里街，1822 年他住在圣马丁市郊街，1824 年住在圣
殿街，1831 年住在比耶街，"每天都贫困欲死"。如他在 1822 年所
写，他自认为是克里奥尔人。但监督权利分配的"知名拓荒者委员
会"却将他的名字从有资格获取补偿的业主名单上画掉了，据他所
写，原因是"失去了一间相当不错的店、损失了 15 个黑人、一个
儿子为殖民地牺牲、在法兰西角住了整整 15 年：这些都不再算得
上有资格获取救济"；他够不上种植园主的标准，因为无法证明"拥
有任何土地"。[82]

　　他和伊丽莎白的女儿弗朗索瓦丝·费朗（1777 年生于昂古莱姆，
在纽约生过一个女儿）后来一直生活在巴黎，直到去世。不同于父
亲的是，这位军官寡妇的难民身份得到了确认，获得了领取补助的
资格。但她的住所也是租的，而且常常搬家，多数时候她住在罗切
丘亚特街一带，离布雷达街上那位隔一代的堂亲开的餐馆只有几步
路；她常常向负责圣多明各殖民者救济事务的官员提交申请，甚至
成了写申请的能手。1848 年她"处境相当可悲"：她同重病的女儿
同住（而且女儿也是个寡妇），还要供养两个父母双亡的外孙女；"因
为干了太多的刺绣活——这是她唯一的生计——［她的］视力正在
一天天坏下去"；1859 年她的"贫困已经难以名状"。[83] 她过世于

1860 年，当时她 82 岁，住在迈尔哈街上——后来这一带成了巴黎的第十八区，左拉十多年后的那本《小酒馆》(*L'assommoir*) 中的贫困悲剧便发生在这里。[84]

弗朗索瓦丝申请档案中的最后一封信是女儿克拉拉·布雷比翁·科莱（Clara Brébion Collet）在母亲去世后写的。已经卖掉了"自己仅有的一点"衣物的克拉拉在信中请求当局资助她买些衣服："没有衣服我无法取得人们的信赖，我不知道要怎么见人、怎么找到工作。"[85] 在接下来的 19 年间，克拉拉有了一份自己的档案，也慢慢地积累了一长串申请。根据记录，她 1804 年生于纽约，作为"殖民者的女儿"，她领着内政部的"非常"救济。同母亲和外祖父一样，克拉拉的申请也记录了她越来越深重的贫困。她"极度悲惨，没有衣服"；因为视力越来越差，她已经无法工作；她受到了房东的"折磨"；1875 年的冬天"相当难挨"；"这个冬天我什么都缺，此间遭受的困苦大到无从谈起"。一封信上留下了内政部里一名官员的铅笔评注："相当悲惨"。[86]

克拉拉·布雷比翁·科莱过世于 1889 年，当时她 85 岁，依然住在第十八区。[87] 她本人的女儿已经属于玛丽·艾马尔孙辈的孙辈一代；路易丝·拉维热里·基纳（Louise Lavigerie Kiener）和红衣主教拉维热里是两人的远房表亲。罗莎莉·科莱（Rosalie Collet）是一名裁缝（同母亲和祖母一样），丈夫是她在第十八区的邻居、一名建筑业的熟练工。[88] 她生育过 10 个子女，夭折了 9 个；她过世于 1890 年。[89] 活下来的那个儿子后来成了印刷工，娶了一名洗衣妇，一家人住在附近的古特德奥尔街，在左拉的《小酒馆》中，娜娜这位非传统女主角就是在古特德奥尔街上母亲的洗衣房中长大的。[90] 罗莎莉的姐妹路易丝·科莱（Louise Collet）嫁给了一名木工（同外高祖母玛丽·艾马尔一样）；1899 年，她在布洛卡（Broca）妇女医院过世，当时的记录说她是个"流动小贩"。[91]

女儿和姐妹的谱系

弗朗索瓦丝·费朗的子女当中有 10 个成了年，但只有 5 个没有出嫁的女儿在昂古莱姆重建期间成了有产者。在 1827 年镇上的第一份地籍登记簿上，"公寓老师拉维热里姐妹"是南城墙一栋大房子的主人。出桑园广场走上博利厄街——经过右手边已故印刷商亚伯拉罕·弗朗索瓦·罗班的房子和左手边《幻灭》中（虚构）的印刷厂——一直走到头，就能看见五姐妹的房子：南城墙左手边的第二栋，沐浴在夕阳的余晖中，越过城墙，还能望见南面的波尔多和大海。[92]

这是一部母系历史，因为迄今为止玛丽·艾马尔的女儿弗朗索瓦丝·费朗（·阿勒芒·拉维热里）一直是故事的一个核心人物；后者的女儿（嫁给了西尔韦斯特雷·托潘的）让娜·拉维热里和外孙女弗朗索瓦丝·托潘（·拉维热里）是 19 世纪历史的"母亲"。但构成这个故事的与其说是几位母亲，不如说是几位姐妹，因为处于这一扩大而分散的家族、这一吸引好几代拉维热里最终回归的引力场的核心的正是终身未婚、没有后代的"拉维热里［五］姐妹"。在 1790 年的婚前协议中，让娜和玛格丽特·富尔两位裁缝表亲的资本或者说积蓄成了马夏尔·阿勒芒·拉维热里前途的指望。而接下来——从 19 世纪 10 年代到 19 世纪 60 年代——在一系列婚前协议和各种复杂的遗嘱中，这独身五姐妹的积蓄也构成了众多外甥女、姑姑和姐妹所组成的一整个家系的经济历史的基础。

1764 年的婚前协议构成了这部家族历史的起点，而 1836 年、1851 年、1855 年和 1858 年，南城墙的五姐妹又先后见证了几位外甥女和甥孙女在昂古莱姆订立的四份婚前协议。弗朗索瓦丝·费朗的几个外孙一度在政府财政管理和银行部门（19 世纪中期法国两大扩张最迅速的"产业")谋到了差使，几个外曾孙则或是参了军，或是进入了教会。一个外曾孙女曾经旅居阿尔及利亚，另一个 1902 年手握"巴西""中国""希腊"和"奥斯曼"的债权，名下还有一栋房子（依然在昂古莱姆南城墙上）。从这一个扩大母系家族的视角出发讲述的 19 世纪经济生活的历史充满了（家庭内或家族内的）各种私人交易，充满了公共服务、军队、银行和教会等半公半私的经济活动。

212

南城墙的公寓

　　1805 年，弗朗索瓦丝·费朗在昂古莱姆过世。艾蒂安·阿勒芒同几个女儿一道住在早年在"国家财产"市场买下的那栋房子里，1811 年 3 月，这位鳏夫同自己的 10 个子女订立了一项悲伤的协议。他当时 71 岁，自称"前拉丁语文教授"。协议提到，他"已经年迈"，"希望能平平安安地过日子"，而他的子女则希望"为他谋到一份诚实的生计"。弗朗索瓦丝是在"《拿破仑法典》颁布后"死的（法典就子女继承权问题做了规定），死时"没有［留下］财产清单，也没有［留下］任何协议或分配方案"。子女们认为，是时候对半个多世纪前（1764 年）那纸婚前协议中提到的财产进行清算了。[93]

　　经评估，原先属于教会产业的这栋房子——记录称房子就在省长花园的对面——价值 6,000 法郎。弗朗索瓦丝和艾蒂安夫妇的家具和财物价值 1,139 法郎。财产当中价值最高的包括 8 张床和 32 条床单。此外还有"一个相当古老的"橱柜，而和 1764 年玛丽·艾马尔财产清单的记录类似，夫妇俩也有一打马口铁勺子和"一打破旧的椅子"，三项总共估价 5 法郎。记录中不时还能瞥见这家人生活当中的色彩。8 张床中有 3 张装饰着绿色丝带，1 张装饰着黄色丝带；家中还有一幅印度棉布的床罩。[94]

　　艾蒂安·阿勒芒·拉维热里在协议上签了名，五个女儿——大让娜、让娜·朱莉（Jeanne Julie）、让娜·亨丽埃特、弗朗索瓦丝，还有路易丝·梅兰妮——也签了名。另外五个子女——住在巴约讷的马夏尔、皮埃尔、约瑟芬、艾蒂安四人和当时住在靠比利时边境的小镇巴勒迪克（Bar-le-Duc）的让娜（·托潘）都寄来了代理授权，还派来了两位当地商人作为代表。[95] 根据协议，艾蒂安将房子的一半和全部家具赠予五个没有结婚的女儿，并承诺绝不收回。缺席的子女也将各自的权利让予五姐妹。五姐妹则保证缺席的五人未来无须承担与父母遗产相关的任何债务，而且"不会以任何托词［作出］对他们不利的权利声明"。至于父亲，五个姐妹承诺会为他提供住宿、衣物、鞋、取暖、照明、食物和照顾，"无论疾病还是健康，直到其过世"，如果他情愿要钱，也可换成 700 法郎的年金。协议最后表示："如此，上述房屋和财产完全归于五人名下，从今往后"五人可以自由使用和处置之。[96]

　　过了些日子，五姐妹又参与了一笔交易，其资本规模之大在家族历史中远超其他。大让娜曾上过昂古莱姆 1799 年的限制消费登记簿，记录称她是个"商人"，开着一间店，具体说是时装店。[97] 在 1811 年的一份记录中，她和几个姐妹的身份成了学校教师，1811 年 3 月 26 日，姐妹五人买下了一栋房子，就是后来的南城墙公寓。这宗地产规模很大，根据 1791 年的登记簿，总面积达 1,000 余平方米。[98] 卖家是当地一名业主（后来此人曾两度成为昂古莱姆市长：第一次是 1813 年到 1816 年，第二次是 1830 年到 1833 年），房子是此人早年从一名逃亡者手上买下的（在复辟期间查理十世治下，后者成了代表夏朗德省的议员）。买卖协议是在"买方［五姐妹］家中"签署的。根据协议，五人要分六期支付总共 20,000 法郎的本金和每年 5% 的利息，本金跟利息都要以"金子或银子"支付。[99]

　　这便是南城墙上的那栋房子，也是许多年间这一扩大家族众多成员的人生中心。买下房子两天后，大让娜成了新房子的抵押权人：根据记录，抵押以五姐妹的名义进行，总金额 22,000 法郎。[100] 五姐妹的另一栋房子即父亲赠予五人的房产被抵押给了南城墙上房子的卖家；1817 年，五人又签了一笔 3,450 法郎的抵押贷款协议。[101] 这些数字都相当大——18 世纪 90 年代五人的父母的两笔抵押贷款金额分别是 952 法郎和 660 法郎——姐妹五人已经成了富裕的业主。[102]

214

　　五姐妹的资本从何而来？昂古莱姆后革命时期的混乱令答案变得暧昧不明。但五个人显然相当勤奋，大让娜开过一间店，后来五人又经营学校，还投资城市地产。革命解放了金融市场，带来了许多新机遇，在这一背景下，公证人信贷这一"灰色"经济蓬勃发展，参与其中的五人也发达起来。[103] 1790 年马夏尔婚前协议确立的依赖姑姑、外甥女和表亲资本的家族传统也因她们推动而延续下去，一直到五人过世。姐妹五人自己的遗产全都留给了女性亲属，性别限制之严格几乎有些惊人。五个姐妹中第一个离世的是让娜·朱莉，当时是 1838 年，67 岁的她将财产留给了三个外甥女。南城墙上的房子当时为 15 个人共有，所有人都是玛丽·艾马尔的（外）孙女和（外）曾孙女。[104] 大让娜本人过世于 1860 年，时年 92 岁；外甥女弗朗索瓦丝·梅洛埃·托潘（Françoise Méloé Topin）成为其完全继承人，大让娜的甥孙女（弗朗索瓦丝·梅洛埃的女儿）获得了未来的继承权。[105]

　　在直接的、物质的意义上，南城墙上这栋房子很快成了家族中的一个吸引源。在拿破仑时期的地籍登记簿上，姐妹五人的房子编号 1314，1827 年五人的左边住着一位神父，右边（博利厄街街角）住着一个面包师。[106] 几年后，五人的姐妹让娜搬进了面包师的房子——同在军中当过绘图师的建筑师丈夫洛朗·西尔韦斯特雷·托潘一道。[107] 1844 年，姐妹们在萨尔特的兄弟皮埃尔的儿子卡米耶·阿

勒芒·拉维热里（Camille Allemand Lavigerie）买下了隔壁神父的
房子（编号 1315）。[108] 几年过后，又搬来了一个亲戚：马夏尔的女
儿（姐妹几人的侄女）的鳏夫买下了南城墙的一栋房子——和五
个姐妹的房子隔了四栋，编号 1347——带着儿女和孙子孙女住了
进来。[109] 公寓本身办得很成功。在 1849 年镇上的一条记录上，"姓
拉维热里的几位小姐"名下有一所学校，为 36 个女孩提供高等或
中等教育，学生们全都住在学校。[110]

215　　　这所公寓同样是情感意义上的吸引源。一度搬去巴约讷的马夏
尔退休后回到了南城墙的公寓。马夏尔的妻子邦妮特 1813 年在巴
约讷过世，而夫妇俩两个还在世的女儿则搬来了昂古莱姆，同几个
姑姑同住；1836 年两人生在巴约讷的小女儿在南城墙出了嫁。马
夏尔的外孙女后来成了公寓的老师。公寓里还住着让娜·拉维热
里·托潘的外孙女；皮埃尔·阿勒芒·拉维热里的孙女也是在南
城墙出嫁的。[111] 1860 年，一生游历无数的洛朗·西尔韦斯特雷·托
潘在博利厄街的家中过世。[112]

　　　公寓主五姐妹都是旧制度下的人物，1768 年到 1783 年间先后
出生于昂古莱姆。1796 年外祖母玛丽·艾马尔死时，年纪最大的
让娜——"大拉维热里"——21 岁。私人记忆的历史稍纵即逝，因
而我们无法得知她对于自己外祖母的焦虑、对于当时在窗外的桑园
广场上演的一系列法国大革命事件记得几分。我们也无法得知她跟
几个姐妹同自己的外甥女和甥孙女，或者同自己的侄孙（未来的红
衣主教）谈过多少家庭往事。但在城墙上这栋公寓里，讲故事的机
会数不胜数，家族重聚也每每有之。1836 年、1851 年、1855 年和
1851 年在昂古莱姆，大让娜先后在自己的外甥女和三个甥孙女的婚
前协议上签过名，每一次签名都是信息交换的机会（正如 1764 年
一样）；每一次签名也都成了私人和公共记忆历史中的插曲。

监狱门外的血亲婚事

阿勒芒或者说阿勒芒·拉维热里（到了 19 世纪 30 年代，"拉维热里"已经成了这家人的姓）的家族历史是一个复杂的故事，交织着好几代人间的各种联系，包括那种在关于先祖、家系和血统的父系（甚至母系）历史中几乎隐形的联系：比如独身姐妹同隔一代的堂亲之间的关系，以及公寓中的五姐妹和自己的外甥女和甥孙女之间的关系等。这家人相当喜欢给女儿们起同样的名字，这种倾向也令关系变得更为复杂。弗朗索瓦丝·费朗有五个女儿的洗名都是"让娜"，马夏尔有三个女儿都叫"弗朗索瓦丝"（有受洗时起的，有后来改的），马夏尔的姐妹让娜（·玛丽耶特）的女儿也叫这个名字。[113]

但在各种错综复杂的关系中，有一桩婚事却决定了这个家族 19 世纪历史的走向。婚事的男方和女方的都是弗朗索瓦丝·费朗的孙辈，结婚的地点——当然，在阿勒芒和费朗两家人后革命时期的一系列旅程中，什么惊人的事都可能发生——在奥布省（Aube）一个荒村的一座最高设防的监狱门外，距离西南面的昂古莱姆有 600 公里之遥。

第一帝国时期，让娜·玛丽耶特·阿勒芒·拉维热里·托潘和丈夫洛朗·西尔韦斯特雷·托潘两人的生活颇多动荡。在 1802—1804 年的教育改革期间，这位曾经师从大卫·勒鲁瓦的昂古莱姆设计教授丢掉了教职。西尔韦斯特雷一度受雇于夏朗德省；1804 年 12 月，拿破仑在巴黎加冕为皇帝并接受祝圣，1805 年 2 月昂古莱姆为新皇帝举行了庆祝活动，其间，西尔韦斯特雷"主持装饰了几所中学的集会室"。[114]和自己在昂古莱姆的后继保罗·阿巴迪一样，直到旧秩序复辟大兴土木时，他才终于端上了铁饭碗。

1810 年，让娜和西尔韦斯特雷在寄回昂古莱姆老家的代理授权上签了字——1811 年 3 月让娜的五个姐妹就是靠着这份授权买下了城墙上那栋房子——根据这份文件，夫妇俩住在默兹省（Meuse）巴苏欧奈（Bar-sur-Ornain），该市镇早先和后来都叫巴勒迪克。（由于《拿破仑法典》对已婚妇女权利的限制，为实现家族财产转移，让娜和巴约讷的约瑟芬的丈夫也需要签名。）根据当时的记录，西尔韦斯特雷是"默兹省及该省乞丐收容所的建筑师"。[115] 1808 年，皇帝发布了一道称为"根除乞讨"的法令，称"帝国全境要禁绝乞讨"，法国各省都要在一个月内启动收容场所的建设工作——如我们所见，昂古莱姆也不例外。[116] 随后，全国掀起建设狂潮，西尔韦斯特雷也得以在默兹省开始新的职业生涯。

1817 年，西尔韦斯特雷已经在邻省奥布站稳了脚。他成了法国最出名的一所监狱的建筑师；他信上的抬头是"政府建筑师、克莱尔沃（Clairvaux）公共机构工程负责人"。克莱尔沃中央楼位于法国东部林间的维尔苏斯—拉弗尔泰村（Ville-sous-la-Ferté），是一座戒备森严的监狱，原址是一座西多会修道院。1808 年起，监狱照着当时流行的新古典主义纯白风格进行了重建。西尔韦斯特雷和让娜就住在监狱里，从 1817 年一直住到 1832 年，之后 25 岁的儿子夏尔顶替了父亲的位置。（当时夏尔已经是一名建筑师，而十年前他还在昂古莱姆那所短命的皇家海军学院念书。）[117] 监狱档案处收藏着上百幅西尔韦斯特雷的方案，有墙和铁栅栏、绿叶掩映的林间空地和工坊，还有为女性囚徒设计的新房间。他签过许多合同，为监狱管理制订了各种详细的方案，包括如何改善医院通风、如何在监狱内再建一栋监狱关押"闹事"囚犯、如何对新入狱者或者说"新人"进行冲洗等。[118]

西尔韦斯特雷和让娜在克莱尔沃住了 15 年，其间也有一些激动人心的时刻。1820 年，监狱开始建设一座新工坊，预备组织囚徒生产意大利草帽，西尔韦斯特雷和监狱的其他一些官员负责监工，当时挖到了一座坟墓，墓主是 12 世纪的一位大主教，随葬品包括一个镀金十字架、一枚金币别针、一枚主教戒指（戒指的主人是个"手指相当粗的人"）。[119] 但绝大多数时候克莱尔沃发生的事都令人毛骨悚然。维尔苏斯—拉弗尔泰村的民事登记簿上是一连串可怕的死亡记录——仅仅 1830 年一年，监狱的围墙内就死了 143 名囚犯，最老的是一名 80 岁的第戎（Dijon）妇人，最小的是一个 18 岁的孚日男孩——每条记录都有监狱长的签名。[120] 西尔韦斯特雷甚至还见证了维克多·雨果的表现监狱生活的短篇小说《穷汉克劳德》（*Claude Gueux*）的真身的入狱。[121] 克劳德的真身 1830 年进入克莱尔沃监狱，遭其杀害的狱卒死于 1831 年。1836 年 4 月监狱长曾在一份文件中表示，小说大大夸张了牢房的糟糕条件，"对于西尔韦斯特雷先生提交的［更新］方案，我是全力支持的。"[122]

218

就是在这个凄惨的地方，弗朗索瓦丝·费朗的孙子和孙女举行了婚礼。当时是 1830 年 10 月。新娘是让娜·阿勒芒·拉维热里·托潘和洛朗·西尔韦斯特雷·托潘的女儿弗朗索瓦丝·梅洛埃，根据记录她住在昂古莱姆。新郎叫卡米耶·亚历山大·阿勒芒·拉维热里，是个职员或者说谈判文员（commis négotiant），住在里尔（Lille），是皮埃尔·阿勒芒·拉维热里和阿德莱德·夏洛特·马斯林的儿子。这是一桩堂亲之间的"第四代血亲婚姻"。双方的父母都到了场，此外还有四名见证人，分别是监狱长、监狱监察员、监狱登记员以及负责主持新古典主义重建的建筑承包商。[123]

1830 年秋天的这桩婚事——在监狱阴影下的这一血亲间的结合——最终为阿勒芒·拉维热里家族 19 世纪的命运奠定了基础。这对年轻夫妇的女儿玛丽·路易丝·阿勒芒·拉维热里后来成了城墙上那栋公寓里五个姨祖母的继承人。1851 年她在昂古莱姆结婚，在南城墙签署的婚前协议为后来成立（最终破产的）称为"波泰—拉维热里银行"的家族企业奠定了基础；玛丽·路易丝·阿勒芒·拉维热里自己的女儿则嫁入了奥斯曼男爵乔治·欧仁（Georges-Eugène，Baron Haussmann）的家族、走进了拿破仑三世的第二帝国的政治精英圈子。

第八章
经济生活史

经济时间和经济史

尽管有些不可思议，阿勒芒·拉维热里一家却成了一部经济变革历史中的主角。18世纪90年代的法国大革命的政治历史中（乍看之下）没有这家人的位置，因为当时这些人的生活不是太过平淡就是太不为人知；19世纪的经济历史中也没有这些人的位置，因为此时他们的生活有着太多的动荡不安。关于这些人的婚姻和各自迥异的命运有着太多的信息；很难把这些人当作一部大历史中的角色看待。在我们所熟悉的历史研究框架下，政治时间每一刻都在变化；经济时间的步子则相当缓慢，其前进是以长期的经济发展的过程和中期的工业（和农业）循环为度量的。[1]

阿勒芒·拉维热里一家的经济生活就是放在现代过渡期这段有序的历史中也有些格格不入。这家人相当发达（至少其中一些发达了起来）。但其发达同现代工业没有什么关系，在严格意义上，这家人从事的甚至不是20世纪经济历史定义的"具有经济属性"的活动。社会和历史学家弗朗索瓦·西米昂（François Simiand）曾基于 1866 年的人口普查数据对就业和社会变化进行过一项研究，他发现那些"部队、行政性公共服务、文科和家庭服务"等部门的从业者"明显不在我们想要考察的对象之列"——换言之，即不在"具有经济属性的积极人口"之列。[2] 正是在这一所谓的非经济的经济领域——在 19 世纪中叶的几十年间，1,500 万的总劳动人口中属于这一领域的大约有 300 万人——阿勒芒·拉维热里家族的人们开始寻求各人的发展。[3]

经济变革的历史必然具有某种目的论特质。这是一个关于沿革的故事——一个站在终点进行考察的故事。这是一个鼓舞人心的故事：经济在漫长的 19 世纪间大幅扩张，人的生活环境显著改善，预期寿命也有了提高（尽管依然参差不齐）。但这也是一个已经讲过许多次的故事，而多数的讲述都是从本身就在扩张的各大产业（西米昂意义上的积极经济或者说生产性经济）的视角出发的。而衡量这些产业的又是当时的人，或者说这些产业本身。（早年亚当·斯密所谓的"常常不乏各种浮夸记录的公共登记簿"就是这样的例子；而"女人"的活动常常被其排除在外。）[4]

阿勒芒·拉维热里一家做过一系列经济抉择，而其经济活动在当时的登记簿上常常仅有大略的记录，在后来的经济变革历史中也几乎无足轻重。这些人谋求职位、支付利息，试图利用公共政策致富。他们对未来的想象也是基于自己的经济生活，比如 1791 年艾蒂安承诺在 12 年内分 12 期支付房款，他的 5 个女儿的多笔抵押贷款也是类似的情形。这是作为（利益最大化）主体的个人的微观经济时间。但后文将表明，这些人的经济生活历史将导向 19 世纪经济的诸多陌生领域，将提出关于现代经济历史的一系列陌生问题。

这一微观—中观—宏观历史的研究角度一直是以最明显、最易获取的个体人生证据为起点进行追踪的，不论证据导向何处。这一探索不仅展现出多种分辨率或者说历史思考尺度，也呈现了许多不同的变革节奏。[5]考察阿勒芒·拉维热里一家人的历史（也即玛丽·艾马尔母系族人的历史，或者说 1764 年婚前协议中那对新人的家族历史）可以发现，与扩大家族的分支对应，其经济生活也形成了三大分支或者说版块。首先是财税部门及部队，在这两个部门就职的主要是马夏尔·阿勒芒·拉维热里的子女，各人职位的稳当程度各异。其次是距离 18 世纪的阿勒芒·拉维热里和费朗家族极度遥远的银行和信贷部门，在这两个部门寻求发展的主要是前发饷官皮埃尔·阿勒芒·拉维热里的子女。最后是教会这一庞大的经济体，正是在教会当中，马夏尔的孙子夏尔·马夏尔·阿勒芒·拉维热里成了全部子女、孙子孙女和曾孙曾孙女当中最成功的一个。

　　一直到 19 世纪 60 年代，所有这些经济活动都是围绕昂古莱姆的家、围绕南城墙上那栋房子展开的。留在昂古莱姆的五个没有出嫁的姐妹在某种意义上也成了企业家。和父亲、舅舅以及在巴约讷的妹夫一样，五姐妹也是老师，而且也拥有产业；同建筑师妹夫（以及多年前的祖父）一样，五姐妹也常常同建筑业打交道。阿勒芒·拉维热里一家凭着一纸婚前协议进入了昂古莱姆中产阶级，五个姐妹的资本或者说积蓄在其间发挥了决定性的作用；众多外甥女和甥孙女的婚事和继承事务都是五姐妹主持的。

　　在某些产业或者说经济部门，度量经济变革，尤其是基于就业和产出等国家统计数据进行度量相当困难。但这些产业却承载了数百万从业者，其间发生着无数的故事，有成功也有失败，而其经济效应更会影响国家发展的方方面面。在对阿勒芒·拉维热里一家的研究中，经济生活史这一视角导向了 19 世纪各种所谓非经济的产业，也导向了一些边缘经济事件，在其中公私之间、家庭和企业之间、资本和收入之间的界限是模糊的。这一研究是对经济史的一种补充，因为它使用同一批资料，如抵押贷款和就业登记簿、出生、结婚和

死亡（也包括职业）记录、财产清单和赊欠凭证、诉讼案件记录等，
222 用各种各样的历史习语或方法去提出多样的问题。当然，追问事实
上发生了什么同样是这部历史的核心。

经济生活史之政府部门

生于 1767 年的马夏尔·阿勒芒·拉维热里是家中第一个当上
政府官员的，法国大革命爆发后没几个月，他便进了税务部门。[6]
到了 1803 年，他和圣多明各的妻子邦妮特已经来到巴约讷，他再
度当上了公务员，在女儿阿德莱德的出生记录上，他是"国家彩票
总管"，1806 年他是"帝国彩票总管"，一直到 1826 年，先后有多
次记录重述这一事实，即他是个管彩票的官员。[7]之后他成了"卫
生部秘书"：巴约讷这座港口小镇常常有海上来的可怕疫病流行。
1838 年马夏尔的女儿伊丽莎白在巴约讷过世，当时的记录上他依然
是"卫生部秘书"，1847 年他的妹夫过世，当时的记录再度确认了
79 岁的他"卫生部秘书"的身份。[8]

马夏尔常来往的人也都属于公共管理部门和帝国机构的圈子。
一系列家庭事件——包括马夏尔和邦妮特几个子女的诞生，还有
1807 年约瑟芬结婚——的见证者都是住在巴约讷这座老镇上的邻
居，有官员，也有商人："综合权利高级主管""帝国海军行政官员""帝
国海军发饷官"等，不一而足。此外还有马夏尔的弟弟皮埃尔·阿
勒芒·拉维热里（其子卡米耶·亚历山大就是那桩血亲婚姻当中的
新郎）：他也搬来了巴约讷，加入了第一帝国时期无所不包的公共
经济；在 1809 年的一份记录上他是国库雇员，到了 1810 年他成了
总战争发饷官办公室的一名助理，1813 年他当上了发饷官办公室的
顾问。[9]

和马夏尔在革命时期昂古莱姆的见证人圈子类似，这也是一群

政治变革间的友人。马夏尔一家所住的马茹桥街（现在叫维克多·雨果街）连接了老镇和港口，超自由主义经济学家弗雷德里克·巴斯蒂亚（Frédéric Bastiat）1801 年就生在这条街上。[10] "综合权利高级主管"皮埃尔·让·奥杜安（Pierre Jean Audouin）也住在马茹桥街，他 1806 年见证过马夏尔的儿子皮埃尔出生，1807 年又见证了约瑟芬结婚。几年前在巴黎，此人曾是个热心革命的记者，还是国民公会的成员，而且属于"处决派"。[11] 他在墨西拿（Messina）当过法国副领事，后来他结束漂泊，和马夏尔一样在镇上昔日的革命地带安顿了下来：1790—1793 年，这一带一度有过许多早期宪法社团。[12]

　　巴约讷是个外省小镇，在 1806 年和昂古莱姆差不多大。[13] 但其开放程度却是昂古莱姆难以想象的：这座世界小镇靠近大海，位于阿杜尔河（Adour）和尼夫河（Nive）的交汇处，讲多种语言，南望比利牛斯山脉，海陆都紧邻法国边界线。[14] 而其社会之多元也是复辟时期的昂古莱姆所不及的。马夏尔任卫生部秘书期间，镇上在海边建了一栋新市政厅：建筑有多种功能，既是镇长办公室，又是海关办公楼，还是剧院。[15] 来镇上几年后，马夏尔已经在新环境里重新组建起了一个扩大家族。其成员包括马夏尔第一次婚姻留下的两个子女、第二次婚姻的四个子女、妹妹约瑟芬和妹夫、萨尔特的弟弟皮埃尔，还有当金匠的弟弟艾蒂安：一个远离老家各种限制的全新的昂古莱姆诞生了。

　　最终，马夏尔也亲身参与到了巴约讷的改革政治当中。1829 年，他当上了新创刊的双周报《巴约讷和半岛邮报：政治、文学、商业和海事报、司法公告和各种意见》（Courrier de Bayonne et de la péninsule: journal politique, littéraire, commercial, maritime, d'annonces judiciaires et d'avis divers）的发行人和主编。《邮报》有法语和西班牙语两种版本，刊登法国、西班牙和葡萄牙的各种新闻和消息。1829 年 10 月创刊号上的头一段文字是一首为出版自由而唱的赞歌（当时正值法国查理十世保守统治的最后几个月，西班牙和葡萄牙的许多反抗斗争也正受到镇压）：

224

> 一名记者的首要品质——除了通晓外语之外——便是诚实，而这在我们的时代更是不可或缺。决不顺从某种体系而篡改事实，表达舆论而不试图影响舆论，顺从社会公认的利益，当必须宣扬真理时放下个人的恐惧，捍卫和支持我们的自由，敢于直面不公、曝光陋习，向受压迫者提供帮助——这是一名记者在政治上应当有的追求，也是本报各位编辑会引以为己任、绝不偏离的道路。[16]

《邮报》是一份批判性的报纸，各种"驳不倒的小官"，尤其是地方执法官和村中的神父是其重点批判对象。同时，报纸号召"市政管理"要保护民众、"对抗愚昧、独断和愚蠢的骄傲"。1830 年 3 月，报纸曾大力捍卫流动小贩的权利：这些小贩走村串巷，兜售各种传记（比如"18 卷的"拿破仑将军传删节版），这些"可怜的贩子"仅能"凭其形状和颜色"分辨各卷书，"在穷人的悲惨命运中苦苦挣扎"。[17] 不过马夏尔当时已经退休了。1829 年 12 月，他辞去期刊主编一职，继任者是当地的一名官员，名叫萨米埃尔·布吕蒂斯·门德斯（Samuel Brutus Mendes）。1830 年 5 月，报社遭到查封，原因是"侵犯公共和宗教道德，侮辱国家宗教"；1830 年 6 月，马夏尔的继任者获判三个月拘禁，报纸停发。[18] 从创刊到停刊，《邮报》总共存在了不到七个月。

在进行各种冒险的同时，马夏尔也在公共管理部门建立起了一个小小的家族"企业"，家中的成员陆续成为征收直接和间接税的下级官员。三个儿子都走了他走过的路，或从事公共税收管理，或为法国守边，各人的成就不尽相同。唯一例外的是 1791 年生于昂古莱姆的女儿伊丽莎白。来到巴约讷后，她当上了音乐老师，而且一直与父亲同住，直到 1838 年过世。作为"音乐教授"，她上过《法国艺术家名录》（*Annuaire des artistes français*），还是下比利牛斯省（Basses Pyrénées）（为数不多的）艺术名人之一。[19]

马夏尔的长子莱昂·菲利普·阿勒芒·拉维热里（Léon Philippe Allemand Lavigerie）1795 年生于昂古莱姆，1817 年进入巴约讷海关，成了部门的一名编外文员。在这一庞大的国家机构中他晋升得很快，先后当过于斯塔里茨（Ustaritz）的"访问者"、巴约讷的文员或者说书记员，洛里昂附近的瓦纳（Vannes）的"助理检验官"和波尔多附近的利布林讷（Libourne）的"检验官"。1831 年他已经回到巴约讷，成了"航海总文员"；1842 年，他是马赛海关"总管"，1860 年当上了罗什福尔的"关税主管"。[20] 他的岳父也是个公务员，在巴约讷的货币大厦主持金银铜币的生产工作。[21] 莱昂·菲利普和妻子路易丝·拉特里勒（Louise Latrilhe）的一双儿女——红衣主教夏尔·马夏尔·阿勒芒·拉维热里和路易丝·拉维热里·基纳——则成了家族记忆最后的保管人和最终的敌人。

马夏尔和第二任妻子（圣多明各昔日和未来的遗产继承人邦妮特）的几个儿子的公务员之路则有着更多的坎坷。生于巴约讷的皮埃尔·朱尔·爱德华（Pierre Jules Edouard）——一度热心革命的皮埃尔·让·奥杜安还为其出生做过见证——后来进入了间接税管理部门，曾先后被派往纳博讷（Narbonne）和奥德（Aude）。在奥德省他结了婚，有了一个孩子，接着丧了妻。后来几十年间家中各种重要时刻他一次都没有到过场，1851 年，45 岁的他在罗什福尔海军医院过世，记录上说他是个税局职员，常骑着马往来于洛泽尔省（Lozère）各处。[22]

马夏尔的小儿子维克托·马梅尔（Victor Mamert）的人生甚至更为凄凉。同样进了间接税管理部门的他终身未婚，退休后搬去了朗达的一座村子，1885 年，78 岁的他在村中过世。死亡登记簿上的他"双亲身份不详";为记录做见证的是他的两个邻居,都是签不了自己名字的劳工。[23]据说他做着一点小生意(他拥有烟草销售特许),有时吹吹笛子打发时间。[24]在他死的当天,维克托·马梅尔的女房东给他的侄子、已经当上阿尔及尔大主教的夏尔·马夏尔·阿勒芒·拉维热里写了一封信,要求他"仅有的[这位]亲人"给些建议。事情有点"微妙",她写道,"毕竟我这位租客的境遇颇不稳定";她已经从他的朋友处得知:"此刻他仅有的财产就是自己的衣物、一把扶手椅,外加不多的一笔钱:15 法郎。"[25]

1847 年,马夏尔·阿勒芒·拉维热里在巴约讷为妹夫(约瑟芬的丈夫)的死亡记录签了名;过了一些时候,这位培养了好几个税务官员的父亲回到了昂古莱姆、回到了南城墙公寓。根据1851 年镇上的人口普查记录,当时这一家有 38 口人之多。包括还活着的 4 个姐妹(公寓的女教师)、让娜、亨丽埃特、弗朗索瓦丝,还有路易丝·梅兰妮(几名女性的年龄在 60 岁到 82 岁之间);住在家中的还有 83 岁的马夏尔(记录上说他是个"食息者");有五姐妹的侄子卡米耶·阿勒芒·拉维热里(就是那桩血亲婚姻的新郎)和妻子弗朗索瓦丝·梅洛埃·托潘,还有夫妇俩的女儿玛丽·路易丝和丈夫;此外还有 4 名仆人和 25 名女学生,即所谓的"寄宿生"。[26]1856 年,88 岁的马夏尔·阿勒芒在南城墙上的家中过世。[27]

失落的遗产

除了市政管理和杂志出版外,已故妻子在前殖民地圣多明各的遗产也时时令晚年的马夏尔挂心。玛丽·路易丝·邦妮特·雷蒙·圣热尔曼 1776 年前后生于圣多明各热雷米镇郊。母亲据记录是个"业主",过世于圣多明各(当时邦妮特年纪还小),父亲则和许多流亡者一样死在了费城。1797 年她已经来到波尔多，接着又去了昂古莱姆。1813 年她在巴约讷产下第六胎，不久后死于生产后遗症。[28]

在签署于昂古莱姆的婚前协议中，邦妮特提到了那久已失落的富裕往昔："自己可能继承的所有……也包括其他一切"——一重许诺，或者说一种记忆。[29] 1804 年海地宣布成立共和国，到了 1813 年，法国业主已经完全失去了圣多明各。1825 年，法兰西的新国王查理十世发布了那份臭名昭著的法令：承认"圣多明各岛法属区域现有居民"的"独立"，作为交换，法国要求其支付 1.5 亿法郎，"作为对申请赔偿的前殖民者的补偿用款"。（法令是在杜伊勒里宫签署的，1791 年查理十世的兄弟路易十六从宫中逃离后，包括莱昂纳尔·罗班在内的 6 名专员一度受当局委派接管了宫殿。）[30] 为讨要这笔"海地赔偿金"，法国出动了 13 艘军舰，巨额赔款的重负在海地人民肩上压了 120 余年。[31]

1825 年 4 月的法令签发后，众多殖民者——包括（后来的法律语汇中的）"其各种继承人、受赠人、捐赠人和受让人"——纷纷开始进行索赔和反索赔，围绕早已不存的堂区各种早已毁坏的登记簿也启动了一系列调查，一时闹得沸沸扬扬。[32] 当时的调查记录显示，一个姓拉维热里的"业主"1819 年在一版殖民者的早期宣言上签过名，邦妮特的鳏夫马夏尔·阿勒芒·拉维热里也积极参与了始于 1825 年的这场大戏。[33] 当时成立了一个全新的委员会，职责是分配"可供赔偿圣多明各前殖民者的款项"；从 1828 年到 1833 年，涉及 1,000 余名业主及家庭的各种详细的索赔记录、协议、公证人文件、支付记录以及姓名的正字最终填满了整整六卷四开本的登记簿。[34]

就在同一年，马夏尔就公共记录的认识论发表了自己的见解："民事登记的记录中样样事都很严重、很危急、很紧要，所以记录中的全部表白都应当与最确切的事实保持一致。"这段话出自巴约

讪 1826 年 9 月的出生登记簿，写在一页纸的页边，是在马夏尔的
要求之下添注的，内容是对巴约讪一处法庭判决的复述：马夏尔想
要统一已故妻子教名的多种转写，同时修正之前的五条记录（包括
妻子的死亡记录及夫妇俩四个子女的出生记录）。[35]

　　马夏尔和他的律师解释道，这些记录把邦妮特的名字写成了
"玛丽·路易丝·菲律宾·艾梅·邦妮"（Marie Louise Philippine
Aimée Bonne），而事实上她的名字是"玛丽·路易丝·邦妮特"（Marie
Louise Bonnite）。两人写道："错误从何而来不难看出"；"菲律宾"
是她母亲的名字，而"艾梅"是个姓，打小人们就这样叫她；之所
以叫她邦妮，"仅仅是为了把'邦妮特'这个她在圣多明各得的名
字转写跟翻译成法语"。马夏尔补充道，不管怎么说，虽然要修改
妻子在记录里的名字，但他眼下提供不了证明两人婚姻的原始文件，
因为文件都在昂古莱姆。最终法庭判决：可以进行修正——为了实
事求是，也为了避免"未来［对涉及的子女］造成不便"。[36]

　　马夏尔操心劳力，最终却收获甚微。漫长的分配工作进展到
最后一年，这家人的索赔终于有了说法。根据委员会的结论，皮
埃尔·朱尔·爱德华和维克托·马梅尔，还有两人尚在世的两个
姐妹夏洛特·于尔叙勒（Charlotte Ursule）和阿德莱德（Adelaide）
是母亲的共同继承人，这位"前业主"产业在海地最西端的圣母
玛利亚角（Cap Dame-Marie），是一片名叫丰—克莱门特（Fond-
Clement）的可可种植园。1832 年 7 月 1 日，四人每人领到了
1,710 法郎。[37] 就算按照昂古莱姆流散人员的标准，这也谈不上什
么丰收。那位 1772 年勉强算识字的外科大夫的女儿也在 1832 年确
认的继承人之列，这位大夫 1772 年曾同在昂古莱姆当舞蹈教师的
父亲通信，谈到另一笔可能继承的遗产。[38] 舞蹈教师的孙女玛丽·路
易丝·勒福尔·拉图尔（Marie Louise Lefort Latour）从海地赔偿
金中分得了 19,806 法郎。[39]

夏洛特·于尔叙勒的婚前协议

阿勒芒·拉维热里家族中和南城墙上的公寓里依然长久存留着继承失落遗产的预期。马夏尔和邦妮特的女儿夏洛特·于尔叙勒1810年生于巴约讷，母亲死后她搬来了昂古莱姆，和几个姑姑同住。她认识了一个名叫皮埃尔·奥古斯特·亨利·拉库拉德（Pierre Auguste Henry Lacourade）的年轻人，此人和她父亲革命年代的旧友同名，同时也是这位纸厂主的继承者。（1796年在萨尔特，这位见证了政治变革的友人皮埃尔·奥古斯特·亨利曾在皮埃尔·阿勒芒·拉维热里的结婚记录上签过名，1801年在昂古莱姆，他又先后在马夏尔·阿勒芒·拉维热里和让娜·拉维热里·托潘的结婚记录上签过名。）[40]小皮埃尔·奥古斯特的另一位舅爷当年也是镇上的一个革命角色——那位护宪的主教皮埃尔-马蒂厄·茹贝尔是他祖母的兄弟。[41]

和同名的老皮埃尔·奥古斯特·亨利一样，小皮埃尔·奥古斯特·亨利·拉库拉德也是个纸厂主，他住在昂古莱姆镇外的拉库拉德（La Courade）家族纸厂，纸厂位于造纸小镇拉库罗讷，玛丽·艾马尔的外祖父1682年就是从这座小镇迁来昂古莱姆的（当时他还是个制鞋学徒）。纸厂原本属于拉库罗讷修道院，是小皮埃尔·奥古斯特的叔祖父在国家财产市场上买下来的。1836年春天，皮埃尔·奥古斯特和夏洛特·于尔叙勒订了婚，同年6月，在五个姑姑南城墙上的公寓里，两人立下了婚前协议，四天后，这对新人在昂古莱姆成婚。照着家族传统，婚前协议上留下了一大批亲戚朋友的签名：总共有54个签名，其中拉维热里11个、托潘3个，还有16个女孩的签名：字迹工工整整，透着孩子气。[42]

同1801年的母亲邦妮特和1764年的祖母弗朗索瓦丝·费朗一样，夏洛特·于尔叙勒也在婚前协议中许下了一笔尚待找寻的财富。

写进婚前协议的包括"其一切财产和权利，包括已经获取的和尚待获取的"，换言之包括她"生于圣多明各热雷米区、似乎在当地拥有相当可观的财富"的母亲的遗产。[43]甚至在1832年确定了并不丰厚的补偿方案之后，这家人依然在盼望着某笔财富。

但夏洛特·于尔叙勒的婚前协议最突出体现家族传统的地方却在于其对表亲和几个姑姑的资本的信心。女方财产最重要的组成部分来自另一项承诺，承诺者是公寓中没有出嫁的五姐妹。婚前协议中的主要人物至少有九人：女方、男方、女方的父亲、男方的母亲，还有女方的五个姑姑。让娜、让娜·朱莉、亨丽埃特、弗朗索瓦丝和路易丝·梅兰妮·拉维热里"为了表明自己（对外甥女）的爱"，愿将死时留下的财物、家具和地产的三分之一赠予外甥女，"从而确定其为五人该部分财产的完全继承人"，并承诺"绝不收回"赠予。[44]皮埃尔·奥古斯特是个富有的厂主，而正是凭着可能重获的失落的遗产和五位女教师的积蓄，新娘夏洛特·于尔叙勒才站到了与之门当户对的位置上。

现代

19世纪中期的昂古莱姆镇没有多少产业，却相当繁荣。在阿勒芒·拉维热里的扩大家族中，多少算得上参与了工业革命的只有皮埃尔·奥古斯特·亨利·拉库拉德一人。夏朗德省造纸业使用的新型旋转圆桶机械化造纸系统（《幻灭》中的主人公曾在桑园广场上就此对妻子发表过长篇大论）就是他的几位叔叔及其爱国先人首次引入的。[45]他们曾荣获工业艺术铜质奖章，也曾两次被告上法庭，一次是一位邻居状告其从自己的泉源取水，一次是一些人状告其剥削劳工——而他们又反告这些人诬蔑。（这是一宗奇怪的案子：皮埃尔·奥古斯特的叔叔称自己之所以未能亲自出面自我辩护，是因为他当时碰巧注意到在法庭的公共廊座上有一些真正的工人在场。）[46]

1836 年，皮埃尔·奥古斯特带着年轻的妻子夏洛特·于尔叙勒·阿勒芒·拉维热里搬到了拉库拉德工厂。这个生产中的纸厂配备了机械化大桶、巨大的木轮和造纸工人宿舍。1841 年的人口普查记录表明，总共有 41 名造纸工人住在工厂的几栋楼里。[47] 但 1846 年，夏洛特·于尔叙勒过世了，到了 1846 年，皮埃尔·奥古斯特也已经告别了昔日的产业生活。工厂转包给了别人，皮埃尔·奥古斯特和家人一道搬来了昂古莱姆镇中心，在军械街住了下来，开始以批发商自居。[48] 1861 年他又换了地方，在南城墙上距离拉维热里姐妹的公寓几步之遥处买了一栋房子，住了下来。[49]

当时的老镇中心依然是个服务业和小商业聚集的地方。1846 年人口普查——其中还有关于玛丽·艾马尔的 5 个外孙女生活于南城墙一角的记录——中登记为拥有"职业"或"职责"的妇女有 1,126 人；其中 590 人是"用人"或"家务工"。有 112 人是女裁缝（同巴黎和维穆捷的隔代表亲的几个孙女一样），72 人是男装裁缝，63 人是散工，61 人是开店的，47 人是修女，还有 11 人是教师。妇女中有 1 个是装订工，住在桑园广场，有 1 个是锡匠，还有 1 个是牙医（是意大利人），住在城墙上，同几个外孙女的公寓相去不远。[50]

甚至昂古莱姆的结婚记录也依然令人回想起旧制度下的各行各业。1846 年全年总共有 174 名妇女结婚，其中登记了职业的一个都没有。（这是经济上极为困难的一年，"妇女"中间出现了一种"回娘家"的趋势，根据亚当·斯密的研究，18 世纪的公共登记簿也表现出类似的趋势。）[51] 当年结婚的 174 名男性当中，有 15 人是鞋匠，这是占比最大的职业（在 1764 年堂区记录中也一样）。有 11 人是散工，有 8 人是种地的；还有各种建筑业从业者，包括石匠、木工、细木工、粉刷匠、油漆匠等，共计 38 人。和 18 世纪的昂古莱姆一样，镇子和周边乡村之间也存在着持续的人员流动。新娘当中有 41 人是种地人的女儿；有 70 人生在夏朗德省内其他一些村庄和小镇。也有一些人生于海地角（Cap Haïtien）、毛里求斯、瓜德罗普，以及维罗纳（那位牙医的女儿）。[52]

与此同时，阿勒芒·拉维热里一家生活的环境中也充满着经济变革。再过不到 20 年，声明自己职业的女性就多得多了：1864 年（弗朗索瓦丝·费朗和艾蒂安·阿勒芒订立婚前协议后一个世纪）镇上共有 188 名妇女结婚，其中 120 名登记了职业。最多的依然是女裁缝或者洗衣妇（lingères），总共有 24 人；此外还有 20 名厨子和 18 名男装裁缝。新娘当中从事制衣、食品或家政行业的共有 90 人。但此外也有 10 人是造纸工人，6 人是散工，还有 2 人是女工。其中还有 1 名女画匠，她丈夫也是画匠，父亲是个平版印刷工。188 名新郎中有 11 人是石匠（是占比最大的职业），有 10 人是种地的，有 7 人是木工，鞋匠只有 4 个，另有 3 人是税务部门的雇员。在工业消费逐渐发展的当时，新郎当中也出现了铁路员工（共 4 人）、摄影师（共 3 人）、平版印刷工（1 人）、电报局雇员（1 人）等，甚至还有 1 名"金属布织工"。[53]

当时人们对各种新产业已经习以为常：从南城墙远眺，地平线上可见新建的昂古莱姆至波尔多铁路，更远处还有巨大的皇家炸药厂。五姐妹在城墙上的邻居所从事的职业在她们小时候（18 世纪 70 年代和 80 年代）的昂古莱姆是无法想象的。1846 年马尔谢街（从前的绿钟岛）的人口普查记录上登记了 1 名"铁路雇员"；此外还有 1 名"电报局雇员"和 1 名"瓦斯厂雇员"。桑园广场上 1846 年住着 1 名平版印刷工，1861 年住着 1 名摄影师。[54] 五个姐妹的侄子卡米耶 81 岁那年从勒芒前往巴黎参观工业宫邮政电报亭，根据期刊《19 世纪》（Le XIXe siècle）的报道，当时他"不幸"（fait divers）遭遇扒手，丢了钱包，包里有五张钞票，几封信，还有他的选举人证。[55]

经济生活史之军队

在公共税收管理之外，19世纪庞大的军事部门也为阿勒芒·拉维热里一家提供了一片发展的天地。18世纪90年代，昂古莱姆开始了大规模动员，当时马夏尔·阿勒芒·拉维热里已经结婚，有了自己的小家，还当上了收税员。大革命到第一帝国期间，战争的经济影响——征兵、采购、各种薪饷、制服，还有一系列全民动员令——波及了法兰西全国上下每一个人。马夏尔也不例外：他有一个兄弟加入了夏朗德省的部队，他未来的妹夫还随军开进过意大利。在第一代堂表亲中，加布里埃尔有三个儿子参了军，包括在明乔河战役中不幸负伤的皮埃尔·亚历山大；让-巴普蒂斯特尚在世的一个儿子后来成了帝国卫队的持矛轻骑兵，他的女儿则嫁给了圣多明各的一名中队长。

在从军队向军事财政管理的过渡中（包括战后进一步进入财政管理部门），家中最成功的当推马夏尔的弟弟皮埃尔·阿勒芒·拉维热里。1796年在萨尔特结婚时他在军中任上尉，1797年长子朱尔·艾蒂安·西皮翁（Jules Etienne Scipion）出生时他是"发饷官"，1799年卡米耶·亚历山大出生时，他已经当上了萨尔特省首府勒芒的"省雇员"。[56]半岛战争*期间，在人员和物资都受到战争影响的巴约讷，皮埃尔受雇于军需部长（"部队发饷总管"）的办公室。[57]和莱昂纳尔·罗班那位来自安德尔省的贪婪兄弟及莱昂纳尔那位革命同僚雅克·皮埃尔·布里索一家——布里索的兄弟在布尔

233

---

* 发生在1808—1814年的伊比利亚半岛，交战双方为拿破仑治下的法国与英、西、葡三国。

日（Bourges）为"部队发饷总管"办公室工作，儿子在巴约讷的帝国海关工作——一样，他也是漫长的革命时期最庞大的经济体，换言之，是大战这门生意的一员。[58]根据1842年一项研究的估计，1795年共和国军队有参战者959,230员，1812年帝国军队有参战者879,416员；这些士兵需要领饷、穿衣、吃饭、登记，还需要在欧洲和世界各地往来。[59]

　　在家族生活中，部队经济长期占据着一席之地。让娜的丈夫、在军中当过绘图师的洛朗·西尔韦斯特雷·托潘1800年为昂古莱姆设计了一根黑色大理石柱，"纪念我们勇敢的军队"；人们预备把柱子立在博利厄街看台上（多年后西尔韦斯特雷·托潘就是在这条街上过退休生活的）。[60]他和让娜的儿子夏尔一度在昂古莱姆接受过（短暂的）海军教育，成为建筑师后夏尔在上马恩省（Haute-Marne）各地奔走，主持工程。1836年他修复了一座石桥，建造了一条（有缺陷的）水槽，还参与过一些罗马风教堂的修复；他给自己的女儿起名叫"玛丽·安托瓦内特"。[61]夏尔·西尔韦斯特雷·托潘的长子路易1862年在枫丹白露新成立的帝国卫队持矛轻骑兵团任下级军官（后来他成了农业进步保险公司的一名监察员）。[62]次子亨利受雇于法军电报局，还是镇压了巴黎公社的"凡尔赛军"的一员，而且曾因在"1871年内部斗争"中的出色表现获得过表彰。[63]

　　军旅生涯最为惊险刺激的是海关官员莱昂·菲利普·阿勒芒·拉维热里的几个儿子。海关部门本身就是一个半军事化的机构，在利布林讷和巴约讷应当称为半海军化的机构，在各种公共机构当中，海关的雇员规模之大仅次于军队，而且有专门的精美制服。[64]莱昂·菲利普和路易丝·拉特里勒1824年结婚，当时做见证的包括一名退休海军雇员和军队食品供应部门的一名雇员。[65]夫妇俩的子女是在大西洋和地中海边的几座港城长大的，三个儿子（包括那位后来的红衣主教）都曾随法军出征海外，也都曾因此获得荣誉军团勋章（Légiond'honneur）。但随着军队和海军离家走得最远的是夫妇俩的两个小儿子：皮埃尔·费利克斯（Pierre Félix）和莱昂·贝尔纳（Léon Bernard）。

皮埃尔·费利克斯·阿勒芒·拉维热里 1828 年生于（巴约讷）圣埃斯普利（Saint-Esprit）。1846 年他加入第十猎骑兵团，成为一名士兵，1849 年当上中士，1859 年成为中尉。1865 年他加入外国军团，1865 年到 1867 年期间曾参与"墨西哥战役"（或者说一场以马克西米利安一世这位受法国支持的皇帝被处决告终的侵略），1867 年到 1873 年期间参与"非洲（或者说阿尔及利亚）战役"。1867 年，皮埃尔·费利克斯获得瓜德罗普圣母墨西哥勋章，并获准佩戴外国勋章。1872 年，在阿尔及利亚驻防镇穆阿斯凯尔（Mascara）任上尉的他受封荣誉军团骑士。1873 年他退役，回到了昂古莱姆附近：他的地址是已故姑父的纸厂"拉库拉德工厂"。[66] 几年后，他搬去了朗达的海滨小镇卡布勒通（Capbreton）。1882 年，54 岁的皮埃尔·费利克斯在巴约讷军队医院过世。[67]

奇遇更多的是莱昂·菲利普最小的儿子莱昂·贝尔纳。他生于 1837 年，加入海军时还很年轻。23 岁时他已经是"帝国海军第二等药剂师"，当时他同父亲一道住在夏朗德省湾区的罗什福尔海军军械区——100 年前卡宴惨剧中的人们就是从这里启程去往法属圭亚那的。1860 年，莱昂·贝尔纳娶了湾区海军圈子中的一个年轻姑娘，姑娘的父亲是个"船舶经纪人"，也就是在外国船只和法国海关各种条条框框之间充当中介的官员。这是罗什福尔海军经济体中的一桩世家婚姻；见证人除了新郎的父亲（"关税主管"）之外，还有另一位"海军经纪人"和两位所谓的"海军主任药剂师"（其中之一是新娘的叔叔）。[68]

1861 年，莱昂·贝尔纳和妻子有了一个女儿，不久之后，他就动身去了世界的另一端：这位海军药剂师被派往了法国的保护领地塔希提。在当地，他研究了本土植物的着色特性。1862—1863 年，"海军药剂师 M. L. 拉维热里"（M. L. Lavigerie）发表了《两种塔希提着色植物的研究》（Etude sur deux plantes tinctoriales de Taïti），这是阿勒芒、费朗以及拉维热里家族历史上第一篇也是唯一一篇科学论文，文章前后分两期连载于波利尼西亚法国人的官方期刊《塔希提信使》（Messager de Taïti）上；后来《海军医学档案》（Archives de médecine navale）重印了该文章，将其排在一篇关于有毒鱼类的短讯和一篇手术治疗塞内加尔海军新兵骨髓炎的报道之间。文章写得相当抒情，谈到了以沙滩桑（Morinda citrifolia）溶液染制的"美丽的血红色"羊毛，还有一种叫穆莎菲希（Musa fehi）的小型蕉，原本是"红醋栗色"，溶解于硫酸亚铁溶液后可以染制出"又美丽又牢固"的蓝色丝绸。[69]

当时塔希提岛上碰巧住着一位加拿大小说家，此人从旧金山来，预备往新西兰去。在《太平洋上的花园塔希提》（Tahiti: The Garden of the Pacific）一文中，她也谈到了莱昂·贝尔纳的群岛生活，她笔下的莱昂是个好交际的年轻人，高大英俊，还弹得一手好琴，"他已经结婚，妻子是家中的独女，因而父母不许她跟着丈夫离开法国来到这么远的一个国家：就算只有几个月也不行"。然而"所幸年轻的丈夫很爱自己的妻子"，三句话不离妻女，他有好些军官朋友都在海滩上搭小木屋娶"当地妻子"，但莱昂·贝尔纳从未经受不住诱惑。他常骑着一匹灰马巡行全岛，不时与人共作二重奏，乘船去离塔希提海岸几英里远的火山岛莫雷阿（Moorea）做短途旅行时还不忘带上自己的钢琴；"他是个漂亮的年轻人"，而且"时刻预备着——用他的话说——找点儿乐子"。[70]

1865 年，莱昂·贝尔纳回到罗什福尔，1866 年，他也成了荣誉军团骑士。[71] 接着，他辉煌的职业生涯转了个不可思议的弯。翌年他最小的孩子出生时，莱昂·贝尔纳已经离开了海军，搬到了远离大海的温泉小镇维希（Vichy），其身份也成了"顾问医师"。[72]当时他 30 岁。一年过后，1868 年，"拉维热里博士、荣誉军团骑士、维希水疗顾问医师、多个科医学协会成员"出版了一本 351 页的书，题为《维希矿泉水医疗指南》（*Guide médicale des eaux minerales de Vichy*）。[73]

该书一半是为"维希的古老声誉"作的辩护——基于"将近 20个世纪的经验"，也基于"其宏大而无可指摘的温泉机构设施"，一半是针对各种新生医疗广告发的怨言。莱昂·贝尔纳于 1868 年写到，在"日益增长的信息传播可能性"和"时髦"与"投机"的影响下，一大批温泉疗养地正如雨后春笋般涌现：

> 在如今泛滥于全法国的各种广告和旅游指南的加持下，迄今为止全然不为人知的许多温泉一夜成名。没有哪一滴多少有几分矿物质的水不被宣传成可以包治百病！[74]

接着作者总结，需要表明的不是维希矿泉真能治病，而是"其如何能治病"。秉承着当年研究塔希提野生桑树时的那种科学精神，他对引发消化疾病的各种场景性、伦理性和倾向性原因进行了探索。他参考了沙尔科（Charcot）和克劳德·贝尔纳（Claude Bernard）的最新研究，又引证了自己医治患者的经验：包括一个"甚至一丁点马铃薯"都不能沾的妇人、一个"哪怕只吃一颗樱桃也会导致严重消化不良"的少女，还有许许多多"萎黄病弱的少女"，经过治疗都"恢复了气色、精力和活泼"。[75]

1871 年 10 月，34 岁的莱昂·贝尔纳在维希过世。[76]当年那位静不下来的塔希提友人朵拉·霍特（Dora Hort）后来写到，几年后在阿尔及尔，她认识了莱昂的兄长红衣主教，这才了解到"其所以英年早逝的全部细节"。根据这位红衣主教的说法，作为医生，莱昂·贝尔纳"人气很高，而且相当成功（当然，这都是他应得的）"。但"不幸的是他对自己的身体却不怎么上心，一次外出打猎，他患上了严重的伤风，后来竟一命呜呼"。[77]

　　莱昂·贝尔纳年轻的寡妇回到了罗什福尔，回到了旧日的海军经济体圈子。十年后，两人的女儿——就是莱昂·贝尔纳在塔希提时常常谈起的那个小姑娘——在当地结了婚。新郎是部队的一名现役军官，又是"海军医疗助理"。见证两人结婚的依然是海军部门的人们：包括一名海军主任药剂师，是新娘的堂兄；一名退了休的海军主任医师，也是新娘的堂兄；一名海军主治医师，是新郎的堂兄；还有一位护卫舰舰长，是新娘的叔叔。[78]一家人依然住在夏朗德省湾区的军械街。[79]

第九章

家族资本

经济生活史之银行和包装业

到了 1848 年，阿勒芒·拉维热里家族已经在银行业站稳了脚跟；这些人已经成了西米昂所谓的"具有经济属性的积极人口"的一部分，具体来说属于称为"运输信贷等类"的经济生活分支。[1] 从大革命到拿破仑帝国几十年间的经济动荡期——在此期间大让娜拥有了一间店，而五姐妹也积累了足够的资本或者说信用，得以买下城墙上那栋房子——是 19 世纪银行业的奠基期。[2] 18 世纪昂古莱姆那场一度带来极大焦虑的信贷危机在后世眼中成了法国现代金融历史上的转折点。杜尔哥就此事写作的倡导金融市场自由的备忘录——用奥地利一位财政大臣的话说——"可谓大获全胜"。（和法国经济解放史上的众多成就一样，这一胜利也是在法国大革命最初几个月取得的。）[3] 正是在这一自由放任主义下全新的经济环境里，玛丽·艾马尔家族的人们，至少是其中一些人，成了业主和食息者。

这一扩大家族初进银行业就取得了成功。这也是军队经济自然

转型的结果。1764 年婚前协议中那对新人的次子皮埃尔·阿勒芒·拉
维热里先是参了军，之后进入管理军队开支的部门，最终成了商业
会计。巴约讷战时的繁荣结束后，他回到了勒芒，同萨尔特的妻子
一家团聚；妻子的两个兄弟一个是镇上的"间接税主管"，另一个（德
卡迪·蒙大拿·马斯林）是勒芒的商人。[4] 皮埃尔成了萨尔特的商
业和银行企业"托雷兄弟公司"的一名出纳。他在勒芒镇中心的多
雷街安了家，两个儿子西皮翁和卡米耶也步父亲的后尘从了商，先
后当过商业文员和旅行推销员。[5] 1834 年，64 岁的皮埃尔·阿勒芒·拉
维热里在勒芒过世，当时他依然是托雷公司的出纳。[6]

　　皮埃尔的长子西皮翁·拉维热里成了家族银行业的创立者。19
世纪 30 年代的勒芒正在步入商业和产业持续扩张期。1841 年，西
皮翁头一次被列入了商业地址簿《菲尔敏−迪多》（Firmin-Didot），
名字登入了勒芒区部；同年，托雷兄弟确认自己身份为：银行家、
重点关注苜蓿的种子商人、纺织品制造商以及半成品布料洗涤专
家。[7] 1832 年，35 岁的西皮翁娶了当地一名布商的女儿（新娘当
时 16 岁，父母双亡，而且三年后她就过世了），与此同时，西皮翁
开始在勒芒和周边乡村地区经营包装和讨债的生意。[8]

　　1841 年，《菲尔敏−迪多》把西皮翁和名叫阿拉尔（Allard）的
合伙人列为"银行家"；阿拉尔是一名制造称为"包装帆布"的粗
布的商人。西皮翁后来成了制造这类"商业包袋"的专家。[9] 1842
年出现了"阿拉尔、拉维热里和杜默茹"公司的记录，三名商人制
造"各种各样"的包装布料，也生产"各类包袋"；三个人也是银行家，
开着折扣品商店，还帮人讨债。到了 1849 年，"拉维热里和杜默茹"
的身份已经包括勒芒银行家、布料批发商和包袋制造商。[10] 两人成
了一对重要的合作伙伴，1850 年两人曾因"三封寄往南特三间商业
公司、内含总值 14,000 法郎的账单、已有记录和登记的信"寄失而
将勒芒邮政局长告上法庭，但最终败诉。[11]

当时西皮翁·拉维热里已经成了镇上的公众人物。"勒芒的制造商西皮翁·拉维热里先生"1840 年曾向空想社会主义者路易·布朗（Louis Blanc）创立的共和主义期刊《进步评论》（Revue du progrès）提供过一系列统计表格，以表明当局对亚麻和大麻纤维课税过重。[12] 1842 年一份支持比利时自由贸易的请愿书上留下了他和父母的签名：波尔多商会正在对无国界贸易大唱赞歌（同时反对指挥着"海关官员的军队"的"禁令主义实业家"），这份请愿就是商会当时重印的。[13] 西皮翁同寡居的母亲一道住在市政厅广场（此时已经更名为"共和国广场"）。他是勒芒商业法庭的审判员（主持法庭的是父亲的旧雇主托雷）；1849 年时西皮翁还是镇长助理。[14]

皮埃尔·阿勒芒·拉维热里的次子卡米耶成为银行家的路更为曲折。1830 年（在奥布监狱门外）结婚时，他是里尔一名商人的职员，当时正值法国北部纺织工业蓬勃发展的时期；在里尔从事纺织品制造的福希耶（Fauchille）家族成了 19 世纪这家人为数不多的长年朋友或者说保护人之一，阿勒芒·拉维热里家族好几代人的各种家庭节事都留下了这家人的签名。[15] 1833 年，卡米耶的一对双胞胎女儿在昂古莱姆出世，当时他是个旅行推销员。[16] 他和妻子弗朗索瓦丝·梅洛埃在昂古莱姆和勒芒之间两头跑，这样的生活持续了约有 50 年。1833 年他在勒芒参加过西皮翁的婚礼，1836 年他在南城墙上的家中参加过堂妹夏洛特·于尔叙勒的婚礼；1840 年在堂妹的死亡记录上签字时，他是个住在昂古莱姆的商人或者说批发商；1844 年起，他进行了一系列协商，最终买下了城墙上几个姑祖母隔壁的房子。[17]

1848 年的革命标志着卡米耶公共生活的起点。新成立的临时政府最早的一批法令之一确立——其之前一项法令为宣布法国领土上不应存在奴隶（1848 年 4 月法令落实，正式废除了奴隶制），其之后一项法令为确定建立储蓄银行体系（"在一切的财产中最为神圣

240

241 不可侵犯的就是穷人的积蓄"）；该法令旨在建设国家贴现银行体系，在巴黎和所有"工商业城镇"设立网点。鉴于"今日私人信贷渠道存在相当多的问题"，换言之，鉴于 1848 年初发生的严重财务危机，贴现银行法令呼吁展开一系列公私合作。[18] 一个月后，"1848 年 4 月 7 日"，卡米耶·亚历山大·阿勒芒·拉维热里接受"临时政府财政大臣任命"，成为这一新系统的地方分部"国家贴现银行昂古莱姆镇分行"的主管。[19]

根据镇上的一位编年史家（就是那位曾对 1793 年在主教堂圣坛上扮演理性的年轻姑娘进行过刻薄评价的饶舌者）的说法，卡米耶的晋升在昂古莱姆获得了热烈欢迎。根据其记录，1848 年初镇上有过一棵自由树，但革命已经不再迫近。1848 年 4 月，新成立的昂古莱姆国家贴现分行已经有了 547 名股东，股东们对卡米耶获任主管表示了确认："商业代表拉维热里先生素来享有令名，有着公认的商业天资，以 278 票获任主管……这也令人们对分行的成功信心大增。"[20] 分行办公室设在小圣西巴尔广场，距离 1764 年 12 月人们为卡米耶祖父母的婚前协议签名的地方不过几步之遥。卡米耶已经成了一个有钱人，或者说至少成了一个存着钱的人；根据分行的章程，主管至少需要持有 100 股，每股价值 100 法郎。[21]

玛丽·路易丝的婚前协议

1851 年，昂古莱姆的南城墙见证了一场新的家族签名盛会：来了一大群叔叔伯伯、堂表亲戚和字迹工整的女学生，这群签名者却变成了一重凶兆——就像《睡美人》故事中的洗礼一样——预示着即将临头的麻烦。当时是玛丽·路易丝·阿勒芒·拉维热里（卡米耶·阿勒芒·拉维热里和弗朗索瓦丝·梅洛埃·托潘的子女当中唯一长大成人的一个）结婚，新郎名叫让·亨利·波泰（Jean Henri

Portet），是昂古莱姆商业法庭一名管登记簿的文员。波泰是在昂古　　242
莱姆西面的一座村子里出生的，据记录是一名"业主"的儿子。在
19 世纪的扩大家族中，他是与乡村经济走得最近的；他的祖父是个
农民，外祖父是个石匠。[22]婚前协议是在"国家贴现银行分行酒店"
签署的，根据记录，此地就是"拉维热里先生和太太的寓所"。[23]

　　1836 年夏洛特·于尔叙勒结婚后，城墙上公寓里的一大家子人
慢慢地少了。公寓主五姐妹中排行第二的让娜·朱莉·阿勒芒·拉
维热里 1838 年在昂古莱姆过世，将自己的一份财产留给了三个侄
女：马夏尔的一双女儿夏洛特·于尔叙勒和阿德莱德，还有让娜的
女儿弗朗索瓦丝·梅洛埃。经过这次继承，公寓的产权分成了 15
份，全部为玛丽·艾马尔的外孙女和外曾孙女所有。[24]但 1839 年，
35 岁的阿德莱德过世了，1840 年，29 岁的夏洛特·于尔叙勒也在
丈夫的拉库拉德纸厂过世。[25]还活着的弗朗索瓦丝·梅洛埃成了公
寓的继承人。[26]1850 年，最年长的姨母大让娜确认弗朗索瓦丝·梅
洛埃为自己的完全继承人，"我的甥孙女"、1851 年的那位新娘玛
丽·路易丝·阿勒芒·拉维热里获得了复归权。[27]

　　签署婚前协议那天，女方的父母和住在博利厄街街角的外祖母
让娜·拉维热里·托潘都到了场。有钱的叔叔西皮翁·阿勒芒·拉
维热里也从勒芒赶来了。拉维热里姐妹（女方的姑祖母）当中还在
世的四个也在场；叔祖父马夏尔·阿勒芒·拉维热里也带着自己的
纸厂主女婿和四个孙子孙女到了场。（路易丝·拉维热里和夏尔·马
夏尔——当时的拉维热里修道院长——也在四人当中；夏尔·马夏
尔已经完成了两篇关于早期基督教历史的博士论文，此时在巴黎教
授神学。）萨尔特的几位堂亲和建筑师家族托潘家的几位堂亲也到
了场。在场的还有 17 名听话的女学生，就同 15 年前夏洛特·于尔
叙勒订立婚前协议时一样：签名者总共有 62 人。[28]

　　玛丽·路易丝显然是个有钱的继承人，她写进婚前协议的包括

243 价值 6,000 法郎的个人财产和父母提供的 30,000 法郎嫁妆——是从她"未来的遗产"中预支的。男方的情况则相当不同。他声明拥有价值 6,000 法郎的个人财产（包括"家具、画作、版画及个人藏书"）和一份价值 1,278 法郎的人寿保险单。他同时声明自己有 20,000 法郎的负债。在商业法庭担任文书的他对自己职位的估价为 55,000 法郎，"因此，总计净值 42,278 法郎"。[29]

这是一次债务和期望的联姻，婚前协议的条款展现了当下和未来的债务。两人的结合遵循集体财产制度，只有"先于婚姻关系的债务"需要双方各人负责。配偶双方未来"资本收入和劳动产出"带来的"收益和积蓄"都将属于二人组成的集体。但同时，玛丽·路易丝及其未来继承人获得"保证"：无须为尚未缔结的债务负责。[30] 1902 年在巴黎处理婚前协议中男方的遗产时，同南城墙上的房子一道，这纸 50 余年前签订的婚前协议又一次为人提起。[31]

路易丝的婚前协议

四年后，1855 年，马夏尔·阿勒芒·拉维热里的孙女路易丝·拉维热里在昂古莱姆结婚，这成了扩大家族的最后一次大聚首。路易丝的婚前协议依然是在"卡米耶·阿勒芒·拉维热里先生和太太"家中签署的；在官方的结婚记录上，卡米耶是勒芒的居民。玛丽·艾马尔的孙子孙女中有三人到场：女方的祖父、88 岁的马夏尔·阿勒芒·拉维热里；马夏尔的妹妹、87 岁的大让娜；还有两人最小的妹妹、72 岁的路易丝·梅兰妮。路易丝的父亲从罗什福尔赶来了，哥哥修道院长拉维热里也到了场。31 名听话的女学生也在婚前协议上签了字：总共留下了 55 个签名。[32]

244 路易丝当时 22 岁，在昂古莱姆教书。她的童年时光大半是在马赛度过的，她家在旧港附近有一栋房子，父母的一位朋友（一位颇有学问的海关官员）曾经谈到人们常常聚在这里谈论文学、享受晚会，路易丝的母亲还不时作一首诗。[33] 路易丝的新婚丈夫加布里埃尔·基纳是在巴黎植物园长大的，父亲主理着植物园的绘画工作室；叔叔路易·夏尔·基纳是知名的软体动物学家，著有 12 卷的《活体贝类的一般物种和图鉴》（*Spécies général et iconographie des coquilles vivantes*）。[34] 加布里埃尔结婚时 24 岁，当时是奥尔良铁路派来昂古莱姆的账目检查员（奥尔良铁路雄伟的总部就位于巴黎植物园对街）。昂古莱姆的奥尔良铁路站设在先前办过海军学院的新古典主义大楼里；1852 年 10 月，后来成为皇帝的"王统"（Prince-President）路易·拿破仑到访昂古莱姆，出席了火车站的落成典礼，桑园广场随后"张灯结彩"。[35]

与玛丽·路易丝和让·亨利·波泰 1851 年签署的协议相比，路易丝和加布里埃尔的婚前协议要简明得多。路易丝有 10,000 法郎现金的嫁妆；加布里埃尔"声明自己当下没有什么可记录的资产，但他明确：未来自己获得的一切动产和不动产都属于聘礼——不论这些财产的所有权是什么情况"。[36] 五年后，这对年轻的夫妇依然在为奥尔良铁路工作，但两人已经离开了昂古莱姆，而且走得很远。1860 年，路易丝的弟弟莱昂·贝尔纳·拉维热里（那位颇有抱负的海军药剂师）在罗什福尔结婚，当时加布里埃尔也到场作了见证；在当时的记录上他是阿韦龙省（Aveyron）维勒弗朗什（Villefranche）的站长。[37]

铁路、纺织、采矿、机械等现代产业是 19 世纪经济增长的中流砥柱，而加布里埃尔最终成了阿勒芒·拉维热里扩大家族中唯一一个现代产业从业者。他 1860 年担任站长的火车站是奥尔良公司创造的奇迹之一：终结于维勒弗朗什站的铁路路线一路穿越众多古老的矿山，其建成堪称铁路工程史上一项重大胜利。[38] 但不出几年，加布里埃尔就离开了铁路：他回到昂古莱姆，加入了自己的姻亲亨利-拉库拉德家族的造纸厂，开始了全新的职业生涯。1872
年，拉库拉德工厂多了一家人："商人和造纸商"加布里埃尔·基纳、
路易丝，还有奥古斯丁·阿德卡德（Augustin ab-del-Kader），记录
上说此人是家中的用人，19 岁，生于阿尔及利亚。[39]

玛丽·弗朗索瓦丝的婚前协议

1858 年 9 月，南城墙上订立了最后一份婚前协议，当时的情景
令人忧伤。到场的人当中玛丽·艾马尔的孙辈只剩下两个——公寓
五姐妹中最年长的大让娜和最年轻的路易丝·梅兰妮。女方的祖父
马夏尔·阿勒芒·拉维热里已于两年前过世。[40] 修道院长拉维热里
到了场，勒芒的拉维热里-波泰一家也来了；还有两人是托潘 / 西
尔韦斯特雷的堂亲，听话的女学生没有了，朋友也很少。签名者总
共有 40 人：按照这一扩大家族的标准来看不算多。

女方是已故的夏洛特·于尔叙勒·阿勒芒·拉维热里和纸厂主
丈夫的女儿玛丽·弗朗索瓦丝·亨利·拉库拉德，男方名叫亚历克
斯-亨利-埃瓦里斯特·布兰伯夫-迪拉里（Alexis-Henry-Evariste
Brinboeuf-Dulary），24 岁，是昂古莱姆的一名商人。构成协议主
要部分的是一份资产清单。亚历克斯-亨利-埃瓦里斯特声明"其
生意账面上有 40,000 法郎——他也已经向亨利·拉库拉德小姐和
她的父亲提供过证明"。玛丽·弗朗索瓦丝罗列的财产花样繁多，
总价值 56,000 法郎，包括巴黎达萨斯街一处地产的抵押权、曼恩
大道（也在巴黎）的另一处地产、父亲赠予的 5,000 法郎现金（提
供收据为证）。[42]

与母亲（1836 年）、外祖母（1801 年）以及外曾祖母（1764 年）
订立婚前协议时一样，玛丽·弗朗索瓦丝也模糊地提到了远在美洲
诸岛的一笔财富："未来经过清算后将从母亲处继承的财物和权利、

动产和不动产。"[43]男方亚历克斯－亨利－埃瓦里斯特本人的家族就
是在圣多明各做生意和从事奴隶贸易的，甚至还卷入过殖民地晚期
历史中闹得最大的两宗遗产争端：其祖父参与交易的一船奴隶 1780
年被英国人扣押，于是家族卷入了官司；其祖母家族曾于 1807 年
被告上法庭，因为于 1786 年在圣多明各买下一座种植园后一直未
曾支付赊欠的 100 万里弗尔价款。[44]

　　玛丽·弗朗索瓦丝和丈夫育有两个子女，一家人同父亲一道住
在南城墙上。1870 年,35 岁的亚历克斯－亨利－埃瓦里斯特在此过世；
为他做死亡登记的两人一个是他妻子的兄弟，一个是姻亲加布里埃
尔·基纳。[45]玛丽·弗朗索瓦丝没有再嫁，她搬去了大西洋边的休
闲胜地阿卡雄（Arcachon）养老；她的一双儿女一个当上了步兵中
尉，一个嫁给了骑兵中尉。[46]

19 世纪 60 年代的昂古莱姆

　　1860 年，阿勒芒·拉维热里的时代结束了：当年 7 月，城墙上
的五姐妹中最年长的大让娜在昂古莱姆过世；让娜·玛丽耶特的鳏
夫西尔韦斯特雷·托潘已经于同年 3 月过世。至于另外几个姐妹：
1852 年，让娜·亨丽埃特和让娜·玛丽耶特在昂古莱姆过世，1853
年弗朗索瓦丝也过世了，1855 年，约瑟芬在巴约讷过世。1856 年，
马夏尔在昂古莱姆过世。[47]到了 1860 年夏末，南城墙上的家中只
剩下小妹妹路易丝·梅兰妮一人：她是 1764 年婚前协议中那对新
人最小的孩子。[48]几个礼拜之后，铁路见证了又一出家族悲剧。马
夏尔的长子莱昂·菲利普（1795 年生于昂古莱姆）在海关工作 43
年后退休了，此前不久——1860 年 6 月——他的（药剂师）小儿子
刚刚在罗什福尔结婚。[49]夏天他搬去了卢瓦尔河上风景优美的小镇
索米尔（Saumur），1860 年 9 月 14 日近午夜时，他死在了小镇的

火车站。当时他 65 岁。两名铁路员工为他的死作了见证，两人都签不了自己的名字。[50]

与一个世纪以前弗朗索瓦丝·费朗和艾蒂安·阿勒芒结婚时一样，19 世纪 60 年代的昂古莱姆也遍布各种教会和国家机构。1869 年，昂古莱姆至罗什福尔的新铁路线建成，昂古莱姆主教在祝福时特别赞扬了地方的三大产业：造纸业（"洁白无瑕，供应极度任性多变的人类思想"）、白兰地贸易（"珍贵的甜酒"）、航海金属用品铸造业（1819 年起又新增了炸药制造业——巴尔扎克旅居昂古莱姆期间就住在皇家军用炸药厂中）——这也正是一个世纪以前银行业危机期间 A. R. J. 杜尔哥提到的三大产业。[51] 主教也提到了建筑业这一"伟大的工程"（包括其"不坏的水泥"），提到了"街道和公共广场的维护"、圣雅各、圣马夏尔和圣奥索纳的新教堂，以及"市镇权威"的复兴。[52]

与复辟初年一样，秩序建筑——大拆大建、修建教堂和"宽马路"的企业和"企业家"以及设计监狱的建筑师——依然是镇子繁荣兴旺的关键。[53] 1860 年，建筑师保罗·阿巴迪依然在昂古莱姆，而且依然是"教区建筑督察员"。儿子小保罗·阿巴迪已经成为夏朗德省、多尔多涅省和洛特省的"教区建筑师"，他还是昂古莱姆的市政建设经理。[54] 1753 年，当路易·费朗和同伴——一个细木工和一个木工——从波尔多启程前往格林纳达岛去建造新种植园时，镇上的建筑业正蓬勃发展。即便是 1793 年"理性神庙的各项花销和工作"也是很大的一单生意（雇了木匠、石匠和粉刷匠）。[55] 但 19 世纪昂古莱姆的建筑狂潮规模之大却不可同日而语。

"公共物之宏伟"是成功城镇的不朽标志：在早先的一场世俗祝圣仪式上，昂古莱姆主教如是说（当时接受主教祝福的是新市政厅的第一块基石），集"崇高""古典""权威"和"记忆"为一体的这座新中世纪风格市政厅是小阿巴迪的大作，将建在昂古莱姆城堡旧址上。对于当时重获秩序的社会而言，这样"严肃的奢华"是合宜的。[56]市政厅高踞于旧时的绿钟岛和已经废除的圣安托南堂区之上，其建成是地方工业的一次伟大胜利。阿巴迪市政厅项目的建筑承包人（"公共工程企业家"）的祖父是一名石匠，也是1764年堂区记录中的4,089人之一：此人当年在圣安托南堂区登记簿上签过名——当时是他姐姐结婚，新郎是一名伤残退役士兵，其父亲也是一名"建筑工程企业家"。[57]

　　19世纪中期昂古莱姆的经济生活突出体现了大卫·托德（David Todd）所谓的"反革命现代性"。[58]这一时期，各种教会、国家和商业活动一路好运不断。昂古莱姆是一座新拿破仑主义镇子。1848年12月的首次总统选举中，路易·拿破仑在昂古莱姆收获了90%的选票，而在全国其得票率仅为74%。[59]1858年市政厅奠基时，第一个祝福的是"我们荣耀的皇帝"，之后是镇长和"杰出建筑师、本镇的珍宝"；镇上借了150万法郎建成的新哥特风圣奥索纳教堂的第一块基石下放了"一块印有拿破仑三世像的金币，是1864年铸造的精品"。[60]市政厅落成当时还出现了一些更为古怪的庆祝行为，昂古莱姆镇立图书馆的一名管理员创作了一首156行的颂歌，赞美了镇子的"光辉氛围"和"灿烂黎明"，并表达了对未来"拿破仑三十世"千年帝国的庆典活动的憧憬。[61]

　　在这些节庆之间的昂古莱姆新帝国经济与军队和海外有着千丝万缕的联系。外部世界的影响就存在于这个外省小镇社会的地平线边缘（和1764年一样）、存在于和阿勒芒与费朗两家人五代以降的整段历史之中。普世和平是一种"傲慢的幻觉"——在一次葬礼上致辞时昂古莱姆主教如是说。葬礼是为在克里米亚战争中阵亡的士兵举行的，同时也是纪念镇上另一些人家"为保卫社会秩序"而葬身阿尔及利亚和巴黎的儿子们；后者也包括艾蒂安·费朗的姻甥约瑟夫·马丁·德·布尔贡——1848年巴黎爆发革命时他率军抗击，

249　死在了混战之中。[62] 甚至镇立图书馆那名管理员的奠基颂歌中也有几行是描写战争的："汹涌的熔铜"在当地的海军铸造厂中变成"坚硬的铜块"，此刻正被运往"俄罗斯海域，要夷平塞瓦斯托波尔（Sebastopol）"。[63]

　　此时依然有不少年轻人离开昂古莱姆去远方寻求发展。镇上的人即便在别处过世，死讯也会报回镇上的登记处，转录到民事登记簿的死亡记录上。1852 年（让娜·亨丽埃特和让娜·玛丽耶特都是在当年过世的），有一名海员过世于加尔各答，另一名海员过世于马提尼克法兰西堡，有一名士兵过世于科西嘉岛（Corsica），还有一名锡匠过世于奥兰（Oran）。有一名 38 岁的石匠或者说石材加工"企业家"过世于旧金山。当年还有另一个昂古莱姆人在旧金山过世（其兄弟死在了瓜德罗普）；在旧金山为其做死亡见证的也是个昂古莱姆人，此人的祖父早先在瓜德罗普发了一笔财，回到镇上后开起了店。[64] 1864 年（拉维热里姐妹的父母订立婚前协议后一个世纪）在上海海军医院，"非洲轻步兵团"的一名士兵死于痢疾；在墨西哥韦拉克鲁什（Vera Cruz），"美国军队"的一名机枪手死于黄热病；韦拉克鲁什海军医院死了一名"三等水兵"，此人是乌卢阿（Ulúa）城塞中的一名战俘。[65]

　　1856 年过世于昂古莱姆的马夏尔·阿勒芒·拉维热里终其一生都在同各种海外新闻打交道，马夏尔死后，一家人的期望依然不绝。他的一个孙子加入了墨西哥军，另一个孙子加入了塔希提海军。他的女儿没有得到圣多明各那笔失落的遗产就死了，他的外孙女玛丽·弗朗索瓦丝 1858 年嫁入的奴隶贸易家族同样是扎根于圣多明各的。他的孙辈当中唯一一个留在昂古莱姆的是玛丽·弗朗索瓦丝的兄弟、拉库拉德纸厂的继承人，而此人妻子的家族也不乏士兵和种植园主。乔治·亨利·拉库拉德的岳父是一名退休上校，妻子的曾祖母是伊丽莎白·斯塔布斯，而曾祖父就是曾经携奴潜逃、后于

19 世纪 70 年代离开圣樊尚岛回到昂古莱姆的那位亚伯拉罕·弗朗　　250
索瓦·罗班。[66]

玛丽亚·阿莉达

　　甚至为 19 世纪的昂古莱姆主持过众多建筑工程的小保罗·阿
巴迪同法兰西帝国诸岛之间也不无联系。在长达三代人的时间中，
阿巴迪一家和阿勒芒·拉维热里一家的历史密切相接。和玛丽·艾
马尔的孙辈一样，这家人的生活也曾为几十年的革命动荡所改写。
西尔韦斯特雷·托潘一度渴望成为省聘建筑师，而老阿巴迪在这个
位置上坐了 35 年；阿巴迪、卡米耶·阿勒芒·拉维热里和皮埃尔·奥
古斯特·亨利·拉库拉德三人的家都在同一条街上。[67] 许多年后玛
丽·路易丝·阿勒芒·拉维热里和让·亨利·波泰（1851 年立下那
份不幸的婚前协议的夫妇）的儿子结婚时，小保罗·阿巴迪还是见
证人之一。[68] 在昂古莱姆主教口中，他是"本镇的珍宝"，而世风
的变迁也在此人身上得到了集中的体现。
　　小保罗·阿巴迪 1812 年出生于巴黎，父母没有结婚。[69] 1846
年他在昂古莱姆结婚，当时登记的身份是"巴黎主教堂修复工作督
查员"，新娘当年 16 岁，来自瓜德罗普，名叫玛丽亚·阿莉达·卡
米亚（Maria Alida Camia）。玛丽亚·阿莉达住在昂古莱姆南城墙
一位退休教授家中；同教授家隔着三栋房子的就是阿勒芒·拉维
热里姐妹的公寓。根据结婚当时的民事记录，她生于皮特尔角城
（Point-à-Pitre），"尚未成年，父母身份不详"。[70] 记录称退休教授——
此人发明过一系列宇宙学研究工具——是玛丽亚·阿莉达经法庭许
可的监护人；昂古莱姆的历史总是充满巧合，教授的妻子就是已故
革命家莱昂纳尔·罗班的侄女，而她的父亲就是曾主持清点莱昂纳
尔的财产、又力主剥夺其"非婚生"儿子继承权的几兄弟当中最贪

娈的那一个。[71]

251　　玛丽亚·阿莉达·卡米亚 1830 年前后生于瓜德罗普，是生而为奴的。她第一次出现在岛上的民事记录中是 1834 年，当时圣罗斯（Sainte-Rose）一座种植园的监工为这个四岁的孩子作了解放登记。[72]玛丽亚·阿莉达多少也算是个继承人。在 1843 年的一份手书遗嘱上，当时住在吉伦特（Gironde）的圣罗斯种植园的园主承认小姑娘为自己的骨肉——用后来一份法庭判决的话说，其"用词毫不含糊"。[73]在瓜德罗普为她做过解放登记的种植园监工当时也已经把家搬到了吉伦特，根据记录，此人还见证了她在昂古莱姆的婚礼。[74]

　　和这部历史中的众多新人一样，保罗·阿巴迪和玛丽亚·阿莉达·卡米亚也订立了一份婚前协议，而且也是在昂古莱姆南城墙上签署的——在女方寄住的那位教授家中。保罗写入婚前协议的现金和财产价值 10,000 法郎；父亲老保罗·阿巴迪给了儿子一栋昂古莱姆的房子。玛丽亚·阿莉达一方则有 80,000 法郎，其中 10,000 法郎"立即"付给了保罗，其余部分每年支付利息，全款待玛丽亚·阿莉达的种植园主父亲死时付清。婚前协议签署时场面相当壮观，有大群当地人物出席，除了那位种植园监工、保罗的父母和玛丽亚·阿莉达那位宇宙学家监护人之外，还有拿破仑工程师兵团的一位退役上尉（此人的父亲曾在 1764 年那份婚前协议上签过名）、一位家具商人，以及镇政府的秘书（此人誊抄过昂古莱姆几位镇长的革命日记）。[75]

　　婚后，保罗·阿巴迪带着玛丽亚·阿莉达回了巴黎，开始参与圣母院修复工作。1847 年，夫妇俩的儿子出世，1849 年保罗获任昂古莱姆、佩里格（Périgueux）和卡奥尔（Cahors）教区建筑师。[76]1860 年，玛丽亚·阿莉达的父亲过世，1862 年，保罗和玛丽亚·阿莉达输了一场官司，案子是关于玛丽亚·阿莉达父亲的遗嘱的：法庭最终认为仅凭手书遗嘱而没有官方认可不足以证明当事人非婚生子女的地位。但是到了 1869 年，婚前协议中约定的数额已经如数支付，另一份遗嘱中留给玛丽亚·阿莉达的 40,000 法郎也在 1870 年结清了。[77] 1874 年，圣心教堂拟建一座新会堂，保罗·阿巴迪当选为设计人；当时的记录称他为"虔诚的公教徒"：此人先前已经修复过不少主教堂，还建造了"14 座教堂"，未来的成功也大为可期。[78]

保罗和玛丽亚·阿莉达家住巴黎的柏林街，在巴黎西北塞纳河畔的查图（Chatou）还有一栋乡间别墅，别墅周围是一派田园诗般的郊野风光。1884 年保罗·阿巴迪在此过世，这是铁路年代里家族的又一出悲剧。当时是一个夏天的晚上，正在火车站等几个巴黎来的朋友的他突发"中风"而死。[79] 他死后的财产清单展现了这家人稳固的地位和殷实的家业。保罗·阿巴迪欠乐蓬马歇（一家新成立的百货公司）1,095 法郎；这家人乡间别墅的温室里有 2,000 个花盆。[80] 1903 年，玛丽亚·阿莉达在塞纳河畔讷伊（Neuilly-sur-Seine）过世。当时的记录称她生于瓜德罗普，不知父母姓甚名谁。[81]

经济生活史之银行和不精确

让我们回到阿勒芒·拉维热里家族成员的经济生活和 1851 年的那位新郎。在接下来的历史中，一家人在银行业的经营有成功也有失败。1853 年，"拉维热里和杜默茹"银行公司的创立者西皮翁·阿勒芒·拉维热里在勒芒镇中心自己的公司过世，时年 56 岁。他是个鳏夫，无儿无女，身在昂古莱姆的兄弟卡米耶·阿勒芒·拉维热里成了他的继承人。西皮翁是个有钱人，在勒芒和附近的圣帕瓦切村都有地产，其家具和直接财产估价为 154,356 法郎。[82]

卡米耶带着妻子、女儿、女婿和年幼的孙子一道搬来了勒芒，一家人同卡米耶寡居的母亲一道住在市政厅广场西皮翁早先买下的房子里。[83] 在家族银行业最后一段动荡不安的历史里，卡米耶的女婿亨利·波泰成了主角。1854 年一家人回到勒芒时，旧日的"银行家：拉维热里和杜默茹"合伙公司还在；[84] 而到了 1855 年，一切都变了。公司在《菲尔敏-迪多》地址簿上的条目消失了，变成了"拉维热里和杜默茹之后继勒马尔尚"，主业依然是包袋生产。根据《菲尔敏-迪多》的登记，公司银行家包括"波泰-拉维热里与伙伴"。[85]

这是一个"无限扩张"的时代，1842 年勒芒的亚麻商人在一份请愿中如是说（西皮翁也在请愿上签了字），请愿反对禁令主义者"所谓的保护权"，在这些商人看来这是不亚于"中世纪产业和商业的蒙昧野蛮"。[86] 19 世纪 50 年代的勒芒本身也是一座产业城镇，出现了"机械锯""蒸汽机"生产的淀粉、铸锌厂和"水磨"，还有最终成为镇子经济命脉的"汽车"、用于"汽车"的称量器械和"各种汽车"，其中也包括法国首辆私人汽车顺从号（L'Obéissante，发明者的父亲是勒芒镇郊一位铸造教堂大钟的匠人）。[87]

在这段顺风顺水的好时代，波泰-拉维热里银行刚成立便大获成功。在勒芒，"波泰-拉维热里公司"参与了拿破仑三世第二帝国时期一系列最宏伟的投资项目，包括 1856 年的采石场建设、1857 年的加尔维斯顿（Galveston）至休斯敦铁路、巴拿马运河等。[88] 根据当时的一份诉讼记录（公司当时状告一名客户拖欠85,679 法郎手续费，但最终上诉败诉，此案还在新生外汇商业判例中获得了小小的一席之地：根据法庭判决，"银行［必须］告知汇款人在英镑兑换法郎中获取的收益［而不应代之以］银行针对整笔交易随意确定的平均数"），公司的主业是在伦敦市场上套利。[89]

此时亨利·波泰开始在自己的姓后加上妻子和妻子事业有成的
叔叔的姓；在公共生活中他自称"波泰－拉维热里"。他以专家身份
提供过萨尔特省农业出口相关资料（他表示内容源自他"本人的知
识"和"普遍公认的严肃商人"提供的信息）。[90] 他是中央银行的
前身法国银行勒芒支行的荣誉"管理人"，后来更成为其荣誉"审
计员"；1871 年一份提交银行中央秘书处的报告称其为"镇上最重
要的银行家"。[91] 这家人在市政厅广场的房子（早年是西皮翁的寓所）
被一份旅游指南称为"漂亮的公馆——目前的住户是波泰－拉维热
里先生"。[92] 亨利还多了一个年轻合伙人，此人来自南特一个殷实
的殖民者家庭，此前担任过法国银行勒芒支行经理。两位合伙人的
新银行名叫"波泰－拉维热里与塔尔万德"。[93]

圣帕瓦切村布吉安斯（Bougeance）的波泰－拉维热里乡间寓
所成了昂古莱姆扩大家族在他乡的家。[94] 南城墙公寓里的五姐妹只
剩下路易丝·梅兰妮·阿勒芒·拉维热里一个，她也是 1764 年婚
前协议中那对新人 13 个子女中最小的一个：1865 年，83 岁的她也
过世了；根据记录，她是在探访自己外甥的时候在"他的乡间小屋"
过世的。[95] 路易丝·梅兰妮的外甥女玛丽·泰奥尼·托潘（Marie
Théonie Topin，革命建筑师西尔韦斯特雷的女儿）也是在圣帕瓦
切村过世的；当时是 1868 年，根据记录，近 67 岁的她"家住勒芒
市政广场"，是在"其布吉安斯的乡间小屋"去世的。[96]

1876 年另一个女儿的结婚标志着阿勒芒·拉维热里家族世俗
成就的巅峰。朱莉·玛丽·瓦伦丁·波泰（Julie Marie Valentine
Portet）是 1764 年昂古莱姆那位不识字而好打听的寡妇玛丽·艾马
尔的直系后人，连接两人的是贯穿这一爱交际的家族的一条母系血
缘线：玛丽·艾马尔生弗朗索瓦丝·费朗；弗朗索瓦丝 1764 年嫁
给艾蒂安·阿勒芒，生让娜·阿勒芒·拉维热里；让娜 1801 年嫁
给西尔韦斯特雷·托潘，生弗朗索瓦丝·梅洛埃·托潘，弗朗索瓦丝·梅

254

洛埃 1830 年嫁给卡米耶·阿勒芒·拉维热里，生玛丽·路易丝·阿勒芒·拉维热里；玛丽·路易丝 1851 年嫁给亨利·波泰，生瓦伦丁·波泰。而 1876 年在勒芒结婚时的瓦伦丁·波泰已经离开自己曾曾曾祖母的社会关系，走出很远了。

和 1851 年的母亲玛丽·路易丝一样，瓦伦丁也是个有钱的继承人，她嫁入的是一个（属于刚刚灭亡的第二帝国的）政治精英家族。根据结婚记录，她的丈夫奥利维尔·布瓦泰勒（Olivier Boittelle）是萨尔特省一间铁路分公司的运营经理。此人的父亲辛弗尔·卡齐米尔·约瑟夫·布瓦泰勒（Symphor Casimir Joseph Boittelle）曾任巴黎警察厅厅长，还是拿破仑三世时期的参议员，是 19 世纪 60 年代最有权、最可畏的人物之一。奥利维尔的母亲纪尧敏·奥斯曼（Guillaumine Haussmann）几年前已经离世。今天在奥赛姆博物馆的众多帝国名人肖像中间，还保存着他和父亲早年的一张照片，在这张著名的家庭照上，一位头发花白的老人温柔地注视着一个尴尬笨拙的小男孩："布瓦泰勒先生和儿子奥利维尔"（M. Boittelle et son fils Olivier）。[97]

在瓦伦丁的结婚记录上签名的包括其父母和外祖父母卡米耶·亚历山大·阿勒芒·拉维热里和弗朗索瓦丝·梅洛埃·托潘（就是 1830 年结婚的那对血亲）。拉维热里家族没有别的人留名；布瓦泰勒家有好几个人签了名，波泰－拉维热里的新合伙人塔尔万德也签了名。为女方做见证的是来自拉库拉德纸厂的表亲乔治·亨利·拉库拉德。男方的见证人同样是一位表亲："奥斯曼男爵乔治·欧仁"——奥利维尔已故母亲的这位远方亲戚是塞纳省省长、参议员，也是新巴黎拆平重建方案的主笔。[98]

这对年轻的夫妇很快成了萨尔特这个外省社会中的名人。二人在勒芒郊外的另一座乡村庄园"莫特里庄园"安了家，全身心投入到了有产乡绅的生活中；奥利维尔·布瓦泰勒开始从事马牛育种，建了一座种马场，还成了有名的"运动爱好者"。[99]瓦伦丁的兄弟勒内（René）1852 年生于昂古莱姆，后来学了法律，写了两篇博士论文，都献给了自己的祖父母：一篇研究罗马法，讨论获得自由但不具有市民身份的奴隶——所谓的"优尼亚拉丁人"（Latins Juniens）*——的司法情况。另一篇研究法国法律，讨论在法外国人的归化和司法情况。[100]1883 年，勒内·波泰在巴黎结婚——当时正为巴黎圣心教堂主持其新拜占庭兼新奥斯曼风会堂工程的保罗·阿巴迪也在见证者之列——过了些年，他回到了昂古莱姆，进了桑园广场的法院大楼：此时的他已经成了第三共和国的一名检察官。[101]

　　与此同时，在家族的经济历史中、在波泰–阿勒芒·拉维热里的银行生意中，出现了一些不祥的征兆。法国银行对亨利·波泰–拉维热里和塔尔万德合伙公司进行过一系列检查，早期的一份检查记录（1872 年）指出公司"有点冒进，但波泰先生相当能干，领导得很不错——塔尔万德虽然十分热心，但很多人认为他不太认真"。1874 年的一份报告谈到"其工作方式有点冒险"。1876 年的报告要积极一些（"总体上情况不错"），1877 年的报告称银行"令人很有信心"。1880 年的报告称银行"放出的贷款数量相当之大，但就数额论都不会危及自身"。[102]

　　1881 年，"波泰–拉维热里和塔尔万德银行"停业，接班的是一间称为"塔尔万德与伙伴"的新公司。公司有资本 600 万法郎，由费利克斯·塔尔万德一人独管；法国银行检查报告称公司"境况极佳"。公司客户收到了令人安心的通告："波泰–拉维热里先生"依然在为公司提供"本人的资本和经验支持"。[103]1881 年 11 月，81 岁的卡米耶·阿勒芒·拉维热里过世——这是 1764 年婚前协议

256

---

* 简言之，在罗马法中指未经法定方式解放的奴隶。

中那对新人的孙辈当中的最后一人。[104] 过了一个礼拜，波泰—拉维热里银行进行了正式破产清算；亨利·波泰—拉维热里成了塔尔万德合伙公司的监事会主席。[105]

　　过了一些年，勒芒发生了一起戏剧性的经济事件（同时也是个人事件），用当地一份报纸的话说，当时人们极为"激动"。[106] 1884 年法国银行检查报告以红字指出，"要密切关注"塔尔万德合伙公司的运营，1885 年更称其"当受批评"。据称 1887 年银行资本已经增长至 1,000 万法郎，1888 年银行放出了价值 2,200 万法郎的贷款。[107] 1889 年 3 月，"塔尔万德与伙伴"进入司法清算程序，费利克斯·塔尔万德也宣布个人破产。他遭到了逮捕，被送到法庭，接着又被送进了监狱——坐的是一辆等在他寓所庭院内的马车。他的妻子交出了自己的"个人家产"。镇上一间制鞋厂的厂主当天也遭到了逮捕，他欠了塔尔万德伙伴公司 100 万法郎的债，还雇有 200 名工人；"预计还会有更多的坏消息。"[108]

　　接下来是长达五年的诉讼，其间是一次又一次的判决和上诉，对亨利·波泰—拉维热里而言，这是一段无情的漫长岁月。损失了 600 万法郎的塔尔万德银行股东和银行的众多债权人一道将亨利和监事会其他成员告上了法庭，1890 年，勒芒商业法庭开审此案，引起广泛关注。（亨利的叔叔、创立了家族银行的西皮翁·阿勒芒·拉维热里早年也是勒芒商业法庭的一名审判员。）法庭判定亨利犯了"严重错误"，需支付 50 万法郎的赔偿金，还有累积的利息和诉讼费用。1891 年，昂热（Angers）的一处法院降低了其余被告所需赔付的金额，对亨利却维持了原判。[109]

　　当时的许多细节令人震惊。法庭认为，监事会从未"按照公司规章和法律要求进行过相关核实"；要是核实过，这些人应当可以轻易看出"账目的［众多］不精确之处"和"贷款［发放］的过度"；"最终这场大灾难"发生之前，银行表面上一直相当"昌盛"，这些人也要对自己制造的这种假象负责。尤其是负责向股东提交报告的主席亨利·波泰-拉维热里；对于旧银行和新银行众多客户的财务状况他本人都相当清楚；他有着丰富的银行业从业经验，要是看过一眼银行的证券目录和财产目录，他必然"早就发现这些账目是在弄虚作假"；他在银行的股份为他带来了"数额巨大"的红利。[110]

翻案法院（Cour de Cassation）（法国最高民事法院）1894年的最终判决毫不留情，而且成了关于金融公司董事的信托责任以及债权人与股东之间的赔偿分配的一则重大判例。法院文件称，下级法院早先的判决是"根据所犯错误严重程度按比例"在监事会成员之间分派责任；至于波泰-拉维热里，此人是监事会主席，对提交的报告负有特别责任。他对公司客户的情况尤其清楚，而且"在公司成立时，为了继续推进其本人的银行业务，他曾向公司保证会提供其本人的经验和专业能力"。这些调查取得的事实不会因高等法院复审而改变；最终，翻案法院维持了下级法院的判决。[111]

在案子呈送最高法院之前，亨利就从公众的视野中消失，回了巴黎。他与"塔尔万德银行"之间千丝万缕的联系逐渐被披露出来。一系列司法程序陆续开展。原来亨利、费利克斯·塔尔万德和银行还是阿登高地（Ardennes）林区一家石板生产企业的共同所有者；"由于塔尔万德银行破产"，连勒芒的省园艺协会都不得不削减其在公共花园"装饰"上的开销。[112]

但波泰一家依然相当有钱，而且颇受尊敬。这家人在阿卡雄有一座乡间别墅，称为瓦伦丁（用的是这家人女儿的名字）。[113]在巴黎，这家人先是住在格鲁克街（位于乔治·欧仁·奥斯曼的大都会中心，前面就是歌剧院）；后来搬到了奥斯曼大道背后的莫加多尔街。[114]第二帝国依然活在家中人们的身上。瓦伦丁住在附近的圣奥诺雷市郊街，萨尔特的庄园（兼种马场）也是她的家。[115]她的丈夫（前警察厅长的儿子）是几位小拿破仑的忠实拥趸，1891年7月的《费加罗报》报道称他"今日登上了火轮船公司的'老虎号',还带了三匹极为俊美的马,预备送去第比利斯(Tbilisi)献给路易·拿破仑王子"(王位觊觎者"拿破仑五世"的这个弟弟当时是俄罗斯帝国卫队的一名上校)。[116]

阿勒芒·拉维热里这户外省人家最终来到了巴黎。在这部亦流动亦停滞的双城记的结尾,这家人甚至几乎和同样来自昂古莱姆的远房表亲成了邻居。后者是另一位弗朗索瓦丝·费朗(让-巴普蒂斯特的女儿)的后人:弗朗索瓦丝·费朗19世纪初搬到巴黎,1860年在蒙马特迈尔哈街穷困潦倒地死去。她和南城墙上五个没有出嫁却主持过家族中许多桩婚事的姐妹是一代表亲。作为一代表亲,几个人相互都很熟悉;她们打小就是邻居,后来弗朗索瓦丝随父母移民去了圣多明各,再后来她逃难回到昂古莱姆,又一次和几个表姐妹成了邻居;五姐妹的母亲还是小弗朗索瓦丝·费朗的教母。

到了19世纪90年代,相距2公里出头的两家人却已经属于两个世界。玛丽·路易丝·波泰-拉维热里的三代表亲、弗朗索瓦丝·费朗·布雷比翁的两个外孙女罗莎莉和路易丝·科莱一个是女裁缝,另一个是蒙马特的街头小贩。但不论是当时还是今日,有谁会知道自己三代表亲的住址呢?在蒙马特,罗莎莉和路易丝生活在圣心教堂巨大的在建工程的阴影下:在第二帝国最后的挣扎之后、在1871年巴黎公社昙花一现(两姐妹却比公社活得更久)之后,这一工程象征着道德的复兴,而直到1883年其建筑师保罗·阿巴迪见证玛丽·路易丝儿子的婚礼时,工程依然没有竣工。在三代人的时间中,或者说在19世纪法国不平等的经济历史中,命运的差异便是如此之大。路易丝·科莱的丈夫是个木工,1901年在克雷姆兰-比塞特尔公共医院过世;玛丽·路易丝·波泰-拉维热里的丈夫是1902年在莫加多尔街自己的寓所过世的,当时的记录称其为"前银行家"。[117]他留下了一笔丰厚的遗产,包括各种公私债务,

从"埃及土地信贷""中国年金""奥斯曼铁路"和古巴岛的"抵押",
到《费加罗报》和"海峡隧道有限公司"的股份("股份都不值钱"),
不一而足。据估计,总价值达 1,202,818 法郎,外加一些(写在背
面的)"空头支票"。他和玛丽·路易丝还在昂古莱姆南城墙上拥
有一栋房子。[118]

经济与非经济的生活

　　本书对 19 世纪经济生活史的探索是围绕不多的几个人展开的:
我们跟随 1764 年婚前协议中那对新人的家族,追踪了其成员在空
间中、在时间中走过的路,也追踪了这些人经济境况的变迁。我们
邂逅了各种抵押贷款记录、就业登记簿和外汇交易判例,去了塔希
提、墨西哥和朗达的一座荒村。这一探索也向我们展示了一系列大
体上属于 19 世纪法国经济历史边缘的经济领域。在政府税收管理
和军队的下级部门、在最终并不成功的银行业冒险和(规定不断变
化的)财务管理工作中、在教会这一巨大的经济体中(探索的最后
一部分将围绕教会展开),阿勒芒·拉维热里家族的人们寻求着发展。
其间家中的人们虽然走过了各不相同的路,却都始于一个不变的起
点:一座没有多少产业的小镇,以及五个没有出嫁的女教师的资本
支持(而昔日昂古莱姆教区参事会的产业又是这一资本的根基)。

　　随着探索的深入,关于经济变革和现代经济的一系列大问题也
逐渐显露。认为经济史的研究对象主要是物质商品的生产和消费这
一观点(如西米昂关于"经济属性"的议论)如今已经过时。类似
的,在研究经济变革的历史时讨论"个体数字"或者说个体命运也
是不合时宜甚至是不得体的。[119]与此相反,本书的探索关注的是
多样的景况下的各种经济生活。这是一种经济性探索,甚至可以说
具有超经济性(或者说微观经济性),因为其首要关注的是大让娜

及其在勒芒的甥孙这类人——关注其如何抓住一切机会改善自己的境况、减除自己的税负、追求成功和发达。

认为法国乡村地区充满了发展机会、信贷活动和"深度参与了各种市场的农民"是现代经济史的全新观念之一。并不存在一条独一无二的工业化之路,现代工业的"经济性"生活和农业生活的"非经济性"之间也并非截然对立。[120]19世纪70年代法国人口中约有半数从事农业。只有不到三分之一是"工业"(包括建筑业)人口,余下的是"服务业"人口,玛丽·艾马尔家族的多数人便属于这一群体。[121]

261　一个世纪后,服务业人口占总就业人口的比例已经过半。[122]但人们依然认为从事各类服务业的个体仅具有不完全的经济性。人们普遍认为(旧日的经济社会史对农民也抱有类似的偏见):这些人只关心自身的稳当,困于"僵硬的体制内";这些人不事生产,或者说其生产性只体现在阻碍进步上("士兵和收税的")。[123]因此,传统上划分为初级产业(或者说农业)、工业和服务业(包括公共服务)三大部门的现代经济,其历史存在着某种不对称性。初级部门的重要性正在不断降低,但人们却开始将之同创意和现代画等号;服务业部门不断增长而且无处不在,但这一部门类目繁多、难以计量,也是长期经济变革中的一个怪胎。

两个世纪间阿勒芒·拉维热里家族的历史带我们来到了"服务业经济"这块处女地:这是一个半公共、半私人、不断扩张的经济部门,今日我们当中的多数人,包括最富有的几个国家的绝大多数人口都就职于这一部门。[124]经济生活史研究带给我们的机会,最笼统地来讲,便是给人以历史思考的空间:在历史证据的启发下,就现在和过去提出全新的问题。[125]相较其他历史类型,经济史尤为关注大型的、因果性的、重要的、与当下选择有关的故事(比如国家如何变富)。但还存在其他一些重要的故事、存在其他一些思考旧历史证据的方式；探讨处于我们当下的处境是何感受便是在讲述这样一种故事。

阿勒芒·拉维热里家族的人们就职于（或者说求职于）当时的服务业中最为"公共"的部门。这一领域存在着无穷无尽的跨界交流——在市场和国家之间，或者说公私领域之间。五姐妹的公寓是一所私人学校，但接受公共部门的监管。国家是一个大发包者：采买蜡烛、订购制服，也委托各处的监狱、水槽和新哥特风教堂建设。军队和海军是劳动力市场，各自有其熟人和信息网络，马夏尔在巴约讷的税务和海关官员圈子、马夏尔的孙子（一名海军兽医）在罗什福尔的有着众多海事官员和海军上校的扩大姻亲家族等都属于此类。甚至连"政治"和"经济"在这部雄心勃勃的历史中也难分难解。昂古莱姆镇中心国家财产的历史已经表明，政治人脉可以创造经济机遇，1791 年艾蒂安·阿勒芒·拉维热里的情况便是如此。阿巴迪父子、艾蒂安的姐夫西尔韦斯特雷·托潘、后者的儿子和名叫"玛丽·安托瓦内特"的孙女都是公共建筑师，从七月王朝到法兰西帝国，一段稳定发展的重建期为这些人提供了从业的空间。

各种公共或者说半公半私的服务业相当古老：在 18 世纪的昂古莱姆，受雇于教会、军队和税务部门的人口数量庞大，而这些部门也见证过许多波澜。同时，由于与新科技联系紧密，这些行业也十分现代。1864 年在昂古莱姆结婚的那位金属布织工属于新科技从业者（以新方式生产新商品），与此相反，阿勒芒·拉维热里家族从来不是新科技的生产者或者从业者。但这些人也消费当时的各种新事物、与全新的信息媒介和交通方式打交道，比如，火车站便见证了家族中的几场悲剧。军队是各种最新科技的重度用户（而阿尔及利亚的夏尔·马夏尔的故事将会表明教会也是如此）。亨利·西尔韦斯特雷·托潘一度是一名"部队工程师"，1870 年 11 月因在"巴黎军队"的"电报线"工作中的突出表现而晋升为中尉。19 世纪

60 年代整个家族中与现代科学走得最近的是莱昂·贝尔纳：他离开海军（和兽医药学），去维希开了私人诊所。

　　对历史学而言，19 世纪的"服务业经济"是一个庞大而模糊的研究对象，对其下属各个（非生产性）部门的研究向来相当低调。"服务业经济"内的企业家和雇员并非严格意义上的经济人；或者说这些人的经济性仅仅体现在钻营、寻租和对各种规章法令进行不断重估等并不光彩的行为上。但这段历史相当重要，而且可以通过自下而上或者说由内而外的路径对其进行研究——正如人们曾基于法律记录、信贷交易和家族生活对农业和农民生产的历史进行过研究一样。阿勒芒·拉维热里家族中相互毗邻的众多历史指出了一些可能的方向。

　　探索这一系列家族历史也可以帮助我们理解法国经济历史的另一个重要的新观念，即认为经济增长在许多方面是海外交流的结果。[126] 追随着夏尔·马夏尔和妹妹路易丝的脚步，这段始于外省小镇昂古莱姆的历史来到了法国殖民地。与阿勒芒·拉维热里家族的故事一样，影响和交流也是这段历史的关键词。18 世纪中期的商业增长和基于奴隶贸易形成的大西洋经济是其起点，随后历史进入第二帝国和第三共和国期间出口和海外投资的大繁荣期。这段历史依然是模糊的，其原因部分在于在一个多领土国家、在涉及多个大陆的商业企业间、在各种非正规及正规的领土上，究竟发生的是"国内"还是"国际"交流常常难于界定。但和五代人之间玛丽·艾马尔家族的故事一样，这也是一段关于信息网络，甚至可以说是一段关于远离大海的法国内陆的海外（社会）传播与影响网络的历史。

　　还存在另一些可供探索的经济联系：存在另一些考察不多的几个人的历史、追随其脚步走进更大或更重要事件的路径。19 世纪初昂古莱姆的城市国家财产所有者构成的网络，尤其是新产业促生的估价、信贷、登记、赔偿等活动带来的各种市场关系网络带来了许多有趣的问题（法国市场体制的巩固过程中对革命的继承）。研究登记簿上妇女就业情况的变迁以及登记簿同其他信息源之间变动的联系也会有类似的收获。

整个 19 世纪间玛丽·艾马尔家族的故事也同不平等历史有着千丝万缕的联系。不平等作为一种状态，可以借助财富、收入和生活质量的统计数据加以衡量，同时，不平等也是一种政治环境、是人们生活的一部分。即便是对于这样一个内向的家族，认为在世纪末的巴黎，三代表亲——街头小贩路易丝·科莱和玛丽·路易丝·波泰–拉维热里——甚至不知道彼此的存在也多少是合理的。但南城墙公寓中的大让娜和自己的一代表亲、带着两个一贫如洗的外孙女住在蒙马特迈尔哈街的弗朗索瓦丝·费朗之间的差异又如何解释呢？大让娜和弗朗索瓦丝都过世于 1860 年初，相去不过几个礼拜。这个故事也是不平等历史的一部分：故事探索了在个体的一生中，不平等究竟意味着什么。

264

第十章

夏尔·马夏尔和路易丝

经济生活史之教会

这家人的最后一项事业成了最成功的一项。阿勒芒家族之所以能走入世界历史也全是凭此。这是一个人的事业，或者说一个人的产业，此人即夏尔·马夏尔·阿勒芒·拉维热里——众多家族事件中的那位"修道院长拉维热里"。这是一段经济历史，也是一个有着政治重要性的故事，影响了非洲、亚洲和欧洲成百上千人的人生；影响了天主教会的财务和机构发展，也影响了国际慈善事业发展；在一个"属于教堂、学校、医院、修道院、学院、大教堂建设者"的时代影响了北非的面貌；甚至还影响了20世纪基督教的发展。[1]最终，这段历史也改变了夏尔·马夏尔本人家族的命运。

在这部关于一个家族及其社会关系网的历史中，迄今为止，夏尔·马夏尔都是一个与旁人无异的个体。19世纪50年代，他同其他一些可以信赖的亲戚一样，常回昂古莱姆，常去造访南城墙公寓、参加家族节事。他是玛丽·艾马尔最年长的孙子的最年长的孙子，在昂古莱姆他与祖父马夏尔·阿勒芒·拉维热里同住，就像多年前马夏尔与自己的外祖母玛丽·艾马尔同住一样。在马赛，在他母亲那些博学的海关官员朋友的口中，夏尔·马夏尔是"我们亲爱的修道院院长"，他是晚会上一个友善的客人，听到人们背诵滑稽诗句时总是第一个笑。[2]

但相对于这部家族历史，夏尔·马夏尔·阿勒芒·拉维热里同时也太有分量，或者说太耀眼了。他的首位传记作者路易·博纳尔（Louis Baunard）——里尔的一位圣徒传记作者和（存"疑"的）历史学家——在传记概要中谈道："他以自己的话语、自己的写作和自己本人充满了这个世界。"而在共和派新闻界的敌人那里，他是一个"无所不在的人"，"篡夺一切、给一切强加上自己的意志"。[3]这是一段始于一名不识字的、几乎没有什么证据可证明其存在的寡妇的历史，在这段几乎不涉及什么名人的历史里，夏尔·马夏尔是个庞然大物。他改变了这一故事的界限，或者说将之变成了一种不同的历史。此人是个历史人物：是历史研究和传记写作的对象，透过他甚至可以窥见一段时间的历史、传记、肖像学和纪念仪式的整体图景。[4]

更具体来看，在夏尔·马夏尔和这段故事中的其他人之间存在着一种历史证据上的不平等。这一不平等在印刷品层面表现得尤为显著。收录于法国国家图书馆目录中的夏尔·马夏尔作品有129部，其他人的著作几乎为零：仅有的例外包括夏尔·马夏尔的弟弟莱昂·贝尔纳·拉维热里关于维希矿泉水医疗特性的书及早年（研究肝炎的）学位论文、1849年一篇市政公告（当年两人父亲的堂兄西皮翁·拉维热里正担任镇长助理，但任期并不长）。[5]此外，夏尔·马夏尔的祖父老马夏尔1829年当过几个礼拜自由派的《巴约讷邮报》的发行人。但大体上，这家人在报纸期刊上的现身充其量不过是作为"各类事实"，只有勒芒银行家女婿那段短暂的不誉史是例外；

而即便是此人在死时（1902）登记的身份也不过是前银行家和自己喜欢良驹的女婿的老丈人。[6]

在档案资料方面，各人证据的参差不齐或者说不平等甚至更为惊人。阿勒芒·拉维热里家族在玛丽·艾马尔的子女一代（18世纪三四十年代生于昂古莱姆）基本都已识字，在其孙子孙女一代识字率达到百分之百。这些人甚至有文化得有些过分：其中不乏学校教师、政府办公室文员、夏朗德省档案管理员等。但这些人并不爱好"繁文缛节"，这是19世纪昂古莱姆一位学校教师用来形容老纸厂主亚伯拉罕-弗朗索瓦·罗班的说法（此人有许多笔记本、证明文件和大摞大摞的家书）。[7]这些人没有能力保存好自己的家族文件，或是因为不够有钱，或是因为搬家太频繁，或是因为无儿无女（南城墙上的五个姐妹就是这种情况），因而自己的家族记忆档案无法传下去。迄今为止，这些人历史中的一切都或是来自他人的言语，或是保存于格式化的公文中：包括艾蒂安·阿勒芒要求加薪的一系列信件，还有让-巴普蒂斯特·费朗、他住在迈尔哈街上的女儿和外孙女（1873）那许多可怜兮兮、絮絮叨叨的救济申请。[8]

这位红衣主教的文件则情况相当不同，在此人死前（1892）的数年中，其"巨量"和"无所不在"与其传说中的人气不相上下。[9]在罗马奥勒留街上、梵蒂冈对面，有一座非洲传教士协会档案馆，协会又名"白衣神父会"（White Fathers），是夏尔·马夏尔1868年建立的，档案馆中的"拉维热里档案处"保存着"出自协会建立者的通信、报告、各样文档和出版物"。[10]它们包括演讲草稿、家书、讨论人情淡漠的文章、描述家人疾病的文件、电报、口授给秘书的信件，还有103卷装订好、打成铅字的夏尔·马夏尔通信集。档案处还保存有夏尔·马夏尔的一些肖像画、素描和照片，大量笔记（出自一个又一个传记作者之手），还有一系列罗马徒步游路线建议（造访协会建立者住过的酒店和布过道的各处教堂）。[11]大体上，本书是一部关于女性的历史，但家族全部女性在红衣主教的私人信件中留下了笔迹的只有路易丝一个：路易丝的信存在哥哥在罗马的档案处。

夏尔·马夏尔和家族其他成员之间存在着证据的不平等，就这种不平等而言，其最令人不安的方面是最私人的方面，即关于历史上这些个体的模样是否存在（任何）证据。在《卢贡·马卡尔家族》这一伟大小说系列（"第二帝国时期一个家族的自然和社会历史"）的开篇，左拉描绘了一个大家族的"祖母"，这个外省小镇上卖菜油的妇人"将目光投向未来，看得很远"，而且"正预备着与命运斗争，仿佛与一个竭力要扼死自己的真人斗争一般"。在左拉的笔下，《小酒馆》中的娜娜——她和弗朗索瓦丝·费朗·布雷比翁一样住在古特德奥尔街上——发间系着一条粉红丝带，在街上停下脚步，"因渴望而面色苍白"——她渴望着拥有一间属于自己的房间。[12]

这一切在阿勒芒·拉维热里家族的历史中都是不存在的。这些人位于历史想象的另一个极端：他们是白纸黑字的数字，或者说是一维的，关于这些人有的仅是最单薄的历史证据。没有任何证据谈到其对未来的展望，或苍白的渴望和粉红的丝带，以及在巴黎街上的偶然邂逅之类。但是夏尔·马夏尔却不同：他位于证据和想象之间的某处。描绘此人的内心世界对其众多传记作者而言具有难以抵抗的吸引力。在当时的一个人眼中，此人是一个有着"难以餍足的野心"的人；在另一个人眼里他是"某种征服者，一个祷告和宣讲福音的拿破仑"；一个"如力士般的庞大形象"，镇压人，也诱惑人；一场"思想和意志的飓风"，"其自我、专断、专横、专制、傲慢几乎到了暴虐的程度"；"形象英俊而举止端庄"[13]。

迄今为止关于阿勒芒·拉维热里家族成员的相貌，留存在历史中的只有蜻蜓点水的稀少记录。有一位表亲（玛丽·艾马尔最小的一个孙子，娶了一个柠檬水小贩）身高"1.73 米"，"长鹅蛋脸"，头发是深栗色的；在塔希提那位小说家笔下，莱昂·贝尔纳高大又英俊；夏朗德省第一位档案管理员加布里埃尔·费朗留下了一幅水彩肖像，1910 年曾出现在昂古莱姆历史协会，但后来消失不见了。[14]在物质存在证据层面，夏尔·马夏尔也相当不同。19 世纪 60 年代在叙利亚时，这位年轻的教士就留下过不少照片，照片上他深色的双目凹陷，一袭摩洛哥长袍杰拉巴（djellabah）；罗马时期的照片上，他身着华丽的教会法官服，黑黑的头发不大服帖，十指出奇地长。还有他担任南锡（Nancy）主教时的几幅画像（画中人和拿破仑一世极为相似），还有几幅画表现的是他穿着白衣神父会礼袍的传教士形象。比斯克拉（Biskra）、巴约讷、阿尔及尔、突尼斯和梵蒂冈非洲馆都留下了他的雕像，最后还有一座白色大理石墓："一个带着孩子的阿拉伯妇人"、"手举棕枝的皈依黑人"和几尊跪姿传教士像簇拥着他的灵柩。[15]

　　1888 年的一幅（比真人大了两倍多的）肖像上，夏尔·马夏尔身着猩红色缎袍，手里有一支笔，红衣主教帽放在一幅非洲地图上。画中人看上去很愉快、很魁梧，正凝望着画师。《明灯期刊》（La lanterne）称此画为"成为红衣主教的拉伯雷"。[16]此画现存于凡尔赛宫，夏尔·马夏尔本人曾经对阿尔及尔总督谈起自己这幅肖像："［在画中］我是坐着的，手上拿了一支笔，我倒情愿他捕捉到我正站起来，预备打那美好的仗。"[17]

夏尔·马夏尔·阿勒芒·拉维热里

　　夏尔·马夏尔的故事是阿勒芒·拉维热里家族历史的一部分，同时也是 19 世纪法国经济生活历史的一部分。这一探索的关键在于以个体及其各自的联系、其家庭、邻居和朋友为起点，随他们进入其各不相同的事业和行业。这是一部自下而上或者说从微观到宏观的历史，引导我们发现了在经济增长的庞大历史中基本上名不见经传的一系列缝隙经济。19 世纪的阿勒芒·拉维热里家族一度试图在税务、海关和军队部门寻求发展，还涉足过中介性质的地方银行业。夏尔·马夏尔在最不现代的部门获得了声望（还有财富），而这一部门，至少在其 19 世纪敌人的眼中，也有着最强的经济势力。

根据夏尔·马夏尔早期传记作家的记录，此人的飞黄腾达始于少年时期一次对家人影响的反抗。在这些传记中，夏尔·马夏尔所生长的家并不以宗教为中心，当时正值复辟期末，各处弥漫着"躁动不安的怀疑主义"以及"七月王朝轻率浅薄的自由主义"。夏尔·马夏尔的父亲莱昂·菲利普是海关官员，母亲路易丝·拉特里勒爱好诗赋，据说在这对夫妇的社交圈子中，人们有着"各不相同的观念"，"甚至——至少在表面上——有着差异极大的信仰"，因为"有些犹太人家庭"也是"圈中人"。[18] 对夏尔·马夏尔而言，在这样的环境里成为教士意味着拒绝启蒙运动和法国大革命带来的深远影响，意味着拒绝国家对出生、结婚和死亡等仪式的控制。

1841 年，16 岁的夏尔·马夏尔来到巴黎，后来进入加尔默罗会学院（Ecole des Carmes），这所宗教教育学院成立于 1845 年，院址就在旧监狱（法国大革命期间狱中关押过莱昂纳尔·罗班和未来皇后约瑟芬，1794 年昂古莱姆那位反革命外科大夫诺埃尔·维罗尔也是在此跳窗身亡的）。[19] 1847 年，夏尔·马夏尔接受祝圣，成为副执事，1848 年升任执事，1849 年升任教士。[20]

在巴黎，夏尔·马夏尔成了一名历史学者。他写过两篇博士论文，第一篇（1850）研究的是早期基督教历史学家赫吉西帕斯（Hegesippus）：一个几乎不为人知的巴勒斯坦人，其著作是以希腊语写就的。这在某种意义上是一项关于基于碎片信息写作历史的研究。[21][碎片之一谈到了圣雅各的虔诚，因为跪得太多，这位圣徒的双膝变得像骆驼的关节一样："茧子像骆驼的那般厚"（instar cameli occalluerint）——夏尔·马夏尔如此翻译道。] [22] 另一篇论文研究的是一所基督教学校的历史，学校位于北美索不达米亚的埃德萨（Edessa），即今日土耳其东南的省府乌尔法（Urfa）。论文描写了一座建在丘上的失落之城，也重现了其经济生活：这是一座大都市，"位于从印度到波斯的路上"，在此，"东方的财富遇见了罗马世界的珍宝"。这座城分为上下两部分，是幼发拉底河的支流西尔图斯河（Scirtus）上的一座港口；城中有众多"手艺人""商人"和兑换希腊钱币的，在此，"来自各国的人们穿着各自故乡的服饰相遇、相交又离开"，这些人从波斯运来黄铜，又将纺织物装上船，运往"波斯湾和厄立特里亚海"（Eritrean Sea）。[23]

　　论文中透出几分向往和忧郁。埃德萨曾是一座档案之城，有 12 座基督教教堂，还有一座古老的图书馆，"是东方最富有的城市之一"。伟大的叙利亚诗人、长于讲论"人事虚无"的圣厄弗冷（St. Ephrem）在这座城市生活了 30 年。埃德萨这所学校本身就"全然是历史性的"，信仰"圣经的历史真实"。这座城市光大了基督教教义，甚至将之远传于"印度和中国"，又将"亚里士多德哲学［传于］阿拉伯"。但在一个可怕的夜晚，黑暗中西尔图斯河骤然上涨，冲毁了下城区。埃德萨毁于饥荒。489 年，拜占庭皇帝芝诺（Zeno）驱逐了基督教学校。[24]

271

　　完成自己的历史研究后，夏尔·马夏尔转而开始研习神学，1854 年，28 岁的他获得了索邦神学院（Sorbonne）的教会历史教职。[25] 这些年间，尽管在政治意义上与家人命运迥异，但他仍然常常回家，参与了许多家族事件。度假时他会回到马赛的父母家中，这是他母亲的旧友、一位爱书的海关官员说的——此人还发表过两首纪念夏尔·马夏尔的短诗，一首叫"对修道院院长 L 先生的立场"（Stances à Monsieur l'Abbé L.***），一首叫"致修道院院长 L 先生的信"（Epître à Monsieur l'abbé L***）。[26] 在 19 世纪

50年代，家中每一场复杂的婚前协议订立仪式都有他的身影：二代表亲玛丽·路易丝和未来银行家亨利·波泰－拉维热里、妹妹路易丝和加布里埃尔·基纳，还有他隔一代的堂亲玛丽·弗朗索瓦丝的婚姻。他是南城墙上年迈的五姐妹圈中的一员，五姐妹充当了家族记忆或者说连续性的保管者——至少在属于昂古莱姆的18世纪家族和分散于法国和世界各地的19世纪家族之间如此。

夏尔·马夏尔在索邦神学院教授法国新教和詹森派的历史。他出过一版双语对照的索福克勒斯《俄狄浦斯王》（Oedipus），还出过一版西塞罗《论义务》（De officiis）第三卷（论公共事业和国家）的"净化本"。[27]他支持教宗无谬论，因而一度被指控为"教授理性主义和异端邪说"，为了维持生计，他曾参与编制过一小套（共18卷）供学校使用的地理和历史教材，"从高卢人的年代到我们的时代"。[28]但巴黎的生活开始令他感到厌倦。"我当时在给25个学生上课，教詹森派的历史，"在其传记作者的笔下他回忆道，"我有种要窒息的感觉。"[29]

272

叙利亚危机

1856年，夏尔·马夏尔的人生再度改变。他被请进了法国海外势力中心——海军地图保管处（当时位于大学街）——的一间办公室，并被告知自己已被确定为新成立的东方学校项目组主任。项目组是克里米亚战争结束后成立的，目的是为奥斯曼帝国境内的天主教社区筹钱。这是一个天主教协会或者说项目，一个"公民社会组织"或者说"非政府组织"，得到第二帝国新成立的庞大国家机构众多要人的支撑。项目组的首任荣誉主席是原先在克里米亚指挥过法军的将军。选任了夏尔·马夏尔的是第二任主席，此人是海军上将，当时担任海军地图保管处主任，这位改革派人士此前是马提尼克的最后一任总督（在 1848 年废除奴隶制之前）。"我到访过多个种植园，听园主说过话，还和奴隶说过话，"这位官员在 1847 年的一次演说上表示，"我可以做证：在保持对主人应有的顺服的同时，这些奴隶正在享受法律带给他们的各项改善。"[30]

对夏尔·马夏尔而言，东方学校项目组是向着东方基督教的失落世界的回归。从此他开始了一项新事业，并最终为之奉献了毕生，这项事业得以植根法国而光大于世界各地，也有夏尔·马夏尔的一份功劳。这便是海外慈善事业或者说海外慈善工程。在接下来的三年间，他走遍了法国各地，从南特和南锡到马赛、波尔多和巴约讷，在各处布道、筹钱。一系列新的委员会成立，一份新"快报"开办，教皇庇护九世也来过不少信表示支持。项目组向士麦那、大马士革和耶路撒冷的基督教学校提供支持，在加兹尔（Ghazir），项目组为一间阿拉伯语出版社提供了刊印基督教书籍的资金，还为摩苏尔（Mosul）的多明我会购置过一部"石印机"。[31]

19 世纪 60 年代的"叙利亚大屠杀"，是在拥有石板印刷和电报新闻的摩登时代，针对马龙派基督徒的这场骇人杀戮成了最早的"人道主义危机"之一，它又一次改写了夏尔·马夏尔的人生。黎巴嫩当时正处于长年国内冲突期，1860 年 6 月，欧洲收到消息：黎巴嫩山的德鲁兹派民兵正在杀害基督徒村民，到了 7 月，悲剧已经蔓延至大马士革。"血腥废墟"掩盖了"将近两万受害者的尸体"，后来夏尔·马夏尔写及 1860 年夏天的这一系列事件时称："各个教派将近 20 万基督徒流离失所，无家可归、衣不蔽体、食不果腹"，"还有 30 万人正惊慌等待着同样的命运"。[32]

1860 年间，东方学校项目成了危机中的关键救援组织。还出现了"集中援助"，16 家法国报纸发起筹资，项目组成为其救援资金的受托人。项目组是法国以"人道任务"名义派往东地中海的远征军的联络人，也是法兰西帝国领事官员的联络人（克里米亚战争结束签订巴黎条约后这些官员成为东方基督徒的保护者）。[33] 组织收到了来自法国、比利时、巴西和塞内加尔的捐款，还有捐款来自爱丁堡、博洛尼亚和纽约布法罗（Buffalo）。还有许多实物捐赠，包括大量衣物和教堂装饰品。据估计共有 360 座村庄和 560 处教堂被毁。项目组 1857 年共筹集 16,000 法郎，1859 年共筹集 60,391 法郎。在 1860—1861 年为期九个月的叙利亚危机期间，项目组的收入翻了超过 30 倍，达到 2,136,701 法郎。[34]

　　1860 年见证了阿勒芒·拉维热里家族的一系列终结。夏尔·马夏尔本人当年年初休了病假，他年纪最大的姑姑大让娜 1866 年 7 月在昂古莱姆过世，在海关部门工作的父亲也退休了。[35] 但随着 1860 年 6 月东边陆续传来消息，夏尔·马夏尔又开始了一段高度活跃期。到了 9 月初，他已经在预备前往黎巴嫩。对自己的死，他也有所预感。"我确信这会是一趟一去不返的旅行，也深信我会死在这片我将为之带去救济的东方土地上。"在给项目组定期捐助者报告中他写道，"永别了——我自己、我的祖国、我的家人和我的研究"，怀着"将死的隐秘喜乐——神若愿意——就死在扶助我的弟兄时"。[36]

　　夏尔·马夏尔的父亲莱昂·菲利普死于 9 月 14 日：在索米尔镇的火车站上，当时已近午夜，是两名铁路员工发现报告的。[37] 根据其传记作者博纳尔的记录，夏尔·马夏尔当时正在赶往索米尔的路上，博纳尔的信息来自夏尔·马夏尔的一封信，后者在信中称自己正计划取道图尔顺路拜访在索米尔的父亲。博纳尔猜测他到时父亲已经死了："1860 年 9 月 15 日，以基督徒的方式，阿勒芒·拉维热里先生在儿子怀中、带着儿子的祝福过世了。"[38] 故而在这一记录中，夏尔·马夏尔当时在场，他就在索米尔奥尔良铁路站上，不过也可能他抵达时已经晚了：这是他人生中的一段动荡岁月。无论如何，他回到了巴黎，9 月 27 日再度启程，继而 9 月 30 日在马赛

登上了一艘被称为"印度河"的船，这是火轮船公司的一艘小汽船，
开往亚历山大（Alexandria）。[39]

　　"如此的荒芜和野蛮堪称奇观。"终于来到了东方的夏尔·马夏
尔论及这片土地时写道。贝鲁特（Beirut）是一座恐怖的城，满是"难
民，（这些人）像幽灵一样在街上游荡"，"鲜血触目皆是"，一堆堆
的灰烬"充塞着尸骸"。他来到了见证杀戮开始的黎巴嫩山，350名
儿童夹道相迎，高唱："法兰西万岁！东方学校项目组主任万岁！"
在去往大马士革的途中，行至哈马纳（Hammana）附近，马在嶙峋
的山路上失了蹄，他受了重伤。[40]他也到访了伯利恒、耶路撒冷和
拿撒勒。在大马士革，他见到了一幅东方风格的画像，画中人酋长
阿卜杜拉－卡迪尔（'Abd al-Qādīr）曾在阿尔及利亚领导人民对抗
法国占领军，后来为法国所因。画中这位酋长被表现为大屠杀期间
基督徒的保护者。[41]1860年12月，夏尔·马夏尔动身回法国，路
上还在罗马小驻，拜访了教宗庇护九世。[42]

　　夏尔·马夏尔在东方待了几个月，他对这段经历的记录不仅是
一份致项目组定期捐赠者的报告，也为我们勾勒出了法国海外势力
的未来命运。1860年夏，法国海军远征叙利亚，在拿破仑三世口
中，这是一次"人道任务"，"为了人道，必须立即干预"。[43]谈起
法国军官和外交官，夏尔·马夏尔极尽溢美之词，对黎巴嫩山地区
法国丝绸制造商他也赞不绝口。[44]但最终他也认定，黎巴嫩要是没
有一个"法兰西官方保护下架构严格的基督教政府"，就不会有希望。
在他看来，德鲁兹民兵不过是一些"工具"，而非"真正的罪犯"。
存在许多邪恶势力，包括奥斯曼的行政机构和专顾自己利益的英格
兰人（这些人是为德鲁兹辩护的，而且像"普鲁士人"和"盎格鲁－
美利坚人"一样觊觎天主教孤儿的灵魂）。真正的敌人要庞大得多，
用夏尔·马夏尔的话说，这个敌人就内生于"伊斯兰世界的整体心态"
和"穆斯林宗教狂热"中。[45]

275

南锡主教

为叙利亚筹款的工作和在黎巴嫩的表现为回到法国的夏尔·马夏尔赢得了荣誉军团勋章；他也立即受到了第二帝国教会精英圈子的欢迎，成了其中的一员。[46]1861 年 8 月，经皇帝提名，他获任梵蒂冈天主教最高法院（Rota）的法官。[47]他在罗马待了不到两年，住在宗徒广场上一座"简朴"的宅邸里；他身着教会法官服的照片便是这一时期留下的。[48]他办了一个沙龙，每逢礼拜一晚接待包括"众多将军和使馆人员"在内的法国人。[49]1863 年 3 月，37 岁的他再度晋升，成为洛林南锡主教。[50]他将自己的主教祝圣仪式定在了罗马圣路易堂，他的祖父生活在巴约讷时的邻居弗雷德里克·巴斯蒂亚 1850 年就是在此下的葬。仪式上，他头戴一顶气势恢宏的新哥特风主教冠，是特别为这次祝圣打造的。[51]

南锡当时是一座富裕的工业城镇，有众多小型生产企业，正处于一场矿业和金属工业繁荣期的开端。作为南锡主教，夏尔·马夏尔全身心投入了 18 世纪恢宏的主教堂更新工作。[52]南锡当时举办了不少"有文化有思想的节庆活动"，学校的男孩子还用希腊语演出过索福克勒斯的《厄勒克特拉》（*Electra*）。[53]庇护九世特批夏尔·马夏尔佩戴一种称为"肱饰"或者叫"拉提奥纳尔"（rationale）的特殊装饰：一种"大圣带，肩后饰有流苏"且"缀满宝石"。[54]他有自己的纹章，罗马拉维热里档案馆还保存有纹章的一幅水彩图样：明亮的蓝色盾牌背景上，一只鹈鹕正刺穿自己的胸膛以喂养三只雏鸟，上方是拉丁语的"爱"（Caritas）字，顶端是洛林十字和带流苏的圣带。[55]

1866 年 7 月，夏尔·马夏尔接待了皇后欧仁妮（Eugénie）和她 10 岁的儿子——这个不幸的少年后来成了王位觊觎者"拿破仑四世"，最后在祖鲁战争中丧生。为了迎接两位皇亲的到来——南锡为此刊印了一本 178 页的小册子——人们对主教堂做了进一步装潢，添上了"华美的镀金穹顶"、用"金穗带卷边的深红色天鹅绒"做了罩幕；还有学生组成的礼仪队：当地一所男校的学童手举"一面天蓝色旗帜，上面绘着拉维热里先生的纹章"。[56] 回巴黎之前，欧仁妮授予了夏尔·马夏尔一层新的皇室荣耀：更高级别的荣誉军团勋章。[57] 1866 年 11 月，他获任阿尔及尔大主教，永远地离开了南锡。[58]

"我挚爱的阿非利加"

41 岁那年（1867 年 5 月），夏尔·马夏尔来到了他视作自己命运之地的大陆。他搬进了阿尔及尔政府广场上的主教宫（原先的奥斯曼总督府），当年晚些时候他表示，主教宫相当"肮脏"，"根本没有空气和空间"，"对一个欧洲人而言极不宜居"，家具和装潢也已经"破旧、失修而凌乱"。[59] 翌年，他负责的区域扩大了，纳入了"撒哈拉和苏丹"的"广阔地区"。首次为西至大西洋、东至"埃及沙漠"、南至"塞内加尔和几内亚"的撒哈拉及撒哈拉以南非洲建立了"使徒代表团"，夏尔·马夏尔担任首席代表。[60] 夏尔·马夏尔 1881 年成为突尼斯教会行政官员，1882 年成为红衣主教，1884 年成为"非洲总主教"（primate）。1892 年他在阿尔及尔的另一处宫殿过世，死前在"灵性遗嘱"中他写道："我挚爱的阿非利加啊，我就要投入你的怀抱。"[61]

夏尔·马夏尔初到阿尔及尔时正值北非法国殖民地遭遇自然灾害，一系列天灾最终酿成了 1868 年阿尔及利亚大饥荒，据估计，死于饥荒的人达 150,000 之多，相当于地区总人口的 10%。[62] 和 1860 年的叙利亚危机类似，夏尔·马夏尔的非洲时期也始于一次人道主义紧急状况。据记载，他对母亲们送到自己怀里的穆斯林儿童

277

施以援手，仿佛大马士革阿卜杜拉－卡迪尔情景的反转。他经久不衰的文字力量和筹款力量在阿尔及尔首次派上用场便是对饥荒作令人心碎的描述："我依然能看见他们，这些可怜的小孩子"，"他们大大的眼睛"放射出"饥饿的凶险灼热"。[63] 政府广场上的主教宫成了饥民的避难所。《画报》（*L'illustration*）曾刊登过一幅表现大主教接纳面黄肌瘦的儿童的画。[64] 夏尔·马夏尔为这些"阿拉伯孤儿"发起了一场全国性运动，向法国的众多主教求助，租了耶稣会士的一处地产，建了三座孤儿院，后来又在附近增建了八座。他写到，自己八个月就"聚集了 1,753 名孤儿"。[65]

夏尔·马夏尔 1868 年建立的非洲传教士协会之所以称为"白衣神父会"，是因为其成员都穿着特别的袍子；这些人都作"阿拉伯装扮"，与"土著"吃同样的食物，只说阿拉伯语，同时向所有人提供医疗关怀。[66] 这些人深入撒哈拉以南大湖区（Great Lakes region），在北非法国殖民地各处推动农业发展。协会在位于今日阿尔及尔北郊的原奥斯曼哈拉什（El-Harrach）兵营有一座壮丽的白色石砌府邸。在"此地一个美好的春天夜晚"，夏尔·马夏尔写到，他被人带着第一次见识了一片 600 公顷的未开发土地，这片地从哈拉什向南延伸，法国人称其为"方屋"（La Maison-Carrée）。这片土地有着"世上数一数二的美景"，已经成为乡村统治者的夏尔·马夏尔认定，"我的小子们"必然会清理掉此地旧日的残余，为自己、为未来建设起一个全新的非洲。[67]

278　　　夏尔·马夏尔在他所谓的"我收养的"儿女的簇拥中度过了余生。在为筹集救济款奔走时，他身边总有孩童相伴，在他的照片上和雕塑边也不乏孩童的身影。他出版过一本标题响亮的小册子：《阿尔及尔的阿拉伯孤儿：过去、现在及其收养》（*Les orphelins arabes d'Alger, leur passé, leur avenir, leur adoption*）。他甚至还带着两个"阿拉伯小孩"去过罗马，领他们见了庇护九世。两个孩子背诵了十诫，又在山上天主圣三教堂受了洗，施洗的是"红衣主教波拿巴"（拿破仑一世的一位侄孙）。根据《天下画报》（*L'univers*）的说法，"仅仅几年之前，两人还差不多是穆斯林非洲的野人"，但"阿尔及尔大主教救之脱离了死亡"；"两人来欧洲定居"，"一个被称为阿卜杜勒·卡迪尔·本·穆罕默德（Abd-el-Kader-ben-Mohamed），一个被称为哈米德·本·艾莎（Hamed-ben-Aicha）"。[68]

非洲在哪里？

甚至早在离开法国之前，在 1867 年的首封大主教牧函中，夏尔·马夏尔便已经勾勒出了一个恢复"非洲教会"并将其扩展至"这一庞大大陆中心"的宏伟计划。与他早期那项带着几分伤感色彩的东方基督教历史研究一样，这封信也是对非洲失落的基督教往昔、对迦太基主教圣居普良（St. Cyprian）、对希波（Hippo）主教圣奥古斯丁的追忆。[69] 牧函描绘了一个对当时的人（也包括现在的人）而言相当陌生的"早期基督教世界"：一个"漂浮在现代地图上的欧洲、非洲和中东"的社会，用彼得·布朗（Peter Brown）的话说，"仿佛昔日明亮星系留下的一团巨云"，"蹒跚"于西欧而"光大于北非全地直至埃塞俄比亚，在中东的影响则远及伊朗和中亚"。[70]

"非洲在哪里？——这全世界的喜乐园在哪里？"阔吾德乌斯（Quodvultdeus，意为"神要什么"）问道。这位圣徒是迦太基的最后一任主教，见证了 439 年汪达尔人（Vandal）攻陷迦太基。1872 年夏尔·马夏尔接见一个修女代表团来访时曾提及此人。[71] 在夏尔·马夏尔笔下，昔日的非洲是众多"富庶的城镇"和"丰饶的平原"之所在，而这一辉煌的历史同样可以从死里复活。[72] 当时正值法属北非环境乐观主义时期——正值孕育了跨撒哈拉铁路和阿尔及利亚内陆海等宏伟计划的年代。后一项计划是比斯克拉绿洲的一位军事制图师和苏伊士运河项目负责人联合制订的。[73]夏尔·马夏尔最终的事业有着广阔的历史尺度。其目的是寻回失落的非洲——倒拨时针，翻转气候变化、挽救衰落的罗马帝国。

在1867年的首封牧函中，夏尔·马夏尔引用了自己的保护人拿破仑三世的话："法兰西的荣耀并非"基于"征服，而是本于对人类和进步的爱"，"从突尼斯到幼发拉底，［这一荣耀将］响彻"全地。[74]但在其一系列计划中，教会、国家和征服——换言之人性、贸易和帝国——是难分难解的。为了保护白衣神父会的拓居地，比斯克拉绿洲有许多"武装弟兄"，即全副武装的传教士。[75]夏尔·马夏尔是军事胜利的预言家，也是当时全新的、最终共和化了的帝国主义的有力助手。在一位早期传记作者眼中，夏尔·马夏尔是"某种征服者，一个祷告和宣讲福音的拿破仑"。[76]新革命派的《明灯期刊》称其为"军事独裁者、撒哈拉的埃尔南·科尔特斯（Hernán Cortés）"。[77]

在阿尔及尔，从1867年抵达到1892年过世，尽管经历了法国公共生活和本人政治地位的各种令人目眩的变迁，但夏尔·马夏尔对在非洲的武装扩张的倡导始终不渝。他始终都在，或者说不断在奔走，搭乘往返于北非、法国和罗马的汽船：在第二帝国末年；在终结了帝国和1871年的巴黎公社的普法战争中；在1871年至1880年第三共和国早期的共和派和君主主义政府里。在始于1881年的帝国主义征服期，伴随着侵略突尼斯、莱昂·甘必大（Léon Gambetta）和茹费理（Jules Ferry）的共和帝国主义，依然可见他的身影；甘必大于1881—1882年任法国总理，和儒勒·费里一道被被一个同时代人视为"殖民政策的真正创造者"。[78]拉维热里及其传教士团队在突尼斯"为法国效力超乎武装部队"，甘必大曾对夏尔·马夏尔的一名密使表示；"反教权主义并非什么应当输出的商品"。[79]

　　在夏尔·马夏尔看来，和叙利亚一样，非洲存在的终极敌人
依然是穆斯林的信仰。他接受阿尔及尔大主教职位——在一封私信 280
（曾为传记作者博纳尔所引）中他表示——是因为"我深切地感受
到法兰西民族的耻辱：与臣服于自己的穆斯林民族比邻而居已有将
近 40 年，却不仅没有尝试过改变其信仰，甚至还对试图如此行的
天主教神职人员百般阻挠"。[80] "伊斯兰教的谬误如何能灭绝信仰
的明亮火焰？"在 1861 年致捐赠者的报告中，他质问道（他表示
这些话出自加兹尔基督教学院学生所作的一首"大马士革废墟之哀
歌"）。[81] 在八年后与伊斯兰教的一场大规模冲突中，新成立的非洲
传教士协会明确了自己的长期目标。1869 年夏尔·马夏尔写道，"自
本世纪初起"，撒哈拉以南非洲"已有超过 4,000 万人皈依伊斯兰教"，
而他的"小协会"的终极目标便是"在非洲全地""领导一切穆斯
林民族改信基督教"。[82]

昂古莱姆之外

　　到了 19 世纪 70 年代，夏尔·马夏尔已经享誉全球。旅行作
家伊丽莎白·赫伯特（Elizabeth Herbert）写过一篇关于"其伟大
且实在超人的工作"的文章，后来为美国出版社翻印，赫伯特描写
了他如何身着"主教的盛装"接待一队将军："身着白色包头斗篷
（burnouse）和猩红饰带的土著人撑起华盖"。行在其下的他仿佛
"伟大的伊斯兰教隐士（marabout）"，赫伯特写道，"英国领事高呼
'我们又见到了圣奥古斯丁'"。[83] 与此同时，共和派报刊对夏尔·马夏
尔的冷嘲热讽也从来没有止境。《公平报》（La justice）称他从来
不在非洲：总是要么在罗马，要么在巴黎。[84] 1882 年他晋升红衣
主教，在巴黎总统府邸爱丽舍宫戴上了四角帽，在《提醒报》（Le
rappel）看来，整场仪式仿佛沸水煮龙虾，应当奏乐以和："启程去

叙利亚／英俊的拉维热里……"[85]在《公平报》看来，夏尔·马夏尔一袭紫袍抵达，退入内室，又换上猩红袍子出现就是一出滑稽剧：红袍子、红帽子，还有深红垫子上的一顶红色宽檐帽——一种对政教分离的歪曲。[86]

夏尔·马夏尔在北非度过了四分之一个世纪，其间回法国回得很勤。夏天他在比亚里茨（Biarritz）度假，在医生的建议下还去过西班牙边境附近的康博莱班（Cambo-les-Bains）温泉。他考虑过在比利牛斯山麓丘陵地带买一栋房子养老。昂古莱姆主教（也是小保罗·阿巴迪的朋友）将自己致庇护九世的引退信交托给了"我可敬的友人阿尔及尔大主教"。[87]夏尔·马夏尔常去昂古莱姆，或者至少是常常在探望妹妹路易丝的途中经过镇上。路易丝已经和丈夫加布里埃尔·基纳搬到了昂古莱姆以外拉库拉德的造纸厂：夫妇俩的房子就在一排工人小屋的尽头，正对着亨利－拉库拉德家族典雅府邸的入口。

博纳尔的夏尔·马夏尔传记中，临终场景触目可见，甚至拉库拉德也见证过其中的一幕；夏尔·马夏尔在此"接收了妹夫凯纳（Keiner，原文如此）先生的最后一口气"。[88]1875年7月，45岁的加布里埃尔·基纳（"纸厂主、住在拉库拉德工厂"）过世。做见证的包括其姻亲乔治·亨利－拉库拉德和厂里另一名熟练工、一名"植物基胶制造商"。[89]1872年人口普查时登记为路易丝·拉维热里和加布里埃尔·基纳家中用人的奥古斯丁·阿德卡德和1870年在罗马受洗的（"来欧洲定居"的）阿拉伯小孩阿卜杜勒·卡迪尔·本·穆罕默德同名。[90]到了1876年，拉库拉德已经不再有奥古斯丁·阿德卡德，1898年，"奥古斯丁·夏尔·阿卜杜勒·卡迪尔（Augustin Charles Abd-el-Kader）"在克雷姆兰－比塞特尔医院过世，根据记录，此人是一名家仆，住在巴黎第十四区。[91]

在非洲的数年间，夏尔·马夏尔一直与路易丝保持着通信。她

去阿尔及利亚探望过他，还到过武装传教士之家比斯克拉绿洲。他
在巴黎见过她，她做了精心的准备，为他预订了一间旅馆客房，不
会太吵，正对着里沃利街或者说歌剧院（周围也没有太多正越来
越多地"吞噬"着空间的百货大楼——又一处和左拉的家族历史
系列小说类似的情节）。[92] 路易丝的有些信件相当正式。她称夏
尔·马夏尔为"您"（vous），要向他推荐一位旧友的儿子（突尼
斯一名炮兵军官），要么就是拉库罗讷那位邮差的儿子，他在博
纳（Bona，今安纳巴，Annadb）当面点师傅。[93] 另一些信则透
出一种绵延不断的亲密交谈色彩，两个人谈政治、谈钱，也谈家
族关系。

　　"身体不适的时候，感觉人生真是悲哀"，路易丝在比利牛斯山
中写道——在这封信中她称他为"你"（tu）——"你真的没有任
何理由像现在一样超负荷工作"，"我已经给昂古莱姆那边下了订单，
会给你邮 12 瓶白兰地去"。[94] 她告诉他自己身体的不适，也就他该
如何养病提出建议。她谈到他可以租什么样的乡间别墅消夏；她和
某位表亲发生了一点误解，是关于一处产业的；出现了一个可疑的
角色："L 先生"（这位表亲向路易丝保证：此人"不过是个共和派，
就跟我父亲、我丈夫或者我叔叔费利克斯是共和派一样，当然，和
他们不一样的是他是个完完全全的天主教徒"）。[95] 路易丝相当担心
自己的财务稳定问题，也挂心昂古莱姆的经济生活。因为不确定自
己是否买得起一栋最近削价出售的房子（因为这意味着以"我的资
产"，换言之，以两人母亲家族的小小遗产换一辈子的债），她曾征
求过夏尔·马夏尔的建议。她在拉库拉德写到，"地方经济"发生
了一场"灾难"，纸张价格、造纸业内的"外国竞争"都令她担忧，
她怕自己可能不能再住在纸厂了。她还谈到夏洛特·于尔叙勒的儿
子，即两人的堂亲、拉库拉德的继承人，表示"他性格古怪，根本
没有可能晓之以理"。[96]

　　时不时会出现一些错综复杂的家族新闻。"你见到波泰了吗？"路易丝问道，谈到勒芒这位有钱的二代表亲，字里行间仿佛透出一丝嘲讽的微笑。"过去十天里这两口子为了和你取得联系把一切搅得天翻地覆，就为了请你为自己儿子的婚姻祝福，再定个日子。"这个预备结婚的儿子便是勒内，即那位对罗马法中的奴隶制感兴趣的法律学生，他同一位"身无长物"的"迷人"年轻女性订了婚。路易丝写道："家中人人都爱她、欣赏她"，只有"不幸的贝尔特（Berthe）"是例外（此人是托潘一边的一位表亲，早先住在南城墙上的公寓里）。贝尔特"还是那么不得体"，对这位新媳妇"表现得极为粗暴和不友善"，人们永远不可能原谅她，"在和瓦伦丁发生过那事之后"，"已经够让她和所有人彻底闹翻了！她之所以丧失理智完全是因为嫉妒！"[97]

283

拉维热里建筑

　　路易丝是连接家和帝国的一环，甚至在夏尔·马夏尔最宏大的设想的意义上也不例外。在自己的就任牧函中他写道，非洲昔日的教会是一片有着"无数圣殿"和"700名主教"的大地，而他最关心的自始至终都是宗教基础设施问题：是教堂、修道院和主教堂的建设——"临时性"的和长期的。1867年夏尔·马夏尔写到，在这个时代非洲城市的残垣断壁之下，"在伊斯兰教的圣殿之下"，依然埋藏着"旧巴西利卡神圣的残余"，而正是在这废墟之间，全新的教会将再度起来。[98]最终他也成了迦太基主教，而展望未来，他越来越明晰：自己继承的不仅是迦太基的圣居普良和阔吾德乌斯的衣钵，还有奥古斯丁，"我们阿非利加的天才"，"作家、哲学家、神学家"和"我不朽的先辈"。[99]

　　在法国革命后的物质修复经济中，阿勒芒·拉维热里家族处于边缘地位。这一经济生活属于教区建筑师（包括昂古莱姆生意兴隆的阿巴迪父子），属于监狱建筑师，属于香槟和阿登高地的众多小教堂（夏尔·西尔韦斯特雷·托潘一度在其间谋到过工作）。[100] 在北非，夏尔·马夏尔是一位建筑大师，或者说一位法老：另一位早期传记作家表示，他就像一座"金字塔"。[101] 他对各种改善细节的关注也相当引人注目，1867 年他抵达后的最早一批公务信件便已经显示出这一点。收到夏尔·马夏尔关于旧主教宫"失修"的信后，巴黎一名官员评注道："这位高级教士似乎需要申请建设一座新宫殿。"几个礼拜过后，夏尔·马夏尔提出要求：卖掉"目前骑兵营"的土地，用于建造宫殿。翌年他写道："我的债权人在为供应的家具请款了，情况又尴尬又恼人"；"建筑承包商很有钱，所以可以等。但为教堂铸钟的人可不一样"。[102]

　　夏尔·马夏尔来到时，阿尔及尔市中心已经有一座主教堂。主 284 教堂早先是凯乔瓦（Ketchaoua）清真寺（今天又成了清真寺）。在两代人的时间里，人们陆续给主教堂添置了一座罗马风的布道坛，新罗马风的镶嵌画，还有一道"绘有阿拉伯花纹的拱顶"。[103] 夏尔·马夏尔在写给巴黎的信中表示，这并不合宜，而"在我们的清真寺、我们的圣殿和我们的犹太会堂面前，［主教堂］永远处于伤人的劣等地位"；另一名官员在信上评注说："想借 10 万法郎购置装饰和家具。"[104] 后来一座全新的"罗马—拜占庭式"非洲圣母巴西利卡（Basilica of Notre-Dame d'Afrique）建了起来；众多礼拜堂、女修道院和新楼也在哈拉什以北的那片地上建了起来。[105] 但是，按照一位现代建筑史学者的说法，真正典型的所谓"拉维热里建筑"的出现却是在法国势力向东面迦太基扩张的一路上。这种建筑带有折中主义风格，有些鲁莽，常被贴上"早期哥特""新哥特""纹章学""古迦太基""高卢"等标签。[106]

　　在巴黎，小保罗·阿巴迪主持的圣心教堂建设——被批评者称为"阿巴迪清真寺"——1875 年动工，建了 37 年。[107] 在北非，1881 年 10 月法军占领突尼斯，1881 年 11 月夏尔·马夏尔为"临时主教堂"立了第一块基石。[108] 这一可容纳"1,200 至 1,500 人"的建设工程历时 82 天完成，1882 年复活节举行了落成典礼，仪式上进行了布道，内容是关于维多利亚女王健康的。[109]

夏尔·马夏尔立即开始筹款，要为突尼斯建一座永久主教堂，还要在迦太基建一座更大的主教堂，就建在古迦太基卫城的废墟中、埃斯库拉皮乌斯（Aesculapius）古神庙上方，选址上现有一座法国路易九世礼拜堂。路易九世是在第八次十字军东征途中去世的，当时是 1270 年，他到了北非，途经迦太基，还一度试图占领这座城市。[110] 新的筹款活动明确针对"法国贵族"。捐款人，包括法国王位的正统继承人在内，都将得到纪念；十字军的后裔如果捐献 1,000 里弗尔以上，就可以在教堂墙壁的大理石上刻上其纹章。[111]

285　　作为阿尔及尔大主教，夏尔·马夏尔热心资助考古学：簇拥着他的全是令他分外关心的古迹。"要审问你土地上覆盖的废墟，"1867 年他如此敦促自己的新堂区居民。[112] 在罗马拜访教皇的时候，他住在密涅瓦酒店（Hotel Minerva），曾经给了西格蒙德·弗洛伊德（Sigmund Freud）灵感，启发其形成著名的人类心理历史层面理论的教堂就在不远处。[113] 在北非，夏尔·马夏尔为迦太基的新主教堂——最终称为圣路易主教堂——奠了基，在这座纯白的、"罗马风"的主教堂的建设过程中，他也践行了一次自己在别处（在耶路撒冷）提到过的所谓"汪达尔人行为"（vandalism，即破坏公物行为）：石材取自达穆斯·卡里塔（Damous El Karita）的早期基督教巴西利卡的废墟，奥古斯丁到访迦太基时就是在此布道的。[114]

路易丝在家时给哥哥写过不少东拉西扯的信，其中的一封对宗教建筑生意表现出浓厚的兴趣。"如果问题真的在于为突尼斯任命一位教区建筑师",1884 年 7 月,她在拉库拉德给夏尔·马夏尔写信,"我想"她在多尔多涅的一个熟人"一定能让你大有收获",此人是"勒内的妻子"——就是那位迷人但身无长物的年轻女性,1883 年她结婚时保罗·阿巴迪也在见证人之列——的叔叔,有着"毋庸置疑的天才"。路易丝写到,这位叔叔和阿巴迪合作完成过"圣弗龙(Saint Front)的修复",这座 11 世纪的主教堂位于佩里格,装饰有八个克里姆林宫式的穹顶,而且这项工程"更多是他而不是阿巴迪先生完成的"。[115]

　　这位叔叔没有结婚,和自己年迈的母亲同住,而连他家的历史也是相当体面的;路易丝写到,他父亲一度"以相当低的价格、作为国家财产"买下过一处产业,又在"磨难过去后"将之归还给了合法所有人。(相比之下,兄妹俩的曾祖父母并没有这样做——后者在同一时期取得的教会产业后来甚至成了兄妹俩南城墙上几位姑婆财富的基础。)多尔多涅的这位建筑师"极富才智""相当有学问",而"要说缺点,充其量只有一个":他"并非世道的奴隶";"出席社交场合时他每每不穿西装而披一件大衣,戴一顶羊毛贝雷帽。""除此之外",路易丝总结道,再没有人能比他更正直或者说更忠诚了:"如果你能有这么一个亲近的人、成为你宏大构想的出色助手,我会相当高兴。"[116] 但这位叔叔最终还是留在了多尔多涅,1905 年时依然在佩里格担任教区建筑师,在主教堂的门廊下组织"中世纪建筑的残垣断壁"。[117]

286

一个百万富翁——千万富翁

　　在无数人的回忆里,夏尔·马夏尔是个世故的人物。他是个"实干者、一个胆大的人,喜欢喧嚣、喜欢煽动";"他的面庞宽阔似斗士,双眼透出探寻和藐视权贵的光",他"从来都是武装起来的"。[118]

根据《明灯期刊》的说法，他也是个"机敏惊人的商人"，而他之所以成为法国共和派报刊高度关注的对象，在北非的经济活动是最重要的原因。《明灯期刊》1886年写道："在突尼斯，他做了不少一流的投机买卖，也赚了一大笔钱。"继而该刊在1888年又表示："他是阿尔及利亚或者说突尼西亚最有势力的人。"[119]

为救助叙利亚和黎巴嫩的难民及阿尔及利亚的孤儿，为资助传教士项目、援助饥民，为修建迦太基圣路易主教堂，夏尔·马夏尔进行了一系列慈善筹款活动，而且大获成功。而这仅仅是开始。为支撑传教士协会（白衣神父会），他每年需要50万法郎的捐款，但他在1874年告诉自己的教士们，自己从来没有负过债。[120]他有着一个庞大的赞助人网络，联络了各大报纸和各种年度报告，与世界各地的许多人保持着书信往来。巴黎的政府也会提供官方补助。在反教权主义报纸眼中，夏尔·马夏尔是一个"托钵百万富翁"，借着议会委员会和预算分配政策一次又一次地取得了成功。[121]

1886年《公平报》表示，"他对建筑、对现代建筑有点品位"，而主教堂和村庄的建设——用路易丝的话说就是"你的宏大构想"——本身就是一项巨大的经济事业。[122]在一篇赞美"这最丰盛的生命、最积极的使徒和我们时代最法兰西的心"的颂词里，巴黎一个社会经济协会罗列了他的部分已完成项目：仅阿尔及利亚一地便有"69座教堂"、2所学院、1所神学院和3所医院。[123]在突尼斯，法占的最初几个月间，夏尔·马夏尔"收到又花掉"了1,913,000法郎。[124]各种机构甚至可以自给自足："和医院一样，圣嘉禄学院（St.-Charles）也是一个私人企业。红衣主教拉维热里先生在圣嘉禄卖汤，在医院卖草药茶。这些地方不是免费进的；住院每天要两法郎，甚至穷人也一样。"[125]

农业方面，夏尔·马夏尔的事业同样宏大。哈拉什的新地产上开辟有葡萄园，开挖了灌溉水渠，还围上了芦苇编的篱笆。[126] 他写到，在比斯克拉绿洲"我先是买一些贫瘠的土地。……接着寻找地下水，然后找到了"。他有了"惊人"的发现——甚至法国的园艺蔬菜在这里也能种："马铃薯、甘蓝、莴苣、豌豆、蚕豆、洋蓟。"[127] 出现了新的出口可能，而洋蓟尤为成功。据说夏尔·马夏尔拥有"巨量洋蓟地"。据《公平报》的说法，"冬天我们在巴黎食用的洋蓟似乎有一大部分都来自拉维热里先生的农场"。[128] 在突尼斯，他的葡萄园所产的甜麝香葡萄酒颇有名气，在 1889 年世博会上还赢得了大奖：奖项授给"红衣主教拉维热里阁下"，"著名葡萄园（就长在古代迦太基废墟上！）的园主"。[129]

"看来这位拉维热里似乎是人们在突尼西亚甚至阿尔及利亚全境能见到的最聪明也最成功的商业巨擘。"《明灯期刊》1885 年表示。[130] 他有着"庞大的产业"；他沿着规划铁路线买地，也在海军基地附近购置沿海地产；他修建了不少度假别墅以供冬季出租。他住在各处主教宫里，活得像个有钱人，"奢华的环境完全是东方式的。"[131] "有人指控我是个百万富翁，甚至是千万富翁。"在唯一一部其在世时表示过认可的类自传中夏尔·马夏尔写道。弟弟费利克斯曾进阿尔及尔的一间店买烟草，当时夏尔·马夏尔碰巧坐车路过，店主朝他指了指，说此人是"阿尔及利亚最有钱的人"："港口里所有汽船都是他的。"[132]

夏尔·马夏尔写到，"没有什么百万，也没什么是我的"，而且"我很穷"。对于"钱财方面的诽谤"他断然否认，对此经他认可的传记作家写道："嫉妒无处不在，在殖民地尤其如此——毕竟人人都是为发财而来。"[133] 他学生时代的一位巴黎旧友（后来成了阿尔及利亚总督）写到，夏尔·马夏尔在宗教和"外部生活"方面"喜欢排场"，但"私底下却过得像个穷人"，"很难想象有什么比他的家和他的房间更简陋、更令人悲哀的了"。[134] 和他"在非洲的巨大财

288

富一样"，他的经济帝国也是为着慈善或者人道的：一大笔钱，年年赚年年花，实事求是。[135]

普遍奴隶制

在当时为他带来了最高名声、最终让他流芳后世的是夏尔·马夏尔的最后一项事业。自从来到非洲，这项事业就一直在他的愿景边缘。他在关于 1868 年饥荒孤儿的一封信中写到，在非洲的中心，"奴隶制依然掌权"；1875 年，他呼吁阿尔及利亚的法军看得更远，越过"我们的地平线"的限制，看到"这片辽阔大陆"上的"普遍奴隶制"。[136] 19 世纪 80 年代，"比利时人、英美人"等"新近探险者的故事"——尤其是夏尔·马夏尔本人修会那些（1878 年起）南下去往大湖区的传教士发回的报告——令跨撒哈拉奴隶贸易成了一项席卷一切的事业。[137]另一个项目组成立，教宗利奥十三世也发布了一纸委任状：执行"反奴隶制任务"(Oeuvre antiesclavagiste)。[138]

1888 年 7 月夏尔·马夏尔曾表示：美洲各殖民地的奴隶制历史"之残暴已经羞辱了世界三个世纪"。最终，在法国和英国作家"坚定不移的努力下"，美洲奴隶制开始衰落。古巴废除了奴隶制，接着是巴西（1888 年 5 月）。但"在美国废除奴隶制之后，在红海和印度洋设立巡逻舰队之后（目的是防止人们贩运奴隶到亚洲）"，"基督教各国的热心慢慢冷却了下来"。"义愤熄灭了"，"人们似乎已经忘了地球上依然存在着奴隶制"。而奴隶制和陆上奴隶贸易"依然繁荣，就在非洲的中心，其恐怖难以名状"。事实上，它是超乎殖民地奴隶制"百倍的恐怖"：这些话是夏尔·马夏尔在伦敦一场演讲上说的，演讲启动了反奴隶制协会资助的一项新任务（被当时的广告称为"对抗奴隶贸易的圣战"）。"非洲奴隶制"，用红衣主教曼宁（Manning）的话说，"比西方最糟的事情还要糟一千倍"。[139]

自从任务启动，"我就没在自家睡过，也没在自家吃过"，1889年1月夏尔·马夏尔写道。"对抗丑陋的人间剥削的圣战"一路高速推进，直到1891年：1890年各国签订了《布鲁塞尔公约》（正式名称为"布鲁塞尔会议法案"），试图以此"终结海上和陆上的黑奴贸易"。[140] 与最初在非洲时一样，夏尔·马夏尔再度提及"我不朽的先辈圣奥古斯丁"；在米兰主教堂的一场讲话中，他自称"非洲老主教"，"圣奥古斯丁可怜的后人"。[141] 同1860年在叙利亚及1868年在阿尔及利亚一样，这一反奴隶制任务也被认为是对抗"穆罕默德主义"的全球运动的一部分，这种思想已经吞噬了"半个非洲"：一种仅见容于伊斯兰的"奴隶制"、一种"伊斯兰奴隶制同情者"。[142]

尤为值得一提的是，夏尔·马夏尔在"非政府"或者说"人道主义"组织方面的创造力也在这项全新的运动中达到了顶峰。他在伦敦、罗马、那不勒斯和布鲁塞尔发表演讲、开新闻发布会；他与俾斯麦、比利时的利奥波德（Leopold）国王及10岁的荷兰女王威廉明娜（Wilhelmina）通信；在海地和巴西都建立了联络协会；他被称为"非洲伟大的解放者"。当年推动废除"殖民地奴隶制"的运动成了直接样板：又一次，各种"不誉情景的故事""与运奴船只有关的新闻"得到的各种"报道、评论和讨论"，包括各种文章、书面辩护和小说，最终改变了"欧洲观念"。[143] 甚至在1868年阿尔及利亚饥荒期间，夏尔·马夏尔"对各种不同形式媒体的调动能力之强"已经"堪称大师"——最近一位历史学家如是说——他"利用了国际媒体开辟的全新政治空间"，创造了一种"大众恐怖文化"。[144] 19世纪80年代出现了各种新媒体，加上这项事业又激起了大众的恐惧，因而毫不夸张地说：人道主义已经成为一种全球文化。[145]

夏尔·马夏尔是个说服人的高手，不仅口才一流，也深谙视觉影响之道。1888年5月的"罗马朝圣"——期间他获任新项目组主任——被称为三博士来朝后最恢宏的仪式；簇拥在这位未来的解放者身边的有"12 个非洲内陆黑人基督徒"、"12 个阿尔及利亚阿拉伯人或者说卡比利亚人（Kabylian）"、12 个阿尔及利亚教区的 12 位教士，还有 12 位白衣神父会神父。[146] 当时留下了大量照片、蚀刻版画、油画和印刷画。1905 年一位早期传记作者那句有些夸张的说法，"每一个人都熟悉他的相貌"，就是这一系列活动的结果。[147] 甚至支持者的来信也常常将表现和纪念混为一谈，1889 年在马恩，一位退休将军写信给夏尔·马夏尔："我们有一块染色玻璃表现的是奥拉斯·委尔内（Horace Vernet）的卡比利亚弥撒（Mass in Kabylia），在上面我被画成了一个执法官。"（东方学专家奥拉斯·委尔内的这幅画表现的是 1853 年阿尔及利亚的法国部队。）[148]

　　1889 年，夏尔·马夏尔出版了反奴隶制项目组文件，长达 724 页的文件罗列了各种捐赠，同时也是一份向捐赠人作的报告（和叙利亚危机后情况类似）。他将筹到的款项分发给德意志天主教徒非洲协会（Afrikaverein Deutscher Katholiken）和不列颠反奴隶制协会（British Anti-Slavery Society）。[149] 利奥十三世拨了款，荷兰一些个人捐了钱，支持比利时的活动，2,500 法郎用于"印刷和传播"夏尔·马夏尔关于比属刚果的演说，2,000 法郎用于设立奖项，嘉奖"最能唤起欧洲对非洲奴隶制问题情绪的工作"。还有"7 法郎"：阿尔及利亚的传教士用这笔钱在今天坦桑尼亚的乌吉吉（Ujiji）附近买下了"11 个孩子"——都已经差不多"只剩一副骨架"了。[150]

　　夏尔·马夏尔与这项事业支持者的通信记录了一段充满可怕记忆的历史。1890 年一位法国探险家（也是跨撒哈拉铁路建设的倡导者）的寡妇写及亡夫时表示："他极度嫌恶奴隶制。"1878 年这位探险家去过沙漠里的一个村子，当时他碰巧遇到"一队奴隶，看到这群可怜的不幸的人，他心中涌起了强烈的感情"。[151] 1889 年，海地一间银行的管理人从巴黎旺多姆广场（Place Vendôme）给夏尔·马夏尔去了一封信，随信附上了一张 1 万法郎的支票：“这钱算是什一税，是在一片尽是黑人的异国土地上实现的迅速盈利的捐输，我相信这自然应当用于反哺关注这一种族个体的诸项事业。”[152]

1889—1890 年的布鲁塞尔会议通过了反非洲奴隶制的一系列重要措施。人们提及这次会议，每每称之为征示未来各种“国际联盟”的预兆之一；1895 年，埃及废除奴隶制，随后是马达加斯加（1896）和桑给巴尔（Zanzibar，1897）。[153]夏尔·马夏尔当时不在场（他正在组织一场与布鲁塞尔竞争的反奴隶制组织会议，最终会议在巴黎召开）。[154]但他依然有着一种思想的、影子式的在场。比利时外交大臣表示，会议的缘起在于“红衣主教拉维热里那动人而锲而不舍的、几年来一直感动世界的雄辩”；不列颠代表谈到“红衣主教拉维热里做过极为服人的描述的那些劫掠”；葡萄牙海军部的一份备忘录谈到关于尼亚萨湖（Lake Nyasa）上传教士的一份“协议（……）是葡萄牙政府和红衣主教拉维热里订立的”。[155]

现代人道

夏尔·马夏尔·阿勒芒·拉维热里是一位伟大的散文家、演说家，一个对恶感受敏锐的人，他对奴隶制的一系列描述至今依然动人。“死者是一个伟大的人物”，《明灯期刊》的一些批评者在他死后表示，此人更多依赖“实在”而非“抽象”，“才华横溢而复杂难懂，非宏大和深刻所能形容”。[156]他是“国中之国”，是法兰西共和帝国的理论家。[157]1892 年，反教权主义的世俗教育空想家茹费理来到阿尔及利亚，被带到圣欧仁（St. Eugène）的主教宫造访夏尔·马夏尔。“这次相会令我永生难忘，”后来总督写道，“两人素未谋面，思想上毫无共同点，似乎在每件事上都有分歧，但他们对祖国怀有同样的爱，也拥抱在了一起。”[158]

292

对夏尔·马夏尔而言，真正的敌人是一股轮廓不清的"伊斯兰教"力量，对此，他属于最早也最激进的一批理论家，从早期的叙利亚传教到后来与桑给巴尔贩奴者的斗争，他对伊斯兰教的敌意始终如一。1888 年他向不列颠反奴隶制协会秘书表示，"他并没有向阿拉伯人开战的打算"，又"表示他从未以任何方式攻击过穆罕默德的宗教，事实上非洲有许多伊斯兰教徒长久以来都是他最坚定的朋友"。[159] 但在他看来，伊斯兰、"伊斯兰教"和"狂热"之间存在着持久的联系。[160] "穆斯林的宗教实在是恶的杰作，"在 1879 年的一封信（后来翻印于经其认可的传记中）中他写道，"我们如何能从其统治下抢出灵魂来？"[161]

在夏尔·马夏尔的愿景里，天主教会要不断非洲化，凭借和平征服向南拓展，这也可以看作对 20 世纪宗教的一种展望。他是罗马教廷派往"撒哈拉和苏丹"的第一位使徒代表，而今天非洲已经有 2 亿天主教徒。同样，他对人道主义同情、对持续的农业发展、对接纳所有儿童的学校等的展望也预表了宗教慈善事业的未来责任。

夏尔·马夏尔之所以成为一个未来人物或者说现代人物，最重要的原因则在于他对全球信息的展望。他 1856 年起（几乎从零开始）创办的一系列救济组织都是巨大而高效的商业企业，筹款能力惊人，持续吸引着法国（法兰西帝国和法兰西共和国）政府的资助、吸引着梵蒂冈的拨款。他的众多联络人、资助人和新闻记者组成了一张覆盖全球的大网。他为比斯克拉绿洲和迦太基的传教士居住区安装了"电报"系统。[162] 他发达于摄影和平版印刷信息传播发展的最初几十年，畅想着一个以非洲儿童为中心组织起来的人道主义世界。

夏尔·马夏尔是使用当时各种媒体的大师，在其批评者眼中如此，在其崇拜者看来也一样。在他的首位传记作者笔下，"在过去

25 年间"的法国（还有欧洲）报纸上"几乎没有一天"不"登着 ₂₉₃
他的名字"，同时"宣告某种行动——通常是以他本人公告的形式，
要么是一封信，要么是一道命令，要么是一份报告"，"在我们这
个世界，很少有人对新闻媒体的利用、操控和发挥能达到他的程
度"。[163] 在批评者看来，他是"这个时代基督教造势运动的头号企
业家"。[164]

　　这是一段始于一个不识字的妇人和一座外省小镇的历史：围绕
着夏尔·马夏尔祖父的外祖母的，是各种未曾记录也无人记得的信
息。在现代新信息技术发展的最初几十年间，夏尔·马夏尔在世上
走出了自己的路。电报是新事物，外国联络者是新事物，带插画
的报纸是新事物，平版印刷也是新事物。正如许多同时代人所言，
夏尔·马夏尔对各种新科技的运用出神入化。同时，他也发明了
一种新的，而且相较之下甚至更为现代的存在方式：一种不间断
的自我表达，一种同成百上千人之间的关系；一种人道主义事业
的全球网络。

共和国的命运

　　1885 年夏尔·马夏尔写到，"理性主义、自然主义、泛神论、
无神论"：这些便是"当下遮掩了世界面孔的"谬误。[165] 在 30 年
的公共生活中，他本人对政治的参与一直是兼收并蓄的，甚至到了
夸张的地步。"在我们人生的某个阶段，我们可能曾以为自由主义
也有好的方面：这可能吗？"1874 年在写给自己学生时代巴黎旧友
的一封信中他回忆道。[166] 19 世纪 60 年代他是第二帝国的热心拥护
者，在南锡接待过到访的皇后欧仁妮母子，当时皇子一身黑色天鹅
绒西装："未来继承人多么有气势、多么有荣耀！"[167] 1870 年他写
道："我们正站在大张着口的深渊边缘"，而"帝国是此刻我们和深

渊之间唯一的间隔”。[168]

法国在 1871 年普法战争结束后立即进行了国会选举，夏尔·马

294 夏尔是朗德省的候选人，被认为属于所谓的自由保守党，这个党派存在的时间不长，根据其支持者的说法其目的是实现“君主制色彩的稳定”；在其反对者看来，这个党派是个“混乱而可疑的无名者”，除了“对共和国的憎恶”以及“对罗马愿望的俯首帖耳”之外并没有什么纲领。[169]夏尔·马夏尔本人的宣言谈不上响亮。他希望放松对渔猎的管制；他不赞成（为支持教会）恢复什一税，而且反对给封建主派修路义务，也反对旧制度：“一言以蔽之，我认为法律应当减少你们的税负、增加你们的福利。”[170]最终他在六名候选人中排名第六。[171]

19 世纪 70 年代，夏尔·马夏尔转而开始追随后来捐资帮助他修建迦太基主教堂的人们的君主主义事业。1874 年夏天，他到波希米亚造访王位觊觎者“亨利五世”，也即尚博尔伯爵（Comte de Chambord），在附近的温泉小镇卡尔斯巴德（Carlsbad）和玛琳巴德（Marienbad），一行人受到了接待；夏尔·马夏尔也上过阿尔及利亚的《新闻》（L'akhbar）（报上称他成功购入了绝大多数股份），这是一份倾向“保守思想”的报纸。[172]现在人们已经将他与这些思想画了等号，而尚博尔本人早已退出了政治生活。1891 年，昂古莱姆德雷（Dereix）家族的一名后人给他写信，表示“家族纽带将我的家族与阁下您联系在了一起”。写信人希望他能帮帮她的侄子，后者的父亲“因为持保守、虔诚的观点而遭人草草解了职”。[173]

最后，夏尔·马夏尔又进行了另一次政治冒险。1890 年 11 月12 日，他在自己圣欧仁的官邸举办了宴会，招待当时在港的法国地中海舰队总参谋部：这是“非洲总主教”生命中稀松平常的一天。他刚探访新任教皇利奥十三世归来——后者的“基督教政治”当时

已经认识到法国教会的未来在于与共和国形式政府的妥协。宴会快结束时，夏尔·马夏尔举杯向到访的海军祝酒，他提到了海外各领地存在的教会和国家的"统一"——尽管这些领地的四周都是"异邦"——并表明了所谓经他"认可"的希望：法国国内也可能恢复这一统一。"人民的意志已经获得了明确肯定"，而 1870 年起存在于法兰西的共和国本身与基督教、与文明并不冲突，因此，是时候"毫不犹豫地拥护这一形式的政府"了。[174]众要人离场时，夏尔·马夏尔命乐队奏响了"马赛曲"。[175]

　　宴会上这一"阿尔及尔的祝酒"事件立即引发了轰动，这一庆典也开启了法国教会"追随"共和国的政治进程。夏尔·马夏尔借此赢得了教宗的感激，但也招致了远超早年的辱骂。他的传记作者谈到，在 19 世纪 90 年代这个信息新纪元，这位红衣主教遭遇了许多谩骂者：宴会的新闻在短短几个小时内就得到了各电报部门的报道，接着是"洪水般的辱骂"、匿名信、讽刺画和来自马赛的"令人作呕"的信封。[176]两年后，利奥十三世发表了《在焦虑中间》（Au milieu des sollicitudes），这封论政教关系的通谕最终还了夏尔·马夏尔清白："在变幻莫测的人类事务大洋中"，在法国漫长的血腥历史背景下，"社会需要宪法确立的权力"。[177]

红色浪潮

　　1892 年 11 月 25 日，夏尔·马夏尔·阿勒芒·拉维热里过世于自己位于圣欧仁的官邸（圣欧仁一带今日称为博洛尼亚，位于阿尔及尔郊区，面朝大海）。他身体不适已经有段日子了。"再不能有您在我身旁：这一点我无法想象。"在给服侍自己多年的让–巴普蒂斯特的信中他写道。让–巴普蒂斯特已经退休，去了比利牛斯山养老，他回信说自己会赶回来。夏尔·马夏尔表示，"我会等您，我已经不耐烦了，给我拍份电报……会有人去港口接您的……跟以往一样"。[178] 死后，夏尔·马夏尔——准确地说是他的尸体——被人从官邸的大厅抬出，前往非洲圣母巴西利卡，接着送往了阿尔及尔主教堂。主教堂举办了安葬的礼拜仪式，伴随着礼炮声和军乐声，仪队行至海事法庭坡道。"葬礼是一次伟大的胜利，"圣徒传记作者博纳尔充满敬畏地表示。接着，夏尔·马夏尔的灵柩被搬上了一艘海军巡洋舰，巡洋舰的四周簇拥着众多捕鲸船，每只船上有 12 名桨手。灵柩被送往突尼斯、送往（临时）主教堂，又由火车运往迦太基，夏尔·马夏尔最终在自己两年前祝圣的迦太基圣路易主教堂入了土。[179]

见证了夏尔·马夏尔葬礼的包括他的妹妹路易丝（带着两位外甥）、兄妹俩的兄弟莱昂·贝尔纳还活着的儿子路易·拉维热里和他女儿的鳏夫。在海事法庭坡道，这些人与教会的众多显贵站在一处；有两艘捕鲸船是"为家人和当局"预备的。[180] 夏尔·马夏尔将自己的文件和个人动产留给了路易丝。依法她还可继承他一半的不动产，但她宣布放弃；他的遗嘱执行人向她支付了 15 万法郎，作为养老金（她死时这笔钱还剩下 14.5 万法郎）。[181] 之后，路易·拉维热里不得体地闹了几年。这位演员和剧作家后来发表了一篇文章，描述了几个遗嘱执行人如何聚集在夏尔·马夏尔的私人藏书室中，在"猩红丝绸和深红天鹅绒"的"红色浪潮"中间"两眼放光"地给他的各种宗教装饰品估价。最终，路易也接受了伯父遗产的处置方案。[182]

路易丝

阿勒芒·拉维热里家族的最后一项仪式不是订立婚前协议，而是发布讣告。在 1892 年通报夏尔·马夏尔之死的书面公告中，"基纳—拉维热里夫人"是主殡礼人。列在公告中的还包括莱昂·贝尔纳的儿子和几个孙子，夏洛特·于叙勒·拉维热里的子女和孙辈（拉库拉德造纸厂的一家人），来自建筑师之家、好嫉妒的贝尔特·托潘小姐，勒芒的波泰—拉维热里一家。还有夏尔·马夏尔和路易丝的表亲拉特里勒一家，此外还有 10 户人家，都称为"堂表亲"。名单向来不完整，这次也不例外：列出的仅仅是一个巨大而异质的家族里那些还活着又受人尊敬的成员。[183]

　　在遗嘱中，夏尔·马夏尔表达了自己对路易丝的"信心"，并指示称如果自己的动产引发诉讼，则争议"财产或价值"要归属她，由她照自己的意愿处置；关于他的后代她"有绝对自由、[由她]做主"。[184] 他把自己的全部个人文件都留给了她，对文件的处置，包括对他的两个家庭——一个是非洲的教会家庭，一个是法国的个人家庭——间的关系的处理成为她余生的艰难任务。她的侄子路易·拉维热里直到 1907 年才接受遗产处置方案；拉维热里档案处存有一位遗嘱执行人（就是路易笔下"两眼放光"的人之一）写的一张标有"事件结果"字样的纸条。[185] 1898 年，巴黎展出了那尊有"皈依黑人"的白色大理石雕塑——人们预备以此作为夏尔·马夏尔的石棺，所以正在将之运往迦太基——根据《费加罗报》的报道，当时前来参观的包括勒芒银行家或者说前银行家"波泰—拉维热里先生"。[186] 1901 年，夏洛特·于叙勒的两个孙子迎娶巴黎一名公证人的一双女儿，当时的记录称两位新郎是已故的受追悼的红衣主教的侄孙，出自"夏朗德省最古老的人家之一"。[187]

　　这是一段家族历史，自始至终关注着费朗、阿勒芒和拉维热里扩大家族中众多女性的人生。这段历史始于昂古莱姆一位好打听的寡妇，玛丽·艾马尔；1764 年玛丽·艾马尔女儿的婚前协议上留下了 83 个签名，其中 43 个是妇女或姑娘；南城墙上没有出嫁的五姐妹——玛丽·艾马尔的外孙女——是 19 世纪历史的中心。

297

　　与此同时，姐妹和女儿们的世代也是不可见的：其本人的言语或手迹留存极少。昂古莱姆 1798 年的财产登记簿上留下了大让娜关于自己店铺租值估价的自信记录；作为圣多明各难民，小弗朗索瓦丝·费朗留下了一系列救济申请，弗朗索瓦丝的女儿和外孙女也一样；还有众多婚前协议和结婚登记簿上那数百个签名。在这五代女性中间，路易丝·拉维热里·基纳是唯一一个留下了信件的（或者说是唯一一个我能找到其留下的信件的）：这些信件都存在罗马，存在她举世闻名的兄弟创立的修道会的档案处。

　　路易丝也是不可见的，因为连她也未曾留下清晰的相貌。拉维热里档案馆曾有夏尔·马夏尔 1890 年的一张照片，摄于阿尔及尔东南比斯克拉绿洲拓居地：夏尔·马夏尔坐在一座花园中，照片上还有四名年轻教士和仆人让-巴普蒂斯特；经确认该"照片为基纳太太所摄"。[188] 但她本人没有留下任何照片（或者说——还是那句老话——我没能找到任何照片）。她留下的仅有一个模糊的背影——夏尔·马夏尔葬礼全景图的一部分：抵达阿尔及尔港口的海事法庭坡道时，仪队右手边是"众主教和主祭"，而"基纳-拉维热里太太"就在"这些人中间"。[189] 连描述她长什么样的文字也几乎为零，只言片语仅存于路易·拉维热里关于红衣主教死后的图书馆的回忆中："我依然能看见我的姑姑，在众人中间，蒙着黑面纱的她苍白而冷漠。"[190]

　　夏尔·马夏尔 1892 年过世时，路易丝住在比利牛斯山麓丘陵地带，后来她在此度过了余生。最后她搬去了巴约讷以东 140 公里的贝内雅克村（Bénéjacq），住进了一座称为"蒙普莱西尔"（Monplaisir）的房子，向南可以眺望比利牛斯山白雪皑皑的峰巅。她和人称朱莉（Julie）的外甥女让娜·叙贝尔比·比亚松（Jeanne Suberbie Byasson）同住；叙贝尔比和比亚松两家人在夏尔·马夏尔的讣告中都有出现（属于其他家族）。朱莉·比亚松 1867 年生于波城，其家庭和阿勒芒·拉维热里家族一样属于税吏圈子，虽说是路易丝的外甥女，但两人亲缘关系很远。她的亡夫是马达加斯加一名殖民地行政官员，先前是海军少尉，夫妇俩有四个子女，年纪都还小；1903 年 9 月朱莉的丈夫告假回家，穿越红海时不幸葬身大海。[191]

　　1906 年 8 月 21 日，74 岁的路易丝·拉维热里·基纳在贝内雅克的蒙普莱西尔别墅过世。[192]当时法国教会正值可怕的寒冬——1905 年 12 月 9 日通过了"关于教会和国家之分离的法律"。法国此时成了一个世俗国家，当年的最初几个月见证了围绕教会产业估价的一系列血腥冲突："财产清单争执"。"我终于感觉好些了"，1906年 1 月，在给夏尔·马夏尔的遗嘱执行人的信中路易丝表示，但"我们已经来到深渊边缘，要停下来似乎不大可能"；6 月她写了最后一封信，是关于一枚十字架胸饰的。胸饰据说属于她兄弟，此时已经标了价，正在巴约讷出售。[193]9 月，朱莉·比亚松给几位遗嘱执行人去信报告了自己"第二位母亲"（"我亲密而真诚的同伴、我唯一的支撑"）的死讯。[194]"留下的文件相当少，"她写道，"因为我可怜的姑姑希望我们靠读——以及（在大部分情况下）销毁——这些东西打发今年冬天的漫漫长夜。"[195]

故事的终结

两百年的历史

　　玛丽·艾马尔 1713 年生于昂古莱姆，她的玄孙女路易丝·拉维热里·基纳 1906 年死于比利牛斯山麓。两人生活的时代有一个交叉点：玛丽·艾马尔的外孙、路易丝·拉维热里·基纳的祖父马夏尔·阿勒芒·拉维热里（那位礼赞"真理"和"诚实"的先知）生长于昂古莱姆，家离自己的外祖母不过几步之遥；1790 年他结婚时她也在场。1855 年马夏尔·阿勒芒·拉维热里的孙女路易丝嫁给一位铁路雇员，当时他也在场，祖孙俩依然相距不过几步。这些人彼此相熟，他们属于同一段历史。

　　阿勒芒和费朗两家人的故事始于玛丽·艾马尔这个不识字的妇人的各种信息源，包括别人帮她写的那些信以及"镇上的人们"告诉她的各种情况。这个故事终结于路易丝·拉维热里·基纳，她一路去到了阿尔及利亚，给别人拍过照，自己也上过照片（离镜头很远），照片还印遍了全球。在 1906 年的那些漫长冬夜，整理和销毁兄弟夏尔·马夏尔·阿勒芒·拉维热里的历史记录成了她的工作。与路易丝一样，夏尔·马夏尔也活着见到了属于信息科技的现代，而作为多媒体多民族人道主义先知、"这个时代基督教造势运动的头号企业家"，他还推动了这一时代的发展。

301
现代小说

在五代人的历史间，阿勒芒和费朗两家人讲述了许多故事。玛丽·艾马尔1764年的代理授权在讲故事：一部叙事，有着多种证据资料，讲述了一段空间、时间和经济境况之旅。她的儿子加布里埃尔在讲故事：他讲自己的家具，也讲自己形成的教导年轻人的计划。她的女儿弗朗索瓦丝的丈夫在讲故事：他谈到了自己的儿子皮埃尔如何在萨尔特省坠入爱河，谈到儿子后来又被控偷了一套制服，还谈到了这套制服如何在一个行李箱中、在南特和昂古莱姆之间某处重见天日。在桑园广场和米纳日街周围的大街小巷中，这些人为公共生活无休无止的"信息"所环绕，从1769年带小狗的小姐一案的众多目击者，到1778年的税局职员，再到1797年选举人咖啡馆外的暴动，不一而足。

作为一名身无分文的圣多明各难民，玛丽·艾马尔的小儿子让-巴普蒂斯特留下了无数救济申请，堪称历史记忆大师。他的女儿弗朗索瓦丝·费朗·布雷比翁（1859）、后者的女儿克拉拉·布雷比翁·科莱（1876）也一样："这个冬天我什么都缺，此间遭受的困苦大到无从谈起。"早期基督教历史学家夏尔·马夏尔在讲故事："在一个可怕的夜晚，黑暗中西尔图斯河骤然上涨，冲毁了［埃德萨］下城区。"他讲过人道主义危机的故事，报告自己本人的生活时也在讲故事，关于自己的叙利亚之旅他表示，"我确信这会是一趟一去不返的旅行"；接着是在阿尔及利亚、在"此地一个美好的春天夜晚"，他找到了未来建设孤儿院的场地。而路易丝写给他的信也充满了当地生活的故事，比如寄自昂古莱姆以外造纸厂的几封信：那个有着一位可敬父亲的教区建筑师——他不穿西装，总是披一件大衣。

　　打一开始，这便是一段众多故事串成的历史，与此同时，这段历史也几乎在每一个转角都与现代小说发生着邂逅。《幻灭》当中许多悲哀的情景都发生于昂古莱姆桑园广场，而此地也是玛丽·艾马尔扩大家族各成员生活的中心。1836 年巴尔扎克在给昂古莱姆友人的信中写道："我想知道您是走哪条街去桑园广场的，还有您的锡匠的店在哪里。"这条街便是博利厄街，当时玛丽·艾马尔的外孙女让娜就住在街上养老，与她同住的还有她的丈夫，那位浪漫的建筑师。[1] 1769 年被人拐走的那只小斑点狗的主人是劳伦斯·斯特恩的女儿，这姑娘也住在博利厄街上，这条街当时叫方济各会士街。房东是玛丽·艾马尔丈夫雇主的叔叔。半个世纪间，整个扩大家族只有莱昂·贝尔纳·拉维热里一人留下了一份近距离描写，出自一位小说家朵拉·霍特的回忆录，当时她正在塔希提旅行。

　　在 19 世纪历史中，阿勒芒·拉维热里和费朗两家人的故事就是左拉的第二帝国小说中虚构人生的现实版。写及巴尔扎克和"自然主义小说、观察和分析的小说"时左拉表示："小说家总倾向于将虚构隐藏于现实之中。"[2] 在这段历史中现实则成了虚构的仿佛。和《卢贡家的发迹》（*La fortune des Rougon*）中女家长的子子孙孙一样，玛丽·艾马尔的孙辈和重孙辈也是从一座与世隔绝的乡下小镇走出来、去到法国的各个遥远角落的。重孙中，西皮翁和卡米耶两人在 1848 年革命后以银行家的新面目示人，与《贪欲的角逐》（*La curée*）和《金钱》（*L'argent*）异曲同工。卡米耶的女儿住在巴黎歌剧院旁的一栋房子里，而且与奥斯曼男爵家族是姻亲。她的三代表亲是蒙马特迈尔哈街上一个贫穷的女裁缝，和《小酒馆》如出

302

一辙。《金钱》中，19 世纪 60 年代人道主义危机后叙利亚和黎巴嫩的投资机会加剧了金融丑闻。到访巴黎时，扩张的百货公司曾令路易丝·基纳和夏尔·马夏尔·阿勒芒·拉维热里精神错乱，而《妇女乐园》(*Au bonheur desdames*) 中也有这样的情节。见证过夏尔·马夏尔对"理性主义"和"自然主义"的谴责的 1885 年也见证了《萌芽》(*Germinal*) 的出版。

303

　　阿勒芒家和费朗家的历史是由一系列平凡人生的故事或者说插曲串联成的，在这一意义上，这段历史也受到斯特恩和狄德罗的"观念文学"的启发。(在《幻灭》中，与之对立的是 19 世纪"现代小说"的"形象文学"，或者说沃尔特·司各特爵士［Sir Walter Scott］的历史主义。)[3] 另一方面，这也是一场与 19 世纪（末）小说的自然主义的邂逅（按照左拉的说法，18 世纪的小说家是其"真正先祖"）：一项"对事实和事物的严谨研究"，一种境况汇编，换言之一种"艺术上的实证主义"。历史中的自然主义对左拉而言即"对事实和人的合乎逻辑的研究、对文献资料的调查、对社会及其环境的复现"。小说中的自然主义是"对人类文献的持续汇编"。[4]

　　然而历史，或者说这段历史，也是小说的反面。因为可以汇编的境况就是全部。故事是精确的，仅此而已。不存在创造：没有什么破土而出的"全世界"或"整个社会"（这是左拉对巴尔扎克《人间喜剧》的描述）。不存在左拉《杰作》(*L'oeuvre*) 一书中小说家桑多（Sandoz）发表系列作品那种"搬上舞台"："我会选一个家族，研究其成员，一个接一个地，弄清这些人从哪里来、到哪里去、彼此如何互动……我会把我的角色放入一个有限的历史时期——可以供给我圈子和环境的'一页'历史。"[5]

　　这个故事甚至不存在人格：其中的男人、女人和儿童都没有个体性，换言之我们不知道这些人的"绝望和希望"。[6] 我们对他们是怎样的人一无所知，关于其长什么样也几乎不了解。一条模糊的线索——一种医学和心理学疾病——将左拉系列小说中的家族联系了起来，而在这段历史中，关于阿勒芒·拉维热里和费朗两家人疾病的信息为零,可能路易丝的风湿（"我终于感觉好些了"）和夏尔·马夏尔的消化问题是仅有的例外。让－巴普蒂斯特、他的女儿和外孙女都患有"弱视"。阿勒芒·拉维热里家族的人很美，或者说其中一些很美；这些人很专横，至少在夏尔·马夏尔众多传记作者的片面描述中如此，而这便是全部。

　　与此同时，阿勒芒·拉维热里和费朗两家人的历史也充满意料之外的可能性。这是一部实证主义历史：每一件事都是真实的，或者说至少在"对文献资料的调查"意义上是经过确认的，同时每一件事也都是可以证伪的。这部历史始于一项真实的声明，即"这是[一个]故事(也可以说包含了 98 个故事)"，也结束于一项真实性声明："每一件事都是真实的。"所以它必然结束于数点故事（不过怎样算是一个故事，怎样又算是故事的一部分呢？）和回顾文献资料（尾注）。某些文献资料的可信度高于其他，某些缺位者在故事中的重要性超乎他人。

　　说不定这些缺位的兄弟姐妹有一天会出现：在瞬息万变的众多家族历史网站上（也在"反复搜索"这种"坏的无限性"中）。1906 年在比利牛斯山，路易丝·基纳毁掉了继承的家族文件。她的几位姑婆如果真的活过，其家族文件也已经无处可寻（或者说是我没能寻到）。1860 年，91 岁的大让娜过世于昂古莱姆，当时 1764 年婚前协议中那对新人的 12 个子女中只有路易丝·梅兰妮依然在世；路易丝·梅兰妮死于 1865 年，当时她离家去了萨尔特探望表亲。在左拉伟大的系列小说的最后一部中，女家长终于如愿以偿地烧毁了全部档案——它们装在一个个蓝色纸质文件夹中，记录了这一扩大家族五代人的历史。[7] 但说不定玛丽·艾马尔的几个孙女保住了自己的家族文件，装在匣子或箱子里，说不定这些文件没有毁掉。

304

说不定最终有人能弄清这部家族历史中那些消失得不留痕迹的堂表亲戚都经历了些什么；而这将会是一种不同的历史。

无限可能

归根结底这是一部间接推测的历史，其背景是无限的可能证据。用左拉《杰作》中人物的话说，这是一部"扁平"的历史。事件越来越多，插曲越来越多，境况越来越多。微观连着中观，中观又连着宏观，其间的纽带就是个体自身的人际关系。真实的境况构成了历史的故事。故事始于玛丽·艾马尔的信息社会，渐渐扩展为对其他数百人多种多样的信息源的研究，研究对象甚至常常处于远离大海的法国内陆。这是一部邻近性历史，邻近性存在于社会网络中、存在于昂古莱姆镇中心的邻里空间中、存在于家族历史的世代之间，后来这又成了一部政治史，其视角是自下而上的。这是一部讲述漫长的法国大革命的历史，不是从革命视角出发写就的，而是基于二三十个个体：这些人生活在革命年代，彼此存在关联，也与昂古莱姆这座小镇存在着联系。

与此同时，这部间接推测的历史也发展成了一部研究 19 世纪这一全新经济时代的历史。这并非一部经济史，因为它研究的是玛丽·艾马尔的孙子孙女的经济生活及这些人于其间寻求发展的各种非现代产业部门。通过追随这些人独特的人生之路，故事演变成了一系列关于公共管理、部队、银行业和教会的微观历史。在所有这些产业部门中，经济边界都是不断演变的，而市场和国家之间、"国内"和"海外"之间、经济生活的自身利益和公共社会的规范之间也都难以清晰区分。阿勒芒·拉维热里和费朗家族的经济生活见证了众多有形的、直接的不平等。玛丽·艾马尔的众多后人中，只有一个是完全的成功人士、是现代跨国经济的先知，此人便是夏尔·马夏尔·阿勒芒·拉维热里。

　　海外的影响无处不在。关于海外的各种事件，玛丽·艾马尔得到了一系列信息或者说错误信息，她的熟人和邻居也类似。她知道格林纳达岛上的奴隶每天赚多少钱，而在这部关于外省生活的历史中，奴隶制问题自始至终徘徊于地平线边缘。她丈夫的雇主有50个奴隶；她女儿的姻亲的一个怀了孕、会说法语和西班牙语的女奴逃跑了；她的钟表匠儿子常常回忆起自己往昔的富裕日子，当时他手下"有15个奴隶"，而他的女儿和外孙女都获得了救济许可（1814年到1873年）。

　　昂古莱姆"镇政府理事会委员"路易·费利克斯，1765年生于　　　306
圣多明各，是生而为奴的。玛丽·艾马尔的外孙马夏尔·阿勒芒·拉维热里，他为了获得一处可可种植园股份的补偿四处奔走。马夏尔的外孙女，她嫁入了波尔多一个奴隶贸易世家。保罗·阿巴迪，他的妻子玛丽亚·阿莉达·卡米亚生于瓜德罗普，也是生而为奴的。还有那位就罗马奴隶制法律写过论文的玄孙，当然，还有夏尔·马夏尔，关于家族在格林纳达和圣多明各的历史他可能了解也可能不了解，但他却是当时最著名的奴隶制反对者。

　　归根结底，这些故事都相当大。但能讲的故事总是更多，能找到的人也总是更多。这并非一张大如世界的世界地图，也非一段长如历史的历史。这是一个故事，其最重要的目的在于演绎历史（具体说是扁平的、实证主义的历史）的无限可能。在家族历史的世代时间中，马夏尔·阿勒芒·拉维热里处于中点（这段历史的一端是玛丽·艾马尔，另一端是路易丝·拉维热里·基纳），1826年在巴约讷，他强调要讲事实（当时是为了向新成立的海地共和国索取已故妻子种植园的赔偿）。1829年在《巴约讷邮报》中，他强调要诚实："这在我们的时代更是不可或缺，（……）必须宣扬真理。"

致谢

我非常感谢昂古莱姆市档案馆的工作人员，尤其是弗洛朗·加亚尔先生（Florent Gaillard）、斯蒂娜·克劳泽女士（Stine Krause）和卡特琳·波尔泰利女士（Catherine Portelli），以及夏朗德省档案馆的工作人员，尤其是多米尼克·吉里尼翁先生（Dominique Guirignon）和让－菲利普·皮沙迪尔先生（Jean-Philippe Pichardie）；感谢罗马奥勒留街非洲传教士协会档案馆的工作人员；感谢昂古莱姆教区档案馆的大卫·理夏尔先生（David Richard）；感谢昂古莱姆博物馆的几位馆长；感谢巴黎和皮埃尔菲特（Pierrefitte）的法国国家档案馆的工作人员，以及普罗旺斯地区艾克斯（Aix-en-Provence）的海外国家档案馆的工作人员；感谢法兰西银行档案馆的法布里斯·勒兹先生（Fabrice Reuzé）；感谢巴黎档案馆、国家图书馆和巴黎市政厅历史图书馆的工作人员；感谢基尤（Kew）的国家档案馆和大英图书馆的工作人员；也感谢昂古莱姆市政厅邀请我在市政大厅讲述玛丽·艾马尔的故事。

维多利亚·格雷（Victoria Gray）、伊恩·久米川（Ian

Kumekawa）、大卫·托德（David Todd）、弗朗西斯卡·特里维拉托（Francesca Trivellato）和玛丽—罗丝·钱德尔（Mary-Rose Cheadle）阅读了手稿，对他们的评论、对他们在这段漫长旅程中与我进行的交流，我感激不尽。

　　本书受益于与许多人的交谈，我尤其感谢阿玛蒂亚·森（Amartya Sen）、英德拉尼·森（Indrani Sen）、苏尼尔·阿姆里斯（Sunil Amrith）、阿尔曼多·安迪诺里（Armando Antinori）、贝尔纳·贝林（Bernard Bailyn）、基思·贝克（Keith Baker）、阿比吉特·班纳吉（Abhijit Banerjee）、沙恩·博布里基（Shane Bobrycki）、尼科·鲍伊（Niko Bowie）、西德尼·查尔豪布（Sidney Chalhoub）、阿伦·钱德拉塞卡（Arun Chandrasekhar）、罗伯特·达恩顿（Robert Darnton）、罗希特·德（Rohit De）、特蕾西·丹尼森（TracyDennison）、罗温·多林（Rowan Dorin）、埃丝特·迪弗洛（Esther Duflo）、丹·埃德尔斯坦（Dan Edelstein）、艾丽丝·戈德史密斯（Iris Goldsmith）、本·戈卢布（Ben Golub）、蒂姆·哈珀（Tim Harper）、亨德里克·哈托格（Hendrik Hartog）、林恩·亨特（Lynn Hunt）、彭妮·珍妮薇（Penny Janeway）、玛雅·贾萨诺夫（Maya Jasanoff）、玛丽·卡尔多（Mary Kaldor）、戴安娜·金（Diana Kim）、克莱尔·勒梅西埃（Claire Lemercier）、诺亚·米尔斯通（Noah Millstone）、雷诺·莫里厄（Renaud Morieux）、朱利安·佩里·罗宾逊（Julian Perry Robinson）、塔蒂亚娜·佩特鲁泽利（Tatiana Petruzelli）、吉勒·波斯特尔—维奈（GillesPostel-Vinay）、艾米·普莱斯（Amy Price）、雅克·雷维尔（Jacques Revel）、卡罗尔·理查兹（Carol Richards）、丹尼尔·罗奇（Daniel Roche）、保罗—安德烈·罗森塔尔（Paul-André Rosental）、埃里克·德·罗斯柴尔德（Ericde Rothschild）、丽贝卡·斯科特（Rebecca Scott）、加雷斯·斯特德曼·琼斯（Gareth Stedman Jones）、朱莉娅·斯蒂

芬斯（Julia Stephens）、巴里·索普（Barry Supple）、梅丽莎·特 308
谢拉（Melissa Teixeira）布兰登·特里（Brandon Terry）、王飞贤
（Fei-Hsien Wang）、保罗·沃德（Paul Warde）、托尼·瑞格利（Tony
Wrigley）和亚历克西娅·耶茨（Alexia Yates）。

可视化历史网络项目始于 2012 年的历史和经济学联合中心，
伊恩·久米川、艾米·普莱斯和我自那时起便开始了与玛德莱娜·施
瓦茨（Madeleine Schwartz）、杰西卡·克朗（Jessica Crown）、保罗·塔
尔玛（Paul Talma）、范妮·卢维尔（Fanny Louvier）、尼古拉斯·托
德（Nicolas Todd）、艺瑟·边（Ye Seul Byeon）、路克斯·赵（Lux
Zhao）和奥利弗·瑞斯金—库茨（Oliver Riskin-Kutz）的合作。

玛丽—罗丝·钱德尔和汉娜·韦弗对手稿作了非常有帮助的评论。
在历史和经济学联合中心，阿梅莉·高蒂尔（Emily Gauthier）、
詹妮弗·尼克森（Jennifer Nickerson）、玛丽—罗丝·钱德尔、英
加·胡德·马坎（Inga Huld Markan）创造了一个鼓舞人心的环
境——当然还有阿莎·帕特尔（Asha Patel）和诺拉·斯金纳（Noala
Skinner），1995 年我第一次和她们一起去了昂古莱姆。

布里吉塔·范·莱茵贝格（Brigitta van Rheinberg）是一位出
色的编辑，自项目开始以来始终如一。我也非常感谢劳伦·勒波
（Lauren Lepow）敏锐的编辑工作。

本书是在帕洛阿尔托（Palo Alto）、剑桥（英格兰）、昂古莱姆、
桑蒂克坦（Santineketan）、剑桥（马萨诸塞）、萨包迪亚（Sabaudia）
和罗马写成的。一路上人们的善意和友谊是我最希望感谢的。

附录一 子女和孙辈

姓名	生年	卒年	父亲	母亲	配偶（婚年）
玛丽·艾马尔 Marie Aymard	1713	1790			路易·费朗 Louis Ferrand (1735)
加布里埃尔·费朗 Ferrand, Gabriel	1738	1816	LF	MA	玛丽·阿德莱德·德维亚伊 Marie Adelaide Devuailly (1763)
弗朗索瓦丝·费朗 Ferrand, Françoise	1740	1805	LF	MA	艾蒂安·阿勒芒·拉维热里 Etienne Allemand Lavigerie (1764)
弗朗索瓦·费朗 Ferrand, François	1742	不早于 1766	LF	MA	
马蒂兰·费朗 Ferrand, Mathurin	1743	不早于 1764	LF	MA	
玛格丽特·费朗 Ferrand, Marguerite	1744	不早于 1768	LF	MA	
让-巴普蒂斯特·费朗 Ferrand, Jean-Baptiste	1749	1831	LF	MA	伊丽莎白·布图特 Elizabeth Boutoute (1774)

姓名	生年	卒年	父系	母系	配偶（婚年）
加布里埃尔·费朗 Ferrand, Gabriel	1764	1816	GF	MAV	弗洛伦丝·博尔涅 Florence Borgnet (1796)
玛丽·阿勒芒 Allemand, Marie	1765	不详	EA	FF	
艾蒂安·费朗 Ferrand, Etienne	1766	不早于 1794	GF	MAV	玛丽·肖斯·卢内斯 Marie Chausse Lunesse (1794)
让·费朗 Ferrand, Jean	1766	不详	GF	MAV	
马夏尔·阿勒芒 Allemand, Martial	1767	1856	EA	FF	路易丝·瓦斯兰/邦妮特·雷蒙·圣热尔曼 Louise Vaslin/Bonnite Raymond St Germain (1790/1801)
让·弗朗索瓦·费朗 Ferrand, Jean François	1768	不详	GF	MAV	
让娜·阿勒芒 Allemand, Jeanne	1768	1860	EA	FF	
皮埃尔·阿勒芒·拉维热里 Allemand Lavigerie, Pierre	1769	1834	EA	FF	阿德莱德·马斯林 Adelaide Maslin (1796)
约瑟夫·玛丽·费朗 Ferrand, Joseph Marie	1770	1793	GF	MAV	
让娜·阿勒芒 Allemand, Jeanne	1770	1838	EA	FF	

姓名	生年	卒年	父系	母系	配偶（婚年）
让娜·亨丽埃特·阿勒芒 Allemand, Jeanne Henriette	1771	1852	EA	FF	
让娜·阿勒芒 Allemand, Jeanne	1773	1852	EA	FF	洛朗·西尔韦斯特雷·托潘 Laurent Sylvestre Topin (1801)
安托万·阿勒芒 Allemand, Antoine	1774	不早于1801 不晚于1811	EA	FF	
皮埃尔·亚历山大·费朗 Ferrand, Pierre Alexandre	1775	1841	GF	MAV	奥古斯特·西瓦·德·维尔纳夫·索拉尔 (不详) Auguste Siva de Villeneuve Solard
马夏尔·费朗 Ferrand, Martial	1775	1793	JBF	EB	
弗朗索瓦丝·费朗 Ferrand, Françoise	1777	1860	JBF	EB	约瑟夫·布雷比翁 Joseph Brébion (1800)
玛丽·弗朗索瓦丝·阿勒芒 Allemand, Marie Françoise	1778	1853	EA	FF	
约瑟夫·阿勒芒 Allemand, Josephe	1779	1855	EA	FF	约瑟夫·亚历山大·塞萨尔·彭萨尔 Joseph Alexandre César Ponsard (1807)
艾蒂安·阿勒芒 Allemand, Etienne	1781	不早于1837	EA	FF	玛丽·孟德斯鸠 Marie Montesquieu (1807)
路易丝·梅兰妮·阿勒芒·拉维热里 Allemand Lavigerie, Louise Mélanie	1783	1865	EA	FF	

姓名	生年	卒年	父系	母系	配偶（婚年）
让-巴普蒂斯特·费朗 Ferrand, Jean-Baptiste	1796	1873	JBF	EB	埃莉萨·科莱/安妮·蒂里奥 Elisa Collet/Anne Thiriot（不详/1839）
伊丽莎白·阿勒芒·拉维热里 Allemand Lavigerie, Elisabeth	1791	1838	MAL	LV	
莱昂·菲利普·阿勒芒·拉维热里 Allemand Lavigerie, Léon-Philippe	1795	1860	MAL	LV	路易丝·拉特里勒 Louise Latrilhe (1824)
樊尚·加布里埃尔·费朗 Ferrand, Vincent Gabriel	1796	1825	GF	FB	苏珊·库罗 Susanne Coureaux (1821)
朱尔·艾蒂安·西皮翁·阿勒芒·拉维热里 Allemand Lavigerie, Jules Etienne Scipion	1797	1853	PA	AM	路易丝·玛格丽特·普瓦里耶 Louise Marguerite Poirier (1832)
斯蒂芬妮·费朗 Ferrand, Stéphanie	1799	1870	GF	FB	让·迪诺绍 Jean Dinochau (1820)
亚历山大·卡米耶·阿勒芒·拉维热里 Allemand Lavigerie, Alexandre Camille	1799	1881	PA	AM	弗朗索瓦丝·梅洛埃·托潘 Françoise Méloé Topin (1830)
玛丽·泰奥尼·托潘 Topin, Marie Théonie	1801	1868	LST	JA	
弗朗索瓦丝·梅洛埃·托潘 Topin, Françoise Méloé	1803	1878	LST	JA	亚历山大·卡米耶·阿勒芒·拉维热里 Alexandre Camille Allemand Lavigerie (1830)
阿德莱德·拉维热里 Lavigerie, Adelaide	1803	1839	MAL	BR	

姓名	生年	卒年	父系	母系	配偶（婚年）
弗朗索瓦·托潘 Topin, François	1804	不详	LST	JA	
克拉拉·布雷比翁 Brébion, Clara	1804	1889	JB	FF	皮埃尔·罗斯·科莱 Pierre Rose Collet (1826)
让－巴普蒂斯特·阿道夫·布雷比翁 Brébion, Jean Baptiste Adolphe	1805	不早于1829	JB	FF	莫妮克·维凯尔 Monique Vicaire (1829)
皮埃尔·朱尔·爱德华·拉维热里 Lavigerie, Pierre Jules Edouard	1806	1851	MAL	BR	尤金妮亚·卡桑 Eugénie Cassan (1838)
夏尔·托潘 Topin, Charles	1807	1886	LST	JA	阿格莱·多雷／宝琳·艾丽莎·梅雷特 Aglaée Doré/Pauline Elisa Mairet (1833/1862)
马梅尔·维克托·拉维热里 Lavigerie, Mamert Victor	1808	1885	MAL	BR	
亚历山大·艾蒂安·彭萨尔 Ponsard, Alexandre Etienne	1809	不详	JACP	JA	
约瑟芬·路易莎·布雷比翁 Brébion, Josephine Louisa	1809	不早于1814	JB	FF	
夏洛特·于尔叙勒·拉维热里 Lavigerie, Charlotte Ursule	1810	1840	MAL	BR	皮埃尔·奥古斯特·亨利－拉库拉德 Pierre Auguste Henry Lacourade (1836)
玛丽·路易丝·托潘 Topin, Marie Louise	1813	不详	LST	JA	

姓名	生年	卒年	父系	母系	配偶（婚年）
罗丝·卡莉斯塔·费朗 Ferrand, Rose Calista	1833	1891	JBF	EC	费迪南·阿梅迪·埃斯诺 Ferdinand Amedée Esnault (1864)
梅兰妮·迪诺绍 Dinochau, Mélanie	1822	1893	JD	SF	欧仁·塞莱斯廷·拉比尔 Eugène Célestin Rabier (1842)
皮埃尔·吕西安·欧仁·费朗 Ferrand, Pierre Lucien Eugene	1823	1881	VGF	SC	尤金妮亚·克莱门汀·洛莫 Eugénie Clémentine Lormeau (1852)
爱德华·迪诺绍 Dinochau, Edouard	1823	1871	JD	SF	
夏尔·马夏尔·阿勒芒·拉维热里 Lavigerie, Charles Martial Allemand	1825	1892	LPAL	LL	
阿尔弗雷德·夏尔·迪诺绍 Dinochau, Alfred Charles	1827	1901	JD	SF	
皮埃尔·费利克斯·拉维热里 Lavigerie, Pierre Félix	1828	1882	LPAL	LL	
路易丝·拉维热里 Lavigerie, Louise	1832	1906	LPAL	LL	夏尔·加布里埃尔·基纳 Charles Gabriel Kiener (1855)
玛丽·路易丝·阿勒芒·拉维热里 Allemand Lavigerie, Marie Louise	1833	1909	ACAL	FMT	让·亨利·波泰 Jean Henri Portet (1851)
路易·西尔韦斯特雷·托潘 Topin, Louis Sylvestre	1834	1870	CT	AD	
路易丝·玛丽·安托瓦内特·托潘 Topin, Louise Marie Antoinette	1835	不详	CT	AD	

姓名	生年	卒年	父亲	母亲	配偶（婚年）
莱昂·贝尔纳·拉维热里 Lavigerie, Léon Bernard	1837	1871	LPAL	LL	阿梅莉·切斯 Amélie Chesse (1860)
玛丽·亨利-拉库拉德 Henry Lacourade, Marie	1837	1907	PAHL	CUL	亚历克斯-亨利-埃瓦里斯特·布兰伯夫-迪拉里 Alexis-Henry-Evariste Brinboeuf-Dulary (1858)
罗莎莉·玛丽·科莱 Collet, Rosalie Marie	1837	1890	PRC	CB	拉斐尔·维克托·博萨 Raphael Victor Bossard (1861)
约瑟夫·维克托·拉维热里 Lavigerie, Joseph Victor	1839	不详	PJEL	EC	
乔治·亨利-拉库拉德 Henry Lacourade, Georges	1839	1907	PAHL	CUL	让娜·安吉利克·阿黛尔·丹尼尔·德·科尔霍 Jeanne Angélique Adèle Daniel de Colhoe (1868)
路易丝·让娜·科莱 Collet, Louise Jeanne	1840	1889	PRC	CB	杰罗姆·勒鲁日 Jérôme Lerouge (1887)
亨利·西尔韦斯特雷·托潘 Topin, Henri Sylvestre	1846	1902	CST	AD	玛丽·露西·勒沃 Marie Lucie Levaux (1893)
伊莎贝尔·玛尔特·卡莉斯塔·埃斯诺 Esnault, Isabelle Marthe Calista	1865	1891	FAE	RCF	

附录二　83 个签名者

1. 阿尔贝（Albert）

即米歇尔·阿尔贝（Michel Albert）。1732 年生于昂古莱姆的圣奥索纳，阿尔贝先生之子，帽匠。1751 年娶玛丽·蒂尔哈德（Marie Tilhard）。昂古莱姆市档案馆 [以下简称 AM-A]，GG59/41、GG61/9。

2. 阿尔贝先生（M.Albert）

即米歇尔·阿尔贝。小米歇尔·阿尔贝之父，亦为帽匠。生于 1704 年前后，过世于 1768 年。娶玛丽·艾马尔母亲的堂妹弗朗索瓦丝·贝莱（Françoise Bellet）。住在圣皮埃尔岛（Isle St. Pierre）/ 学士区（Quartier des Bacheliers）。AM-A，GG59/34、GG61/132，CC42/3/3、CC62/49/1909。

3. 艾蒂安·阿勒芒

即婚前协议中的男方。1740 年生于昂古莱姆圣安托南堂区，1821 年过世。教师。1765 年娶弗朗索瓦丝·费朗。马克·阿勒芒之子。AM-A，GG53/12，GG14/36，1E63/64。

4. 阿勒芒老爹（Allemand Père）

即马克·阿勒芒。1698 年生于昂古莱姆圣保罗堂区，1781 年过世，艾蒂安·阿勒芒和玛丽·阿勒芒之父。裁缝。第一任妻子伊丽莎白·勒克莱（Elisabeth Lecler）过世于1731年，第二任妻子玛丽·吉罗（Marie Giraud）过世于1745年。住在沙布勒菲岛（Isle Chabrefy）/绿钟岛。AM-A,GG88/79,GG39/158,GG73/50,GG53/45,GG14/61;CC42/1/11,CC62/9/328。

5. 玛丽·阿勒芒（Marie Allemand）

马克·阿勒芒之女，艾蒂安·阿勒芒同父异母的姐姐，1730年生于昂古莱姆圣安德烈堂区，1797年过世。终身未婚。AM-A,GG39/133,1E12/67。

6. 玛格丽特·巴拉特（Marguerite Barathe）

艾蒂安·阿勒芒的继外祖母。1699年生于昂古莱姆圣若望堂区，1766年过世。父亲为裁缝。1721年与让·吉罗（Jean Giraud）结婚。AM-A,GG72/128–129,GG72/223,GG9/9。

7. 玛丽·博纳尔

1743年生于昂古莱姆圣安德烈堂区，1770年过世，父母均是面包师。13岁时（1756）与面包师、婚前协议中男方的表亲让·戈迪诺结婚。住在圣安德烈长老会岛（Isle Presbytère St. André）。AM-A,GG40/139,GG42/63,GG45/5;CC42/1/23,CC62/20/767。

8. 卡特琳·邦瓦莱

1710年生于昂古莱姆圣保罗堂区，1781年过世。烟草商人。先夫为马夏尔·艾（Martial Hay）。加布里埃尔·费朗的邻居。AM-A,GG88/119,GG90/123;CC42/2/12。

9. A-M. 布耶（Bouhier）

即安妮–玛格丽特·布耶（Anne-Marguerite Bouhier）。1702年生于昂古莱姆的圣安托南堂区，卡特琳·布耶（Catherine Bouhier）的姐姐，玛格丽特·法弗罗（Marguerite Faveraud）的姨妈。父亲是警察局长。马克·阿勒芒的邻居。AM-A，GG52/62；CC42/1/11;CC62/9/330。

10. 卡特琳·布耶

安妮—玛格丽特·布耶的妹妹。1717 年生于昂古莱姆的圣安托南堂区,1795 年死于拉罗什富科。拉罗什富科的商人让·约瑟夫·法弗罗(Jean Joseph Faveraud)之妻、玛格丽特·法弗罗(Marguerite Faveraud)之母。AM-A、GG52/109、GG53/16;AD Charente, La Rochefoucauld,1793–1794,3E304/10,212/224。

11. 伊丽莎白·布尔达热(Elizabeth Bourdage)

1705 年生于昂古莱姆的圣安德烈堂区,1785 年去世。称为沙拉的让·塔布兰(Jean Tabourin, dit Charas)之妻。二人结婚时丈夫是一名鞋匠,后来做了布商。生卡特琳·沙拉(Catherine Charas)、玛丽·沙拉(Marie Charas)和安妮·塔布兰(Anne Tabourin)。住在沙布勒菲岛 / 绿钟岛,与马克·阿勒芒比邻而居。AM-A, GG38/27, GG39/25, GG55/43; CC42/1/11, CC62/9/327。

12. 菲利普·白里安(Philippe Briand)

学生,艾蒂安·阿勒芒和弗朗索瓦丝·费朗的结婚记录、加布里埃尔·费朗和玛丽·阿德莱德·德维亚伊儿子的受洗记录上有其签名。AM-A, GG14/36。

13. 布里耶

即玛丽·布里耶(Marie Brillet)。住在学校教师岛(Isle du Maître Ecole)。AM-A,GG42/2/9,GG62/30/1166 [可信度较低]。

14. 布里耶

即让—巴普蒂斯特·布里耶。1717 年前后生于贡比涅(Compiègne),1799 年过世于昂古莱姆。为收援助税者。1751 年娶伊丽莎白·伊韦·布里耶(Elisabeth Yver Brillet)。住在加尔默罗大楼岛。AM-A, GG54/3; AD Charente, Angoulême, 1798–1799, 3E16/67, 89/176; AM-A, CC42/1/7, CC62/6/219。

15. 伊韦·布里耶

即伊丽莎白·伊韦·布里耶。1707 年生于昂古莱姆的圣保罗堂区，1780 年去世。父亲是钟表匠。1751 年与让－巴普蒂斯特·布里耶结婚。住在加尔默罗大楼岛。AM-A, GG88/112, GG54/3, GG90/117; CC42/1/7, CC62/6/219。

16. 卡特琳·沙博（Catherine Chabot）

1724 年生于昂古莱姆博利厄圣母堂区，1803 年过世。商人，住在加尔默罗岛（Isle des Carmélites）。让娜·沙博的姐妹。AM-A,GG7/120,1E34/96;CC42/2/4,CC62/25/950。

17. 让娜·沙博（Jeanne Chabot）

1725 年生于昂古莱姆博利厄圣母堂区，1800 年过世。卖菜油和陶器的商人，住在加尔默罗岛。卡特琳·沙博的姐妹。1756 年与婚前协议中男方的表亲让·伊尔瓦结婚。AM-A,GG7/125,GG8/114,1E21/181;CC42/2/4,CC62/25/950。

18. 卡特琳·沙拉

即称为沙拉的卡特琳·塔布兰（Catherine Tabourin dit Charas）。1743 年生于昂古莱姆圣安托南堂区，1801 年过世。马克·阿勒芒的邻居。伊丽莎白·布尔达热和让·塔布兰之女，玛丽·沙拉和安妮·塔布兰的姐妹。1777 年与外科大夫巴泰勒米·吕利耶（Barthélemy Rullier）结婚。AM-A,G G53/32,GG55/19,1E24/144;CC42/1/11,CC62/9/327。

19. 玛丽·沙拉

即称为沙拉的玛丽·塔布兰（Marie Tabourin dit Charas）。1737 年生于昂古莱姆圣安托南堂区，1812 年过世。马克·阿勒芒的邻居。伊丽莎白·布尔达热和让·塔布兰之女，卡特琳·沙拉和安妮·塔布兰的姐妹。1772 年与钟表匠弗朗索瓦·纳多（François Nadaud）结婚。AM-A, GG52/184, GG54/72; CC42/1/11, CC62/ 9/327; AD Charente, Roullet Saint-Estèphe, 1802–1812, 3E311/5, 310/323。

20. 戈蒂埃的寡妇玛丽·安妮·约瑟芙·热纳维耶芙·肖蒙（Marie Anne Josephe Geneviève Chaumont veuve Gautier）

1732 年生于昂古莱姆博利厄圣母堂区，1805 年过世于夏朗德省居拉（Gurat）。住在马尔沃岛（Isle de Marvaud）/ 学院广场岛，与加布里埃尔·费朗比邻而居。1747 年与律师让·戈蒂埃结婚。AM-A, GG7/166, GG41/52; AD Charente, Gurat, 1802–1812, 3E171/5, 51/190; AM-A, CC42/2/11, CC62/32/1233。

21. 玛丽·克劳德

男方的表亲，马克·阿勒芒的外甥女。多菲内特（Daufinete）的妹妹。1745 年生于昂古莱姆圣安德烈堂区。1814 年过世。终身未婚。父亲为裁缝。AM-A,GG41/7,1E50/77。

22. 圣梅克森·德·克雷夫库尔

即弗朗索瓦·圣梅克森·德·克雷夫库尔·布瓦尼耶（François St. Mexant De Crevecoeur Boisnier）。1752 年前后生于夏朗德省艾格尔，1839 年在其地过世。娶奥古斯丁·切达诺（Augustine Chedaneau），为艾格尔和维埃纳锡夫赖（Civray, Vienne）的税吏。AD Charente, Aigre, 1763–1792, 3E5/1, 63/322, 1828–1842, 3E5/5, 260/341; AD Vienne, Civray, 1780–1782, 9E92/3, 29/102。

23. 多菲内特

即皮埃尔·克劳德（Pierre Claude）。男方的表亲，马克·阿勒芒的外甥、玛丽·克劳德的哥哥。1743 年生于昂古莱姆圣安德烈堂区。父亲为裁缝。AM-A,GG40/114。

24. 伊丽莎白·迪米耶（Elizabeth Demiere）

裁缝。1725 年生于昂古莱姆圣马夏尔堂区，1779 年过世。父亲为铁匠。终身未婚。住在日内瓦岛附近的屠夫岛（Isle des bouchers près de celle de Genève）。AM-A,GG104/6,GG90/111;CC62/12/447。

25. M. 德维亚伊 · 费朗（M. Devuailly Ferrand）

即玛丽 · 阿德莱德 · 德维亚伊。1763 年与加布里埃尔 · 费朗结婚。生于 1741 年前后，1819 年过世于昂古莱姆。多萝泰 · 德维亚伊（Dorothée Devuailly）的姐姐，弗朗索瓦丝 · 费朗和让–巴普蒂斯特 · 费朗的嫂嫂，加布里埃尔 · 勒迈特的妻姐。AM-A,GG8/143,1E57/92。

26. 让 · 迪梅尔格（Jean Dumergue）

男方的表亲，1725 年生于昂古莱姆圣安德烈堂区，1792 年过世。鞍具匠，1754 年娶玛格丽特 · 蒙诺（Marguerite Monnaud）。兄弟弗朗索瓦 · 迪梅尔格（François Dumergue）为圣多明各商人，女儿玛尔特的丈夫路易 · 费利克斯生于圣多明各，是生而为奴的。住在舍瓦尔布朗岛 / 纳瓦拉修道院岛（Isle Cheval Blanc/ Prieuré de Navarre）。AM-A, GG39/54, GG39/186, GG42/24, GG25/25, 1E14/114–115; CC42/1/19, CC62/16/622。

27. 玛格德莱娜 · 迪梅尔格

1728 年与旅店老板和面点师傅皮埃尔 · 马歇（Pierre Marchais）结婚。住在舍瓦尔布朗岛 / 纳瓦拉修道院岛。让–巴普蒂斯特 · 马歇 · 德 · 拉沙佩勒（Jean-Baptiste Marchais de la Chapelle）的弟妹。AM-A,GG66/28;CC42/1/19,CC62/16/622。

28. 路易 · 迪帕尔

男方隔一代的表亲。1729 年生于昂古莱姆，1782 年过世。为造纽扣的，妻玛丽 · 吉马尔（Marie Guimard）为旧衣贩子。纪尧姆 · 吉马尔（Guillaume Guimard Guillaume）的妹夫。住在阿诺先生岛 / 一天日子岛（Isle de M. Arnaud/Point du Jour）。AM-A,GG41/96,GG42/89,GG46/70;CC42/1/18,GG62/15/587。

29. 玛丽 · 迪朗

1752 年与白兰地商人让–巴普蒂斯特 · 马歇结婚。让–巴普蒂斯特 · 马歇 · 德 · 拉沙佩勒的儿媳，让–巴普蒂斯特 · 马歇之母。AD Charente,

Saint-Simon, 1737–1798, 3E387/1178/298。

30. 罗丝·杜里奥（Rosse Duriou）

即弗朗索瓦丝·罗丝·杜里奥（Françoise Rose Duriou）。1750年生于昂古莱姆的圣安德烈堂区。1794年与第戎的士兵克劳德·马泰（Claude Mathey）结婚。AM-A, GG41/124, 1E2/141。

31. 玛格丽特·杜鲁索

1726年左右生于夏朗德省蒙布龙（Montbron），1809年过世于昂古莱姆。1753年与男方的表亲让·茹贝尔结婚。父亲是假发商，丈夫是布商。她的孙女和教女玛格丽特·奥贝尔1793年作过理性的代表。住在阿诺先生岛／一天日子岛。AM-A, GG74/56, 1E42/208; CC42/1/17, CC62/15/557。

32. 富尔

即让·富尔。1690年前后生于昂古莱姆圣安德烈堂区，1765年在其地过世。乐师。1718年娶安妮·阿勒芒（Anne Allemand），马克·阿勒芒的妹夫。让娜·富尔和玛格丽特·富尔的父亲、安妮·富尔的公公、艾蒂安·阿勒芒和玛丽·阿勒芒的姑夫。住在提尔塞莱特岛（Isle des Tiercelettes）。AM-A, GG38/186, GG42/109, GG43/12; CC42/1/24。

33. 安妮·富尔

1739年生于昂古莱姆圣安德烈堂区。1757年与男方的表亲安托万·富尔（Antoine Faure）结婚。父亲为鞋匠，公公为让·富尔。让娜·富尔和玛格丽特·富尔的嫂嫂。1775年在"让·拉卡茹"的受洗记录上签过名（这位15岁少年是乘运奴船拉基科涅号来到法国的）。AM-A,GG39/246,GG42/90,GG68/58。

34. 让娜·富尔

男方的表亲。裁缝。1729年生于昂古莱姆圣安德烈堂区，1797年过世。让·富尔之女，玛格丽特·富尔的姐妹，安妮·富尔的小姑子。住在提尔塞莱特岛。AM-A,GG39/117,1E12/108;CC42/1/24,CC62/821。

35. 玛格丽特·富尔

男方的表亲。裁缝。1721 年生于昂古莱姆圣安德烈堂区，1809 年过世。让·富尔之女，让娜·富尔的姐妹，安妮·富尔的小姑子。住在提尔塞莱特岛。AM-A,GG39/1,1E42/350;CC42/1/24,CC62/821。

36. M. 法弗罗

即玛格丽特·法弗罗（Marguerite Faveraud）。1742 年生于拉罗什富科，1819 年在其地去世。卡特琳·布耶之女，安妮－玛格丽特·布耶（Anne-Marguerite Bouhier）的外甥女。1771 年与外科医生路易·富希耶（Louis Fouchier）结婚。AD Charente, La Rochefoucauld-Saint Cybard, 1737–1756, 3E304/4, 64–65/188, 1757–1785, 3E304/5, 193/438; La Rochefoucauld, 1818–1822, 3E304/15, 157/425。

37. 弗朗索瓦丝·费朗

即婚前协议中的女方。1740 年生于昂古莱姆圣马夏尔堂区，1805 年过世。加布里埃尔·费朗和让－巴普蒂斯特·费朗的姐妹、玛丽·阿德莱德·德维亚伊的小姑子。AM-A, GG106/151, GG14/36, 1E38/212.

38. 费朗

即加布里埃尔·费朗，女方的哥哥。1738 年生于昂古莱姆圣保罗堂区，1816 年过世，1763 年娶玛丽·阿德莱德·德维亚伊。文书师傅、教师、档案管理员。让－巴普蒂斯特·费朗的哥哥、多萝泰·德维亚伊·勒迈特的姐夫。住在马尔沃岛／学院广场岛。AM-A, GG89/36r（未数字化）；GG8/143, 1E52/426; CC42/2/11, CC62/32/1234。

39. J. 费朗

即让－巴普蒂斯特·费朗，女方的弟弟。1749 年生于昂古莱姆圣安德烈堂区，1831 年过世于巴黎。加布里埃尔·费朗的弟弟。1774 年娶伊丽莎白·布图特，婚后夫妇二人移民圣多明各。钟表匠。AM-A, GG41/108, GG45/64; Archives de Paris, V3E/D552, 10/37.

40. 丰肖迪埃

即让－巴普蒂斯特·谢尼奥·丰肖迪埃（Jean-Baptiste Chaigneau Fonchaudière）。1732 年生于昂古莱姆圣保罗堂区，1774 年过世。律师、昂古莱姆邮局局长。娶安妮·玛格德莱娜·格雷亚·丰肖迪埃（Anne Magdeleine Gralhat Fonchaudière）。加布里埃尔·费朗学院岛上的近邻。AM-A, GG89/2, GG14/20, GG45/61; CC42/2/12, CC62/32/1264。

41. 格雷亚·丰肖迪埃

即安妮·玛格德莱娜·格雷亚·丰肖迪埃。生于 1736 年，过世于 1779 年。1774 年后任昂古莱姆邮局局长。让－巴普蒂斯特·谢尼奥·丰肖迪埃之妻，雅克·格雷亚（Jacques Gralhat）之女。加布里埃尔·费朗学院岛上的近邻。AM-A, GG14/20, GG45/178; CC42/2/12, CC62/32/1264。

42. 玛丽·伊恩德龙（Marie Iandron）

即玛丽·让德龙（Marie Gendron）。1712 年生于昂古莱姆圣雅各堂区，1792 年过世。父亲为箍桶匠。男方隔代表亲让·格洛蒙之妻。生玛格德莱娜·格洛蒙（Magdelaine Glaumont）、长子让·格洛蒙（Jean Glaumont fils ainé）和安托万·格洛蒙（Antoine Glaumont），卡特琳·勒克莱（Catherine Lecler）的婆婆。AM-A, GG123/65, GG125/91, GG39/215, GG39/234, GG126/2, GG129/5–6, GG134/150。

43. 吉罗

即让·吉罗。男方的外祖父。1685 年生于昂古莱姆圣安德烈堂区，1766 年过世。1708 年娶苏珊·迪福（Susanne Dufort），1721 年娶玛格丽特·巴拉特。裁缝。有子女 16 人，包括弗朗索瓦丝·吉罗（Françoise Giraud）、皮埃尔·吉罗（Pierre Giraud）和皮埃尔·安德烈·吉罗（Pierre André Giraud）。AM-A, GG35/231, GG72/174, GG72/223, GG9/10。

44. 弗朗索瓦（丝）·吉罗

男方的姨母。1724 年生于昂古莱姆圣若望堂区，1798 年过世。让·吉罗和玛格丽特·巴拉特之女，皮埃尔·吉罗和皮埃尔·安德烈·吉罗之姐。
AM-A, GG72/238, 1E15/140–141。

45. P. 吉罗

即皮埃尔·吉罗。男方的舅舅。1727 年生于昂古莱姆圣若望堂
区，1816 年过世。文书师傅。1767 年娶路易丝·格勒利耶（Louise
Grelier）。让·吉罗和玛格丽特·巴拉特之子，弗朗索瓦丝·吉罗的弟弟、
皮埃尔·安德烈·吉罗的哥哥。AM-A, GG73/10, GG90/19, 1E52/310。

46. 儿子吉罗（Giraud fils）

即皮埃尔·吉罗，也称皮埃尔·安德烈·吉罗。男方的舅舅。
1739 年生于昂古莱姆圣若望堂区。裁缝。1756 年娶玛格德莱娜·里
尚（Magdelaine Richin），1761 年娶弗朗索瓦丝·费蒂斯（Françoise
Fetis）。让·吉罗和玛格丽特·巴拉特之子，弗朗索瓦丝·吉罗和皮埃
尔·安德烈·吉罗的弟弟。住在圣弗朗索瓦岛（Isle St. François）。AM-
A, GG73/59, GG74/69, GG74/94; CC62/2/904。

47. 安托万·格洛蒙

男方的表亲。1742 年生于昂古莱姆圣雅各堂区，1817 年过世，终
身未婚。商人。让·格洛蒙和玛丽·让德龙之子，伊丽莎白·格洛蒙的
侄子、长子让·格洛蒙和玛格德莱娜·格洛蒙的兄弟。卡特琳·勒克莱
的小叔。AM-A, GG126/2, 1E53/361。

48. 伊丽莎白·格洛蒙

男方的隔代表亲。1715 年生于昂古莱姆圣安德烈堂区，1777 年
过世于昂古莱姆圣保罗堂区。1746 年与屠夫路易·梅瑟龙（Louis
Merceron）结婚。让·格洛蒙之妹，玛丽·让德龙的小姑，「世代不对」
吉勒·伊尔瓦的姨子，安托万·格洛蒙、长子让·格洛蒙和玛格德莱
娜·格洛蒙的姑姑、让·伊尔瓦的姨母。住在舍瑙萨克岛 / 屠夫广场岛
（Isle Cambois de Chenausac/Place des Bouchers）。AM-A, GG38/139,
GG89/55, GG90/39; CC42/1/9, CC62/7/267。

49. 格洛蒙

即让·格洛蒙。男方的隔代表亲。1713 年生于昂古莱姆圣安德烈堂区。鞍具匠。1733 年娶玛丽·让德龙。伊丽莎白·格洛蒙之兄，生安托万·格洛蒙、长子让·格洛蒙和·玛格德莱娜·格洛蒙，卡特琳·勒克莱的公公，吉勒·伊尔瓦的内兄，让·伊尔瓦的舅父。AM-A, GG38/96, GG125/91。

50. 长子格洛蒙（Glaumont fils ainé）

即儿子让·格洛蒙（Jean Glaumont fils）。男方的表亲，1735 年生于昂古莱姆圣安德烈堂区，1810 年过世。管登记簿的书记员，后从商，1770 年娶卡特琳·勒克莱。让·格洛蒙和玛丽·让德龙之子，伊丽莎白·格洛蒙的侄子、安托万·格洛蒙和玛格德莱娜·格洛蒙的兄弟。AM-A, GG39/234, GG129/5–6, 1E43/24。

51. 玛格德莱娜·格洛蒙

男方的表亲，1734 年生于昂古莱姆圣安德烈堂区。让·格洛蒙和玛丽·让德龙之子，伊丽莎白·格洛蒙的侄女、安托万·格洛蒙和子让·格洛蒙的姐姐，卡特琳·勒克莱的姑子。AM-A, GG39/215。

52. J. 戈迪诺

即让·戈迪诺。男方的表亲，1731 年生于昂古莱姆圣安德烈堂区，1818 年过世。面包师。1756 年娶玛丽·博纳尔，1781 年娶让娜·伊丽莎白·努沃（Jeanne Elizabeth Nouveau）。玛格丽特·戈迪诺的哥哥、皮埃尔·戈迪诺的弟弟。住在圣安德烈长老会岛。AM-A, GG39/163, GG42/63, GG46/48, 1E54/95; CC42/1/23, CC62/20/767。

53. 玛格丽特·戈迪诺（Marguerite Godinaud）

男方的表亲。1740 年生于昂古莱姆圣安德烈堂区，1769 年死于产后并发症。1764 年与朗德商人约瑟夫·法尔博（Joseph Farbos）结婚。让·戈迪诺和皮埃尔·戈迪诺的妹妹。玛丽·博纳尔的小姑。住在一天日子岛。AM-A, GG40/72, GG42/226, GG44/28; CC62/15/589。

54. 皮埃尔 · 戈迪诺（Pierre Godinaud）

男方的表亲。1727 年生于昂古莱姆圣安德烈堂区，过世于 1801 年。1751 年娶让娜 · 圣阿芒（Jeanne St. Amant），1758 年娶伊丽莎白 · 格勒利耶（Elizabeth Grelier）。让 · 戈迪诺和玛格丽特 · 戈迪诺的哥哥。住在提尔塞莱特岛。AM-A, GG39/93, GG41/146, GG82/178, 1E24/89; CC42/1/23, CC62/22/831。

55. 格雷亚

即雅克 · 格雷亚（Jacques Gralhat）。邮局局长。安妮 · 玛格德莱娜 · 格雷亚 · 丰肖迪埃的父亲，让－巴普蒂斯特 · 谢尼奥 · 丰肖迪埃的岳父。加布里埃尔 · 费朗学院岛上的近邻。AM-A, GG14/20; CC42/2/12, CC62/32/1264。

56. 吉马尔

即纪尧姆 · 吉马尔。1719 年生于昂古莱姆圣安德烈堂区，1749 年娶玛丽 · 加尼耶（Marie Garnier）。店主。路易 · 迪帕尔的内兄。AM-A, GG38/206, GG41/113。

57. 让 · 吉东（Jean Guiton）

寄宿学校学生，艾蒂安 · 阿勒芒和弗朗索瓦丝 · 费朗的结婚记录上也有其签名。AM-A, GG14/36。

58. 茹贝尔

即让 · 茹贝尔。男方的表亲。1725 年生于昂古莱姆圣安德烈堂区，1768 年过世，1753 年娶玛格丽特 · 杜鲁索。布商，住在阿诺先生岛 / 一天日子岛。AM-A, GG39/51, GG74/56, GG44/13; CC42/1/17, CC62/15/557。

59. 安托万 · 拉福雷（Antoine Laforet）

食品杂货商、菜油贩子。住在沙布勒菲岛 / 绿钟岛，是马克 · 阿勒芒的邻居。AM-A, CC42/1/10, CC62/8/323。

60. 卡特琳·勒克莱

1743 年生于昂古莱姆圣安德烈堂区，1803 年过世。父亲为制革匠。1759 年与男方的表亲小让·格洛蒙结婚。让·格洛蒙和玛丽·让德龙的儿媳、安托万·格洛蒙的嫂嫂、玛格德莱娜·格洛蒙的弟妹。革命官员让·勒克莱-拉比的姑姑和教母。AM-A, GG40/131, GG129/5–6, GG43/29–30, 1E34/54。

61. 勒迈特

即多萝泰·德维亚伊·勒迈特（Dorothée Devuailly Lemaitre）。玛丽·阿德莱德·德维亚伊的姐妹、加布里埃尔·费朗的妻妹。1764 年与加布里埃尔·勒迈特结婚。AM-A, GG8/147--148。

62. 加布里埃尔·勒迈特

1741 年生于昂古莱姆博利厄圣母堂区。画师。1764 年娶多萝泰·德维亚伊。玛丽·阿德莱德·德维亚伊的妹夫、加布里埃尔·费朗的连襟。AM-A, GG8/38, GG8/147–148。

63. 马歇·德·拉沙佩勒

即让-巴普蒂斯特·马歇·德·拉沙佩勒。1695 年生于昂古莱姆圣安德烈堂区，1765 年过世。金匠、商人。1723 年娶罗丝·茹塞（Rose Jussé）。皮埃尔·马歇的哥哥、玛格德莱娜·迪梅尔格的大伯，玛格丽特·马歇的伯父、玛丽·迪朗的公公。住在佩奇隆先生岛（Isle de M. Pechillon）。AM-A, GG37/58, GG58/149, G43/6; CC42/1/13。

64. 让-巴普蒂斯特·马歇

1754 年前后生于夏朗德省圣西门堂区（Saint-Simon），1824 年在当地过世。后来成为商人，1792 年娶玛丽·大卫（Marie David）。玛丽·迪朗之子、让-巴普蒂斯特·马歇·德·拉沙佩勒之孙。AM-A, GG109/187; AD Charente, Angoulême, St. Martial, 3E16/21, 350/522; AD Charente, Saint-Simon, 1737–1798, 178/298; Saint-Simon, 1821–1836, 48/308，[可信度中等]。

65. 玛格丽特·马歇

1729 年生于昂古莱姆圣安托南堂区。父亲为假发商。让－巴普蒂斯特·马歇·德·拉沙佩勒和皮埃尔·马歇的侄女，玛格德莱娜·迪梅尔格的外甥女。AM-A, GG52/155。

66. 小 P·马歇

即皮埃尔·马歇。1700 年生于昂古莱姆圣安德烈堂区，1776 年过世。为面点师傅、管筵席的兼旅店老板。1728 年娶玛格德莱娜·迪梅尔格。让－巴普蒂斯特·马歇·德·拉沙佩勒的弟弟、玛格丽特·马歇的叔叔。住在舍瓦尔布朗岛／纳瓦拉修道院岛。AM-A, GG37/138, GG66/28, GG45/100; CC42/1/19, CC62/16/619。

67. 马兰

即弗朗索瓦·马兰（François Marin）。1718 年生于昂古莱姆圣安德烈堂区，1794 年过世。小玩意儿贩子。1741 年娶玛格丽特·布瓦勒万（Marguerite Boilevin），1744 年娶罗丝·勒泽（Rose Rezé）。罗丝·马兰和罗丝玛琳的父亲、大罗丝·勒泽的妹夫。住在沙布勒菲岛／绿钟岛，是马克·阿勒芒的邻居。AM-A, GG38/189, GG40/90, GG53/38, 1E6/19; CC42/1/11, CC62/9/332。

68. 罗丝·马兰

1748 年生于昂古莱姆圣安托南堂区，1824 年过世。1767 年与克劳德·勒泽（Claude Rezé）结婚，1793 年与皮埃尔·科利埃·库萨克（Pierre Corliet Coursac）结婚。弗朗索瓦·马兰之女、罗丝玛琳的姐姐。住在沙布勒菲岛／绿钟岛，是马克·阿勒芒的邻居。AM-A, GG53/66, GG54/54–55, 1E2/2, 1E74/43; CC42/1/11, CC62/9/332。

69. 罗丝玛琳

1748 年生于昂古莱姆圣安托南堂区。弗朗索瓦·马兰之女、罗丝·马兰的妹妹。住在沙布勒菲岛／绿钟岛，是马克·阿勒芒的邻居。AM-A, GG54/14; CC42/1/11, CC62/9/332。

70. 马佐（Mazaud）

教师、文科硕士。住在沙布勒菲岛 / 绿钟岛，是马克·阿勒芒的邻居。AM-A, CC42/1/11, CC62/9/333。

71. M. 蒙诺

即玛格丽特·蒙诺（Marguerite Monnaud）。1732 年生于昂古莱姆圣安德烈堂区，1812 年过世。父亲为裁缝。1754 年与男方的表亲让·迪梅尔格结婚。1798 年在女儿玛尔特和革命者路易·费利克斯（生于圣多明各，是生而为奴的）的结婚记录上签过名。住在舍瓦尔布朗岛 / 纳瓦拉修道院岛。AM-A, GG39/175, GG42/24, 1E14/114–115, 1E45/395; CC42/1/19, CC62/16/622。

72. 拉康姆

身份不详。

73.（大）罗丝·勒泽

1703 年生于昂古莱姆圣安托南堂区，1781 年过世，小玩意贩子。终身未婚。弗朗索瓦·马兰的妻姐、罗丝·马兰和罗丝玛琳的姨母。住在绿钟岛，与马克·阿勒芒比邻而居。AM-A, GG52/67, GG55/29; CC62/9/329。

74. 让·罗伊

身份不详。

75. 安妮·塔布兰

1741 年生于昂古莱姆圣安托南堂区，1793 年过世。终身未婚。伊丽莎白·布尔达热和让·塔布兰之女，玛丽·沙拉和卡特琳·塔布兰的姐妹。住在沙布勒菲岛 / 绿钟岛，是马克·阿勒芒的邻居。AM-A, GG53/17, 1E6/9; CC42/1/11, CC62/9/327。

76. 安托瓦内特·蒂博（Antoinette Thibaud）

1716 年生于昂古莱姆圣安托南堂区，1773 年过世，父亲为细木工。终身未婚。马蒂厄·蒂博（Mathieu Thibaud）的妹妹、巴泰勒米·蒂博的姑姑。AM-A, GG52/108, GG54/74。

77. 巴泰勒米·蒂博

1753 年生于昂古莱姆圣安托南堂区，1832 年过世。律师。马蒂厄·蒂博之子、安托瓦内特·蒂博之侄。住在沙布勒菲岛 / 绿钟岛，是马克·阿勒芒的邻居。AM-A, GG54/9, 1E98/75; CC42/1/10, CC62/8/322。

78. 蒂博

即马蒂厄·蒂博。1709 年生于昂古莱姆圣安托南堂区。1796 年过世。管登记簿的书记员。1746 年娶弗朗索瓦丝·沙巴里贝尔（Françoise Chabaribeire）。巴泰勒米·蒂博的父亲、安托瓦内特·蒂博的哥哥。住在沙布勒菲岛 / 绿钟岛，是马克·阿勒芒的邻居。AM-A, GG52/87, GG107/114, 1E9/71; CC42/1/10, CC62/8/322。

79. 玛丽·蒂尔哈德

1728 年生于昂古莱姆圣奥索纳堂区。父亲为制帽匠。1751 年与米歇尔·阿尔贝结婚。老米歇尔·阿尔贝（阿尔贝先生）的儿媳。AM-A, GG59/13, GG61/9。

80. 莫莉塞特·文萨克（Mauricette Vinsac）

1732 年生于昂古莱姆哀恸圣母堂区。父亲为印刷工兼装订工。住在学院岛，是加布里埃尔·费朗的邻居。AM-A, GG13/113; CC42/2/12, CC62/33/1269。

81. 伊尔瓦

即菲利普·伊尔瓦（Philippe Yrvoix）。1737 年生于昂古莱姆圣安德烈堂区，1818 年过世。法律从业者、商人。娶安妮·梅西埃（Anne Mercier）。AM-A, GG40/20, 1E54/307–308。

82. 吉勒·伊尔瓦

1700 年生于昂古莱姆圣保罗堂区，1766 年过世。马克·阿勒芒的表亲，让·伊尔瓦的父亲。屠夫。1731 年娶玛格德莱娜·格洛蒙。伊丽莎白·格洛蒙的妹夫、让·格洛蒙的姐夫。住在屠夫广场岛。AM-A,

GG88/86, GG39/150, GG90/7; CC42/1/9。

83. J. 伊尔瓦

即让·伊尔瓦，1734 年生于昂古莱姆圣保罗堂区。男方的表亲、吉勒·伊尔瓦之子。蜡烛贩子。1756 年娶让娜·沙博，卡特琳·沙博的妹夫。伊丽莎白·格洛蒙和让·格洛蒙的外甥。住在加尔默罗岛。AM-A, GG89/13, GG8/114; CC42/2/4, CC62/25/950。

注 释

引言

1 这是 1761—1774 年担任省行政官的 A. R. J. 杜尔哥的描述；A. R. J. Turgot, "Mémoire sur les prêts d'argent" (1770), in *Oeuvres de Turgot et documents le concernant*, ed. Gustave Schelle, 5 vols. (Paris, 1913–1923), 3:155–157。18 世纪 60 年代和 18 世纪 70 年代风波见下，4 章。

2 Honoré de Balzac, *Les illusions perdues* (1837–1843) (Paris, 1974), pp. 56, 176; Honoré de Balzac, "Avant-propos," in *Oeuvres complètes de M. de Balzac*, 17 vols. (Paris, 1842–1848), 1:7–32, 12, 14.

3 "Procuration par Marie Aymard," October 16, 1764, Archives départementales de la Charente [hereafter ADC] , Bernard, notary, 2E153; "Contrat de marriage de Estienne Allemand et Françoize Ferrand," December 9, 1764, Bernard, 2E153.

4 玛丽·艾马尔的子女、孙辈、重孙辈和玄孙辈的出生日期、包括其配偶的名字见附录 1。

5 Gioachino Rossini, *La gazza ladra* (1817); Théodore Baudouin d'Aubigny and Louis-Charles Caigniez, *La pie voleuse* (Paris, 1815).

6 Carlo Ginzburg and Carlo Poni, "Il nome e i come: scambio ineguale e mercato storiografico," *Quaderni Storici* 40 (1979): 181–190.

7 Giacomo Leopardi, "L'infinito" (1819):

> . . . Così tra questa
>
> immensità s'annega il pensier mio:
>
> e il naufragar m'è dolce in questo mare

In Jonathan Galassi's translation:

So my mind sinks in this immensity:

and foundering is sweet in such a sea.

（我的心沉入这无穷：

沉浸于这样一片海洋中是一种快乐）

Giacomo Leopardi, Canti, trans. Jonathan Galassi (New York, 2010), pp. 106–107.

8　见下，3 章。

9　Emile Zola, *L'oeuvre* (1886) (Paris, 1983), p. 403; "Les réalistes du salon," in Zola, *Oeuvres critiques* (Oeuvres complètes, vol. 32) (Paris, 1906), p. 86, 并见下，11 章。

10　见 Marc Bloch, L'étrange défaite: témoignage écrit en 1940 (Paris, 1957), p. 22。

11　Adam Smith, *The Theory of Moral Sentiments* (1790), ed. D. D. Raphael and A. L. Macfie (Oxford, 1976), p. 234. 柏克也描写过"普遍人"经济学家："人被简化为数字——只为简单讲述——而非有力量从各自的表格位置中起来的数字。" Edmund Burke, *Reflections on the Revolution in France* (1790) (Harmondsworth, 1969), p. 168。

330　12　正如肥皂剧《佩顿广场》(*Peyton Place*)的著名开场一样，镜头悬停在一个安静的小镇上空，然后放大，进入房子、看到里面的家。王安忆小说《长恨歌》的开篇展现了另一幅类似的图景："站一个至高点看上海，上海的弄堂"先是"大片大片的暗"，然后是黎明，"晒台也出来了，有隔夜的衣衫……它们是倒过来倒过去最终说的还是那一桩事，千人千面又万众一心的。" Wang Anyi, *The Song of Everlasting Sorrow: A Novel of Shanghai* (1995), trans. Michael Nerry and Susan Chan Egan (New York, 2008), pp. 3, 6–7。

13　应马夏尔·阿勒芒·拉维热里的要求对巴约讷民事首审法庭（tribunal civil de première instance）判决的转录，Archives départementales des pyrénées atlantiques [hereafter ADPA]，Bayonne, Naissances, 1826–1837, no. 351, September 7, 1826, 52–53/904. 见下，7 章。

14　关于民事登记制度包括之前的堂区登记簿拘泥于形式的问题——关于"糟糕的数据（données pauvres）"——见 Paul-André Rosental, *Les sentiers invisibles: espaces, familles et migrations dans la France du 19e siècle* (Paris, 1999), pp. 22–23. 与此同时，这些登记簿在"结构上也是数字的"：可以对其进行计算或者将之简化（或者称为 dépouillés：剥除皮肉）为数字。François Furet, "Quantitative History," Daedalus 100, no. 1 (Winter 1971): 151–167, 158. 在历史人口统计学家的家族历史上，个体的名字是一种中间性资料，对其进行使用和处置的统计性历史"只关心这些个体所构成的群体，不关心个体本身"。Louis Henry, "Problèmes de la recherche démographique moderne," *Population* 21, no. 6 (1966): 1093–1114, pp. 1096–1097; Michel Fleury, *Nouveau manuel de dépouillement et d'exploitation de l'État civil ancien* (Paris, 1985)。

15　关于脚注，见 Anthony Grafton, *The Footnote: A Curious History* (Cambridge, MA, 1999)。

16　见 "Historique des fonds de la série B," in ADC, *Répertoires numériques de la série A et la série B*, ed. Léo Imbert and Léon Burias (Angoulême, 1925), i–iii, p. i. 关于作为昂古莱姆税册统计单元的"住宅岛"在 18 世纪城镇规划中的定义（一个孤立的以建筑填充的街道空间），见 M. Buchotte, *Les règles du dessein et du lavis, pour les plans particuliers des ouvrages et des bâtiments* (Paris, 1754), pp. 36–37. 1807 年称为"cadastre"的地产登记制度在法国全国推行，见 Marcel Marion, *Dictionnaire des institutions de la France aux XVIIe et XVIIIe siècles* (Paris, 1923), pp. 64–65, 关于夏朗德省"拿破仑地产登记（cadastre napoléonien)", 见 https://archives.lacharente.fr/s/1/cadastre-napoleonien/?。

17　这是 2018 年 1 月 11 日马克·扎克伯格对脸书之 "心" 的描述。https://www.facebook.com/zuck/posts/10104413015393571。

18　关于影响社会学见 Elihu Katz, "Lazarsfeld's Legacy: The Power of Limited Effects," in Elihu Katz and Paul F. Lazarsfeld, Personal Influence: *The Part Played by People in the Flow of Mass Communications* (Piscataway, NJ, 2006), xv– xxvii。关于信息社会网络见 Ronald S. Burt, "Social Contagion and Innovation: Cohesion versus Structural Equivalence," *American Journal of Sociology* 92, no. 6 (May 1987): 1287–1335。关于 "借助网络分析实现微观–宏观联系" 见 Mark S. Granovetter, "The Strength of Weak Ties," *American Journal of Sociology* 78, no. 6 (May 1973): 1360–1380, p. 1378。

19　Abhijit Banerjee, Arun G. Chandrasekhar, Esther Duflo, and Matthew O. Jackson, "Gossip: Identifying Central Individuals in a Social Network," February 2016, https://economics. mit. edu/faculty/banerjee/papers, NBER Working Paper No. 20422, National Bureau of Economic Research, August 2014, p. 2. 关于 1994—1995 年对美国青少年进行的 90,118 场访谈及数据获取见 Ben Golub and Matthew O. Jackson, "Does Homophily Predict Consensus Times? Testing a Model of Network Structure via a Dynamic Pro cess," *Review of Network Economics* 11, no. 3 (2012): 1–28。正如 Matthew Jackson 2014 年所写：最近经济学中网络研究的 "主要推动力" 在于 "在努力建立更好的人类行为模型时，经济学家不能忽视人类从根本上是具有交互模式的社会物种，而这种模式塑造了人的行为。人们的看法，购买什么产品，是否投资教育，是否成为犯罪分子，等等，都受到朋友和熟人的影响。最终，完整的关系网络——其密集程度、某些群体是否被隔离、谁坐在中心位置——均会影响信息的传播方式和人们的行为方式"。Matthew O. Jackson, "Networks in the Understanding of Economic Behaviors," *Journal of Economic Perspectives* 28, no. 4 (Fall 2014): 3–22, p. 3。

20　1763—1766 年镇上的税务登记仅记录了一名书贩：勒泽，根据记录，此人住在前耶稣会学院附近（学院岛），in "Cahiers de l'état des classes faites pour la faction du role pour 1763," AM-A, CC42/2/12, "Répartition de la taille," 1766, CC62/32/1260, 并见下，2 章和 3 章。关于作为信息社会的巴黎见 Robert Darnton, "An Early Information Society: News and the Media in Eighteenth-Century Paris," *American Historical Review* 105, no. 1 (February 2000), 1–35。

21　关于这间餐厅见 Firmin Maillard, "Les derniers bohèmes," *La Re nais sance littéraire et artistique* 1, no. 31 (November 23, 1872): 245–246, 并见下，8 章。

22　Louis Henry, "La fécondité naturelle. Observation, théorie, résultats," *Population* 16, no. 4 (1961): 625–636, p. 626。

23　"Our Story," https://www.ancestry.com/corporate/about-ancestry/our-story, accessed on January 7, 2020。

24　ancestry.com 和 geneanet.com 的共同历史将 1996 年确定为现代故事的开端，见：https://www.familysearch.org/wiki/en/Geneanet 和 https://www.ancestry.com/corporate/about-ancestry/our-story。在法国，该行业本身至少与拿破仑在 1812 年提出的 "全世界的一般档案" 一样古老（档案对 "可能感兴趣的家庭或个人" 开放查询，还有相关价目表）。Henri Bordier, *Les Archives de la France* (Paris, 1855), p. 19, and "Arrêté du 6 mai 1812,"

331

p. 393。关于档案的建设（尚未完成）见 Emma Rothschild, "The Archives of Universal History," *Journal of World History* 19, no. 3 (September 2008): 375–401。

25　Archives départementales de Seine-et-Marne [hereafter ADSM]，Montereau-Fault-Yonne, 1839–1841，让—巴普蒂斯特·费朗和安妮·尼古拉·蒂里奥（Anne Nicolas Thiriot）的结婚登记（1839 年 1 月 23 日），47–48/356，并见下，7 章和 8 章。

26　加布里埃尔·费朗的洗礼登记（1738 年 4 月 13 日），AM-A, St. Paul, GG89/36r; 89/32 (34v–35r) 和 89/33 (36v–37)。间页线上记录缺失。在热心公共事务的地方历史学家 Hubert Marchadier 出版的转写中同样缺失，https://en.geneanet.org/archives/releves/publi/hmarchadier/, accessed on January 9, 2020。

27　加布里埃尔·费朗和玛丽·阿德莱德·德维亚伊的结婚登记（1763 年 10 月 30 日），AM-A, Notre Dame de Beaulieu [hereafter NDB]，GG8/143。

28　" Table alphabétique des successions collatérales payées," ADC, 2C2/39, p. 30，并见下，5 章。感谢夏朗德省档案馆的工作人员多米尼克·吉里尼翁为我提供缺失页副本。

29　"Séance du mercredi 8 decembre 1909," *Bulletins et mémoires de la société archéologique et historique de la Charente* [hereafter BSAHC]，ser. 8, 1 (1910): xliv，并见下，7 章。

30　关于"东张西望"和"路过型跨国主义"的诱惑见 Lara Putnam, "The Transnational and the Text-Searchable: Digitized Sources and the Shadows They Cast," *American Historical Review* 121, no. 2 (April 2016): 377–402. 关于文化史学家或思想史学家及"素材的突然扩大"（l'élargissement brutal des corpus）见 Antoine Lilti, "Le pouvoir du crédit au XVIIIe siècle: histoire intellectuelle et sciences sociales," *Annales. Histoire, Sciences Sociales* 70, no. 4 (2015): 957–978, p. 968。

31　William Words worth, *The Prelude*, bk. 4, lines 62–63.

32　Georges Lefebvre, "L'oeuvre historique d'Albert Mathiez," *Annales historiques de la révolution française* 51 (May– June 1932): 193–210.

33　"Prologue," in Luis González y González, *San José de Gracia: Mexican Village in Transition*, trans. John Upton (Austin, TX, 1974), xv– xxviii, pp. xviii, xxii, xxv.

34　关于 19 世纪巴黎的现实主义见下，7 章和 11 章，关于 20 世纪上海勤劳妇女的人生，见 Anyi, *The Song of Everlasting Sorrow*, 及 Wang Anyi, *Fu Ping: A Novel*, trans. Howard Goldblatt (New York, 2019)。

35　十年后另一位部长写道："因此我决定：未经我事先批准，不得查禁或出售任何文件或登记册——不论出自办公室还是档案馆。" Circulars of July 17, 1829, and August 8, 1839, in ADC, Archives, 1 TPROV 1. 1789 年的法国存在大量堂区登记簿和公证人法律文件，自法国大革命开始，一直在进行数量惊人而持续的档案生产、分类和保存工作。关于法国和英国档案的历史见 François-Joseph Ruggiu, "Autres sources, autre histoire? Faire l'histoire des individus des XVIIe et XVIIIe siècles en Angleterre et en France," *Revue de Synthèse* 125, no. 1 (2004): 111–152, pp. 116, 139. 关于公证人档案和社会历史见 Scarlett Beauvalet-Boutouyrie, Vincent Gourdon, and François-Joseph Ruggiu, "L'acte notarié d'ancien regime au ser vice d'une histoire sociale des individus," in *Liens sociaux et actes notariés dans le monde urbain en France et en Europe*, ed. Beauvalet-Boutouyrie, Gourdon, and Ruggiu (Paris, 2004), 7–13. 关于 1764 年昂古莱姆的执业公证人，ADC, February 6, 2015，按照住处和

姓名列出了公证人名单。夏朗德省档案馆中保存了上至 1395 年的各类公证人法律文件，连起来超过 1 公里长；Francine Ducluzeau, Guide des archives de la Charente (Angoulême, 1983), pp. 66–68。关于 1765 年的王室法令见 "Les notaires de l'Angoumois et le dépôt général de leurs minutes," in ADC, *Répertoire numérique de minutes notariales (série E) dressé par MM. de la Martinière et Imbert* (Angoulême, n. d.), iv– lxiii, pp. xvi– xxxv。

36　Alain Corbin, *Le monde retrouvé de Louis-François Pinagot* (1998) (Paris, 2016), pp. 7, 9. 书中主人公是一个平凡的人，换言之，是一个没有命运的人，1798 年生于下诺曼底，和玛丽·艾马尔的公公一样是木鞋匠，只是要早两代人。

37　Rosental, *Les sentiers invisibles*, p. 166, and Paul-André Rosental, "Pour une analyse mésoscopique des migrations," *Annales de démographie historique* 104, no. 2 (2002): 145– 160. 关于尺度和时间尺度见 Les Annales, "Tentons l'expérience," *Annales: Economies, Sociétés, Civilisations* 44, no. 6 (1989): 1317–1323; *Les formes de l'expérience: une autre histoire sociale*, ed. Bernard Lepetit (Paris, 1995); 及 *Jeux d'échelles: la micro-analyse à l'expérience*, ed. Jacques Revel (Paris, 1996)。关于尝试 "利用微观尺度分析验证宏观尺度解释范式有效性" 的历史见 Francesca Trivellato, "Is There a Future for Italian Microhistory in the Age of Global History?" *California Italian Studies* 2, no. 1 (2011), http://escholarship. org/uc/item/0z94n9hq。

38　关于个体的社会史、关于通过 "积累（通常千差万别的）各种信息片段" 形成 "名义历史" 的可能性见 François-Joseph Ruggiu, *L'individu et la famille dans les sociétés urbaines anglaise et française* (1720–1780) (Paris, 2007), and Ruggiu, "Autres sources, autre histoire?" p. 139。

39　关于社会网络和 "在微观和宏观历史之间搭建桥梁"，见 Claire Lemercier, "Formal Network Methods in History: Why and How?" https://halshs.archives-ouvertes.fr/halshs-00521527v2, 及 "Formal Network Methods in History: Why and How?" in *Social Networks, Political Institutions, and Rural Societies*, ed. George Fertig (Turnhout, 2015), 281– 310。21 世纪的第一个十年，社交网络的比喻爆炸式增长，在历史研究和其他方面都一样。2005 年 Claire Lemercier 写道："如今 '网络' 这个词无处不在，在历史研究方面也不例外。" 见 Claire Lemercier, "Analyse de réseaux et histoire," *Revue d'histoire moderne et contemporaine* 52, no. 2 (April–June 2005): 88–112; Claire Lemercier, "Analyse de réseaux et histoire de la famille: une rencontre encore à venir?" *Annales de démographie historique* 109, no. 1 (2005): 7–31; Michel Bertrand, Sandro Guzzi-Heeb, and Claire Lemercier, "Introduction: où en est l'analyse de réseaux en histoire?" *Revista hispana para el análisis de redes sociales* 21, no. 1 (December 2011): 1–12, http://revista-redes. rediris. es/html-vol21/vol21_1f. htm。关于 "借助个体本身联系的历史实现微观和宏观历史的联系"，见 Emma Rothschild, *The Inner Life of Empires: An Eighteenth-Century History* (Princeton, NJ, 2011)。

40　Marc Bloch, Apologie pour l'histoire, ou métier d'historien (Paris, 2007), pp. 73–74, 132; 关于布洛赫对 "人类面对经济现实的反应，其感受到的不安全或信心、愤怒或满足" 的关注，见 Georges Lefebvre, "Le mouvement des prix et les origines de la Révolution française," *Annales d'histoire économique et sociale* 9, no. 4 (1937): 138–170, p. 153, 其中引用了布洛赫对经济历史学家弗朗索瓦·西米昂著作中缺失资料的描述。

41　Mara Bloch, *Apologie pour l'histoire*, p. 79. 关于始于 "穷人的经济生活"、向定性和定量

的"许多种……证据"开放的微观发展经济学，见 Abhijit Banerjee and Esther Duflo, *Poor Economics: A Radical Rethinking of the Way to Fight Global Poverty* (New York, 2011), pp. x, 15. 近来有一系列经济史和生活史研究使用了涉及不同时间和场所的多种证据，如 Sheilagh Ogilvie, "Servage et marchés: l'univers économique des serfs de Bohême dans le domaine de Friedland (1583–1692)," *Histoire & Sociétés Rurales*, no. 14 (2000): 90–125; Hans-Joachim Voth, Time and Work in England 1750–1830 (Oxford, 2000); Claire Zalc, *Melting Shops*: une histoire des commerçants étrangers en France (Paris, 2010); Tracy Dennison, *The Institutional Framework of Russian Serfdom* (Cambridge, 2011); Janet Y. Chen, *Guilty of Indigence: The Urban Poor in China, 1900–1953* (Princeton, NJ, 2012); Francesca Trivellato, *The Familiarity of Strangers: The Sephardic Diaspora, Livorno, and Cross-cultural Trade in the Early Modern Period* (New Haven, CT, 2012); Sunil Amrith, *Crossing the Bay of Bengal: The Furies of Nature and the Fortunes of Migrants* (Cambridge, MA, 2013); Rohit De, *A People's Constitution: The Everyday Life of Law in the Indian Republic* (Princeton, NJ, 2018); Philip T. Hoffman, Gilles Postel-Vinay, and Jean-Laurent Rosenthal, *Dark Matter Credit: The Development of Peer-to-Peer Lending and Banking in France* (Princeton, NJ, 2019).

334 42 "为什么方法"的"扭曲效应"——正如 Christopher Clark 对第一次世界大战起源的研究中所写的那样——在于"其创造了一种不断积累因果压力的错觉；各种因素相互叠加，推动事件发生；政治行动者只是他们长期建立和无法控制的力量的执行者"。Christopher Clark, *The Sleepwalkers: How Europe Went to War in 1914* (London, 2013), p. xxvii.

43 Marc Bloch, *Apologie pour l'histoire*, p. 131.

44 关于经济动荡先于法国大革命的假定见下，4 章和 6 章。关于托克维尔在 18 世纪中叶观察到的"文化革命"（也不妨称作道德或思想革命）式思想改变，见 Alexis de Tocqueville, *L'ancien régime et la révolution*, ed. J. -P. Mayer (Paris, 1967), and François Furet, *Penser la révolution française* (Paris, 1978), p. 248。关于对经济增长的各种文化解释的辩论，见 François Crouzet, "The Historiography of French Economic Growth in the Nineteenth Ce ntury," *Economic History Review* 56, no. 2 (2003): 215–242, 最近一种关于经济问题的文化起源的观点：Joel Mokyr, *A Culture of Growth: The Origins of the Modern Economy* (Prince ton, NJ, 2016)。

45 关于 19 世纪法国工业现代性存在多重、有争议的解读，见 Emmanuel Fureix and François Jarrige, *La modernité desenchantée: relire l'histoire du XIXe siècle français* (Paris, 2015)。

46 A. C. Grussenmeyer, *Documents biographiques sur son éminence le cardinal Lavigerie*, 2 vols. (Algiers, 1888), 2:305–308; La lanterne 3448 (September 29, 1886), 4140 (August 21, 1888).

47 见 Claire Lemercier and Claire Zalc, *Quantitative Methods in the Humanities: An Introduction*, trans. Arthur Goldhammer (Charlottesville, VA, 2019), 尤其是关于数字和资料来源 (pp. 26–27), 关于完整性和对全面的渴望 (pp. 3, 37), 以及关于"输入"带来的愉悦 (pp. 51–52)。

第一章　玛丽·艾马尔的世界

1　玛丽·艾马尔的洗礼登记（1713 年 2 月 8 日），AM-A, St. Antonin, GG52/97; 玛丽·艾马尔的葬礼登记（1790 年 4 月 22 日），Petit St. Cybard [hereafter PSC], GG68/117.

2　Marchand 一词在 18 世纪昂古莱姆的教区登记簿中经常使用，既可以翻译为"商人"，也可以翻译为"开店的"。总体上，我（怀着一些犹豫）选择了"开店的"这一译法。关于翻译 Marchand 的困难，见 Edmond Huguet, *L'évolution du sens des mots depuis le XVIe siècle* (Geneva, 1967), pp. 63–64, 及 Francesca Trivellato, *The Promise and Peril of Credit: What a Forgotten Legend about Jews and Finance Tells Us about the Making of European Commercial Society* (Princeton, NJ, 2019), p. 100; 亦见 Michael B. Katz, "Occupational Classification in History," *Journal of Interdisciplinary History* 3, no. 1 (Summer 1972): 63–88。皮埃尔·艾马尔（Pierre Aymard）和安妮·奎尔（Anne Queil）的结婚登记（1711 年 11 月 11 日），AM-A, St. Antonin, GG52/94。关于安妮·奎尔的父母见弗朗索瓦丝·多布（Françoise Dorbe）的洗礼登记（1661 年 2 月 8 日），皮埃尔·奎尔和弗朗索瓦丝·多布的结婚登记（1676 年 4 月 6 日），克劳德·奎尔（Claude Queil）的洗礼登记（1682 年 1 月 4 日），安妮·奎尔的洗礼登记（1689 年 8 月 8 日），St. Antonin, GG51/6, 97, 113, GG52/28。

3　加布里埃尔·布瓦东（Gabriel Boisdon）和安妮·奎尔的结婚登记（1718 年 6 月 22 日），AM-A, St. Antonin, GG52/111。　　　　335

4　玛丽·艾马尔和路易·费朗的结婚登记（1735 年 11 月 21 日），St. Paul GG 89/20。路易·费朗生于卢瓦雷的 "Toussigny"（Tauxigny, 陶西尼）：一个村庄或者叫"集镇"，估计有 270 户。克劳德·费朗（Claude Ferrand）和路易丝·杜阿尔（Louise Douard）之子路易·费朗的洗礼登记（1706 年 1 月 3 日），AD Indre-et-Loire, Tauxigny, 1706–1707, 2/23。Abbé Expilly, *Dictionnaire géographique, historique et politique des Gaules et de la France*, 6 vols. (Paris, 1762–1770), 4:340。在长子克劳德 1696 年的受洗登记上，克劳德·费朗被称为破坏分子（sabotier）。AD Indre-et-Loire, Tauxigny, 1696, 7/13。

5　安妮·费朗的洗礼登记（1736 年 8 月 17 日），AM-A, St. Paul, GG89/25；安妮·费朗的死亡登记（1738 年 3 月 28 日），1St. Paul, GG89, 36r（线上记录缺失此页）；加布里埃尔·费朗的洗礼登记（1738 年 4 月 13 日），St. Paul, GG89, 36r；莱昂纳尔·费朗的洗礼登记（1739 年 8 月 27 日），St. Martial, GG106/116；弗朗索瓦丝·费朗的洗礼登记（1740 年 11 月 1 日），St. Martial, GG106/151；莱昂纳尔·费朗的死亡登记（1741 年 9 月 24 日），PSC, GG67/14;弗朗索瓦·费朗的洗礼登记（1742 年 5 月 6 日），PSC, GG67/18;马蒂兰·费朗的洗礼登记（1743 年 9 月 23 日），St. André, GG40/150;玛格丽特·费朗的洗礼登记（1744 年 12 月 27 日），1744, St. André, GG40/176；让·费朗的洗礼登记（1749 年 6 月 13 日），St. André, GG41/108。

6　让·费朗的洗礼登记（1749 年 6 月 13 日），AM-A, St. André, GG41/108。

7　Communautés, Menuisiers, AM-A, HH5, 1744–1745. 路易·费朗的岳父加布里埃尔·布瓦东（根据记录是一名"木工师傅"）也当过细木工团体的辛迪。这些小团体内部的分等定级在堂区登记簿上只得到了大概的记录。在其 1735 年的结婚登记上，路易·费朗被称为"木工学徒"，但"学徒"一词被划掉了。1736 年夫妇俩的长女安妮（后夭折）受洗，洗礼登记上他成了"木工师傅",1738年加布里埃尔受洗时他又变成了"木工学徒"。1739年莱昂纳尔(后亦夭折)受洗时他又是"木工师傅"了。AM-A, St. Paul GG 89/20, 25, 36, St. Martial, GG106/116。现代英语不大能区分做家具的细木工和一般木工。关于这两种手艺,见 Prosper Boissonnade, *Essai sur l'organisation du travail en Poitou depuis le XIe siècle jusqu'à la Révolution*, 2 vols. (Paris, 1900), 1:343–346。

8 AM-A, St. Paul, GG89/25; St. Paul, GG89, 36r; St. Martial, GG106/116; St. Martial, GG106/151; PSC, GG67/18; St. André, GG40/150; St. André, GG40/176; St. André, GG41/108; 关于莱昂纳尔的教父莱昂纳尔·马雷查尔(Léonard Marechal)的职业见 St. Jean, GG74/98。

9 "Registre des ordinations remis aux archives de l'Evêché en septembre 1912," 24 June 1753, Archives diocésaines d'Angoulême. 登记簿上玛丽·艾马尔的姓最初的写法是"Amard", 后来在页边更正为"Aimard"。关于学院提供的免费教育见 Prosper Boissonnade and Jean-Marie-Jules Bernard, *Histoire du collège et du lycée d'Angoulême* (1516–1895) (Angoulême, 1895), pp. 126–127, 210。

336 10 "Marché d'engagement de Ferrand et Delorière à M. Cazeau de Roumillac," December 15, 1753, ADC, Caillaud, notary, 2E259. 关于1769年的"革命"见下,4章。

11 1757年9月德洛里埃(Delorière)的儿子结婚时,记录称其为已故的于格·德洛里埃(Hugues Delorière)之子,雅克·德洛里埃(Jacques Delorière)和玛丽·布瓦勒万(Marie Boilevin)的结婚登记(1757年9月6日),AM-A, St. Martial, GG108/185。

12 "Acte entre Aymard Ve Ferrand et Ferrand son fils," May 6, 1760, ADC, Jeheu, notary, 2E850. 根据1765年国王的法令,昂古莱姆的公证人"泛滥",已经导致滥用职权、怠惰和"与其职能不相容的活动"。*Edit du roi, contenant règlement pour les Notaires de la ville, faubourgs et banlieue d'Angoulême* (Compiègne, 1765), p. 1; and see "Les notaires de l'Angoumois et le dépôt général de leurs minutes," pp. xvi– xxxv. 纪尧姆·耶赫(Guillaume Jeheu)的"人品败坏"被认为是导致公证人活动泛滥危机的原因之一,"Les notaires de l'Angoumois," p. xii。

13 "Acte entre Aymard Ve Ferrand et Ferrand son fils," May 6, 1760, ADC, 2E850.

14 "Acte entre Aymard Ve Ferrand et Ferrand son fils," May 6, 1760, ADC, 2E850. 公证费是2里弗尔10苏,而且这件事并不重要,甚至没有被列入19世纪末夏朗德省档案管理员编纂的公证记录清单中,见纪尧姆·耶赫1760年法律文件清单,*Inventaire sommaire des archives départementales antérieures à 1789, Charente, Archives civiles—série E (967–1385)*, ed. M. P. de Fleury (Angoulême, 1887), pp. 185–186。

15 "Mariage de Sr. Gabriel Ferrand avec Dlle. Marie Adelaide Devuailly," October 15, 1763, ADC, Sicard, notary, 2E6662. 玛丽·阿德莱德的祖父、两个叔叔和一个堂兄都是亚眠的染布工。见 "Depost d'actes et jugement par les Srs. Lemaitre et Ferrand," October 10, 1769, ADC, Caillaud, 2E290。1760年,阿德莱德的父母在昂古莱姆加布里埃尔住的街区的头号女房东("la dame abbesse de Ste Ausone")处租下了一栋房子,租期为九年,"Contrôle des actes des notaires et actes sous seing privé," April 24– October 4, 1760, ADC, 2C2/162, 20/153。

16 "Vente de meubles par Marie Aymard à Gabriel Ferrand son fils," January 10, 1764, ADC,

2E153. 加布里埃尔的签名在 1757 年堂区登记簿上一度大而自信，在父亲的死亡登记后那份忧伤的声明中略显潦草，此时则是华丽的花体：公共文书的笔迹。AM-A, "Assemblée de paroisse," April 1, 1757, NDP, GG14/23–24; "Acte entre Aymard Ve Ferrand et Ferrand son fils," May 6, 1760, ADC, 2E850.

17 "Vente de meubles par Marie Aymard à Gabriel Ferrand son fils," January 10, 1764, ADC, 2E153.

18 "Vente de meubles par Marie Aymard à Gabriel Ferrand son fils," January 10, 1764, ADC, 2E153.

19 "Quittance par Marie Aimard à M. Cazaud," January 11, 1764, ADC, Sicard, 2E6663.

20 "Procuration par Marie Aymard," October 16, 1764, ADC, 2E153.

21 "Procuration par Marie Aymard," October 16, 1764, ADC, 2E153.

22 "Procuration par Marie Aymard," October 16, 1764, ADC, 2E153. "公共人"（personnes publiques）的语言是公证人的标准习语；拿"每个人的一切财产"（tous et chacun ses biens）抵债云云的威胁性表达也是如此。典例见 "Chetel pour Marguerite Labonne et Pierre Bruchier son fils à Mr. François Laforet," December 9, 1770, ADC, Bernard, 2E164；"Procuration pour agir donnée par Coignet à Blanloeil sa femme," March 29, 1768, ADC, Caillaud, 2E287；并见 Claude-Joseph de Ferrière, *La science parfaite des notaires, ou le moyen de faire un parfait notaire*, rev. ed. (Paris, 1752), 2 vols。

23 "Procuration par Marie Aymard," October 16, 1764, ADC, 2E153.

24 *Mémoire pour Jean-Alexandre James, nègre, Intimé. Contre le Sieur CAZEAU, Appellant de la Sentence de l'Amirauté* (Paris, [1779]), pp. 3–4, 11.

25 玛丽·艾马尔的葬礼登记（1790 年 4 月 22 日），AM-A, PSC, GG68/117。

26 安妮·费朗的洗礼登记（1736 年 8 月 17 日），AM-A, St. Paul, GG89/25；安妮·费朗的死亡登记（1738 年 3 月 28 日），1St. Paul, GG89/36r。

27 加布里埃尔·费朗的洗礼登记（1738 年 4 月 13 日），AM-A, St. Paul, GG89/36r，此前是一项祝福登记——"鉴于死亡的危险"（1738 年 4 月 10 日）——线上记录缺失此页。

28 皮埃尔·亚历山大·费朗的洗礼登记（1775 年 3 月 16 日），AM-A, NDP, GG14/53；加布里埃尔·费朗的死亡登记（1816 年 12 月 19 日），1E52/426–427。

29 莱昂纳尔·费朗的洗礼登记（1739 年 8 月 27 日），AM-A, St. Martial, GG106/116；莱昂纳尔·费朗的死亡登记（1741 年 9 月 24 日），PSC, GG67/14。

30 弗朗索瓦丝·费朗的洗礼登记（1740 年 11 月 1 日），AM-A, St. Martial, GG106/151。

31 弗朗索瓦丝·拉丰（Françoise Lafont）的洗礼登记（1756 年 2 月 16 日），AM-A, St. Martial, GG108/143。

32 马夏尔·阿勒芒·拉维热里和路易丝·瓦兰的结婚登记（1790 年 4 月 13 日），AM-A, St. André, GG47/64–65；马夏尔·阿勒芒·拉维热里和路易丝·瓦兰的离婚登记（共和历 5 年雾月 2 日，即 1796 年 10 月 23 日），E11/4；马夏尔·阿勒芒·拉维热里和玛丽·路易丝·邦妮特·雷蒙·圣热尔曼的结婚登记（共和历 9 年牧月 28 日，即 1801 年 6 月 17 日），1E23/69–70；马夏尔·阿勒芒·拉维热里和玛丽·路易丝·邦妮特·雷蒙·圣热尔曼的婚

337

前协议（共和历 9 年牧月 20 日，即 1801 年 6 月 9 日），ADC, Duval, notary, 2E6272。

33 弗朗索瓦·费朗的洗礼登记（1742 年 5 月 6 日），AM-A, PSC, GG67/18；"加布里埃尔·费朗和玛丽·阿德莱德·德维亚伊的结婚登记"（Marriage de Gabriel Ferrand avec Marie Adelaide Devuailly，1763 年 10 月 15 日），ADC, 2E6662。

34 让·费朗的洗礼登记（1766 年 12 月 26 日），AM-A, NDP, GG 14/38。

35 Isle des Jacobins, in "Cahiers de l'état des classes faites pour la faction du role pour 1763," AM-A, CC42/1/11, and Isle des Jacobins, "Répartition de la taille pour la classe au dessus de 10s. de subsistance," 1766, CC62/9/346. 1765 年，两年前的那个用人弗朗索瓦·费朗以散工的身份再度出现在记录中，而且已经结婚；1763—1765 年间昂古莱姆 12 个堂区的登记簿上都没有其结婚记录。

36 www. geneanet. com, www. filae. com, www. ancestry. com, 2019 年 10 月 20 日登陆。

37 马蒂兰·费朗的洗礼登记（1743 年 9 月 23 日），AM-A, St. André, GG40/150。

38 弗朗索瓦·费朗的洗礼登记（1742 年 5 月 6 日），AM-A, PSC, GG67/18；"加布里埃尔·费朗和玛丽·阿德莱德·德维亚伊的结婚登记"（1763 年 10 月 15 日），ADC, 2E6662。

39 "脱逃民兵登记"（Etat des garsons fugitifs de la milice, 1758 年 10 月 4 日），AM-A, EE5。同一天的两份名单，一份称这个"图尔人"（Tourangeau garson de Raby）来自圣马夏尔堂区，另一份称其来自"博利厄"。关于民兵名单上混乱的记录见下，2 章。

40 玛格丽特·费朗的洗礼登记（1744 年 12 月 27 日），1744, AM-A, St. André, GG40/176；"玛丽·艾马尔的代理授权"（Procuration par Marie Aymard, 1764 年 10 月 16 日），ADC, 2E153。

41 让娜·阿勒芒的葬礼登记（1764 年 9 月 20 日），AM-A, St. Martial, GG110/87；马夏尔·阿勒芒的洗礼登记（1764 年 10 月 22 日），St. Antonin, GG54/56；让·弗朗索瓦·费朗的洗礼登记（1768 年 2 月 28 日），NDP, GG 14/41；ADC, St. Martial, 3E16/21, 438/522。

338 42 Marc Bloch, *Apologie pour l'histoire*, p. 74.

43 让·费朗的洗礼登记（1749 年 6 月 13 日），AM-A, St. André, GG41/108。

44 让·费朗和伊丽莎白·布图特的结婚登记（1774 年 5 月 14 日），AM-A, St. André, GG45/64。

45 马夏尔·费朗的洗礼登记（1775 年 3 月 30 日），艾蒂安·费朗的洗礼登记（1776 年 6 月 3 日），弗朗索瓦丝·费朗的洗礼登记（1777 年 6 月 12 日），艾蒂安·费朗的死亡登记（1777 年 11 月 19 日），让－巴普蒂斯特·费朗的出生登记（共和历 4 年雨月 8 日，即 1796 年 1 月 28 日），AM-A, PSC, GG68/56, St. André, GG45/100, GG45/124, GG45/133, 1E7/40. 在他头三个子女的洗礼登记、包括其本人的洗礼登记中，让－巴普蒂斯特被称为"让"，在最小的孩子的出生登记中则被称为"让－巴普蒂斯特"。

46 *Supplément aux Affiches Américaines*, no. 90 (December 19, 1789): 1100; Dossiers "Ferrand" and "Ferrand (Jn. Bte.)," Archives Nationales [hereafter AN], Secours aux réfugiés et colons spoliés, F/12/2795.

47 "Etat des Refugiés, Déportés, et Propriétaires Colons," ADC, L152. 提交内政部长的申请书（1831 年 2 月 24 日收讫）in dossier "Ferrand," AN, Secours aux réfugiés et colons spoliés, F/12/2795. 让－巴普蒂斯特的死亡登记，9e arr.（1831 年 11 月 16 日）Archives de Paris

[hereafter AdP] , Fichiers de l'état civil reconstitué, V3E/D552, 10/37。

48 如果（比如）路易·费朗 1764 年还活着，与他的奴隶和一位新同伴在英国统治下的格林纳达生活在一起，这也会很怪，甚至很令人困扰。

49 让·弗朗索瓦·卡佐的洗礼登记（1756 年 4 月 21 日），AM-A, St. Jean, GG74/70。

50 "格林纳达岛人口普查"（Recensement général de l'isle de la Grenade，1755 年 5 月 25 日 ）Archives Nationales d'Outre-Mer [hereafter ANOM] , Dépôt des papiers publics des colonies, G/1/498。其他类别的白人男性居民包括 "带武器的男孩" "十二岁以下的男孩" "年老体弱的男人"。

51 "Etat général, année 1742," Grenada, ANOM, C/10a/2/2; "Recensement général de l'isle de la Grenade," 1755, ANOM, G/1/498; "Isle de la Grenade et dépendances, resultats des états dressés pour l'année 1782," ANOM, C/10a/4. 白人数量从 1742 年的 1187 人下降至 1755 年的 1077 人，1782 年有所增长，达到 1189 人。

52 Letter of July 7, 1758, from M. de Rochemore, in ANOM, Grenada, Correspondance à l'arrivée, C/10a/2; letter of March 20, 1758, to Antoine Lefebvre de Givry, in ANOM, Colonies B107/43r–44v, duplicata, fonds ministeriels, Isles du Vent 1758.

53 格林纳达人口普查（1763），见 The National Archives, Kew [hereafter TNA] , CO 101/1/ part 1/22v, 25r。

54 雅尔丹的阿德莱德·埃贝尔（Adelaide Herbert du Jardin）1763 年 1 月生于马提尼克，当时正值短暂的无定归属的英占期：结束七年战争的《巴黎和约》的初步版本已经签署而最终版本尚未签署。该案涉及她对叔叔约瑟夫·埃贝尔（Joseph Herbert）遗产的继承权，后者是在格林纳达过世的，没有结婚，死时也没有留下遗嘱，当时正值另一段短暂的无定归属时期，即 1763 年 2 月 10 日签署《巴黎和约》最终版本之后的 18 个月间，在此期间，法国臣民保留了全部移民权利，这些人可以从加拿大和格林纳达的新不列颠领土上 "安全且自由地撤回"。约瑟夫 1765 年 1 月去世，当时他正试图以 2,400,000 里弗尔的价格出售格林纳达的两个大型种植园。争夺阿德莱德的继承权的是她在马提尼克岛的姑姑和她的母亲，路易·费朗熟人的寡妇——此人已经搬到格林纳达，和自己的英国律师结了婚，并把阿德莱德送到伦敦 "受英国国教教育"。"Herbert Du Jardin, Léon Marie, négociant à la Martinique," 1781, ANOM, COL E 220。

55 ANOM, Martinique, St. Pierre le Mouillage, 1771 年的堂区登记簿，皮埃尔·旺达（Pierre Vanda）的妻子玛丽·尚贝尔（Marie Chambert）的死亡登记（5/37）；1772 年的堂区登记簿，皮埃尔·旺达（Pierre Vvanda）和玛丽·玛卡里（Marie Macary）的结婚登记（12/29）；1774 年的堂区登记簿，安妮·玛丽·旺达（Anne Marie Vanda）的出生登记（15/18）；1775 年的堂区登记簿，皮埃尔·旺达斯（Pierre Vandas）葬礼登记（66 岁，6/23）；1776 年的堂区登记簿，贝尔纳·旺达斯（Bernard Vandas）的葬礼登记，（"大约 70 岁"）。Registers of the parish of La Madeleine, Mont-de-Marsan, available at Archives départementales des Landes [hereafter AD Landes] ; 1707, E192/GG24, 4/26; 1709, E192/GG26, 13/29。皮埃尔·旺达是马提尼克耶稣会神父的主要债权人之一。*Ordre général et définitif de tous les créanciers des ci-devant soi-disans jésuites, soit en France que dans les colonies* (Paris, 1772), p. 118。

56 菲利普·伊尔瓦·肖万（Philippe Yrvoix Chauvin）和弗朗索瓦丝·迪朗（Françoise

Durand）之子让·帕斯卡尔·伊尔瓦·肖万的洗礼登记（1738 年 4 月 6 日），AM-A, St. André, GG40/30。一个礼拜后加布里埃尔·费朗在圣保罗堂区受洗。

57 "Chauvin, Jean Yrvoix, négociant, lieutenant d'artillerie et capitaine de milice bourgeoise à Sainte-Lucie, sa succession 1786," ANOM, COL E 77.

58 "Missions religieuses, administration des hopitaux" (1771), ANOM, COL F5a/16/3; "Hopitaux de la Martinique," "Hopitaux des frères de la charité".

59 关于 1759 年英国人的"古迦太基行为"（Punic conduct, 指英国与法国七年战争中在该马提尼克等地的争夺）、1759 年的大火和 1780 年的飓风，见 Sidney Daney de Marcillac, *Histoire de la Martinique, depuis la colonization jusqu'en 1815*, 6 vols. (Fort Royal, 1846), 3:255–274, 及 F. -R. Roux, "Guide des ouragans," *Revue maritime et coloniale* 31 (1871): 619–754, pp. 729–730。关于 1902 年培雷火山的喷发见 Philippe Deschamps, *Deuil national: les cataclysmes de la Martinique, Saint-Pierre et Saint-Vincent, 8 mai– 30 août 1902* (Paris, 1903)。

60 布吕埃的让-弗朗索瓦·卡泽奥（卡佐）（Jean-François Cazeau du Brueil）和玛尔特·德·博洛涅（Marthe de Bologne）之子让-亚历山大·卡佐的洗礼登记（1727 年 9 月 19 日），ANOM, parish register of Basse-Terre, Guadeloupe, 1727, 4/15。

61 Letter of September 27, 1729, from Champigny de Noroy and Pannier d'Orgeville, ANOM, Martinique, Correspondance à l'arrivée, C8a/40/97v–98r.

62 让-弗朗索瓦-奥古斯特的洗礼登记（1733 年 7 月 19 日），AM-A, St. André, GG39/205。

63 乔治·亚历山大·德·博洛涅的洗礼登记（1748 年 3 月 16 日），AM-A, St. Jean, GG74/4; 让·弗朗索瓦·卡佐的洗礼登记（1752 年 4 月 21 日），St. Jean, GG74/70; 玛丽·玛尔特·卡佐（Marie Marthe Cazaud）的洗礼登记（1757 年 6 月 16 日），GG74/76; "Scellé après le décès de madame la marquise de Cazot" [hereafter "Scellé Cazot"], May 22, 1781, AN, Y//13802。卡佐自称曾在叙热尔侯爵（Marquis de Surgère）团中服役，在 1740—1748 年奥地利王位继承战争期间该团参与了 1742 年布拉格围城的救援；GG74/4。让-亚历山大·卡佐的父亲 1734 年葬于昂古莱姆，其妻玛尔特·德·博洛涅 1744 年在其地过世。布吕埃的让-弗朗索瓦·卡佐的葬礼登记（1734 年 1 月 16 日），AM-A, St. Jean, GG73/32; 玛尔特·德·博洛涅的葬礼登记（1744 年 10 月 26 日），1744, ADC, NDB, 3E16/1, 55/176。

64 西尔维·卡利斯特·贝努瓦的洗礼登记（1735 年 5 月 7 日），AM-A, St. André, GG39/231; 让-亚历山大·卡佐和西尔维·卡利斯特·贝努瓦·德·埃萨尔的结婚登记（1752 年 9 月 19 日），St. André, GG41/181. 圣若望堂区登记簿页边注记显示，两人是在他们"非婚生而合法的儿子"让·弗朗索瓦（Jean François）受洗五个月后结婚的；让·弗朗索瓦·卡佐的洗礼登记（1752 年 4 月 21 日），St. Jean, GG74/70。此前在 1743 年、1744 年、1745 年和 1748 年，昂古莱姆记录中都出现过卡佐的名字。GG73/80, 86, 93, GG74/4。

340 65 "Marché d'engagement de Ferrand et Delorière à M. Cazeau de Roumillac," December 15, 1753, ADC, Caillaud, 2E259.

66 让·弗朗索瓦·卡佐的洗礼登记（1752 年 4 月 21 日），AM-A, St. Jean, GG74/70。

67 "Cause entre le sieur de Cazeaux, Français, naturalisé Anglais, domicilié à l'Isle de la Grenade; M. Delpech de Montreau, Et la Dlle. Lucie," *Gazette de Tribunaux* 18, no. 50 (1784): 369– 373, p. 370.

68　格林纳达人口普查（1763），TNA, CO 101/1/part 1/22v, 25r。

69　梅兰妮·加布里埃莱·索菲·卡佐（Mélanie Gabriele Sophie Cazaud）的洗礼登记（1764
　　年9月20日），AM-A, St. André, GG42/230。

70　"Cause entre le sieur de Cazeaux et la Dlle. Lucie," pp. 370, 373.

71　Letter from Dugout de Casaud, enclosed in a letter of July 9, 1811, from Mr. W. Manning to
　　Mr. Richard Ryder, TNA, HO/1/6/6.

72　"Cazaud de Roumillac habitant de la Grenade 1780–1782," ANOM, Secrétariat d'Etat à
　　la Marine—Personnel colonial ancien, COL E 66; letter of Cazaud de Roumillac to the
　　Comte de Durat, November 12, 1781, "Raport, Le Sieur de Cazaud, François, habitant de la
　　Grenade," undated.

73　"Copy of a Memorial of the Proprietors of Land in the Island of Grenada," enclosed in
　　the complaint of Colo nel Alexander Johnstone of December 1, 1769, TNA, Privy Council
　　Papers, PC1/60/7, and Rothschild, *The Inner Life of Empires*. 一年后，卡佐成为"查看和
　　检查"约翰斯通上校（Colonel Johnstone）的种植园（称为"Bacaye"）的五个邻近业主
　　之一，五人估计其价值为 95,017 镑 1 先令 8 便士，包括 266 名奴隶（按姓名和类别列出：
　　"31 名儿童，每名 30 英镑""16 名体弱者和退休人员，每名 10 英镑"），总价值估计为
　　18,372 英镑。"Inventory & Valuation of Bacaye Estate," December 1, 1770, University of
　　Bristol, West Indies Papers, Westerhall Estate, DM41/32/1。

74　"Report presented to the Committee on February 20 1770," TNA, PC1/60/7; [Anon.], *A
　　Narrative of the Proceedings upon the Complaint against Governor Melvill* (London, 1770),
　　pp. 105–116.

75　*Narrative of the Proceedings*, pp. 2, 92, 116.

76　"Cause entre le sieur de Cazeaux et la Dlle. Lucie," p. 370.

77　*Mémoire pour Jean-Alexandre James*, pp. 2–3; 让-亚历山大·金茨（Jean-Alexandre Gintz）
　　的申请（1779 年 6 月 9 日）in AN, Amirauté, Minutes, 1779, Z/1d/135。印刷的小册子
　　称"东帝汶王国"在非洲黄金海岸，让-亚历山大在第一份申请中被称为"金茨"，在之
　　后的申请中被称为"詹姆斯"。

78　*Mémoire pour Jean-Alexandre James*, pp. 2–3. 让-亚历山大·金茨的申请(1779 年 6 月 9 日)，
　　缺席判决，原告让-亚历山大·詹姆斯，被告德卡佐（Decazeaux）（1779 年 7 月 7 日）；
　　原告让-亚历山大·詹姆斯对被告德卡佐的申请（1779 年 9 月 6 日）in AN, Amirauté,
　　Minutes, 1779, Z/1d/135。

79　让-亚历山大的律师认为，奴隶制已经先后在法国和英国被废除。它在欧洲殖民地存在，
　　只不过是"一种由这些被征服土地上建立的地方法官的唯一权威维持的做法"。根据
　　英国的"黑人判例"，每一个在英国要求自由的非洲人都会被宣布为自由身，而根据法
　　国现行的法学，如"弗朗西斯克、潘比和朱丽叶（Francisque, Pampy, and Juliette）的著
　　名法令"，奴隶制不过是"由 [法国] 殖民地的公共当局维持"的做法；让-亚历山大被
　　带到格林纳达时该岛属英国法律管辖，他在英格兰和法国生活过，不论根据法国殖民地
　　的法律还是惯例均不能被视为奴隶。*Mémoire pour Jean-Alexandre James*, pp. 4–8。

80　*Mémoire pour Jean-Alexandre James*, pp. 3–4, 9, 12.

81　Mr Cazaud, *Account of a New Method of Cultivating the Sugar Cane. Read at the Royal Society*, Feb. 25, 1779 (London, 1779), p. 70.

82　卡佐先生的当选，https://royalsociety. org/about-us/fellowship/fellows/。

83　Marquis de Casaux, *Considérations sur quelques parties du méchanisme des sociétés* (London, 1785), p. 207.

84　"Cause entre le sieur de Cazeaux et la Dlle. Lucie," p. 372.

85　在 1763 年的税务登记簿中，"瓜德罗普及美洲的卡佐先生"（M. Casaud, à la guadeloupe en amerique）家登记在在沙布勒菲岛，就是后来的绿钟岛，"Cahiers pour 1763," AM-A, CC42/1/10。在 1766 年的税务登记簿中，"丈夫也在岛上的贝努瓦的女儿卡佐夫人"（La Dame Cazaud, fille du Sr. Benoist, som mari aux Isles）登记在提尔塞莱特岛。"Répartition de la taille," 1766, AM-A, CC62/22/815。

第二章　婚前协议

1　"Contrat de marriage de Estienne Allemand et Françoize Ferrand," December 9, 1764, ADC, 2E153. Emma Rothschild, "Isolation and Economic Life in Eighteenth-Century France," *American Historical Review* 119, no. 4 (October 2014): 1055–1082.

2　在镇上建一栋中产阶级住宅的花费在 12,000 里弗尔到 15,000 里弗尔之间，这一价格大约比工程花费少三分之一。E. Munier, *Essai d'une méthode générale propre à étendre les connoissances des voyageurs*, 2 vols. (Paris, 1779), 1:93; 艾蒂安·米尼耶（Etienne Munier）的儿子 1766 年 9 月在圣安托南堂区受洗，比艾蒂安·阿勒芒和弗朗索瓦丝·费朗女儿的洗礼早几个礼拜；让·米尼耶（Jean Munier）的洗礼登记（1766 年 9 月 14 日）和让娜·阿勒芒的洗礼登记（1766 年 10 月 22 日），AM-A, GG54/52。

3　"Contrat de marriage de Estienne Allemand et Françoize Ferrand," December 9, 1764, ADC, 2E153. 弗朗索瓦丝·费朗用于描述钱财来源的说法——"俭省积蓄的所得"（pour provenir de son péculle）——源于"peculium"一词，原本是罗马法中的概念，指依赖于主人的奴隶或儿子的小额积蓄。在弗朗索瓦丝当时，该词表示"受另一人辖制的某人通过自己的劳动和积蓄所获得、被允许自由处置的"。*Le Grand vocabulaire françois, par une société de gens de lettres*, 30 vols., 1767–1774 (Paris, 1772), 21:323。

4　加布里埃尔·费朗的妻妹 1764 年夏末订立了婚前协议，上面留下了 25 个人的签名。加布里埃尔自己的婚前协议是 1763 年 10 月订立的，留下了 29 个人的签名。1774 年让－巴普蒂斯特·费朗的婚前协议上有 11 个人签名。"Mariage du sieur Lemaitre et demoiselle Vuailly," August 26, 1764, Caillaud notary, ADC, 2E280; "Mariage de Gabriel Ferrand avec Marie Adelaide Devuailly," October 15, 1763, ADC, 2E6662; "Mariage de Jean Ferrand avec Elizabeth Boutoute," May 1, 1774, ADC, Sicard, 2E6673。Ruggiu 对亚眠和查勒维尔（Charleville）总共 70 份婚前协议（均来自较富裕的家庭）进行过研究，其每份的签名人不到 9 个。Ruggiu, *L'individu et la famille*, pp. 130–136。

5　见玛丽·艾马尔和路易·费朗的结婚登记（1735 年 11 月 21 日），AM-A, St. Paul GG 89/20; "Acte entre Aymard Ve Ferrand et Ferrand son fils," May 6, 1760, ADC, 2E850; "Vente de meubles par Marie Aymard à Gabriel Ferrand son fils," January 10, 1764, ADC, 2E153; "Procuration par Marie Aymard," October 16, 1764, ADC, 2E153; 加布里埃尔·费朗的洗礼登记（1764 年 11 月 7 日），NDP, GG14/36。

6　见 Claire Lemercier, "Analyse de réseaux et histoire de la famille"。正如 Vincent Gourdon 所言，公证人起草的婚前协议上的签名数量不受限制，这"导致某些家庭利用签名来展示其社交网络的广度"。Vincent Gourdon, "Aux cœurs de la sociabilité villageoise: une analyse de réseau à partir du choix des conjoints et des témoins au mariage dans un village d'Île-de-France au XIXe siècle," *Annales de démographie historique*, no. 109 (2005): 61–94, p. 62。

7　"罗丝玛琳"，或者罗丝·马兰，是 1754 年 7 月 13 日受的洗，AM-A, St. Antonin, GG54/14; 让·吉罗是 1685 年 7 月 17 日受的洗，St. André, GG35/231。

8　见附录 2。

9　让-巴普蒂斯特·马歇的死亡登记（1765 年 4 月 9 日），AM-A, St. André, GG43/6; 弗朗索瓦·布瓦尼耶的死亡登记（1839 年 4 月 10 日），ADC, Aigre 1828–1842, 260/341。

10　共和历 2 年雪月 2 日（1793 年 12 月 22 日）的决定、"人民代表"金贝托的页边附注、共和历 6 年花月 10 日（1798 年 4 月 29 日）致警察部信件，见 "Marin, Rose," AN, "Police générale— Emigrés: demandes de radiation de la liste," Charente, F/7/4990, dossier 32, 10/56, 32/56。关于罗丝玛琳和革命国民公会上昂古莱姆代表让·金贝托的辛苦经营见下，5 章。

11　"拉康姆"可能本身是一个名字，也可能是某个名字的一部分。感谢夏朗德省档案馆的工作人员帮助我尽力解读签名。签名见 http://histecon.fas.harvard.edu/visualizing/angouleme/aymard-files/adc_19712_2E153_5.JPG 和 http://histecon.fas.harvard.edu/visualizing/angouleme/aymard-files/adc_19712_2E153_6.JPG。

12　"Contrat de marriage de Estienne Allemand et Françoize Ferrand," p. [2r]。协议只有一张纸，是对开页，折叠成四页(不分页)。签名从第三页 [2r] 的底部开始，并覆盖整个第四页 [2v]。

13　艾蒂安·阿勒芒是 1740 年 2 月 29 日受的洗 ; 1752 年 1 月 29 日，他在锁匠师傅让·隆若（Jean Longeau）的女儿让娜·隆若（Jeanne Longeau）与让娜·吉罗（Jeanne Giraud）的洗礼记录上签了名 ; AM-A, GG53/12, GG54/5。

14　"Contrat de marriage de Estienne Allemand et Françoize Ferrand," p. [1r]; 艾蒂安·阿勒芒和弗朗索瓦丝·费朗的结婚登记（1765 年 1 月 7 日），玛丽·阿勒芒的洗礼登记（1765 年 12 月 1 日），AM-A, NDP, GG14/36, St. Antonin, GG54/50。

15　称为拉维热里的纪尧姆·阿勒芒（55 岁）的葬礼登记（1687 年 11 月 6 日）。AM-A, St. Paul, GG88/42。

16　纪尧姆·阿勒芒之女玛格丽特·阿勒芒的死亡登记（1808 年 9 月 16 日），ADC, Saint-Saturnin, deaths, 1802–1812, 148/248; 皮埃尔·阿勒芒，生活在拉维热里家，ADC, Saint-Saturnin, Recensement, 1841, 8/39 and 1846, 16/34。

17　"Cahiers pour 1763," AM-A, CC42/1/11. 马克·阿勒芒好几年都不时在"裁缝"（tailleurs）团体或者说行会的记录上签名，有时用的是"拉维热里"，有时用的是"阿勒芒"；AM-A, HH5, Tailleurs, 1745, 1747, 1748, 1752, 1753, 1755, 1760。

18　马克·阿勒芒先与伊丽莎白·勒克莱尔结婚（后者于 1731 年去世），后于 1736 年与艾蒂

342

安的母亲玛丽·吉罗结婚；AM-A, St. André, GG39/158, St. Jean, GG73/50。他的子女先后在 1727 年、1730 年、1731 年、1739 年、1740 年、1741 年、1743 年和 1744 年受洗；St. André, GG39/91, 133, 158, and St. Antonin, GG53/5–6, 12, 19, 31, 39。

343　　19　让·吉罗于 1708 年 12 月 1 日在圣若望堂区与苏珊·迪福结婚，1721 年 1 月 29 日与玛格丽特·巴拉特结婚（同样在圣若望堂区）。他的 16 个子女都是在同一个堂区受的洗。AM-A, GG72/174, 177, 188, 206, 209, 218, 223, 233, 238（双胞胎洗礼）；GG73/4, 10, 18, 24, 31, 47, 59, 67。关于裁缝纪尧姆·迪福和让·巴拉特，见 GG72/128–129, 177。

　　　　20　玛格德莱娜·阿勒芒（Madeleine Allemand）和罗克·戈迪诺（Roch Godinaud）的结婚登记（1685 年 1 月 21 日），AM-A, St. Paul, GG88/26；玛格德莱娜·阿勒芒和让·格洛蒙的结婚登记（1700 年 10 月 30 日），St. André, GG37/138；伊丽莎白·格洛蒙和让·迪梅尔格的结婚登记（1721 年 7 月 1 日），St. André, GG38/232；玛格德莱娜·格洛蒙和吉勒·伊尔瓦的结婚登记（1731 年 1 月 9 日），St. André, GG39/150；玛格丽特·阿勒芒和皮埃尔·茹贝尔之女让娜·茹贝尔的洗礼登记（1681 年 1 月 27 日），Paul, GG88/2。

　　　　21　"Cahiers pour 1763," AM-A, CC42, "Répartition de la taille," 1766, AM-A, CC62. 1763 年税册超过 64 页，分为三 "卷"（cahier），1766 年税册超过 70 页，登记了 2,548 户。两者都超出昂古莱姆的中央堂区，覆盖了以乡村为主的郊区。关于 18 世纪 60 年代的税制改革和分类，见 Mireille Touzery, *L'invention de l'impôt sur le revenu* (Paris, 1994), chapter 4, available at https://books.openedition.org/igpde/2079。当时任财政区监督官的 A. R. J. 杜尔哥对税册细节的参与之深堪称怪诞："我认为合适的做法是给每一户分配一张方纸片"——通过环行全岛、给所有房屋——编号，并将纸片分为两到三栏，实现对每个 "住宅岛" 的调查。杜尔哥还发布了一个 "虚构" 税册模型：一栋房子 1763 年住着一个假发商，1766 年住着一个商人，带着七个子女，还有一个贴身男仆和一个仆人（妻子当年过世了）。"Lettre circulaire aux officiers municipaux sur les rôles des tailles dans les villes," August 31, 1762, in *Oeuvres de Mr. Turgot*, ministre d'Etat, ed. Dupont de Nemours, 9 vols. (Paris, 1808–1811), 9:433–437。

　　　　22　"Contributions, matrices foncières," 1791, AM-A, unclassified, 11B47, 并见下，5 章。

　　　　23　Boissonnade and Bernard, *Histoire du collège d'Angoulême* (1516–1895)。

　　　　24　Emile Biais, "Notes sur les anciennes paroisses d'Angoulême," BSAHC, ser. 5, 4 (1881): 171–215, and 5 (1882): 247–284, pp. 249–251。

　　　　25　包括律师的寡妇玛丽·安妮·肖蒙·戈蒂埃（Marie Anne Chaumont Gautier）；邮局局长之女安妮·玛丽·格雷亚·丰肖迪埃（Anne Marie Gralhat Fonchaudière）；玛丽当律师的丈夫；玛丽的父亲；印刷工之女莫莉塞特·文萨克。1763 年的登记中，戈蒂埃的寡妇肖蒙夫人（Mme. Chaumont Vve. Gautier）和加布里埃尔一样，住在只有九户人家、称为 "马尔沃先生岛"（Isle du Sr. Marvaud）的小岛上；安妮·玛丽·格雷亚·丰肖迪埃和丈夫，还有莫莉塞特·文萨克都住在紧邻的圣路易学院岛（Isle du Collège St. Louis）上。AM-A, CC42/2/11–12。在 1765 年的登记中，加布里埃尔和肖蒙·戈蒂埃夫人都住在学院广场上，而且比邻而居——编号分别为 1233 和 1234——丰肖迪埃和莫莉塞特·文萨克住在学院岛上。CC62/16–17/1233, 1234, 1264, 1269。

　　　　26　AM-A, CC42/1/10–11；CC62/8–9. 该岛 1763 年称为 "沙布勒菲岛"（Isle de M. de Chabrefy）。

344　　27　两人是菲利普·白里安和让·吉东，在艾蒂安·阿勒芒和弗朗索瓦丝·费朗 1765 年 1 月

7 日的结婚登记中身份为"本堂区寄宿学生"；AM-A, NDP, GG14/36。

28 签名者包括让-巴普蒂斯特·马歇·德·拉沙佩勒、弟弟皮埃尔·马歇（旅店老板）；皮埃尔那位爱交际的妻子玛格德莱娜·迪梅尔格（·马歇）；皮埃尔的儿媳玛丽·迪朗；皮埃尔的孙子，名字也叫让-巴普蒂斯特·马歇；皮埃尔的侄女玛格丽特·马歇（皮埃尔另一个假发商兄弟的女儿）。除了孙子之外，所有人几年前都在玛丽·迪朗和小让-巴普蒂斯特·马歇的婚前协议上签过名；Mariage du Sr. Marchais de la Chapelle et Dlle. Durand, Caillaud, September 22, 1752, ADC, 2E257。而 1764 年 12 月婚前协议上位于两个学生白里安和吉东旁边的让-巴普蒂斯特·马歇的签名和玛丽·迪朗的丈夫小让-巴普蒂斯特·马歇的签名却不一样。家族中签名与之相似的唯一一人是让-巴普蒂斯特和玛丽·迪朗的长子（也叫让-巴普蒂斯特·马歇），换言之，是这家人祖父的孙子。见让·克莱门特·马歇（Jean Clement Marchais）的洗礼登记，教父为长子让-巴普蒂斯特·马歇·德·拉沙佩勒（Jean-Baptiste Marchais de la Chapelle fils ainé）（1764 年 11 月 23 日），AM-A, St. Martial, GG109/187。让-巴普蒂斯特·马歇当时 10 岁，见其死亡登记，ADC, Saint-Simon 1821–1836, April 26, 1824, 48/308。

29 "国王监狱门房"之女卡特琳·邦瓦莱是 1710 年受的洗，AM-A, October 29, 1710, St. Paul, GG88/119。玛丽·艾马尔的外祖父皮埃尔·奎尔和舅舅路易·奎尔登记的职业都包括"城堡监狱门房"和"城堡门房"。AM-A, St. Antonin, GG52/20, 45, 62, 82, 86。

30 包括让-巴普蒂斯特·布里耶、妻子伊丽莎白·伊韦·布里耶和"布里耶"（玛丽·布里耶）。援助税是一种税或者"关税"，主要对商品和饮料销售征收，引发过各种各样的不满。见 Marcel Marion, *Dictionnaire des institutions de la France*, pp. 8–12。

31 "Marriage de Gabriel Ferrand avec Marie Adelaide Devuailly," October 15, 1763, ADC, 2E6662. 在 1764 年的婚前协议上，"圣梅克森·德·克雷夫库尔"的签名旁边是两个学生和让-巴普蒂斯特·马歇的签名。和 1763 年加布里埃尔婚前协议上"F. 克雷夫库尔"的笔迹十分相似，此外和 1770 年艾格尔堂区登记簿上"弗朗索瓦·圣梅克森·德·克雷夫库尔·布瓦尼耶"的签名也很像。ADC, Aigre 1763–1792, 63/322。而 1780 年他成了"收二十分之一税（vingtième）的"，签名也变成了"来自圣迈克森特的弗朗索瓦·布瓦尼耶"（François Boisnier de St Maixent）。AD Vienne, Civray 1780–1782, 28/95。他的父亲让-塞萨尔·布瓦尼耶（Jean-César Boisnier）是艾格尔的邮局局长，自称"克雷夫库尔先生"（Sieur de Crèvecoeur）；他母亲的家人购买了圣迈克森特的房产。弗朗索瓦·布瓦尼耶的哥哥路易·布瓦尼耶·德·克雷夫库尔·德拉·理查迪耶（Louis Boisnier de Crevecoeur de la Richardière）是瓜德罗普的一名军官，1830 年过世于艾格尔；Aigre 1828–1842, 52–53/341; "Boisnier de Crevecoeur, Louis, 1753–1786," ANOM, COL E 36。

32 Benjamin Golub and Matthew O. Jackson, "Naïve Learning in Social Networks and the Wisdom of Crowds," *American Economic Journal: Microeconomics* 2, no. 1 (2010): 112–149, 112. 关于亲戚和朋友的语言见 AM-A, St. André, GG45/128。

33 联系紧密在此处的定义比较狭窄，即认为某人的父母、子女、兄弟姐妹、配偶或教父母与之联系紧密。在 18 世纪，昂古莱姆的人家通常遵循传统，会为第一个孩子从父亲一边和母亲一边各找一位祖父（母）做教父（母）。后续子女的教父母则更逼近作为社会网络的教父母身份或"教父母关系"，即朋友或可能的保护人。关于教父和见证者，见 Guido Alfani, Vincent Gourdon, Cyril Grange, and Marion Trévisi, "La mesure

du lien familial: développement et diversification d'un champ de recherches," *Annales de démographie historique*, no. 129 (2015): 277–320; Gourdon, "Aux cœurs de la sociabilité villageoise"。关于 19 世纪的朋友和家族网络，见 Corbin, *Le monde retrouvé de Louis-François Pinagot*, pp. 87–91。

34　关于衡量其他数学家与匈牙利数学家保罗·埃尔多斯的（作为科学论文共同作者的）邻近程度的"埃尔多斯数"，见 M. E. J. Newman, "The Structure of Scientific Collaboration Networks," *Proceedings of the National Academy of Sciences of the United States of America* 98, no. 2 (January 16, 2001): 404–409。

35　社交网络"不是一种范式，它不能通过某种神秘的美德，使个人在仍然受着二十年过度结构主义的创伤的社会科学中获得康复"。Claire Lemercier and Paul-André Rosental, " 'Pays' ruraux et découpage de l'espace: les réseaux migratoires dans la région lilloise au milieu du XIXe siècle," *Population* 55, no. 4 (2000): 691–726, p. 707; Lemercier, "Formal Network Methods in History: Why and How?" https://halshs.archives-ouvertes.fr/halshs-00521527v2。

36　见 Granovetter, "The Strength of Weak Ties," p. 1378。

37　Marc Bloch, *Apologie pour l'histoire*, p. 131.

38　Adam Smith, *An Inquiry into the Nature and Causes of the Wealth of Nations*, ed. R. H. Campbell and A. S. Skinner (Oxford, 1976), p. 768.

39　Banerjee et al., "Gossip: Identifying Central Individuals in a Social Network," p. 3.

40　罗丝·勒泽针对比萨克（Bussac）的诉状，[1769 年 3 月 17 日]，ADC, 1B1090/2。

41　包括博利厄圣母堂区、哀恸圣母堂区、小圣西巴尔堂区，还有圣安德烈堂区、圣安托南堂区、圣雅各堂区、圣若望堂区、圣马丁堂区以及圣保罗堂区。见、GG38/138 (September 5, 1715); GG39/1; GG39/85; GG66/27; GG39/91; GG39/97; GG39/102; GG39/117; GG39/130; GG39/133; GG39/158; GG39/163; GG39/165; GG125/91; GG39/191; GG81/205; GG39/196; GG7/173; GG73/31; GG89/28; GG8/3; GG8/12; GG73/50; GG53/5–6; GG53/16; GG53/31; GG53/38; GG53/39; GG53/48; GG89/55; GG8/51; GG42/31; GG42/38; GG74/67; GG74/69; GG8/114; GG42/89; GG74/87; GG74/95; GG14/36; GG54/50; GG43/49; GG44/8; GG14/44 (September 11, 1770)。马克·阿勒芒为一个签名者（玛格丽特·富尔）和其他四个签名者的子女当过教父；他还给四个签名者签过洗礼登记，给 12 个签名者签过结婚登记。

42　艾蒂安的异母兄弟姐妹中还有两个在世，一个是玛丽或名爱茉莉（Emerie）（在婚前协议上签了名），一个是马夏尔（没有在婚前协议上签名）。此外他还有同父母的三个兄弟姐妹：玛格丽特、让娜和让，三人都没有签名。见 AM-A, GG39/133, 158, GG53/5-6, 19, 39, GG43/49, 1E3/140。弗朗索瓦丝五个在世的兄弟姐妹中，只有加布里埃尔和让（后来的让-巴普蒂斯特）签了名。

43　见 AM-A, "Faure musicien ses filles et sa belle soeur lingères," "Cahiers pour 1763," "Répartition de la taille," 1766, AM-A, CC42/1/24, CC62/22/821; "Rose Rezé fille marchande clincaillerie," CC42/2/13 and "Rose Rezé fille majeure," CC62/9/329。"租税"是一种对人和财产征的税，贵族和神职人员享受免税。见 *Marion, Dictionnaire des institutions de la France*, pp. 526–532, 并见下，4 章和 5 章。

44 "Répartition de la taille," 1766, AM-A, CC62/8–9.

45 "Cahiers pour 1763," "Répartition de la taille," 1766, AM-A, CC42/1/7; CC62/33. 346

46 让—巴普蒂斯特·马歇·德·拉沙佩勒的死亡登记（1765 年 4 月 9 日），AM-A, St. André, GG43/6. 关于购买镇长职位一事，见 Jean Jézéquel, *La révolution française 1789–1799 à Angoulême* (Poitiers, 1988), p. 13; M. J. Dupin, "Notices sur Abraham François Robin, premier échevin de la ville d'Angoulême et Léonard Robin son fils, membre du tribunat," *BSAHC*, ser. 4, vol. 6, pt. 2 (1868–1869): 825–906, pp. 847–848。

47 玛丽·博纳尔（29 岁）的葬礼登记（1770 年 5 月 12 日），AM-A, St. André, GG 45/5。玛格丽特·戈迪诺（Marguerite Godinaud）（29 岁）的葬礼登记（1769 年 12 月 23 日），St. André, GG 44/28。签名者当中还有另外几名少妇，包括弗朗索瓦丝的嫂嫂玛丽·阿德莱德·德维亚伊（1819 年过世，时年 77 岁）、后者的妹妹多萝泰·德维亚伊·勒迈特，还有卡特琳·勒克莱（1803 年过世，时年 60 岁），AM-A, 1E34/54; 1E57/92。

48 1719 年至 1768 年间，她在圣若望、小圣西巴尔、圣安德烈、圣马夏尔和圣雅各等五个不同的堂区有过签名记录；见 AM-A, GG72/216; GG66/13; GG72/237; GG66/23; GG66/27; GG66/32; GG73/20; GG39/228; GG67/31–32; GG42/197; GG109/132; GG130/71; GG43/39–40; GG44/8。

49 皮埃尔·马歇和玛格德莱娜·迪梅尔格于 1728 年 1 月 27 日结婚，AM-A, PSC, GG66/28。关于其子女的洗礼和葬礼见 AM-A, GG7/139, 149; GG7/144, GG41/37; GG7/156; GG39/182, 199, GG41/15; GG39/203, 242; GG39/236; GG39/256; GG40/25, 79; GG40/53; GG40/92, 123; GG40/120; GG40/149, GG41/21; GG41/124。

50 玛丽·戈迪诺和菲利普·迪梅尔格的葬礼登记（1740 年 8 月 6 日），让—路易·迪梅尔格的葬礼登记（1740 年 8 月 22 日）以及皮埃尔·马歇的葬礼登记（1740 年 8 月 29 日），AM-A, St. André, GG 40/76–79。

51 "Inventaire reqt. le Sr. Ferrand," October 27, 1763, "Mariage de Gabriel Ferrand avec Marie Adelaide Devuailly," October 15, 1763, ADC, 2E6662.

52 法国分为若干财政区，属于省级行政单元，由国王任命监督官管理，见 Marion, *Dictionnaire des institutions de la France*, p. 257. 昂古莱姆当时属于利摩日财政区，监督官为杜尔哥。A. R. J. Turgot, "Edit de suppression" (1776), in *Oeuvres de Turgot*, 5:238–255。马克·阿勒芒在"裁缝们"（tailleurs）的记录上签名（多年），路易·费朗在"木工们"的记录——常常等于"造反"记录——上签过名（晚至 1752 年，就是他动身去格林纳达的前一年）；签名者皮埃尔·戈迪诺 1762 年签过"面包师们"的记录。AM-A, HH5, Tailleurs, 1745–760; Menuisiers, 1745, 1752; Boulangers, 1762。

53 "Mémoire en forme d'observations pour servir à toutes fins de doléances et plaintes de la ville d'Angoulême," in Prosper Boissonnade, *Cahiers de doléances de la sénéchaussée d'Angoulême* (Paris, 1907) [hereafter Boissonnade, Doléances], 96–153, p. 120.

54 1774 年丈夫死后，安妮·玛格德莱娜·格雷亚·丰肖迪埃担任邮局局长直到 1779 年过世，关于此见 M. Dujarric-Descombes, "Séance du mercredi 9 mai 1917," in BSAHC, ser. 8, 8 (1917): 1。

55 关于 19 世纪婚礼上邀请保护人和其他"上级"做见证的做法，见 Vincent Gourdon, "Réseaux des femmes, réseaux de femmes. Le cas du témoignage au mariage civil au xixe

siècle dans les pays héritiers du Code Napoléon (France, Pays-Bas, Belgique)," *Annales de démographie historique*, no. 112 (2006): 33–55, p. 37。

347 56 62 人多数是在博利厄圣母、哀恸圣母、圣安德烈、圣安托南、圣若望、圣马夏尔和圣保罗等中央堂区受的洗，只有两人例外：米歇尔·阿尔贝和妻子玛丽·蒂尔哈德生于圣奥索纳堂区。见附录 2。关于法国内部的流动性和"传统意义上的商贸——人的交流、思想的交流"，见 Daniel Roche, *Humeurs vagabondes: de la circulation des hommes et de l'utilité des voyages* (Paris, 2003), p. 10, 以及 *French Historical Studies* 的两个专题研究，on mobility (vol. 29, no. 3, Summer 2006) and on the work of Daniel Roche (vol. 27, no. 4, Fall 2004)。

57 昂古莱姆教区档案馆的大卫·理夏尔先生在授圣职记录方面给予了我热情的帮助，还向我展示了教区档案，对此我表示非常感谢。

58 17 人中包括两个姓阿尔贝的（都来自制帽匠家族）、加布里埃尔本人、一个姓德克米尔（Dexmier）的、一个姓吉罗的（艾蒂安的舅舅雅克——艾蒂安外祖父的第九个孩子）、一个姓格洛蒙的、一个姓戈迪诺的、一个姓拉福雷的、一个姓勒迈特的、一个叫让-巴普蒂斯特·马歇的、一个姓勒泽的、一个叫让·罗伊的、一个姓文萨克的、两个姓伊尔瓦的，还有一个叫韦韦的。见 J. Nanglard, *Deux registres d'ordinations du diocèse d'Angoulême, 1587–1603 et 1741–1769* (Angoulême, 1912)。

59 马蒂厄·蒂博（Matthieu Thibaud）的洗礼登记（1709 年 9 月 19 日），AM-A, St. Antonin, GG52/87; 弗朗索瓦丝·沙巴里贝尔的洗礼登记（1728 年 7 月 18 日），St. Martial, GG104/67; 弗朗索瓦丝·沙巴里贝尔的结婚登记（1746 年 4 月 24 日），St. Martial, GG107/114。

60 弗朗索瓦丝·多布的洗礼登记（1661 年 2 月 8 日），皮埃尔·奎尔和弗朗索瓦丝·多布的结婚登记（1676 年 4 月 6 日），AM-A, St. Antonin, GG51/6, 97; 关于皮埃尔·奎尔后来登记的一系列身份，见 GG51/113, GG52/20, 25, 45, 47, 50, 55。

61 AM-A, St. Antonin, GG52/61–63.

62 AM-A, St. Antonin, GG52/82, 86, 92, 95, 108, 112.

63 罗丝·玛尔特·茹塞（Rose Marthe Jussé）的洗礼登记（1695 年 6 月 2 日），让·马歇和罗丝·茹塞的结婚登记（1723 年 11 月 16 日），AM-A, St. Ausone, GG58/24, 149; 关于雅克·茹塞见 Paul Mourier, "Recherches sur la fabrication des cartes à jouer à Angoulême," *BSAHC*, ser. 7, 3 (1902–1903): 179–232, pp. 189, 212。

64 Abraham-François Robin, "Recueil Secret des pièces utiles et intéressantes concernant la Révolution Arrivée dans le Commerce de Banque de la Ville d'Angoulême, et les Persécutions Suscitées aux Banquiers en 1769," ADC, Fonds Mazière, item J607. 1919 年出版过此文的转写，全部引用参考除非另有说明均为该版本。Robin, "Recueil Secret," ed. Abbé Mazière, *BSAHC*, ser. 8, 9 (1918): 3–76, p. 42。1765 年 7 月，让-巴普蒂斯特·马歇与其债权人就超过 67,000 的欠款达成了暂时的和解。"Concordat entre le Sr. Marchais de la Chapelle et ses créanciers," July 27, 1765, Caillaud, ADC, 2E282。

65 这是 19 世纪一位研究昂古莱姆堂区的历史学家的描述。"Notes sur les anciennes paroisses d'Angoulême," pt. 2, p. 251。

66 Paul de Fleury, *Recherches sur les origines et le développement de l'imprimerie à Angoulême*

(Angoulême, 1901), pp. 44–50; 见 Bibliothèque nationale de France [hereafter BNF]，目录参考 FRBNF30479086, FRBNF33251218, FRBNF33986736。诗集中的第一首颂歌写的是 1738 年瓜德罗普岛的热带风暴："寺庙、宫殿"化为尘土，在"幸福的海岸，亲爱的土地"上，"几乎不花钱，不耕种，我们看到大自然每年两次慷慨赠予她的礼物"；"在那里，在纯净的波浪岸边"，"自由"统治一切。Pierre de Bologne, *Odes sacrées, Dédiées à Monseigneur le Dauphin, Par M. de Bologne de l'Amérique*, rev. ed. (Paris, 1758), pp. 1–5。

67　见西蒙·勒泽（Simon Rezé）的各项记录（marchand cartier, 1725），St. André,　348
　　GG39/69。1747 年的结婚记录称老皮埃尔·勒泽是面点师傅。AM-A, GG73/99。另一位皮埃尔·勒泽在 1735 年他的女儿罗丝受洗时和 1745 年的第二次结婚时均被描述为乐师。在 1762 年罗丝的第一个孩子受洗时则被描述为"布商"（marchand de draps）。AM-A, G G73/38, GG41/16, GG42/188.

68　勒泽未注明日期的备忘录，AM-A, Milice, carton EE5。

69　婚前协议签名者罗丝·勒泽（1 号）是 1703 年 5 月 18 日受洗的，而 [吕丝（Luce）·] 罗丝·勒泽（2 号）是 1715 年 1 月 10 日受洗的，两人都是西蒙·勒泽（Simon Rezé）和吕丝·茹塞（Luce Jussé）的女儿：AM-A, St. Antonin, GG52/67, 103。罗丝·勒泽（2 号）嫁给了签名者弗朗索瓦·马兰；GG53/38。雅克·勒泽和玛格丽特·德博（Marguerite Desboeufs）之女罗丝·勒泽（3 号）是 1730 年 3 月 13 日受洗的，St. André, GG39/134；皮埃尔·勒泽和弗朗索瓦丝·巴罗（Françoise Barraud）之女 [让娜·] 罗丝·勒泽（4 号）是 1735 年 2 月 24 日受洗的，St. Jean, GG73/38。签名者罗丝·勒泽的侄女兼教女罗丝·勒泽（4 号）嫁给了路易·比尼翁（Louis Bignon），后者在各种记录中身份不一，包括"罗什福尔海军司令官"、"海军文书"和"海军级专员"。AM-A, St. André, GG42/188, 207；路易·比尼翁的死亡登记，AD Gironde, La Teste de Buch, 1783–1791, April 26, 1786, 101/252。罗丝·勒泽（1 号）终身未婚，1786 年 5 月 24 日过世于昂古莱姆，罗丝·勒泽（2 号）过世于共和历 3 年芽月 19 日（1795 年 4 月 8 日），AM-A, GG55/29, 1E6/79；罗丝·勒泽（3 号）终身未婚，共和历 13 年果月 30 日（1805 年 9 月 17 日）过世于昂古莱姆；1E38/344–345；罗丝·勒泽（4 号）1816 年 7 月 15 日过世于昂古莱姆，1E52/232–233。

70　见西蒙·勒泽的各种档案记录，"cy devant maréchal des logis du régiment de la reine"，1769, St. Jacques, GG130/159; Simon Rezé, marchand de modes, 1780, PSC, GG68/125。

71　"Sommation respectueuse à la requete de Claude Rezé à Jacques Rezé et Marguerite Desboeufs son epouse," August 6, 1767, ADC, Bernard, 2E158; "Contrat de mariage de Claude Rezé, et de Rose Marin," August 9, 1767, ADC, Bernard, 2E158; 克劳德·勒泽和罗丝·马兰的结婚登记（1767 年 8 月 11 日），AM-A, August 11, 1767, GG54/54–55。

72　安德烈·德·比萨克（André de Bussac）针对克劳德·勒泽的诉状（1769 年 3 月 25 日），ADC, 1B1090/1。

73　此人是罗丝·勒泽（3 号）。罗丝·勒泽针对比萨克的诉状，（1769 年 3 月 17 日），ADC, 1B1090/2。克劳德·勒泽和罗丝·马兰针对比萨克的诉状（1769 年 3 月 25 日），ADC, 1B1090/1；皮埃尔·诺东（Pierre Naudon）的证据（1769 年 4 月 1 日），ADC, 1B1090/1。

74　关于外部贸易对 18 世纪法国的影响，见 François Crouzet, "Angleterre et France au XVIIIe siècle: essai d'analyse comparée de deux croissances économiques," *Annales:*

Economies, Sociétés, Civilisations 21, no. 2 (March– April 1966): 254–291; Guillaume Daudin, *Commerce et prosperité: la France au XVIIIe siècle* (Paris, 2005)。关于新全球历史的起源，见 Caroline Douki and Philippe Minard, "Histoire globale, histoires connectées: un changement d'échelle historiographique? Introduction," *Revue d'histoire moderne et contemporaine* 54, no. 4bis (2007): 7–22, 及 *The French Revolution in Global Perspective*, ed. Suzanne Desan, Lynn Hunt, and William Max Nelson (Ithaca, NY, 2013); 亦见 Emma Rothschild, "A Horrible Tragedy in the French Atlantic," *Past and Present* 192 (August 2006): 67–108。

75   在普鲁士国王船上被捕的"帕特里克·克莱门"（Patrik Cremen）1757 年过世于圣安托南堂区，"英格兰囚徒的忏悔神父、爱尔兰教士科洛耶·莫洛尼（Cornoille Mollony）"被葬在堂区教堂的穹顶下。帕特里克·克莱门的葬礼登记（1757 年 9 月 11 日），科洛耶·莫洛尼的葬礼登记（1757 年 11 月 24 日），AM-A, St. Antonin, GG54/24。

349   76   "Procès verbal et visitte de pain," October 26, 1757, ADC, Caillaud, 2E266.

77   圣安托南堂区有一位关键海上商业（商品装船）的专家（arimeur de navire）；根据记录，这个传奇人物是英格兰"夏特"（Chatel）人，最近刚从波尔多搬来昂古莱姆。托马斯·普雷西斯（Thomas Pressis）的葬礼登记（1762 年 7 月 27 日），AM-A, St. Antonin, GG54/39。

78   "Acte contenant déclarations et protestations," January 16, 1765, ADC, Caillaud, 2E281. 路易·马歇是白兰地商人，以前做过假发商，是签名者让–巴普蒂斯特·马歇·德·拉沙佩勒的弟弟。

79   ADC, "Procès-verbal de deux cabriolets," July 22, 1766, Bernard, 2E156.

80   几年后，作为利摩日财政区的长官，杜尔哥亲自监督过抽签。见 "Lettre au ministre de la guerre," January 8, 1773, and "Lettre au Chancelier," January 30, 1774, in *Oeuvres de Turgot*, 3:597–612, 655–660。

81   未注明日期的备忘录，内容为克劳德·勒泽以与"公共仪式"相关的成本增加为由要求镇长"增加工资"。AM-A, Milice, carton EE5。

82   Memoranda of Claude Tremeau, mayor, February 24, 1758, and October 4, 1758. "Etat des miliciens," "Etat des garçons fugitifs," February 24, February 26, October 4, October 9, 1758, AM-A, EE5.

83   "Se faire donner main forte." Memorandum of Claude Tremeau, February 24, 1758, AM-A, EE5; Turgot, "Lettre au ministre de la guerre," January 8, 1773, p. 611.

84   Turgot, "Lettre au ministre de la guerre," January 8, 1773, p. 605.

85   André Corvisier, *L'armée française de la fin du XVIIe siècle au ministère de Choiseul: le soldat*, 2 vols. (Paris, 1964), 1:197–258; Boissonnade and Bernard, *Histoire du collège d'Angoulême*, p. 185.

86   "Relevé des états fournis à M. l'Intendant des garçons sujets à la milice dans la ville d'Angoulême," October 4, 1758; "Milice 4: 8re 1758," memorandum of Claude Tremeau. AM-A, EE5.

87   "Relevé des états fournis," October 4, 1758; "Etat des garçons fugitifs de la milice," October

4, 1758; "Etat des habitants de la paroisse de St Paul qui doivent contribuer à la conduite des miliciens d'Angoulême à Limoges," October 4, 1758. AM-A, EE5. "拉维热里" 条目左侧的边注写道 : "要核实——查明一个人在职多久，以及另一个人是否至少在过去六个月中没有中断过学习。" 右侧的边注写道:"有教师提供的证明,免服兵役。" 艾蒂安·阿勒芒(·拉维热里）当时 18 岁。

88 "Milice 4: 8re 1758," AM-A, EE5. 加布里埃尔·梅瑟龙（Gabriel Merceron）（屠夫）是伊丽莎白·格洛蒙的丈夫路易·梅瑟龙（也是屠夫）的侄子。GG7/169, GG7/175, GG89/55。

89 "Nom des presens sur qui le sort a été tiré, Nom des absens" ; "Généralité de Limoges, Milice 175— ," AM-A, EE5.

90 "Etat des garçons fugitifs de la milice," October 4, 1758, "Etat des garçons fugitifs de la milice de la ville d'Angoulême," October 4, 1758. AM-A, EE5.

91 "Procuration par Marie Aymard," October 16, 1764, ADC, 2E153; "Marché d'engagement de Ferrand et Delorière à M. Cazeau de Roumillac," December 15, 1753, 2E259.

92 "Relevé des états fournis à M. l'Intendant des garçons sujets à la milice dans la ville d'Angoulême," October 4, 1758, "Milice d'octobre 1758. " AM-A, EE5. 1758 年，玛丽·艾马尔四个儿子中，最年长的加布里埃尔 20 岁，弗朗索瓦 16 岁，马蒂兰 15 岁，让或称让－巴普蒂斯特 9 岁。1758 年 2 月的一份名单上，关于 "费朗寡妇的儿子" 有一条注记，称其 "太矮了"。"Etat des garsons qui doivent tirer au sort pour la milice le 24 fevrier 1758," AM-A, EE5。

350

93 见 Jan de Vries, *The Industrious Revolution: Consumer Demand and the House hold Economy, 1650 to the Present* (Cambridge, 2008) ; Michael Kwass, *Contraband: Louis Mandrin and the Making of a Global Underground* (Cambridge, MA, 2014) ; Pierre Force, *Wealth and Disaster: Atlantic Migrations from a Pyrenean Town in the Eighteenth and Nineteenth Centuries* (Baltimore, 2016)。Pierre Léon 对法国内陆的两个家庭及其出口产品（"印度棉布、手帕、利摩日、细布、暹罗棉布"）的研究生动地描述了内陆经济与殖民经济之间的联系。Pierre Léon, Les Dolle et les Raby (Grenoble, 1963)。

94 "Acte en forme de déclaration requérant Nevers," December 30, 1768, ADC, Caillaud, 2E288.

95 "Cahiers pour 1763," AM-A, CC42/2/12.

96 保罗·法弗罗 1743 年生于拉罗什富科，1775 年娶玛格丽特·德拉丰（Marguerite Delafond）。此人是卡特琳·布耶的儿子、A. M. 布耶的外甥。保罗·法弗罗的洗礼登记(1743 年 3 月 11 日)，ADC, La Rochefoucauld-St. Cybard, 1737–1756, 3E304/4, 74/188; 保罗·法弗罗和玛格丽特·德拉丰的结婚登记（1775.年 2 月 28 日），AM-A, NDP, GG14/52. 关于婚前协议中所附的财产清单见 Albertine Cadet, "Les apothicaires du temps passé à Angoulême," *BSAHC* (1981–1982): 47–60, p. 57。

97 非洲商人为法国制造假冒印度和英格兰纺织品的商人提供了市场，关于此，见 Edgard Depitre, *La toile peinte en France au XVIIe et au XVIIIe siècles: industrie, commerce, prohibitions* (Paris, 1912), pp. 242–258; Pierre H. Boulle, "Marchandises de traite et développement industriel dans la France et l'Angleterre du XVIIIe siècle," *Revue française*

fthistoire d'Outre-Mer 62 (1975): 309–330。

98 "Verbal contenant depost reqt. les Dlles. Roger et Desbrandes," May 31, 1760, ADC, Jeheu, 2E850.

99 "La grande et capitale révolution a été l'indienne. . . Tout ce peuple de femmes qui présente sur nos promenades une éblouissante iris de mille couleurs, naguère etait en deuil. Ces changements, qu'on croit futiles, ont une portée immen se. Ce ne sont pas là de simples améliorations materielles, c'est un progrès du peuple dans l'extérieur et l'apparence, sur lesquels les hommes se jugent entre eux; c'est, pour ainsi parler, l'égalité visible." Jules Michelet, Le peuple, 2 vols. (Brussels, 1846), 1:34.

100 "Recollement de l'inventaire des meubles et effets de feues M. et Mme. Robuste de Frédilly," May 24, 1745, ADC, Bernard, 2E134; "Inventaire des meubles, effets, titres et papiers de la communauté de M. Trémeau et de déffunte dame Gonnet son épouse," December 5–7, 1768, ADC, Caillaud, 2E288. 罗布斯特小姐们（demoiselles Robuste）是签名者让-巴普蒂斯特·布里耶的邻居；"Déclaration par M. Brillet," September 5, 1764, ADC, Bernard, 2E153.

101 "Acte entre Aymard Ve Ferrand et Ferrand son fils," May 6, 1760, ADC, 2E850. "Mariage de Jean Ferrand avec Elizabeth Boutoute," May 1, 1774, ADC, 2E6673.

102 "Inventaire reqt. le Sr. Ferrand," October 27, 1763, ADC, 2E6662. 这 8 张床和 58 条床单总价值 1,598 里弗尔（全部财产估价 2,268 里弗尔）；此外还有"其寄宿学生和他人"所有的共 300 里弗尔。这一过程中，列财产清单的书商曾两度打开一个橱柜，里面有一些内衣，属于"其妹妹费朗小姐"（Dlle Ferrand）。

103 1763 年的登记显示他当时没有交税，因为身在瓜德罗普；1766 年的登记显示当时已经同他分居的妻子西尔维"身无长物"，住在提尔塞莱特岛。"Cahiers pour 1763," AM-A, CC42/1/10; "Répartition de la taille," 1766, CC62/22/815。

104 克劳德的洗礼登记（1758 年 9 月 3 日），AM-A, St. André, GG42/113。

105 "Cahiers pour 1763," AM-A, CC42/1/23-24-2/1; "Répartition de la taille," 1766, CC62/20–22. 克劳德·贝努瓦·德·埃萨尔和玛格丽特·特雷莫（Marguerite Tremeau）的结婚登记（1757 年 10 月 18 日），October 18, 1757, AM-A, PSC, GG67/84。

106 弗朗索瓦·马丁·阿利奎埃因的洗礼登记，AM-A, St. Jean, October 1, 1775, GG75/46；关于马丁·德·布尔贡的家庭见下，6 章。

107 卡特琳·布拉谢·图桑（Catherine Bracher Toussaint）的洗礼登记（1773 年 11 月 10 日），AM-A, PSC, GG68/47，伊夫·路易·托马斯·图桑·布拉谢（Yves Louis Thomas Toussaint Brachier）的洗礼登记（1775 年 2 月 2 日），PSC, GG68/54。卡特琳的教母（签不了自己的名字）是"卡特琳·多菲内"（Catherine Dauphinet），教父是让·勒托诺（Jean Letourneau）。

108 让·拉卡茹的洗礼登记（1775 年 9 月 3 日），AM-A, PSC, GG68/58。根据记录，1773 年 1 月 26 日已经在拉基科涅号上向海事法庭做过申报。

109 1772 年结束的这趟旅程在跨大西洋奴隶贸易数据库（Trans-Atlantic Slave Trade Database）中编号为 32267（http://www.slavevoyages.org/voyage/32267/variables），而米歇尔·德拉热丧命其中的旅程编号为 32279，见 Jean Mettas, Répertoire des expéditions

négrières fran-çaises au XVIIIe siècle: ports autres que Nantes (Paris, 1984), p. 322。德拉热是 1754 年成为运奴船船长的。拉基科涅号的所有者名叫丹尼尔·加雷谢（Daniel Garesché），是圣多明各一位有钱的奴隶商人和业主，后来成为拉罗谢尔闹革命的市长。这艘船命途多舛，对其船员如此，对运输的奴隶而言也一样。1769 年，船在非洲西海岸做生意时已经死过一名船长，1778 年又被英国人俘虏。丹尼尔·加雷谢继而又装备了两艘船，名字还是叫拉基科涅号，利用这两艘船，他的生意一直做到了 1792 年 9 月。1769 年到 1793 年间，他出资进行过 33 次奴隶贸易远征，涉及 18 艘不同的船。

110　伊丽莎白·布图特的洗礼登记（1755 年 9 月 16 日），AM-A, St. André, GG42/54; 伊丽莎白·布图特和让·费朗的结婚登记（1774 年 5 月 14 日），AM-A, St. André, GG45/64。

111　共有 14,000 名移民加入远赴卡宴的大军，据估计其中惨死的有 9,000 人，关于此见 Rothschild, "A Horrible Tragedy in the French Atlantic"。

112　"Ferme de privillege de perruquier," June 16, 1772, ADC, Caillaud, 2E295.

113　让·迪梅尔格有 11 个兄弟和两个姐妹，父亲是老让·迪梅尔格，母亲是伊丽莎白·格洛蒙；伊丽莎白·格洛蒙的父亲是让·格洛蒙，母亲是艾蒂安·阿勒芒的姑婆玛格德莱娜·阿勒芒。AM-A, St. Paul, GG87/52, GG88/5, GG88/79; St. André, GG37/138, GG38/232, GG39/54; St. Antonin, GG53/12。

114　弗朗索瓦·迪梅尔格的洗礼登记（1732 年 11 月 27 日），AM-A, St. André, GG39/186。

115　Letter of February 2, 1769, from François Dumergue in Fort Dauphin, "Depost d'une lettre missive par le Sr. Dumergue aîné," May 31, 1770, ADC, Caillaud, 2E291. 关于 1768 年至 1769 年圣多明各法国殖民者的"美国革命"——叛乱者眼中的独立运动、政府眼中的反君主主义煽动——见 Charles Frostin, *Les révoltes blanches à Saint-Domingue aux XVIIe et XVIIIe siècles (Haïti avant 1789)* (Paris, 1975), pp. 297–388。

116　*Supplément aux Affiches Américaines*, no. 35 (September 4, 1769): 316.

117　*Supplément aux Affiches Américaines*, no. 17 (April 28, 1770): n. p. 南内特年龄"在 25 岁到 27 岁之间"，据信身在法兰西岛，身边还有一个"自由黑人"。

118　*Supplément aux Affiches Américaines*, no. 29 (July 11, 1770): 299; 这一程序还有一系列进一步公告 : in issues no. 34 (August 15, 1770): 336–337, no. 35 (August 22, 1770): 347, and no. 36 (August 29, 1770): 353.

119　让·茹贝尔是艾蒂安·阿勒芒的表亲，其外祖母玛格丽特·阿勒芒是艾蒂安的姑婆。让·茹贝尔 1753 年 11 月 21 日与玛格丽特·杜鲁索（Durousot/Durousseau）结婚。马克-勒内·勒福尔·拉图尔（Marc-René Lefort Latour）是让·茹贝尔和玛格丽特·杜鲁索之子马克-勒内·茹贝尔（Marc-René Joubert）的教父，也是让·茹贝尔的兄弟（也叫马克-勒内·茹贝尔）的教父。AM-A, St. André, GG39/51, 124–125, GG42/199; St. Jean, GG72/149, GG74/56。

120　Power of attorney of August 5, 1771, Berlin, and August 23, 1771, ADC, Caillaud, 2E296.

121　Letter from Louis Gabriel Latour in Saint-Domingue to Marc-René Lefort Latour in Angoulême, August 8, 1772, ADC, Caillaud, 2E296.

122　Letter from Louis Gabriel Latour, August 8, 1772.

123 "Quittance de 150 livres donnee par le sieur Lefort de la Tour pour ses enfants," September 18, 1772, ADC, Caillaud, 2E296.

124 见 Crouzet, "Angleterre et France au XVIIIe siècle"；*Daudin, Commerce et prosperité*。

第三章　鸟瞰

1 这一最终带来了对昂古莱姆 1764 年堂区登记簿中个体视觉化的项目开始于 2012 年，全程都有 Ian Kumekawa 的协调，详细描述见 http://histecon.fas.harvard.edu/visualizing/angouleme/index.html。Ian Kumekawa 和我特别感谢网站的网页设计师 Amy Price，感谢 Jessica Crown 进行转录，也感谢 Madeleine Schwartz、Paul Talma、Nicolas Todd、Fanny Louvier、Ye Seul Byeon、Lux Zhao 和 Oliver Riskin-Kutz。

2 所使用的堂区记录均可在市政档案网站上找到，包括 1764 年昂古莱姆划分的 12 个堂区以及主宫医院堂区。最早的记录是 1583 年的，民事登记有 1793 年至 1900 年的记录；夏朗德档案馆的网站有该镇的补充记录。正如 1992 年关于昂古莱姆堂区登记簿的唯一一项广泛研究的作者所言："我们面前是一项巨大的资源，可悲的是它仍未被开发。"Laurent Raynaud, "La population d'Angoulême au XVIIIe siècle (1700–1791): essai démographique" (master's thesis, University of Poitiers, 1992), chap. 1, unpag.

3 根据 Expilly 的估计，1763 年昂古莱姆有 2240 户人家，总人口约 11,200。Expilly, *Dictionnaire géographique*, 1:188。1765 年在利摩日发表的一项昂古莱姆调查——基于 "1764 年 6 月初在该镇进行的统计"，现在已经不存——给出的人口为 12,174 人。*Éphémérides de la généralité de Limoges pour l'année 1765* (Limoges, 1765), p. 103. 几年后，Jacques Necker 估计总人口在 13,000 左右。Necker, *De l'administration des finances de la France* (1784), in *Oeuvres complètes de M. Necker*, ed. A. L. de Staël-Holstein, 15 vols. (Paris, 1820–1821), 4:327。

353 4 AM-A, GG52/164–165, 178–179. 让·加尔文（Jean Calvin）1534 年（定居日内瓦之前）住在昂古莱姆——住在镇中心日内瓦街的一栋房子里面。关于让·加尔文的昂古莱姆时期，及其《灵魂待苏说》（Psychopannychia）的写作和改写见 Bruce Gordon, *Calvin* (New Haven, CT, 2011), pp. 38–40。一些"异端"到访的轶事：Louis Fourgeaud, *Origine et introduction du protestantisme en Angoumois: séjour de Calvin à Angoulême, son influence et ses résultats, ravages des protestants* (Angoulême, 1909)。

5 玛丽·朱莉·德·瓦索瓦夫人（Dame Marie Jullie de Vassoigne）的葬礼登记（1764 年 8 月 18 日），AM-A, St. Antonin, GG54/46。

6 Corbin, *Le monde retrouvé de Louis-François Pinagot*, pp. 7–9.

7 应马夏尔·阿勒芒·拉维热里的要求对巴约讷民事首审法庭（tribunal civil de première instance）判决的转录，Archives départementales des pyrénées atlantiques [hereafter ADPA], Bayonne, Naissances, 1826–1837, no. 351, September 7, 1826, 52–53/904. 见下，7 章。

8 Rosental, *Les sentiers invisibles*, pp. 22–23.

9 1763 年的税册中，仅仅一页——第一 "卷" 的末尾、登记了前乐师和布商皮埃尔·勒泽的一页（属于拥挤的圣安德烈税岛的部分），总共有 39 条记录——就更正了 23 处错误，而且是由三名不同的书记员更正的。AM-A, CC42/1/22。

10　其中一名签名者的亲属被描述为"五英尺二英寸，栗色头发，蓝眼睛，大鼻子"；一名被捕的逃犯"左眼上方有一道疤痕，蓝眼睛有点湿，嘴巴形状好看、有点歪，圆下巴"。AM-A, "Milice," EE5, Memorandum of Claude Tremeau, February 24, 1758; Memorandum of Tremeau, October 4, 1758。

11　*Esquisse d'un tableau historique des progrès de l'esprit humain* (1793–1794), in M. J. A. N. Condorcet, Oeuvres de Condorcet, ed. A. Condorcet O'Connor and M. F. Arago, 12 vols. (Paris, 1847–1849), 6:233–234.

12　Pierre Goubert, "Une richesse historique en cours d'exploitation: Les registres paroissiaux," *Annales. Histoire, Sciences Sociales* 9, no. 1 (1954): 83–93, p. 85.

13　Necker 于 1784 年发表的研究估计出生人口与人口的比率为 1:27，在这一比率下，大约 13,000 的总人口将产生大约 481 名新生儿。Necker, *De l'administration des finances de la France*, p. 327。

14　玛丽·沙庞捷（Marie Charpentier）的洗礼登记（1764 年 7 月 18 日），AM-A, St. Martin, GG83/58。

15　让·埃帕尼翁·德西莱斯（Jean Epagnon Desisles）和玛丽·伊尔瓦·肖万（Marie Yrvoix Chauvin）之子皮埃尔的洗礼登记（1764 年 1 月 6 日），AM-A, St. André, GG42/218；让·埃帕尼翁·德西莱斯和玛丽·伊尔瓦·肖万之子皮埃尔的洗礼登记（1764 年 12 月 6 日），GG42/234. 让·帕斯卡尔·伊尔瓦·肖万和玛丽·伊尔瓦·肖万的洗礼登记，GG40/30, GG40/142；让·埃帕尼翁·德西莱斯和玛丽·伊尔瓦·肖万的结婚登记（1761 年 1 月 13 日），GG42/162。

16　死亡人数可能有所低估，因为不同堂区的本堂神父所采用的登记婴幼儿死亡的格式似乎各不相同，见 Goubert, "Une richesse historique en cours d'exploitation: les registres paroissiaux," p. 86。

17　这一比率包括生于 1764 年死于 1765 年、不满 1 岁的幼儿的人数（6 名女婴和 9 名男婴）。婴儿死亡率是指 1 岁以下儿童的死亡人数占活产婴儿的比例，换言之"从出生到 1 岁之间死亡的概率——以每 1,000 名活产婴儿表示"。https://data.unicef.org/topic/child-survival/under-five-mortality/。1764 年在昂古莱姆出生的儿童的总体婴儿死亡率为每 1,000 名活产婴儿 121 人，大大低于相关研究估计中 18 世纪法国西南部（乡村地区）每 1,000 名活产婴儿 164 人和法国其他地区每 1,000 名活产婴儿 200 人的估计死亡率，见 Jacques Houdaille, "La mortalité des enfants dans la France rurale de 1690 à 1779," *Population* 30, no. 1 (1984): 77–106; Pierre Goubert, "Legitimate Fecundity and Infant Mortality in France during the Eighteenth Century: A Comparison," *Daedalus* 97, no. 2 (Spring 1968): 593–603。

18　根据 Raynaud 的统计，1764 年有 263 场葬礼，与之相比，18 世纪 60 年代的十年间平均每年有 351 场葬礼，1700 年至 1791 年的整个时期内平均每年有 288 场葬礼。"Table Annuelle," in Raynaud, "La population d'Angoulême," conclusion. 本次研究得出的 1764 年的数字与 Raynaud 略有不同。据我们估计当年总共有 327 场葬礼，包括了医院或者说主宫医院"堂区"的两本登记簿中记录的 63 例，AM-A, GG22 and GG23。此外，我们估计有 505 人而非 502 人出生，122 对而非 119 对新人结婚。 354

19　"Chetel pour Marguerite Labonne et Pierre Bruchier son fils à Mr. François Laforet,"

December 9, 1770, ADC, Bernard, 2E164.

20　在 1764 年的这几个月间，圣马夏尔堂区有 20 名儿童死亡，1765 年同样的几个月间有 68 名儿童死亡。AM-A, GG109/176–185, GG110/18–30。概观这个世纪，全部葬礼的四分之一都发生在 9 月和 10 月这短短的两个月间。"Des mouvements saisonniers 1700–1791," in Raynaud, "La population d'Angoulême," chapter 2。

21　约瑟夫·拉沙佩勒（Joseph La Chapelle）和安妮·阿拉里（Anne Alary）的结婚登记（1764 年 11 月 30 日），AM-A, St. Antonin, GG54/47；路易·罗伊（Louis Roy）和安妮·伯吉松（Anne Bergeasson）的结婚登记（1764 年 3 月 6 日），St. Jacques, GG130/7；路易·罗伊的洗礼登记（1751 年 9 月 8 日），St. Jacques, GG127/93。1816 年，安妮·伯吉松的鳏夫路易·罗伊去世时，他登记的年龄是 65 岁。路易·罗伊的死亡登记（1816 年 3 月 10 日），1E52/102。

22　玛格丽特·卡索的葬礼登记，AM-A, NDB, October 6, 1764, GG8/149。

23　雅克·阿扎尔（Jacques Hazard）和让娜·努埃尔的结婚登记（1764 年 1 月 16 日），路易·阿扎尔（Louis Hazard）的葬礼登记（1764 年 2 月 15 日），加布里埃勒·阿扎尔（Gabrielle Hazard）的洗礼登记（1764 年 10 月 20 日）；AM-A, St. Martin, GG83/54, 55, 60。

24　"Acte de delliberation des habitants de la parroisse St. Martial de la ville d'Angoulême," September 1, 1782, ADC, Bernard, 2E188. Raynaud 估计，圣马夏尔超过 30% 的人口——居住在城墙内的人不计——是"农村人"，以务农的散工为主。Raynaud, "La population d'Angoulême," chap. 4。

25　关于"无效"支出的"谄媚繁荣"，见 Victor de Riqueti, Marquis de Mirabeau, and François Quesnay, *Philosophie rurale, ou Economie générale et politique de l'agriculture* (Amsterdam, 1763), p. 277. 关于亚当·斯密对生产性和非生产性活动的看法，见 Smith, *The Wealth of Nations*, pp. 330–336。

26　AM-A, GG68/2, GG14/35, GG130/17, GG89/107, GG42/230.

27　AM-A, CC42/1/24; CC62/20/803.

28　AM-A, CC42/1/4.

29　"Vente de meubles par Marie Aymard à Gabriel Ferrand son fils," January 10, 1764, ADC, 2E153.

30　AM-A, CC42/1/12, CC62/10/386; CC42/1/21, CC62/18/690; CC42/1/10; CC42/1/24.

31　AM-A, CC42/1/4.

32　AM-A, CC42/1/14–15.

355　33　让娜·梅西埃（Jeanne Mercier）和丈夫（夫妇俩的儿子 1764 年 9 月生于哀枘圣母堂区），即 1766 年的税册中的"假发商曼戈和洗衣妇妻子"。AM-A, CC62/32/1257; GG14/35。名叫玛格丽特·西比洛特（Marguerite Sibilotte）的人在堂区记录中有四个，在税务记录中有两个，一个是裁缝，一个是皮毛商。在 1764 年先后给三个生于圣安德烈堂区的孩子做过教母的热纳维耶芙·塔达特（Geneviève Tardat）在记录中是"面包师热纳维耶芙·塔达特"（Geneviève Tardat boulangère）。CC42/1/20, CC42/1/21; CC62/17/648, CC62/749; CC42/221, 223, 224, 230, 232, GG68/3。8 月在圣马夏尔堂区签过一份洗礼记录的安妮·勒泽是"商人梅瑟龙的寡妇安妮·勒泽"。CC42/1/17; 罗丝·人权（Rose

L'Homme）的洗礼登记（1764 年 8 月 19 日），GG109/178; 安妮·勒泽和皮埃尔·梅瑟龙的结婚登记（1721 年 6 月 5 日），GG52/119。11 月在圣若望堂区当过教母的罗丝·勒泽是一个小玩意儿贩子的侄女，也在婚前协议上签过名。罗丝·沙泰尼翁（Rose Chataignon）的洗礼登记（1764 年 11 月 3 日），GG74/122。此人是罗丝·勒泽（3 号），见上，2 章。

34 加布里埃尔·勒迈特和多萝泰·德维亚伊的结婚登记（1764 年 9 月 4 日），AM-A, NDB, GG8/147–148。

35 约瑟夫·法尔博和玛格丽特·戈迪诺的结婚登记（1764 年 6 月 27 日），AM-A, St. André, GG42/226。

36 玛格丽特·戈迪诺的葬礼登记（1769 年 12 月 23 日），AM-A, St. André, GG44/28; 约瑟夫·法尔博和玛格德莱娜·库尔托（Madeleine Courteau）的结婚登记（1770 年 7 月 24 日），St. Paul, GG90/43; 约瑟夫·法尔博的葬礼登记（1771 年 7 月 23 日），St. André, GG45/19; 让·亚伯拉罕·罗德里格斯·萨尔泽达斯的洗礼登记（1773 年 6 月 9 日），St. Jean, GG75/25–26; 让·亚伯拉罕·罗德里格斯·萨尔泽达斯和玛格德莱娜·库尔托的结婚登记（1774 年 12 月 21 日），St. André, GG45/73; 玛格德莱娜·库尔托的葬礼登记（1776 年 6 月 11 日），GG45/100; 萨尔泽达斯和塞西尔·拉布吕（Cecile Labrue)的结婚登记(1777 年 4 月 8 日），PSC, GG68/66; 塞西尔·拉布吕的葬礼登记(1778 年 1 月 4 日），GG45/136; 萨尔泽达斯的葬礼登记（1783 年 10 月 22 日），St. André, GG46/102。

37 加布里埃尔·费朗的洗礼登记（1764 年 11 月 7 日），AM-A, NDP, GG14/36。

38 安托万·迪维尼奥（Antoine Duvignaud）和玛格丽特·大卫（Marguerite David）的结婚登记（1764 年 1 月 10 日），雅克·福尔热龙（Jacques Forgeron）和玛格丽特·鲁尼亚克（Marguerite Rougnac）的结婚登记（1764 年 3 月 5 日），玛格德莱娜·福尔热龙（Magdelaine Forgeron）的洗礼登记（1764 年 10 月 31 日），AM-A, St. André, GG42/219, 222, 231。

39 弗朗索瓦·约瑟夫·瓦拉什（François Joseph Varache）的洗礼登记（1764 年 7 月 7 日），AM-A, NDP, GG14/35。

40 罗丝·康波（Rose Campot）的洗礼登记（1764 年 11 月 17 日），AM-A, St. André, GG42/233。而罗丝·马兰的父亲弗朗索瓦·马兰和邻居（管登记簿的文书之子）都在洗礼登记上签了名。

41 迪帕尔一家住在阿诺先生岛 / 一天日子岛，CC42/1/18, CC62/15/587; 富尔一家住在提尔塞莱特岛，CC42/1/24, CC62/22/821; 伊尔瓦一家住在加尔默罗岛，CC42/2/4, CC62/25/950。

42 玛格德莱娜·富尔和让·罗伊的结婚登记，AM-A, October 29, 1764, St. Jacques, GG130/25; "Mariage de Jean Roy et Magdeleine Faure," October 28, 1764, ADC, Mallat, notary, 2E908。

43 玛格德莱娜·富尔的签名（1764 年 9 月 21 日），St. Jacques, GG130/22, October 23, 1764, St. Paul, GG89/108, November 18, 1764, St. Martial, GG109/186。

44 玛格德莱娜·富尔的洗礼登记，AM-A, August 21, 1743, St. Jacques, GG126/48; 玛格德莱娜·富尔的签名，GG129/9, 109, 158, GG130/22, 39, GG89/90, 108, GG109/186; 吕丝·富尔的签名，GG129/9, 52, 109, 158, GG130/22, 39, 44, GG89/90。关于其妹妹和妹夫的

职业，见 GG89/90, GG129/109, 157–158, GG130/9, 44。

356　45　"Faubourg de l'Houmeau, Platte forme du Palet," "Isle du Château-Gaillard," AM-A, CC42/2/14, 42/2/17; "Faubourg de l'Houmeau," "Isle du Château-Gaillard," CC62/34/1332, 62/37/1461.

46　"我寄了一些书给我的装订工，其中包括《自然的体系》(*Système de la Nature*)。" 在巴鲁尔神父（abbé Barruel）出版于革命前不久的反哲学小说《赫尔维恩》(*Les Helviennes*) 的开头，拉巴龙夫人（Madame La Baronne）写道。装订工的学徒 "花了一个晚上翻阅这些书，又和他师傅的女儿亲亲抱抱了一番"，他自信地对她说，"没有地狱——他刚刚在拉·巴龙夫人的一本书中读到了"。[Abbé Barruel], Les Helviennes, *ou Lettres Provinciales Philosophiques*, 4th ed., 3 vols. (Paris, 1789), 1:5。

47　让·罗伊和玛丽·多罗（Marie Doraud）的结婚登记（1767 年 1 月 13 日），AM-A, GG43/39; 让·雅克·罗伊（Jean-Jacques Roy，让·罗伊之子）和让–巴普蒂斯特·迪朗（Jean-Baptiste Durand，让·罗伊的外孙）各自的结婚登记，1E33/36, 1E76/69–70, and see http://elec. enc. sorbonne. fr/imprimeurs/node/23542 and http://elec. enc. sorbonne. fr/imprimeurs/node/23543。

48　122 对新人中有 74 对 1764 年委托了昂古莱姆镇政府名单内的公证人起草婚前协议，很可能其他新人也在别处起草了协议。Enregistrement des actes notariés, Table des contrats de mariages, 1760–1767, ADC, 2C2/29。

49　让·贝尔纳的全部行为记录，ADC, 2E130; 婚礼分别庆祝于 February 4, 1764, July 17, 1764, October 30, 1764, St. Martial, AM-A, GG109/164, 175, 185; February 28, 1764, October 1, 1764, St. Martin, GG83/55, 59。关于贝尔纳，见 J. de la Martinière, "Avant-Propos," in *Inventaire sommaire des archives départementales antérieures à 1789, Charente, Archives civiles— série E (1736–3040)*, ed. P. de Fleury and J. de la Martinière (Angoulême, 1906), i– iii, p. ii。贝尔纳对过客特别有亲和力。几年后，他为一位来自阿尔比（Albi）教区的小贩起草了一份婚前协议（这位小贩 "在过去的两年中经常光顾" 昂古莱姆圣马夏尔堂区的一家旅店老板的 "小酒馆"），还为来自卡奥尔教区、也经常光顾同一家小酒馆的另一名小贩的女儿起草了一份婚前协议。旅店老板做了见证，他 "证明他认识上述两方，因为他在过去两年中经常在他的上述小酒馆看到他们——这几乎已经成了一种习惯"。这对夫妇同意 "一半一半地" 分享他们的所有物品 "而不管现在或未来其中一个是否比另一个拥有更多"。让·布尔诺（Jean Bourgnol）和弗朗索瓦丝·德尔布瑞尔（Françoise Delbreil）的结婚登记，St. Martial, January 21, 1772, GG111/31; "Contrat de marriage de Jean Bougnol and Françoise Delbrel," November 19, 1771, ADC, Bernard, 2E166。

50　雅克·蒂农和玛丽·勒热的结婚登记（1764 年 7 月 17 日）AM-A, St. Martial, GG109/175; "Contrat de marriage de Jacques Thinon et de Marie Leger," May 21, 1764, ADC, Bernard, 2E153。

51　Expilly, *Dictionnaire géographique*, 2:494。

52　"Contrat de marriage de Jacques Thinon et de Marie Leger," May 21, 1764, ADC, 2E153.

53　让·蒂农（Jean Thinon）的洗礼登记（1767 年 6 月 4 日），玛丽·蒂农（Marie Thinon）的洗礼登记（1768 年 8 月 4 日），纪尧姆·蒂农和安托万·蒂农（Guillaume and Antoine Thinon）的洗礼登记（1771 年 10 月 24 日），西蒙·蒂农（Simon Thinon）的洗礼登记

（1774 年 5 月 16 日），弗朗索瓦·蒂农（François Thinon）的洗礼登记（1777 年 5 月 7
日），玛丽·蒂农（Marie Thinon）的洗礼登记（1780 年 8 月 23 日）；AM-A, St. Jacques,
GG130/92, 126, GG131/25, 110, 231, GG132/93。

54　Expilly, *Dictionnaire géographique*, 1:440.

55　"Vente par Jacques Thinon, Marie Leger son epouse, Marie et autre Marie Godinaud à Jean
Marchesson," February 3, 1776, ADC, Bernard, 2E175.

56　"Vente par Jacques Thinon," February 3, 1776, ADC, 2E175.

57　玛丽·蒂农的洗礼登记（1780 年 8 月 23 日）；玛丽·勒热的葬礼登记（1780 年 11 月 29
日），雅克·蒂农和弗朗索瓦丝·布吕内（Françoise Brunet）的结婚登记（1781 年 2
月 20 日），塞西尔·蒂农（Cecile Thinon）的洗礼登记（1783 年 4 月 21 日）AM-A, St.
Jacques, GG132/93, 107, 120–121; GG133/8。

58　尼古拉·让德龙（Nicholas Gendron）和玛丽·蒂农的结婚登记（1790 年 7 月 6 日），
St. Jacques, AM-A, GG134/101；尼古拉·让德龙的死亡登记（1848 年 11 月 17 日），
1E142/97，玛丽·蒂农的死亡登记（1850 年 5 月 8 日）1E154/39。

59　玛丽·雅顿（Marie Jarton）的葬礼登记（1764 年 5 月 14 日），AM-A, St. Jean,
GG74/119；西巴尔·迪朗（Cybard Durand）和玛丽·雅顿之女弗朗索瓦丝·迪朗的洗礼
登记（1717 年 7 月 1 日），菲利普·伊尔瓦·肖万和弗朗索瓦丝·迪朗的结婚登记（1734
年 1 月 20 日）St. Jean, GG72/208, GG73/37。

60　"La veuve Yrvoix Chauvin, marchande de graisserie et Jean Desisles son gendre"；AM-A,
CC42/1/14.

61　见 GG42/162, 218, 234; GG43/20, 50, 关于德西莱斯的负债见下，4 章。

62　"Chauvin, Jean Yrvoix, négociant, lieutenant d'artillerie et capitaine de milice bourgeoise à
Sainte-Lucie, sa succession 1786," ANOM, COL E 77. 还有另一个似乎与此事无关的让·肖
万确实去了马提尼克定居，此人成了一个"实际的"或"海岸的"领航员；他曾经向海
军军官寻求保护，被后者称为"高手"。1776 年到 1778 年法国和美国的海军冲突期间，
他甚至还加剧了一次小型危机，当时他威胁称如果政府不给他津贴，他就要"去别处碰
运气"。海军军官报告称，此人认为"效力国王保障不了自己日用的粮食"，而尽管地方
要塞的指挥官（后来的约瑟芬皇后的父亲）使出了"浑身解数"，但此人依然"要去为
商人效劳"。Letters from the Chevalier de Beausset of March 28, 1777, and April 6, 1777,
and of December 28, [1776] from the Chevalier d'Orves——Chevalier d'Orves 是负责"新
英格兰人"乘船游览的一位中介，他将这些游览称为"艰辛乏味的生活"，见 "Chauvin,
Jean, pi lote côtier à la Martinique 1777/1778," ANOM, COL E 77. 最终，1778 年 1
月，让肖万得到了国王发的一份津贴。"Chauvin, Jean," and letter of June 29, 1777, from
the Marquis de Bouillé, governor of Martinique, in ANOM, Martinique, Correspondance à
l'arrivée, C8a/76/65。

63　尼古拉·皮卡尔（Nicolas Picard）的洗礼登记（1764 年 8 月 25 日），AM-A, St. Martial,
GG109/178。

64　让娜·布图特（Jeanne Boutoute）的洗礼登记（1764 年 1 月 6 日），AM-A, St. André,
GG42/218。

65　罗丝·西瓦迪耶的签名（1764 年 5 月 1 日），AM-A, GG89/106；安托万·皮西（Antoine

357

Pissiez）和罗丝·西瓦迪耶的婚前协议（1765 年 12 月 12 日），ADC, Caillaud, 2E283; 安托万·皮西和罗丝·西瓦迪耶的结婚登记（1766 年 1 月 28 日），ADC, Balzac 1737–1792, 201/461。

66 拉德贡德·弗朗索瓦丝·巴罗（Radegonde Françoise Bareau）的洗礼登记（1764 年 4 月 11 日）补充资料，AM-A, NDP, GG14/34。

67 见 Trans-Atlantic Slave Trade Database, http://www.slavevoyages.org/voyage/32242/ v ariables。

68 马 克·博 代（Marc Bodet） 的 洗 礼 登 记（1764 年 11 月 4 日 ），AM-A, St. Yrieix, GG117/24; 马克·盖斯托和马蒂兰娜·里普的婚前协议（1764 年 9 月 16 日），ADC, Caillaud, 2E27185。

69 "Opposition par Thereze Grellier au mariage de Marc Gestraud son fils," September 22, 1764, ADC, Bernard, 2E153.

70 Consent of August 28, 1764, Coulomb, notary, Toulon, in "Mariage de Gestraud et Rippe," September 16, 1764, ADC, Caillaud, 2E27185; [M. Choquet] , "Bagne," *Nouveau Dictionnaire pour servir de supplément aux dictionnaires des sciences, des arts et des métiers*, ed. Jean d'Alembert and Denis Diderot, 4 vols. (Paris, 1776), 1:744–747.

358 71 马克·盖斯托和马蒂兰娜·里普的结婚登记（1765 年 2 月 11 日），AM-A, St. Yrieix, GG117/27。翌年这家人和好了：马克和马蒂兰娜给女儿起名泰蕾兹（Thérèse），教母是泰蕾兹·格雷利耶（Thérèse Grellier）（1766 年 11 月 22 日）。AM-A, St. Yrieix, GG117/48。

72 纪尧姆·努埃尔（Guillaume Nouel）和让娜·塔比托（Jeanne Tabuteau）的结婚登记（1764 年 6 月 13 日），AM-A, St. Jean, GG74/120; 加布里埃尔·勒迈特和多萝泰·德维亚伊的结婚登记（1764 年 9 月 4 日），NDB, GG8/148。

73 夏尔·勒迈特（Charles Lemaitre）和玛丽·安妮·克洛茨之子加布里埃尔·勒迈特的洗礼登记（1741 年 8 月 20 日），AM-A, NDB, GG8/38; 玛丽·安妮·克洛茨的葬礼登记（1748 年 11 月 4 日），NDB, GG8/76。

74 约翰·格奥尔格·克洛茨和莫里切特·布尔达热的结婚登记（1717 年 11 月 3 日），AM-A, NDB, GG7/91; 玛丽·安妮·克洛茨的洗礼登记（1718 年 3 月 29 日），NDB, GG7/94。

75 关于亚伯拉罕·扬森（Abraham Janssen）和造纸业，见 Jules Mathorez, *Les étrangers en France sous l'ancien régime: histoire de la formation de la population française*, 2 vols. (Paris, 1919–1921), 2:243–245. 关于提奥多雷·扬森见 http://www.historyofparliamentonline. org/volume/1715-1754/member/janssen-sir-Theodore-1654-1748。

76 见 AM-A, NDB, GG7/91, 94, GG8/2, 38, 76; St. Jean, GG72/216, 221, 229, 234, 237, 239。

77 玛丽·罗丝·克洛茨（约 81 岁、生于多尔多涅省的拉罗什博古）的死亡登记（1813 年 1 月 6 日），AM-A, 1E49/8–9; NDB, GG8/147–148, St. Jean, GG74/120。玛丽·安妮·扬森的姻亲玛丽·罗丝·德拉·普拉斯（Marie Rose de la Place）与拉罗什博古（Larochebeaucourt）的夏尔·加拉德·德·贝阿恩（Charles Galard de Béarn）结了婚。

78 玛丽·安妮·克洛茨和夏尔·勒迈特的结婚登记（1737 年 5 月 7 日），AM-A, GG8/2;

玛丽·安妮·克洛茨和让一路易·努埃尔的结婚登记（1751 年 6 月 15 日），GG8/89–90。

79 雅克·克洛茨和埃德梅·维克图瓦·迪皮伊（Edmée Victoire Dupuis）的结婚登记（1755 年 11 月 6 日），Dampierre-en-Yvelines, St. Pierre, AD Yvelines, 1751–1775, 82–84/379; 罗丝·阿格莱·克洛茨（Rose Aglaée Klotz）的洗礼登记（1756 年 7 月 2 日），95–96/379。

80 http://www2.assemblee-nationale.fr/sycomore/fiche/(num_dept)/13631. Record of house number 706, Section A, Beaulieu, in "Contributions, matrices foncières," 1791, AM-A.

81 梅兰妮·加布里埃勒·索菲·卡佐（Mélanie Gabriele Sophie Cazaud）的洗礼登记（1764 年 9 月 20 日），AM-A, St. André, GG42/230。

82 "Scellé Cazot," May 22, 1781, AN, Y//13802.

83 Madeleine Very, "Scellé Cazot," AN, Y//13802.

84 "Scellé Cazot," AN, Y//13802. 克莱门特·蒂丰（Clement Tiffon）的妹妹卡特琳·蒂丰（Catherine Tiffon）即 1750 年在圣安德烈堂区受洗的"罗丝"（Rosse）或称弗朗索瓦丝·罗丝的母亲；AM-A, S t. André, GG41/32–35, 124, GG42/21。

85 Me François, "Scellé Cazot," AN, Y//13802.

86 Pierre Aubry, "Scellé Cazot," AN, Y//13802.

87 这份遗嘱是 1780 年 8 月 28 日立的，由巴黎的一位公证人皮埃尔·科莱（Pierre Collet）登记，在卡佐官司的封条事件和 1780 年科莱法律文件清单中均有提及。Me Delamotte, November 28, 1781, "Scellé Cazot," AN, Y//13802; "Cause entre le sieur de Cazeaux et la Dlle. Lucie," p. 371; repertory, MC/RE/X/14。

88 "Cause entre le sieur de Cazeaux et la Dlle. Lucie," p. 370.

89 "Cause entre le sieur de Cazeaux et la Dlle. Lucie," pp. 369, 372; Article IV of the Treaty of Paris of February 10, 1763, https://avalon. law. yale. edu/18th_century/paris763. asp.

90 "Cause entre le sieur de Cazeaux et la Dlle. Lucie," pp. 372–373.

91 玛丽·玛尔特·卡佐的洗礼登记（1757 年 6 月 16 日），AM-A, St. Jean, GG74/76。

92 Mémoire justificatif du Marquis de Casaux, de la Société Royale de Londres (London, 1784), pp. 18–22, 37, 104.

93 伊丽莎白·贝内蒂汀·德·博洛涅（Elizabeth Bénédictine de Bologne）和艾蒂安·克莱尔方丹（Etienne Clairefontaine）的结婚登记（1776 年 3 月 13 日），AD Lot et Garonne, Agen, St. Etienne, marriages, 1771–1781, 106–107/199; 伊丽莎白·贝内蒂汀是卡佐母亲的弟弟乔治·德·博洛涅（Georges de Bologne）的女儿。

94 Mémoire justificatif, p. 208.

95 Mémoire justificatif, p. 41.

96 Mémoire justificatif, p. 89, "Pièces justificatives," pp. xxii, xxiv; Smith, The Wealth of Nations, pp. 625–626.

97 "Thoughts on the Mechanism of Societies," Critical Review 62 (1786): 42–47, pp. 42–43.

98 "Observations sur la lettre monarchique de M. Casaux, imprimée dans la Gazette universelle, du 5 juillet 1791," in J. P. Brissot, Recueil de quelques écrits, principalement extraits du "Patriote françois" (Paris, 1791), 24–28, p. 25.

99 "Sur la grande question du veto," September 1, 1789, in *Oeuvres de Mirabeau*, ed. Mérilhou, 9 vols. (Paris, 1825–1827) 7:244n1.

100 马卢埃曾任法属圭亚那总督，1814 年任海军和殖民地部长；"马卢埃先生已写信给阁下……称在过去的两年里自己经常见到德·卡佐先生，而且在他看来他的语气和举止总是很有尊严，对殖民地的文化和警察也有很开明的认识。" "Cazaud de Roumillac habitant de la Grenade 1780–1782," ANOM, COL E 66; undated note of 1781 or 1782, "Raport, Le Sieur de Cazaud, François, habitant de la Grenade"。

101 "DETOURNENT DE L'IDEE D'UNE LANTERNE. " M. de Cazaux, *Argumens pour et contre le commerce des colonies* (Paris, 1791), pp. 1, 6.

102 葬礼记录，January 20, 1796, St. Mary the Virgin, Woodford; 伍德福德葬礼登记，1766–1812, p. 57, available from Essex Records, www. seax. essexcc. gov. uk。

103 "Cause entre le sieur de Cazeaux et la Dlle. Lucie," p. 371. 遗嘱本身不在起草遗嘱的公证人的法律文件清单中。AN, Collet, notaire, MC/ET/X/688 (July– August 1780)。

104 *Mémoire justificatif*, pp. 193–194, 197.

105 让·弗朗索瓦·卡佐的洗礼登记（1756 年 4 月 21 日），AM-A, St. Jean, GG74/70; letter of July 9, 1811, from Dugout de Casaud, enclosed in a letter of July 9, 1811, from Mr W. Manning to Mr Richard Ryder, TNA, HO/1/6/6。

106 Will of John Francis Dugout, Marquis de Casaux, proved March 10, 1832, TNA, PROB 11/1796; letter of July 9, 1811, from Dugout de Casaud.

107 Will of Henriette Dugout de Casaux, registered in Nantes on January 23, 1852, and proved in London on March 22, 1852, TNA, PROB 11/2148.

108 德·博洛涅先生和于小姐（Mlle. Husson）的婚前协议（1738 年 1 月 2 日），ADC, Caillaud, 2E27163; 皮埃尔·德·博洛涅和贝内蒂汀·于松的结婚登记（1738 年 1 月 16 日），AM-A, St. Jean, GG73/52。

109 Robin, "Recueil," p. 59.

110 Complaint of Elizabeth Sterne, Information of October 9–11, 1769, ADC, 1B1090/2. 1767 年劳伦斯·斯特恩曾给一位朋友写信："我希望自己有一只狗——我女儿会给我捎一只。"她继而在给女儿的信中表示："你那活泼的法国狗将享有我壁炉前的另一边。" Letters of August 11, 1767, to J——H——S and of August 24, 1767, to Lydia Sterne, in *Letters of the late Lawrence Sterne* (London, 1794), pp. 211, 215。

111 Complaint of Elizabeth Sterne, ADC, 1B1090/2.

112 Complaint of Elizabeth Sterne, ADC, 1B1090/2.

113 Testimony of François Veillon, oven-keeper, and Jean Gimon, master wigmaker, Information, October 11, 1769, ADC, 1B1090/2.

114 Testimony of François Foucaud, master knife-maker, Nicolas Boissard, and Jacques Matard, merchant, Information, October 11, 1769, ADC, 1B1090/2.

115 亚历山大·普雷瓦尔（Alexandre Prevaut）和利贝拉·兰格拉德（Liberalle Langlade）的结婚登记，St. André, June 13, 1769, AM-A, GG44/20; 让娜·普雷瓦尔（Jeanne Prevaut）

的洗礼登记，St. Jean, October 28, 1769, AM-A, GG74/161。

116　伊丽莎白·斯特恩投诉的最后一页背面标注着"1769 年 12 月 9 日已寄往巴黎"。ADC,
　　　1B1090/2。

117　Laurence Sterne, A sentimental journey through France and Italy (London, 1768), p. 208.

118　Letter of March 2, 1770, from Lydia Sterne to Elizabeth Montagu, *Letters of Laurence*
　　　Sterne, ed. Lewis Perry Curtis (Oxford, 1935), pp. 454–455.

第四章　第一场革命

1　这种内部变革的开端先后被确定在 1749—1759 年（"大约在革命爆发前三四十年"）、1769
　　年（"20 年来"政府变得越来越积极）、1774 年（"路易十六登基"）和 1774—1779 年
　　（"法国大革命前 15 到前 10 年"）。Tocqueville, *L'ancien régime*, pp. 47, 238, 269, 270, 280;
　　L'ancien régime et la révolution: fragments et notes inédites sur la révolution, ed. André Jardin,
　　in Tocqueville, *Oeuvres complètes*, ed. J. -P. Mayer (Paris, 1952), vol. 2, pt. 2, pp. 33, 37。关于 A.
　　R. J. 杜尔哥的外省研究对托克维尔的影响，见 Robert T. Gannett Jr., *Tocqueville Unveiled:*
　　The Historian and His Sources for The Old Regime and the Revolution (Chicago, 2003), pp.
　　70, 87–107, and Robert M. Schwartz, "Tocqueville and Rural Politics in Eighteenth-Century
　　France," in *Tocqueville and Beyond: Essays on the Old Regime in Honor of David D. Bien*,
　　ed. Robert M. Schwartz and Robert A. Schneider (Newark, DE, 2003), 172–191。

2　"Pendant la Révolution, la Charente reçut le contrecoup des grands évènements se déroul-
　　ant à Paris et aux frontières en évitant les abus et les dérèglements." 见 http://www.charente.
　　gouv.fr/Services-de-l-Etat/Organisation-administrative-de-La-Charente/Presentation-du
　　-departement/Son-histoire, accessed on July 14, 2019。

3　J. -P. -G. Blanchet, *Le clergé charentais pendant la révolution* (Angoulême, 1898), p. 450, 并见
　　下，6 章。

4　Tocqueville, *L'ancien régime*, pp. 270–271.

5　马夏尔·阿勒芒·拉维热里和路易丝·瓦兰的结婚登记（1790 年 4 月 13 日）。AM-A, St.
　　André, GG47/64–65。路易丝·瓦兰的父亲是已故的药剂师让·瓦兰（Jean Vaslin），母亲
　　伊丽莎白·布歇（Elisabeth Bouchet）是假发师傅的女儿；让·瓦兰（Jean Vaslin）和伊
　　丽莎白·布歇的结婚登记，AM-A, July 5, 1768, PSC, GG68/21。伊丽莎白·布歇住在昂古
　　莱姆镇中央的日内瓦街，不远处就是通往小皇宫街上马克·阿勒芒家的街道。Record of
　　house number 403, Section A, Beaulieu, in AM-A, "Contributions, matrices foncières," 1791.

6　洗礼记录，AM-A, St. Antonin, GG54/50, 52, 56, 60; NDP, GG14/36, 37, 38, 41, 43, 44, 45,　361
　　46, 48, 49, 53, 56, 58, 61, 65。

7　玛丽·弗朗索瓦丝·阿勒芒（Marie Françoise Allemand）的洗礼登记（1778 年 8 月 7 日），
　　NDP, GG14/56；约瑟芙·阿勒芒（Josephe Allemand）的洗礼登记（1779 年 9 月 12 日），
　　NDP, GG14/58。玛丽·芒德鲁是贝图米厄的寡妇："habitant à la ravine de la cartier de la
　　paroisse de notre dame de l'assumption des cayes du fonds isle avache cote St Domingue"。

8　均是玛丽·艾马尔和路易·费朗女教父教母的职业，AM-A, St. Paul GG 89/25, 36, St.

Martial, GG106/116, 151, PSC, GG67/18, St. André, GG40/150, 176, GG41/108。马克·阿勒芒和玛丽·吉罗的五个子女的教父教母当中，有一名女裁缝、一名鞋匠和一名男装裁缝。St. Antonin, GG53/5–6, 12, 19, 31, 39。

9   让娜·亨丽埃特·阿勒芒·拉维热里（Jeanne Henriette Allemand Lavigerie）的洗礼登记（1771年12月16日），AM-A, NDP, GG14/46。

10 加布里埃尔的子女当中，约瑟夫过世于 1793 年，加布里埃尔过世于 1816 年，皮埃尔过世于 1841 年；艾蒂安（·费朗）1794 年结婚，让——也可能是让·弗朗索瓦——1793年获得了一份"公民义务"证明；"Certificats de civisme," ADC, L146, 并见下，6 章。弗朗索瓦丝的子女中有 6 个在 1838 年到 1860 年之间过世于昂古莱姆；皮埃尔 1834 年过世于勒芒，约瑟芙 1855 年过世于巴约讷，路易丝·梅兰妮 1865 年过世于圣帕瓦斯（Saint-Pavace）。艾蒂安 1807 年在波城结婚，1801 年马夏尔第二次结婚的记录上留下了安托万的签名。弗朗索瓦丝的次女（也是头一个起名叫让娜的）夭折于襁褓之中，葬在圣马夏尔堂区；让娜·阿勒芒的洗礼登记（1766 年 10 月 22 日），GG54/52, 让娜·阿勒芒的葬礼登记（1767 年 9 月 9 日）GG110/87。也就是说，加布里埃尔的子女和弗朗索瓦丝的子女当中各有一个人除了最初的洗礼登记之外没有留下任何证据（或者说迄今为止我没有找到）：一个是 1765 年出生的玛丽·阿勒芒；另一个可能是 1766 年出生的让·费朗，也可能是 1768 年出生的让·弗朗索瓦·费朗。两家人所属的哀恸圣母堂区有对婴幼儿葬礼的记录；从 1764 年加布里埃尔头胎的孩子出生到 1783 年弗朗索瓦丝最小的孩子出生，期间有 103 名婴孩受洗，举行过 23 场婴幼儿葬礼，见 AM-A, NDP, GG14/36–65。有可能玛丽·阿勒芒就像让娜一样，出生不久就被送去了附近或村里的某个堂区。关于堂区之间工作方法的差异，见 Goubert, "Une richesse historique en cours d'exploitation: les registres paroissiaux"。

11 让娜·阿勒芒·拉维热里的死亡登记（1860 年 7 月 3 日），AM-A, 1E185/57; 马夏尔·阿勒芒·拉维热里的死亡登记（1856 年 8 月 18 日），1E173/83–84; 路易丝·梅兰妮·阿勒芒·拉维热里的死亡登记（1865 年 10 月 10 日），AD Sarthe [hereafter ADSa], deaths, Saint-Pavace, 1853–1882, 182/275。

12 让-巴普蒂斯特·费朗的死亡登记，AD Orne, Vimoutiers, deaths, 1863–1873, August 12, 1873, 527–528/543.

13 Turgot, "Mémoire sur les prêts d'argent," p. 156.

14 Turgot, "Mémoire sur les prêts d'argent," p. 157; Robin, "Recueil," pp. 27, 31; and see Emma Rothschild, "An Alarming Commercial Crisis in 18th Century Angoulême: Sentiments in Economic History," *Economic History Review* 51, no. 2 (May 1998): 268–293. 同时代人对"昂古莱姆风波"的记述包括：[Mathieu François Pidanzat de Mairobert], *L'Observateur Anglois; ou, Correspondance secrète entre Milord All'Eye et Milord Alle'Ar*, 4 vols. (London, 1777–1778), 3:307–311; [M. de Bachaumont], *Mémoires secrets pour servir à l'histoire de la république de lettres en France, depuis MDCCLXII jusqu'à nos jours*, 36 vols. (London, 1777– 1789), 9:143–144, 244–246。

362 15 Turgot, "Mémoire sur les prêts d'argent," pp. 155, 159–161; Robin, "Recueil," pp. 27, 31.

16 Turgot, "Mémoire sur les prêts d'argent," p. 156; M. Turgot, *Mémoires sur le prêt à intérêt et sur le commerce des fers* (Paris, 1789), p. 2. 对经济学家兼财政部长莱昂·萨伊（Léon Say）

而言，这是 "有史以来就利息借贷这一主题撰写的最完整、最完美的著作"。Léon Say, *Turgot* (1887), trans. G. Masson (London, 1888), pp. 74–76, 83。

17　罗班写到，"我要力劝" 我的子女对这部历史三缄其口，因为在书中他提到了一些人，而 "冒犯这些人依然相当危险"。Robin, "Recueil," pp. 18, 23。

18　P. -J. -L. Nouel, l'ainé & fils, & Drou, *Au roi, et à nosseigneurs de son conseil* (Paris, 1776), pp. 2, 54; *Arrest du Conseil d'Etat du Roi, Qui ordonne la suppression d'une Requête imprimée, signée P. J. L. Nouel père & fils, & Drou Avocat. Du 9 Septembre 1776* (Paris, 1776), p. 3.

19　Robin, "Recueil," pp. 19–20; Turgot, "Mémoire sur les prêts d'argent," pp. 160, 197, 199. "capitaliste" 这个词（其出现远早于后来的 "capitalisme"）表示流动资产或 "移动" 资产（区别于土地资产）的所有者。见 Marc Bloch, Lucien Febvre and Henri Hauser, "Capitalisme et capitaliste," *Annales d'histoire sociale* 1, no. 4 (October 1939): 401–406, p. 406 n1。

20　Robin, "Recueil," pp. 45–46. "Il faisait un peu de banque avec ses propres fonds"；Dupin, "Notices sur Abraham François Robin et Léonard Robin," p. 828.

21　梅兰妮·加布里埃勒·索菲·卡佐的洗礼登记（1764 年 9 月 20 日），AM-A, St. André, GG42/230。

22　Turgot, "Mémoire sur les prêts d'argent," pp. 159–166; Robin, "Recueil," pp. 21, 26, 31–34.

23　Turgot, "Mémoire sur les prêts d'argent," p. 158.

24　Robin, "Recueil," pp. 20–27, 49.

25　老皮埃尔·努埃尔在纪尧姆·努埃尔和让娜·塔比托的结婚登记（1764 年 6 月 13 日）上签过名，AM-A, St. Jean, GG74/120; 其孙子、让一路易·努埃尔（Jean-Louis Nouel）和玛丽·安妮·克洛茨之子皮埃尔·努埃尔 1764 年 2 月 15 日受洗，NDB, GG8/145。

26　Robin, "Recueil," p. 26.

27　Nouel and Drou, *Au roi, et à nosseigneurs de son conseil*, pp. 11, 25, 31, 45; Conseil d'Etat, in Robin, "Recueil," p. 49.

28　罗丝·沙塔尼翁（Rose Chatagnon）的洗礼登记（1764 年 11 月 5 日），AM-A, St. Jean, GG74/122; 皮埃尔和玛丽·大卫的洗礼登记，AM-A, St. Antonin, GG54/67, 73; Record of house no. 999, Section C, Château, "Contributions, matrices foncières," AM-A, 1791; *Au roi, et à nosseigneurs de son conseil*, p. 19。

29　Turgot, "Mémoire sur les prêts d'argent," p. 155.

30　Robin, "Recueil," p. 26; "Sommation faite par M. Marot, receveur des tailles," November 23, 1771, ADC, Caillaud, 2E294.

31　Robin, "Recueil," pp. 25–26.

32　皮埃尔·约瑟夫·奥德里（Pierre Joseph Audry）的洗礼登记（1764 年 11 月 26 日），AM-A, St. André, GG42/233; Robin, "Recueil," p. 24。

33　玛丽·艾马尔的债主包括一名鞋匠（此人是从另一名鞋匠取得的权利、且由一位律师代理，玛丽·艾马尔欠其 72 里弗尔 19 苏）、一名洗衣碱贩子（玛丽·艾马尔欠其 74 里弗尔）、一名菜油贩子（玛丽·艾马尔欠其 94 里弗尔），还有一名织布工人及妻子（同样由一名 363

律师代理，玛丽·艾马尔欠其 49 里弗尔 11 苏 ）。"Vente de meubles par Marie Aymard à
Gabriel Ferrand son fils," January 10, 1764, ADC, 2E153. 在这场危机各方各执一词的各种
清单中，这八个人（连同其各种复杂的情况）无一出现。*Au roi, et à nosseigneurs de son
conseil*, pp. 10–12, 25–26, 31, 45–48; Robin, "Recueil," pp. 41–44。

34   Robin, "Recueil," p. 42.

35   其早先一次破产的债权人包括一位兄弟、一位堂亲、努埃尔父子，还有四处漂泊的水手
帕斯卡尔·肖万的一位姻亲。Robin, "Recueil," p. 42; "Concordat entre le Sr. Marchais de
la Chapelle et ses creanciers," July 27, 1765, ADC, 2E282。

36   AM-A, CC42/1/9, 42/1/23, 42/2/1; CC62/9/324, 62/20/776, 62/22/835.

37   在 1766 年的税册上，加布里埃尔·费朗的税号是学院广场岛 1234 号，打铁师傅拉普
热（Lapouge）的姻亲富尼耶·迪普莱斯（Faunier Duplessis）的税号是学院岛 1240 号，
AM-A, CC62,/32/1234, 32/1240。

38   Robin, "Recueil," p. 29.

39   Complaint of Lapouge, October 28, 1769, "Information faitte en la chambre criminelle,"
October 28, 1769, ADC, 1B1090/2.

40   "Acte entre Aymard Ve Ferrand et Ferrand son fils," May 6, 1760, ADC, 2E850.

41   Boissonnade and Bernard, *Histoire du collège d'Angoulême*, pp. 97–120; and see Albert de
Massougnes, *Les Jésuites à Angoulême, leur expulsion et ses conséquences (1516–1792):
étude historique* (Angoulême, 1880).

42   Boissonnade and Bernard, *Histoire du collège d'Angoulême*, pp. 97–120.

43   1764 年，"Dorliet étudiant" 和 "Viger étudiant" 在哀恸圣母堂区见证了让娜·沙维
（Jeanne Sauvet，一位单身妇女，84 岁上下）的葬礼（1764 年 9 月 9 日），AM-A, NDP,
GG14/35。几年后，"Charles Menut étudiant" 见证了让·纳吉（Jean Naigrier）——22 岁，
当时寄住在蜡匠马塔德（Sr Matard）家——的葬礼（1776 年 8 月 22 日），AM-A, NDB,
GG9/111。

44   Boissonnade and Bernard, *Histoire du collège d'Angoulême*, pp. 142, 153, 167, 169, 177, 180;
petitions of February 14 and February 15, 1766, cited p. 179.

45   Jean Rollet, "me de pention," AM-A, CC42/1/24; Jean Rolet, "cy devt homme d'affaires,"
CC62/21/813; and see Boissonnade and Bernard, *Histoire du collège d'Angoulême*, pp. 150,
159. The tax rolls list teachers at CC62/4, 62/6, 62/9, 62/12, 62/20, 62/21, 62/24, 62/31,
62/32 (three), 62/35, 62/44, 62/57; see also CC42/1/10, 1/11, 1/14, 1/22, 1/24, 2/11 (two),
2/12.

46   Collège d'Angoulême, deliberations du bureau, entries for January 21, June 3, September 2,
and November 25, 1774, ADC, D29, pp. 153–154; 罗克·勒托诺（Roch Letourneau）的死
亡登记（1774 年 11 月 11 日），AM-A, St. Paul, GG90/82。

47   Boissonnade and Bernard, *Histoire du collège d'Angoulême*, p. 223.

48   "Registre des ordinations remis aux archives de l'Evêché en septembre 1912," Archives
diocésaines d'Angoulême.

49   Letter to the administration of the collège d'Angoulême from Coulon and Lavigerie, dated

"Angoulême 26—de l'an 1786," ADC, D30.

50 Letter to the administration of the collège d'Angoulême from Lavigerie, April 23, 1790,   364
ADC, D30.

51 Boissonnade and Bernard, *Histoire du collège d'Angoulême,* p. 212.

52 "Mémoire historique sur le séminaire d'Angoulême par un prêtre de la mission," *BSAHC,*
ser. 4, 6 (1868–1869): 293–387, p. 307.

53 Boissonnade and Bernard, *Histoire du collège d'Angoulême,* pp. 145, 200, 409; Collège
d'Angoulême, deliberations du bureau, ADC, D29.

54 Robin, "Recueil," pp. 20–23, 27; Boissonnade and Bernard, *Histoire du collège d'Angoulême,*
p. 408.

55 Boissonnade and Bernard, *Histoire du collège d'Angoulême,* pp. 163, 200–203; Bernard
Destutt de Tracy, *Remarques sur l'établissement des Théatins en France* (n. p., 1755), pp.
137–138.

56 1768 年 3 月针对各种宗教机构的法令被描述为 1790 年 10 月革命性改革的范本，见
Edme Champion, "La première atteinte à l'empire du catholicisme en France," in *La
Révolution française: revue historique* 45 (1903): 97–104; "Etablissements religieux," in
Jurisprudence générale du royaume en matière civile, commerciale et criminelle, ed. Dalloz
(Paris, 1849), Cour de Cassation, pp. 161–162。

57 "Mémoire historique sur le séminaire d'Angoulême," pp. 329–330, 350.

58 "Mémoire historique sur le séminaire d'Angoulême," pp. 332–336; Abbé A. Mazière, *L'affaire
Mioulle et le séminaire d'Angoulême en 1779* (Angoulême, 1916).

59 让—巴普蒂斯特·米乌勒（Jean-Baptiste Mioulle）是 1757 年 7 月 30 日受的洗，AM-A, St.
Antonin, GG54/23。

60 Mazière, *L'affaire Mioulle,* pp. 7–12, and map opposite p. 4.

61 Mazière, *L'affaire Mioulle,* pp. 10, 16, 20–26, 30–31, 34, 37.

62 "Mémoire historique sur le séminaire d'Angoulême," p. 336.

63 *Histoire du collège d'Angoulême,* pp. 195–196; "Mémoire historique sur le séminaire
d'Angoulême," p. 336; Mazière, *L'affaire Mioulle,* p. 24.

64 AM-A, EE1, Affaires militaires, "Expédition de délibération pour l'établissement provisoire
d'un guet de nuit," August 13, 1779, approved by the intendant, November 11, 1779.

65 AM-A, EE1, Affaires militaires, "Procès verbal des capitaine et premier sergent," December 4,
1779.

66 AM-A, EE1, Affaires militaires, "Procès verbal des capitaine et premier sergent," December 4,
1779; "Procès verbal des blessures reçues par M. le maire," December 4, 1779.

67 AM-A, EE1, Affaires militaires, "Procès verbal des capitaine et premier sergent," December 4,
1779. 让·伊尔瓦的葬礼登记（1779 年 12 月 4 日，确认的过世时间为 12 月 3 日），AM-
A, St. André, GG45/181。死者的父亲名叫让·伊尔瓦，母亲名叫泰蕾兹·塔比托（Thérèse
Tabuteau）。死者还是在婚前协议上签过名的菲利普·伊尔瓦的侄子。让·伊尔瓦和泰蕾

兹·塔比托之子让·伊尔瓦的洗礼登记（1749 年 11 月 28 日），NDB, GG8/83。让·伊尔瓦和玛丽·梅纳尔（Marie Mesnard）之子让·伊尔瓦和菲利普·伊尔瓦的洗礼登记（1733年 11 月 6 日和 1737 年 11 月 7 日），St. André, GG39/206, GG40/20。

68　Jean Tarrade, "De l'apogée économique à l'effondrement du domaine colonial (1763–1830)," in Jean Meyer et al., *Histoire de la France coloniale: Des origines à 1914* (Paris, 1991), p. 199.

69　Victor Malouet, "Les quatre parties du jour à la mer" (1785), in *Mélanges de littérature*, ed. J. B. A. Suard, 3 vols. (Paris, 1806), 2:341–383, 370.

70　The Trans-Atlantic Slave Trade Database，见 http://www.slavevoyages.org/assessment/estimates, accessed on December 31, 2018。据估计，法国大革命时圣多明各的总人口约为 52 万，包括（至少）45. 2 万名非洲奴隶。M. L. E. Moreau de Saint-Méry, *Description topographique, physique, civile, politique et historique de la partie* Française de l'isle Saint-Domingue, 2 vols. (Philadelphia, 1797), 1:5。

365　71　让—巴普蒂斯特·费朗和伊丽莎白·布图特的结婚登记（1774 年 5 月 14 日），AM-A, St. André, GG45/64。

72　Dossier "Ferrand (Jn. Bte.)," AN, Secours aux réfugiés et colons spoliés, F/12/2795, petition of October 16, 1824; dossier "Ferrand," AN, F/12/2795, petition of December 18, 1822. 让—巴普蒂斯特和伊丽莎白 1777 年仍然在昂古莱姆；弗朗索瓦丝·费朗的洗礼登记（1777年 6 月 12 日），艾蒂安·费朗的葬礼登记（1777 年 11 月 19 日），AM-A, St. André, GG45/124, 133。这家人在法兰西角生活了"15 年"，换言之，一直到 1793 年或 1794 年，dossier "Ferrand (Jn. Bte.)," petition of October 16, 1824。

73　*Supplément aux Affiches Américaines*, no. 91 (December 23, 1789): 1101; *Supplément aux Affiches Américaines*, no. 4 (January 26, 1788): 710; *Supplément aux Affiches Américaines*, no. 10 (May 17, 1788): 822. 店铺位于沃德勒伊街和圣约瑟夫街交角，靠近克吕尼广场和码头，是镇上的一个地标，一位新来的（舒适）"新潮"鲸骨紧身胸衣制造商 1789 年曾经打出广告，自称住在"费朗先生的店隔壁"，一位提供歌剧咏叹调指导的乐师则打出广告自称住在"费朗先生的店"和"制帽匠人"之间。

74　*Supplément aux Affiches Américaines*, nos. 52, 64 (August 8, 1789, September 19, 1789): 969, 1017. 关于沃德勒伊街周围的街道，见 Moreau de Saint-Méry, *Description topographique*, 1:383, 410–412. *Supplément aux Affiches Américaines*, no. 24 (May 2, 1789): 850。策展人丹尼尔·鲍恩（Daniel Bowen）随后将自己的展览搬到了波士顿，更名为"哥伦比亚博物馆"。Samuel Adams Drake, *Old Landmarks and Historic Personages of Boston* (Boston, 1873), p. 41。

75　Robin, "Recueil," pp. 26, 42, 54.

76　Robin, "Recueil," p. 42; "Procuration donnée par le sieur Pechillon de la Bordrie," May 1, 1773, "Vente faite à la demoiselle Marchais, épouse dudit Sr Pechillon," June 13, 1773, ADC, Caillaud, 2E297.

77　Letter of October 22, 1770, from Blanchard de Sainte-Catherine, ADC, J563.

78　AM-A, CC42/2/11–12, CC62/32–33.

79　玛丽·贝拉（Marie Bellat）的洗礼登记（1662 年 1 月 19 日），皮埃尔·特雷莫（Pierre

Tremeau）和玛丽·贝拉的结婚登记（1674 年 2 月 4 日），AM-A, St. Ausone, GG56/224, 257。

80 "Acte de notoriété justificatif du nombre des héritiers du sieur Tremeau du Pignon," August 24, 1769, ADC, Caillaud, 2E290.

81 "Depost de testament de M. Tremeau," March 14, 1761, ADC, Caillaud, 2E273.

82 "Règlements et partage de partie des biens de la succession de feu Monsieur Trémeau Dupignon fait entre ses héritiers," May 10, 1768, p. [7] . ADC, Caillaud, 2E287.

83 假发商纪尧姆·维罗尔（Guillaume Virol）和玛丽·勃兰特（Marie Brandt）之子诺埃尔·维罗尔（Noel Virol）的洗礼登记（1736 年 11 月 22 日），AM-A, NDP, GG13/119; "Brevet d'apprentissage du Sr. Virol chez le Sr. Sirier maître chirurgien," January 26, 1760, ADC, Caillaud, 2E271。在 1758 年为抽签选民兵准备的简表中，假发商维罗尔有两个孩子（儿子），"一个加入了海军，一个在美洲"。AM-A, EE5, "Relevé des états fournis à M. l'Intendant des garçons sujets à la milice dans la ville d'Angoulême," October 4, 1758。

84 "Règlements et partage," May 10, 1768, pp. [17, 18, 19, 24, 25, 26–27, 35, 41, 42, 47] ; ADC, Caillaud, 2E287. "Depost de testament de M. Tremeau," March 14, 1761, ADC, Caillaud, 2E273.

85 Letters of August 17 and 19, 1783, from Aretas Akers, in "Akers, Aretas, habitant de l'isle Saint-Vincent, et Robins, chirurgien Français, 1783," ANOM, COL E 2. 小亚伯拉罕−弗朗索瓦·罗班生于 1750 年 3 月 23 日，过世于 1833 年 1 月 13 日。根据其女儿的洗礼登记（1788 年 7 月 21 日），他早年是圣樊尚岛的主修外科大夫。他的长女 1785 年 3 月 19 日受洗，当时的记录称小女孩之前已经在圣樊尚岛受过一次洗（1782 年 12 月 21 日）。AM-A, St. André, GG41/125, GG46/149; PSC, GG68/95; 1E102/7。1791 年的一份记录称罗班住在编号 1014 的房子里，靠近（原先的）哀恸圣母教堂。Section C, Château, "Contributions, matrices foncières," AM-A, 1791。他是那位秘密历史作者的隔代堂亲。在历史作者亚伯拉罕−弗朗索瓦·罗班（费利克斯·罗班的儿子）及其堂亲外科医生费利克斯·罗班（亚伯拉罕−弗朗索瓦·罗班的儿子）之间——1740 年至 1757 年之间——昂古莱姆有 5 个名叫"亚伯拉罕·弗朗索瓦"或"弗朗索瓦·亚伯拉罕"的男孩受洗。St. André, GG40/79, 41/76, 41/125; PSC, 67/49, 67/79; 1E66/49, 1E89/8, 1E95/53, 1E102/7。

86 "Quittance de 4542 l. Donné par M. et Mad. Delaplace Delatourgarnier à M. Delavallière," September 6, 1765, ADC, Caillaud, 2E282; "Avis des parents du fils mineur," November 23, 1766, Caillaud, 2E285.

87 夏尔·亨利·大卫·德·拉斯图尔（Charles Henri David de Lastour）和玛丽·路易丝·让娜·德·蒙斯（Marie Louise Jeanne de Mons）的结婚登记，AM-A, St. André, April 1, 1765, GG43/5–6; 弗朗索瓦·迪蒙泰（François Dumontet）和弗朗索瓦丝·阿伯拉尔（Françoise Abelard）的结婚登记，NDB, October 21, 1765, GG8/159。

88 "Traité entre Dognon et M. Heritier," April 29, 1766, ADC, Jeheu, 2E851.

89 "Procuration donnée par madame Le Fleche de Grandpré à M. de Conan son mari," March 7, 1772, ADC, Caillaud, 2E295.

90 Affiches Américaines, no. 7 (February 13, 1771): 53.

91 "Quittance ou descharge donnée par madame Le Fleche de Grandpré au Sr. de Conan son

mari," August 16, 1772, ADC, Caillaud, 2E296.

92   "Obligation de la somme de soixante dix mille livres par dame Marie Magdelaine Veyrier de
      Montaugé à M. Emery Chaloupin," November 4, 1780, ADC, Bernard, 2E184. *Supplément
      aux Affiches Américaines*, no. 25 (May 25, 1779): 176. 离乡背景者的社会关系相当复杂：玛
      丽·玛格德莱娜·维里尔（Marie Magdelaine Veyrier）和埃默里·沙卢潘 1781 年都在昂
      古莱姆的圣雅各堂区当过教父（教母），教子是同一个孩子。1784 年，玛丽·玛格德莱娜·维
      里尔（记录称其"目前在法国"）在圣多明各多凡堡给让-巴普蒂斯特·沙卢潘（Jean-
      Baptiste Chaloupin）的女儿当过教母；1791 年，埃默里·沙卢潘给当时已搬到昂古莱姆
      的让-巴普蒂斯特·沙卢潘的儿子当过教父。AM-A, St. Jacques, GG132/151, St. Antonin,
      GG55/69; 玛丽·弗朗索瓦丝·沙卢潘的洗礼登记（1784 年 3 月 29 日），ANOM, Fort
      Dauphin, 4/25。

93   克洛纳德伯爵托马斯·萨顿（Thomas Sutton, Comte de Clonard）的葬礼登记（1782 年
      9 月 15 日），AM-A, St. Paul, GG90/131; Louis M. Cullen, "Irish Businessman and French
      Courtier: The Career of Thomas Sutton, Comte de Clonard, c. 1722–1782," in *The Early
      Modern Atlantic Economy*, ed. *John J. McCusker and Kenneth Morgan* (Cambridge, 2000),
      86–104。

94   玛丽·勒努瓦的葬礼登记（1786 年 10 月 12 日），AM-A, St. Paul, GG90/155。

95   "Procuration donnée par la dlle Chauvineau au sr Civadier son fils," April 11, 1772, ADC,
      Caillaud, 2E295; 路易·米歇尔·西瓦迪耶的洗礼登记（1741 年 9 月 17 日），AM-A, St.
      Paul, GG89/43。关于西瓦迪耶和肖维诺（Chauvineau）两家人，见 GG89/4, 38, 60。

96   Affiches Américaines, no. 6 (February 7, 1776): 66; *Supplément aux Affiches Américaines*, no.
      50 (November 25, 1786): 585–586.

367   97   路易·米歇尔·西瓦迪耶和玛丽·夏洛特·皮西（Marie Charlotte Pissiez）的结婚登记（1790
      年 2 月 9 日），ADC, Balzac, 1737–1792, 427–428/461。

98   玛丽·夏洛特·皮西的葬礼登记（1790 年 7 月 25 日），1790, ANOM, Saint-Domingue,
      Jacmel 1790, 16/24; 路易·米歇尔·西瓦迪耶和安妮·罗丝·皮西（Anne Rose Pissiez）
      的结婚登记（共和历 4 年雨月 14 日，即 1796 年 2 月 3 日），Jacmel 1796, 21–22/30。第
      二次的结婚登记采用了革命政府 1792 年 9 月 20 日颁布的法律：如果配偶一方的双亲缺
      席，可以代之以"七位朋友"。结婚时玛丽·夏洛特 23 岁，男方（舅舅）48 岁。路易·米
      歇尔·西瓦迪耶的洗礼登记（1741 年 9 月 17 日），AM-A, St. Paul, GG89/43; 玛丽·夏
      洛特·皮西和安妮·罗丝·皮西的洗礼登记（1766 年 11 月 30 日和 1777 年 5 月 23 日），
      ADC, Balzac, 1737–1792, 207, 291/461。

99   奥格迪亚斯 1773 年 4 月花 40,000 里弗尔买下了这一职位，卖方是资本家和阴谋家系列
      风波中的主角之一（主公诉人）。当时的记录称他为"巴黎中产阶级"，"出售国王顾问、
      特别是负责昂古莱姆水域和森林的职位"，April 12, 1773, ADC, Caillaud, 2E297; 以及
      petition of July 9, 1773, AD Vienne, maîtrise des eaux et forêts de Poitiers, B68。

100   Role du *Duc de la Vrillière*, 1772, Role de l'Hector, 1771–1772, in *Rôles d'équipages*, avail-
      able at http://www.memoiredeshommes.sga.defense.gouv.fr/. 陪同米歇尔·盖诺瓦（Michel
      Guesnois）的包括她的母亲、姐姐和侄女，以及两个孩子和三个"黑人仆人"，厨师
      安托万·朱莉（Antoine Julie）、护士苏珊娜·玛丽（Suzanne Marie）、让·普波（Jean

Poupe）、弗洛尔（Flore）和马琳（Marine）。

101　"Contrat de mariage de Sr. Ogerdias et demoiselle Michel Guenois," May 19, 1762, ANOM, INDE, serie O, carton no. 26, 1762–1766; 奥格迪亚斯和盖诺瓦的结婚登记（1762 年 6 月 12 日），ANOM, Chandernagor, 1762。克劳德·奥格迪亚斯（Claude Ogerdias）在荷兰东印度公司的职业生涯见于 F. Lequin, *Het Personeel van de Verenigde Oost-Indische Compagnie in Azie in de Achttiende Eeuw* (Leiden, 1982), pp. 105, 137, 283。感谢戴安娜·金（Diana Kim）教授帮助定位金德纳戈尔的这份婚前协议。米歇尔·盖诺瓦的嫁妆很复杂，包括"以金德纳戈尔委员会于 1757 年 2 月 1 日支持（新娘的母亲）的账单为抵押支付"的 2,333 卢比以及新娘结婚时以"礼物"形式赠予她的 10,000 卢比，"捐赠者表示不希望被人知道"。

102　让-巴普蒂斯特·奥格迪亚斯（生于 1765 年）的洗礼登记（1768 年 4 月 10 日）；ANOM, Chandernagor, 1768。男孩的教父是殖民地总督让-巴普蒂斯特·舍瓦利（Jean-Baptiste Chevalier），见 Jean Deloche, *Jean-Baptiste Chevalier, 1729–1789: le dernier champion de la cause française en Inde* (Paris, 2003)。

103　"克劳德·奥格迪亚斯的诉状"，列出了他与舍瓦利共同"关注"的"冒险"，在其中奥格迪亚斯控诉了舍瓦利随后与英国官员的"联合与结盟"。July 16, 1774, TNA, C 12/1041/9。

104　关于被骑马军官追捕的描述见于 1772 年 8 月 18 日的一封信件，收于奥格迪亚斯人事档案中。"Ogerdias, Habitant de Chandernagor 1772," ANOM, COL E325。信中奥格迪亚斯"极为富有，是舍瓦利唯一信任的人"。letter of July 27, 1772。

105　"Vente de l'état et office," April 12, 1773, ADC, 2E297; Registres des audiences de la maitrise des eaux et forêts, ADC, B 140 58。奥格迪亚斯主持的案件包括销售和交付四百捆橡树枝涉及的 20 里弗尔的支付纠纷（1773 年 7 月 19 日）。其前任是公诉人的岳父，罗班在自己的秘密历史中称其为"这个贪得无厌的人"，此人去世时的遗产价值达 60 万里弗尔；"这笔财富是他借执行职务之便长期进行骚扰和敲诈"以及"对不同贷款收取双重高利"积累起来的。Robin, "Recueil," p. 31。

106　"Bail amphitéotique par les dames Carmélites a M. Ogerdias," April 17, 1775, ADC, Crassac, notary, 2E10145。奥格迪亚斯的寡妇所住的编号 185 的房屋记录，Section B, St. Martial, in AM-A, " Contributions, matrices foncières," 1791。两个女儿先后嫁给了自己圣多明各的兄弟的罗丝·西瓦迪耶就住在附近（房屋编号 188 ）。　368

107　米歇尔·比阿特利克斯·盖诺伊（Michel Beatrix Guesnoy）的死亡登记（1830 年 1 月 3 日），AM-A, 1E92/3; 米歇尔·比阿特利克斯·盖诺伊（Michel Beatrix Guenois）的洗礼登记（1744 年 2 月 12 日），ANOM, Chandernagor, 1744。

108　马夏尔·阿勒芒·拉维热里和路易丝·瓦兰的结婚登记（1790 年 4 月 13 日），St. André, AM-A, GG47/64–65; 伊丽莎白·阿勒芒·拉维热里的洗礼登记（1791 年 2 月 5 日），St. André, GG47/82。

109　Record of house number 243, Section B, St. Martial, in AM-A, "Contributions, matrices foncières," 1791; 弗朗索瓦丝·菲律宾·拉维热里（Françoise Philippine Lavigerie）的洗礼登记（1792 年 5 月 27 日），St. Pierre, GG25/26。关于"租税"的最后几个月时光，见 Mireille Touzery, "La dernière taille: abolition des privilèges et technique fiscale d'après le rôle de Janvry pour les derniers mois de 1789 et pour 1790," *Histoire & Mesure* 12, nos. 1–2 (1997): 93–142。

110　莱昂·菲利普·阿勒芒·拉维热里的出生登记（共和历 3 年牧月 13 日，即 1795 年 6 月 1 日），AM-A, 1E4/94。

111　Tocqueville, *L'ancien régime*, p. 182.

112　Decrees of April 1, 1776, and September 9, 1776, in Robin, "Recueil," pp. 66–69; Nouel and Drou, *Au roi, et à nosseigneurs de son conseil*, p. 71.

113　Letter of February 22, 1777, from Léonard Robin to Abraham-François Robin, ADC, J700.

114　克劳德的洗礼登记（1758 年 9 月 3 日），AM-A, St. André, GG42/113。

115　研究罗班家族的历史学者 Dupin 曾写到，费利克斯－莱昂纳尔（Félix-Léonard）是圣多明各太子港主权委员会的一名律师。Dupin, "Notices sur Abraham François Robin, et Léonard Robin," p. 901。

116　[Chupin], *Précis pour messire Elie-Joseph de Miomandre marquis de Châteauneuf... contre les sieurs Marot, père et fils* (Paris, 1785), p. 6; [Riffé de Caubray], *Mémoire pour un homme condamné deux fois à la mort* (Paris, 1788), p. 58.

117　让－皮埃尔·马罗的洗礼登记（1749 年 11 月 29 日），AM-A, St. Paul, GG89/62。一年前在科尼亚克（Cognac）结婚时此人自称是做出纳工作的，是吉姆普村（Guimps）的"租税出纳员"。皮埃尔·马罗和玛丽·沙博（Marie Chabot）的结婚登记（1748 年 11 月 4 日），ADC, register of Cognac, Saint-Leger, 1744–1751, 3E108/15, 115/182。

118　"Sommation faitte par M. Marot, receveur des tailles," November 23, 1771, ADC, 2E294.

119　听他报怨的律师是"修士米乌勒"的父亲。"Sommation faitte par M. Marot," November 23, 1771, ADC, 2E294。

120　[François Laplanche], Doutes, réflexions et résultats sur l'accusation en crime de vol intentée par le sieur Marot (Paris, 1785), p. 7; Précis pour messire Elie-Joseph de Miomandre, pp. 6–7.

121　Caubray, Mémoire, p. 58. Nouel and Drou, Au roi, et à nosseigneurs de son conseil, pp. 10–15.

369　122　弗朗索瓦·拉普朗什和苏珊娜·巴斯克（Susanne Basque）的结婚登记（1775 年 1 月 21 日），AM-A, St. Martial, GG111/139–140。

123　弗朗索瓦·拉普朗什的洗礼登记（1751 年 8 月 15 日），AM-A, St. Jacques, GG127/93。

124　安妮·图尼耶（Anne Tournier）的洗礼登记（1764 年 7 月 23 日），AM-A, St. Jacques, GG130/15。

125　Caubray, *Mémoire*, p. 3n1.

126　*Mémoire à consulter et consultation pour les Sieurs Marot* (Paris, 1784), p. 2; 玛格丽特·塔达特（Marguerite Tardat）的洗礼登记（1772 年 11 月 22 日），AM-A, St. Paul, GG90/65。

127　弗朗索瓦·拉普朗什和苏珊娜·巴斯克的结婚登记（1775 年 1 月 21 日），AM-A, St. Martial, GG111/139–140; 让娜·朱莉·拉普朗什（Jeanne Julie Laplanche）的洗礼登记（1775 年 4 月 29 日），St. Martial, GG111/146; 苏珊娜·巴斯克的洗礼登记（1751 年 2 月 20 日），

St. Martial, GG108/6。

128 *Mémoire à consulter*, pp. 2–5.

129 *Mémoire à consulter*, pp. 5–12.

130 Gazette des tribunaux 27, no. 8 (1789): 116; Doutes, réflexions et résultats, pp. 5–6, 34, 47, 55–56; Mémoire pour un homme condamné deux fois à la mort, pp. 9–10.

131 *Mémoire à consulter*, p. 54n1.

132 根据回忆录,"昂古莱姆一位名叫迪帕的旧衣贩子"(Une marchande fripière d'Angoulême, nommée Dupart)对拉普朗什和妻子的家具、衣服和内衣作了"武断的估价",此人是1749年与路易·迪帕尔结婚的玛丽·吉马尔。*Mémoire pour un homme condamné deux fois à la mort*, p. 6; AM-A, CC42/1/18, CC62/15/587, GG41/96。

133 Caubray, *Mémoire*, p. 77. 家中的各种物品几个礼拜后被公开拍卖。*Doutes, réflexions et résultats*, p. 56; *Points essentiels à saisir dans l'affaire des sieurs Marot, contre Laplanche* (Paris, 1789), p. 16.

134 *Mémoire à consulter*, p. 55; *Doutes, réflexions et résultats*, p. 38n1.

135 *Doutes, réflexions et résultats*, p. 19.

136 Caubray, *Mémoire*, p. 18; *Mémoire à consulter*, p. 16.

137 Entry for February 3, 1785, in Correspondance secrète, politique & littéraire, 18 vols., 1787–1790 (London, 1789), 17:311–312, p. 312.

138 Cahiers Laplanche, November 17, 1778, ADC, 1B1099/2.

139 Entries for May 15, 1783, and May 30, 1783, in *Mémoires historiques, politiques et littéraires*, 2 vols. (London, 1783), 6:48–59, 65–78, p. 71; entry for February 8, 1785, in *Mémoires secrets*, 28:116–122, p. 116. 直到1789年依然有人称其为一场"非凡的风波"。*Mercure de France*, no. 19 (May 9, 1789): 90–96, p. 91。

140 Jules Simon, *La liberté politique*, 4th ed. (Paris, 1871), p. 131.

141 *Doutes, réflexions et résultats*, pp. 41, 102.

142 *Mémoire à consulter*, p. 4.

143 *Doutes, réflexions et résultats*, pp. 65–71.

144 *Précis pour messire Elie-Joseph de Miomandre, marquis de Châteauneuf*, pp. 2–4; *Consultation pour messire Elie-Joseph de Miomandre marquis de Châteauneuf* (Paris, 1784), pp. 1–2.

145 Entry for May 15, 1783, in *Mémoires historiques, politique et littéraires*, 6:55–56; entry for February 8, 1785, in *Mémoires secrets*, 28:117. 在巴黎,拉普朗什结交了一位有权势的朋友:红衣主教德罗汉(de Rohan)。此人来监狱探望他、对他的安全意识表示高度赞赏,又称他表现出一种"只有无辜之人才拥有的内心情感"。Letter of August 17, 1784, from the cardinal de Rohan, quoted in Doutes, réflexions et résultats, p. 84n1。1788年支持拉普朗什的出版物存于法国国家图书馆的副本上写着"勒努瓦先生,国王图书馆的国务顾问,代表罗什福尔公主"(Monsieur Lenoir Conseiller d'Etat à la Bibliothèque du Roy de la part de madame La Princesse de Rochefort);罗什福尔公主是红衣主教德罗汉的教女,

后来成为其继承人。*Mémoire pour un homme condamné deux fois à la mort*, p. 1; BNF 4-FM-17558。

370   146   Caubray, *Mémoire*, p. 6n1.

147   *Mémoire à consulter*, pp. 2, 4; *Précis pour messire Elie-Joseph de Miomandre*, pp. 6–7.

148   1788 年以其名义发布的文字被称为"昂古莱姆前任文员弗朗索瓦·拉普朗什的简介" （ Mémoire pour François Laplanche, ci-devant commis aux écritures dans l'un des deux bureaux de la recette des tailles d'Angoulême ）。*Mémoire pour un homme condamné deux fois à la mort*, p. 1。

149   Caubray, *Mémoire*, pp. 48, 50, 52, 55; *Doutes, réflexions et résultats*, pp. 74–77, 127.

150   Caubray, *Mémoire*, pp. 31, 66; *Mémoire à consulter*, pp. 3, 24, 32, 40; *Doutes, réflexions et résultats*, pp. 72–73, 105, 134.

151   Caubray, *Mémoire*, pp. 31, 66; *Mémoire à consulter*, pp. 3, 24, 32, 40; *Doutes, réflexions et résultats*, pp. 72–73, 105, 134.

152   Caubray, *Mémoire*, p. 29.

153   *Doutes, réflexions et résultats*, pp. 90–91n1, 134.

154   *Doutes, réflexions et résultats*, p. 8; testimony of Jean Gaudichaud, Information, November 17, 1778, ADC, 1B1099/2.

155   *Précis pour messire Elie-Joseph de Miomandre*, p. 1; *Doutes, réflexions et résultats*, p. 90.

156   Caubray, *Mémoire*, pp. 83–84.

157   Tocqueville, *L'ancien régime*, pp. 213, 290.

158   Nouel and Drou, *Au roi, et à nosseigneurs de son conseil*, pp. 2, 54.

159   见 François Furet, "Tocqueville est-il un historien de la Révolution française?" *Annales. Economies, Sociétés, Civilisations* 25, no. 2 (1970): 434–451; Furet, *Penser la révolution française* (Paris, 1978), 特别是 pp. 36–37, 229–250; Keith Michael Baker, *Inventing the French Revolution: Essays on French Political Culture in the Eighteenth Century* (Cambridge, 1990)。

160   "人的这一生活维度除了其社会和思想影响外从来不曾吸引他，其自身从未构成变革， 也并非一场根本的变革机制"。Furet, *Penser la révolution française*, pp. 238–239。

161   C. -E. Labrousse, *La crise de l'économie française à la fin de l'ancien régime et au début de la révolution* (Paris, 1944), "Plan de l'ouvrage," unpag., p. xxxii.

162   Tocqueville, *L'ancien régime*, pp. 270–271.

163   Hoffman, Postel-Vinay, and Rosenthal, *Dark Matter Credit*, chapter 2. 感谢波斯特尔-维奈 （ Postel-Vinay ）教授允许我使用他们的夏朗德省文件。

164   Tocqueville, *L'ancien régime*, pp. 271, 273. Daudin, *Commerce et prosperité*, 及见 Jean Tarrade, *Le commerce colonial de la France à la fin de l'ancien régime: l'évolution du régime de 'l'Exclusif' de 1763 à 1789* (Paris, 1972), Jean-Pierre Poussou, "Le dynamisme de l'économie française sous Louis XVI," *Revue économique* 40, no. 6 (November 1989): 965–984, 和 Loïc Charles and Guillaume Daudin, "La collecte du chiffre au xviiie siècle: Le Bureau de la Balance du Commerce et la production de données sur le commerce extérieur

de la France," *Revue d'Histoire Moderne et Contemporaine* 58, no. 1 (2011): 128–155。

165 Philip T. Hoffman and Jean-Laurent Rosenthal, "New Work in French Economic History," *French Historical Studies* 23, no. 3 (2000): 439–453, pp. 442–443, and see *The French Revolution in Global Perspective*, especially Lynn Hunt, "The Global Financial Origins of 1789," and Michael Kwass, "The Global Underground: Smuggling, Rebellion, and the Origins of the French Revolution. "

166 "Cahiers des doléances et remontrances de la communauté de Châlus," in Archives révolutionnaires de la Haute-Vienne, *Doléances paroissiales de 1789* (Limoges, 1889), p. 3. 371

第五章 法国大革命在昂古莱姆

1 Jézéquel, *La révolution française à Angoulême*, pp. 7, 167; Jean Jézéquel, "Charente," in *Grands notables du premier empire*, ed. Louis Bergeron and Guy Chaussinand-Nogaret (Paris, 1986), p. 1.

2 "历史是由无数个体的平凡人生构成的，在非凡的时刻，也不应忽略平凡人的表现。" Jézéquel, *La révolution française à Angoulême*, p. 7。

3 关于意见书，见 *1789, les Français ont la parole: cahiers de doléances des Etats généraux: suivi d'un glossaire pratique de la langue de quatre-vingt-neuf*, ed. Pierre Goubert and Michel Denis (Paris, 2013), and Timothy Tackett, "Use of the Cahiers de Doléances of 1789 for the Analysis of Regional Attitudes," *Mélanges de l'école française de Rome* 103, no. 1 (1991): 27–46。

4 Procès-verbal d'assemblée de la ville et commune d'Angoulême, February 26, 1789, ADC, 142B6; and see Boissonnade, Doléances, pp. 28–31.

5 Cahier de doléances, maîtres selliers et charrons d'Angoulême, February 24, 1789, ADC, 142B8; Boissonnade, *Doléances*, pp. 50–52.

6 Cahier de doléances, maîtres serruriers, maréchaux, taillandiers et forgerons grossiers d'Angoulême, February 24, 1789, ADC, 142B8; Boissonnade, *Doléances*, pp. 52–54.

7 Cahier de doléances, maîtres tailleurs d'Angoulême, February 24, 1789, ADC, 142B8; Boissonnade, *Doléances*, p. 41. 在议事录上签过名的让·肖维尼翁（Jean Chauvignon）的妻子就是马克·阿勒芒和玛丽·吉罗的女儿让娜·阿勒芒，AM-A, NDP, GG14/44。

8 Cahier de doléances, maîtres cordonniers d'Angoulême, February 25, 1789, ADC, 142B8; Boissonnade, *Doléances*, pp. 44–45. 关于鞋匠皮埃尔·巴斯克（Pierre Basque）见 AM-A, St. Martial, GG110/106, 165, GG111/184, 221。

9 Boissonnade, *Doléances*, pp. 72–74, 108–109; Mémoire en forme d'observations pour servir à toutes fins de doléance et plaintes de la ville d'angoulême, que les députés du tiers Etat de la dite ville adressent au ministre des finances, n. d. [1789] , ADC, 142B6.

10 Boissonnade, *Doléances*: Angoulême, cordonniers, p. 43, serruriers, p. 53, communes, pp. 62–63; Courlac, p. 197, Orival, p. 212, Ruffec, p. 368, Villegast, p. 457.

11 Boissonnade, *Doléances*: Angoulême, tailleurs, p. 42, cordonniers, pp. 44–45, selliers, p. 52, ville d'Angoulême, pp. 145, 152–153; Bon-de-Montmoreau, p. 193, Palluaud, p. 215, La

Valette, p. 347.

12　"Cahier des doléances et réclamations des femmes du département de la Charente," in Léonce Grasilier, "Le féminisme en 1790," *Nouvelle revue rétrospective* 11 (July– December 1899): 87–102, pp. 89, 91, 94, 102; Léon Burias, "Un cahier des doléances des femmes en 1790," *BSAHC* (1957): 37–46; *Cahier des doléances et réclamations des femmes par Madame B*** B**** (n. p., 1789), pp. 1, 5, 8. 关于妇女意见书（cahiers des femmes），见 Christine Fauré, "Doléances, déclarations et pétitions, trois formes de la parole publique des femmes sous la Révolution," *Annales historiques de la Révolution française 344* (2006): 5–25。玛丽·索沃生于多尔多涅省，18 岁那年嫁给了皮埃尔·德科索（Pierre Decescaud，后来人称 Decescaud de Vignerias）——一位来自昂古莱姆、年纪比她大得多的律师。夫妇俩在昂古莱姆和维纳里亚斯［Vignerias，在马通州（canton of Marthon），靠近昂古莱姆以西的查拉斯（Charras）］都有居所。见 AD Dordogne, Bussière-Badil, 安妮·玛丽·索沃（Anne Marie Sauvo）的洗礼登记（1757 年 10 月 3 日），275/771 以及玛丽·索沃和皮埃尔·德科索的结婚登记（1776 年 2 月 15 日），515–516/771。皮埃尔·德科索葬于查拉斯（1790 年 1 月 21 日），3E88/3, 82/127。

　13　"Cahier des doléances des femmes de la Charente," p. 90 (emphasis added); *Cahier des doléances des femmes par Madame B****, p. 3. 罗班住在城堡区主教街（Rue de l'Evêché in the Château section）编号 1012 的房子里；索沃一家的房子编号为 1013，玛丽·索沃·维纳里亚斯（Marie Sauvo Vignerias）的房子编号为 1014；玛丽另一边的邻居是萨泽拉克（Sazerac）一家（制帽匠子孙的马提尼克继承风波的主角）。Records of house numbers 1012, 1013, 1014, 1011, 1010, Section C, Château, in AM-A, "Contributions, matrices foncières," 1791.

14　"Cahier des doléances des femmes de la Charente," pp. 101–102; *Cahier des doléances par Madame B****, p. 18. 玛丽·索沃 1792 年第二次结婚，嫁给了莱昂纳尔·巴吉龙（Léonard Bargeiron），第二年夫妇俩有了一个儿子；玛丽·索沃和莱昂纳尔·巴吉龙的结婚登记（1792 年 10 月 22 日），AM-A, GG25/44；让·巴吉龙（Jean Bargeron）的洗礼登记（1793 年 4 月 28 日），ADC, Charras, 1793–1801, 4/196。1840 年 7 月 7 日，82 岁的她过世于查拉斯附近的苏夫里尼亚克（Souffrignac），ADC, Souffrignac, 1823–1842, 240–241/268。

15　Letter of May 11, 1788, from Léonard Robin to Abraham-François Robin, and ea rlier letter of February 22, 1777, ADC, J700.

16　M. D. Massiou, *Histoire politique, civile et religieuse de la Saintonge et de l'Aunis*, 2nd ed., 6 vols. (Saintes, 1846), 6:43–44. 以昂古莱姆为首府的下夏朗德省以前称为上夏朗德（Haute Charente），以前的下夏朗德省（Charente Inférieure）——现在称为滨海夏朗德（Charente Maritime）——的首府是桑特（Saintes）。

17　登记簿、1769 年确立的房屋编号系统和 1792 年的"总体地图"（现在挂在昂古莱姆市档案馆的墙上）三者编号统一。见 J. George, *Topographie historique d'Angoulême* (Angoulême, 1899), pp. 2, 4。

18　"Contributions, matrices foncières," 1791, AM-A. 关于 1792 年街道和房屋的报告书，见 George, *Topographie historique d'Angoulême*, p. 2。

19　革命期间和帝国早期昂古莱姆历史最有趣的资料之一（昂莱姆历任市长的"札记"，由市长秘书在 19 世纪中叶转录）对这一普查进行过描述，见 the entry for 9 brum. 3, in *Journal des maires d'Angoulême*, 1790–1808, ed. Vincent Mercier (Angoulême, 1989), p. 45。关于梅西埃见下，9 章。

20 Entry for 11 vent. 8, in *Journal des maires d'Angoulême*, p. 161.

21 "Etat sommaire des registres et papiers," in "Inventaire des papiers du district d'Angoulême au moment de sa suppression," 22 brum. 4, ADC, L238.

22 "Registre pour recevoir les déclarations des citoyens domiciliés dans cette commune," AM-A, Contributions/Contributions personelles 1798/1799.

23 March 3, 1793, *Archives parlementaires de 1787 à 1860: recueil complet des débats législatifs et politiques des chambres françaises*, ed. J. Mavidal and E. Laurent (Paris, 1867–) [hereafter *AP*] , 60:108.

24 Entry for 26 vent. 3, in *Journal des maires d'Angoulême*, p. 51.

25 夏朗德省通信组织的一份未注明日期和有大量注释的草稿，in "Archives. Récépissés d'objets et de documents," ADC, L131。注释与"秘书长"（secretary-general）这一职位关系尤其密切；"送来理事会的各种信件和包裹会先集中到办公桌上，由会长打开向理事会全体成员宣读，由秘书长进行登记后立即分送各个办公室。"

26 "Registre destiné à constater la présence des employés," 12 germ. 7 to 21 mess. 7, ADC, L121.

27 September 8, 1793, *AP*, 73:521. 关于各种革命节庆见 Mona Ozouf, *La fête révolutionnaire: 1789–1799* (Paris, 1976)。

28 December 20, 1793, *AP*, 82:20–23.

29 Entries for 19 vent. 7, 9–10 therm. 7, in *Journal des maires d'Angoulême*, pp. 121–122, 138.

30 这一全新的历法，用其主要畅想者吉尔贝·罗默（Gilbert Romme，此人也是昂古莱姆在巴黎国民公会的一名代表，负责豆子和锻炉的采购）的话说："为历史打开了一本新书"，"必须用新刃刻上重生的法国史册"。见 Michel Froeschlé, "À propos du calendrier républicain: Romme et l'astronomie," *Annales historiques de la Révolution française*, no. 304 (1996): 303–325, p. 308。在昂古莱姆，梅西耶在他的一篇旁注中将罗默描述为"嗜血的总督"，关于此，见 *Journal des maires d'Angoulême*, pp. 29–41, 55。

31 玛丽·安德烈·玛格丽特·泰西耶（Marie Andrée Marguerite Tessier）的"洗礼"登记（在登记簿的页边人们依然在使用老说法），AM-A, 1E1/106–107; 皮埃尔·努埃尔的洗礼登记（1764 年 2 月 15 日），1764, NDB, GG8/145。几天后（共和历 2 年雾月 27 日，即 1793 年 11 月 17 日），革命政府的一系列新说法首次得到应用，1E1/116。

32 "民事"（état civil）的构建，见 Gérard Noiriel, "L'identification des citoyens: Naissance de l'état civil républicain," *Genèses*, no. 13 (1993): 3–28。

33 此时还剩三个堂区：圣皮埃尔堂区（以主教堂为教堂新设）、圣雅各堂区和圣马夏尔堂区。圣皮埃尔堂区于 1792 年 11 月 5 日从堂区过渡到民事登记，1792 年 11 月 15 日圣马夏尔也完成了过渡，St. Pierre, AM-A, GG25/47, and St. Martial, ADC, 1791–1792, 3E16/23, 452/465。在圣雅各，1792 年 10 月 27 日结束旧的一卷后，1792 年 11 月 18 日以新的共和国格式开始了新的一卷，AM-A, GG134/186 and GG135/1。

373

34 新主教皮埃尔–马蒂厄·茹贝尔的父亲是昂古莱姆的一名医生，母亲很早就过世了；小皮埃尔七岁那年，父亲续弦娶了舞蹈教师的姐妹。AM-A, 皮埃尔–马蒂厄·茹贝尔的洗礼登记（1748 年 11 月 18 日），罗克·茹贝尔（Roch Joubert）和让娜·勒福尔·拉图尔（Jeanne Lefort Latour）的结婚登记（1755 年 12 月 23 日），St. André, GG41/93, GG42/60; 见 Jean Jézéquel, *La Charente révolutionnaire 1789–1799* (Poitiers, 1992), pp. 188–191。皮埃尔–马蒂厄后来辞去了主教职务；根据研究夏朗德省神职人员的历史学家的说法，辞职缘由在于其旅行费用或休假的延长，也可能两者兼而有之。1793 年他在凡尔赛结婚，在塞纳河省的帝国管理部门度过了漫长而平静的职业生涯，于 1815 年在巴黎过世。Blanchet, *Le clergé charentais pendant la révolution*, pp. 134–140, 604–606。关于茹贝尔为将自己的名字从逃亡者名单中移除而作的种种努力、其辞职理由及其"大群政敌"，见 "Joubert, Pierre-Mathieu," AN, Police générale, Charente, F/7/490, dossier 12, 56/56。

374 35 玛丽·安妮·金贝托（Marie Anne Guimberteau）的洗礼登记（1792 年 11 月 5 日），皮埃尔·图尼耶（Pierre Tournier）的出生登记和玛格德莱娜·布兰（Magdeleine Brun）的死亡登记（1792 年 11 月 6 日），AM-A, St. Pierre, GG25/47。

36 AM-A, 卡特琳·多丽斯（Catherine Dorisse）和尼古拉·瓦尔托（Nicholas Valteau）的离婚登记，1792 年 11 月 14 日，St. Pierre, GG25/51–52。做见证的雅克·勒泽（Jacques Rezé）是皮埃尔·勒泽（Pierre Rezé）之子，早年是乐师，后来转行当了布商，见 GG45/3–4。

37 最初一批使用革命政府新说法的记录包括共和历 2 年雾月 27 日（1793 年 11 月 17 日）的一条出生登记、共和历 2 年霜月 6 日（1793 年 11 月 26 日）的一条结婚登记、共和历 2 年霜月 13 日（1793 年 12 月 3 日）的一条离婚登记和共和历 2 年雾月 20 日（1793 年 11 月 10 日）的一条死亡登记。AM-A, 1E1/116, 1E2/52, 54, 1E3/105。

38 AM-A, 1E3/102, 105.

39 让·普罗（Jean Proullaud）和罗丝·人权的离婚登记（1793 年 2 月 14 日），AM-A 1E2/10; arbitration of December 18–22, 1792, ADC, Sentences arbitrales, L2158; 让·普罗的洗礼登记（1764 年 1 月 24 日），St. André, GG42/220; 罗丝·人权的洗礼登记（1764 年 8 月 19 日），St. Martial, GG109/178。

40 民事登记簿上第一条离婚记录的日期是 1792 年 11 月 14 日，（至 1884 年为止）最后一条的日期是 1814 年 4 月 23 日，AM-A, GG25/51, 1E50/130–131; 1E260/121。因一方移居国外而离婚的记录总共有 24 条，日期均在 1793 年 11 月到 1794 年 6 月之间。其余的记录有 30 条出现于离婚法颁布早期，即 1792 年到 1795 年之间；有 13 条记录的原告为男性，原告为女性的有 16 条。随后关于离婚的法律和操作均变得更加严格，1796 年到 1814 年之间总共记录离婚 42 起；原告为男性的有 5 起，为女性的有 28 起，还有 9 起为双方协商一致离婚。根据一项对夏朗德省已婚夫妇"放荡"生活的（片面）研究的估计，这期间全省共发生离婚 258 起；Xavier Cottet, "La vie dissolue des époux charentais, de la Révolution au début de la Restauration: impact sociologique de l'introduction de la divorce en Charente, 1792–1816," *Revue de la Saintonge et de l'Aunis: bulletin de la Société des archives historiques* 28 (2002): 77–110, p. 78n5。

41 玛丽·馥奇（Marie Fougere）和皮埃尔·米歇尔·里戈（Pierre Michel Rigaud）的结婚登记（1780 年 2 月 7 日），AM-A, St. André, GG46/3; 玛丽·馥奇和皮埃尔·米歇尔·里戈的离婚登记（1793 年 9 月 25 日），1E2/44; 玛丽·馥奇和弗朗索瓦·帕斯蒂罗（François

Pasturaud）的结婚登记（1793 年 10 月 14 日），1E2/48。

42 纪尧姆·罗克·勒托诺（Guillaume Roch Letourneau）和安妮·莫兰（Anne Morin）的结婚登记，AM-A, May 2, 1775, GG68/56; divorce, June 29, 1793, 1E2/24–25。

43 两姐妹都叫弗朗索瓦丝·库波（Françoise Coupeau），两人的第一任丈夫分别叫马克·安德罗和弗朗索瓦·安德罗（Marc and François Andraud），第二任丈夫都叫让·克洛沙尔（Jean Clochard），关于此，见 AM-A, GG109/167; 1E2/72, 73; 1E23/17–18, 19, 25–26, 60–61; 1E25/138。

44 让娜·大卫的洗礼登记（1781 年 2 月 19 日），AM-A, St. Ausone, GG62/65; 巴特莱米·雷蒙德和让娜·大卫的结婚登记（共和历 4 年葡月 13 日，即 1796 年 10 月 5 日），1E8/2。

45 让娜·大卫和巴特莱米·雷蒙德离婚的初步文件（共和历 5 年雪月 10 日，即 1796 年 12 月 30 日），1E11/19–20；根据写在页边的一条注释（其笔迹和文件正文一样），该初步文件"收入此登记簿……是个错误"。让娜·大卫和巴特莱米·雷蒙德的离婚登记（共和历 5 年牧月 23 日，即 1797 年 6 月 11 日），1E11/76；记录引用了三份初步文件，日期分别为共和历 5 年雪月 10 日、共和历 5 年风月 10 日和共和历 5 年牧月 10 日，外加一份共和历 5 年牧月 19 日的集会记录。

46 让娜·大卫的死亡登记（共和历 6 年葡月 6 日，即 1797 年 9 月 27 日），1E15/4.

47 例见，AM-A, 1E3/121。

48 非婚生女婴卡特琳（Catherine）的"洗礼"登记（1793 年 3 月 1 日），AM-A, 1E1/23–24.

49 纪尧姆·维利亚克（Guillaume Verliac）的洗礼登记（1789 年 5 月 16 日）、纪尧姆·维利亚克和卡特琳·梅纳尔（Catherine Mesnard）的结婚登记（1789 年 5 月 19 日）、纪尧姆·维利亚克的申请书，AM-A, St. Martin, GG84/139–143。在昂古莱姆，纪尧姆·维利亚克建立了一个行业王国，雇有众多木工、细木工和雕工；他的孙子（过世于 1900 年）是镇上警察厅的一名"主管"。洛朗·维利亚克（Laurent Verliac）的死亡登记（1906 年 3 月 22 日），AM-A, 1E310/34。

50 计算基于 AM-A, 1E31：10 年死亡登记表。

51 AM-A, 共和历 13 年民事登记簿, 1E38/9–22。对丝带的描述有时非常精确。"德尼(……)用一块丝绸做标记，布为青铜色，带有黄色细条纹，一端镶有一块相同颜色的细条纹织物（milleraies，写作"milleret"），所述布长 15 厘米，宽 4 厘米，绑在上述婴儿的右手腕上。"

52 AM-A, 1E45/405, 407, 409 (1812), 1E49/413 (1813), 1E50/350 (1814), 1E51/384 (1815), 1E52/448, 449 (1816).

53 George, *Topographie historique d'Angoulême*, pp. 84, 112–116; James Forgeaud, "La Place du Mûrier et ses environs," *BSAHC* 143 (1987): 37–70; Forgeaud, "L'Ouest de la ville et le groupe épiscopal d'Angoulême," *BSAHC* 144 (1988): 98–112.

54 "Bail amphitéotique de 29 années par les dames relligieuses du tiers ordre de St. François à Me Jean Bernard notaire royal," August 5, 1770, ADC, Caillaud, 2E292.

55 AM-A, CC42/1/23–24, CC42/2/1, CC62/20–22. George, *Topographie historique d'Angoulême*, pp. 76–77; James Forgeaud, "Le Château, le Chatelet, la Pe tite Halle et la Porte Chandos," *BSAHC* 143 (1987): 174–200.

56 "Titres et effets," May 20, 1790, in ADC, 1QPROV 1/164–167 (Q VI 6). 昂古莱姆镇上当时有 96 名修女（多数自小就生活在修会中），其中 94 人称希望留下。Blanchet, *Le clergé charentais pendant la révolution*, pp. 38–39, 420–428.

57 "Chapelles," July 6, 1791, in ADC, 1QPROV 1/164–167 (Q VI 9).

58 Blanchet, *Le clergé charentais pendant la révolution*, pp. 151–152, 194–200; Jézéquel, *La révolution française à Angoulême*, pp. 59–69.

59 "Vente de mobilier d'église," January 23– February 10, 1793, in ADC, 1QPROV 2 24.

60 Blanchet, *Le clergé charentais pendant la révolution*, pp. 151–152, 194–200; Jézéquel, *La révolution française à Angoulême*, pp. 59–69.

61 "Procès verbal des cy-devant Dominiquains," January 13, 1791, in ADC, 1QPROV 1/ 164–167 (Q VI 6).

62 Forgeaud, "La Place du Mûrier et ses environs," p. 41; Jézéquel, *La révolution française à Angoulême*, p. 68.

63 让·泰奥多尔·亨利（Jean Théodore Henry），又名"大亨利"（Henry l'ainé），是家中的长子，父亲名叫雅克·大卫·亨利（Jacques David Henry），母亲名叫玛丽·勒叙厄尔（Marie Lesueur）；大亨利的弟弟约瑟夫·弗雷德里克·亨利（Joseph Frédéric Henry）的妻子玛丽·茹贝尔（Marie Joubert）是罗克·茹贝尔（Roch Joubert）的女儿、皮埃尔—马蒂厄·茹贝尔的妹妹。约瑟夫·弗雷德里克·亨利和玛丽·茹贝尔的结婚登记（1772 年 9 月 8 日），St. André, GG45/182. "Le seminaire d'Angoulême," March 17, 1792, in "Décompte pour acquisition de domaines nationaux," no. 2062, in ADC, 1QPROV 2 41 (Q XVIII 40)。在"总体地图"编号为 127 的地块记录中"神学院"（le séminaire）被画掉了，代之以"大亨利"，Section B, St. Martial, in AM-A, "Contributions, matrices foncières," 1791。

64 关于宣誓效忠新秩序，见 Timothy Tackett, *Religion, Revolution, and Regional Culture in Eighteenth-Century France: The Ecclesiastical Oath of 1791* (Princeton, NJ, 1986)。

65 公民 Mignot、Menault 和 Gerbaud 的报告，引自 Blanchet, *Le clergé charentais pendant la révolution*, p. 218n2; Forgeaud, "La Place du Mûrier et ses environs," p. 41。

66 关于国家财产的文献浩如烟海，总述见 Bernard Bodinier and Eric Teyssier, *L'événement le plus important de la Révolution: la vente des biens nationaux (1789– 1867) en France et dans les territoires annexés* (Paris, 2000)。波尔多地区教会产业——和昂古莱姆一样包括了大量城市地产——拍卖情况和卡昂（Caen）地区情况，见 Marcel Marion, *La vente des biens nationaux pendant la Révolution: étude spéciale des ventes dans les départements de la Gironde et du Cher* (Paris, 1908); Alain Corbin, "Les biens nationaux de première origine dans le district de Caen," *Annales de Normandie* 39, no. 1 (1989): 91–119。

67 各种详图和地图对促进历史理解具有重大意义，关于 19 世纪里约热内卢奴隶市场的一项研究是其杰出的证明：Zephyr Frank and Whitney Berry, "The Slave Market in Rio de Janeiro circa 1869: Context, Movement and Social Experience," *Journal of Latin American Geography* 9, no. 3 (2010): 85–110。

68 "Décompte," no. 2020, in ADC, 1QPROV 2 41 (Q XVIII 40).

69 "Décompte," no. 2152, in ADC, 1QPROV 2 41 (Q XVIII 40).

376

70 "Vente de biens nationaux," 25 therm. 3, in ADC, 1QPROV 2 1 (Q XVIII 1).

71 "Vente de biens nationaux," 25 therm. 3, in ADC, 1QPROV 2 1 (Q XVIII 1); Record of house number 8C, Section C, Château, in "Contributions, matrices foncières," 1791, AM-A; 卡特琳·圣梅米的终生租约（1785 年 5 月 31 日），ADC, 2C2/239, 70/102; 卡特琳·圣梅米的死亡登记（1827 年 1 月 1 日），AM-A, 1E83/8。

72 Record of house number 988, acquired by Thibaud, Section C, Château, in "Contributions, matrices foncières," 1791, AM-A; "Décompte," no. 2259, in ADC, 1QPROV 2 41 (Q XVIII 40).

73 "Décompte," adjudications of March 5, 1791, and 9 niv. 2 (no. 2169), in ADC, 1QPROV 2 41 (Q XVIII 40). 日内瓦街上房子的主人所有者是"逃亡者维维尔"（émigré Viville），见 "Information faitte en la chambre criminelle," Louis Arnauld de Viville, November 17, 1778, ADC, 1B1099/2。

74 "Décompte," no. 349, in ADC, 1QPROV 2 41 (Q XVIII 40).

75 Record of house number 1014, in Section C, Château, in "Contributions, matrices foncières," 1791, AM-A; "Décompte," no. 315, in ADC, 1QPROV 2 41 (Q XVIII 40).

76 Submission no. 1, July 1, 1790, in Enregistrement des soumissions, ADC, 1QPROV 1 27.

77 Submission no. 158, August 2, 1790, in Enregistrement des soumissions, ADC, 1QPROV 1 27.

78 "Vente de biens nationaux," 21 fruct. 3, in ADC, 1QPROV 2 1 (Q XVIII 1); " Table alphabétique des successions collatérales payées," 1765– year 7, ADC, 2C2/39, 6/29.

79 "Tableau des baux des biens et revenus nationaux," ADC, 1QPROV 1/343 (Q XIV 1); and, for the third lease, in 1794 (10 vent. 2), " Table alphabétique des successions collatérales payées," ADC, 2C2/39, 2/29.

80 " Table alphabétique des successions collatérales payées," ADC, 2C2/39. 这是一份革命时代的交易清单，使用较早的纸质形式，用"前业主"的名字代替死者的名字，用"租赁人"的名字代替继承人的名字。在线版本的文件中省略了提尔塞莱特财产（包括加布里埃尔的教会土地）的几页，非常感谢夏朗德省档案馆的多米尼克·吉里尼翁为我提供缺失页的副本（pp. 29–32, between images 27/29 and 28/29 in the online document）。   377

81 玛格丽特·奥贝尔的洗礼登记（1774 年 12 月 27 日），AM-A, St. André, GG45/73–74; 小女孩的外祖母是玛格丽特·杜鲁索（Marguerite Durousot），外祖父是让·茹贝尔；AP, December 20, 1793, 82:20–23。

82 December 20, 1793, AP, 82:20–23.

83 玛格丽特·奥贝尔和让·诺埃尔（Jean Noel）的结婚登记（1807 年 4 月 5 日），AM-A, 1E40/80–81。J. -B. Quignon, "Notices historiques et anecdotiques," 8 vols., 8:334, ADC, J75。

84 "Fête de la Raison," ADC, L144, (19)-(40); 同时见 Ozouf, *La fête révolutionnaire*。

85 让·格洛蒙是勒克莱–拉比的舅舅，卡特琳·勒克莱是后者的姑姑；勒克莱–拉比的外祖父母是让·格洛蒙和玛丽·让德龙。弗朗索瓦·勒克莱（François Lecler）和弗朗索瓦丝·格洛蒙（Françoise Glaumont）的结婚登记（1759 年 4 月 30 日），AM-A, St. Jacques,

GG129/5–6; 让·勒克莱（Jean Lecler）的洗礼登记（1766 年 6 月 29 日），St. André, GG43/29–30; 让·勒克莱和卡特琳·拉比(Catherine Raby)的结婚登记(1789 年 5 月 12 日), NDB, GG10/72。

86　AM-A, 1E1/166, 1E2/97, 1E3/148.

87　公民 Chancel、Blandeau 和 Lecler-Raby 的报告，5 prair. 7, quoted in *Journal des maires d'Angoulême*, pp. 128–130。

88　*Journal des maires d'Angoulême*, pp. 168, 199。让·勒克莱的死亡登记(1848 年 8 月 22 日 [译注：此处前后矛盾，后文为 21 日]) AM-A, 1E148/69。

89　Burial Record for January 20, 1796, St. Mary the Virgin, Woodford；见上，3 章。

90　贝内蒂汀·博洛涅（Bénédictine Bologne）1753 年 9 月 3 日受洗，1841 年 3 月 13 日过世，当时的记录称她住在绿钟街上。AM-A, St. Jean, GG74/55, 1E126/25。拿到钥匙后，贝内蒂汀发现房子已经相当破败，于是带了一名公证人前去对房屋状况进行了详细记录。"Procès-verbal de maison pour Bénédictine Bologne," 13 flor. 3 (May 2, 1795), ADC, Bourguet, notary, 2E10192; déclaration 86, "Registre pour recevoir les déclarations des citoyens domiciliés dans cette commune," AM-A, Contributions/Contributions personelles 1798/1799; AM-A, 1F1, Recensement [1801] , p. 15。

91　让–巴普蒂斯特·马歇和玛丽·大卫的结婚登记（1792 年 5 月 8 日），ADC, Saint-Simon, 1737–1798, 3E387/1, 178/298。房屋位置记录于玛丽·大卫弟弟的洗礼登记（1771 年 3 月 10 日）上：St. Antonin, GG54/67。

92　玛丽·比亚尔的死亡登记（共和历 3 年芽月 24 日，即 1795 年 4 月 13 日），AM-A, 1E6/82。

93　关于 1789 年 7 月 29 日的一系列事件的记录引自 1902 年出版的文集：A. Lecler, "La grande peur en Limousin," *Bulletin de la société archéologique et historique du Limousin* 51 (1902): 17–62, p. 39. 勒费弗尔的伟大研究《1789 年大恐慌》(*La grande peur de 1789*) 告诉我们：恐慌从吕费克（Ruffec）向南传到了昂古莱姆，向东传到了利摩日，其传播者包括一位正在寻找强盗的财政部官员，一位专门修复教堂的建筑师，以及四五个自称正在为被俘的基督徒筹集资金的人。有趣的是，勒克莱对利穆赞（Limousin）这一勒费弗尔财政区报道的主要资料来源地的描述中提到的外部敌人甚至更多。建筑师报告说，他的房东收到了一封信，信中说 "4 万西班牙人蹂躏了朗格多克（Languedoc）"；有一个 "炮手"，"周围是和他一起经历过七年战争的勇敢同伴"；"在布里夫（Brive）有来自波尔多的英国人。在蒂勒（Tulle）有取道里昂的道路抵达的奥地利人"；在欧比松（Aubusson）有 "摩洛哥君主赠送的两门大炮"。Georges Lefebvre, *La grande peur de 1789* (Paris, 1988), pp. 171–179, 168, 189, 213–215, 227, "Notes bibliographiques," 237; Lecler, "La grande peur en Limousin," pp. 27, 37, 39, 43, 47, 50, 59。

378　94　Jérôme Bujeaud, "Le conventionnel Jean-Antoine Dubois de Bellegarde," *Bulletin de la Société charentaise des études locales* 41 (May 1924): 118–179, pp. 120–124.

95　Bujeaud, "Dubois de Bellegarde," pp. 124–126, 138–140, 150.

96　Letter of October 31, 1791, from Mte Allemand in Angoulême to "Monsieur Baignoux l'ainé" in Bordeaux; AD Gironde, Fonds des négociants, Baignoux et Quesnel, Correspondance commerciale, 7B1007. 年轻的克里奥尔人（Jeune-Créole）的主人是贝努（Baignoux）和

凯内尔（Quesnel），1789 年两人离开波尔多去了法兰西岛，关于此见 Eric Saugera, *Bordeaux, port négrier: chronologie, économie, idéologie, XVIIe-XIXe siècles* (Paris, 2002), p. 360。

97　他们是 Dubois de Bellegarde、Jean Guimberteau、Pierre Maulde de l'Oisellerie 和 Jean Brun，见 http://www2. assemblee-nationale. fr/sycomore/recherche。

98　Entries for Dubois de Bellegarde, Guimberteau, and Maulde, AP, 51:310, 421, 560; "Dons patriotiques," April 25, 1792, AP, 51:380–381. 1763 年的记录显示，杜波依斯·德·贝勒加德（Dubois de Bellegarde）住在加尔默罗大楼岛——和税官马罗、在婚前协议上签过名的布里耶在同一个税岛，AM-A, CC42/1/7, CC62/6/221。1791—1792 年住在其隔壁的两户分别是他在议会的同事金贝托和印刷商勒泽，records of house numbers 327–330, Section B, St. Martial, in AM-A, "Contributions, matrices foncières," 1791。

99　杜波依斯·德·贝勒加德的意见记录（1793 年 1 月 7 日），1793, AP, 56:383–384。"我说的都是真心话……赶紧砍掉这个罪犯的脑袋。"（hâtez-vous donc de faire sauter cette tête criminelle.）杜波依斯的邻居金贝托也投票赞成死刑，同样投票赞成死刑的还有让·布兰（Jean Brun，昂古莱姆的一名律师，也是国民公会的新成员）。关于此人，当地的议会史学家里弗劳（Reveillaud）写道："他起的作用微乎其微。"成员之四莫德尔（Maulde de l'Oisellerie）先是投票赞成处死，接着改为终身监禁，见 http://www2. assemblee-nationale. fr/sycomore/recherche 以 及 Eugène Reveillaud, *Histoire politique et parlementaire des départements de la Charente et de la Charente-Inférieure: de 1789 à 1830* (Saint-Jean-d'Angély, 1911), pp. 275–276, 292n2。

100　Letter of Jean Guimberteau, 27 brum. 2 (November 17, 1793), read to the Convention on November 21, 1793; AP, 79:566.

101　Prosper Boissonnade, *Histoire des volontaires de la Charente pendant la Révolution* (1791–1794) (Angoulême, 1890); entries for 14 brum. 2, 8 vent. 2, 13 germ. 2, 26 prair. 2, and 14 flor. 3, in *Journal des maires d'Angoulême*, pp. 26, 30, 31, 35, 54.

102　"An de J. C. 1795," in Louis Desbrandes, "Chronique de la province d'Angoumois," AM-A, fol. 380: "在港口放了将近一年后，当局作出决定：最好还是拿车把大钟运回镇上，重新安到圣安德烈钟塔上，事情最终劳民伤财地办成了。"

103　"An de J. C. 1794," in Desbrandes, "Chronique d'Angoumois," fol. 379.　　　　379

104　Entry for July 19, 1792, in *Journal des maires d'Angoulême*, p. 18.

105　Jézéquel, *La révolution française à Angoulême*, p. 107.

106　AM-A, 28 pluviôse 3, 1E6/59.

107　Entries for 14 flor. 3, 10 nivôse 14, and May 22, 1807, in *Journal des maires d'Angoulême*, pp. 54, 203–204, 209.

108　Letters of 17 mess., 19 therm., 5 fruct., and 7 fruct. 2, in "Prisonniers de guerre," ADC, L745.

109　Letter of 7 fruct. 2, in ADC, L745.

110　Report of Blandeau and Lecler-Raby, 1 germ. 8, quoted in *Journal des maires d'Angoulême*, pp. 162–163.

111   Boissonnade, *Histoire des volontaires de la Charente*, p. 148.

112   "Observations impartiales sur une procédure instruite dans la commune d'Angoulême relativement aux trou bles qui y ont éclaté dans les journées des 13 et 14 mess. an 5," "Copie du cahier de l'information," AN, Correspondance générale de la Division criminelle du ministère de la Justice (An IV-1816), BB/18/218.

113   拉搏纳的妻子凯瑟琳·卡洛德（Catherine Callaud）的声明, femme Labonne, 28 mess. 5, "Copie du cahier de l'information," AN, BB/18/218。

114   "Copie du cahier de l'information," AN, BB/18/218.

115   House number S, in Section D, St. Pierre, in AM-A, "Contributions, matrices foncières," 1791; 及见 "Extrait du registre des certificats de résidence," 25 brum. 6, in "Marin, Rose," AN, Charente, F/7/4990, dossier 32, 15/56. 新区是由 1769 年的编号系统确定后建造的房屋构成的；罗丝玛琳的房子离"剧院"（salle de spectacle，编号为 U）很近——当时她的亲戚罗丝·勒泽就住在那里——附近还有现代剧院（位于纽约广场）。取得了罗丝玛琳房子的军官名叫西巴尔·弗洛里蒙·古盖（Cybard Florimond Gouguet），后来成了宪兵将官。

116   Letter of "15 vantos lan 5" from Rose Marin to Guimberteau, in "Marin, Rose," AN, Police générale, Charente, F/7/4990, dossier 32, 53/56.

117   Decision of 2 niv. 2 (December 22, 1793) and marginal note of "representative of the people" Guimberteau, letter sent to the minister of police on 10 flor. 6 (April 29, 1798), in "Marin, Rose," AN, F/7/4990, dossier 32, 10/56, 32/56; signatures, 10, 17, 45, 51/56.

118   "Marin, Rose," AN, F/7/4990, dossier 32, 10, 11, 12, 27, 28, 33, 36, 43/56.

119   Letter of "15 vantos lan 5" in "Marin, Rose," AN, F/7/4990, dossier 32, 2/56.

120   Marginal note of 10 flor. 6, in "Marin, Rose," AN, F/7/4990, dossier 32, 10/56.

121   Letters of "15 nivos lan 5" and "15 vantos lan 5" in "Marin, Rose," AN, F/7/4990, dossier 32, 50–51/56, 53/56.

122   Letters from Guimberteau in Tours of 3 pluv. 2 (January 22, 1794) and 16 pluv. 2 (February 4, 1794), in "Conseil provisoire et convention: comité de salut public," AN, AF/II/172.

123   Letter of 24 frim. 2 (December 14, 1793) from Guimberteau in Tours, marginal note of 10 flor. 6, in "Marin, Rose," AN, Charente, F/7/4990, dossier 32, 10/56, 46/56.

124   昂古莱姆政府办公室的决议, 2 niv. 2 (December 22, 1793), "Radiation," 2 therm. 6, letter of 10 flor. 6, in "Marin, Rose," AN, Charente, F/7/4990, dossier 32, 5/56, 10/56, 32/56。较之此处的概述，金贝托在 1793 年的信中的评论更为谨慎，他的原话是"一些出了名的爱国公民已经向我保证"罗丝·马兰并未离开图尔，也未移民国外，46/56。

380   125   "路易·穆拉特：生父不详，母亲为奴隶伊丽莎白"（Louis Mulatre fils naturel d'un père inconnu et d'Elizabeth negresse esclave），他的洗礼登记（1765 年 11 月 1 日），November 1, 1765, ANOM, parish register of Saint-Marc, Saint-Domingue, 13/15, available at http://anom.archivesnationales.culture.gouv.fr/caomec2。关于革命期间的路易·费利克斯，见 Jézéquel, *La Charente révolutionnaire*, pp. 173–174。

126   路易·费利克斯的坚振礼登记（1780 年 4 月 16 日），AM-A, PSC, GG68/81.

127 安妮·马蒂厄（Anne Mathieu）和路易·费利克斯的私生女弗朗索瓦丝－路易丝·贾沃特（Françoise-Louise Javotte）的洗礼登记（1785 年 10 月 2 日），AM-A, NDB, GG10/42。

128 路易·费利克斯和安妮·马蒂厄的结婚登记（1789 年 11 月 17 日），AM-A, St. Martial, GG113/153–154。

129 安妮·马蒂厄的死亡登记（共和历 6 年雨月 15 日，即 1798 年 2 月 3 日），AM-A, 1E15/41; 路易·费利克斯和玛尔特·迪梅尔格的结婚登记（共和历 6 年果月 29 日，即 1798 年 9 月 15 日），AM-A, 1E14/114–115。

130 例见 AM-A, 1E7/29, 1E8/11–12, 1E9/35。

131 Testimony of Jean Rippe, "Copie du cahier de l'information." AN, BB/18/218. 布朗多当时是个药剂师，后来当上了镇长，拉特雷耶曾经是教士，当时是图书管理员，两人是 1793 年革命恐慌中的重要人物，见 Jézéquel, *La Charente révolutionnaire*, pp. 141–143, 194–195。

132 Entry for 25 fruct. 5, in *Journal des maires d'Angoulême*, p. 83. 新政府的主管就是药剂师布朗多。

133 Entries for 14 niv. 6, 16 pluv. 6, and 8 germ. 8, in *Journal des maires d'Angoulême*, pp. 93, 97, 165.

134 Jézéquel, *La révolution française à Angoulême*, pp. 152–154, 167; entry for 4 vend. 8, in *Journal des maires d'Angoulême*, pp. 147–148.

135 皮埃尔·费利克斯和弗朗索瓦丝·马利亚特（Françoise Mallat）的结婚登记（1820 年 7 月 27 日），AM-A, 1E59/79–80。

136 路易·费利克斯的死亡登记（1851 年 10 月 3 日），AM-A, 1E157/89–90。死者的年龄被错登为 82 岁。记录上死者第一次婚姻的亡妻是"让娜·沙泰涅"（Jeanne Chasteigner）而不是安妮·马蒂厄，第二次婚姻的亡妻是玛尔特·迪梅尔格。事实上让娜和安妮·沙泰纳（Chatainer）均为死者的姻亲，分别是玛尔特的兄弟皮埃尔和让的配偶。皮埃尔·迪梅尔格（Pierre Dumergue）和让娜·沙泰纳（Jeanne Chatainer）的结婚登记（1790 年 2 月 1 日），让·迪梅尔格和安妮·沙泰纳（Anne Chatainer）的结婚登记（1791 年 10 月 3 日），AD Puy-de-Dome，Clermont-Ferrand, St. Pierre, 1787–1791, 98–99/223 and 157–158/223。

137 莱昂纳尔·罗班 1745 年 6 月 23 日受洗，AM-A, PSC, GG67/31。根据 Dupin, 亚伯拉罕－弗朗索瓦·罗班和安妮·佩斯内格（Anne Puisnege）有过 4 个女儿和 9 个儿子，其中 3 个女儿和 7 个儿子平安度过了婴儿期。Dupin, "Notices sur Abraham François Robin et Léonard Robin," pp. 900–901。叫"莱昂纳尔"的儿子有六个。关于政治史和自上而下的历史，见 Lefebvre, "L'oeuvre historique d'Albert Mathiez," pp. 196, 209。

138 Abraham-François Robin, "Notes historiques," ADC, J700. 这份文件是 1802 年罗班为其子所写的讣告，长 11 页。

139 关于"昂古莱姆风波"见，巴黎的莱昂纳尔·罗班致昂古莱姆的亚伯拉罕－弗朗索瓦·罗班的系列信件：letters of February 22, 1777, and March 28, 1778, ADC, J700. 关于"无主空地"判例，见 M. Baudrillart, *Traité général des eaux et forêts, chasses et pêches*, 5 vols. (Paris, 1825), 2:871。莱昂纳尔关于马昆特尔（Marquenterre）公社（位于索姆河口

附近皮卡第的一个大沼泽地）的备忘录（在其中他成功地帮未来的查理十世驳倒了当地社区），见 "Jugemens relatifs à la propriété des communes," in Jean Baptiste Denisart, *Collection de décisions nouvelles et de notions relatives à la jurisprudence*, 9 vols. (Paris, 1786), 4:754–755。

381　140　Letters of January 3, 1788 [1787] , May 11, 1788, and December 29, 1788, from Léonard Robin to Abraham-François Robin, ADC, J700.

141　Letters of May 11, 1788, and August 9, 1788, from Léonard Robin to Abraham-François Robin, ADC, J700. 穆罕默德—阿里 1751 年皈依基督教，改名让—玛丽—阿利克斯·布隆·莫朗热（Jean-Marie-Alix Boullon Morange），关于此，见 *Réclamations pour le sieur Charles-Ma rie Canalès-Oglou* (Paris, 1806), pp. 11–12, 21–22, 49–60, 66。

142　Letter of January 3, 1788, from Léonard Robin to Abraham-François Robin, ADC, J700.

143　Letters of January 3, 1788, December 29, 1788, and January 24, 1789, from Léonard Robin to Abraham-François Robin, ADC, J700.

144　Letter of August 30, 1789, from Léonard Robin to Abraham-François Robin, ADC, J700.

145　Letter of August 30, 1789, from Léonard Robin to Abraham-François Robin, ADC, J700.

146　Letter of September 15, 1789, from Léonard Robin to Abraham-Fr ançois Robin, ADC, J700.

147　Letter of September 15, 1789, from Léonard Robin to Abraham-François Robin, ADC, J700. 莱昂纳尔·罗班的地址是博堡街铁酒店（Rue Beaubourg, Hôtel de Fer 或 Hôtel de la Fere）；1789 年 9 月 18 日选举产生的 300 名 "代表"（deputies）的姓名和家庭地址，见 *Exposé des travaux de l'Assemblée-Générale des Représentans de la Commune de Paris*, ed. Jacques Godard (Paris, 1790), p. 244; *Almanach général du département de Paris pour l'année 1791* (Paris, 1791), p. 19。1770 年该地址有一座铜版工厂，关于此，见 *Dictionnaire raisonné universel des arts et metiers*, new ed., ed. Abbé Jaubert, 5 vols. (Paris, 1793), 3:475。鲁昂造假案中莱昂纳尔的几位银行家客户也是同一栋楼的租户。*Almanach du voyageur à Paris* (Paris, 1787), p. 115。

148　*Actes de la Commune de Paris pendant la révolution*, ed. Sigismond Lacroix, 19 vols. (Paris, 1894–1955), 1st ser., 1:383–384; 由雅克·皮埃尔·布里索起草的名气更大的《公社权利宣言》（ *Déclaration des droits des communes* ）诞生于两周后。

149　Statement of January 30, 1790, in *Actes de la Commune de Paris*, 1st ser., 3:645–647; AP, 10:761.

150　Letter of November 3, 1789, from Léonard Robin to Anne Puisnege (Robin), ADC, J700.

151　Sigismond Lacroix, "Ce qu'on pensait des juifs à Paris en 1790," Revue Bleu, 4th ser., 9, no. 14 (April 2, 1898): 417–424, p. 424; *Actes de la Commune de Paris*, 1st ser., 5:498, 593–596; Robert Badinter, *Libres et Egaux. . . L'émancipation des Juifs sous la révolution française (1789– 1791)* (Paris, 1989), p. 203, and, on the earlier declaration, pp. 186–190.

152　Léonard Robin, *Rapport et projet de réglement général sur les concours, pour tous les monumens et ouvrages publics de la ville de Paris* (Paris, 1791), p. 5. Léonard Robin, *Rapport fait au nom des commissaires nommés pour l'examen du Mémoire de M. de Vauvilliers, sur l'administration et la juridiction pour les transports par eau des approvisionnemens de Paris*

(Paris, 1790), p. 11.

153 Jacques Godard and Léonard Robin, *Rapport de messieurs J. Godard and L. Robin, commissaires civils, envoyés par le roi, dans le département du Lot* (Paris, 1791).

154 在尼姆（Nîmes）和艾莱斯（Alès），莱昂纳尔发表了公开演讲，特使团一些人接着返回了巴黎；雅利斯（Jalès）的营地保留了下来。Robin, Mulot prêtre, Bigot, Robin jeune, Durouzeau, *Proclamation des commissaires civils, envoyés par le roi dans le département du Gard, et autres départemens voisins* (Nîmes, 1791)。修道院院长穆洛（abbé Mulot）是戈达尔和罗班为巴黎犹太人请愿时的巴黎公社的主席，在戈达尔起草的演讲中我们读到，这些犹太人"所有人，无论在哪里，其行为都无可指责"，也读到"犹太人的社会品质、他们的爱国美德，[和]他们对自由的热爱"。Speech of February 25, 1790, quoted in Lacroix, "Ce qu'on pensait des juifs," p. 423. 雷恩（Rennes）的律师比戈·德·普雷阿梅纽（Bigot de Préameneu）1791 年与穆洛和罗班同为巴黎公社总委员会的成员，后来（1808 年）出任宗教部长。François Rouvière, *Histoire de la révolution Française dans le département du Gard: la constituante, 1788–1791*, 4 vols. (Nîmes, 1887), 1:323–324; François de Jouvenel, "Les camps de Jalès (1790–1792), épisodes contre-revolutionnaires?" *Annales historiques de la révolution française* 337 (2004): 1–20.

155 *Actes de la Commune de Paris*, 2nd ser., 5:10, 127–128.

156 *Actes de la Commune de Paris*, 2nd ser., 5:127–137, 161–177.

157 P. -J. -B. Buchez and P. -C. Roux, *Histoire parlementaire de la révolution française*, 40 vols. (Paris, 1834–1838), 12:481–482. 与莱昂纳尔共赴洛特和加尔的三名专员比戈、穆洛和戈达尔分别是名单上第 15、16、17 号。在孔多塞及其朋友眼中，莱昂纳尔成了名不见经传者自我推销的纯粹表达。1792 年 5 月的《本月纪事》（*Chronique du mois*）在讨论抽签选举和投票选举各自的优点时表示，巴黎的投票滑天下之大稽："如果你不过想为那些无所事事之人谋得职位，或者利用这些职位获得某种优越性，某种程度的专制，对于这一目的，事事都可谓精心安排；我承认，照目前的情况，仍然有可能——尽管我认为这仍然是困难的——选出卢梭、马布利（Mably）、圣皮埃尔的伯纳丹（Bernardin de Saint Pierre）这类伟人。谁知道呢？也有可能！请问，谁会想到莱昂纳尔先生？谁会想到巴黎来的代表罗班·莱昂纳尔——或者莱昂纳尔·罗班？! 与孔多塞一起抽签，谁赢了！好在，孔多塞最终在第三次投票中胜出了——要知道，雅克·皮埃尔·布里索参加了 14 次投票。" *La chronique du mois*, May 1792, p. 30n1。

158 AP, vol. 34, October 10, 1791, pp. 163–164, October 28, 1791, 461; vol. 43, May 11, 1792, p. 250; vol. 44, May 25, 1792, pp. 99–100, June 1, 1792, pp. 443–444. "拒宪"（insermentés），神职人员拒绝向神职人员民事宪法（1790 年 12 月 26 日生效）宣誓效忠。外国人登记制度见 1792 年 5 月 18 日的开庭记录：*Gazette nationale ou le Moniteur universel*, no. 141 (May 20, 1792): 582。

159 Abraham-François Robin, "Notes historiques," ADC, J700. 莱昂纳尔·罗班过世于 1802 年其父 86 岁生日前不久，时年 57 岁。

160 莱昂纳尔·罗班的演讲, September 7, 1792, AP, 49:432–433, reprinted as *Rapport et projet de décret sur le divorce, par M. Robin* (Paris, n. d. [1792]); speeches of September 6, September 7, September 13, September 14, September 15, 49:400, 432–436, 608–613, 643–644, 678; September 18, September 19, September 20, 50:112–113, 149, 188–191。

161 AP, vol. 50, September 20, 1972, pp. 179–184（état civil）, 188–191（divorce）.

162 AP, vol. 50, September 20, 1972, p. 194. 出版的报告全文和草案，见 Léonard Robin, *Opinion et projet de decret sur les enfants naturels*（Paris, n. d. [1792]）; 以及 AP, 50:194–199。翌日立法议会结束，1792 年 9 月 21 日上午的议程结束后，代表们启程前往杜伊勒里宫，欢迎国民公会，AP, 50:201。

163 Léonard Robin, *Instruction sur la loi, qui détermine les causes, le mode et les effets du divorce*（Paris, 1793）, pp. 3–4, 25. 争论的焦点是已经离婚的夫妻是否可以立即再婚；莱昂纳尔写到，立法中"许多人"认为是"法律印刷版本中的印刷错误"的地方其实是对原始草案的最后修改，是在议会上当场提出的。

164 Printed list of members, dated December 21, 1790, in F. -A. Aulard, *La Société des Jacobins, 1789–1790*（Paris, 1889）, p. lxxi; Abraham-François Robin, "Notes historiques," ADC, J700.

165 Abraham-François Robin, "Notes historiques," ADC, J700; Huguet, *Discours prononcé par Huguet, sur la mort du citoyen Robin, membre du Tribunat, séance extraordinaire du 26 Thermidor an 10*（Paris, 1802）, p. 5（in ADC, J700）; Abbé Mulot, *À la mémoire de Léonard Robin, tribun et membre de l'Académie de législation, discours prononcé à la séance publique du 1er Germinal an 11 par le cit. Mulot, ex-législateur*（Paris, 1802）, p. 14.

166 Narrative of the actor Coittant, in [Riouffe], *Mémoires sur les prisons*, 2 vols.（Paris, 1823）, 2:30; Robin, "Recueil," p. 37. 当时 72 岁的马勒泽布后来从自由港监狱转到古监狱（后者要不祥得多），1794 年 4 月 22 日死在了断头台上；他的外孙女路易丝·勒佩莱蒂埃·德·罗桑博（Louise Le Peletier de Rosanbo）和外孙女婿赫韦·克莱雷尔·德·托克维尔（Hervé Clérel de Tocqueville）——即亚历克西斯·德·托克维尔的父母——也被囚禁狱中，但幸免于死刑。

167 Letter of August 9, 1788, from Léonard Robin to Abraham-François Robin, ADC, J700.

168 Letter of August 30, 1789, from Léonard Robin to Abraham-François Robin, ADC, J700.

169 Letter of September 24, 1788, from Léonard Robin to Abraham-François Robin, ADC, J700.

170 1792 年 12 月 16 日至 1795 年 10 月 26 日期间对纪尧姆−亚历山大·德·波利尼亚克（Guillaume-Alexandre de Polignac）财产的充公和拍卖见 H. Monceaux, "La révolution dans le département de l'Yonne: essai bibliographique 1788–1800," in *Bulletin de la Société des Sciences Historiques et Naturelles de l'Yonne* 43（1889）: 45–586, pp. 390–392, 460–470, 530–533, 539, 578.

171 Letter of 20 nivôse 9（January 10, 1801）from Léonard Robin to Canalès-Oglou, quoted in *Réclamations pour le sieur Charles-Marie Canalès-Oglou*, p. 98.

172 Maurice Roy, "Léonard Robin," *Bulletin de la société archéologique de Sens* 29（1915）: 95–119, pp. 96–98, 101n1; 莱昂纳尔·罗班和玛丽·伊丽莎白·埃米莉·奥堡的结婚登记（共和历 5 年雪月 2 日，即 1796 年 12 月 22 日），ADSM, Fontainebleau, 1796–1797, 97/199; 关于莱昂纳尔的新生活——"在一个迷人的国家，离巴黎有点远，有一座非常漂亮的城堡可供住宿，还有非常合适的地役权"（dans un pays charmant, un peu eloigné de Paris

383

avec un fort joli château pour logement, et des servitudes très convenables）见 Abraham-François Robin, "Notes historiques," p. 7, ADC, J700。

173 关于"按揭登记员"（conservateur des hypothèques）一职见 Honoré de Balzac, *La vieille fille*（1836）（Paris, 1978), pp. 111–112。

174 Abraham-François Robin, "Notes historiques," pp. 8–10.

175 Letter of 19 therm. 9（August 7, 1801）from Léonard Robin to "la citoyenne Robin," Bibliothèque Historique de la Ville de Paris, Révolution française, collection Etienne Charavay, ms. 814, fol. 479.

176 莱昂纳尔·罗班的死亡登记（共和历 10 年获月 18 日，即 1802 年 7 月 7 日），AD Yonne, 2E288/9, Paron, year 10–1825, 6/134。

177 对于法国 1792 年到 1816 年这段离婚合法时期，关于大革命的各种历史写作关注不多，复辟时期的回顾中，莱昂纳尔·罗班本人在 1792 年系列事件中发挥的作用多被忽略，他在昂古莱姆的家人的命运也类似。正如一个多世纪后（1897 年）首位对此进行详细研究的学者所言，这是"法国离婚史上一段鲜为人知的时期"。Pierre Damas, *Les origines du divorce en France, étude historique sur la loi du 20 septembre 1792*（Bordeaux, 1897), p. 7; Léonard's role is discussed on pp. 106–117。

178 玛丽·马德莱娜·维罗尔的洗礼登记（1768 年 10 月 25 日），AM-A, St. Martial, GG110/116.　　384

179 诺埃尔·维罗尔的洗礼登记（1736 年 11 月 22 日），AM-A, NDP, GG13/119。"Brevet d'apprentissage du Sr. Virol chez le Sr. Sirier maître chirurgien," January 26, 1760, ADC, Caillaud, 2E271。马提尼克岛上的商人弗朗索瓦·特雷莫当时在昂古莱姆，他同意为诺埃尔·维罗尔"提供保护，为他创造有利且合适的谋生条件"。

180 纪尧姆·维罗尔 1763 年 12 月 22 日下葬，AM-A, St. Antonin, GG54/44。1763 年的税册显示他住在雅各宾岛（Isle des Jacobins），属于最低收入阶层；和他比邻而居的是皮埃尔·马歇的家仆弗朗索瓦·费朗。AM-A, CC42/1/11。他死时儿子安托万（玛丽·马德莱娜的父亲）申请为父亲的财产列了一份清单（包括 2 件衬衫、1 双糟糕的鞋、假发店的招牌、1 顶帽子和 1 顶糟糕的假发，总价值 60 里弗尔）："Inventaire des meubles de Guillaume Virol," December 28, 1763, ADC, Bernard, 2E152。安托万·维罗尔本人的权利是从假发商人路易·德尚处租的（当时他刚刚结束不幸的卡宴之旅），而最初出卖这一系列权利的是让-巴普蒂斯特·费朗的妻子伊丽莎白·布图特的家族。ADC, 2C2/172, 175/203。

181 诺埃尔·维罗尔在巴黎结了婚，夫妇俩曾为玛丽·马德莱娜的妹妹当过教父母。玛丽·布丽吉特·斯科拉斯蒂克·维罗尔（Marie Brigitte Scholastique Virol）的洗礼登记（1774 年 5 月 8 日），AM-A, St. Paul, GG90/81。

182 Interrogatoire de Marie Madeleine Virolle, 14 flor. 2, "Comité révolutionnaire de la section des tuileries, contre Félicité Mélanie Ennouf et Marie Madeleine Virolle," in "Affaire filles Virolle, Eunouf, Loisieller et autres," AN, W//359/759. 根据玛丽·马德莱娜的讲述，她曾为"库拉伯爵"（Comte de Culla）工作，之后（"两年前"）又为"谢弗莱侯爵夫人"（Marquise Cheverlai）工作。19 世纪中叶，克劳德·纪贡（Claude Gigon）对夏朗德恐怖统治受害者进行了研究，其对象便包括玛丽·马德莱娜，他推测"库拉"即"库兰特

伯爵"（Comte de Culant），此人是一名军官，父亲是马提尼克岛一名前军官。1789 年的三级会议上他是夏朗德贵族的代表之一。"谢弗莱侯爵夫人"是昂古莱姆城堡前总督肖弗龙侯爵（Marquis de Chauveron）的妻子。Claude Gigon, *Les victimes de la terreur du département de la Charente: récits historiques*, 2nd ed.（Angoulême, 1866), p. 197。关于库兰特伯爵，见 http://www2. assemblee-nationale. fr/sycomore/fiche /%28num_dept%29/11708。

183　Interrogatoire de Marie Madeleine Virolle, 14 flor. 2, AN, W//359/759; Audience du 16 flor., Bulletin du tribunal révolutionnaire, no. 71（Paris, 1794), p. 283.

184　"Voisi ma carte de citoiyen," in "Affaire filles Virolle, Eunouf, Loisieller et autres," AN, W//359/759. *Bulletin du tribunal révolutionnaire*, no. 71, pp. 283–284; Henri Wallon, *Histoire du tribunal révolutionnaire de Paris*, 6 vols.（Paris, 1880–1882), 3:382–392. 关于"鸡贼"这一说法见 "Curiositez françoises," in La Curne de Sainte-Palaye, *Dictionnaire historique de l'ancien langage françois*, 10 vols.（Paris, 1875–1882), 10:333。

185　"Voisi ma carte de citoiyen," AN, W//359/759.

186　"Félicité Mélanie," in "Affaire filles Virolle, Eunouf, Loisieller et autres," AN, W//359/759.

187　Wallon, *Histoire du tribunal révolutionnaire de Paris*, p. 385.

188　"Mandat d'arret," in "Affaire filles Virolle, Eunouf, Loisieller et autres," AN, W//359/759.

189　"Mandat d'arret," Interrogatoire de Félicité Mélanie Ennouf, in "Affaire filles Virolle, Eunouf, Loisieller et autres," AN, W//359/759.

190　Interrogatoire de Marie Madeleine Virolle, 14 flor. 2, AN, W//359/759.

191　这是法庭记录标题使用的说法：*Bulletin du tribunal révolutionnaire, établi au Palais, à Paris, par la Loi du 10 Mars 1793, pour juger sans appel les CONSPIRATEURS*, no. 72, p. 284。

192　*Bulletin du tribunal révolutionnaire*, no. 72, pp. 284–285.

193　*Bulletin du tribunal révolutionnaire*, no. 72, p. 285.

194　"Liste des guillotinés," in *Liste générale et très-exacte des noms, âges, qualités et demeures de tous les Conspirateurs qui ont été condamnés à mort par le Tribunal révolutionnaire*, no. 4（Paris, year 2), p. 22.

195　Charbonnier, commissaire de police, in "Affaire filles Virolle, Eunouf, Loisieller et autres," AN, W//359/759.

196　Alexandre Sorel, *Le Couvent des Carmes et le séminaire de Saint-Sulpice pendant la Terreur*（Paris, 1863), pp. 436–437.

197　Interrogation of Noel Virol or Virolle, 30 mess. 2, "Sur la prétendue conspiration des Carmes," in Saladin, *Rapport au nom de la commission des vingt-un*（Paris, year 3), pp. 173–184.

198　Saladin, *Rapport au nom de la commission des vingt-un*, pp. 178–179.

199　Saladin, *Rapport au nom de la commission des vingt-un*, pp. 173–174; and, on the two ropes, pp. 175, 180–182.

200 Testimony of Belavoine, in Saladin, *Rapport au nom de la commission des vingt-un*, p. 174.

201 Testimony of Jean-Baptiste Cacaut, in Saladin, *Rapport au nom de la commission des vingt-un*, pp. 174–175. 让一巴普蒂斯特·卡科（Jean-Baptiste Cacaut）于共和历 2 年雪月 11 日（1793 年 12 月 31 日）入狱，罪名是行为可疑，后于共和历 2 年果月 1 日（1794 年 8 月 18 日）获释。见 Sorel, *Le Couvent des Carmes*, pp. 380–381. 生活在圣德尼（St. Denis）郊区的一位让一巴普蒂斯特·卡科先前在巴黎获得了警官证；根据记录，此人 38 岁，是 1777 年从昂古莱姆来巴黎的。AN, Police générale, F/7/4787, available at http://www.geneanet.org/archives/registres/view/?idcollection=19949&page=336。安 托 万·卡 科（Antoine Cacaud）和让娜·邦宁（Jeanne Bonnin）之子让·卡科（Jean Cacaud）1754 年 1 月 13 日在圣马夏尔堂区受洗，AM-A, St. Martial, GG108/85。此人的父母和弟弟都位于 1764 年堂区记录上的 4089 人之列。

202 Testimony of Claude-Gabriel Chavard and Jean-Anne-Michel Manuel, in Saladin, *Rapport au nom de la commission des vingt-un*, pp. 178–180. 和卡科一样，此二人也于 1794 年 8 月获释。Sorel, *Le Couvent des Carmes*, pp. 384–385, 416–417。

203 Testimony of Noel Virolle, in Saladin, *Rapport au nom de la commission des vingt-un*, pp. 176–177. 昂古莱姆代表就是杜波依斯·德·贝勒加德——那位有着几个爱国的儿子的酒鬼军官。

204 "Virol, s'est jeté par la fenêtre, au moment où nous venions de l'interroger." Saladin, *Rapport au nom de la commission des vingt-un*, p. 173.

205 "Liste des guillotinés," in Liste générale et très-exacte, no. 9, pp. 26–29; list of prisoners in Sorel, *Le Couvent des Carmes*, pp. 371–437.

第六章　变革年代里的一家人   386

1 "Certificats de civisme," ADC, L146; listings for Gabriel Ferrand, 28 brum. 2（November 18, 1793), Ferrand père, Pierre Alexandre Ferrand and Etienne Ferrand, 1 niv. 2（December 21, 1793), and "Ferrand jeune instituteur," 26 prair. 2（June 14, 1794）. 约瑟夫·玛丽·费朗的死亡登记（死亡地点在博利厄广场附近家中，时年 23 岁），AM-A, August 17, 1793, 1E3/61。

2 Record of house number 913, Section C, Château, in "Contributions, matrices foncières," 1791, AM-A. 登记簿的注记——根据其中提到的交易可以确定当时是共和历 6 年和 7 年——提到房子已经获得了"修复"和"重建"。

3 见上，5 章。

4 "Actes civils," 1792– year 2, in "Justices de paix," Angoulême, *intra muros*, ADC, L2780.

5 Entries for 25 brum. and 19 frim. 7, in Mercier, *Journal des maires d'Angoulême*, pp. 116–118. 负责这一系列事务的官员就是艾蒂安·阿勒芒的隔代表亲勒克莱-拉比。

6 Undated draft of the organization of correspondence in the Department of the Charente, ADC, L131, 并见上，5 章。

7 见 Note of 22 frim. 5, in "Archives. Correspondance passive," ADC, L2026: "我要求公民迪

克昌佐（Ducluzeau）向公民迪比克（Dubousquet）展示存放在省档案馆的钟。"

8   Notes of 2 niv. 6, 27 germ. 6, 8 frim. 8, and 28 brum. 8, ADC, L131.

9   Note of 7 fruct. 2, in ADC, L745.

10   Notes of 2 niv. 6, 27 germ. 6, 8 frim. 8, and 28 brum. 8, ADC, L131.

11   "Registre destiné à constater la présence des employés," 12 germ. 7 to 21 mess. 7, ADC,
     L121. 档案部门还有另一名雇员留下了签名（"Dupuy"），在 1796 年和 1797 年的相关记
     录中，"迪克昌佐"也是一名档案管理员。Receipt of 9 prair. 4, note of 22 frim. 5, ADC,
     L2026; note of 22 fruct. 5, ADC, L131。

12   Declaration of Gabriel Ferrand, entry 309, 21 mess. 7（July 9, 1799），"Registre pour recevoir
     les déclarations des citoyens domiciliés dans cette commune," AM-A, Contributions/
     Contributions personelles 1798/1799.

13   加布里埃尔·费朗的死亡登记（1816 年 12 月 20 日），AM-A, 1E52/426。

14   Records for July 1790 to April 1791; parish register of Jauldes, 1737–1792, ADC, 3E178/1,
     357–364/376. 在昂古莱姆教区记录中"费朗·加布里埃尔，又称艾蒂安"生于 1766 年
     1 月 2 日（实际是艾蒂安的出生日期），1789 年成为若德代牧；他在若德堂区登记簿上
     首次签名是在 1790 年 7 月 11 日。"Registre des ordinations remis aux archives de l'Evêché
     en septembre 1912," Archives diocésaines d'Angoulême。

15   护宪教士的比例的计算基础：Blanchet, Le clergé charentais pendant la révolution, pp.
     449–464; Tackett, Religion, Revolution, and Regional Culture in Eighteenth-Century France, p.
     367.

16   1791 年 4 月 29 日国民议会通过一项法令，据此绘制了极为详细的平面图，确定了主
     教堂堂区（圣皮埃尔）边界——"顺着墙向左，越过宫门，就到了建在那里的两座房
     子"（suivant ledit mur à gauche passant sur la porte du Palais, prenant les deux maisons qui y
     sont construites）——"城市的剩余部分、圣皮埃尔对面"（le surplus de la ville, laissé par
     les confrontations de celles de St. Pierre）划给了圣马夏尔。Procès-verbal de l'assemblée
     nationale, imprimé par son ordre, vol. 54（Paris, [1791]），pp. 8–9。1791 年 3 月到 4 月间昂
     古莱姆的一系列事件见 Blanchet, Le clergé charentais pendant la révolution, pp. 64–92。

387 17   另外一些后来或是退缩了，或是作了有条件的局限性宣誓，共有四人被驱逐出境。
     Blanchet, Le clergé charentais pendant la révolution, pp. 57, 449–453; "Mémoire historique
     sur le séminaire d'Angoulême," pp. 342–344。

18   玛格丽特·鲁耶（Marguerite Rouhier）的洗礼登记（1791 年 6 月 12 日），St. Martial,
     AM-A, GG113/209; ADC, register of St. Martial, 1781–1792, 391/465。

19   "Mémoire historique sur le séminaire d'Angoulême," pp. 344; Blanchet, Le clergé charentais
     pendant la révolution, p. 450.

20   从 1791 年 6 月 12 日到 1791 年 8 月 13 日，堂区登记簿上的每一项记录都留下了艾蒂安
     的签名，ADC, St. Martial, 1781–1792, 391–398/465。

21   ADC, St. Martial, 1781–1792, 452/465.

22   Dossier "Ferrand（Jn. Bte.），" AN, F/12/2795; petition of October 16, 1824.

23   Plan de la ville du Cap Français sur lequel sont marqués en teinte noire les ravages du premier

incendie, et en rouge les islets, parties d'islets, édifices, etc. qui existent encore le 21 juin 1793, BNF, available at http://gallica.bnf.fr/ark:/12148/btv1b55005281x/f1.item.zoom. 关于这场大火，见 Convention nationale, *Relation détaillée des événements malheureux qui se sont passés au Cap depuis l'arrivée du ci-deva nt général Galbaud jusqu'au moment où il a fait brûler cette ville et a pris la fuite* (Paris, year 2), pp. 52–62。

24 Dossier "Ferrand (Jn. Bte.)," AN, F/12/2795; petition of October 16, 1824; Dossier "Ferrand," AN, F/12/2795, petition of December 18, 1822。"我 18 岁的儿子为保护殖民地捐躯。"马夏尔·费朗 1775 年 3 月 30 日在昂古莱姆受洗，教父是他 7 岁的表兄马夏尔·阿勒芒，AM-A, PSC, GG 68/56。

25 "Etat des Refugiés, Déportés, et Propriétaires Colons," ADC, L152.

26 "Etat des Refugiés," ADC, L152; 让－巴普蒂斯特·费朗的出生登记（共和历 4 年雨月 8 日，即 1796 年 1 月 28 日），AM-A, 1E7/40。关于学院里的英格兰、西班牙、葡萄牙和奥地利囚犯，见 Boissonnade and Bernard, *Histoire du collège d'Angoulême*, p. 257。

27 "Etat des Refugiés," ADC, L152. 难民在 1795 年 1 月到 12 月间获得了救济；贫困证明是在 1798 年夏秋两季发放的。

28 "Registre destiné à constater la présence des employés," ADC, L121. 共和历 7 年获月 19 日（1799 年 7 月 7 日）登记簿上的"小费朗"和共和历 4 年雨月 8 日让－巴普蒂斯特·费朗在小让－巴普蒂斯特·费朗出生记录上的签名笔迹是一样的，AM-A, 1E7/40。关于第三部门各项职责，见 Jules de la Martinière and Léo Imbert, *Répertoire numérique de la série L administration de 1789 à l'an VIII* (Angoulême, 1911), p. L3。

29 Entry 308, 21 mess. 7, "Registre pour recevoir les déclarations des citoyens domiciliés dans cette commune," AM-A, Contributions/Contributions personelles 1798/1799.

30 Dossier "Ferrand (Jn. Bte.)," AN, F/12/2795; certification of 4 vend. 14 (September 26, 1805). 在鉴定书上签名的安托万－纪尧姆·谢罗（Antoine-Guillaume Chéreau）写了两本疯狂的书，讨论方块、十字、复仇和轮回：*Explication de la croix philosophique* (Paris, 1806) and *Explication de la pierre cubique* (Paris, 1806)。

31 AM-A, 1E12/67, 1E23/70, 1E25/31. 昂古莱姆民事登记簿上的男性见证人远多于女性，甚至在 1803 年出台民事婚姻必须有四名男性见证人的相关法律之前便已经如此，见 Gourdon, "Réseaux des femmes, réseaux de femmes," p. 35 and n2。

32 Déclarations 704, 714, 750, "Offrandes volontaires: dons patriotiques pour la contribution des habitants d'Angoulême," 1790, AM-A, CC58; déclaration 375, "Déclarations à fournir pour ceux dont le revenu est inférieur à 400 livres," 1790, AM-A, CC59.

33 "Certificats de civisme," Allemand Lavigerie, May 31, 1793, and 26 prair. 2 (June 14, 1794); Martial Allemand Lavigerie, October 8, 1793, and 21 fruct. 2 (September 7, 1794); Antoine Allemand Lavigerie, June 15, 1793; "Lavigerie fils volontaire," 26 prair. 2 (June 14, 1794.) ADC, L146.

34 Record of house number 935, Section C, Château, in AM-A, "Contributions, matrices foncières," 1791, 并见艾蒂安·阿勒芒和儿女"在公证人杜瓦尔面前（Par devant Duval notaire）"订立的协议（1811 年 3 月 16 日），ADC, Duval, notary, 2E8751。

35 Undated letter from Coulon, Lavigerie, and Richein, in "Collège d'Angoulême," year 2– year 5,

388

ADC, L422.

36　共和历 3 年芽月 16 日（1795 年 4 月 5 日）"公共教育执行委员会"（Commission exécutif de l'instruction publique）致夏朗德省政府官员的信，内容是反对后者上个月的一道增加"市民拉维热里所照管学者"的津贴的命令。Instruction publique, "Réponse des municipalités cantonales," ADC, L420。关于艾蒂安的学生，见 Boissonnade and Bernard, *Histoire du collège d'Angoulême*, p. 212n2。

37　写信称收到相互矛盾的命令的三名教授中，有一个不久后便过世了，另一个几年后也过世了，死时"一贫如洗"。"有 12 个儿女要养活"的艾蒂安直到 1797 年才拿到津贴。为了活下来，"60 岁高龄的他被迫进了省办公室当抄写员"。Boissonnade and Bernard, *Histoire du collège d'Angoulême*, p. 220。

38　"Paiement des traitements," in "Compabilité générale du département," ADC, L206, and "Personnel," "Pièces diverses relatives au traitement du personnel des bureaux," ADC, L120.

39　"Indemnité aux employés du bureau des domaines," years 3–4, in ADC, 1QPROV 1/234–236.

40　Petition of citizens Rullier, Henry, and Lavigerie, 12 pluv. 4 (February 1, 1796), ADC, Personnel, L120.

41　Extrait des registres des déliberations du directoire, 3 brum. 4 (October 25, 1795) and 15 niv. 4 (January 5, 1796), ADC, Personnel, L120.

42　Letter of 26 frim. 4 (December 17, 1795) from Etienne Allemand Lavigerie to Aubert Dubayet, transcription in the Archives Lavigerie, Archives de la Société des Missionnaires d'Afrique, Via Aurelia, Rome [hereafter AL-R] , A2-216 (51), fol. 1. 艾蒂安和弗朗索瓦丝家的 13 个孩子，名叫让娜的女儿中最大的一个，1768 年受洗，后夭折于襁褓之中，很可能夫妇俩的第一个孩子玛丽也夭折了；昂古莱姆堂区的家庭记录虽然浩如烟海，但在受洗之后，让娜却再未在其中出现过。

43　见上，2 章。

44　Letter of 26 frim. 4 from Etienne Allemand Lavigerie to Albert Dubayet, AL-R, A2-216 (51), fpl. 3; Jules Pelisson, "Fondation de l'église de Gondev ille 1683–1703," *Archives historiques de la Saintonge et de l'Aunis* 8 (1880): 17–27, p. 25.

45　皮埃尔·阿勒芒·拉维热里和阿德莱德·夏洛特·马斯林的结婚登记（锡耶勒纪尧姆，共和历 4 年雨月 12 日，即 1796 年 2 月 1 日 ），ADSa, 1793– year 10, 58–59/398.

389　46　Declaration of Etienne Allemand, entry 372, undated (23 or 24 mess. 7), AM-A, "Registre pour recevoir les déclarations des citoyens domiciliés dans cette commune. "

47　Declarations of Abraham-François Robin, entry 114, Louis Felix, entry 160, Pierre Marchais Delaberge, entry 371, and Michel Guenois, veuve Ogerdias, entry 383, AM-A, "Registre pour recevoir les déclarations des citoyens domiciliés dans cette commune. " 在早先的一份声明中，米歇尔·盖诺瓦称自己已经将房屋的一部分分租了出去——因为已经不再有能力支付原始协议中确定的租金。"Contribution personelle," no. 332, 17 brum. 6; AM-A, "Contributions/Contributions personelles," 1798–1799。

48　Record of house number 995, Section C, Château, in AM-A, "Contributions, matrices foncières," 1791.

49 Declaration of Jeanne Lavigerie *ainée*, entry 493, 29 mess. 7, AM-A, "Registre pour recevoir les déclarations des citoyens domiciliés dans cette commune. "让娜·拉维热里当时 30 岁；她于 1768 年 11 月 10 日在圣安托南堂区受洗。AM-A, GG54/60。

50 让-巴普蒂斯特和伊丽莎白在昂古莱姆"获得救济"的日期是共和历 3 年花月 3 日（1795 年 4 月 22 日）；夫妇俩的儿子让-巴普蒂斯特·费朗生于共和历 4 年雨月 8 日（1796 年 1 月 28 日）。"Etat des Refugiés, Déportés, et Propriétaires Colons," ADC, L152; AM-A, 1E7/40。

51 Balzac, *La vieille fille*, pp. 84–86; "de 1789 à 1799, les circonstances furent très défavorables à ses prétentions. "

52 马夏尔·阿勒芒·拉维热里和路易丝·瓦兰的结婚登记（1790 年 4 月 13 日），AM-A, St. André, GG47/64–65；玛丽·艾马尔的葬礼登记（1790 年 4 月 22 日），PSC, GG 68/117。

53 马夏尔·阿勒芒的洗礼登记（1767 年 10 月 22 日），AM-A, St. Antonin, GG54/56；路易丝·瓦兰的洗礼登记（1769 年 5 月 5 日），St. Jean, GG74/159。

54 1765 年两人结婚时，弗朗索丝的母亲玛丽·艾马尔住在学院广场岛，艾蒂安的父亲住在绿钟岛上，离前者仅有几分钟的路；再走几分钟的路，就到了方济各会士街（今天的博利厄街）上加布里埃尔的妻子玛丽·阿德莱娜娘家所在的博利厄圣母岛（Isle des Dames de Beaulieu），让-巴普蒂斯特的妻子伊丽莎白·布图特的母亲则住在圣安德烈堂区。AM-A, CC42/1/11, 42/2/7, 42/2/11; GG45/64。

55 路易丝·瓦兰的母亲伊丽莎白·布歇（Elisabeth Boucher）和另一个女儿一家同住在日内瓦街，距离小皇宫街街角马夏尔和路易丝家仅有几步之遥，马夏尔的父亲和祖父 1764 年时也住在这里。Records of house number 403, Section A, Beaulieu, and house number 243, Section B, St. Martial, in AM-A, "Contributions, matrices foncières," 1791。路易丝的祖母——记录称为"路易·布歇（Louis Bouché）的寡妇，女婿是假发商吉蒙（Gimon）"——早先和女儿及假发商女婿一道住在赛莱特岛上，AM-A, CC42/1/24 and CC62/21/809；路易·德尚的洗礼登记，AM-A, S t. Martial, September 1, 1738, GG106/73。

56 "Mariage de Sr Lavigerie et Dlle Vaslin," March 19, 1790, ADC, Callandreau notaire, 2E9754. 记录称马夏尔是巴尔比耶先生（M. Barbier）的职员，此人和妻子一道在协议上签了名。

57 "Mariage de Sr Lavigerie et Dlle Vaslin," March 19, 1790, ADC, Callandreau notaire, 2E9754.

58 Administration general des domaines, Contrôle des actes des notaires et sous signature-privée, bureau d'Angoulême, no. 1, March 19, 1790, ADC, 3QPROV 12608.

59 艾蒂安·费朗和玛丽·肖斯·卢内斯的结婚登记（共和历 2 年获月 4 日，即 1794 年 6 月 22 日），AM-A, 1E2/124。玛丽·肖斯·卢内斯 1764 年 7 月 1 日生于马尔萨克母亲家中，ADC, Marsac, 1737–1787, 117/275。其兄弟姐妹中有四个是在圣马夏尔堂区受的洗，姐姐弗朗索瓦丝也是在此结的婚（1790 年 1 月 25 日），紧跟着就是艾蒂安本人的结婚记录，AM-A, January 25, 1790, GG113/159–160; GG110/100, 133, GG111/47, 196。

60 艾蒂安·费朗和玛丽·肖斯·卢内斯的结婚登记（共和历 2 年获月 4 日，即 1794 年 6 月 22 日），AM-A, 1E2/124。记录称纪尧姆·罗克·勒托诺是"革命政府官员"（officier municipal révolutionnaire），关于此，见 AM-A, 1E2/91，关于其早期职业生涯见 Blanchet, *Le clergé*

390

charentais, pp. 107–108。

61　弗朗索瓦丝·肖斯·卢内斯和约瑟夫·马丁·德·布尔贡的结婚登记（1790 年 1 月 25 日），
AM-A, GG113/159。

62　H. Beauchet-Filleau and Paul Beauchet-Filleau, *Dictionnaire historique et généalogique*
des familles du Poitou, 4 vols. (Poitiers, 1895), 2:332–333. Alcide Gauguié, *La Charente*
communale illustrée: histoire et géographie pittoresque de la Charente (Angoulême, 1868),
pp. 104–105.

63　"Décompte," no. 302, in ADC, 1QPROV 2 34 (Q XVIII 33).

64　Letter received, 24 germ. 9, "certificat de résidence," 25 brum. 13, summary of petition of
4 pluv. 4, petition for a visa to citoyen Fouché, 14 frim. 9, in "Chausse Lunesse, Jean," AN,
Charente, F/7/4988, dossier 8, 6–7, 14, 16, 18/25.

65　弗朗索瓦丝·肖斯·卢内斯和约瑟夫·马丁·德·布尔贡的结婚登记（1790 年 1 月 25 日），
AM-A, St. Martial, GG113/159–160。

66　AM-A, St. André, September 3, 1758, GG42/113; 弗朗索瓦·马丁·阿利奎因的洗礼登记
（1775 年 10 月 1 日），GG75/46。

67　Letters of February 28, 1790, April 8, 1790, August 8, 1790, and August 16, 1791, in
"Bourgon, Jacques Martin de, maréchal de camp, gouverneur de la Guyane," ANOM, COL
E 48. 雅克·马丁·德·布尔贡接着回到了昂古莱姆，在鱼市（和桑园广场）附近租了住
处。Record of house number 692, Section A, Beaulieu, in AM-A, "Contributions, matrices
foncières," 1791。为其签署居住、未逃亡、未受拘押等系列证明的是路易·费利克斯和
勒克莱-拉比。1802 年，他给内阁和拿破仑写信，请求免除自己这个六旬老翁回到瓜
德罗普产业的义务，该产业当时由"公民撒拉格（Salager）——岛上一名白人商人"管
理（原文"白人"一词有强调）；1820 年他过世于昂古莱姆。Letters of 30 vend. 11 and
17 brum. 11, certificates of 29 pluv. 4, 4 jour compl. 5, 9 frim. 6, 14 flor. 7, and 2 flor. 8, in
"Bourgon, Jacques Martin de"; 雅克·马丁·德·布尔贡的死亡登记，October 23, 1820,
AM-A, 1E60/121–122。

68　据记录，当时有 11 名法官在判决上签名，送达判决的是曾在艾蒂安·阿勒芒和弗朗索瓦
丝·费朗的婚前协议上签名的管登记的官员（commis du greffe）蒂博。雅克·德·布尔
贡的洗礼登记（1787 年 10 月 30 日），AM-A, GG90/159。

69　孩子"是他们的所作所为"（est de leurs faits et oeuvres）。弗朗索瓦丝·肖斯·卢内斯和
约瑟夫·马丁·德·布尔贡的结婚登记，AM-A, GG113/159–160。

70　雅克·德·布尔贡生于 1787 年，后成为海军军官；弗朗索瓦生于 1792 年，当时是阿
尔及利亚的一名将军；雅克·阿尔弗雷德（Jacques Alfred）生于 1794 年，也是一名
将军，在 1848 年 6 月的巴黎巷战中丧命圣德尼（Saint-Denis）。AM-A, GG90/159,
GG25/50, 1E4/26; Département de la Charente, *Procès-verbal des délibérations du conseil*
general, 1847 (Angouleme, 1847), p. 121; AN, Légion d'honneur, LEONORE, LH/1766/43;
Leonard Gallois, *Histoire de la révolution de 1848*, 4 vols. (Paris, 1849–1850), 3:52–54.

391　71　Letter of 26 frim. 4 from Etienne Allemand Lavigerie to Aubert Dubayet, AL-R, A2-216 (51),
fol. 1.

72　德卡迪·蒙大拿·马斯林的出生登记（共和历 2 年风月 21 日，即 1794 年 3 月 11 日），

ADSa, Sillé-le-Guillaume, births, 1793–1802, 29/273.

73 皮埃尔·阿勒芒·拉维热里和阿德莱德·夏洛特·马斯林的结婚登记（共和历 4 年雨月 12 日，即 1796 年 2 月 1 日），ADSa, Sillé-le-Guillaume, marriages and divorces, 1793–ye ar 10, 58–59/398。在给奥贝尔·杜巴耶特（Aubert Dubayet）的信中，艾蒂安附上了夏洛特的母亲夏洛特·塞万（Charlotte Sevin）共和历 4 年雾月 28 日（1795 年 11 月 19 日）写于里尔（Lille）的信。

74 在萨尔特省皮埃尔·阿勒芒·拉维热里的结婚记录上签过名的"长子"（fils ainé）皮埃尔·奥古斯特·亨利是神学院的所有人让·泰奥多尔·亨利的儿子、他的叔叔、让·泰奥多尔·亨利的兄弟也叫皮埃尔·奥古斯特·亨利。皮埃尔·奥古斯特·亨利的洗礼登记（1770 年 3 月 11 日），AM-A, St. Jacques, GG130/173–174; 及见 Jézéquel, *La révolution française à Angoulême*, pp. 90, 127, 162–163, and Jézéquel, "Charente," in *Grands notables du premier empire*, pp. 58–59。

75 皮埃尔·阿勒芒·拉维热里和阿德莱德·夏洛特·马斯林的结婚登记（共和历 4 年雨月 12 日），ADSa, Sillé-le-Guillaume, 58–59/398；艾蒂安·费朗和玛丽·肖斯·卢内斯的结婚登记（共和历 2 年获月 4 日，即 1794 年 6 月 22 日），AM-A, 1E2/124。见证人名叫安托万·布兰（Antoine Brun）。

76 "Registre tenu pour le ser vice des gardes nationales," September 13, 1790, AM-A, EE11; ADC, "Certificats de civisme," L146.

77 见 Boissonnade, *Histoire des volontaires de la Charente*, pp. 159–160, 210, 221–224; 一位名叫皮埃拉（Pierrat）的委员描述了大屠杀的惨状，p. 167。作者蜻蜓点水地提到过"中尉费朗领的一个连"，p. 188。

78 Expilly, *Dictionnaire géographique*, 5:299.

79 AD Vendée, Les Sables d'Olonne, AC194, Table alphabétique des sépultures et des déces, 1701–1802. 1789 年镇上过世的人当中有 18 人的名字以 B 打头，共和历 2 年（1793—1794）这一数字是 213，其中有 101 人是镇上的居民，另外 112 人是"士兵和难民"，见 17–19/118, and, 18/118, "les suppliciés sont indiqués par une x"。

80 AD Vendée, Les Sables d'Olonne, AC194, births and marriages, year 4, 24 flor. (May 4, 1796), 182–183/216. 加布里埃尔的妻子弗洛伦丝·斯科拉斯蒂克·博涅已故的父亲是造滑轮的（poulieur），其他亲戚见 AD Vendée, Les Sables d'Olonne, 6M309, liste nominative 1799, 20/121。为加布里埃尔做见证的都是镇上的军界人物，包括莱萨布勒-多洛讷"地方上"的一名副官，还有军队"供应部"的一名官员。

81 AD Vendée, Les Sables d'Olonne, AC194, 樊尚·加布里埃尔·费朗（Vincent Gabriel Ferrand）的出生登记（共和历 4 年果月 11 日，即 1796 年 8 月 28 日），births and marriages, year 4, 54–55/216; birth of Stéphanie Ferrand, 24 niv. 7 (January 13, 1799), 11 fruct. 4, 182–183/216。

82 加布里埃尔·费朗的死亡登记（1816 年 9 月 19 日），AD Loiret, Beaugency, deaths, 1811–1820, 180/284。

83 马夏尔·阿勒芒·拉维热里和路易丝·瓦兰的离婚登记（共和历 5 年雾月 2 日，即 1796 年 10 月 23 日），AM-A, 1E11/4。

84 Speech of Léonard Robin of September 7, 1792, AP, 49:432–433.

85　关于昂古莱姆的 96 起离婚见上，5 章。

86　莱昂·菲利普·阿勒芒·拉维热里的出生登记（共和历 3 年牧月 13 日，即 1795 年 6 月 1 日），AM-A, 1E4/94。

87　马夏尔·阿勒芒·拉维热里和玛丽·路易丝·邦妮特·雷蒙·圣热尔曼的结婚登记（共和历 9 年牧月 28 日，即 1801 年 6 月 17 日），AM-A, 1E23/69–70。

88　马夏尔·阿勒芒·拉维热里和邦妮特·圣热尔曼的结婚登记，AM-A, 1E23/69–70。

89　马夏尔·阿勒芒·拉维热里和玛丽·路易丝·邦妮特·雷蒙·圣热尔曼的婚前协议（共和历 9 年牧月 20 日，即 1801 年 6 月 9 日）Duval, ADC, 2E6272。

90　马夏尔·阿勒芒·拉维热里和邦妮特·圣热尔曼的婚前协议，ADC, 2E6272。在婚前协议上签名的"长子马歇·德拉贝热"（Marchais de Laberge fils ainé）即前镇长皮埃尔·马歇·德拉贝热（Pierre Marchais de Laberge）之子"让-巴普蒂斯特·马歇·德拉贝热（Jean-Baptiste Marchais de Laberge）"父子俩曾雇艾蒂安·阿勒芒为其管理农场，两人还是"女公民拉维热里"在桑园广场上的房东；让-巴普蒂斯特·马歇·德拉贝热和卡特琳·布兰（Catherine Brun）的结婚登记（1784 年 7 月 27 日），AM-A, GG46/128。

91　弗朗索瓦丝·西尔维亚·阿勒芒·拉维热里（Françoise Sylvia Allemand Lavigerie）的出生登记（共和历 10 年霜月 12 日，即 1801 年 12 月 3 日），AM-A, 1E25/31。

92　阿德莱德·阿勒芒·拉维热里（Adelaide Allemand Lavigerie）的出生登记（共和历 11 年获月 19 日，即 1803 年 7 月 8 日）；皮埃尔·朱尔·爱德华·阿勒芒·拉维热里（Pierre Jules Edouard Allemand Lavigerie）的出生登记（1806 年 12 月 30 日）；马梅尔·维克托·阿勒芒·拉维热里（Mamert Victor Allemand Lavigerie）的出生登记（1808 年 5 月 11 日）；夏洛特·于尔叙勒·阿勒芒·拉维热里的出生登记（1810 年 10 月 23 日）；阿德莱德·泰奥尼·阿勒芒·拉维热里（Adelaide Théonie Allemand Lavigerie）的出生登记（1813 年 3 月 8 日）。ADPA, Bayonne, births, years 6–11, 775/875; births, years 12–1813, 224, 336, 548, 754/820。

93　弗朗索瓦丝·费朗的洗礼登记（1777 年 6 月 12 日），AM-A, St. André, GG45/124; "Etat des Refugiés," ADC, L152。

94　约瑟夫·布雷比翁和弗朗索瓦丝·费朗的结婚登记（巴黎第四区，共和历 8 年花月 10 日，即 1800 年 4 月 30 日），Table des mariages et des divorces célébrés à Paris de 1793 à 1802, AdP, V10E/2, available at https://www. geneanet. org/archives/registres/view/32378/235; Dossier "Ferrand, Françoise, Ve. Brébion," AN, F/12/2795。1872 年，弗朗索瓦丝的女儿克拉拉曾提交了一份证明书，声称她于 1804 年 1 月 29 日生于纽约；"Certificat de vie," March 11, 1873, in "Brébion Collet (veuve)," AN, F/12/2757。

95　Statement of the mayor of the seventh arrondissement of Paris, August 24, 1814, in dossier "Ferrand, Françoise, Ve. Brébion," AN, F/12/2795. 声明有两位邻居做证：管风琴师贡特尔（Gunther）和面包师加尼耶（Garnier）。根据声明，弗朗索瓦丝三个孩子的年龄分别为九岁半、七岁半和五岁，可以推算三人分别生于 1805 年初（与克拉拉的声明有出入）、1807 年初和 1809 年。弗朗索瓦丝当时住在格尼尔圣拉扎尔街（Rue Grenier St. Lazare），位于今天的第三区。

96　Letter of August 19, 1814, from Lareintz of the Bureau de Secours, Ministry of the Navy and Colonies, in "Ferrand, Françoise, Ve. Brébion," AN, Secours aux réfugiés et colons spoliés, F/12/2795。

392

97　Letter of August 10, 1860, from the director of foreign commerce to the minister of agriculture, in "Ferrand, Françoise, Ve. Brébion," AN, F/12/2795.

98　C. M. F. Puthod, *Coup d'oeil sur les moyens les plus praticables de procéder à la liquidation de l'indemnité affectée aux colons français* (Paris, 1825), pp. 4, 15.

99　奥古斯特·西瓦·德·维尔纳夫·索拉尔的死亡登记（1839 年 6 月 4 日），AM-A, 1E120/36。记录上死者的住址是镇中心的弗朗索瓦街 1 号（Rue François 1er），距离桑园广场不远。

100　"Certificats de civisme," ADC, L146; listing for Pierre Alexandre Ferrand, 1 niv. 2 (December 21, 1793).

101　Stéphane Calvet, *Dictionnaire Biographique des Officiers Charentais de la Grande Armée* (Paris, 2010), pp. 116–117.

102　Calvet, *Dictionnaire Biographique*, pp. 116–117.

103　皮埃尔·亚历山大·费朗的死亡登记（1841 年 12 月 4 日），AM-A, 1E126/97。记录上死者的住址是佩里格街（Rue de Périgueux）。

104　奥古斯特·西瓦·德·维尔纳夫·索拉尔的死亡登记（1839 年 6 月 4 日），1E120/36。

105　Court of Chancery, London, Complaint of Clara Sophia Augusta de Ceve de Villeneuve Solar, January 23, 1786, Response of Sir Richard Worsley, December 8, 1786, TNA, C/12/149/6. 关于理查德·沃斯利男爵（Sir Richard Worsley）及其早年与妻子的官司，见 Hallie Rubenhold, *The Lady in Red: An Eighteenth-Century Tale of Sex, Scandal, and Divorce* (New York, 2009)。

106　Session of August 13, 1792, in Henry Lemonnier, *L'académie royale d'architecture 1671–1793*, 10 vols. (Paris, 1911–1929), 9:330.

107　Lemonnier, *L'académie royale d'architecture*, 9:332, 348–350. "Salon de 1795," in *Collection des livrets des anciennes expositions depuis 1763 jusqu'en 1800* (Paris, 1871), p. 80.　西尔韦斯特雷·托潘是雅克·路易·大卫的"得意门生"，关于此，见 Boissonnade and Bernard, *Histoire du collège d'Angoulême*, p. 250。

108　Letter from the minister of the interior, 21 pluv. 5 (February 9, 1797), "Collège d'Angoulême," ADC, L422; payment for travel expenses, "Etat des dépenses de l'an 5 de l'école centrale," undated, "Ecole centrale d'Angoulême," ADC, L423; Boissonnade and Bernard, *Histoire du collège d'Angoulême*, pp. 249–250n1.

109　"Etat des dépenses," ADC, L423; Boissonnade and Bernard, Histoire du collège d'Angoulême, pp. 266, 290–291.

110　Letter from the minister of the interior to the administrators of the Department of the Charente, 23 prair. 6 (June 11, 1798), ADC, L422. 拿破仑·波拿巴的姻亲勒克莱尔将军 1802 年过世于圣多明各。

111　Letter of 26 flor. 7 (May 15, 1799). 信中西尔韦斯特雷宣布自己已经回到昂古莱姆，预备牧月 1 日（5 月 20 日）归岗，并要求临时顶替自己职位的人"明天"开始停止工作；同一天的另一封信通知他必须提供军队方面的退役批准；共和历 6 年霜月 18 日和共和历 6 年雪月 2 日的两封信称西尔韦斯特雷为"前设计教授"（ex professeur de dessein et

393

réquisitionnaire），并提议重新举行一次竞赛，寻人以永远取而代之，ADC L423; letters to the administrators of the department from the minister of war, on 3 mess. 7 (June 21, 1799) and from the minister of the interior on 10 mess. 7 (June 28, 1799), ADC, L422。

112 Letter of 7 germ. 7 (March 27, 1799) from Silvestre in Lyon, ADC L423.

113 西尔韦斯特雷·托潘的报销发票，内容为从巴黎订购的"竞赛奖品"，28 fruct. 7, ADC L423。

114 Payment to Valleteau, menuisier, "Etat des dépenses de l'an 5 de l'école centrale," undated, ADC, L423; Boissonnade and Bernard, *Histoire du collège d'Angoulême*, pp. 266, 290–291. 木匠尼古拉·瓦尔托（Nicholas Valleteau/Valteau）是昂古莱姆第一名离婚男性，AM-A, November 14, 1792, St. Pierre, GG25/51。

115 洛朗·西尔韦斯特雷·托潘和让娜·拉维热里的结婚登记（共和历 9 年热月 4 日，即 1801 年 7 月 23 日），AM-A, 1E23/82–83。关于当过教士的印刷商人弗朗索瓦·特雷莫，见 Boissonnade and Bernard, *Histoire du collège d'Angoulême*, p. 235; baptism of François Tremeau, January 19, 1765, AM-A, NDP, GG14/36。此人的叔祖父是在马提尼克发过大财的那位商人，叔叔是大革命时期国民公会成员让·布兰，此人还有一名也叫弗朗索瓦·特雷莫的表亲，1802 年过世于马提尼克，见 Jézéquel, *La Charente révolutionnaire*, pp. 224–226。

116 尼古拉·托潘（Nicolas Topin）和让娜·洛兰（Jeanne Lorin）关于制作和销售头盔（calottes）的协议（1756 年 12 月 3 日），AN, MC/ET/XLI/537; David Harris Cohen, "The 'Chambre des Portraits' Designed by Victor Louis for the King of Poland," *J. Paul Getty Museum Journal* 19 (1991): 75–98, pp. 83, 91–92, 96。根据结婚时的记录，西尔韦斯特雷·托潘 1771 年 6 月 22 日生于巴黎，AM-A, 1E23/83。根据玛丽·卡特琳·拉科纳 1790 年一份声明的说法，尼古拉·托潘 1773 年离开巴黎后，她便再也没有收到过他的消息。"托潘的结婚登记"（1790 年 12 月 11 日）（西尔韦斯特雷哥哥的结婚登记相关），AN, Y//5197/A, available at https://www.geneanet.org/archives/registres/view/?idcollection=3914&page=409。

117 在玛丽·卡特琳 1762 年的婚前协议中，女方已故的父亲雅克·拉科纳（Jacques Lacorne）被称为"奥尔良公爵侍从 H. S. H 所在舞蹈学院的老师"（maître d'académie pour la danse des pages de S. A. S. le duc d'Orléans），1762 年 5 月 7 日的婚前协议，AN, Denis, notary, MC/ET/LX/345. *Déclaration de la citoyenne Topin, sous-gouvernante de Louise-Eugénie-Adelaide d'Orléans* (Paris, 1793); Stéphanie Félicité de Genlis, *Mémoires inédits de madame la comtesse de Genlis*, 10 vols. (Paris, 1825), 4:74。

118 *Déclaration de la citoyenne Topin*, pp. 1–4. *Vie politique de Louis-Philippe-Jo seph, dernier duc d'Orléans* (Paris, 1802), pp. 164–172.

119 "托潘夫人立即主动前往巴黎公社令人厌恶的审讯现场，告发其恩人的逃亡行径，为了进一步抹黑其行为，又加油添醋称"自己偶然听到过让利夫人的一些不虔诚话语。"Personal History of Louis Philippe," *Quarterly Review* 52 (1834): 519–572, p. 534.

120 玛丽·泰奥尼·托潘的出生登记（1801 年 10 月 15 日，即共和历 10 年葡月 23 日），索瓦丝·梅洛埃·托潘的出生登记（1803 年 1 月 14 日，即共和历 11 年雪月 24 日），弗朗索瓦·托潘的出生登记（1804 年 8 月 12 日，即共和历 12 年热月 24 日），AM-A,

394

1E25/12, 1E32/50, 1E35/133。

121　Boissonnade and Bernard, *Histoire du collège d'Angoulême*, pp. 313–316.

122　AdP, état civil reconstitué, 夏尔·西尔韦斯特雷·托潘（Charles Silvestre Topin）的出生登记（1807 年 6 月 16 日，第九区），玛丽·路易丝·托潘（Marie Louise Topin）的出生登记（1813 年 9 月 17 日）。

123　"Inventaire Veuve Topin," November 14, 1810, AN, Trubert, notary, MC/ET/XLII/748. 声明者是画家西尔韦斯特雷（Silvestre Merys, peintre）。艺术家博物馆（musée des artistes）为领事馆所设立，位于前索邦神学院的这一机构意在为艺术家提供退休之地和销售场所（1801 年，政府决定将国家图书馆的藏书转移至卢浮宫，大批生活于此的艺术家随之被迫迁出），Louis-Pierre Baltard, *Paris et ses monuments, mesurés, dessinés et gravés par Baltard* (Paris, 1803), p. 40。

124　AM-A, 马夏尔·阿勒芒·拉维热里和路易丝·瓦兰的结婚登记（1790 年 4 月 13 日），St. André, GG47/65。

125　ADPA, 艾蒂安·阿勒芒·拉维热里和玛丽·孟德斯鸠的结婚登记（1807 年 1 月 1 日），Pau, marriages, 1807–1812, 2/272。根据记录，玛丽的父亲让·孟德斯鸠（Jean Montesquieu）是一名店主；玛丽的母亲玛丽·巴雷尔（Marie Barrère）在死亡登记中的身份是杂货商。玛丽·巴雷尔的死亡登记（1832 年 5 月 22 日），Pau, deaths, 1823–1832, 621/654。

126　Statement of November 16, 1810, Duhalde, notary in Bayonne, enclosed in "Par devant Duval notaire," March 16, 1811, ADC, 2E8751.

127　ADPA, 艾蒂安·阿勒芒·拉维热里之妻玛丽·孟德斯鸠的死亡登记（1837 年 3 月 3 日），Pau, deaths, 1833–1842, 311/667。

128　孙辈的出生、结婚和死亡日期见附录 1。其中加布里埃尔·费朗和玛丽·阿德莱德·德维亚伊六个儿子中的两个——一个叫让，一个叫让·弗朗索瓦·费朗——几乎没有留下什么信息。当过文员的安托万·阿勒芒·拉维热里 1801 年夏天在昂古莱姆先后为一个兄弟和一个姐妹的婚礼作了见证；1811 年 3 月，当他的父亲与还活着的儿女签订赡养协议时，安托万已经不在人世。马夏尔·阿勒芒·拉维热里和让娜·拉维热里各自的结婚登记，AM-A, 1E23/69–70 and 82–83; "Par devant Duval notaire," March 16, 1811, ADC, 2E8751, 并见下，7 章。

129　约瑟芙（芬）·阿勒芒·拉维热里（Josephe Allemand Lavigerie）的洗礼登记（1779 年 9 月 12 日），AMA, NDP, GG14/58。

130　ADPA, Bayonne, 约瑟芬·阿勒芒·拉维热里和约瑟夫·亚历山大·塞萨尔·彭萨尔的结婚登记（1807 年 9 月 23 日），marriages, 1807–1823, 28/857; 亚历山大·艾蒂安·马赛兰·彭萨尔（Alexandre Etienne Marcellin Ponsard）的出生登记（1809 年 4 月 20 日），births, year 12–1813, 427/820; 见卡米耶·亚历山大·阿勒芒·拉维热里（Camille Alexandre Allemand Lavigerie）的出生登记（共和历 8 年霜月 21 日，即 1799 年 12 月 12 日），ADSa, Le Mans, births, year 8, 59/122。

131　1813 年，两人又见证了夫妇俩另一个女儿的出生；记录上亚历山大的身份依然是"教师"，皮埃尔是"战争发饷官的副手"。ADPA, Bayonne, 夏洛特·于叙勒·阿勒芒·拉维热里的出生登记（1810 年 10 月 23 日），阿德莱德·泰奥尼·阿勒芒·拉维热里（Adelaide

395

Théonie Allemand Lavigerie）的出生登记（1813 年 3 月 8 日），births, year 12–1813, 548/820 and 754/820。

132 ADPA, Bayonne-Saint Esprit (Landes), 莱昂·菲利普·阿勒芒·拉维热里和赫敏·路易丝·劳尔·拉特里勒（Hermine Louise Laure Latrilhe）的结婚登记（1824 年 11 月 3 日），marriages, 1814–1831, 248/1460。

133 ADPA, Bayonne, 约瑟夫·亚历山大·塞萨尔·彭萨尔的死亡登记（1847 年 2 月 24 日），约瑟芬·阿勒芒·拉维热里的死亡登记（1855 年 4 月 29 日），deaths, 1842–1857, 237/884 and 646/884。

134 "Registres matricules des sous-officiers et hommes de troupe de l'infanterie de ligne (1802–1815)"；"Vélites placés à la suite du 2e régiment de chevau-lég ers lanciers de la garde impériale, 21 août 1811–29 mars 1814." SHD/GR YC 163/94/114, at http://www. memoiredeshommes . sga. defense. gouv. fr/.

135 罗丝·卡莉斯塔·费朗的出生登记（1833 年 9 月 12 日，第五区），埃莉萨·科莱的死亡登记（1836 年 4 月 5 日，第九区），AdP。ADSM, Montereau-Fault-Yonne, 1839–1841, 让–巴普蒂斯特·费朗和安妮·尼古拉·蒂里奥的结婚登记（1839 年 1 月 23 日），47–48/356。让–巴普蒂斯特自称埃莉萨·科莱的鳏夫，而主宫医院的死亡记录则显示埃莉萨·科莱为单身。AdP, DQ8, 785/2225, third bureau。

136 安妮·尼古拉·蒂里奥的死亡登记（18612 年 10 月 21 日），ADSM, Montereau-Fault-Yonne, 1860–1862, 274/422；罗丝·卡莉斯塔·费朗和锡匠费迪南德·阿梅代·埃斯诺（Ferdinand Amédée Esnault）的结婚登记（1864 年 6 月 7 日），Montereau-Fault-Yonne, 1863–1865, 185–186/380。让–巴普蒂斯特登记的身份是艺术家兼画师，为罗丝·卡莉斯塔做见证的是一名书商兼排版工人和一名雕版工人。

137 AD Orne, Vimoutiers, deaths, 1863–1873, August 12, 1873, 527–528/543. 罗丝·卡莉斯塔·费朗有过一个女儿，名叫伊莎贝尔·玛尔特·卡莉斯塔·埃斯诺（Isabelle Marthe Calista Esnault），伊莎贝尔过世于 1891 年 4 月，时年 25 岁；记录称她是个裁缝，与父母同住。她的母亲，玛丽·艾马尔曾孙辈的最后一人，死于六天后。Vimoutiers, births, 1864–1873, April 24, 1865, 56/325; deaths, 1885–1892, April 14, 1891, 277/480, and April 20, 1891, 278/480。Vimoutiers, Table de successions et absences, 1882–1893, 58/176。

138 艾蒂安·费朗的这一人生轨迹并不罕见；教区 169 名宣誓的教士中，有 60 人最终结了婚。Blanchet, Le clergé charentais pendant la révolution, pp. 510, 555.

139 Record of house number 935, Section C, Château, in AM-A, "Contributions, matrices foncières," 1791.

140 See Jézéquel, La révolution française à Angoulême, pp. 90, 127, 162–163, and Jézéquel, "Charente," in Grands notables du premier empire, pp. 58–59.

141 Letter of August 30, 1789, from Léonard Robin to Abraham-François Robin, ADC, J700.

142 Clark, The Sleepwalkers: How Europe Went to War in 1914, p. xxvii.

143 Tocqueville, L'ancien régime, pp. 107, 291.

144 Louis de Bonald, "Sur les éloges historiques de MM. Séguier et de Malesherbes," in Mélanges littéraires, politiques et philosophiques; par M. de Bonald, 2 vols. (Paris, 1819),

1:217–241, p. 225; Jean-Etienne-Marie Portalis, *Eloge d'Antoine-Louis Séguier, Avocat-Général au Parlement de Paris* (Paris, 1806), pp. 66–67, 80, 82. See also Felicité de Lamennais, *Réflexions sur l'état de l'église en France pendant le dix-huitième siècle, et sur sa situation actuelle* (Paris, 1814), pp. 45–46, 78; and Emma Rothschild, *Economic Sentiments: Smith, Condorcet, and the Enlightenment* (Cambridge, MA, 2001).

145 Bonald, "Sur les éloges historiques de MM. Séguier et de Malesherbes," p. 224.

146 Tocqueville, *L'ancien régime*, p. 182.

147 Georges Lefebvre, introduction to Tocqueville, *L'ancien régime et la révolution* (Paris, 1952), 9–30, p. 21.

148 见 Georges Lefebvre, "Les foules révolutionnaires" (1934), repr. in Lefebvre, *La grande peur*, 241–264, pp. 245–246; and Jacques Revel, "Présentation," in *La grande peur*, 7–23。关于马克·布洛赫对社会群体的集体表现的兴趣，以及集体意识和个体意识之间的关系，见 Charles-Edmond Perrin, "L'oeuvre historique de Marc Bloch," *Revue Historique* 199, no. 2 (1948): 161–188, 184–187。通过某一历史时期的"结构"，可以确认未来改变的机制，关于此见 "Tentons l'experience," p. 1318; Jean-Yves Grenier and Bernard Lepetit, "L'expérience historique: à propos de C.-E. Labrousse," *Annales: Economies, Sociétés, Civilisations* 44, no. 6 (1989): 1337–1360; Jacques Revel, "Présentation," in Revel, *Un parcours critique: douze exercises d'histoire sociale* (Paris, 2006), 9–27, pp. 23–24, 26; and Revel, "L'institution et le social," in Lepetit, *Les formes de l'expérience*, 63–84。

149 桑园广场上殖民地商品琳琅满目的这间药剂师店铺 1769—1775 年间曾经三度易主。外科医师之女玛格丽特·德拉丰的药剂师丈夫死后，店铺到了这位寡妇手中，接着到了她的第二任丈夫（也是一名药剂师）手中；第二任丈夫死后又回到了她手中，接着到了他的第三任丈夫手中：此人即保罗·法弗罗，1764 年在婚前协议上签过名的人当中有他的父亲、叔叔和兄弟。保罗本人婚后也作为药剂师在镇上获得了认可。保罗·法弗罗是卡特琳·布耶的儿子，A-M. 布耶的外甥，M. 法弗罗的兄弟。玛格丽特·法弗罗的洗礼登记（1742 年 3 月 19 日），保罗·法弗罗的洗礼登记（1743 年 3 月 12 日），ADC, Larochefoucauld— Saint Cybard, 1737– 1756, 64–65, 74/188。玛格丽特·德拉丰初次结婚时 23 岁，再度结婚时 38 岁（第二任丈夫当时 20 岁，原先是玛格丽特第一任丈夫的学徒），嫁给保罗·法弗罗时 43 岁。ADC, Montmoreau-Saint Cybard 1651–1792, 3E247/1, 103/244; AM-A, NDP, GG14/42, 43, 48, 52; "Receptions d'apothicaires de 1765 à 1787," BSAHC, ser. 2, 3 (1861): 174–175; and see Albertine Cadet, "Les apothicaires du temps passé à Angoulême," p. 55.

150 Giacomo Leopardi, "Dialogo di Tristano e di un amico" (1832), in Leopardi, *Tutte le opere*, ed. Walter Binni, 2 vols. (Milan, 1993), 1:184. 397

151 Tocqueville, *L'ancien régime*, p. 43.

152 Letter of May 11, 1788, from Léonard Robin to Abraham-François Robin, ADC, J700.

153 见上，5 章。

154 关于历史经验、经济指示物的选择和历史的因果关系，见 Grenier and Lepetit, "L'expérience historique: A propos de C.-E. Labrousse"。

155 Balzac, *Les illusions perdues*, pp. 30, 34. 小说中的父亲是一名印刷工人，印刷厂主死后，

他从其寡妇手中购得了工厂。他揽到了为革命政府印制法令的活，尽管本人不识字，却雇用过两个大有来头的排版工人，先是躲在镇上的一位马赛贵族，"他对一系列法律进行了排版和校对，都是关于藏匿贵族者要处以死刑的"，然后是一名拒不效忠的教士。1802 年，老塞查（Séchard）已经成了一个有钱人；1819 年他拥有的报纸垄断了司法布告，并且和革命前的亚伯拉罕-弗朗索瓦·罗班一样，承包了教区的印刷业务。

156 Records of house numbers 632–639 (Beaulieu), on the north side of the Place du Mûrier, and house numbers 1002–995 (Château), on the south side, in "Contributions, matrices foncières," 1791, AM-A.

157 Entry for 10 therm. year 4, in Mercier, *Journal des maires d'Angoulême*, pp. 73–74.

158 Letter from Angoulême of the representative Roux-Fazillac, October 18, 1793, AP, 76:691. 关于桑园广场上的行刑，见 George, *Topographie historique d'Angoulême*, p. 111。

159 Report of citizens Mignot, Menault, and Gerbaud, quoted in Blanchet, *Le clergé charentais pendant la révolution*, p. 218n2; Forgeaud, "La Place du Mûrier et ses environs," p. 41.

160 1791 年的登记簿显示，当时紧邻桑园广场有六处重要地产属于提尔塞莱特修会，有 15 处属于雅各宾会（或多明我会），多明我会的"修道院"位于广场的东端。雅各宾会在绿钟岛（1764 年在婚前协议上签过名的人当中许多生活在该岛）上也有众多产业。在（陆续补充过大量注记的）那份登记表上，其一处产业的记录为：属于国家（画掉了）、已售（也画掉了），最后的一条记录为已售，买方是 1769 年信贷危机历史作者、莱昂纳尔·罗班的父亲；"已归印刷商人罗班先生名下"。Records of house numbers 614, 615, 629, 630, 635 (Beaulieu) and 276–290 (St. Martial), in "Contributions, matrices foncières," 1791, AM-A。

161 Record of house number 1000 (Château) in "Contributions, matrices foncières," 1791, AM-A.

162 "财产权神圣不可侵犯，除非明确出于公共利益或法律规定，不得随意剥夺。""Procès-verbal fixative des alignements des rues de la ville d'Angoulême," July 11, 1792 (manuscript copy), pp. 1, 12, 20, 25, 26, references to houses numbered 632, 761, and 1014; ADC, J112。

163 Declaration no. 332 of Citoyenne Veuve Ogerdias, 17 brum. 6, AM-A, Contributions personeles, 1798–1799. 让娜·弗朗索瓦丝·奥格迪亚斯（Jeanne Françoise Ogerdias，生于 1762 年 4 月 2 日）的洗礼登记，ANOM, Chandernagor, 1768, April 10, 1768; Blanchet, *Le clergé charentais pendant la révolution*, p. 425。

398 第七章 现代人生

1 "Brillat-Savarin," in Oeuvres complètes de *H. de Balzac*, 22 vols. (Paris, 1870–1879), 22: 231–238, p. 238. 布里亚·萨瓦兰（Brillat-Savarin）1755 年生于安河地区贝莱（Belley, Ain），1826 年过世于巴黎。

2 Maurice Lévy-Leboyer, "La croissance économique en France au XIXe siècle," *Annales. Economies, Sociétés, Civilisations* 23, no. 4 (1968): 788–807. 关于 19 世纪法国经济历史的连续性，见 Patrick Verley, *Nouvelle histoire économique de la France contemporaine: l'industrialisation 1830–1914* (Paris, 2003); Fureix and Jarrige, *La modernité desenchantée*, chapter 2; and David Todd, *A Velvet Empire: French Informal Imperialism in the Nineteenth*

Century (Prince ton, NJ, 2021)。

3 关于人"普遍、长期、不断"的改善自身境况的愿望，见 Smith, *The Wealth of Nations*, pp. 341–345。

4 关于"不断超越否定之实属无力的局限"（在本研究中就是瞬息万变的家族历史网站信息）这一"坏的无限性"，见 Georg Wilhelm Friedrich Hegel, *The Science of Logic, ed. and trans. George Di Giovanni* (Cambridge, 2010), pp. 192–193, and Rothschild, *The Inner Life of Empires*。

5 关于在"唤起遥远记忆"意义上"将几代人并置于有限的空间"，见 Corbin, *Le monde retrouvé de Louis-François Pinagot*, p. 87。五个姐妹南城墙上的公寓中发生的就是这一意义上的并置；公寓中除了姐妹五人，还先后容纳过三位外甥女／侄女、一位侄儿、四位甥孙女、一位甥孙，本项研究选择孙辈的孙辈一代作为终结，因而决定性地排除了任何可能活到 21 世纪的家族成员的父母。关于逝者及其后代的隐私，见 Julia Stephens, "Picking the Pockets of the Dead: A Reflection on the Ethical Dilemmas of Writing Le gal Lives" (Writing Le gal Lives workshop, Harvard University, September 21, 2019)。

6 Guyot de Fère, *Annuaire des artistes français* (Paris, 1832), p. 377; Firmin-Didot, *Annuaire générale du commerce et de l'industrie, de la magistrature et l'administration, ou almanach des 500,000 adresses* (Paris, 1842), pp. 1229–1230; *Annuaire générale du commerce* (1857), p. 1483.

7 *Almanach-Bottin du commerce de Paris* (Paris, 1854), pp. 193, 459, 1008.

8 Condorcet, *Esquisse d'un tableau historique des progres de l'esprit humain*, pp. 233–234, 并见上，2 章。

9 Louis Baunard, *Le cardinal Lavigerie*, 2 vols. (Paris, 1896), 1:xii; Vicomte de Colleville, *Le cardinal Lavigerie* (Paris, 1905), p. 203.

10 历史学家阿方斯·奥拉尔（Alphonse Aulard）记录过夏朗德省最初几位省长（1800–1814）的一些行动，在他的笔下，这位省长"执行行政命令十分谨慎而且一丝不苟，但并不狂热顺服。除了压制个体自由之外，此人从未采取过任何主动行动"。Aulard, "La centralisation napoléonienne: Les préfets," *La révolution française* 61 (July– December 1911): 322–342, pp. 324–325。关于省府（préfecture）的建设以及现代省府街（Rue de la Préfecture）上的新建筑，见 "La préfecture au fil des siècles" (2015), http://www.charente. gouv.fr/Services-de-l-Etat/Prefecture-et-sous-prefectures/Prefecture-de-la-Charente/La-prefecture-au-fil-des-siecles。

11 关于学院的重建，见 "Le lycée Guez de Balzac d'hier et d'aujourd'hui: quelques repères historiques" (2009), http://etab. ac-poitiers. fr/lycee-guez-de-balzac/。

12 "Délibérations du conseil général de la commune, 1804–1815," AM-A, fols. 84v–85r. 关于 16 和 18 世纪的"抹杀"和"亵渎"，见 "Discours sur l'église cathédrale d'Angoulême" (January 17, 1869), in Antoine-Charles Cousseau, *Oeuvres historiques et archéologiques de Mgr Cousseau, ancien évêque d'Angoulême*, 2 vols. [vols. 1 and 3] (Angoulême, 1891–1892), 3:87, 并见下，9 章。

13 这一纪念物的描述，见 http://www. culture. gouv. fr/ public/ mistral/ merimee_fr？ACTION = CHERCHER&FIELD_1 = REF&VALUE_1 = PA00104206; Odette Hamard,

399

"Autour d'une Visite de Madame Royale Duchesse d'Angoulême," BSAHC (1970): 131–138。

14　见下，9 章，关于阿巴迪家族，见 *Entre archéologie et modernité: Paul Abadie architecte 1812–1884*, ed. Claude Laroche (Angoulême, 1984), and *Répertoire des architectes diocésains du XIXe siècle*, edited by Jean-Michel Leniaud, http://elec. enc. sorbonne. fr/ architectes/ 。

15　"Abadie (Paul)," in Alexandre Du Bois and Charles Lucas, *Biographie universelle des architectes célèbres* (Paris, 1868), 14–21, p. 17.

16　AN, Prisons-Charente, F/16/997.

17　AM-A, "Prisons." Drawing dated 1816, no. 43; reports about Abadie's successive projects dated April 22, 1822, May 20, 1828, and February 7, 1832, nos. 43, 50, 55, and unnumbered. 革命时期昂古莱姆至少有 11 栋建筑曾被用作监狱。阿巴迪首次建议将现有建筑改建为监狱是在 1819 年，对象是当时的食堂，1821–1823 年改建计划付诸实施，后续几年又进行了多项修复。见 Monique Bussac, "Brève histoire des prisons d'Angoulême," in Jean-François Buisson et al., *Châtelet-Les Halles: 1,000 ans d'histoire urbaine à Angoulême (Charente)* (Angoulême, 2005), pp. 34–39。

18　*Paul Abadie architecte 1812–1884*, pp. 36–37;（雄伟的）法院大楼花费不多，关于此见 "Abadie (Paul)," *Biographie universelle*, pp. 18–19n5。

19　关于省长的新府邸，见 http://www2.culture.gouv. fr/public/mistral/mersri_fr ?ACTION= CHERCHER&FIELD_1=REF&VALUE_1=PA00104226。

20　"Chronique," L'écho du soir, no. 128 (October 22, 1826): 4. Ordonnance du roi portant création d'un collège royal de marine (Brest, 1816); "法兰西海军上将"昂古莱姆公爵（Duc d'Angoulême）成了新学院的保护者。

21　"Procès-verbal de prise de possession de l'apanage du comte d'Artois à Angoulême" (1774), ed. Léon Burias, BSAHC, ser. 8, 15 (1924): 133–146, p. 137; AM-A, Plan Directeur.

22　*Histoire d'Angoulême et de ses alentours*, ed. Pierre Dubourg-Noves (Toulouse, 1989), p. 292.

23　"Discours de M. L'évêque," July 4, 1852, in Cousseau, *Oeuvres*, 3:150.

24　Notice no PA16000017, base Mérimée; http://www2. culture. gouv. fr/public/mistral / mersri_fr?ACTION=CHERCHER&FIELD_1=REF&VALUE_1=PA16000017.

25　"Eglise St Martial," available at www. culture. gouv. fr/Wave/image/merimee/PROT / PA16000018_DOC. pdf. 关于新教堂的白色外立面，见 Louis-Edouard May, *Consécration de l'église St-Martial, 1853*, Musée des Beaux-Arts d'Angoulême。

26　"神将之抹去是为了重新书写。" "Discours pour la bénédiction de la première pierre de l'église de St Ausone," December 4, 1864, in Cousseau, *Oeuvres*, 3:184。

27　"Discours sur l'église cathédrale d'Angoulême," January 17, 1869, letter to Prince Louis-Napoléon, 1852, in Cousseau, *Oeuvres*, 3:87, 417.

28　根据其女儿的结婚记录，弗朗索瓦·拉普朗什的死亡日期为共和历 10 年牧月 3 日（1802 年 5 月 23 日），死亡地点在巴黎；阿里斯蒂德·路易·马特·苏拉（Aristide Louis Marthe Soulas）和让娜·朱莉·拉普朗什的结婚登记（共和历 11 年霜月 16 日，即 1802

年 12 月 7 日), AD Val de Marne, Villeneuve-Saint-Georges, 1802–1803, 32–33/75。
Record of house number 51, Section D, St. Pierre, in "Contributions, matrices foncières,"
1791, AM-A. 阿里斯蒂德·苏拉 1850 年过世于阿诺维(Arnouville)村中,当时的记录
称其曾经是收直接税的, AD Val d'Oise, Arnouville, 1844–1853, 52/83。1851 年让娜·朱
莉依然生活在当地,记录称她是"领国家津贴的"、"59 岁";事实上她已经 76 岁。AD
Val d'Oise, Arnouville, recensement de population, 1851: 2/14。"收直接税的"(contrôleur
des contributions directes)A. L. 苏拉写过一本书,出版于 1820 年: *La levée des plans
et l'arpentage rendus faciles; précédés de notions élémentaires de trigonométrie rectiligne, à
l'usage des employés au cadastre de la France* (Paris, 1820)。夫妇俩的儿子阿希尔·埃利·约
瑟夫·苏拉(Achille Elie Joseph Soulas)——1800 年出生、1802 年在两人结婚时获得承
认——是一位发明家,1842 年曾在伦敦获得一项专利,内容是"流体流量调节装置的
改进"——一种反馈控制设备。AD Val de Marne, Villeneuve-Saint-Georges, 1799–1801,
36/140; *The Repertory of Patent Inventions*, vol. 15, January–June, 1841 (London, 1841), p.
256。

29　阿德莱德·亨丽埃特·罗班(Adelaide Henriette Robin)的出生登记(1793 年 2 月 16 日),
AM-A, 1E1/19; 记录上罗班自称农民,签名是"美国人罗班"(Robin Américain)。

30　伊丽莎白·斯塔布斯的死亡登记(1824 年 12 月 28 日), ADC, Dirac, 1823–1832,
3E128/6, 35/260。

31　Angoulême, Etats des sections, 1827, ADC, 3 PPROV 16 3, properties 1094 and 1095, 297–
298/336.

32　弗朗索瓦·亚伯拉罕·罗班的死亡登记(1833 年 1 月 13 日), AM-A, 1E102/7。

33　皮埃尔·费利克斯和弗朗索瓦丝·马利亚特的结婚登记(1820 年 7 月 27 日), AM-A,
1E59/79–80; Matrice des propriétés bâties et non bâties, Angoulême-Ville, 1835–1911, ADC,
3 PPROV 16 5, 66/183。

34　弗朗索瓦丝·路易丝·贾沃特·费利克斯(Françoise Louise Javote Félix)和路易·埃默里
的结婚登记(1821 年 9 月 13 日);路易丝·夏洛特·莱昂蒂·埃默里(Louise Charlotte
Léontine Emery)和米歇尔·吉查德(Michel Guichard)的结婚登记(1841 年 6 月 30
日);玛丽·玛尔特·迪梅尔格(Marie Marthe Dumergue)和约瑟夫·巴吉斯(Joseph
Bargeas)的结婚登记(1820 年 12 月 16 日);泰蕾兹·迪梅尔格(Thérèse Dumergue)
和让-巴普蒂斯特·巴基斯(Jean-Baptiste Bargeas)的结婚登记(1820 年 12 月 16 日);
AM-A, 1E62/99–100, 1E125/62, 1E59/128–130。

35　Dénombrement de la population, Etat nominatif, Angoulême 1846, ADC, 6M84, 283/646;
路易·费利克斯的死亡登记(1851 年 10 月 3 日), AM-A, 1E157/89; 死者的年龄被错登
为 82 岁。

36　卡特琳·拉比的死亡登记(1812 年 6 月 1 日), AM-A, 1E45/156; Etats des sections,
Angoulême, 1827, ADC, 3 PPROV 16 3, properties 17, 20, 80, 85, 86, 87, 219, and 306; 185,
262, 264, 265, 269, 272/336。

37　让·勒克莱的死亡登记(1848 年 8 月 21 日), AM-A, 1E148/69。

38　玛格丽特·奥贝尔和让·诺埃尔·博尼索(Jean Noel Bonniceau)的结婚登记(1807 年 4
月 5 日), AM-A, 1E40/80–81。

39 让·茹贝尔的寡妇玛格丽特·杜鲁索（Marguerite Durousseau）的死亡登记（1809 年 7 月 6 日），AM-A, 1E42/208。

40 研究革命时期夏朗德省教会历史的学者布朗谢（Blanchet）确认其地址为"万国宫街"（sise Rue du Palais），地址上的房子为玛格丽特的哥哥、当时在巴黎经商的泰奥多尔·奥贝尔（Théodore Aubert）所有。Blanchet, *Le clergé charentais pendant la Révolution*, p. 157n1; ADC, Etats des sections, Angoulême, 1827, 3 PPROV 16 3, 288/336; Matrice des propriétés bâties et non bâties, 1835–1911, 3 PPROV 16 5, 73/183; Quignon, "Notices historiques et anecdotiques," 8:334, ADC, J75。

401 41 玛格丽特·奥贝尔的死亡登记（1842 年 4 月 1 日），Death of Marguerite Aubert, April 1, 1842, ADC, Rouillac 1833–1845, 3E310/8, 413/541。

42 莱昂纳尔·罗班共和历 10 年获月 17 日（1802 年 7 月 6 日）过世于勃艮第，AD Yonne, Paron, 2E288/9, year 10–1825, 6/134。"Inventaire après le décès du citoyen Robin, 21 thermidor an 10," Jean Petit, notary, AN, MC/ET/CX/586。

43 "由于共和历 2 年雾月 12 日法令颁布时父亲依然在世的非婚生子女、即上述公民路易·莱昂纳尔·罗班所属的类型的情况不确定，这些人均对后者的傲慢表示反对"，两兄弟如此宣称；各方同意清点死者的财产。"Inventaire apres le décès du citoyen Robin," AN, MC/ET/CX/586。关于非婚生子女的继承问题，见 Jean-Louis Halpérin, "Le droit privé de la Révolution: héritage législatif et héritage idéologique," *Annales historiques de la Révolution française*, no. 328 (2002): 135–151。

44 "Inventaire apres le décès du citoyen Robin," AN, MC/ET/CX/586.

45 *Réclamations pour le sieur Charles-Marie Canalès-Oglou*, pp. 11–12, 42–43.

46 J. -B. Sirey, *Jurisprudence de la cour de cassation, an XIV–1806* (Paris, n. d.), 307–312, p. 308.

47 Sirey, *Jurisprudence de la cour de cassation*, pp. 311–312.

48 路易·莱昂纳尔·罗班的死亡登记（1825 年 1 月 18 日），AD Yonne, Paron, 2E288/9, year 10–1825, 129–130/134; Roy, "Léonard Robin," pp. 104–105。玛丽·伊丽莎白·埃米莉·奥堡（Marie Elisabeth Emelie Aubourg）的死亡登记（1843 年 5 月 24 日，第十二区）; AdP, état civil reconstitué。玛丽·罗班的死亡登记（昂古莱姆，1837 年 3 月 27 日）; AM-A, 1E114/31。让·亚伯拉罕—弗朗索瓦·罗班的洗礼登记（圣安德烈，1785 年 3 月 19 日），GG46/149–150; 玛丽·罗班登记的身份是父亲一方的亲戚。

49 Letter of 17 flor. 2 (May 6, 1794) from Citoyen Muron to the prosecutor Fouquier Tinville, AN, Tribunaux révolutionnaires et hautes cours du XIXe siècle, W//132, no. 70; Neil Schaeffer, *The Marquis de Sade: A Life* (Cambridge, MA, 2000), pp. 447–450.

50 Letters of 17 flor. 2 and 3 prair. 2 (May 22, 1794) from Muron to Fouquier Tinville, AN, W//132, no. 70, W//152, no. 157.

51 Marie-Brigitte-Scholastique Virol, Acte de notoriété, October 18 and October 25, 1810, and "Inventaire," October 22, 1810, Louis Athanaze Rendu, notary, AN, MC/ET/CVIII/731.

52 "Inventaire," October 22, 1810, AN, MC/ET/CVIII/731.

53 AM-A, 安托万、诺埃尔、玛丽·玛格丽特·维罗尔的洗礼登记（1732 年 1 月 15 日、1736 年 11 月 22 日、1740 年 5 月 24 日），NDP, GG13/111, 119, 125, 以及蒂博·伊波利特·维

罗尔（Thibault Hypolite Virol）的洗礼登记（1775 年 8 月 23 日，圣保罗），GG90/89。

54 加布里埃尔·费朗的死亡登记（1816 年 12 月 20 日），AM-A, 1E52/426。

55 "Séance du mercredi 8 decembre 1909," BSAHC, ser. 8, 1 (1910): xliv.

56 非常感谢弗洛朗·加亚尔先生在夏朗德省考古和历史博物馆寻找此肖像的努力。在西尔韦斯特雷·托潘之后任教于昂古莱姆设计学院的教授中有一位名叫古斯塔夫·帕耶（Gustave Paillé），其子莫里斯（Maurice）是一名"相当出色的艺术家"，"可惜这些画家的作品连一幅都没有留下"，在昂古莱姆博物馆的目录中埃米尔·比艾（Emile Biais）表示。Emile Biais, *Catalogue du musée d'Angoulême: peintures, sculptures, estampes* (Angoulême, 1884), p. 20n1。

57 见上，6 章。

58 樊尚·加布里埃尔·费朗的死亡登记（1825 年 2 月 14 日），AD Loiret, Beaugency, deaths, 1821–1832, 131/414; 皮埃尔·吕西安·欧仁·费朗（Pierre Lucien Eugène Ferrand）的出生登记（1823 年 1 月 6 日），AD Loiret, Beaugency, births, 1821–1826, 88/252; 皮埃尔·吕西安·欧仁·费朗和尤金妮亚·克莱门汀·洛莫（Eugénie Clementine Lormeau）的结婚登记（1852 年 5 月 22 日），AD Hauts de Seine, Montrouge, marriages, 1852, 19–20/57; 皮埃尔·吕西安·欧仁·费朗的死亡登记（1881 年 5 月 28 日），AdP, 3e. arr., act no. 838; and on the "cabinet de lecture" of "Mme. Veuve Ferrand," *La presse*, no. 5057, May 9, 1850。

59 欧仁·加布里埃尔·费朗的出生登记（1884 年 8 月 24 日），AdP, 4e arr., act no. 2183; 朱丽叶·玛丽·费朗（Juliette Marie Ferrand）的出生登记（1886 年 2 月 25 日），10e arr., act no. 980; 路易·加布里埃尔·费朗和玛丽·艾玛·梅兰妮·曼丘特（Marie Emma Mélanie Manchuette）的结婚登记（1888 年 6 月 2 日），3e arr., act no. 413; 路易·加布里埃尔·费朗的死亡登记（1907 年 4 月 23 日），10e arr., act no. 2169。

60 Mort pour la France, Eugène Gabriel Ferrand, May 5, 1916, https://www.memoiredeshommes.sga.defense.gouv.fr.

61 让·迪诺绍和斯蒂芬妮·费朗的结婚登记（1820 年 12 月 9 日），AD Loiret, Beaugency, marriages, 1810–1820, 290–291/302。

62 *Almanach-Bottin du commerce de Paris* (Paris, 1854), pp. 193, 459, 1008.

63 批评家路易·艾蒂安 1863 年谈到马奈的名画《草地上的午餐》（*Déjeuner sur l'herbe*）时称其为"两个布雷达，裸得不能再裸了，两个花花公子，穿得不能再多了"。Louis Etienne, *Le jury et les exposants: salon des refusés* (Paris, 1863), p. 30; and see Pierre Bourdieu, *Manet: une révolution symbolique* (Paris, 2013), p. 629。

64 Edmond de Goncourt, *Journal des Goncourt: mémoires de la vie littéraire*, 9 vols. (Paris, 1851–1896), 1:126, 7:256.

65 关于布雷达街和纳瓦林街交角这间餐厅的众多回忆，见 Etienne Carjat, "Le Saint-Charles, ou une soirée chez Dinochau," *Le Figaro*, no. 423 (March 6, 1859): 3–5; "Un diner chez Dinochau," in Louis Lemercier de Neuville, *Les tourniquets: revue de l'année 1861* (Paris, 1862), pp. 41–50; Alfred Delvau, "Le cabaret Dinochau," in *Histoire anecdotique des cafés et cabarets de Paris* (Paris, 1862), pp. 15–21; "Courrier de Paris," *Le monde illustré*, no. 766 (December 16, 1871): 37; "Chronique de Paris," *Le voleur illustré: cabinet de lecture universel*, December 22, 1871, pp. 1069–1070; Firmin Maillard, "Les derniers bohèmes,

I" in *La Rena is sance littéraire et artistique*, year 1, no. 31 (November 23, 1872): 245–246; Firmin Maillard, *La cité des intellectuels: scènes cruelles et plaisantes de la vie littéraire des gens de lettres au XIXe siècle* (Paris, 1905), pp. 286–289; "L'entresol de Dinochau: La Bohème en 1860," in Louis Lemercier de Neuville, *Souvenirs d'un montreur de marionnettes* (Paris, 1911), pp. 119–169; Pierre Dufay, "Jean-Edouard Dinochau restaurateur des lettres," *Mercure de France* 281, no. 951 (February 1, 1938): 489–514。关于巴黎的文学卡巴莱, 见 Joëlle Bonnin-Ponnier, "Les lieux de sociabilité de la bohème," *Cahiers Edmond et Jules de Goncourt*, no. 14 (2007): 103–124, Gilbert Beaugé, "L'autopsie d'un acte manqué: l'hommage à Delacroix d'Henri Fantin-Latour," https://halshs.archives-ouvertes.fr/halshs-00356960, Bourdieu, *Manet: une révolution symbolique*, p. 669。

66 Firmin Maillard, "Les derniers bohèmes," p. 246.

67 "Dinochau," in Pierre Larousse, *Grand dictionnaire universel du XIXe siècle*, vol. 6 (Paris, 1870), p. 870.

68 关于"文人餐厅老板"爱德华·迪诺绍, 见 Delvau, *Histoire anecdotique*, p. 20; on Stéphanie as "austere," *Journal des Goncourt*, 7:257; 关于老板娘的厨艺, 见 "Chronique de Paris," *Le voleur illustré*, December 22, 1871, p. 1069; 关于账本, 见 Lemercier de Neuville, *Souvenirs*, p. 122。

69 *Journal des Goncourt*, 7:256, 257.

70 Lemercier de Neuville, *Souvenirs*, p. 124, Dufay, "Jean-Edouard Dinochau restaurateur des lettres," p. 494, "J. -E. Dinochau," in Lemercier de Neuville, *Souvenirs*, p. [121]. 关于此人还留下了另一幅漫画, 同样穿着白色宽松袖衬衫和黑马甲, 端着一瓶香槟, 背景是极其拥挤的餐厅: "Diner chez Dinochau" of 1862; Lemercier de Neuville, *Les tourniquets*, p. 48。

71 斯蒂芬妮·费朗的死亡登记(1870年8月14日), AdP, 9e arr., act no. 1250。

72 *La liberté*, June 9, 1871.

73 Tribunal de commerce de la Seine, "Dissolutions," *Journal officiel de la République française*, November 7, 1871, p. 4344.

74 爱德华·迪诺绍的死亡登记(1871年12月9日), AdP, 10e arr., act no. 8530。

75 Tribunal de commerce de la Seine, "Qualifications de faillite," *La liberté*, July 16, 1872.

76 Cahier de charges, requête de M. Normand, syndic de la faillite Dinochau, October 19, 1872, Paul Rigault, notary, AN, MC/ET/LXXXVI/1220.

77 *La liberté*, October 21, 1872; Le Figaro, October 20, 1872.

78 "Etat des créances," in Cahier de charges, Rigault, AN, MC/ET/LXXXVI/1220.

79 *Le Figaro*, October 21, 1872; "Adjudication au profit de M. de Villemessant," in Cahier de charges, AN, MC/ET/LXXXVI/1220.

80 阿尔弗雷德·夏尔·迪诺绍的死亡登记, AD Val de Marne, Le Kremlin-Bicêtre, February 22, 1901, 32/179。

81 伊丽莎白·布图特的死亡登记(第五区, 1830年6月13日); 让－巴普蒂斯特·费朗的死亡登记(第九区, 1831年11月16日); AdP, état civil reconstitué。当时的第五区对应今天的第二区和第十区, 第九区对应今天的第四区和第一区。让－巴普蒂斯特死亡的

403

时间和地点在其最小的儿子第二次结婚的记录中再度得到了确认；ADSM, Montereau-Fault-Yonne, 1839–1841, 让—巴普蒂斯特·费朗和安妮·尼古拉·蒂里奥的结婚登记（1839年1月23日），47–48/356。

82 Dossier "Ferrand (Jn. Bte.)," AN, F/12/2795; certification of 4 vend. 14 (September 26, 1805); letters of December 12, 1822, and October 10, 1824, and petition received February 24, 1831.

83 Dossier "Ferrand, Françoise, Ve. Brébion," AN, F/12/2795; letter of September 26, 1848, from Françoise Ferrand; letter of November 9, 1859, from Françoise Ferrand; letter of April 5, 1860, from C. Brébion Ve. Collet; letter of August 10, 1860, 批准拨给寡妇科莱夫人(Mme. Ve. Collet) 500 里弗尔救济款。1814 年后，弗朗索瓦丝的一对儿女让—巴普蒂斯特·阿道夫（ Jean-Baptiste Adolphe ）和约瑟芬·路易莎（ Joséphine Louisa ）在档案中再未出现过。

84 弗朗索瓦丝·费朗的死亡登记（ 83 岁、住在迈尔哈街 17 号、1860 年 3 月 26 日），AdP, 18e arr., act no. 594。

85 Dossier "Ferrand, Françoise, Ve. Brébion," AN, F/12/2795; letter of April 5, 1860, from C. Brébion Ve. Collet.

86 Dossier "Brébion Collet (veuve)," AN, F/12/2757; letters of March 12, 1866, March 12, 1870, January 16, 1873, September 17, 1774, March 9, 1875, March 8, 1876, and December 23, 1876.

87 AdP, 玛丽·泰蕾兹·克拉拉·布雷比翁的死亡登记（ 82 岁、住在拉巴特街［ Rue Labat ］49 号、1889 年 4 月 23 日），18e arr., act no. 1454。在特殊救济档案中登记的克拉拉出生日期是 1804 年 1 月 29 日；dossier "Brébion Collet (veuve)," AN, F/12/2757。克拉拉·布雷比翁的丈夫皮埃尔·罗斯·科莱过世于 1843 年 10 月 25 日，当时他生活在第七区（相当于今天的第三区加第四区）。AdP, état civil reconstitué, notice 1220。

88 裁缝罗莎莉·玛丽·科莱（ Rosalie Marie Collet, couturière ）和测量员（ métreur ）拉斐尔·维克托·博萨尔（ Raphael Victor Bossard ）的结婚登记（ 1861 年 9 月 21 日），AfP, 18e arr., act no. 678。   404

89 这一死亡率相当高（ 当时城里婴儿死亡率大概是五分之一 ）。Etienne van der Walle and Samuel H. Preston, "Mortalité de l'enfance au XIXe siècle à Paris et dans le département de la Seine," *Population* 29, no. 1 (1974): 89–102。博萨尔一家生活在巴黎城中心，所有家族成员的出生和死亡均在城内。路易·维克托·博萨尔（ Louis Victor Bossard ）的出生登记（ 1861 年 3 月 3 日），AdP, 18e arr., act no. 650; 路易·维克托·博萨尔的死亡登记（ 1861 年 4 月 22 日），AdP, 18e arr., act no. 802; 让娜·博萨尔（ Jeanne Bossard ）的出生登记（ 1862 年 1 月 25 日），18e arr., act no. 198; 让娜·博萨尔的死亡登记（ 1866 年 5 月 13 日），18e arr., act no. 1131; 奥古斯丁·克拉拉·博萨尔（ Augustine Clara Bossard ）的出生登记（ 1865 年 10 月 11 日），18e arr., act no. 3275; 奥古斯丁·克拉拉·博萨尔的死亡登记（ 1865 年 11 月 13 日），18e arr., act no. 3390; 弗朗西斯科·约瑟夫·维克托·博萨尔（ Francisque Joseph Victor Bossard ）的出生登记（ 1868 年 5 月 23 日），18e arr., act no. 1727; 让娜·博萨尔的出生登记（ 1869 年 10 月 29 日），18e arr., act no. 3638; 让娜·博萨尔的死亡登记（ 1869 年 12 月 19 日），18e arr., act no. 3005; 约瑟芬·费尔南德斯·博萨尔（ Joséphine Fernande Bossard ）的出生登记（ 1872 年 7 月 1 日），18e arr., act no. 2184; 约瑟芬·博萨尔的死

亡登记，（1878 年 5 月 16 日），7e arr., act no. 1071; 贝尔特和夏尔·博萨尔（Berthe and Charles Bossard）的出生登记（1876 年 1 月 10 日），18e arr., acts no. 103 and 104; 贝尔特·博萨尔的死亡登记（1876 年 1 月 15 日），18e arr., act no. 138; 夏尔·博萨尔的死亡登记（1876 年 2 月 2 日），18e arr., act no. 286; 亨利·莱昂·博萨尔（Henri Léon Bossard）的出生登记（1877 年 8 月 31 日），7e arr., act no. 1203; 亨利·莱昂·博萨尔的死亡登记（1885 年 8 月 1 日），18e arr., act no. 2710; 夏尔·阿尔贝·博萨尔（Charles Albert Bossard）的出生登记（1880 年 7 月 27 日），18e arr., act no. 2658; 夏尔·阿尔贝·博萨尔的死亡登记（1880 年 8 月 24 日），18e arr., act no. 2891; 罗莎莉·玛丽·科莱的死亡登记（1890 年 10 月 8 日），18e arr., act no. 3617. 罗莎莉排名第四的孩子弗朗西斯科·约瑟夫·维克托·博萨尔是唯一没有夭折的一个（1925 年 4 月 15 日过世于巴黎第九区）；9e arr., act no. 520。

90 平版印刷工弗朗西斯科·约瑟夫·维克托·博萨尔和洗衣妇玛丽·马德莱娜·安德烈斯（Marie Madeleine Andres）的结婚登记（1891 年 4 月 25 日），AdP, 18e arr., act no. 578; 夫妇俩的女儿玛格丽特（Germaine Marguerite）1894 年出生，当时的记录称全家住在金街（Rue de la Goutte d'Or）42 号，1904 年儿子路易·罗歇·亨利（Louis Roger Henri）出生，当时的记录称一家人住在金街 50 号，AdP, 18e arr., 1894, act no. 5098; 1904, act no. 3368。

91 路易丝·让娜·科莱（Louise Jeanne Collet）和杰罗姆·勒鲁日（Jérôme Lerouge）的结婚登记（1887 年 2 月 12 日），AdP, 11e arr., act no. 221; 路易丝·让娜·科莱的死亡登记（1899 年 8 月 3 日），13e arr., act no. 1850; 弗朗索瓦·玛丽·罗莎莉·科莱（Françoise Marie Rosalie Collet）的死亡登记（1890 年 10 月 8 日），18e arr., act no. 3617. 路易丝·让娜·科莱过世于布洛卡医院（Broca hospital）；杰罗姆·勒鲁日 1901 年过世于比塞特尔医院，记录上的身份是让娜·路易丝·科莱的鳏夫，AD Val de Marne, Le Kremlin-Bicêtre, November 20, 1901, 153/179. 关于路易丝过世前后对流动小贩的相关规定，见 Claire Zalc, *Melting Shops: une histoire des commerçants étrangers en France* (Paris, 2010), pp. 42–47。

92 Property 1314, Rempart du Midi, ADC, Etats des sections, Angoulême, 1827–1961, 3 PPROV 16 3, 305/336.

93 艾蒂安·阿勒芒·拉维热里、让娜、让娜·朱莉、让娜·亨丽埃特、弗朗索瓦丝和路易丝·阿勒芒·拉维热里、让-泰奥多尔·亨利（老）（Jean Théodore Henry l'aîné）和伊萨克·达马德（Isaac Damade）订立的协议，"Par devant Duval notaire," March 16, 1811, ADC, 2E8751。

94 "Etat estimatif des meubles et effets," March 16, 1811, 为艾蒂安·阿勒芒·拉维热里和子女订立的协议（1811 年 3 月 16 日）的附件，ADC, 2E8751; Record of house number 935, Section C, Château, in AM-A, "Contributions, matrices foncières," 1791。

405 95 Procuration to Jean-Théodore Henry l'aîné, November 16, 1810, Duhalde notary, Bayonne, and procuration to Isaac Damade, December 15, 1810, Jean Louis Pierre, notary, Bar-sur-Ornain, enclosed in agreement between Etienne Allemand Lavigerie and his children, March 16, 1811, ADC, Duval notary, 2E8751. 让-泰奥多尔·亨利当时 76 岁，其子皮埃尔·奥古斯特·亨利先后见证过皮埃尔和马夏尔·阿勒芒·拉维热里的婚礼。皮埃尔·奥古斯特·亨利的洗礼登记（1770 年 3 月 11 日），St. Jacques, AM-A, GG130/173–174; death of Jean-Théodore Henry, November 2, 1818, 1E54/354–355. 伊萨克·达马德——登记的身份是"业主"——当时 70 岁。伊萨克·达马德的死亡登记（1823 年 1 月 16 日），1823, 1E71/5。

96　艾蒂安·阿勒芒·拉维热里和子女订立的协议（1811 年 3 月 16 日），ADC, 2E8751。

97　Declaration of Jeanne Lavigerie *ainée*, entry 493, 29 mess. 7, AM-A, "Registre pour recevoir les déclarations des citoyens domiciliés dans cette commune. "

98　Record of house number 856, Section C, Château, in AM-A, "Contributions, matrices foncières," 1791. 房屋应课税总价值估计为 450 法郎，面积为 266 "方"（toises carrées），即 1010 平方米。这家人位于同一片区的家宅估价 100 法郎，面积 25 方。House number 935, Section C, Château。

99　南城墙上一栋房子的销售合同，卖方为菲利普·皮埃尔·朗贝尔（Philippe Pierre Lambert），买方包括大让娜、让娜·朱莉、让娜·亨丽埃特、弗朗索瓦丝和路易丝·梅兰妮（1811 年 3 月 26 日），Duval, ADC, 2E8751。朗贝尔和大让娜一样出现在 1799 年的限制消费登记簿上，声明有女仆一名，"革命时起再没有家仆"，entry 387, 26 mess. 7, AM-A, "Registre pour recevoir les déclarations des citoyens domiciliés dans cette commune"。关于朗贝尔担任市长的历史，见 https://maam. angouleme. fr/archives-municipales /histoire-dangouleme/les-maires-dangouleme/。合同中的房屋是朗贝尔共和历 13 年雨月 10 日（1805 年 1 月 30 日）通过"交易行为"从亚历山大·勒内·加布里埃尔·特拉松·蒙特洛（Alexandre René Gabriel Terrasson Montleau）处购得的。复辟时期特拉松曾任代理，关于此，见 http://www2. assemblee-nationale. fr /sycomore/fiche/(num_dept)/17218。关于此人为将自己的名字从逃亡者名单中移除而作的种种努力（理由是他离开法国仅仅是为了去汉堡的一家商行进修），见 "Police générale: les émigrés de la révolution," AN, F/7/4991/2/dossier 20。

100　ADC, Archives de l'enregistrement, Case no. 390, "Allemand Lavigerie, Jeanne, institutrice à Angoulême," March 28, 1811, 4QPROV 1/7777.

101　ADC, Case no. 390, "Allemand Lavigerie, Jeanne, institutrice à Angoulême," September 24, 1817, 4QPROV 1/7777; sale contract of March 26, 1811, Duval, ADC, 8751.

102　ADC, Case no. 320, "Allemand Lavigerie, Etienne and Françoise Ferrand," 4QPROV 1/7705.

103　Hoffman, Postel-Vinay, and Rosenthal, *Dark Matter Credit*, chapter 3. 信贷的数量有所恢复、构成也有所改变，出现了一些全新的金融工具，也出现了与之前不同的贷款方——尤其是像几个姐妹的父亲这样购买充公的城市地产的人。

104　拉维热里家的让娜、让娜·亨丽埃特、弗朗索瓦丝、路易丝·梅兰妮、夏洛特·于尔叙勒，及弗朗索瓦丝·梅洛埃·西尔韦斯特雷·托潘之间协议的抄本，November 13, 1839, in ADC, 4QPROV 1/2932。

105　Will of Jeanne Allemand Lavigerie, dated June 12, 1850, and registered on July 9, 1860, ADC, Goyaud, notary, 2E10292.

106　Properties 1311 and 1315, Rempart du Midi, ADC, Etats des sections, Angoulême, 1827–1961, 3 PPROV 16 3, 305/336.

107　Property no. 1311, ADC, Matrice des propriétés bâties et non bâties, 1835–1911, 3 PPROV 16 5, 81/183.

108　Property no. 1315, ADC, Matrice des propriétés bâties et non bâties, 1835–1911, 3 PPROV 16 5, 87/183. Camille also owned a house on the Rue de l'Arsenal, no. 837, 124/183.

109   Property no. 1347, ADC, Matrice des propriétés bâties et non bâties, 1874–1892, 3 PPROV
        16 8, fol. 1165, 14/314. 1861 年有记录称皮埃尔·奥古斯特–亨利–拉库拉德生活在南城
        墙上，ADC, état nominatif, Angoulême, 1861, 194/765。

110   AM-A, "Ecoles Privées," 1849.

111   夏洛特·于尔叙勒·拉维热里 1836 年结婚时的记录称她生活在昂古莱姆；弗朗索瓦
        丝·梅洛埃·阿勒芒·拉维热里 1839 年过世时的记录称她生于巴约讷，住在南城墙上；
        同样，弗朗索瓦丝·托潘 1830 年在奥布省结婚时的记录也称她生活在昂古莱姆。马夏
        尔的儿子莱昂·菲利普的女儿路易丝·拉维热里 1855 年结婚时和五个姨祖母一道生活
        在南城墙上；夏洛特·于尔叙勒的女儿玛丽·拉库拉德（Marie Lacourade）1858 年结婚
        时生活在城墙上父亲家中（no. 1347）；卡米耶和弗朗索瓦丝的女儿玛丽·弗朗索瓦丝
        1851 年结婚时住在父母家中——就在公寓的隔壁（no. 1315）。据 1861 年的人口普查
        登记，贝尔特·路易丝·托潘（Berthe Louise Topin/Taupin）住在南城墙公寓。AM-A,
        1E110/73–74, 1E120/26, 1E156/16, 1E169/31–32, 1E178/109。卡米耶·亚历山大·阿
        勒芒·拉维热里和弗朗索瓦丝·梅洛埃·托潘的结婚登记（1830 年 10 月 4 日），AD
        Aube [hereafter ADAu]，Ville-sous-la-Ferté, marriages, 1825–1860, 4E426/10, 53–54/289;
        ADC, état nominatif, Angoulême, 1861, 192/765。

112   洛朗·西尔韦斯特雷·托潘的死亡登记（1860 年 3 月 29 日），AM-A, 1E185/28。

113   对于昂古莱姆负责民事登记簿的职员而言，各种名字和变体同样令人头大。AM-A,
        GG25/26, 1E25/31, 见下文对（弗朗索瓦丝·）阿德莱姆（·梅洛埃·）阿勒芒·拉维热
        里和夏洛特·（阿莉达·）于尔叙勒·（阿德莱姆·）阿勒芒·拉维热里的系列记录。

114   Entry for 21 pluv. 13, Journal des maires d'Angoulême, pp. 197–198.

115   "Procuration," December 15, 1810, Jean Louis Pierre, Bar-sur-Ornain, 为艾蒂安·阿勒芒·拉
        维热里和子女订立的协议（1811 年 3 月 16 日）的附件，ADC, 2E8751。

116   "Sur l'extirpation de la mendicité," July 5, 1808, in Corps du droit français, ou Recueil
        complet des lois, décrets, ordonnances, ed. C. -M. Galisset, 14 vols. (Paris, 1828–1853),
        2:819–820.

117   ADAu, Fonds de la maison centrale de Clairvaux, 2Y1–2Y10. 早在 1817 年 1 月，西尔韦
        斯特雷就对建筑工事的花费进行过估算，当年晚些时候，他搬到克莱尔沃的花费获得
        了解决，memoranda of January 26, 1817, and December 1817, 2Y3, 289/475, 310/275。
        1822 年 3 月 6 日，夏尔·西尔韦斯特雷·托潘曾出现在皇家海军学院学生名单上，M.
        Bajot, Annales maritimes et coloniales, 1822, pt. 1 (Paris, 1822), p. 294. 1833 年 4 月克莱
        尔监狱记录上出现了"儿子西尔韦斯特雷"（Silvestre fils）的名字 2Y10, 575, 578/642。
        1833 年 4 月他还结了婚，当时的记录称他的父母生活在昂古莱姆，ADAu, Brienne-le-
        Château, 4E06420, 3–5/227。

118   Memorandum of August 16, 1823, about the "bains des entrans," and of June 5, 1831,
        about the "prison des turbulens," ADAu, Fonds Clairvaux, 2Y5, 149/764, 2Y9, 488–
        490/527.

407   119   Letter from Jean-Baptiste Gaide, director of the prison, to the Prefect of the Aube, August
        17, 1820, ADAu, Fonds Clairvaux, 2Y4, 88–91/764, and see Laurent Veyssière, "La tombe
        découverte à l'abbaye de Clairvaux 1820 est-elle celle de Guillaume de Joinville archevêque

de Reims († 1226)?" *Bibliothèque de l'Ecole des chartes* 164, no. 1 (2006): 5–41, pp. 15–17.

120 ADAu, Ville-sous-la-Ferté, deaths, 1830–1837, 4E42614, 2–32/248. 1830 年村庄的 173 例死亡登记中，143 例死者为囚犯，其中女性 24 名，男性 119 名。

121 Victor Hugo, *Claude Gueux* (Paris, 1834), and see http://www.victorhugo2002.culture.fr/culture/celebrations/hugo/fr/index1.html .

122 在故事中，被害的是监狱长。Letter from Jean-Baptiste Gaide to the prefect of the Aube, April 16, 1830, ADAu, Fonds Clairvaux, 2Y8, 623–628/698。皮埃尔·艾蒂安·德拉塞尔（Pierre Etienne Delaselle）的死亡登记（1831 年 11 月 9 日），ADAu, Ville-sous-la-Ferté, deaths, 1830–1837, 4E426/14, 59/248。

123 卡米耶·亚历山大·阿勒芒·拉维热里和弗朗索瓦丝·梅洛埃·托潘的结婚登记（1830 年 10 月 4 日），ADAu, Ville-sous-la-Ferté, marriages, 1825–1860, 4E426/10, 53–54/289。做见证的包括让-巴普蒂斯特·盖德（Jean-Baptiste Gaide：监狱长在无数囚犯的死亡登记上签过名）；承包人费迪南德·若兰（Ferdinand Jolain）；登记员马克-安托万·拉贡（Marc-Antoine Ragon）；检察官尼古拉·泰弗南（Nicholas Thevenin）。

第八章 经济生活史

1 长期经济增长的历史研究往往忽略波动，而长期和所谓的"中期"恰恰是个体永远不会了解的情况，关于此，见 Grenier and Lepetit, "L'expérience historique: à propos de C. -E. Labrousse"。

2 François Simiand, *Le salaire, l'évolution sociale et la monnaie*, 3 vols. (Paris, 1932), 2:117.

3 根据当时的一项估计，在 19 世纪中期法国的全部就业人口中，所谓的"自由行业"——包括士兵、海员、政府雇员、教师、医生、药剂师和神职人员——人口约有 100 万，而家政服务从业人口约有 200 万。见 Maurice Block, *Statistique de la France*, 2nd ed., 2 vols. (Paris, 1875), 1:55–57. 正如作者所指出的，人口普查的分类每一次都在变，1872 年的人口普查缺陷尤多，作者认为，"旅店老板、掘墓人、杂技演员"等行业本来可以归于工业（而不是归到"杂业"），搬运工也不应当和食息者、业主一道被归于"完全靠收钱生活者"，p. 57。

4 这类公共登记簿多是制造业尤其是纺织制造业的。Smith, *The Wealth of Nations*, p. 103。

5 关于尺度和时间尺度，见 *Jeux d'échelles*, ed. Revel。在 20 世纪 90 年代的微观—宏观史研究中，罗森塔尔（Paul-André Rosental）的 *Les sentiers invisibles* 对 19 世纪经济史的研究做了有益的贡献；丹尼森（Tracy Dennison）的 *The Institutional Framework of Russian Serfdom* 使用个体经济生活尺度研究某个（中观）农奴庄园，借此阐明了俄罗斯农奴制的体制基础和变迁机制；扎克（Claire Zalc）的 *Melting Shops* 同时对店主个人人生的（微观）历史、行业的（中观）历史和 20 世纪法国公民和非公民的宏观历史进行了研究。

6 马夏尔·阿勒芒·拉维热里和路易丝·瓦兰的结婚登记（1790 年 4 月 13 日），St. André, AM-A, GG47/64–65; 弗朗索瓦丝·菲律宾·拉维热里的洗礼登记（1792 年 5 月 27 日），St. Pierre, GG25/26。 408

7 ADPA, Bayonne, births, years 6–12, 775/875; year 12–1813, 224/820; 1826–1837, 52–53/904.

8　伊丽莎白·阿勒芒·拉维热里（Elisabeth Allemand Lavigerie）的死亡登记（1838 年 5 月 4 日），ADPA, Bayonne, 1826–1841, 620/818；约瑟夫·亚历山大·塞萨尔·彭萨尔的死亡登记（1847 年 2 月 24 日），Bayonne, 1842–1857, 237/883。

9　亚历山大·艾蒂安·马赛兰·彭萨尔的出生登记（1809 年 4 月 20 日），ADPA, Bayonne, year 12–1813, 427/820；夏洛特·于尔叙勒·阿勒芒·拉维热里的出生登记（1810 年 10 月 3 日），阿德莱德·泰奥尼·阿勒芒·拉维热里的出生登记（1813 年 3 月 8 日），548/820 and 754/820。

10　克劳德·弗雷德里克·巴斯蒂亚（Claude Frédéric Bastiat）的出生登记（共和历 9 年获月 11 日，即 1801 年 6 月 30 日），ADPA, Bayonne, years 6–12, 518/875; 巴斯蒂亚的母亲玛丽·朱莉·弗雷乔（Marie Julie Frechou）的死亡登记（1808 年 5 月 27 日），year 9–1810, 592/854。巴斯蒂亚一家住在马茹桥街 27 号，阿勒芒·拉维热里一家住在马茹桥街 16 号。皮埃尔·朱尔、维克托·马梅尔、夏洛特·于尔叙勒和阿德莱德·泰奥尼·阿勒芒·拉维热里的出生登记，year 12–1813, 224, 336, 548, 754/820。

11　皮埃尔·让·奥杜安的死亡登记（1808 年 5 月 11 日），ADPA, Bayonne, year 9–1810, 589/854。"Je persiste à croire que je mériterais moi-même la mort, si je ne la demandais pour le tyran. Je vote pour la mort". January 16–17, 1793, AP, 57:374; http://www2. assemblee-nationale. fr/sycomore /fiche/(num_dept)/12891。皮埃尔·朱尔·爱德华的出生登记（1806 年 11 月 11 日），year 12–1813, 224/820；约瑟芬·阿勒芒·拉维热里和约瑟夫·亚历山大·塞萨尔·彭萨尔的结婚登记（1807 年 9 月 23 日），1807–1823, 28/857。

12　Josette Pontet, "La Société des Amis de la Constitution de Bayonne (juillet 1790– juillet 1793)," Annales du Midi 106, no. 208 (1994): 425–449. 尤其能代表这一社会的三条街是巴斯克街（Rue des Basques）、马茹桥街（马夏尔的巴约讷岁月多数是在这条街上度过的）和布格纽夫街（Rue Bourgneuf）——1838 年女儿伊丽莎白过世时，父女俩就住在这条街上。皮埃尔·让·奥杜安也住在马茹桥街上，同样住在这条街上的还有在他的死亡登记上签名的两个人：让·杜维尔迪埃（Jean Duverdier）和路易·佩奇（Louis Peche），同年这两个人也在马夏尔的儿子维克托的出生登记上签过名，ADPA, Bayonne, births, year 12–1813, 336/820, deaths, year 9–1810, 589/854。奥杜安作为副领事的活动——在罗马与来自马耳他、的黎波里（Tripoli）、君士坦丁堡和科孚岛（Corfu）的同事们进行会谈——见 Journal politique de l'Europe, no. 330 (November 22, 1798): [3]。

13　1806 年昂古莱姆的人口约为 15,000，巴约讷的人口约为 14,000。见 http://cassini.ehess. fr/cassini/fr/html/fiche.php?select_resultat=853andhttp://cassini.ehess.fr/cassini/fr/html/ fiche.php?select_resultat=2448。

14　多年后，马夏尔的孙子夏尔·马夏尔·阿勒芒·拉维热里曾跟一位西班牙海军军官谈到："我的整个童年都是在西班牙边境、在分开我们两个国家的高山和海岸边度过的。" Baunard, Lavigerie, 2:467–468.

15　巴约讷市政厅（Hôtel de Ville）建于 1838 年至 1843 年，保留的一块牌匾显示其原始功能是"市政厅、海关大厅和剧院"（mairie, hôtel de douanes et théatre）。

16　Courrier de Bayonne et de la peninsule: journal politique, commercial, litteraire et maritime 1829, no. 1 (October 8, 1829): 1, facsimile reprint in J. -B. Daranatz, Le centenaire du « Courrier de Bayonne » (Bayonne, 1930), p. 33; and see Jean Crouzet, Bayonne entre l'équerre et le compas, 1815–1852 (Bayonne, 1986), p. 92.

17　*Courrier de Bayonne et de la peninsule* 1830, no. 48 (March 16, 1830): 3–4; BNF, FRBNF32750179.

18　Crouzet, *Bayonne entre l'équerre et le compas, 1815–1852*, p. 94.　　　　409

19　Guyot de Fère, *Annuaire des artistes français*, p. 377; Guyot de Fère, *Annuaire des artistes français, statistique des beaux-arts en France* (Paris, 1833), p. 295. 下比利牛斯省相当于今天的比利牛斯—大西洋省（Pyrénées-Atlantiques）。伊丽莎白·阿勒芒·拉维热里 1837 年被列入了一份音乐家登记簿中；她 1838 年 5 月 4 日过世于巴约讷。Planque, *Agenda musical ou indicateur des amateurs, artistes et commerçants en musique de Paris, de la province et de l'étranger* (Paris, 1837) p. 231; ADPA, Bayonne, deaths, 1826–1841, 620/818。

20　"Lavigerie (Léon-Philippe), Details des ser vices depuis l'entrée en fonctions," undated, in AL-R, A2. 216; 莱昂·贝尔纳·拉维热里的结婚登记（1860 年 6 月 12 日），AD Charente Maritime [hereafter ADCM] , Rochefort, marriages, 52/134。

21　莱昂·菲利普·拉维热里和路易丝·拉特卢勒的结婚登记（1824 年 11 月 3 日），ADPA, Bayonne-Saint Esprit (Landes), 1814–1831, 248/1460; *Almanach royal et national pour l'an 1831* (Paris, 1831), p. 202。在记录中，与他的姐姐一样，莱昂·菲利普的岳父登记的身份也是地方上一名艺术家；Guyot de Fère, *Annuaire des artistes français*, p. 377。

22　皮埃尔·朱尔·爱德华·阿勒芒·拉维热里和尤金妮亚·卡桑的结婚登记（1838 年 5 月 6 日），AD Aude, Lezignan, 1837–1840, 81/253。约瑟夫·维克托·拉维热里（Joseph Victor Lavigerie）的出生登记（1839 年 2 月 9 日），AD Aude, Narbonne; 29/172。皮埃尔·朱尔·爱德华在自己的结婚录中登记的身份是"直接税的雇员"（employé aux contributions directes），在约瑟夫·维克托的出生记录中登记的身份是"间接税的雇员"（employé des contributions indirectes）"。皮埃尔·朱尔·爱德华·阿勒芒·拉维热里——尤金妮亚·卡桑的鳏夫，住在洛泽尔省芒德（Mende）——的死亡登记（1851 年 12 月 23 日），ADCM, Rochefort, deaths, 1851, 184/200。

23　维克托·拉维热里的死亡登记（1885 年 5 月 16 日），AD Landes, Pouillon, deaths, 1880–1894, 439/595。

24　Emile Daru, "Un grand Landais: S. E. le cardinal Lavigerie (1825–1892)," *Bulletin de la Société de Borda* 50 (1926): 33–39, p. 35. 在 1926 年，无法确认维克托和夏尔·拉维热里家族关系的达吕（Daru）称维克托·拉维热里 1870 年搬到了普永（Pouillon），"一个老单身汉，靠着不多的养老金和让渡给他的一间烟草店的收入过活"。

25　Letter of May 16, 1885, from Veuve Dufor in Pouillon to Cardinal Lavigerie, AL-R, A2. 128.

26　AM-A, "Dénombrement 1851," Rempart du Midi, unpag.

27　马夏尔·阿勒芒·拉维热里的死亡登记（1856 年 8 月 18 日），AM-A, 1E173/83–84。

28　玛丽·路易丝·艾梅·邦妮·德·雷蒙·圣热尔曼（Marie Louise Aimée Philippine Bonne de Raymond Saint-Germain）（36 岁）的死亡登记（1813 年 4 月 9 日），ADPA, Bayonne, deaths, 1811–1825, 203/861。邦妮特和马夏尔最小的女儿阿德莱德·泰奥尼生于 1813 年 3 月 8 日，ADPA, Bayonne, births, year 12–1813, 754/820, 她被送到巴约讷以东几公里处的乌尔特（Urt）村，由一位奶妈（渔夫的妻子）照顾，后于 1813 年 7 月死在那里，当时四个月大。阿德莱德·泰奥尼·拉维热里的死亡登记（1813 年 7 月 21 日），ADPA, Urt, deaths, 1813–1822, 5/83。

29　马夏尔·阿勒芒·拉维热里和邦妮特·圣热尔曼的婚前协议，ADC, 2E6272。

30　*Loi et ordonnances relatives à la République d'Haïti et aux indemnités stipulées en faveur des anciens colons de Saint-Domingue* (Paris, 1826), pp. [3] –4.

31　*Le télégraphe, gazette officielle* (Port-au-Prince), no. 29 (July 17, 1825). 关于海地赔偿金带来的后果，见 Frédéric Marcelin, *Haïti et l'indemnité française* (Paris, 1897); François Blancpain, *Un siècle de relations financières entre Haïti et la France* (1825–1922) (Paris, 2001), pp. 62–79。

410　　32　Law of April 30, 1826, in *Loi et ordonnances relatives à la République d'Haïti*, p. 5.

33　"Liste des colons propriétaires à Saint-Domingue," meeting of October 15, 1819, in *Droits de souveraineté de la France sur St-Domingue, contrat qui l'établit, violation de ce contrat, principes de compensations invoqués par les colons* (Paris, 1821), p. 53. 已知殖民者中没有姓 "Lavigeris" 的：2020 年 9 月 14 日 Gallica（BNF 在线收藏）中出现的 11 例中，有一例出自 1821 年的备忘录，其他均为对马夏尔的孙子红衣主教拉维热里姓氏的错误识别或错误拼写的结果。

34　*Etat détaillé des liquidations opérées par la commission chargée de répartir l'indemnité attribuée aux anciens colons de Saint-Domingue*, 6 vols. (Paris, 1828–1833)。关于期间生产或依申请提供的各种文件，见 Paul Roussier, "Le dépôt des papiers publics des colonies," *Revue d'histoire moderne* 4, no. 22 (1929): 241–262, pp. 251–252。

35　应马夏尔·阿勒芒·拉维热里的要求对巴约讷 "一审民事法庭"（tribunal civil de première instance）判决的转录，ADPA, Bayonne, births, 1826–1837, no. 351, September 7, 1826, 52–53/904。

36　ADPA, Bayonne, births, 1826–1837, September 7, 1826, 52–53/904.

37　*Etat détaillé des liquidations*, vol. 6, claim number 4506, payments numbers 8854 and 8857, pp. 596–597. 邦妮特的名字被错写成了 "Raymond Saint-Cermain"。当时达成了两个不同方案，一项是 1832 年 1 月 1 日确定的：可可种植园的四分之三归于（分别于 1806 年、1808 年和 1810 年生于巴约讷的）皮埃尔·朱尔·爱德华、维克托·马梅尔和夏洛特·于尔叙勒，一项是 1832 年 5 月 22 日确定的：种植园的四分之一归于（1803 年生于巴约讷的）阿德莱德。

38　Letter from Louis Gabriel Latour in Saint-Domingue to Marc-René Lefort Latour in Angoulême, August 8, 1772, ADC, 2E296.

39　*Etat détaillé des liquidations*, vol. 5, claim number 6077, p. 240. Louis Gabriel Lefort Latour had married in Saint-Domingue; 其中确定其女儿为 "前业主"——外祖母和父亲两人——的继承人。

40　皮埃尔·奥古斯特·亨利－拉库拉德（iii）生于 1811 年 3 月 8 日，父亲是泰奥多尔·亨利－拉库拉德（ii），母亲是玛丽·弗朗索瓦丝·朗贝尔（Marie Françoise Lambert）；他出生登记上的见证人包括皮埃尔·奥古斯特·亨利－拉库拉德（ii）、父亲的堂弟 "布雷东叔叔"（oncle breton）（也是马夏尔、皮埃尔和让·阿勒芒·拉维热里的老朋友）和姻叔让－巴普蒂斯特·若尔容（Jean-Baptiste Georgeon）。AM-A, 1E44/102–103。皮埃尔·阿勒芒·拉维热里和阿德莱德·夏洛特·马斯林的结婚登记（共和历 4 年雨月 12 日，即 1796 年 2 月 1 日），ADSa, Sillé-le-Guillaume, 1793– year 10, 58–59/398; 马夏尔·阿勒芒·拉维热里和邦妮特·圣热耳曼的结婚登记，AM-A, 1E23/69–70; 洛朗·西尔韦斯特雷·托潘和让娜·拉维热里的结婚登记（共和历 9 年热月 4 日，即 1801 年 7 月 23 日），1E23/82–83。论起名操作之令人费解，亨利一家和阿勒芒·拉维热里一家不相上下。让–泰奥多尔·亨利（i），即"大亨利"，神学院的买主，曾经作为马夏尔、皮埃尔、艾蒂安和约瑟夫的代表处理其父母房屋的销售事宜；他有两个兄弟，生于 1738 年的皮埃尔·奥古斯特·亨利（i）和生于 1741 年的约瑟夫·弗雷德里克·亨利。约瑟夫·弗雷德里克·亨利–拉库拉德（过世于 1790 年）有一个儿子名叫让·泰奥多尔·亨利–拉库拉德（ii），生于 1776 年，后来成了皮埃尔·奥古斯特亨利（i）的继承人；皮埃尔·奥古斯特·亨利–拉库拉德（iii）是让·泰奥多尔·亨利–拉库拉德（ii）的儿子。AM-A, St. Jacques, GG124/120, 187, GG130/173–174, GG131/187, GG134/112; Jézéquel, "Charente," in *Grands notables du premier empire*, p. 29。

41 皮埃尔·奥古斯特·亨利（iii）的父亲让·泰奥多尔·亨利（ii）的父母是约瑟夫·弗雷德里克·亨利和玛丽·茹贝尔（罗克·茹贝尔的女儿、皮埃尔·马蒂厄·茹贝尔的妹妹）。约瑟夫·弗雷德里克·亨利和玛丽·茹贝尔的结婚登记（1772 年 9 月 8 日），AM-A, St. André, GG45/35; 让·泰奥多尔·亨利的洗礼登记，St. Jacques, April 16, 1776, GG131/187。 411

42 皮埃尔·奥古斯特·亨利–拉库拉德和夏洛特·于尔叙勒·阿勒芒·拉维热里的婚前协议（1836 年 6 月 18 日），Simeon Mathé-Dumaine, notary, ADC, 2E6622; 皮埃尔·奥古斯特·亨利–拉库拉德和夏洛特·于尔叙勒·阿勒芒·拉维热里的结婚登记（1836 年 6 月 22 日），AM-A, 1E110/73–74。

43 婚前协议（1836 年 6 月 18 日），ADC, 2E6622。

44 婚前协议（1836 年 6 月 18 日），ADC, 2E6622。

45 Auguste Lacroix, *Historique de la papeterie d'Angoulême* (Paris, 1863), p. 60. 赛夏（Séchard）关于中国、土耳其和荷兰纸张的科学史的演讲填满了五页纸，这是"一次无忧无虑的交谈——其间两位恋人可以彼此讲论一切"；交谈应该发生在午夜，与此同时，恶毒的竞争者戈安得（Cointet）正潜伏在桑园广场上的这间印刷厂外，"紧盯着细布窗帘上夫妇俩的影子"。*Les illusions perdues*, pp. 507, 510。

46 Cour royal de Bordeaux, "Lacourade, C. Laroche-Lacour et autres," January 6, 1829, in Roger, Garnier, and Roger, *Annales universelles de la législation et de la jurisprudence commerciales*, 7 vols. (Paris, 1824–1830), 6:148–151.

47 ADC, état nominatif, La Couronne, 1841, 6M75, Moulin de Lacourade, 21–24/86.

48 ADC, état nominatif, La Couronne, 1846, 6M87, Moulin de Lacourade, 47–51/81; état nominatif, Angoulême, 1846, 37/646; Lacroix, *Historique de la papeterie d'Angoulême*, pp. 78, 81.

49 ADC, état nominatif, Angoulême, 1861, 194/765.

50 Dénombrement de la population, Etat nominatif, Angoulême 1846, ADC, 6M84, 92/646. 女性就业数据的统计范围是镇中心区域，2–241/646。

51 Smith, *The Wealth of Nations*, p. 103.

52 AM-A, 1E141/2–134; 生于海地角、毛里求斯，及维罗纳和皮特尔角城的新娘见 1E141/11–12, 19, 115, 127。

53 AM-A, 1E197/2–94.

54　ADC, état nominatif, Angoulême, 1846, 54, 57, 61/646.

55　"Faits divers," *Le XIXe siècle*, no. 3526 (August 25, 1881): [3] .

56　皮埃尔·阿勒芒·拉维热里和阿德莱德·夏洛特·马斯林的结婚登记（共和历 4 年雨月 12 日，即 1796 年 2 月 1 日），ADSa, Sillé-le-Guillaume, 58–59/398; 朱尔·艾蒂安·西皮翁·阿勒芒·拉维热里的出生登记（共和历 5 年果月 4 日，即 1797 年 8 月 21 日），ADSa, Sillé-le-Guillaume, births, 1793– year 10, 128– 129/274; 卡米耶·亚历山大·阿勒芒·拉维热里的出生登记（共和历 8 年霜月 21 日，即 1799 年 12 月 12 日），ADSa, Le Mans, births, year 8, 59/122。

57　夏洛特·于叙勒·阿勒芒·拉维热里的出生登记(1810 年 10 月 23 日);阿德莱德·泰奥尼·阿勒芒·拉维热里的出生登记（ 1813 年 3 月 8 日 ），ADPA, Bayonne, births, year 12–1813, 548/820 and 754/820。

58　Abbé Boudet, "Jacques-Pierre Brissot," *Procès-verbaux de la Société archéologique d'Eure-et-Loir*, vol. 14 (Chartres, 1936), 461–467, pp. 465–466.

59　Capitaine Sicard, "Tableau statistique des armées mises sur pied par la France," *Journal des travaux de la société française de statistique universelle* 12 (1842): 207–224, cols. 217, 222.

412　60　Emile Biais, quoted in "Procès-verbaux, January 9, 1895," BSAHC, ser. 6, 5 (1895): xxiii–xxiv.

61　离开工作的监狱后不久，夏尔在特雷尔河（ Traire ）上建了一座石桥；他曾被佩鲁斯公社起诉，原因是其主持的饮水槽（ abreuvoir ）和洗衣池（ lavoir ）的工程有缺陷，最终他因指出有关该建筑的专家证人未能宣誓做证而赢得了上诉。"Travaux publics, experts, serment," August 25, 1849, *Journal du palais: jurisprudence administrative* 11 (1849–1851): 125–126; 关于桥的描述：http://www. culture. gouv. fr/ public/ mistral/ merimee_ fr? ACTION = CHERCHER&FIELD_1 = REF&VALUE_1 = PA52000011。1833 年 4 月 15 日，夏尔·西尔韦斯特雷·托潘在距离监狱约 40 公里的布列讷堡（ Brienne-le-Château ）与阿格莱·多雷结婚。也是在布列讷堡，他的儿子路易·西尔韦斯特雷（ Louis Silvestre ）和女儿路易丝·玛丽·安托瓦内特（ Louise Marie Antoinette ）先后出生（ 1834 年和 1835 年 ），ADAu, Brienne-le-Château, marriages, 1833–1846, 3–5/227, and births, 1834–1847, 12, 51/299。

62　1862 年 6 月 19 日，路易·西尔韦斯特雷见证了父亲第二次结婚，对象是宝琳·艾丽莎·梅雷特，AdP, 10e arr., act 519。路易·西尔韦斯特雷的死亡登记（ 1870 年 3 月 9 日 ），ADAu, Brienne-le-Château, deaths, 1861–1874, 180/298。根据 1849 年 12 月 28 日至 1879 年 12 月 31 日的死亡登记册，布列讷堡一度被称为布列讷拿破仑（ 为纪念曾就读于当地军事学校的拿破仑一世 ）。ADAu, Brienne-le-Château, deaths, 1847–1860, 52/251, deaths, 1875–1889, 123/399。

63　亨利·西尔韦斯特雷·托潘(Henri Silvestre Topin)1846 年 10 月 2 日生于肖蒙(Chaumont)；AD Haute-Marne, Chaumont, births, 1843, 38–39/52。他在凡尔赛军中服役的情况见其荣誉军团骑士档案，AN, LEONORE, LH/2613/24。

64　David Todd, *L'identité économique de la France: libre-échange et protectionnisme, 1814–1851* (Paris, 2008), chapters 3 and 8; "Ordonnance du roi relative à l'uniforme des directeurs, inspecteurs, sous-inspecteurs et employés du ser vice active des douanes," June 30– July 6,

1835, in *Jurisprudence générale du royaume en matière civile, commerciale et criminelle, 1835*, ed. Dalloz (Paris, 1835), p. 86.

65 莱昂·菲利普·拉维热里和路易丝·拉特里勒的结婚登记，ADPA, Bayonne-Saint Esprit (Landes), November 3, 1824, marriages, 1814–1854, 248/1460。

66 AN, LEONORE, LH/1507/29.

67 皮埃尔·费利克斯·阿勒芒·拉维热里的死亡登记（1882 年 7 月 10 日），ADPA, Bayonne, deaths, 1880– 1891, 166/806。

68 莱昂·贝尔纳·拉维热里（Léon Bernard Lavigerie）和奥古斯丁·玛丽·约瑟芬·阿梅莉·切斯（Augustine Marie Joséphine Amélie Chesse）的结婚登记（1860 年 6 月 12 日），ADCM, Rochefort, marriages, 52/134。莱昂·菲利普·阿勒芒·拉维热里住在军械街 4 号，而年轻夫妇的地址是军械街 44 号，Rochefort, 1854, deaths, 80/236, and Rochefort, 1861, births, 66/157。

69 L. Lavigerie, "Etude sur deux plantes tinctoriales de Taïti," in *Archives de médecine navale*, ed. A. Le Roy de Méricourt, vol. 3 (Paris, 1865), 147–156.

70 Dora Hort, *Tahiti: The Garden of the Pacific* (London, 1891), pp. 141–142, 198, 203, 219, 229.

71 莱昂·路易·阿道夫·加布里埃尔·拉维热里（Léon Louis Adolphe Gabriel Lavigerie）的出生登记（1866 年 1 月 17 日），ADCM, Rochefort, births, 11/165。

72 埃米尔·莱昂·加布里埃尔·拉维热里（Emile Léon Gabriel Lavigerie）的出生登记（1867 年 8 月 22 日），AD Allier, Vichy, births, 1863– 1871, 162/300。

73 L. Lavigerie, *Guide médicale aux eaux minérales de Vichy* (Paris, 1868).

74 Lavigerie, *Guide médicale*, pp. iii–iv.

75 Lavigerie, *Guide médicale*, pp. iv, vi, 58, 149, 219–224, 239, 244, 248, 284. 关于科学研究程序，见 Lavigerie, "Etude sur deux plantes tinctoriales de Taïti," p. 148. "在考虑确定着色剂之前，不可或缺的一步是了解其特性；和其他科学领域一样，在此必须从简单走向复杂，通过归纳实现进步。"

76 莱维纳尔·拉维热里的死亡登记（1871 年 10 月 3 日），AD Allier, Vichy, deaths, 1863– 1882, 2E311 14, 312/751。

77 Hort, *Tahiti: The Garden of the Pacific*, p. 230.

78 保罗·玛丽·伊曼纽尔·普夫罗（Paul Marie Emmanuel Pouvreau）和爱丽丝·洛尔·奥古斯丁·阿梅莉·拉维热里（Alice Laure Augustine Amélie Lavigerie）的结婚登记（1881 年 10 月 19 日），ADCM, Rochefort, marriages, 96/123。

79 亨利·玛丽·莱昂·普夫罗（Henri Marie Léon Pouvreau）的出生登记（1884 年 7 月 3 日），ADCM, Rochefort, births, 2E311/389*, 107/220; 登记的地址是军械街 46 号，他的祖父和曾祖父 30 年前就住在几步开外。

413

第九章 家族资本

1 Block, *Statistique de la France*, 1:56; Simiand, *Le salaire, l'évolution sociale et la monnaie*, 2:117.

2 见 Alain Plessis, "La Révolution et les banques en France: de la Caisse d'escompte à la Banque de France," *Revue économique* 40, no. 6 (1989): 1001–1014; Bertrand Gille, *La banque et le crédit en France de 1815 à 1848* (Paris, 1959)。关于和国家财产相关的不动产市场变革，见 Bodinier and Teyssier, *L'événement le plus important de la Révolution*，以及关于国家财产对拿破仑帝国东部产生一系列持久影响的一项详细研究：Gabriele B. Clemens, "Vieilles familles et propriété neuve— spéculations sur les biens nationaux dans les départements rhénans," *La Révolution française* 15 (2018), http://journals.openedition.org/lrf/2251。

3 E. von Böhm-Bawerk, *Capital and Interest, a Critical History of Economical Theory* (1884), trans. W. Smart (London, 1890), p. 55; Turgot, *Mémoires sur le prêt à intérêt et sur le commerce des fers*.

4 1853 年 7 月 23 日，这两兄弟为外甥朱尔·艾蒂安·西皮翁·阿勒芒·拉维热里的死亡登记作了见证，ADSa, Le Mans, deaths, 1853–1855, 60/463。

5 见卡米耶·亚历山大·阿勒芒·拉维热里的结婚登记，ADAu, Ville-sous-la-Ferté, 53–54/289; 朱尔·艾蒂安·西皮翁·阿勒芒·拉维热里的结婚登记，ADSa, Le Mans, 246/338。

6 皮埃尔·阿勒芒·拉维热里的死亡登记（1834 年 4 月 26 日），ADSa, Le Mans, deaths, 1833–1834, 461/524。

7 Firmin-Didot, *Annuaire générale du commerce* (1841), pp. 1338–1339.

8 朱尔·艾蒂安·西皮翁·阿勒芒·拉维热里和路易丝·玛格丽特·普瓦里耶的结婚登记（1832 年 12 月 26 日），ADSa, Le Mans, marriages, 1831–1832, 246/338。

9 关于商业包袋，见塔里克（Tariq Omar Ali）对孟加拉黄麻包装业的研究：*A Local History of Global Capital: Jute and Peasant Life in the Bengal Delta* (Princeton, NJ, 2018)。

10 Firmin-Didot, *Annuaire générale du commerce* (1842), pp. 1299–1300; 1849, pp. 1229–1230; 1850, pp. 1710–1711.

414 11 "Lavigerie et Demorieux C. Fourché et l'administration des postes," in *Recueil Dalloz Sirey de doctrine de jurisprudence et de législation* (Paris, 1850), pt. 3, p. 66.

12 B. Houreau, "Question des fils de chanvre et de lin," in *Revue du progrès*, 2nd ser., 4 (August 1840): 38–52, pp. 47–50. On the *Revue du progrès*, see Cyrille Ferraton, "Organiser le travail. La Revue du progrès de Blanc," in *Quand les socialistes inventaient l'avenir*, ed. Thomas Bouchet et al. (Paris, 2015), 151–157.

13 Chambre de Commerce de Bordeaux, *De l'union douanière de la France avec la Belgique* (Bordeaux, 1845), pp. 108, 157, and see Todd, *L'identité économique de la France*, chapter 14.

14 Firmin-Didot, *Annuaire générale du commerce* (1849), p. 1229; 1852, p. 1710; Scipion Lavigerie, *Arrêté du 26 avril 1849 concernant le jour du marché de la ville du Mans, Signé: l'adjoint, Scipion Lavigerie* (Le Mans, 1850).

15 1830 年卡米耶在监狱外结婚时，"福希耶先生"在记录上签了名，1851 年卡米耶的女儿玛丽·路易丝在昂古莱姆结婚时，"让-巴普蒂斯特·福希耶"（Jean-Baptiste Fauchille）和"B. 福希耶"在记录上签了名，1883 年玛丽·路易丝的儿子勒内在巴黎结婚时，"爱德华·维克托·福希耶"（Edouard Victor Fauchille）在记录上签了名。卡米耶·亚历山大·阿勒芒·拉维热里和弗朗索瓦丝·梅洛埃·托潘的结婚登记，ADAu, Ville-sous-la-Ferté, 53–54/289; 让·亨利·波泰和玛丽·路易丝·阿勒芒·拉维热里的婚前协议，ADC, Raynal-Rouby, notary, 2E10262; 让·亨利·波泰和玛丽·路易丝·阿勒芒·拉维热里的结婚登记，AM-A, 1E156/16; 艾蒂安·亨利·玛丽·勒内·波泰（Etienne Henry Marie René Portet）和让娜·安妮·帕罗（Jeanne Anne Parot）的结婚登记，AdP, 1e. arr., act no. 385。关于福希耶一家的悠久历史，见 Paule Danes-Fauchille, *Sayetterie et bourgetterie lilloises ou l'industrie drapière à Lille* (Nanterre, 1991)。

16　西尔韦斯特雷·阿勒芒·拉维热里（Silvestre Allemand Lavigerie）的出生登记（1831 年 6 月 27 日），玛丽·路易丝和弗朗索瓦丝·茱莉亚·阿勒芒·拉维热里（Françoise Julia Allemand Lavigerie）的出生登记（1833 年 1 月 9 日），AM-A, 1E93/71, 1E100/4。关于旅行销售员这一人物，见 Claire Lemercier, "Un litige entre un commis voyageur et sa maison de commerce en 1827," *Entreprises et histoire*, no. 66 (2012): 228–231, and Arnaud Bartolomei, Claire Lemercier, and Silvia Marzagalli, "Les commis voyageurs, acteurs et témoins de la grande transformation," Entreprises et histoire, no. 66 (2012): 7–21。

17　朱尔·艾蒂安·西皮翁·阿勒芒·拉维热里的结婚登记；ADSa, Le Mans, 246/338; （夏洛特·）于尔叙勒·（阿德莱德·）阿勒芒·拉维热里的死亡登记（1840 年 8 月 5 日），ADC, La Couronne, 1833–1842, 3E120/7, 425/561; Property no. 1315, ADC, Matrice des propriétés bâties et non bâties, 1835–1911, 3 PPROV 16 5, 87/183。

18　*Recueil général des lois, décrets et arrêtés depuis le 24 février*, vol. 1 (Paris, 1848), articles 67 (March 6, slavery), 75 (March 7, comptoir national), 77 (March 8, savings banks) and 306 (April 27, abolition of slavery), pp. 17–19, 107. 为了推动小型商业发展曾一度建立过所谓的"国家折扣专柜"（comptoirs nationaux d'escompte），关于此，见 Alphonse Courtois, *Histoire de la Banque de France et des principales institutions françaises de crédit depuis 1716* (Paris, 1875), pp. 172–179。

19　"Statuts du comptoir national d'escompte de la ville d'Angoulême May 5, 1848," *Bulletin des lois de la République française*, 1848, ser. 10, suppl., part 2 (Paris, 1849), 228–233, p. 228.

20　Quignon, "Notices historiques et anecdotiques," 3:194–199, ADC, J70.

21　"Statuts du comptoir national d'escompte," pp. 230, 232.

22　让·亨利·波泰的出生登记（1823 年 6 月 3 日），ADC Sireuil 1823–1832, 8/198; 让·波泰和"石匠"（tailleur de pierre）让·贝松（Jean Besson）之女朱莉·贝松（Julie Besson）的结婚登记（1822 年 7 月 8 日），ADC Saint-Simon 1821–1836, 20/308; 帕蒂罗（Patureau）小村庄"农民"（cultivateur）让·波泰之子让·波泰的出生登记（共和历 7 年雨月 24 日），ADC Sireuil 1793–1802, 101/170。

23　让·亨利·波泰和玛丽·路易丝·阿勒芒·拉维热里的婚前协议（1851 年 2 月 3 日），　415
　　ADC, 2E10262; 让·亨利·波泰和玛丽·路易丝·阿勒芒·拉维热里的结婚登记（1851 年 2 月 4 日），AM-A, 1E156/16。玛丽·路易丝是生于 1833 年 1 月 9 日的那对双胞胎女孩当中的姐姐，她的妹妹弗朗索瓦丝·茱莉亚死在出生翌日，姐妹的哥哥西尔韦斯特雷·阿勒芒·拉维热里 1831 年也在出生几天后夭折；AM-A, 1E93/71, 1E95/65, 1E100/4,

1E102/4。

24　让娜·朱莉·阿勒芒·拉维热里的死亡登记（1838 年 5 月 19 日），AM-A, 1E117/34; transcription of agreement of November 13, 1839, in ADC, 4QPROV 1/2932。

25　阿德莱德·拉维热里共和历 11 年获月 19 日（1803 年 7 月 8 日）生于巴约讷；ADPA, 775/875。在姐妹夏洛特·于尔叙勒的婚前协议上她留下的签名是"阿德莱德·梅洛埃·拉维热里"，在死亡登记上她的名字是"弗朗索瓦丝·梅洛埃·阿勒芒·拉维热里"；在她死后那份关于城墙上房屋的协议中她被称为"弗朗索瓦丝·阿德莱德·梅洛埃·阿勒芒·拉维热里"。在自己的婚前协议中，夏洛特·于尔叙勒的签名是"夏洛特·于尔叙勒"，在 1839 年 11 月的协议中她的签名是"阿莉达·亨利－拉库拉德，娘家姓阿勒芒·拉维热里"（Alida Henry-Lacourade, nee Allemand Lavigerie）；在死亡登记上她的名字是"于尔叙勒·阿德莱德·阿勒芒·拉维热里"，婚前协议（1836 年 6 月 18 日），ADC, 2E6622; AM-A, 1E120/26; ADC, La Couronne, 1833–1842, 425/561; transcription of agreement, November 13, 1839, in ADC, 4QPROV 1/2932。

26　1839 年 11 月（弗朗索瓦丝）阿德莱德死后、夏洛特·于尔叙勒尚在世时签订的那份协议确定：还活着的四姐妹要将南城墙上的房子均分成两份，赠予夏洛特·于尔叙勒和弗朗索瓦丝·梅洛埃，同时保有居住权，直到最后一人去世。事实上根据让娜·朱莉的遗嘱，当时姐妹四人拥有的是房子的十五分之十三，两位侄女各自有十五分之一。原本留给阿德莱德的十五分之一在其过世后由几个姐妹从阿德莱德的父亲马夏尔·阿勒芒·拉维热里手中买了回来；虽然这家人表现出很强的女性继承倾向，阿德莱德本人的遗产却是例外，在死后归了她的父亲和收税的三个兄弟。Transcription of agreement, November 13, 1839, in ADC, 4QPROV 1/2932。

27　Will of Jeanne Allemand Lavigerie, signed on June 12, 1850, deposited on January 10, 1851, and registered on July 9, 1860, ADC, 2E10292.

28　让·亨利·波泰和玛丽·路易丝·阿勒芒·拉维热里的婚前协议（1851 年 2 月 3 日），ADC, 2E10262。

29　婚前协议（1851 年 2 月 3 日），ADC, 2E10262。

30　婚前协议（1851 年 2 月 3 日），ADC, 2E10262。

31　Succession of Jean Henri Portet, AdP, December 17, 1902, DQ32554.

32　夏尔·加布里埃尔·基纳和路易丝·阿勒芒·拉维热里的婚前协议（1855 年 3 月 21 日），ADC, De Jarnac, notary, 2E14663; 夏尔·加布里埃尔·基纳和路易丝·阿勒芒·拉维热里的结婚登记（1855 年 3 月 22 日），AM-A, 1E169/31–32。

33　这是作家、藏书家、海关官员朗贝尔·费迪南德·约瑟夫·范登赞德（Lambert Ferdinand Joseph Van Den Zande）的描述，此人是拉维热里家在马赛的邻居；letter of September 28, 1852, from Van Den Zande to François Grille, in Grille, *Miettes littéraires, biographiques et morales*, 3 vols. (Paris, 1853), 3:63–66。在信中他提到路易丝在昂古莱姆成了一名教师。"Notice sur Van Den Zande," in *Catalogue de la bibliothèque de feu M. Van Den Zande* (Paris, 1853), pp. v–x。

416　34　艾蒂安·玛丽·基纳的死亡登记（1871 年 12 月 27 日），AdP, 5e arr., 25/31。

35　夏尔·加布里埃尔·基纳和路易丝·阿勒芒·拉维热里的结婚登记（1855 年 3 月 22 日），

AM-A, 1E169/31–32。关于路易·拿破仑到访昂古莱姆，见 F. Laurent, *Voyage de Sa Majesté Napoléon III, empereur des Français, dans les départements de l'est, du centre et du midi de la France* (Paris, 1853), pp. 439–448。

36 夏尔·加布里埃尔·基纳和路易丝·阿勒芒·拉维热里的婚前协议（1855 年 3 月 21 日），2E14663。

37 莱昂·贝尔纳·拉维热里的结婚登记 ADCM, Rochefort, marriages, 52/134。

38 *Notice historique et descriptif du chemin de fer de Montauban à Rodez* (Villefranche, 1859).

39 ADC, état nominatif, La Couronne, 1872, Moulin de Lacourade, 10/85.

40 马夏尔·阿勒芒·拉维热里的死亡登记（1856 年 8 月 18 日），1E173/83–84。

41 亚历克斯—亨利—埃瓦里斯特·布兰伯夫—迪拉里和玛丽·弗朗索瓦丝·亨利·拉库拉德的婚前协议（1858 年 9 月 25 日），ADC, De Jarnac, 2E14677。

42 亚历克斯—亨利—埃瓦里斯特·布兰伯夫—迪拉里和玛丽·弗朗索瓦丝·亨利·拉库拉德的结婚登记（1858 年 9 月 29 日），AM-A, 1E178/109; 婚前协议（1858 年 9 月 25 日）。

43 婚前协议（1858 年 9 月 25 日），ADC。

44 亚历克斯—亨利—埃瓦里斯特·布兰伯夫—迪拉里 1834 年 2 月 11 日生于昂古莱姆，父亲名叫亚历克斯—欧仁·布兰伯夫—迪拉里（Alexis-Eugène Brinboeuf-Dulary），是亨利·布兰伯夫—迪拉里（Henri Brinboeuf-Dulary）和泰蕾兹·德蒙（Therese [Mimi] Demontis）的儿子；母亲名叫宝琳·诺伊勒-诺格拉（Pauline Neuiller-Noguera）。AM-A, 1E103/17, 1E43/10–11。他的祖父约瑟夫·迪拉里（Joseph Dulary）生前住在圣多明各阿蒂博尼特（Artibonite），后在法兰西角过世；亨利·布兰伯夫—迪拉里和泰蕾兹·德蒙的结婚登记，ADC, Barbezieux-Saint-Hilaire, 1805–1809, 127/273。关于布兰伯夫—迪拉里家族进行的奴隶贸易见 TNA, HCA30/304, *Amitié de Nantes*, intercepted mails and papers。德蒙家族有许多法律纠纷，包括种植园债务问题，关于此，见 "Houdaigné C. les heritiers Demontis," July 30, 1811, in J. -B. Sirey, *Recueil général des lois: Jurisprudence de la cour de cassation* (Paris, 1811), vol. 11, pt. 1, pp. 345–346, 以及 "Réplique pour le sieur Frichou-Lamorine, contre le sieur Roy d'Angeac, tuteur de la veuve Demontis," in *Annales du barreau Français*, 13 vols., 1822– 1847 (Paris, 1841), 11:223–288。

45 玛丽·亚历克斯·罗贝尔·布兰伯夫—迪拉里（Marie Alexis Robert Brinboeuf-Dulary）的出生登记（1863 年 1 月 3 日），路易丝·玛丽·热尔曼娜·布兰伯夫—迪拉里（Louise Marie Germaine Brinboeuf-Dulary）的出生登记（1869 年 6 月 18 日）；亚历克斯—亨利—埃瓦里斯特·布兰伯夫—迪拉里的死亡登记（1870 年 10 月 11 日）；AM-A, 1E193/2, 1E211/53, 1E216/178。亚历克斯—亨利—埃瓦里斯特家的人活得都不长，他的父亲 25 岁时过世于昂古莱姆，他的祖父是 41 岁过世的。亨利·布兰伯夫—迪拉里的死亡登记（1830 年 12 月 15 日），AM-A, 1E92/126; 亚历克斯—欧仁·布兰伯夫—迪拉里的死亡登记（1835 年 11 月 26 日），1E108/116。

46 玛丽·亚历克斯·罗贝尔·布兰伯夫—迪拉里和路易丝·安妮·埃莉萨·普兰特维尼（Louise Anne Elisa Plantevigne）的结婚登记（1895 年 10 月 21 日），ADC, Marcillac-Lanville 1893–1902, 72/273; 路易丝·玛丽·热尔梅娜·布兰伯夫—迪拉里和玛丽·艾梅·普特·德·普伊鲍德（Marie Aimée Poute de Puybaudet）的结婚登记（1889 年 5 月 16 日），AD Gironde, Arcachon, 23–24/63。

47 洛朗·西尔韦斯特雷·托潘的妻子让娜·阿勒芒·拉维热里的死亡登记（1852 年 3 月 26 日），让娜·亨丽埃特·阿勒芒·拉维热里的死亡登记（1852 年 7 月 27 日），AM-A, 1E160/35, 79; 约瑟芬·阿勒芒·拉维热里（Joséphine Allemand Lavigerie）的死亡登记（1855 年 4 月 29 日），ADPA, Bayonne, deaths, 1842–1857, 646/884; 洛朗·西尔韦斯特雷·托潘的死亡登记（1860 年 3 月 29 日），AM-A, 1E185/28; 让娜·阿勒芒·拉维热里的死亡登记（1860 年 7 月 3 日），1E185/57。

417   48 ADC, état nominatif, Angoulême, 1861, 192/765.

49 莱昂·贝尔纳·拉维热里的结婚登记，ADCM, Rochefort, 52/134。

50 莱昂·菲利普·阿勒芒·拉维热里的死亡登记（1860 年 9 月 15 日），AD Maine et Loire, Saumur, deaths, 1856–1860, 273/287; "Etat civil," *L'echo saumurois*, no. 118 (October 2, 1860): unpag., p. [3]。见证人是斯坦尼斯拉斯·尚图瓦索（Stanislas Chantoiseau）和让·布格龙（Jean Bougron）。

51 "Discours pour la bénédiction du chemin de fer de Cognac," October 15, 1867, in Cousseau, Oeuvres, 3:365–367; http://www. musee-du-papier. fr/ projet-memoires-de-la-poudrerie/ . 主管火药厂的是巴尔扎克朋友的丈夫，关于巴尔扎克在火药厂的几次逗留，见 Honoré de Balzac, *Correspondance avec Zulma Carraud*, ed. Marcel Bouteron (Paris, 1951)。

52 "Discours pour la bénédiction de la première pierre de l'église de St Ausone," December 4, 1864, "Discours prononcé pour la bénédiction de la première pierre de l'Hôtel de ville," August 15, 1858, in Cousseau, *Oeuvres*, 3:184, 348–349. 关于库索（Cousseau）和小保罗·阿巴迪的友谊见两人的书信往来，见 Cousseau, *Oeuvres*, 3:418–432; 前者和夏尔·马夏尔·阿勒芒·拉维热里也有交情，见 the letter of August 12, 1872, pp. 393–394。

53 François Caron, *Histoire économique de la France*, XIXe– XXe siècles (Paris, 1981), pp. 50–64; 关于企业家，见 Hélène Vérin, *Entrepreneurs, entreprise. Histoire d'une idée* (Paris, 2011)。

54 "Abadie, Paul, père," http://elec.enc.sorbonne.fr/architectes/0; "Abadie, Paul," http://elec.enc.sorbonne.fr/architectes/1.

55 "Fête de la Raison," ADC, L144(19).

56 "Un certain luxe grave" ; "Discours prononcé pour la bénédiction de la première pierre de l'Hôtel de ville," August 15, 1858, in Cousseau, *Oeuvres*, 3:348–349.

57 称为弗拉德的阿尔贝·拉古特（Albert La Goutte, dit La Feuillade）和安托瓦内特·洛朗（Antoinette Laurent）的结婚登记（1764 年 5 月 8 日）上安托万·洛朗（Antoine Laurent）的签名，AM-A, St. Antonin, GG54/46; 石匠安托万·洛朗和卡特琳（Catherine Piffre）的儿子皮埃尔·洛朗（Pierre Laurent/Lorant）的洗礼登记（1768 年 4 月 10 日），St. Martial, GG110/102; 石匠皮埃尔·洛朗和安妮·瓦拉什（Anne Varache）的儿子艾蒂安·洛朗（Etienne Laurent）的出生登记（1811 年 12 月 5 日），1E44/346; 公共工程承包商（entrepreneur des travaux publics）艾蒂安·洛朗和吉纳维芙·塔迪厄（Geneviève Tardieu）的结婚登记（1835 年 11 月 9 日），1E107/124; "企业家"艾蒂安·维克托·洛朗和吉纳维芙·塔迪厄的女儿让娜·玛丽·洛朗（Jeanne Marie Laurent）的出生登记（1845 年 1 月 20 日），IE137/11。洛朗在阿巴迪工程中的角色，见 *Paul Abadie architecte 1812–1884*, pp. 19, 156。1864 年圣奥索纳教堂奠基时艾蒂安·维克托·洛朗也在现场，

其主持的主教堂修复的工作相当出色，1869 年获得了主教的赞赏，"Discours sur L'église cathédrale d'Angoulême," January 17, 1869, Procès-verbal, December 4, 1864, in Cousseau, *Oeuvres*, 3:87, 449。

58　Todd, *Velvet Empire*.

59　Dubourg-Noves, *Histoire d'Angoulême*, p. 225.

60　还放了庇护九世的一尊小小的银像。"Discours prononcé pour la bénédiction de la première pierre de l'Hôtel de ville," August 15, 1858, Procès-verbal, December 4, 1864, in Cousseau, *Oeuvres*, 3:350, 447。

61　不！一千年后

自豪于我们的命运的

未来时代的市长

要将昂古莱姆的钥匙

呈与拿破仑三十世

对他说："来吧，陛下，进入我们的城内。"

Jean-François Eusèbe Castaigne, *Ode lue à la pose de la première pierre de l'hôtel de ville d'Angoulême le 15 août 1858* (Angoulême, 1858), pp. 6, 9, 12。

62　"Oraison funèbre du général de Pontevès et des Français morts devant Sebastopol," in Cousseau, *Oeuvres*, 3:305, 306, 326.　　418

63　Castaigne, Ode, p. 11.

64　让·蒂博（Jean Thibaud）的死亡登记（加尔各答），让·维昂（Jean Viand）的死亡登记（法兰西堡），路易丝·穆谢尔（Louis Mouchère）的死亡登记（巴斯蒂亚），诺埃尔·默塞隆（Noel Merceron）的死亡登记（奥兰），路易丝·奎耶（Louis Queille）的死亡登记（旧金山），让·朱佐（Jean Juzeaud）的死亡登记（旧金山）。AM-A, 1E160/143–145。皮埃尔·埃克托·朱佐（Pierre Hector Juzeaud）1810 年生于昂古莱姆；他 1808 年出生的哥哥 1849 年过世于瓜德罗普巴斯特雷（Basse-Terre, Guadeloupe）。1E41/60, 1E43/65, 1E154/103–104。为朱佐的死做见证的包括前昂古莱姆邮局局长伊曼纽尔·吉奥特·德斯瓦雷讷（Emmanuel Guiot Desvarennes），还有纪尧姆·吉奥·德斯瓦雷讷（Guillaume Guiot Desvarennes）和弗朗索瓦丝·布雷斯登（Françoise Bresdon）——两人是在瓜德罗普结的婚——的孙子。AM-A, 1E50/132, 1E131/13, 1E198/95。

65　安德烈·方德拉（Andre Fondrat）的死亡登记（上海），菲利普·平根（Philippe Pingeon）的死亡登记（韦拉克鲁什泰杰里亚），皮埃尔·休切（Pierre Huchet）的死亡登记（韦拉克鲁什）；AM-A, 1E198/6, 17, 107。

66　乔治·亨利-拉库拉德（Georges Henry Lacourade）和让娜·安吉丽克·阿黛尔·丹尼尔·德科尔霍（Jeanne Angelique Adele Daniel de Colhoe）的结婚登记（1868 年 5 月 16 日），AM-A, 1E209/44. 妻子的外祖母阿德莱德·亨丽埃特·罗班是亚伯拉罕-弗朗索瓦·罗班和伊丽莎白·斯塔布斯的女儿，外祖父皮埃尔·德尼·罗班（Pierre Denis Robin）是让·亚伯拉罕-弗朗索瓦·罗班（Jean Abraham François Robin）和卡特琳·亨丽埃特·奥杜安（Catherine Henriette Audouin）的儿子。阿德莱德·亨丽埃特·罗班和皮埃尔·德尼·罗班的结婚登记（1813 年 7 月 7 日，属于第四代血亲婚姻），1E49/236–237; 阿德莱德·亨丽埃特·罗班的死亡登记（1873 年 2 月 16 日），AM-A, 1E226/18。罗班一家起名的实践相当复杂，在结婚记录中，阿德莱德·亨丽埃特登记的身份是亚伯拉罕—弗朗索瓦·罗班的女儿，其堂兄皮埃尔·德尼登记的身份是让·亚伯拉罕—弗朗索瓦·罗班的儿子；根据记录，两人结婚的主要见证人是"这对新人共同的叔父"亚伯拉罕·弗朗索瓦·罗班。阿德莱德 1793 年 2 月 16 日的出生记称"女婴的姐姐、公民阿德莱德·亨丽埃特为她起名为阿德莱德·亨丽埃特"。阿德莱德有两个姐姐，一个叫弗朗索瓦丝·安吉丽克·艾梅（Françoise Angelique Aimée），1782 年 11 月 11 生于圣樊尚，1785 年 3 月 19 日在昂古莱姆受洗；另一个叫阿德莱德·弗朗索瓦丝·安吉丽克（Adelaide Françoise Angelique），1788 年 7 月 21 日在昂古莱姆受洗，AM-A, GG46/149, GG68/95。

67　"Abadie, Paul, père," http://elec. enc. sorbonne. fr/ architectes/o。卡米耶·阿勒芒·拉维热里的房子在军械街 837 号地块，保罗·阿巴迪的房子在 854 号地块，ADC, Matrice, Angoulême, 1835–1911, 3 PPROV 16 5, 124/183 and 3 PPROV 16 6, 91/211。马夏尔·阿勒芒·拉维热里的鳏夫女婿皮埃尔·奥古斯特·亨利–拉库拉德 1846 年和两个孩子住在军械街，ADC, Etat nominatif, 1846, 37/646。亨利–拉库拉德一家在胡莫的圣雅各也有一座房子，后来被老阿巴迪买了下来。ADC, Matrice, Angoulême, 1834–1887, 3 PPROV 16 6, 49/211。

68　艾蒂安·亨利·玛丽·勒内·波泰和让娜·安妮·帕罗（Jeanne Anne Parot）的结婚登记（1883 年 6 月 18 日），AdP, 1e. arr., act no. 385。

69　AdP, état civil reconstitué, 保罗·马拉尔的出生登记（1812 年 11 月 9 日），(old) 4e arr., 9/51。关于荣誉军团骑士小阿巴迪的记录，LH/1/36，只有出生地信息。老保罗·阿巴迪的名字曾出现在 1846 年的人口普查登记上：记录为单身，住在昂古莱姆奥斯特利茨街上，ADC, Etat nominatif, 1846, 48/646。他还有一个女儿 1826 年生于昂古莱姆，1857 年获得他的承认，AM-A, August 4, 1826, 1E78/96, annotation, March 4, 1857。老阿巴迪当时已经是"教区建筑督察员"，而在这个外省社会，非婚生孩子的称呼仿佛一辈子也抹不掉——虽然距离莱昂纳尔·罗班为所有儿童的平等地位奔走已经半个多世纪——在 1846 年这次人口普查中，40 岁的咸菜贩子"玛格丽特"、70 岁的"雅克"和他 70 岁的妻子都亲历了这一命运。Marguerite, Rue de Sully, and Jacques, Rue à la Hart, in ADC, Etat nominatif, 1846, 173, 208/646。

419　70　November 25, 1846, AM-A, 1E141/127–128; 保罗·阿巴迪和玛丽亚·阿莉达·卡米亚的婚前协议（1846 年 11 月 25 日），ADC, André Saint-Ma rc, notary, 2E19907。结婚登记上，保罗·阿巴迪使用的是自己的法定名字"保罗·马拉尔"，更准确地说是"姓阿巴迪的保罗·马拉尔"（Paul Mallard surnommé Abadie），根据记录，他 1812 年生于巴黎第五区；父母二人都在儿子的结婚登记上签了名。

71　玛丽亚·阿莉达的监护人路易·图纳尔（Louis Tourneur）1832 年结婚，妻子名叫安妮·阿德莱德·罗班（Anne Adelaide Robin），是费利克斯–米歇尔·罗班（Félix-Michel Robin）的女儿。夫妇俩住在南城墙 15 号。AM-A, July 7, 1832, 1E97/65–66; ADC, état nominatif, Angoulême, 1846, 93/646. 1836 年，路易发明的一项宇宙学教学用具——他本人描述其为"星图学的"（uranographique）和"双转地志"（amphéligéographe）——获得了为期五年的专利，关于此，见 Bulletin des lois du royaume de France, 9th ser., 12 (Paris, 1836): 326–327。

72　Statement of Simon Vieilh, "géreur de l'habitation de monsieur Martin Subercasaux,"

April 16, 1834, ANOM, Sainte-Rose, Guadeloupe, état civil, 14/35, and Sainte-Rose, affranchissements, 8/15. 解放手续是"按照 1832 年 7 月 12 日王室法令第五条的规定"办理的；这是指路易·菲利普发布的规定解放奴隶的程序的行政法令。

73 Abadie C. Subercaseaux, "Un enfant naturel ne peut etre reconnu par testament olographique, un tel acte n'ayant pas le caractère d'un acte authentique." Judgment of the cour de cassation, March 18, 1862, in *Jurisprudence générale du royaume en matière civile, commerciale et criminelle, cour de cassation*, ed. Dalloz (Paris, 1862), pp. 284–285.

74 弗朗索瓦·西蒙·维耶（François Simon Vieilh）——登记的身份是"食息者"——住在吉伦特省拉索夫（La Sauve），1846 年在玛丽亚·阿莉达的结婚记录上签过名，AM-A, 1E141/127–128。

75 保罗·阿巴迪和玛丽亚·阿莉达·卡米亚的婚前协议（1846 年 11 月 25 日），ADC, 2E19907。退休工程师雅克·纳多（Jacques Nadaud）1774 年生于昂古莱姆，是索瓦·纳多和玛丽·塔布兰（玛丽·沙拉）的儿子，1854 年过世于昂古莱姆，AM-A, NDP, GG 14/48, 1E167/104, and see AN, LEONORE, LH/1972/55。家具商人尼古拉斯·韦永（Nicolas Veillon）或威利安（Vellion）是樊尚·梅西耶（Vincent Mercier）的岳父，樊尚·梅西耶（Vincent Mercier）是市政厅（mairie）秘书，也是革命时期的《昂古莱姆市政厅杂志》（*Journal des maires d'Angoulême*）的编辑。樊尚·梅西耶和玛丽·安妮·韦永（Marie Anne Veillon）的结婚登记（1832 年 3 月 15 日），AM-A, 1E97/23–24; 老保罗·阿巴迪在登记上签了名。保罗·阿巴迪当时与樊尚·梅西耶、他的妻子和两位内弟同住。Rue d'Austerlitz, ADC, Etat nominatif, 1846, 47–48/646。

76 "Abadie, Paul," http://elec.enc.sorbonne.fr/architectes/1.

77 Abadie C. Subercaseaux, March 18, 1862, in Dalloz, *Jurisprudence générale*, pp. 284–288. 玛丽亚·阿莉达的父亲确保了"我的继承人不论出于什么动机"都不能争夺这 400,000 法郎。"Déclaration et acceptation d'emploi par Madame Abadie," August 20, 1870, AN, Panhard, notary, Paris, MC/ET/XIV/906。

78 Alfred Van den Brule, *Hubert Rohault de Fleury, secrétaire général du Voeu national: le Sacré-Coeur de Montmartre* (Paris, 1928), pp. 343, 366; and see "Le Sacré-Coeur de Montmartre," in *Paul Abadie architecte 1812–1884*, pp. 129–145.

420

79 保罗·阿巴迪的死亡登记（1884 年 8 月 3 日），AD Yvelines, Chatou, 1882–1884, 223–224/271; Le Figaro, August 3, 1884。保罗的母亲路易丝·约瑟芬·马拉尔（Louise Joséphine Mallard）16 年前过世于查图，时年 80 岁，October 1, 1868, Chatou, 1867–1872, 273/553。

80 "Inventaire apres le deces de M. Abadie," August 29, 1884, AN, Georges Magne, notary, Paris, MC/ET/LXXVI/1047.

81 保罗·阿巴迪的遗孀阿莉达·卡米亚的死亡登记（1903 年 6 月 24 日），AD Hauts de Seine, Neuilly-sur-Seine, deaths, 1903, 142/297。报告者是她的儿子（生活在巴黎圣奥诺雷街）和一名地方官员，"没有其他亲属，也没有邻居"。根据记录，死者已故父母的名字"报告者不清楚"。

82 Table des successions et absences, Le Mans, Jules Etienne Scipion Allemand Lavigerie, died July 22, 1853, succession declared January 19, 1854; ADSa, 1853–1854, no. 21, 2/200. 银行家

朱尔·艾蒂安·西皮翁·阿勒芒·拉维热里的死亡登记（死亡地点在其市政厅广场家中），
ADSa, Le Mans, deaths, 1853–1855, 60/463。

83　玛丽·路易丝·阿勒芒、她在襁褓中的儿子、她的母亲和丈夫经历了 1853 年 9 月一次
可怕的铁路事故，但属于相对幸运的受害者。当时一列巴黎开往波尔多的夜班车与一
列昂古莱姆开往巴黎的货车相撞，导致 6 名铁路雇员死亡，超过 30 名乘客受伤；一份
报告称她为"来自昂古莱姆的波泰女士"，并称其锁骨受了伤，另一份报告称她为"一
位年轻母亲，正哭喊着寻找自己的孩子"。后来发现婴孩安然无恙，"正在失事车厢底
下玩沙子"；"拉维热里女士"和"昂古莱姆商事法庭书记员"（greffier du tribunal de
commerce d'Angoulême）让·亨利·波泰受了轻伤，不久后，这家人得以继续他们的旅行。
Journal des débats, September 21, 1853, *La presse*, September 24, 1853, *Le pays*, September
25, 1853。艾蒂安·亨利·玛丽·勒内·波泰的出生登记（1852 年 2 月 2 日），AM-A
1E158/16。当时一家人住在南城墙上，84 岁的马夏尔·阿勒芒·拉维热里做了见证，记
录称他是孩子的祖父（事实上是曾叔祖）。第二个孩子（人称瓦伦丁）生于勒芒，朱莉·玛
丽·瓦伦丁·波泰的出生登记（1856 年 10 月 21 日），ADSa, Le Mans, births, 185–1857,
275/532。当时一家人住在市政厅广场 33 号，祖父卡米耶·亚历山大做了见证。阿德莱德·夏
洛特·马斯林的死亡登记（时年 80 岁，为皮埃尔·阿勒芒·拉维热里的寡妇，住在市政
厅广场，1858 年 1 月 18 日），ADSa, Le Mans, deaths, 1856–1858, 437–438/647。阿德莱德·夏
洛特的哥哥勒内·马斯林（René Maslin）常出现在阿勒芒·拉维热里一家散布法国各省
的各种人生记录上，留下了他签名的记录包括阿德莱德·夏洛特的结婚登记（1796 年）、
西皮翁的出生登记（1797 年）、卡米耶的出生登记（1799 年）、卡米耶的结婚登记（1831
年于奥布省）、西皮翁的结婚登记（1832 年）、皮埃尔的死亡登记（1833 年）、玛丽·路
易丝的结婚登记（1851 年于昂古莱姆），还有西皮翁的死亡登记（同样是 1858 年，就在
两天后：1858 年 1 月 20 日），ADSa, Le Mans, deaths, 1856–1858, 438/647。

84　Firmin-Didot, *Annuaire générale du commerce* (1854), p. 1934.

85　Firmin-Didot, *Annuaire générale du commerce* (1855), pp. 1934, 1936; *Annuaire générale du
commerce* (1856), p. 1937。当时勒马尔尚有了一个新的生意伙伴，"拉维热里和杜默茹之
后继勒马尔尚和拉瓦，包袋生产商"（Lemarchand et Ravase, successeurs de Lavigerie et
Demorieux, *fabr. de sacs*）。

421　86　*De l' union douanière de la France avec la Belgique*, pp. 93, 153–154.

87　Firmin-Didot, *Annuaire générale du commerce* (1852), pp. 1710–1711; on *L'Obéissante*, see
Pierre Souvestre, *Histoire de l'automobile* (Paris, 1907). 法国汽车之父阿梅迪·博莱（Amédée
Bollée）的父亲欧内斯特·博莱（Ernest Bollée）曾经出现在 1852 年的地址簿上，登记
的身份是勒芒圣克罗伊莱兹（Ste-Croix-Lez）村教堂铸钟人，p. 1712。

88　*Le Canal des deux mers: journal du commerce universel* 1, no. 38 (September 21, 1872): 655.
Bulletin du canal interocéanique 2, no. 42 (May 15, 1881): 371. 关于第二帝国时期银行业的
扩张，见 Alain Plessis, *The Rise and Fall of the Second Empire*, 1852–1871, trans. Jonathan
Mandelbaum (Cambridge, 1979), pp. 71–83。

89　Cour de cassation, no. 8824, November 15, 1875, in *Journal des tribunaux de commerce*
25 (1876): 382–387; "Banquiers, comptes," in Dalloz, *Jurisprudence générale du royaume
en matière civile, commerciale et criminelle* (1876), pp. 212–214; summarized in "Change,"
Journal du droit international privé 4 (1877): 143.

90 Oral testimony of "M. Portet-Lavigerie, banquier au Mans," Ministère de l'Agriculture, *Enquête agricole: enquêtes départementales. IIe série, 2e circonscription, Orne, Mayenne, Sarthe, Maine-et-Loire* (Paris, 1867), p. 206.

91 Report of December 29, 1871, in Archives de la Banque de France [hereafter ABF] , Secrétariat du Conseil Général, MA. AO. 15. B. 5, Correspondance et propositions, 1862–1959. 1856 年到 1872 年间，波泰－拉维热里担任当地折扣率委员会的管理人和成员，后升任审计员。

92 F. Legeay, *Le guide du voyageur au Mans* (Le Mans, 1879), p. 85; 这栋楼位于今日的共和国广场（Place de la République），是商人勒普兰斯（Le Prince）1760 年前后所建，紧邻监狱；现为里昂信贷银行（Crédit Lyonnais）办公室。

93 费利克斯·塔尔万德（Félix Talvande）的父亲是法兰西银行南特支行的主任；费利克斯·塔尔万德和玛格丽特·阿德莱德·路易丝·弗洛格·德·莫尼（Marguerite Adelaide Louise Froger de Mauny）的结婚登记（1862 年 6 月 8 日），ADSa, marriages, 1861–1862, 260–261/518; *Journal officiel de la République française*, September 16, 1879, p. 9176。

94 后来房子被登记为"亨利·波泰－拉维热里先生及夫人"的财产。*Annuaire des châteaux et des départements, 1897–1898: 40,000 noms & adresses de tous les propriétaires des châteaux de France, manoirs, castels, villas, etc. etc.* (Paris, 1897), p. 688。

95 路易丝·梅兰妮·阿勒芒·拉维热里的死亡登记（1865 年 10 月 10 日），ADSa, deaths, Saint-Pavace, 1853–1882, 182/275。

96 玛丽·泰奥尼·托潘的死亡登记（1868 年 9 月 3 日），ADSa, deaths, Saint-Pavace, 1853–1882, 193/275; 玛丽·泰奥尼·托潘共和历 10 年葡月 23 日（1801 年 10 月 15 日）生于昂古莱姆，AM-A, 1E25/12。

97 Eugène Adolphe Disdéri, "M. Boittelle et son fils Olivier," http://www. musee-orsay . fr / fr /c ollections/ catalogue-des-oeuvres /not ice. html ? nnumid= 69612.

98 奥利维尔·布瓦泰勒和朱莉·玛丽·瓦伦丁·波泰的结婚登记（1876 年 5 月 30 日），ADSa, Le Mans, marriages, 1875–1876, 316–317/446。

99 *Annuaire des châteaux et des départements* (1899–1900), p. 95; *Touring Club de France: revue mensuelle* 15 (1905): 396; *Le XIXe siècle: journal quotidien politique et littéraire*, February 10, 1890, p. 2, 内容是颁奖，奖品是一头红白公牛。

100 René Portet, *Des latins juniens; De la condition juridique des étrangers en France et de la naturalisation* (Evreux, 1882).

101 艾蒂安·亨利·玛丽·勒内·波泰（Etienne Henry Marie René Portet）和让娜·安妮·帕罗（Jeanne Anne Parot）的结婚登记（1883 年 6 月 18 日），AdP, 1e. arr., act no. 385。司法体系之变化多端令人目眩，1885 年，勒内·波泰在这一部门开始了自己的职业生涯，先后在瓦兹（Oise）省的克莱蒙（Clermont）、塞纳和瓦兹省勒阿弗尔担任副司法官（juge suppléant）；后任多地代理检察官：1886 年在厄尔（Eure）省的伯奈（贝尔奈）、1887 年在吉伦特省利布林讷、1889 年在昂古莱姆。之后又任多地检察官：1891 年在洛特和加龙省（Lot et Garonne）马芒德（Marmande）、1894 年 4 月在沃克吕兹省（Vaucluse）阿普特（Apt），1894 年 8 月又回到克莱蒙。勒内·波泰 1894 年 12 月过世于克莱蒙，时年 42 岁。*Journal officiel de la République française*, 1885–1894; AD Oise, Clermont,

1894–1896, December 21, 1894, 121/417。

102 Reports of July 7, 1872, June 9, 1874, October 10, 1876, May 24, 1877, and November 3, 1880, in ABF, Inspection Générale, PA. K. 6. B. 3.

103 Report of June 22– July 7, 1881, in ABF, Inspection Générale, PA. K. 6. B. 3 "Liquidateurs judiciaires de la Banque Talvande et Cie et consorts c. Porte-Lavigerie et consorts, cass. civ.," March 19, 1894, in *Journal des faillites et des liquidations judiciaires françaises et étrangères: revue de jurisprudence* 13 (1894): 193–214, pp. 194, 199.

104 卡米耶·亚历山大·阿勒芒·拉维热里的死亡登记（1881 年 11 月 7 日），ADSa, deaths, 1880–1881, 400/436。

105 塔尔万德和亨利·波泰－拉维热里的协议最终确立于 1881 年 11 月 15 日至 16 日，"Liquidateurs judiciaires," p. 199 and "Soc. *Talvande et Cie.*," in Revue des sociétés (1894): 223–232, p. 229。

106 *Le gaulois*, no. 2395 (March 20, 1889): p. 3.

107 Reports of October 6–13, 1884, July 4, 1885, June 24, 1887, and June 1, 1889, in ABF, Inspection Générale, PA. K. 6. B. 3.

108 *Le gaulois*, no. 2395 (March 20, 1889): 3; "Liquidateurs judiciaires," p. 194.

109 "Liquidateurs judiciaires," pp. 194, 196.

110 "Liquidateurs judiciaires," pp. 197–201.

111 "Soc. *Talvande et Cie.*," p. 231.

112 Vente par licitation, in *Le petit ardennais*, no. 3078 (July 13, 1889): [4]. *Rapport du préfet, conseil général de la Sarthe* (Le Mans, 1889), p. 405. 亨利直到 1890 年 12 月才从法兰西银行 "审计员" 职位（职责是对地方银行进行 "监管"）上退下；勒芒支行的经理 1888 年提到，银行理事会的 12 次会议中他出席了三场。Letters of January 1, 1889, from the director to the governor, and of December 25, 1890, from Henri Portet to the governor, in ABF, Secrétariat du Conseil Général, MA. AO. 15. B. 5。

113 Propriétaires des villas, in *L'avenir d'Arcachon*, no. 544 (May 7, 1887): unpag.

114 1883 年勒内·波泰的结婚登记和 1889 年石板厂的清算通知都提到了格鲁克街这一地址；让·亨利·波泰 1902 年 6 月 18 日在莫加多尔街家中过世。AdP, 9e. arr., act no. 898。

115 *Annuaire des châteaux et des départements* (1887–1888), p. 688; (1899), pp. 96, 1196; *Le petit ardennais*, July 13, 1889, p. [4] .

116 *Le Figaro*, July 26, 1891. 路易·拿破仑是当时的法兰西王位觊觎者 "拿破仑五世" 的弟弟。

117 杰罗姆·勒鲁日的死亡登记（1901 年 11 月 20 日），AD Val de Marne, deaths, 1901, Le Kremlin-Bicêtre, 153/179; death of Jean Henri Portet, AdP, 9e. arr., act no. 898。

118 "Succession de M. Jean Henri Portet," AdP, DQ7/32554, December 17, 1902.

119 现代社会科学的初期志向之一是从 "独特" 转向 "常规"，正如西米昂 1902 年的宣言所说："消灭个体的以研究社会的。" François Simiand, "Méthode historique et science sociale," *Revue de synthèse historique* 5 (1902), no. 1, 1–22, and no. 2, 129–157, pp. 17, 21, 154–155。"作为个体考察的零星数字"———一头驴的价格，"一个堂区当中弃儿的数量"——充

423

其量不过是一种"世俗"历史的残渣：这一与西米昂一脉相承的思想，见 Labrousse, *La crise de l'économie française*, p. 122。

120 Hoffman and Rosenthal, "New Work in French Economic History," p. 449. 金融化（以公开的银行业统计数据来衡量）作为经济发展的条件与小城镇多样化的金融工具间是类似的不可靠的二元论，关于此，见 Hoffman, Postel-Vinay, and Rosenthal, *Dark Matter Credit*. 正规和非正规社会网络是"信贷、保险、信息、建议和其他经济及非经济益处的重要来源"，关于此，见 Abhijit Banerjee, Arun G. Chandrasekhar, Esther Duflo, and Matthew O. Jackson, "Changes in Social Network Structure in Response to Exposure to Formal Credit Markets" (MIT, 2019)。

121 Block, *Statistique de la France*, 1:55; Olivier Marchand and Claude Thélot, *Deux siècles de travail en France: population active et structure sociale, durée et productivité du travail* (INSEE, Paris, 1991), ta ble 3t, p. 175; 进行长期估算存在众多困难，关于其中一些，见 Alain Blum, "Bibliogr aphie critique," *Population* 4 (1991): 1009–1011。

122 Block, *Statistique de la France*, 1:55; Marchand and Thélot, *Deux siècles de travail en France*, p. 175.

123 经济和社会史领域有一种老观点，认为农民才是体制（包括其本身对安稳的渴望）的囚徒，并认为各种（包括士兵和税吏带来的）交易成本对其造成了妨害。Hoffman and Rosenthal, "New Work in French Economic History," pp. 446, 449–450。关于基于法国国民经济统计进行服务业统计的困难，见 François Fourquet, *Histoire des ser vices collectifs dans la comptabilité nationale* (Paris, 1976)。

124 World Bank, "Employment in ser vices (% of total employment)," https://data. worldbank. org /ind icator/ sl. srv. empl. zs, accessed on August 30, 2019. 统计数据显示，服务业部门就业人口（"批发、零售、餐饮、旅馆；交通运输、仓储、通信；金融、保险、房地产、商业服务；社区、社会和个人服务等行业中进行有偿工作的劳动年龄人口"）从 1911 年的 35% 增长到了 2018 年的 49%。再加上无报酬家庭劳动——就算这部分的比例不大——便可以认为世界人口的多数从事的都是服务业。一些主要国家的最新比例：法国 77%，德国 72%，瑞典 80%，英国 81%，美国 79%。

125 Carl E. Schorske, *Thinking with History: Explorations in the Passage to Modernism* (Princeton, NJ: Prince ton University Press, 1998).

126 Daudin, *Commerce et prosperité*; Todd, Velvet Empire.

第十章 夏尔·马夏尔和路易丝 424

1 Baunard, *Lavigerie*, 1:vi.

2 一次的小型聚餐上有一只"巨大的阉鸡，填满了松露"，还有"酩悦香槟"；"上餐后甜点时我朗诵了自己的小诗（versiculets）。客人们开怀大笑，修道院长先生是第一个笑的。" Letters of September 28, 1852, and January 6, 1853, from Joseph Van Den Zande to François Grille, in Grille, *Miettes littéraires, biographiques et morales*, 3:63, 95。

3 Baunard, *Lavigerie*, 1:vi, ix, xii, 19; Louis Baunard, *Le doute et ses victimes dans le siècle*

présent (Paris, 1866); *La lanterne* 2940 (May 9, 1885), 5098 (April 6, 1891).

4 Claude Thiébaut, "Les manifestations pour le centenaire de la naissance du cardinal Lavigerie (Rome, Alger, Tunis, et Paris, 1925)," *Revue historique* 291, no. 2 (April– June, 1994), 361–399.

5 Léon Lavigerie, *De l'hépatite et des abcès du foie* (cand. Léon Lavigerie) (Paris, 1866); Scipion Lavigerie, *Arrêté du 26 avril* 1849.

6 *La presse*, June 19, 1902, p. 2.

7 "M. Robin était paperassier" ; J. Dupin, "Notices sur Abraham François Robin et Léonard Robin," p. 829.

8 Letter of January 16, 1873, from Clara Collet, Rue des Quatres Frères, Paris 18, in "Brébion Collet (veuve)," AN, F/12/2757; 就是有铅笔评注"相当悲惨"的那封信。

9 Colleville, *Le cardinal Lavigerie*, p. 203.

10 Société des Missionnaires d'Afrique, Accueil, at http://www.mafrome-archivio.org/index_ fr.html.

11 见 "Rome: In the footsteps of Lavigerie," http://peresblancs. org/ lavigerie_ vie_ romegb. htm, 以及 "Le cardinal Charles-Martial Lavigerie: Photos Archives," http://peresblancs. org/ photoslavigeriegb. htm。

12 Emile Zola, *La fortune des Rougon* (1871) (Paris, 1981), pp. 28, 99, 101; *L'assommoir* (1876) (Paris, 1978), pp. 159, 415, 434.

13 Colleville, *Le cardinal Lavigerie*, pp. 8, 18–19; Baunard, Lavigerie, 1:v, xi.

14 Registres matricules des sous-officiers et hommes de troupe de l'infanterie de ligne (1802–1815), 并见上, 6 章。Hort, *Tahiti: The Garden of the Pacific*, p. 241; "M. Biais communique une aquarelle représentant M. Ferrand, archiviste de la Charente, peinte d'apres un portrait de M. Paille. " *BSAHC*, ser. 8, 1 (1910): xliv。

15 Sculpture by Gustave Crauk of Cardinal Lavigerie, Le Figaro, February 11, 1898; Thiébaut, "Les manifestations pour le centenaire de la naissance du cardinal Lavigerie," pp. 370–374, 396.

16 La lanterne 4140 (August 21, 1888): 3; https://commons.wikimedia.org/wiki/File:Bonnat_-_ Le_cardinal_Charles_Lavigerie_archev%C3%AAque_d%27Alger_(1825-1892).jpg. 画家莱昂·博纳（Léon Bonnat）1833 年生于巴约讷；与马夏尔·阿勒芒·拉维热里、弗雷德里克·巴斯蒂亚以及革命人士皮埃尔·让·奥杜安一样，博纳的父母也住在马茹桥街。June 22, 1833, ADPA, births, 1826–1837, 577/904。

17 Jules Cambon, "Souvenirs sur le cardinal Lavigerie," Revue des deux mondes 32 (1926): 277–289, p. 279.

18 Baunard, *Lavigerie*, 1:4.

19 Baunard, *Lavigerie*, 1:4. 关于加尔默罗会学院或称教会高级研究学院（Ecole ecclésiastique des hautes études），见 Brigitte Waché, "L'École des Carmes, 1845–1875," *Revue d'histoire de l'Église de France* 81, no. 206 (1995): 237–253。

20 Baunard, *Lavigerie*, 1:24–26; 为副执事夏尔·马夏尔祝圣的是巴黎大主教和加尔默罗会建立者德尼·阿弗莱（Denys Affre），1848 年 6 月 25 日在圣安托南市郊街的街垒路障上，正努力调解的阿弗莱被一颗流弹夺去了生命，见 Louis Girard, *Nouvelle histoire de Paris: la deuxième République et le Second Empire, 1848–1870* (Paris, 1981), pp. 34–43。

21 C. Allemand-Lavigerie, *De Hegesippo: disquisitionem proponebat Facultati litterarum Parisiensi* (Paris, 1850), pp. 2–12, 43–44.

22 Allemand-Lavigerie, *De Hegesippo*, p. 29.

23 Ch. Allemand-Lavigerie, *Essai historique sur l'école chrétienne d'Edesse: thèse Presentée à la faculté des lettres de Paris* (Paris, 1850), pp. 7–8, 16.

24 Allemand-Lavigerie, *Essai historique sur l'école chrétienne d' Edesse*, pp. 12, 14, 41, 68–69, 71, 112, 117.

25 Baunard, *Lavigerie*, 1:43.

26 J. R. [Ferdinand Van Den Zande] , *Stances à Monsieur l'Abbé L. **** (Paris, 1852) and *Epître à Monsieur l'abbé L**** (Paris, 1852).

27 *Oedipe à Colone, de Sophocle. Edition nouvelle, par l'abbé Lavigerie* (Paris, 1850); *M. T. Ciceronis ad M. filium de Officiis libri tres. Edition classique, revue, expurgée et annotée par M. l'abbé Lavigerie* (Paris, 1853).

28 P. Clausolles and Charles-Martial Allemand Lavigerie, *Cours complet d'histoire et de géographie de M. l'abbé Lavigerie et de M. P. Clausolles: histoire de France élémentaire. Depuis les Gaulois jusqu'à nos jours* (Lyon, 1853); http://ife.ens-lyon.fr/ife. 对理性主义的谴责见支持法国自主教会事业的期刊 *L'observateur catholique*。Baunard, *Lavigerie*, 1:48。

29 Baunard, *Lavigerie*, 1:52.

30 "Discours prononcé par M. le contre-amiral Aimé Mathieu, gouverneur de la Martinique, à l'ouverture de la session coloniale de 1847, le 17 juin" (Martinique, 1847), available on the website of the Bibliothèque Schoelcher; http://www. patrimoines-martinique. org/ ark:/35569/a011416928915afUxwv. 1858 年到 1861 年间东方学校项目组的主任是马蒂厄（Mathieu），其前任是皮埃尔·弗朗索瓦·约瑟夫·博斯凯（Pierre François Joseph Bosquet），这位法国元帅一度在阿尔及利亚任军，行事极为残暴，后参加克里米亚战争，在阿尔马河战役(Battle of the Alma)中指挥法军的一个阿尔及利亚人轻步兵师(zouaves)，或者法军中的卡比利亚士兵。见 "Directeurs généraux et présidents successifs de l'Oeuvre d'Orient," *Oeuvre d'Orient*, no. 552 (1966): 350。

31 Baunard, *Lavigerie*, 1:55–57.

32 Oeuvre des Ecoles d'Orient, *Souscription recueillie en faveur des chrétiens de Syrie: rapport de M. l'abbé Lavigerie* (Paris, 1861), p. 2. 关于黎巴嫩内战，见 Leila Tarazi Fawaz, *An Occasion for War: Civil Conflict in Lebanon and Damascus in 1860* (Berkeley, 1994)。关于人道主义干预的历史，见 Davide Rodogno, *Against Massacre: Humanitarian Interventions in the Ottoman Empire, 1815–1914* (Prince ton, NJ, 2011), and Gary J. Bass, *Freedom's Battle: The Origins of Humanitarian Intervention* (New York, 2008)。

33 *Souscription recueillie*, pp. 1, 9; and see Bernard Heyberger, "La France et la protection des chrétiens maronites: généalogie d'une représentation," *Relations internationales*, no. 173 (2018): 13–30.

34 *Souscription recueillie*, p. 66, 关于捐赠者的地理分布，见 pp. 10–11。遭到毁坏的村庄和教堂数目估算基于 *Bulletin* of the Oeuvre, quoted in Baunard, *Lavigerie*, 1:61。

35 洛朗·西尔韦斯特雷·托潘的死亡登记（1850 年 3 月 29 日），AM-A, 1E185/28, 让娜·阿勒芒·拉维热里的死亡登记（1860 年 7 月 3 日），1E185/57。

36 *Souscription recueillie*, p. 18.

37 AD Maine et Loire, Saumur, deaths, 1856–1860, September 15, 1860, 273/287.

38 Baunard, *Lavigerie*, 1:64.

39 *Souscription recueillie*, pp. 18–19; *Indicateur marseillais* (Marseille, 1860), pp. 98–99.

40 *Souscription recueillie*, pp. 30, 33. 法国东方史学家巴蒂斯坦·普茹拉（Baptistin Poujoulat）当时正在黎巴嫩，他描述了这 350 名儿童的情况（"其中许多是孤儿"）：Baptistin Poujoulat, *La vérité sur la Syrie et l'expédition française* (Paris, 1861), pp. 297–300。

41 这是佛兰德东方画家海斯曼斯（Huysmans）1861 年的作品《我向所有愿意告诉你我的情况等人致以友谊和尊重的问候》（*Mon salut d'amitié et de respect à tous ceux qui vous parleront de moi*）所描绘的场景：画作在火焰、硝烟、短刀和法国旗的背景之上展现了埃米尔（emir：穆斯林酋长）如何拯救基督徒妇女和儿童，其名出自一位记录夏尔·马夏尔本人旅行的作者。*Souscription recueillie*, pp. 41, 50–52; Poujoulat, *La vérité sur la Syrie*, p. 445; https://en. wikipedia. org/ wiki/ Emir_Abdelkader#/ media/ File:Jean-Baptiste_Huysmans_1. jpg。关于有阿卜杜拉—卡迪尔参与的那段插曲，见 Leila Fawaz, "Am ī r 'abd al-Qādir and the Damascus 'Incident' in 1860," in *Études sur les villes du Proche-Orient XVIe– XIXe siècles: hommage à André Raymond*, ed. Brigitte Marino (Damascus, 2001), available at http://books.openedition.org/ifpo/3351.

42 Baunard, *Lavigerie*, 1:89.

43 Decision of Napoléon III, quoted in a letter of July 7, 1860, from the minister of foreign affairs, Thouvenel, to the minister of the navy; "人道要求我们迅速干预、紧急部署。" 头天在一封写给君士坦丁堡法国大使的信中图弗内尔（Thouvenel）如是说。letters of July 6, 1860, and July 7, 1860, in Ministère des affaires étrangères, *Documents diplomatiques, 1860* (Paris, 1861), pp. 196, 197。

44 夏尔·马夏尔的当地委员会的主席福蒂内·波塔利斯（Fortuné Portalis）也是一名丝绸制造商和贸易商人，其位于"普特特尔"（Pteter，即布塔特 Btater）的丝绸工厂为基督徒难民提供了庇护，关于此，见 *Souscription recueillie*, pp. 32–34。

45 *Souscription recueillie*, pp. 48, 56–57, 62, 71–78.

46 "叙利亚大屠杀"的消息传来后，为了募集所需的救济款，夏尔·马夏尔"以巨大的热情投身工作，也取得了巨大的成功"。在"黎巴嫩的荒凉地界"上，他的"行为"为"我们的祖国争得了荣誉"。*Le constitutionnel*, 46th year, no. 44 (February 13, 1861): [3]。

47 *Le constitutionnel*, no. 240 (August 28, 1861): [1] .

48 See "Rome: In the footsteps of Lavigerie," http://peresblancs. org/ lavigerie_ vie_ romegb. htm, and "Le cardinal Charles-Martial Lavigerie: Photos Archives," http://peresblancs. org/ photoslavigeriegb. htm; Baunard, *Lavigerie*, 1:101.

49 V. de Maumigny, *Les voix de Rome: impressions et souvenirs de 1862* (Paris, 1863), pp. xvii–

xviii.

50 Decree of March 5, 1863, in *Collection complète des lois, décrets, ordonnances, réglements, et avis du conseil d'état*, vol. 63 (Paris, 1863), p. 213.

51 关于主教冠引发的争议，见 Bernard Berthod, "Retrouver la foi par la beauté: réalité et utopie du mouvement néogothique dans l'Europe du XIXe siècle," *Revue de l'histoire des religions*, no. 227 (2010): 75–92。关于巴斯蒂亚的葬礼，见 Pierre Ronce, *Frédéric Bastiat: sa vie, son oeuvre* (Paris, 1905), pp. 266–267。

52 关于这一地区的经济史，包括 1870 年德国吞并阿尔萨斯后开始的经济扩张，见 Louis Laffitte, "L'évolution économique de la Lorraine," *Annales de géographie* 21, no. 120 (1912): 393–417。关于 30 年前南锡的萧条景象，见 Stendhal, *Lucien Leuwen* (1837) (Paris, 2002), pt. 1。

53 这一非凡的活动，包括"这些年轻演员热情洋溢的表演（仿佛厄勒克特拉、俄瑞斯忒斯、埃格斯图斯和克吕泰涅斯特拉的灵魂都汇聚于他们的身上）"，令"主教大悦"。Baunard, *Lavigerie*, 1:139。

54 这种圣带是夏尔·马夏尔兼任主教的图勒（Toul）教区的标志。Authorization of March 16, 1865, in Abbé Pierre-Etienne Guillaume, *Le surhuméral: prérogative séculaire des seuls évêques de Toul, chez les Latins, en raison de l'antiquité de leur église* (Nancy, 1865), pp. 5–6。

55 AL-R, Casier A2–280.

56 *Relation des fêtes qui ont eu lieu à Nancy les 14, 15, 16 et 17 juillet 1866* (Nancy, 1866), pp. 83–84, 117, 134. 天鹅绒这一元素随处可见；年轻工人戴着蓝色的天鹅绒帽子、亲王一身黑色天鹅绒，深红色天鹅绒布幔和市政厅的金边绿色天鹅绒，献给皇后的裹在红色天鹅绒中的花束和献给亲王的裹在绿色天鹅绒中的花束；甚至皇后的卧室里也有一幅"穿红色天鹅绒人物"的画像，pp. 96–97, 100, 119, 128, 141, 168。

57 *Relation des fêtes*, pp. 133–134.

58 博纳尔引用了 1866 年 11 月 17 日阿尔及利亚总督给夏尔·马夏尔的委任信及后者 11 月 19 日的回复，他是 1867 年 4 月离开南锡的。Baunard, *Lavigerie*, 1:149–150, 156. 1866 年 12 月任职消息见报；*La presse*, December 31, 1866, p. [2]。

59 Letters of October 31, November 6, November 23, and December 22, 1867, from Charles Martial in Algiers to the "Administration des Cultes" in Paris; AN, F/19/7595, dossier 15. 他写到，主教宫已经为其前任所弃用，"经过几天的挣扎后"，自己也不得不如此；主教宫仅仅被他用于"官方接见"、作为"秘书处"和"落脚点"（pied à terre）。字里行间夏尔·马夏尔流露出一种被囚禁的感觉：在一个封闭的空间中，"在阿非利加的天空下"，没有"可供主教进行必要的锻炼的"花园；"不可能出到街上和广场上散步，尤其是主教。"

60 *Annales de la propagation de la foi* 40 (Lyon, 1868): 485–486; Baunard, *Lavigerie*, 1:266–269.

61 Baunard, *Lavigerie*, 2:672.

62 Bertrand Taithe, "La famine de 1866–1868: anatomie d'une catastrophe et construction médiatique d'un événement," *Revue d'histoire du XIXe siècle*, no. 41 (2010): 113–127, p. 119.

63 *Les orphelins arabes d'Alger, leur passé, leur avenir, leur adoption en France et en Belgique:*

lettre de Monseigneur d'archevêque d'Alger (Paris, 1870), p. 6.

64   *L'illustration, journal universel*, no. 1299 (January 18, 1868); see https://www. gettyimages. com/ detail/ news-photo/ starvation-inalgeria-in-1868-orphans-are-taken-in-by-chruch-news-photo/ 89866327 ? adppopup = true. 为了获得一座有围墙的花园，夏尔·马夏尔与巴黎当局进行了长期的书信往来，几个月后他对饥荒的描述就出于这中间的一封信："围墙对于我们是必不可少的，因为荒年已经卷土重来，街上全是糟糕透顶的阿拉伯流浪汉。" Letter of December 19, 1868, in AN, F/19/7595, dossier 15。

65   *Recueil de lettres publiées par Mgr l'archevêque d'Alger, delégué apostolique du Sahara et du Soudan, sur les oeuvres et missions africaines* (Paris, 1869), pp. 29, 65; Baunard, *Lavigerie*, 1:211.

66   *Recueil de lettres*, pp. 5, 91.

67   Baunard, *Lavigerie*, 1:279–280, quoting a letter to an unnamed friend, and pp. 462–463.

68   《阿尔及尔的阿拉伯孤儿》中引用了这篇文章（作为一条长长的脚注），这种自我引用当时已经成了夏尔·马夏尔公共文章的重要特征。*Recueil de lettres*, p. 65; *L'univers*, no. 989 (January 19, 1870): [2], reproduced in *Les orphelins arabes d'Alger* as footnote 1, pp. 2–4。和多年前在昂古莱姆一样，人们也为"两位新受洗的基督徒"预备了"两支象征性的蜡烛"。

69   "Lettre pastorale pour la prise de possession du diocèse d'Alger," May 5, 1867, in *Recueil de lettres*, 7–25, pp. 9, 13.

70   Peter Brown, "A World Winking with Messages," *New York Review of Books*, December 20, 2018, 52–54, p. 52.

71   Quoted in Peter Brown, *Through the Eye of a Needle: Wealth, the Fall of Rome, and the Making of Chris tian ity in the West, 350–550 AD* (Prince ton, NJ, 2012), p. 452. 关于这一来自奥洛龙（Oloron）和比利牛斯的修女团体见 Baunard, *Lavigerie*, 1:385–386。

72   *Recueil de lettres*, p. 9.

73   关于 19 世纪 70 年代阿尔及利亚的弗朗索瓦·埃利·鲁代尔（François Elie Roudaire），见 Philipp Nicolas Lehmann, "Changing Climates: Deserts, Desiccation, and the Rise of Climate Engineering, 1870–1950" (PhD diss., Harvard University, 2014); 关于跨撒哈拉铁路，见 T. W. Roberts, "The Trans-Saharan Railway and the Politics of Imperial Expansion, 1890–1900," *Journal of Imperial and Commonwealth History* 43 (2015): 438–462.

74   *Recueil de lettres*, pp. 14, 15, 21.

75   关于"武装弟兄"（frères armés），见 Baunard, *Lavigerie*, 2:663–666; Colleville, *Le cardinal Lavigerie*, pp. 178–179, 212–213。

76   Colleville, *Le cardinal Lavigerie*, p. 8.

77   *La lanterne* 5098 (April 6, 1891).

78   欧仁·艾蒂安（Eugène Etienne）1844 年生于奥兰，为殖民党的领导，quoted in Charles-Robert Ageron, "Gambetta et la reprise de l'expansion coloniale," *Revue française d'histoire d'outre-mer* 59, no. 215 (1972): 165–204, pp. 165–166. 拥护世俗教育和殖民政策的茹费理曾两度出任总理（1880—1881、1883—1885）。

79   Paul Deschanel, *Gambetta* (Paris, 1919), p. 261.

80 Undated letter, quoted in Baunard, Lavigerie, 1:150–151. 在改变当地人信仰的问题上，夏尔·马夏尔曾与阿尔及利亚军总督起过冲突，关于此，见 Marcel Emerit, "Le problème de la conversion des musulmans d'Algérie sous le Second Empire: le conflit entre MacMahon et Lavigerie," *Revue historique* 223 (1960): 63–84。

81 *Souscription recueillie*, p. 88.

82 Letter of May 10, 1869, in *Recueil de lettres*, pp. 89–90, 93.

83 这是英格兰旅行作家赫伯特夫人（Lady Herbert）的记述。Lady Herbert, "The Arab Christian Villages in Algeria," reprinted in *Littell's Living Age*, no. 1693 (November 25, 1876): 500–504。

84 *La justice* 256 (September 27, 1880).

85 "Confection d'un Cardinal," *Le rappel* 4454 (May 21, 1882).

86 "Gazette du jour," *La justice* 858 (May 22, 1882), "Mamamouchi," *La justice* 859 (May 23, 1882).

87 Letter of August 12, 1872, in Cousseau, *Oeuvres*, p. 393–394.

88 当时是 1875 年，根据博纳尔的记录，1873 年的假期夏尔·马夏尔也是在拉库拉德度过的，Baunard, *Lavigerie*, 1:413, 494。除此之外，路易丝·拉维热里·基纳——一直被博纳尔称为"基纳"——在整部传记中几乎再未出现过。

89 夏尔·加布里埃尔·基纳的死亡登记（1875 年 7 月 10 日），ADC, La Couronne, 1873–1877, 2E120/14, 205/394。登记员加了一条个人注记：加布里埃尔"死时，房子只住了几天"。

90 洗礼后夏尔·马夏尔去了巴黎；一个月后他在里昂，七月他在马赛。*La presse*, February 1, 1870; *Le gaulois* 590 (February 15, 1870); *L'univers* 1172 (July 24, 1870)。

91 ADC, état nominatif, La Couronne, 1876, Lacourade (Village, Usine), 57–60/93. AD Val de Marne, Le Kremlin-Bicêtre, January 31, 1898, 17/172.

92 Letter dated "Dimanche," from Louise to Charles Martial, AL-R, A2/147. "卢浮宫酒店（Hôtel du Louvre）已经不能住了——已经被各种百货店吞没了"，她笔下的这栋建筑就是左拉的小说《妇女乐园》（*Au bonheur des dames*）中的财富奇观的核心，也是小说《家常事》（*Pot-bouille*）中一场尤为不祥的婚宴的发生地。

93 Letters dated "November 5" and September 15, 1882, from Louise to Charles Martial, AL-R, A2/148, A2/150.

94 Letter dated "Nay, December 5," from Louise to Charles Martial, AL-R, A2/146.

95 Letter dated "Lacourade, July 8 [1883]," from Louise to Charles Martial, AL-R, A2/154.

96 Letter dated "Lacourade, February 28," from Louise to Charles Martial, AL-R, A2/157.

97 Letter dated "Lacourade, May 28 [1883]," from Louise to Charles Martial, AL-R, A2/153. 勒内和让娜·安妮·帕罗 1883 年 6 月 18 日在巴黎结婚。AdP, 1e. arr., act no. 385。

98 Pastoral letter of May 1867, in *Recueil de lettres*, pp. 8, 11.

99 *Documents sur la fondation de l'Oeuvre antiesclavagiste, par S. Em. le cardinal Lavigerie* (Saint-Cloud, 1889), pp. 388, 566.

100　南锡在夏尔·马夏尔担任主教时有过一位"教区建筑师":一位监狱建筑师(和夏尔·马夏尔的外叔祖父·西尔韦斯特雷·托潘一样),此人也作为一个小角色参与了 1866 年迎接皇后欧仁妮的庆典。关于夏尔·弗朗索瓦·查特拉因(Charles-François Chatelain),见 *Répertoire des architectes diocésains du XIXe siècle*, http://elec. enc. sorbonne. fr/architectes/。

101　Colleville, *Le cardinal Lavigerie*, p. 1.

102　Letters of October 31 and November 6, 1867, and September 16, and December 19, 1868, from Charles Martial in Algiers to the Administration des Cultes in Paris; AN, F/19/7595. 对于自己所处的社会,夏尔·马夏尔已经形成了一种清晰的观点:"在我们所生活的这个国家,人们对一切事物的评价都是等级性的、部队式的。一位大主教要是被人看到其生活条件还不如阿拉伯办公室的一名副官,其权威和声望必然会丧失殆尽。"(letter of October 31, 1867)。

430　103　Félix-Augustin Leclerc de Pulligny, *Six semaines en Algérie: notes de voyage d'un membre du Congrès scientifique tenu à Alger (avril 1881)* (Paris, 1884), pp. 159–163.

104　Letter of October 31, 1867; AN, F/19/7595.

105　Baunard, *Lavigerie*, 1:379–381, 404, 462.

106　Daniel E. Coslett, "(Re)Creating a Christian Image Abroad: The Catholic Cathedrals of Protectorate-Era Tunis," in *Sacred Precincts: The Religious Architecture of Non-Muslim Communities across the Islamic World*, ed. Gharipour Mohammad (Leiden, 2014), 353–375, pp. 356–362.

107　Message of the archbishop of Paris, January 18, 1872, in *Oeuvre du voeu national au Sacré-Coeur de Jésus* (Paris, 1872), pp. 42, 44; http://www.sacre-coeur-montmartre.com/francais/histoire-et-visite/article/histoire. 夏尔·马夏尔个人捐出了 1,000 法郎,见 Coslett, "(Re)Creating a Christian Image Abroad," p. 368n61. 关于"阿巴迪清真寺",见 *L'église du Sacré-Coeur à Montmartre: sera-t-elle de notre style national, ou sera-t-elle d'un style etranger? Par un comité d'archéologues* (Paris, 1875), pp. 11, 12, 18, 44.

108　夏尔·马夏尔当时担任宗座署理(apostolic administrator)。Baunard, *Lavigerie*, 2:158, 166, 172, 209。

109　Victor Guérin, *La France catholique en Tunisie, à Malte et en Tripolitaine* (Tours, 1892), pp. 48–53. 主教堂 82 天建成是夏尔·马夏尔本人的估计,见 Coslett, "(Re)Creating a Christian Image Abroad," p. 358。夏尔·马夏尔提到维多利亚女王——"祝福英格兰保住了其社会德性"——是因为此前温莎火车站有人企图刺杀女王,好在女王幸免于难。*L'univers*, no. 5270 (April 15, 1882): [2]。

110　Jacques Legoff, *Saint Louis* (Paris, 1996), pp. 295–297.

111　第一年有 250 人报名,其中最著名的是查理十世的孙子、法国王位的正统继承人尚博尔伯爵,1883 年过世时伯爵又另外遗赠了 100,000 里弗尔。Baunard, *Lavigerie*, 2:236–237, 245–246。

112　*Recueil de lettres*, p. 8; *De l'utilité d'une mission archéologique permanente à Carthage, par l'archevêque d'Alger* (Algiers, 1881).

113 在弗洛伊德的笔下，过去依然继续存在着，就像同一片土地既承载着"神庙遗址圣
母堂"（Santa Maria Sopra Minerva），也承载着"此前的那座神庙"。Sigmund Freud,
Civilization and Its Discontents, trans. Joan Riviere (New York, 1958), p. 9。已故神父雅
克·卡西耶（Jacques Casier）的旅游指南《追随拉维热里的脚步探访罗马》（*Rome: In
the Footsteps of Lavigerie*）提到，1872 年 8 月，夏尔·马夏尔为圣奥古斯丁的瞻礼日
来到罗马，当时他"住在密涅瓦酒店（Hotel Minerva）：位于密涅瓦广场（Piazza della
Minerva）69 号，是一间上好的酒店，有 300 个床位。餐食分 6 里弗尔、22 里弗尔、
27 里弗尔三档。19 世纪的旅游指南称酒店是面向神职人员的。" http://peresblancs.org/
lavigerie_vie_romegb. htm。

114 夏尔·马夏尔之前谈到过另一次汪达尔人行为，耶路撒冷的圣安娜教堂建于 12 世纪，
已经破败不堪，奥斯曼土耳其人取用其石材来建造兵营（位置在原先的本丢·彼拉多
广场）；教堂修复后为"白衣神父会"所接管。*Sainte Anne de Jérusalem et Sainte Anne
d'Auray, lettre à Mgr l'évêque de Vannes par l'archevêque d'Alger* (Saint-Cloud, 1879), p.
74。主教堂于 1890 年 5 月祝圣，今天成了音乐厅，称为"卫城"（Acropolium）。突尼
斯主教堂设计时进行了建筑竞赛，这一"罗马-拜占庭"风格的工程选址于一处基督教
旧墓地，是在一位来自士麦那的教区建筑师的主持下完成的。见哈利梅德（Halimede）
建筑网站的描述：http://halimede.huma-num.fr/node/1154, 以及 Coslett, "(Re)Creating
a Christian Image Abroad," p. 365。

115 Letter of July 11, 1884, from Louise in Lacourade to Charles Martial, AL-R, A2/159. On
the Cathedral of Saint-Front, see *Paul Abadie architecte 1812–1884*, pp. 87–101. 431

116 Letter of July 11, 1884, from Louise in Lacourade to Charles Martial, AL-R, A2/159.

117 Session of September 7, 1905, in *Bulletin de la Société historique et archéologique du
Périgord* 32 (1905): 374; *Annuaire du tout Sud-Ouest illustré* (Paris, 1906), p. 1231; and see
http://elec.enc.sorbonne.fr/architectes/ 305?q=Lambert.

118 *La justice* 4703 (November 29, 1892).

119 *La lanterne* 3448 (September 29, 1886), 4140 (August 21, 1888).

120 Baunard, *Lavigerie*, 1:452.

121 *La lanterne* 2940 (May 9, 1885).

122 *La justice* 2443 (September 22, 1886).

123 Georges Picot, *Le cardinal Lavigerie et ses oeuvres dans le bassin de la Méditerranée et en
Afrique* (Paris, 1889), pp. 1, 8.

124 Picot, *Le cardinal Lavigerie*, p. 14.

125 *La lanterne* 3448 (September 29, 1886).

126 Baunard, *Lavigerie*, 1:319.

127 "Extrait de la lettre de son éminence le cardinal Lavigerie à M. Keller, sur le Sahara et le
Soudan," in *Allocution prononcée le 21 septembre 1890 par son éminence le cardinal
Lavigerie* (Paris, 1890), 91–100, pp. 95–96.

128 *La justice* 4703 (November 29, 1892).

129 *Journal officiel de la République française* 264 (September 9, 1889); *Tunis journal* 624

(August 15–17, 1889), 640 (October 1, 1889).

130   *La lanterne* 2940 (May 9, 1885).

131   *La lanterne* 2940 (May 9, 1885), 5700 (November 28, 1892).

132   Grussenmeyer, *Documents biographiques*, 2:305–308.

133   Grussenmeyer, *Documents biographiques*, 2:292–315.

134   Cambon, "Souvenirs sur le cardinal Lavigerie," p. 288.

135   Grussenmeyer, *Documents biographiques*, 2:301.

136   Letter of April 15, 1869, in *Recueil de lettres*, p. 68; *L'armée et la mission de la France en Afrique: discours prononcé dans le cathédrale d'Alger par Mgr. l'archevêque d'Alger* (Algiers, 1875), p. 63.

137   *L'esclavage africain: conférence faite dans l'église de Saint-Sulpice à Paris par le cardinal Lavigerie* (Paris, 1888), pp. 5–6; *Documents sur la fondation*, p. 50.

138   *Documents sur la fondation*, p. 49; Baunard, *Lavigerie*, 2:444–447.

139   "Discours prononcé par son éminence le cardinal Lavigerie," July 31, 1888, in *Documents sur la fondation*, pp. 83–117; *Times* 32451 (July 30, 1888), 32453 (August 1, 1888).

140   *Documents sur la fondation*, pp. 430, 623.

141   *Documents sur la fondation*, pp. 427–428, 566.

142   *Documents sur la fondation*, pp. 86, 161, 296–297. .

143   *Documents sur la fondation*, pp. 289, 308–309.

144   Taithe, "La famine de 1866–1868," pp. 122, 125.

145   *Documents sur la fondation*, p. 86.

146   Baunard, *Lavigerie*, 2:444.

147   Colleville, *Le cardinal Lavigerie*, p. 203.

148   Letter of November 20, 1889, to Charles Martial from General Count Dampierre, AL-R, D1/920. 奥拉斯·韦尔内（Horace Vernet）1854 年的《卡比利亚的第一次弥撒》（*Première messe en Kabylie*）表现了 1853 年战争期间东阿尔及利亚举行的一场弥撒。

149   这是给红衣主教曼宁（Manning）的指示："将我要求巴黎拨款 50,000 法郎（£1,975）的命令转交反奴隶制协会。" *Times*, no. 32547 (November 11, 1888), no. 32536 (November 6, 1788).

150   *Documents sur la fondation*, pp. xl, xli, 165, 170, 687.

151   Letter of August 30, 1890, to Charles Martial from the widow of the explorer Paul Solleilet, AL-R, D1/923. 索莱耶（Soleillet）1881 年出版过一份跨撒哈拉铁路方案，此人也参与非洲武器贸易，是阿蒂尔·兰波（Arthur Rimbaud）的合伙人，1886 年过世于亚丁（Aden）。*Les voyages et découvertes de Paul Solleillet dans le Sahara et dans le Soudan en vue d'un projet d'un chemin de fer transsaharien*, ed. Jules Gros (Paris, 1881); Henri Dehérain, "La carrière africaine d'Arthur Rimbaud," *Revue de l'histoire des colonies françaises* 4 (1916): 419–450。

152 Letter of February 2, 1889, to Charles Martial from Charles de Montferrand, AL-R, D1/874. 1894 年的相关记录中，蒙特费朗（Montferrand）是商业银行海地国家银行（Banque nationale de Haïti）的 "管理者"，海地国家银行的总部在太子港，总资产达 1,000 万 法 郎。Advertisement in Ottomar Haupt, *Traité des opérations de banque contenant les usages commerciaux*, 8th ed. (Paris, 1894), unpag。关于这一银行的历史，见 Frédéric Marcelin, *La Banque nationale d' Haïti; une page d'histoire* (Paris, 1890); Blancpain, *Un siècle de relations financières entre Haïti et la France*, pp. 91–110。

153 Ministère des affaires etrangeres, *Conférence internationale de Bruxelles: 18 novembre 1889–2 juillet 1890, protocoles et acte finale* (Paris, 1891); W. R. Bisschop, "International Leagues," in British Institute of International and Comparative Law, *Problems of the War*, 3 vols. (Cambridge, 1915–1917), 2:117–133.

154 人们原本计划在卢泽恩（Luzerne）开会，但最后一刻会议被夏尔·马夏尔取消了，原因是正当法国选举，关于这一插曲以及最终的巴黎会议，见 *Lavigerie*, 2:496–509, 544–550。

155 *Conférence internationale de Bruxelles*, pp. 12, 16, 30; Alfred Le Ghait, "The Anti-Slavery Conference," *North American Review* 154, no. 424 (March 1892): 287–296, p. 288.

156 *La lanterne* 5700 (November 28, 1892).

157 *La lanterne* 5098 (April 6, 1891).

158 Cambon, "Souvenirs sur le cardinal Lavigerie," p. 286; François Furet, *La Révolution de Turgot à Jules Ferry, 1770–1870* (Paris, 1988).

159 *Times*, no. 32507 (October 3, 1888).

160 关于 "穆罕默德主义"、"伊斯兰主义"（islamisme）和 "狂热主义"（fanaticisme），见 *Recueil de lettres*, pp. 10–17, 76–90。

161 1879 年夏尔·马夏尔写到，穆斯林信仰 "借着其所含的真理为人心最深的需求提供了某种满足，同时这种信仰为狂热扫清了一切障碍，这种信仰将理智的一切混乱合法化、将暴力神化了"；这种信仰 "只会死于自身的强力"。Report of Msgr. Lavigerie to the Oeuvre de la propagation de la foi, in *Oeuvre de Saint Augustin et de Sainte Monique* 29 (January 1879): 370; quoted in Grussenmeyer, *Documents biographiques*, 1:539。

162 Baunard, *Lavigerie*, 2:423, 532. 关于夏尔·马夏尔时期北非的新媒体，见 Arthur Asseraf, *Electric News in Colonial Algeria* (Oxford, 2019), 导言和第一章提到了突尼斯人入侵阿尔及尔政府广场的新闻，夏尔·马夏尔在非洲最初的压抑日子就是在此度过的。   433

163 Baunard, *Lavigerie*, 2:627–628.

164 *La lanterne* 5700 (November 28, 1892).

165 Grussenmeyer, *Documents biographiques*, 2:349.

166 Letter of January 3, 1874, to Monseigneur de Rodez, quoted in Baunard, *Lavigerie*, 1:422.

167 *Relation des fêtes qui ont eu lieu à Nancy*, pp. 82–83. 书中称当时 "皇太子" 拉着母亲的手，"一袭黑天鹅绒礼服，配红色丝质长筒袜"。

168 这是指着 1870 年 5 月宪法改革的平民表决说的，很快普法战争就主导了形势。*Le*

constitutionnel 128 (May 8, 1870)。

169   *Annales de l'Assemblée nationale* 4 (1871), session of July 12, 1871, pp. 7–8, 关于自由保守党："La semaine politique," in *La revue politique et littéraire*, no. 53 (July– December 1871): 1245–1247, p. 1246。

170   夏尔·马夏尔的选举宣言，见引于 Daru, "Un grand Landais," pp. 37–38; and see J. Tournier, *Le cardinal Lavigerie et son action politique* (1863–1892) (Paris, 1913)。

171   *Annales de l'Assemblée nationale*, session of July 12, 1871, p. 7; F. Laudet, "Le cardinal Lavigerie et la Gascogne," *Revue de Gascogne*, n. s., 21 (1926): 5–21.

172   Tournier, *Le cardinal Lavigerie et son action politique*, pp. 36–40. 关于殖民时期阿尔及利亚的新闻界，见 Asseraf, *Electric News*。

173   Letter of February 13, 1891, to Charles Martial from Claire Boissart de Lagrave, née Dereix, AL-R, D1/927.

174   关于利奥十三世和法国，见 Mgr de T'Serclaes, *Le pape Léon XIII: sa vie, son action religieuse, politique et sociale*, 3 vols. (Paris, 1894–1906), 2:310–509; Baunard, *Lavigerie*, 2:557–567。

175   Xavier de Montclos, Le Toast d'Alger: documents 1890–1891 (Paris, 1966); Baunard, *Lavigerie*, 2:564.

176   Baunard, *Lavigerie*, 2:563–567.

177   *Au milieu des sollicitudes*, February 16, 1892, http://w2.vatican.va/content/leo-xiii/en/encyclicals/documents/hf_l-xiii_enc_16021892_au-milieu-des-sollicitudes.html; Tournier, *Le cardinal Lavigerie et son action politique*, pp. 390–401.

178   Copy of an undated letter and letter of September 1, 1890, from Charles Martial to Jean-Baptiste Etchevery, AL-R, D8/21, 23.

179   Félix Klein, "La mort et les funérailles du cardinal Lavigerie," *La semaine des familles* 51 (March 18, 1893): 810–813 and 52 (March 25, 1893): 820–822; Baunard, *Lavigerie*, 2:674–678, and http://peresblancs. org/ lavigerie_deces1892gb. htm.

180   Klein, "La mort et les funérailles du cardinal Lavigerie," p. 813; A. Joseph Rance-Bourrey, *Les obsèques du cardinal Lavigerie* (Alger, Tunis, Carthage): *journal d'un témoin* (Paris, 1893).

434   181   Will of Charles Martial, AL-R, D-20–1; 1906 年在突尼斯的路易丝有 145,000 法郎的信息出自 a letter of September 12, 1906, from Mme. Byasson, AL-R, D20/137。

182   Louis Lavigerie, "L'héritage du cardinal Lavigerie: Le Diamant," in *Les temps nouveaux: supplément littéraire* 4, no. 47 (undated): 486–488, p. 487.

183   "Faire Part," in AL-R, A2–216. 提及的家庭成员除了路易丝和莱昂的寡妇、后者的儿子、女婿和两个孙子之外，还有夏尔·马夏尔的堂亲和表亲，代数各异：所有人都是 1764 年婚前协议中那对新人弗朗索瓦丝·费朗和艾蒂安·阿勒芒之后。其中包括：他的一位堂亲，来自奴隶贸易家族的商人布兰伯夫—迪拉里的寡妇；这位寡妇的军官儿子、寡妇的女儿和女婿（也是一位军官）；寡妇的哥哥（其妻为伊丽莎白·斯塔布斯和 18 世纪 80 年代曾携奴潜逃的亚伯拉罕—弗朗索瓦·罗班的玄孙女）；还有被路易丝称为"那不幸的贝尔特"的贝尔特·托潘（Berthe Topin）。

184　Will of Charles Martial, AL-R, D -20–1.

185　Note of February 27, 1907, AL-R, D20/6(2); Lavigerie, "L'héritage du cardinal Lavigerie," p. 487. AL-R, D20/6(2); Lavigerie, "L'héritage du cardinal Lavigerie," p. 487.

186　Sculpture by Gustave Crauk of Cardinal Lavigerie, Le Figaro, February 11, 1898.

187　*Le Figaro*, July 23, 1901.

188　http://peresblancs.org/ lavigerie_alger2.htm, Photos Archives, 1882–1892, 1890 à Biskra, "Photo prise par sa soeur, Vve Kiener"；http://peresblancs.org/archives/2Cardinal_90Biskra2.jpg.

189　http://peresblancs.org/lavigerie_deces1892.htm; http://peresblancs.org/archives/cardinal_deces11. jpg.

190　*Lavigerie*, "L'héritage du cardinal Lavigerie," p. 487.

191　收间接税的让·克洛泰尔·叙贝尔比（Jean Clotaire Suberbie）的女儿玛丽·阿曼达·多米尼卡·让娜·叙贝尔比（Marie Amanda Dominica Jeanne Suberbie）的出生登记（1867年11月6日），ADPA, Pau, Naissances, 1863–1872, 473/1078; 让娜·叙贝尔比和让·马塞尔·比亚松（Jean Marcel Byasson）的结婚登记, AdP, June 2, 1891, 16e. arr., act no. 366。让－亨利－马塞尔·比亚松（Jean-Henri-Marcel Byasson）1866 年生于巴黎，后加入海军——他所在的军舰名叫斯法克斯（Sfax），是突尼西亚一座镇子的名字，1881年该镇见证过法军的一场残暴炮击——1894 年后进入马达加斯加殖民地政府。他先后担任过伊冯戈（Ivongo）和法拉方加纳（Farafangana）行政官，以"老练、圆滑和富于行政热情"著称。"Nécrologie," in *Journal officiel de Madagascar et dépendances*, no. 852 (November 11, 1903): 10235–10236。在去贝内雅克（Bénéjacq）的途中，预备作六个月的休假的他死在了海上。*Journal officiel de Madagascar*, no. 824 (August 5, 1903): 9812。

192　路易丝·阿勒芒·拉维热里女士的死亡登记（1906 年 8 月 21 日），ADPA, Bénéjacq, deaths, 1902–1908, 26/48。

193　Letters of January 3, 1906, and June 23, 1906, from Louise to Charles Martial's executor, AL-R, D20/133, 134. "我有些累，而且正忙于家务活，"她于 1 月写道，"不过折磨了我很长时间的肠炎现在好些了。"

194　Letter of September 12, 1906, from Mme. Byasson, AL-R, D20/137. 路易丝的遗嘱确定朱莉·比亚松（Julie Byasson）为其完全继承人，和自己的哥哥一样，路易丝也确定如果发生遗产纠纷（留给路易丝·拉维热里和他已故姐姐的两个孩子遗产已经进行了均分），则财产会复归朱莉。至于"红衣主教留下的衣物和银器"，朱莉可以任取；在选择上她也具有"绝对的自由"。遗嘱确定，"衣橱、柜子、文件等的清理"要由她"一个人"完成。朱莉本人相当缺钱，在信中她写到，自己有"三个男孩"，都需要她做准备，"好走那艰难的人生路。对于天主教徒而言，在今时今日，这会相当困难"。

195　Letter of September 21, 1906, from Mme. Byasson, AL-R, D20/141. 路易丝全部的文件都留给了她，四天前，收到路易丝·拉维热里的一封信后她写道："这样它们就不会到他手里，我可以毁掉它们——毁掉绝大多数。" Copy of a letter of September 12, 1906, from Louise Lavigerie to Mme. Byasson, letter of September 17, 1906, from Mme. Byasson, AL-R, D20/138, 148. 路易丝·拉维热里当时住在巴黎第十八区的莱皮克街（Rue Lepic），和她的表亲、弗朗索瓦丝·费朗的两个外孙女一样，生活在新圣心教堂的阴影下。

435

第十一章　故事的终结

1　Letter of June 26, 1836, from Balzac and reply of June 28, 1836, in Balzac, *Correspondance avec Zulma Carraud*, pp. 224–227.

2　Emile Zola, "Le sens du réel," in *Le roman expérimental*, 5th ed. (Paris, 1881), p. 206.

3　在巴黎，批评家卢斯托（Lousteau）教导吕西安·沙尔东·德·鲁邦普雷（Lucien Chardon de Rubempre）：狄德罗和斯特恩的"根本的""深刻的"小说（"观念文学"）如何远胜以沃尔特·司各特的过度直接、过分"戏剧化"的"现代小说"为代表的形象文学；反过来，19 世纪充满热情和风格的形象文学又如何远胜 18 世纪"冰冷的数学性"的、"怀疑一切"的"观念文学"的"实证主义"。Balzac, *Les illusions perdues*, pp. 362, 378–379。

4　关于"对事实和事物的严谨研究"，见 Emile Zola, "Les réalistes du salon," in *Oeuvres critiques*, p. 86。关于历史和小说中的自然主义，见 "Le naturalisme au théâtre," in Zola, *Théâtre* (*Oeuvres completes*, vol. 31) (Paris, 1906), p. 293。关于"艺术上的实证主义"，见 Emile Zola, *Le ventre de Paris*, p. [212]。关于作为实证主义者的狄德罗，见 "Le naturalisme," in *Oeuvres critiques*, p. 520。

5　Emile Zola, *L'Oeuvre*, p. 192; *Mes haines*, in *Oeuvres critiques*, p. 54.

6　Emile Zola, *Mes haines*, in *Oeuvres critiques*, p. 55.

7　Emile Zola, *Le Docteur Pascal*.

索 引

理想国译丛

imaginist [MIRROR]